西方传统 经典与解释

Classici et commentarii

HERMES

HERMES

在古希腊神话中，赫耳墨斯是宙斯和迈亚的儿子，奥林波斯神们的信使，道路与边界之神，睡眠与梦想之神，亡灵的引导者，演说者、商人、小偷、旅者和牧人的保护神……

西方传统 经典与解释
Classici et commentarii
HERMES
政治史学丛编
刘小枫◉主编

易于认识历史的方法

Methodus, ad facilem historiarum cognitionem

［法］博丹（Jean Bodin）◉著
朱琦◉译

华东师范大学出版社
上海

华东师范大学出版社六点分社　策划

古典教育基金·“传德”资助项目

出版说明

古老的文明共同体都有自己的史书，但史书不等于如今的"史学"——无论《史记》《史通》还是《文史通义》，都不是现代意义上的史学。严格来讲，史学是现代学科，即基于现代西方实证知识原则的考据性学科。现代的史学分工很细，甚至人文-社会科学的种种主题都可以形成自己的专门史，所谓的各类通史，实际上也是一种专门史。

不过，现代史学的奠基人兰克并非以考索史实或考订文献为尚，反倒认为，"史学根本不能提供任何人都不会怀疑其真实性的可靠处方"。史学固然需要探究史实、考订史料，但这仅仅是史学的基础。史学的目的是通过探究历史事件的起因和前提、形成过程和演变方向、各种人世力量与事件过程的复杂交织，以及事件的结果和影响，像探究自然界奥秘的自然科学一样，去"寻求生命最深层、最秘密的涌动"。根本而言，兰克的史学观还带有古典色彩，即认为史学是一种政治科学，或者说，政治科学应该基于史学，因为，"没有对过去时代所发生的事情的认知"，政治科学就不可能。亚里士多德已经说过，"涉及人的行为的纪事""对于了解政治事务"有益（《修辞术》1360a36）。正如施特劳斯在谈到古代史书时所说：

政治史学的主题是重大的公众性主题。政治史学要求这一重大的公众性主题唤起一种重大的公众性回应。政治史学属于一种许多人参与其中的政治生活。它属于一种共和式政治生活,属于城邦。(施特劳斯,《修昔底德:政治史的意义》)

兰克开创的现代史学本质上仍然是政治史学,其品质与专门化史学截然不同,后者乃19世纪后期以来受实证主义思想以及人类学、社会学等学科影响而形成。在古代,史书向来与国家的政治生活维系在一起,现代史学主流虽然是实证式的,但政治史学的脉动并未止息,其基本品格是关切人世生活中的各种重大政治问题——无论这些问题出现在古代还是现代。

本丛编聚焦于16世纪以来的西方政治史学传统,译介20世纪以来的研究成果与迻译近代以来的历代原典并重,为我国学界深入认识西方尽绵薄之力。

刘小枫
2017年春
古典文明研究工作坊

目　录

如何认识博丹的政治史学

刘小枫

献给友人于向东荣开六秩。

20 世纪的史学大家霍布斯鲍姆(1917 - 2012)在谈到“欧洲史”时说,“‘欧洲’处于防御状态达千年之久,如今,它用了 500 年就征服了世界”。这里的“欧洲”打了引号,因为它实际仅仅指地理上的西欧,而古希腊人命名的“欧洲”这个地理概念在世界历史中一直“是一个变动着的、可分开和有伸缩的概念”。①

霍布斯鲍姆在这里没有提到他在“现代历史四部曲”(1789 - 1991)中充分展示的景象:西欧征服世界的 500 年给整个人类带来的绝非仅仅是经济繁荣、技术进步和幸福指数的上升,还有难以计数的相互杀戮,尤其是意识形态上的战争。自“改革开放”以来,我国智识人对这一历史景象的感触尤为深刻。倘若如此,重新认识西欧政体如何崛起并征服世界,就是我们不得不面对的重大史学问题。

好些政治民族在崛起时并没有伴随着民族史学的繁荣,而西

① 霍布斯鲍姆,《史学家:历史神话的终结者》,马俊亚、郭英剑译,上海:上海人民出版社,2002,页 252 - 254。

欧的日耳曼民族恰好不属于这类政治民族。他们在崛起时不仅构建出民族史学，还构建出一种“普遍历史”，后来叫做“世界历史”。[①] 遗憾的是，西欧崛起时的史学对我们来说迄今仍然是一大盲点。百年来，我国史学界研究西方史学投入热情和精力最多的是现代史学，即19世纪的兰克(1795-1886)之后的实证史学。甚至可以说，越是晚近的西方史学思潮，我们投入的热情和精力越多。

认识西欧崛起的历史与认识西欧崛起时期的史学是两回事。用业内人士的说法，后者属于史学史范畴。关注西欧崛起的历史，通常只会关注西欧政治民族经历的坎坷及其所取得的种种成就。西欧民族崛起时的修史反映了这些民族在崛起时面临的问题，而我们从这些修史中则可以看到西欧民族的政治禀性。

博丹的政治史学与国家危机

西欧崛起时期的史学在西方史学史上被称为“近代西方史学”，通常分为前后两个阶段，即14至17世纪的王政时期和17至18世纪的[反王政]革命时期(启蒙史学)。倘若如此，16至17世纪就至关重要，因为，这是从王政转向反王政或者说从“专制”转向“自由民主”的转折时期。

修史与史学理论也是两回事。西欧崛起的最初300年间，各色修史已经难以计数，而理论性质的史学著作屈指可数。博杜安(François Baudouin，1520-1573)的《论普遍历史的要义及其与法学的关联》(*De instituione historiae universae*，1561)通常被视为

① 参见凯利，《多面的历史：从希罗多德到赫尔德的历史探询》(1999)，陈恒、宋立宏译，北京：生活·读书·新知三联书店，2003，页325-346(以下简称“凯利”，随文注页码)。

西欧理论史学的开山之作，但在权威的史学史家凯利看来，让·博丹(1530－1596)的《易于认识历史的方法》(以下简称《方法》)问世比它仅晚5年，却"更具抱负"(凯利，页366)。[①]

由此看来，《方法》在西方史学史上理应占有非常重要的位置，毕竟，它为我们呈现了16世纪的西欧智识人对史学的理论认知。若与后现代的理论史学名著对观，两者的精神品质差异之大，尤为触目惊心。[②]

在不同的西方史学史学者眼中，《方法》得到的评价高低不一，这并不奇怪。如何认识比自己的德性更高的前人，对任何类型的带有思想性质的史学(哲学史、文学史)来说，都是恒在的难题。

布罗的《史学的历史》(2007)是晚近颇受好评的西方史学史普及读物，作者仅仅顺带提到，博丹"尝试撰写俗世的普遍历史，将文明的历史回溯到原始起源"。[③] 布罗甚至没有提到《方法》的书名，尽管他陈述了该书的一个关键特征：以俗世的普遍历史取代基督教的普遍历史。

凯利认为《方法》非常重要，"值得单独讨论"，因为该书的第六章是博丹后来出版的《国是六书》的雏形。不过，在接下来单独讨论《方法》的地方，凯利花了5页篇幅描述《方法》(凯利，页370－375)，却显得缺乏精当的概括能力。

布赖萨赫的心思缜密得多，他在"普遍历史的破碎化"这样的小标题下引介《方法》。[④] 尽管博丹致力构建基于自然秩序的

---

① 博丹，《易于认识历史的方法》，朱琦译，上海：华东师范大学出版社，2020(以下简称《方法》，随文注页码)。

② 比如柯林武德，《历史的观念》，何兆武、张文杰、陈新译，北京：北京大学出版社，2010；布罗代尔，《论历史》，刘北成、周立红译，北京：北京大学出版社，2008。

③ 布罗，《历史的历史：从远古到20世纪的历史书写》，黄煜文译，桂林：广西师范大学出版社，2012，页303。

④ 布赖萨赫，《西方史学史：古代、中世纪和近代》，黄艳红、徐翀、吴延民译，北京：北京大学出版社，2019，页236－237(以下简称"布赖萨赫"，随文注页码)。

普遍历史，政治民族的历史（或修史）仍然使得普遍历史难以为继：

> 在同神圣历史分离之后，普遍历史越来越像各民族、帝国和社会（今天我们也许可以称它们为“文明”或“文化”）的迷宫。（布赖萨赫，页 240）

尤其难能可贵的是，布赖萨赫强调，博丹写作《方法》与当时法兰西王国面临的政治危机有直接关系。

> 博丹的《易于认识历史的方法》是为其政治学巨著《国是六书》所写的前期作品。法国在 1550 - 1600 年遭受的深刻危机使得优雅的叙述和个人退居次席，而对社会制度、习俗和法律的描述和分析具有头等重要的意义。看来，只有这种作品和关于各个社会的比较史，才能够提供必需的答案。（布赖萨赫，页 245）

布赖萨赫所说的“法国在 1550 - 1600 年遭受的深刻危机”，指加尔文教派引发的法兰西王国的国家分裂危机。博丹既没有写过编年史书，也没有写过马基雅维里（1469 - 1527）的《李维史论》那样的古史评鉴，他写的是关于如何辨识史书的书。如果这样的史学教科书与法兰西王国的政治危机有关，那么，我们应该如何认识这部史学史上的要著呢？

我们不妨按照布赖萨赫的指引，从博丹面临的国家危机入手来认识这部史学教科书。我们理应想到，博丹面临过的危机对我们来说仍然可能随时会出现，因为，给他国制造分裂恰好是某些西欧国家的政治人的习惯。倘若如此，我们就不能认为，学习博丹的《方法》仅仅是史学史专业人士的事情。

博丹与加尔文

博丹比加尔文(1509－1564)仅小21岁,算得上是同时代人。在如今的学术文献乃至一般文史读物中,加尔文的名字时常可见,博丹这个名字却很少见。

尽管如此,博丹又不属于被如今的学术思考乃至一般文史作家完全遗忘的历史人物。由于他最早探究“主权”,而何谓“主权”的问题直到今天还困扰着世人,人们又不得不偶尔提到他的大名。这一现象隐含着一个政治史学问题:影响世界历史的为何是加尔文而非博丹?这种历史的偶然选择产生了怎样的后果?

1566年(明代嘉靖四十五年),年仅36岁的博丹出版了他的处女作《易于认识历史的方法》。那个时候,一个将要扰乱欧洲历史乃至世界历史的幽灵——加尔文教义正在欧洲像疫情一样迅速传播。

“疫情”这个语词用在这里,难免让人觉得带有当前色彩。其实,笔者用这个语词,仅仅因为沃尔泽在其研究加尔文式激进主义的杰作《清教徒的革命》(1965)前言开头的一句话令人印象深刻:

> 加尔文主义的圣洁和虔敬,令我们所有人都伤痕累累。如果说那伤痕没有留在我们的意识中,那么,它就留在了我们隐秘的精神中。①

沃尔泽的“我们”当然是指欧洲人,但如今的我们却很难说“我们”与加尔文式的激进主义不相干,更不能说它没有让我们的政治意识也伤痕累累。

---

① 沃尔泽,《清教徒的革命:关于激进政治起源的一项研究》,王东兴、张蓉译,北京:商务印书馆,2016,页vi(以下简称“沃尔泽”,随文注页码)。

按照当今的加尔文信徒撰写的加尔文传记中的说法：

> 到1575年左右，加尔文主义已经成为一种国际性的宗教，它确信自己有能力和权力把世界带入新的模式……必须点明，从美国的经验看来，实际也是如此。①

这无异于说，美国的成功是加尔文主义政治模式的证明。

加尔文出版《基督教要义》（以下简称《要义》）的首版（1536年）时十分年轻，才27岁，博丹在这年恰好到了上小学的年纪。博丹的父亲虽是做纺织贸易的商人，但观念很保守，他让儿子在13岁那年进了巴黎的加尔默罗修会（Carmelite Order）做见习修士。

在此期间，博丹逐渐对古典文史产生了强烈兴趣。在西方宗教分裂（史书上通常称为"宗教改革"）的背景下，这种兴趣对于博丹从小接受的基督教信仰来说具有致命的杀伤力，以至于博丹在世时就已经有人怀疑他早就不是基督徒，而是异教徒。

《方法》出版于加尔文去世（1564）后的第3年，当时的法兰西王国因宗教分裂引发的信仰冲突已经演变为内战，而法国的分离分子的精神资源正是加尔文教义。

> 毫无疑问，加尔文提供了法国加尔文主义者造反（不管我们视这个"造反"为防御性的，还是侵略性的）所需要的神学上的推动力量，而且他继续组织、支持法国的胡格诺派（即加尔文主义者）的暴动，直到1563年生命将尽之时，他还因认为休战协定背叛了自己而深感遗憾。②

---

① 麦格拉思，《加尔文传：现代西方文化的塑造者》，甘霖译，北京：中国社会科学出版社，2009，页197（以下简称"麦格拉思"，随文注页码）。

② 马莱特，《加尔文》，林学仪译，上海：上海译文出版社，2001，页76。

博丹20岁那年(1550)进图卢兹(Toulouse)大学学习法学,这所大学在当时以提倡人文主义学问闻名。大学毕业后,博丹学业优异留校任教,但29岁那年(1559),他离开大学到巴黎的王室高等法院当律师,原因据说是他对政治实践更有兴趣(一说因为他未能在大学获得长聘教职)。如果真的是法兰西的政治危机让博丹离开了大学,那么,法兰西王国因加尔文教的影响而陷入内战状态就是博丹关切政治现实的唯一原因。

在思想史上,博丹以卷轶浩繁的《国是六书》(*De Republica Libri Sex*,旧译"共和六书")留名青史,而其中的"主权"论最受思想史家关注。说到"主权",我们马上会想到如今国际关系中的国家"主权"问题。其实,博丹论述的"主权"首先指国王的绝对权力,而这恰好是加尔文主义信徒非常憎恨的东西。

加尔文大约在25岁时构思《要义》,27岁那年出版《要义》后,多次扩充:1539的第二版已经比3年前的第一版篇幅增加了3倍,依此而成的1541年法文本随即对当时的政治现实产生了极大影响,成了"新信条的经典之作"。① 到1559年最后定版时,加尔文对《要义》的修订(调整结构甚至改写)长达25年之久,其间不断有简写本行世,以满足欧洲各地信众的需要(麦格拉思,页138-143)。

博丹的《国是六书》出版后同样产生了影响,"1600年前的多次重印就可以为证"。据说,甚至在18世纪下半叶,《国是六书》的节选本都还"风靡一时"。②

其实,无论《国是六书》有多大影响,都无法与加尔文的《要义》相提并论,所谓"风靡一时"的说法实属夸张之辞:这种书没可能"风靡一时"。

---

① 沃格林,《政治观念史稿·卷四:文艺复兴与宗教改革》,孔新峰译,上海:华东师范大学出版社,2019,页348(以下简称"沃格林/卷四",随文注页码)。

② 沃格林,《政治观念史稿·卷五:宗教与现代性的兴起》,霍伟岸译、贺晴川校,上海:华东师范大学出版社,2019,页220(以下简称"沃格林/卷五",随文注页码)。

不仅如此，法国大革命之后，博丹迅速淡出世人的阅读视野。直到今天，400多年前（1606年）的《国是六书》英译本仍然是唯一的全译本，如今西方学界的一般学人所用的仅仅是节译本。[①] 加尔文的《要义》则不同，尽管篇幅巨大（1200页），英文全译本不断更新（沃格林/卷四，页353注2），甚至中译也有两个全译本，而且不断重印。[②] 若算上台湾和香港地区的繁体字版译本，就更多了。

当然，这种对比未必公平。加尔文的《要义》属于"抗罗宗"信众读物，博丹的书则不是，需要阅读的人不多，并不奇怪。何况，加尔文的《教义》几乎是在凭"我信"解释《圣经》，仅仅最后一个部分谈到政治，显得与政治不相干，而博丹的著作几乎无不与政治相关，想要阅读的人不多，也不奇怪。奇怪的倒是：直到今天，对世界政治产生影响的是加尔文的《要义》，而不是博丹的《国是六书》——这意味着什么呢？

如果加尔文扮演着"具有卡里斯马天赋的教师"角色，自认为"负有向较为简单的心智传达圣经教义的职责"（沃格林/卷四，页348），那么，他的《要义》将会产生怎样的政治影响，也就不难推想了：不外乎是让"较为简单的心智"自以为知道何谓好政治。[③]

博丹思想的基本原理在36岁那年出版的《方法》中"已经确定了"。在后来的每一部著作中，博丹都致力"特别突出"其思想原理的某一个部分，其他部分则"遭到不成比例的压缩"（沃格林/卷五，页226）。如果说君主主权论法理是博丹思想的基本要核，那么，在《方法》中，这一原理的确已经是核心论题。博丹致力于构建君

---

① 博丹，《主权论》，富兰克林编，李卫海、钱俊文译，北京：北京大学出版社，2008。

② 加尔文，《基督教要义》（上下册），徐庆誉、谢秉德译，北京：宗教文化出版社，2010；加尔文，《基督教要义》（三册），钱曜诚等译，孙毅校，北京：生活·读书·新知三联书店，2010/2011/2012/2013。

③ 比较凯波尔，《加尔文主义讲座》，见凡赫尔斯玛，《加尔文传》，王兆丰译，北京：华夏出版社，2014，页203－369。

主主权论，旨在为法兰西王国克制国家分裂危机提供法理依据，据说其史学思想具有“法兰西爱国主义”性质(布赖萨赫，页 238)。

倘若如此，一个引人兴味但也让人挠头的思想史问题就出现了：博丹在大学所受的教育与加尔文早年在奥尔良法学院所学的东西并没有什么大的差别(麦格拉思，页 53－63)，但加尔文教义导致的绝非仅仅是法兰西王国的国家分裂，博丹则为法兰西王国如何克制国家分裂殚精竭虑，为何两者的思想如此南辕北辙甚至针锋相对？作为一个法国人，加尔文为什么乐于见到自己的国家陷入分裂？

人的灵魂差异实在太大，这样的问题很难回答，我们不妨从与识读《方法》相关的问题入手：博丹探讨君主主权论的第一部著作为何是一部关于如何读史的教科书。

《方法》的结构和谋篇

无论从书名还是章题来看，《方法》都算得上标准的史学教科书。为了更好地把握作者的写作意图，我们需要先关注它的篇章结构。

除开相当于史籍评述的第十章，全书共有 9 章论述，各章篇幅参差不齐，有的还相差悬殊。第一章“历史及其分类”仅短短 5 页(按中译本计算)，第二章“历史文献的阅读顺序”有 11 页，第三章“历史材料的合理安排”有 14 页，第四章“史家的选取”突然增至 52 页，第五章“对历史的正确评价”增至 78 页。

第六章的论题骤然变了，至少从标题“国家政体类型”来看，不再是史学，而是政治哲学，虽然实际上仍然具有史学性质。这一章在全书中篇幅最长，约有 160 页，君主主权论就出现在这一章。

接下来的第七章“驳四帝国和黄金时代假说”的篇幅又猛然收缩，仅大约 13 页。第八章“普遍时间系统”有 36 页，第九章“各民族起源的检验标准"约40页。

9章论述的论题总体来看让人有杂然纷呈的感觉，若把9章论题归为三个部分，全书的结构就会显得非常清晰。第一部分涵括前5章（共约160页），不妨施加标题"论史"；第二部分即第六章，篇幅与第一部分大致相当，标题可简称"论政体"；第三部分涵括后3章（共约90页），若加上第十章"史家分类排列"，篇幅则与前两个部分相当，可统称"自然秩序与历史"。

由此来看，《方法》的结构安排不仅相当均衡，而且隐含着某种论述逻辑：论史-论政体-论自然秩序与历史。"论政体"（第六章）在中间位置，是全书的核心部分。我们不妨先读这一章开头的几个自然段，看能获得什么。

博丹首先说，

> 既然绝大部分史书是关于国家及其内部变迁的记叙，要理解历史，就必须简要解释国家诸起源、已经建立起来的各种形式、各邦国的目的，因为这些是迄今为止所有史书中最富成效、最有裨益的东西。其他事物对于了解灵魂之本性确有价值，对于塑造每个人的道德确实很好，但是通过阅读史家作品而搜集到的资料，那些关于城邦的开端、成长、成熟形式、衰败和消亡的资料，却是必不可少之物。（博丹，《方法》，页178）

这段话有3个要点。第一，博丹把史书理解为政治史，即"关于国家及其内部变迁的记叙"。博丹不会像如今的史学家那样，热衷于关注经济生活的方方面面，毕竟，那个时候的西欧仍处于政治体的形成期，经济生活并不丰富。

第二，史书仅仅记叙政治变迁，并不提供对国家起源、国家的各种形式以及"各邦国的目的"的思考。因此，"要理解史书"还需要关于政治的哲学。

第三，博丹提到"了解灵魂之本性"的学问，并与政治史学对比：了解城邦有如了解人的灵魂，不同的城邦有如人的不同灵魂。熟悉柏拉图《王制》的读者不难看出，这是柏拉图的观点。博丹与柏拉图和亚里士多德一起思考，我们与康德、韦伯、海德格尔、福柯一起思考，这是古今之别。

正如认识人的灵魂本性很难，要认识历史上曾经出现过的某个政治体（国家）的本性同样很难。何况，正如灵魂学中有何谓最好的灵魂这样的大难题，政治哲学中也有何谓"最好的国家"这样的大难题。即便在后现代的今天，这样的问题仍然没有消失。

> 亚里士多德认为，对于建立和维持人类社会而言，最有效之事就是了解治国之术。然而，伟人们对治国术的看法却各有千秋且分歧不小，值得注意的是，这么多世纪过去了，迄今为止还没有一个人阐释过到底什么是最好的国家。（《方法》，页 178）

这段话的意思并不是说，从来没有人思考或探讨过"到底什么是最好的国家"，而是说还没有人就这样的问题阐述过令人信服的原理。博丹当然知道，既然历史上的"伟人们对治国术的看法各有千秋且分歧不小"，谁要思考这样的问题，他就得参与迄今没有定论的歧见争分。

"什么是最好的国家"纯属理论思考的问题，在这段陈述中，它与纯属政治实践的"立法"问题成了同一个问题。看来，博丹思考"什么是最好的国家"不仅仅是出于沉思旨趣，还出于为自己所属的国家立法的实践意图。

> 柏拉图认为治国之术极其难懂，以至于没有人能够掌握，因此他提出了这种立法方法，以把城邦建立在坚实的基础之

> 上；如果圣贤之人收集完所有国家的所有习俗和法律后，再比较这些东西，也许就能从中调和出最好的国家类型。亚里士多德似乎尽其所能地遵循这个方案，却没有具体实施。亚里士多德之后，珀律比俄斯、哈利卡尔那索斯的狄俄尼索斯、普鲁塔克、狄奥和塔西佗（我略掉了作品没能保存下来的作者们）都在他们的著作中留下了卓越而重要的论述国家的观点。（《方法》，页 178－179）

按今天的分类，博丹这里提到的历史上的圣贤有两类：柏拉图和亚里士多德是哲人，珀律比俄斯、哈利卡尔那索斯的狄俄尼索斯、普鲁塔克、狄奥和塔西佗则是史家。尽管如此，作为“立法者”他们是同一类人。柏拉图和亚里士多德的作品绝非没有涉及历史中的政治变迁，珀律比俄斯、普鲁塔克、塔西佗等纪事作家的作品则绝非没有涉及“什么是最好的国家”的理论问题。

博丹随后对同时代的政治作家作了一番评述，他首先提到比他早大半个世纪的马基雅维里：

> 马基雅维里也就国家（Republica）之事写过很多——我以为，他是野蛮习俗在 1200 年前毁掉一切之后的第一个人。[他的话语]在每个人口中流传，无疑，若是他能将古代哲人和史家作品中的知识与他的经验相结合，就能写出更充分更有益的东西，更贴合事实。（《方法》，页 179）

看来，马基雅维里的史论在当时确实已经相当有影响。我们应该意识到，博丹说的毁掉一切的“野蛮习俗”，就是马基雅维利和博丹的祖先的习俗。日耳曼各部族争相形成自己的王国已经有数百年历史，但直到 13 世纪以来才开始出现自己的史书和立法书（大多体现为君主教育读物）。

博丹对马基雅维里的说法有褒奖,也有批评:褒奖他从头开始寻求最佳政制,批评他未能"将古代哲人和史家作品中的知识与他的经验相结合"。由此可见,对于15-16世纪的西欧智识人来说,如何看待蛮族习俗毁掉一切之前出现过的政治体以及大量的立法书,意见并不一致。

这时的西欧智识人还不知道地处东亚的中华帝国,也不知道有《荀子》《韩非子》乃至《春秋繁露》一类的立法书,甚至到了18世纪,西欧智识人仍然不知道这些立法书。欧洲人的"野蛮习俗"并未毁掉中国的古老政治知识,但欧洲人的新政治知识会毁掉它吗?

博丹接下来对自己同时代的史书作家作了简扼评述,然后他就谈到了自己写作《方法》的意图:

> 因此,研究哲人和史家关于国家的争论,并将我们之前的帝国与现在的帝国相比较,我所计划的这本《方法》似乎就有用武之地。如果所有因素都得到恰如其分的关注,也许就能更清晰地理解各国的普遍历史。从这种讨论中,我们可以受益匪浅——更易于理解君主国需要什么样的法律,以及民主式和贵族式国家需要什么样的法律(因为国家类型不同,法律也应有所不同)。(《方法》,页180)

很清楚,对博丹来说,史学是立法学的准备或基础,普遍历史是帝国比较的历史。研读史书是为了考察历史上曾经有过的各种政体,以便搞清作为君主国的法兰西王国"需要什么样的法律"。

有人可能会说,在博丹眼中,史学显得像我国儒家传统中的春秋学。我们最好不要如此简单地类比,反倒值得看到,我们的儒生从古至今都未曾面对博丹面对过的历史中的政体和立法书的多样性。正因为如此,当晚清大儒面对西欧民主政体的挑战时才会惶然失措。直到今天,我们的学界也未必搞清了君主式、民主式和贵族式国家各自的法理,以及各自需要什么样的法律。

历史与自然秩序

现在回头阅读"献辞",我们不难理解,博丹为什么会把这部书献给他心中潜在的"立法者",而不是仅仅熟悉法律条文的法官阶层。

> 当我走进法庭,为了在公众的关注下生活,如常言所讲,为人民服务,首先就承诺自己,我要把所有时间从法庭事务中抽出来,转向对法理之事的研究;并且,不管是以写作的方式,还是其他任何我能够做到的方式,我要报效国家,它仅次于不朽的上帝,赐予了我们一切。(《方法》,献辞,页1-2)

法官阶层是法兰西王国制度结构中的担纲者阶层,以古典人文学养为基础,相当于我们的儒生。不同的是,法兰西王国的法院往往会代表地方封建贵族的政治利益。与这个阶层争夺国家支配权的是罗马教会的教士,他们面临效忠教宗还是效忠国家的两难。由此可见,西欧新兴王国的王权虽然世袭,却是有限王权:既受王国内地方封建贵族势力制约,又受罗马教廷的制约。在博丹的时代,随着商业文明的兴起,王权还正在面临新生的资产者阶层势力的制约。

由此来看,"献辞"的这段开头让人印象深刻:博丹自觉自己不是法律条文家,他的抱负是探究"法理之事"(legitima),即探究人世生活的基本法则。看来,博丹年轻时经历过的人生选择不止一次:起初是离开大学到巴黎王室法院做法律人,然后是"把所有时间从法庭事务中抽出来",思考人世政治生活的根本问题。

不过,就把政治共同体(国家)视为自己一生的献身对象而言,博丹的两次人生选择又显得是一次循环：沉思—实践—沉思。虽然博丹把国家摆在了“仅次于不朽的上帝”的位置，但我们看得出来，他这样说实际上把上帝与国家分别摆在了不同的位置——如古训所言：上帝的归上帝，恺撒的归恺撒。

博丹意识到，作为国家的栋梁，法官阶层正在取代教士对国家的支配权。证明这一点的是，博丹紧接着就许诺，他将在《方法》中尝试“建立普遍法”(universo jure statuere)的基本结构。这里出现的“普遍法”一词不仅针对当时的法兰西王国仍在沿用的罗马法文献，同时也针对罗马教会的教权法。

换言之，博丹意识到，法兰西王国虽然已经经历了几百年历史，仍然缺乏属于自己的基本法。罗马法和罗马教会的法律背后都有“帝国”理念，然而，罗马帝国早就是历史的陈迹，而罗马教会也已经分裂。法兰西王国的立法必须从头开始做起，即通过考察整个人类历史的立法经历为法兰西王国重新立法。

> 我所有的研究，所有的思想都是为着这个目标。一开始，我在一张表中为您呈现出我设计好的普遍法结构，从这些原始资料中就可以追溯最主要的类型及每一类型的各部分，一直到最细枝末节处。(《方法》，献辞，页3)

今天的我们会感到难以理解，博丹要求法官阶层接受的古典训练，不是哲学或修辞学(相当于如今的文学)，而是史学：普遍法学与普遍史学相叠合。由此我们可以理解，博杜安的史书为何名为《论普遍历史的要义及其与法学的关联》。问题仍然在于，这种联结意味着什么呢？

在《方法》的第三部分，博丹让我们看到他如何尝试“建立普遍法”的基本结构：首先是破除当时的德意志学人喜欢谈论的“四帝国说”(亚述、波斯、希腊和罗马帝国)和“黄金时代假说”。按照这种说法，前三个帝国都已经灭亡，唯有罗马帝国还活着，因为现在的神圣罗马帝国是罗马帝国的延续。①

博丹说，德意志智识人起劲传播这种出自旧约《但以理书》的四帝国说，不过是为了替神圣罗马帝国提供历史的普遍法则。显然，博丹驳斥这一古老传说，是因为它对法兰西王国的崛起不利（布赖萨赫，页238）。借助普遍历史的材料，博丹试图证明，所谓的黄金时代和白银时代的英雄不过是些强盗。与过去的政治体相比，今天的西欧王国堪称进步："他们所称的'黄金'时代与我们的时代相比，会显得像黑铁"（《方法》，页348）。由此看来，历史"进步论"的原初含义是为了证成西欧新兴王国崛起的正当性。

博丹在这里提到加尔文，而且似乎是《方法》中唯一的一次提到加尔文：

> 我完全同意加尔文在被问到关于《启示录》时的回答，那个回答既智慧，也圆滑，他坦率地说，完全看不懂这个含糊的作者表达的意思，对于作者的身份，博学者们还没有一致意见。同样，我也不明白如何把野兽和但以理讨论的图景与那些帝国联系起来。那些帝国如今在各处繁荣，而且数世纪以来一直繁荣。（《方法》，页342）

博丹的个人信仰迄今是个史学之谜，据说在写作《方法》前后的数年里，博丹曾一度是个加尔文信徒。1569年，他"作为一名胡格诺派教徒曾遭到囚禁"，后来还"险些没能逃过圣巴托洛缪大屠杀"。但博丹的生平材料传世太少，种种推测难以落实，从晚年的作品来看，据说他更像是个隐藏的犹太教徒（沃格林/卷五，页228）。

---

① 参见沃格林，《政治观念史·卷一：希腊化、罗马和早期基督教》，段保良译，上海：华东师范大学出版社，2019，页147－159，171－181。

无论如何，凭靠这段提到加尔文的言辞，史学家们很难断言博丹是加尔文信徒。毕竟，博丹在这里借加尔文的说法否定了《圣经》对世界历史的解释权，为他用“普遍法”解释历史提供了支撑，而这在根本上与加尔文主义背道而驰。

为法兰西王国寻求在普遍历史中的定位必须否定“四帝国说”，但为法兰西王国的崛起作证还需要建立新的帝国说。在接下来的第八章“普遍时间系统”，我们就看到了博丹在“献辞”中许诺“建立普遍法”的尝试：既然普遍历史要考察普遍视野下的“所有民族的历史”，就需要确立一个“普遍的时间”。

确立“普遍时间”得设定一个时间上的开端，而基督教的《圣经》已经设定了开端，这是毋庸讨论甚至不容讨论的问题。博丹却说，虽然设立时间的开端具有权威性，但这个问题仍然值得讨论。

> 与其让权威来确立这个开端，不如凭借必要的讨论，因为，对于希望被理性引导的人来说，权威没有任何价值。诚然，如果希伯来人的神圣源泉和神法启示都有内容见证世界诞生有确切之时，再去探究似乎有罪——怀疑，即是恶。（《方法》，页357）

这话说得模棱两可：既不认可权威，又认可希伯来的神法启示的权威。博丹接下来说，哲学的权威有助于神性的权威，但从神学的立场上讲，神性的启示权威无需哲学理性的权威。

> 如果能凭借哲学家的权威和理性的力量来让人明白，世界不会永存，它是不朽的上帝在某一确切的时间点所创造，我们就会更相信神的历史。因此，相信创世有赖于如此辉煌的第一因，将会增强我们对上帝的敬畏和挚爱。（《方法》，页357）

博丹这样说暗含的意思是:神性启示是希伯来人的权威,并不具有普遍有效性。如果要确立“普遍时间”体系,还得凭靠哲学理性。但在表面上,博丹仅仅说,哲学所证明的东西与希伯来圣经证明的东西是一致的:上帝的创世与哲学的“第一因”是同一个东西。

博丹接下来就让亚里士多德出面提出反驳:他竟然“敢于设想世界的永恒性(mundum aeternum)”(《方法》,页 357)。亚里士多德的观点显然与基督教的观念相悖,因为,如果“世界是永恒的”,就不会是上帝所造的。

博丹的行文在表面上拒绝亚里士多德的观点:所有学派的神学家和哲学家都驳斥亚里士多德的论证,因此,亚里士多德是错的。显然,这个理由并不充分,因为,亚里士多德的观点是理性的。博丹表面上说,亚里士多德的自然观(“世界是永恒的”)会得出“荒谬且充满不敬”的结论:

> 上帝既不能维持太阳的轨迹,也不能审视天体群星的影响力,不能改变宇宙自然中的任何事物。他甚至无法按照自己的意志改变人的冲动和意志。(《方法》,页 359)

其实,这正是博丹想要得出的结论。因此,与其说博丹在反驳亚里士多德的观点,不如说在展示他的观点:如果承认上帝有自由意志,就得承认世界有开端,从而断定世界受上帝的意志支配,但实际上世界受自然的必然性统治。博丹让读者看到,在亚里士多德看来,有些事物取决于必然性,有些事物取决于意志,有些是自发的,更多的则由机运决定。

博丹甚至让亚里士多德与摩西对峙,这意味着让历史上的思想人物脱离历史的时间顺序,直接展现他们在一个根本问题上的对立:世界究竟有还是没有开端。

接下来,博丹以同样的方式反驳“有些哲学家”的如下观点:

“没有任何事物是从无而来(ex nihilo nihil nigni)”(《方法》,页360)。上帝从无中创造了世界,这是典型的犹太基督教的观点。博丹表面上站在基督教的信仰立场,但他接下来说,

> 亚里士多德的阐释者们也提出了一个论点,这个论点的确困扰了摩西:他们说世界的存在要么必然、要么可能、要么不可能。如果不可能,世界就从未存在过;如果必然,世界就一直存在着;如果在其存在之前有存在的可能性,其存在的能力,或用他们的话语,存在的潜势就位于某种实体中。因此,就有某种东西从潜势发展为现实。但是,我不得不承认所有这些论述,他们寻求的那种潜势,我将其置于一种存在(ente),即永恒有效的原因。我不知道反之还能说什么。(《方法》,页363)

至少从表述上讲,这个“永恒有效的原因”是希腊形而上学的语汇,而非基督教的语汇。由此可以说,“普遍时间”一章看起来是在反驳亚里士多德,实际上是凭靠亚里士多德来反驳“世界有始有终,天体物质会流变,时间也有始有终”这样的基督教时间观念。在这里,我们没有看到博丹为基督教的神圣历史观辩护。

博丹以双重笔法凭靠亚里士多德的自然观来建立一种自然秩序,以此作为“各民族起源的检验标准”,这就在根本上颠覆了基督教普遍历史的根基。换言之,支配世界政治的不是基督教的神圣历史法则,而是自然秩序法则。

快到结尾时,博丹明确说,亚里士多德的观点与犹太思想家的看法并不矛盾:

> 如果这世界是一个自然机体(naturate corpus),就包括质料与形式,如所有物理学家所讲。同样,它也就是一个混合

体。不仅如此,任何混合物、由各个部分合成之物都无法从自身生出,这是亚里士多德的教义。

因此,世界之存在就有一个动力因,亚里士多德也承认这一点。卡丹(Cardan)没有完全领会这点,他否认上帝是世界的动力因,这违背他哲学家或基督教徒的身份。但是,亚里士多德承认了这一点,也就不得不认可,世界之因先于果,不仅本质上如此,时间上也应如此。否则,离开时间和被创造出来的那一瞬,各种彼此不同的异质部分所构成的自然机体无法被创造。这与自然本源和亚里士多德的教义不符。(《方法》,页372-373)

接下来的一段话值得注意,它挑明了自然秩序与普遍历史的关系:

可以说,上帝不仅在本质上,而且在时间上,都先于世界,同样,世界的本质是一个质料体,必然会消亡。那么多千年以来,国家和帝国藏在何处,那么多世纪以前的各种事行的记忆何在,当我们问这个问题时,听听回应很有益。

我们被告知,由于大火和洪水反复出现于地球,人类死亡;转而,从地球中,在新的温暖和种子的孕育下,人类又获得重生。梭伦从埃及人那里得知这个观点,又希腊人中传播;然后,阿那克萨戈拉、柏拉图在其《美涅克塞努》和《蒂迈欧》中、亚里士多德在《论题篇》中、阿维森纳在《论洪水》中都确证了这个观点。

最后,亚里士多德在《形而上学》卷一、阿威罗伊在他关于《论灵魂》的文本的卷三处似乎又放弃了这个观点,否认曾有洪水淹没了整个地球。(《方法》,页373)

这段话最后还出现了“普遍自然”(universa natura)这个语词，博丹以当时的新自然学家哥白尼(1473－1543)在《论天体的运动》中的例证来证明托勒密的错误，其实是证明犹太-基督教的错误。

由此来看，《方法》的第三部分与第一部分形成了历史与自然秩序的对照：自然秩序不仅是“各民族起源的检验标准”，也是支配历史的“普遍法”。

普遍历史与政治教育

从“献辞”来看，博丹的《方法》是写给法官阶层的。这意味着，博丹关切的是治国者阶层的政治教育。因此我们看到，在第一部分“论史”的开头(第一章)，博丹对历史知识作了分类，即按知识类型将历史知识分为三类：属人的历史、自然的历史和属神的历史，用哲学术语表达，即或然的知识、必然的知识和神圣的知识。与此对应的是三种德性：审慎、求知和信仰。第一种德性指有能力区分卑劣与高尚，第二种德性指有能力区分真实与谬误，第三种德性指有能力区分虔诚与不虔敬(《方法》，页9)。

通过对知识及其相应的德性的分类，博丹意在排除神学知识对政治生活的支配权。显然，在基督教具有政治法权的时代，这种思想非常危险，即便对于新生的新教来说同样如此。谁若用虔诚与不虔敬的区分取代卑劣与高尚的区分，他就会成为一个加尔文主义者。

博丹说，三种知识有一个高低秩序，关于“神圣事物的历史”是最高的知识。但是，关于属人事物的知识是首要的知识，因为，“大自然母亲赋予人的首要欲望(primum studium)就是自我保存(conservandi)”。随后才是关于自然的知识，“对自然运转的敬畏使人逐渐开始探究这些运转的缘由”。

因此，探究的次序就发生了转变，从最初思考我们自身、

我们的家庭和社会，被引向询问自然，最后探究不朽上帝的真实历史，即静观。(《方法》，页10)

博丹把“探究不朽上帝的真实历史”称为“静观/沉思”(contemplationem)，而这个语词通常用来描述哲人。加尔文显然不能同意，“信仰”是一种“静观/沉思”。

博丹紧接着就说到哲人与常人“较为简单的心智”的区分：

有些人在某种程度上已经训练过自己沉思重大事务，能很好地理解业已揭示的哲学秘密，可是对于还未被允许窥探这些秘密的人来说，最后一项何等困难！(《方法》，页10)

博丹心目中的读者既非“较为简单的心智”，也不是凭信靠上帝生活的教士，而是有探究自然秩序法则的热望之人：

我们督促那些从厚厚的黑雾中走向光明的人专注于观察，首先观察太阳投射在地球上的光辉、然后再观察太阳投射在云中、依次再到月亮上的光辉，目的是强化自己的视力、有朝一日或许能够凝视太阳本身，同时我们也得要考虑没什么学问的人的利益。(《方法》，页10-11)

博丹称这类人为“卓越之士和博学之人”，在他看来，这种类型的人应该取代基督教教士。因此，他要求这样的人既要观照自然，又要探究属人的历史。

由于属人的历史大部分源于世人的意志，而人一直都踌躇游移、毫无目的——更有甚者，每一天我们都会面对新的法律、新的习俗、新的制度，因此，总体上讲，属人的行为不可避免

> 会不断出现新的错误，除非遵循自然的引导。(《方法》，页 11)

属神的历史相当于基督教信仰上帝的历史，也就是基督徒群体(教会)的历史；自然的历史是哲人探求自然秘奥的原因获得的自然知识的历史；属人的历史是人类生活的政治经验的历史，即法学家应该掌握的历史。在文艺复兴的人文主义者那里，属人的历史与自然的历史交织在一起；在基督教教士那里，属人的历史与属神的历史交织在一起。

在博丹这里，三种历史表面看来平分秋色，其实他凸显的是属人的历史的独特性。他要求把神的历史留给神学家，把自然的历史留给哲学家，"卓越之士和博学之人"专注属人行为以及支配属人行为的各种法则。用今天的话来说，政治家应该是"卓越之士和博学之人"。

可见，在《方法》的第一部分"论史"中，博丹已经用他的"普遍法"原理来重新规范历史知识，即让历史脱离上帝的旨意。因此，在博丹那里，我们找不到启蒙哲人式的"历史主义"萌芽。

凭靠三种知识的区分，博丹把审慎摆在了政治德性列表的首位。由于在柏拉图笔下的苏格拉底那里，审慎已经被视为哲人的首要政治德性，我们必须说，博丹的确应该被视为"异教徒"。正是在这样的前提下，博丹提出了史学教育或者说政治教育的重要性。

> 要具有审慎，没有比历史更重要更关键的因素，因为属人生活的各种情节有时会周期般重现、自我重复。我们认为，必须要注意到这一点，特别是那些不过隐居生活、与属人的立法大会和团体(societates)紧密联系的人。(《方法》，页 12)

"周期般重现、自我重复"的现象，恰恰是自然现象。随后，博丹就进一步把属人的历史分为"个别历史"(propria historia)和

"普遍历史"(universa historia),它的另一个名称是"共通史"(communis historia)。我们知道,这些概念不是博丹的发明,而是来自古希腊的史家。[①]

"个别历史"记叙个人或单个民族(populus)的言和行,"普遍历史"要么"叙述诸多人或城邦的作为"和"叙述几个民族的作为,如波斯、希腊、埃及";要么"叙述所有民族流传下来的作为,或至少是最著名的那些民族"(《方法》,页12)。可以看到,所谓"普遍历史"就是如今所说的世界历史:

> 我称为普遍历史的那些记录,囊括了所有民族或最著名的民族的种种事务,或是记叙了一些著名人物在战争中以及和平时的事迹,那些事迹从他们民族起源的早期一直流传到我们的时代。(《方法》,页16)

普遍历史的要素是两个:政治体[国家](civitates)的事迹和从起源的早期直到现在的时间。即便记叙的是那些著名政治体[国家]的历史,那也算得上是"世界史"了。毕竟,无论斯塔夫里阿诺斯(1913-2004)的《全球通史》,还是威廉·麦克尼尔(1917-2016)的"全球史",都没有做到记叙所有民族的历史,仍然主要记叙的是一些著名的文明民族的历史。[②] 毋宁说,如今的所谓"全球

---

① 比较狄俄多儒斯,《论共通史》(顾枝鹰译),见刘小枫编,《西方古代的天下观》,杨志城、安蒨等译,北京:华夏出版社,2018,页7-16。

② 比较斯塔夫里阿诺斯,《全球通史:从史前史到21世纪》,董书慧、王昶、徐正源译,北京:北京大学出版社,2005;约翰·麦克尼尔/威廉·麦克尼尔,《麦克尼尔全球史:从史前到21世纪的人类网络》,王晋新、宋保军等译,北京:北京大学出版社,2017。汤因比的世界"文明史"研究把世界历史上的文明分为21个政治单位,并以比较的方法来探究世界文明的发展,但他仍然更多关注的是几个主要文明的形成特征,不可能做到记叙所有民族的历史。参见汤因比,《历史研究》,曹未风等译,上海:上海人民出版社,1959/1986,上册,页304-321。

史”更多强调的是所谓全球关联和视野。

问题在于：应该如何把“所有民族或最著名的民族”纳入一个历史框架。博丹在这里提出了一个“囊括所有时代的总表”：

> 这张表需要包括世界的起源、大洪水、各个最著名的国家和宗教的起源和灭亡时间，如果已经灭亡了的话。可以参照创世、建城、奥林匹亚运动会的时间，或者如果理由充足，也可以参照基督纪元、阿拉伯人的大逃亡年（在流行的编年史记录中已经被略去）等标准来确定事件的发生时间。（《方法》，页17）

用今天的说法，博丹已经具有“全球”眼光，尽管还受到地理视野的限制。毕竟，他没有用基督教的神圣历史观来看世界历史。

有了年表，就可以建立起简要的编年史：

> 不仅记录了有代表性的民族，也囊括所有民族的起源、形势、变化和衰落情况。但叙事也需要简洁，能够几乎一览之下就了解每个国家已经建立起来的形式。（《方法》，页 17）

博丹数落了一系列这类普遍历史编年简史的史书作家，其中提到的梅兰希顿（1497－1560）最值得注意。此人是路德的战友，博丹称赞他“简洁而准确地记录”了著名的国家，但“有时在教会纷争上过于啰嗦，因为他太关注宗教和虔敬”。博丹建议忽略这些说法，可见，即便对基督教政治体的历史，他也要求非宗教化的记叙。

博丹推荐的阅读（进而暗示写作）史书的方式是：首先研读世界初始的主要事件，然后才阅读对普遍历史更为具体的解释。研读普遍历史时，首先要按照更为著名的政治体出现的年代顺序去阅读各民族的历史，然后再研读较小、较不重要的政治体的历史。

重要的是，博丹的普遍历史的个别史没有从希伯来民族的历史开始。

> 既然迦勒底人、亚述人、腓尼基人和埃及人首先创建了治理国家的法理（Republicae gubernanddae ratio）、学科体系（disciplinae）和人类品质（humanitas）本身，我们就应该从研究这些民族的古代史开始。（《方法》，页18）

即便是希伯来人的历史，博丹也强调要关注其属人的政治维度：

> 研究方式应该是，先研究国家建立的体系，再研究宗教建立的体系，因为后者属于第三种历史，要求更尊贵的静观心灵（altiorem contemplationem）。（《方法》，页19）

可见，博丹把属于神圣历史的内容也变成了俗世的历史，而且要求用哲人的静观而非虔敬的信仰来理解希伯来人的历史。

希伯来人之后才是米底斯人、波斯人、印第安人和塞西亚人的帝国，而后转向希腊人和罗马人。

> 在帝国的威严和事迹的荣耀方面，意大利人超过了其他所有民族，在正义方面，他们也声名显赫。因此，似乎他们不仅在法律和制度方面使其他民族黯然失色，而且迄今为止在语言上也异乎寻常地卓越。必须用功探究意大利人的整个古代史，因为他们和迦太基人发生了历时长久耗资巨大的战争，所以，同一个作者事实上会讲述两个民族的历史。（《方法》，页19）

博丹特别提到凯尔特人，说“很可能他们比意大利人还要古老”，在罗马崛起前就已经有名，“统治范围从比利牛斯山和大西洋一直延伸到莱茵河和阿尔比斯山区域”。然后是德意志人，被阿尔比斯山、莱茵河、维斯瓦河、喀尔巴阡山脉和波罗的海环绕，还有其邻居即北欧人(丹麦人、挪威人、瑞典人和斯堪的纳维亚人)。尽管欧洲人种很多，在博丹的时代，他仅仅提到“在法兰西、英格兰、西班牙和意大利建立了最繁荣的帝国”——意大利的帝国应该指教宗国(《方法》，页20)。

再接下来是阿拉伯民族，这个民族也很古老，“但由于怠惰而长期不为人知，直到从沙漠中突然崛起”。

> 他们从波斯人和希腊人手中夺取了对亚洲和非洲的控制，在欧洲也取得了巨大胜利。他们不仅传播武器，而且把宗教、习俗、制度和语言传播到全球。一般人称之为萨拉森人(Saracens)，然而，他们是不同民族的混合体，只是阿拉伯人自己占据了支配地位。(《方法》，页20)

博丹没有回避阿拉伯人对基督教欧洲的压力，但他并没有细说，没有提到十字军东征，以及欧洲的基督教与伊斯兰教的冲突，反而是提到正在崛起的莫斯科公国：

> 接着，我们应该研究土耳其人，他们从里海沿岸向亚洲推进，以武力一点一点渗透小亚细亚地区，直至整个希腊和埃及。我们也不能忽略鞑靼人的帝国，他们统治着伊迈乌斯山脉(Imaeus Mountain)和里海以外幅员辽阔的地区。还有莫斯科人(Muscovites)，他们从伏尔加河地区发源，把疆域拓展到顿河和第聂伯河区域，最近还占领了利沃尼亚(Livonia)。最后还有美洲人和那些控制了南非海岸和印第安海岸的民

族,理解他们的历史也会有用且愉悦。(《方法》,页 20-21)

博丹的普遍历史的地理视野与地理大发现的进程相关:1553年,英国女王玛丽一世命令英国远征队向东北方向航行,与莫斯科公国正式建立了贸易联系,并为英国商人谋取了极为有利的贸易优惠权。可以看到,博丹堪称最早的具有全球视野的地缘政治学家。

直到今天,基督教欧洲与俄罗斯人的地缘政治冲突还没有结束。在 20 世纪的第二次欧洲大战中,凭靠击败德意志人的进攻,俄罗斯人将自己的政治边界成功地推进到中欧,让西方基督教世界惊恐不已:丘吉尔惊呼,“我们杀错了猪”! 由此来看,20 世纪末苏联瓦解对俄罗斯人来说损失有多大:基督教欧洲趁机把自己的政治边界推进到乌克兰东部,几乎把俄国人逼退到 17 世纪之前所在的地缘位置。①

除了地缘上的民族,博丹尤其关注政体,因此他说,

> 我们不仅要研究伟大的国家,也要研究一些普通的、不太重要的,例如,罗得岛人、威尼斯人、西西里人、克里特岛人、赫尔维西亚人、亚加亚人、热那亚人、佛罗伦萨人等等的各个公国(Respublicas)。(《方法》,页 21)

除了政体,博丹的普遍历史视野强调研究杰出个人的事迹。

> 研究了所有国家的历史,接着要探究一些声名显赫之人的事迹,他们获得名声,或是靠权力、或是因其种族的优越和

---

① 比较爱伦·丘,《俄国历史地图解说:一千一百年来俄国疆界的变动》,郭圣铭译,北京:商务印书馆,1980,页 34-35。

富裕、或是因其英勇和谋略能力。每个读者需要根据自己的判断在这些人中选择,将每个英雄的言辞和行事对应于他的生活理念。(《方法》,页 21-22)

博丹甚至谈到了教育的次第:

研究完属人事务,如何还有闲暇细读自然科学,会发现从自然科学出发更容易接近神学。另一方面,如果有物质或生活环境方面的困难,需要承担这些的责任,就应该开始其职业生涯。抑或,如果生活中已经没有空间留给各种活动,就做一个旁观者,以自己的双眼,观察那些曾在书中阅读过的无生命的画面所描述的属人事务。(《方法》,页 22)

这话意味着,属人的历史而非神学或圣经是治国者教育的基本内容,这显然是为了法兰西王国的长治久安。生活"有闲暇"的人才进一步学习哲学(即自然科学),神学被推得很远。

关于神圣历史,博丹的论述很短。不仅如此,博丹所说的"神圣历史"已经不是唯一基督教的历史,而是如今所谓世界宗教史。

首先需要收集每一种宗教的主要教义。我们要清楚每一种宗教的创始人是谁;它的开端、发展、最终的形式和目的如何;每一种宗教中,什么与德性相关,什么无关。有些杰出的哲学家研究宗教和最高的善,我们还需要阅读他们的观点,从他们揭示出来的所有观点中,真理之光能更清晰。从这一材料中,可以有效地获取许多东西,通过这些东西才能汲取奖品,以侍奉给全能的上帝,如同希伯来人从埃及人那里所获得的一样。(《方法》,页 22)

博丹不但提倡研究各种宗教，而且提出要关注哲学家对宗教的研究——如今所谓的宗教学。博丹力图提出一套系统的学问来代替基督教的世界观，这套学问的顶层设计是自然的宇宙学，因为，基督教的上帝来自希伯来民族，从而仅仅是世界中的一种宗教而已。面对各种宗教，只有从自然的宇宙秩序出发，才能更好地观察历史中的各种宗教。

以宇宙学(Cosmographiae)来比拟就很容易理解我们所讲的编排历史一事。因为，这个学科与史学的联系和相近关系是，一个是另一个的组成部分。(《方法》，页22)

宇宙的整体包含天体和地理，对于历史研究而言，最为重要的宇宙学分支是地理学：

如果有什么技艺对于史家至关重要的话，我认为地理学一定排在首位。因此，正如一个希望了解宇宙学的人一样，史家必须研究把整个世界囊括在一小张地图中的表达方式。然后，他应该注意各个天体之间的联系，参照四大要素物质并从各种元素中分离出星图学(uranographiam)：从气中分离出水和土。(《方法》，页22－23)

直到今天，史学专业也未必把“地理学一定排在首位”。博丹所说的地理学首先指自然地理知识，即按照海洋与陆地的划分，根据对气流规则的观察来确定两个海洋的性质和范围以及陆地的分布。博丹把地球分为四个或者五个部分，即欧洲、亚洲、非洲、美洲和东南大陆，并要求参照其他几个部分和天空的位形来确定每一部分的状况。

接下来是“年代学”(Chronographiam)的技艺，其目的是确立四大洲或五大洲的具体地理分布，这又需要“地形学”(Topographiam)的技艺，这种技艺的基础是“测绘学”(Gromaticam)：

> 这涉及到著名的城镇、港口、海岸、海峡、海湾、地峡、岬角、田地、丘陵、斜坡、岩石、峰峦、旷野、牧草、森林、小树林、矮林、大草原、丛林、植物篱、公园、果园、绿地、柳树种植园，以及所有筑有防御工程的城镇、殖民地、辖区、自治城、要塞、大教堂、村落、行政区和庄园。(《方法》，页 24)

我们会感到奇怪：为何“年代学”会与“地形学”联系在一起。其实，博丹在这里说的是如今所谓的历史地理学。很清楚，这里提到的地形诸如田地、港口、果园、种植园等等，无不是政治地形，更不用说“筑有防御工程的城镇、殖民地、辖区、自治城、要塞、大教堂、村落、行政区和庄园”，它们在历史中与政治体的从属关系经常发生变更。

在厘清纪年顺序的前提下来看待政治地形的变化，才能理解个别历史。如果与 20 世纪初期费尔格里夫的《地理与世界霸权》对比，那么，我们会清楚看到，除了整全的世界地理视野之外，费尔格里夫增加的仅仅是大英帝国的地缘政治意识。[①]

自然的抑或宗教化的史学教育

博丹尤其强调，研究普遍历史必须要有整全的视野：在研究各个地区的地图之前，必须了解整个宇宙中的各个部分之间的联系以及部分与整体之间的联系，否则就会犯错误。在 19 世纪以来的世界史学家那里，整体性的宇宙意识没有了(生态意识不等于宇宙

① 费尔格里夫，《地理与世界霸权》，胡坚译，杭州：浙江人民出版社，2016。

意识),取而代之的是“普世价值”意识。

用今天的说法,普遍历史就是世界的政治史,不同的是,博丹对政治的理解是“自然的”而非福音派式的理解。博丹对“属人事物”的具体描述,正是各类世界史的研究对象。

> 让我们按顺序安排。第一类是与保护人的生命、躲避疾病和攻击的技艺相关的职业,例如狩猎、牲畜养殖、农业、建筑业、体育和医学。第二类属于贸易、领航、纺织和机械技艺等。第三类是为了防御和获得更好的生活,特别是能够获益的技艺,那些技艺教我们积累财富、并将所获之物应用于宏伟事业。(《方法》,页 29)

这里所描绘的人类活动就是今天所说的文明进步,但在博丹那里,人类在技艺方面的进步及其由此带来的经济生活方式的变化,也属于人的自然活动,并不带有启蒙史学之后的普遍历史常见的进步论意识形态。因此,在谈到这类技术性的“属人事物”时,博丹同时谈到人世历史中的“偶然”。

与古典时期的史家一样,博丹更看重“偶然”在属人历史中的支配性作用。承认“偶然”看起来既否定了上帝的神意,也否定了所谓的自然法则(所谓“自然规律”),博丹却说,“偶然”不过是深不可测的神意与自然法则的意外相遇:

> 人们碰巧遇到的偶然事件(虽然没有什么是偶然的,但我们就用常用词吧),虽发生在人身上,但似乎部分来自神,部分源于自然。相关的例子有,塔西佗曾记述,5 万费德奈人丧生于剧场坍塌。这件事应该放在“关于死亡”的标题下。亏损、沉船和意外战败都应归于此类。(《方法》,页 38)

博丹的观点其实来自亚里士多德的自然观。他在论“普遍时间系统”的第八章尤其强调了亚里士多德的一个根本性主张:支配属人世界的是“机运”。尽管他说,“作为一个哲人,认为事情的发生没有原因,即把任何事都交给机运”,没有什么“比这更不光彩(indignius)”,他仍然承认亚里士多德有道理(《方法》,页360)。

“偶然”总是与属人的历史相伴,在马基雅维里眼里,这叫做历史中的机运,君主需要有克制机运的德能。与马基雅维利不同,在博丹这里,与“偶然”或“机运”相关的是人世生活中的道德现象。紧接着关于“偶然”的说法,博丹就引出了关于人性的伦理品质差异的论述:

> 但是,我们也把相反的事情放在同一标题下,因为历史上它们几乎总是同时出现——即德性与劣性,卑劣之物与高贵之物——通过列出一张关于这些事件的清单,我们就能在谈及一件事时同时谈及其对立面,例如迟钝、审慎、狡猾;怯懦、勇敢、鲁莽;自负、希望和绝望;浮躁、坚定和固执;古板、节制、无节制;傲慢、谦逊和自贬;残酷、宽厚和放纵,塞涅卡贤明地称其为灵魂的恶;贪恋、大方和浪费;插科打诨、文雅和粗野;谄媚、和蔼和乖戾。(《方法》,页38-39)

所有这些伦理区分,都不可能用虔敬与不虔敬的区分来取代。比如说,人们没有理由怀疑加尔文在上帝信仰方面的虔敬,但又很难否定他身上有“圆滑”“傲慢”乃至“无节制”的伦理品性。加尔文的“选民受到呼唤不仅是为了拯救,也是为了致力于进行具有历史意义的教会建设”,这引出了后来的意识形态化的世界历史叙述:

> 在所有的个性、宗教体验及理论构建等问题之外,命定论教义在加尔文的历史哲学中具有其功能。(沃格林/卷四,页

369)

加尔文如何使得世界历史成了意识形态化的历史，留待后文再说，这里仅需要提到博丹与加尔文的精神差异引出的一个重要的政治史学问题：人类在技艺方面的进步及其由此带来的经济生活方式的变化，是否必然与某种所谓的“普世价值”绑在一起。这个问题的极端重要性在于：应该施行什么样的政治教育——自然的抑或宗教化的政治教育

《方法》的第一部分“论史”也可以题为“论政治教育”。在题为“历史材料的合理安排”的第三章，博丹的一段说法让我们读起来感觉眼熟，因为它颇像儒家所说的齐家治国平天下的政治教育：

> 人类最重要的活动，就在于保卫他们共同的社会，因为这个社会是许多重要利益的动力因。这些利益体现在三种教育中：城邦教育（civili）、齐家教育（domestica）和道德教育（morali disciplina）。
>
> 第一种教人管理自己，第二种教人管理家庭，第三种教人管理国家。其实，这与强行让自己遵守理性规则一致，一切正义和法律的最高点都基于理性原则，人须得首先能让自己臣服于理性，而后才能管理妻子、孩子、奴仆；须得先能掌控家庭，而后才能掌控国家。（《方法》，页30）

在这种教育理念背后，隐含着人性的自然差序原理。从下面这段说法来看，第三章与其说是在论述“历史材料的合理安排”，不如说是在论述“人性材料”的合理安排。

> 如果战士英武、法官公正、祭司虔诚、言说者睿智，人类社会便主要靠一个领袖的技艺、司法体系、演说术和信仰而结合

在一起；因而，这个社会也同样容易被瓦解，除非这些人受国民教育和统治的引导。这类活动分支也管理日常必需品的购买和售出，管理农业、畜牧业、医药、领航业，以及随后的能提供保障的技艺——确保生命能得到重要或便捷的保障。

国民教育也管理文学事务：例如，管理阐释神法和世俗法的人，管理被古人称为智者的那些人，后来的人简单地称他们为文法学家，我认为包括修辞家、诗人、语法学家、哲学家和数学家。古人恰如其分地将这种教育称为统领阶层的学科（disciplinam architectonicem），因为它为所有学科的所有专家们制定法律，让他们的活动指向共同利益，而非挑起麻烦，有损国家。（《方法》，页 32）

在任何一个政治体中，世人都会依人性的资质而形成差序。政治体的建立，尤其国家的长治久安，都依赖于灵魂资质优异的阶层居于统领位置。在题为“对历史的正确评价”的第五章，我们看到博丹与柏拉图一起思考人性的伦理品质差异：

柏拉图把战士置于心脏，职官置于大脑，普通大众置于肝脏，在这点上，我的看法与他不同。我会把神职人员和博学人士置于大脑，把职官置于心脏，把从民众中选取的手工业者和战士置于肝脏。心脏至关重要的能力不是提供力量，那是血液和肝脏的事情；它的职责是促成活动。（《方法》，页 138－139）

最让我们感到诧异的是，博丹还说：

如果我们将土星对应脾脏，木星对应心脏，火星对应胆囊，肝脏对应月球，占星学家们归纳的特征就与身体的每一部分联系起来了。火星与月球在一起就如同把胆囊与肝脏结合起来，为整个方法机体提供营养和动力，好像月球滋养着元素的地球。当它的光增强，便给予行星、水域和动物相当大的能量。（《方法》，页139）

这段说法让我们清楚看到，博丹如何将他的具有宇宙论性质的自然秩序原理与人世的政治原理结合在一起。在我国的古代政治典籍中，诸如此类的说法并不乏见。

政治体的主权与国家危机

《方法》的第一部分如此"论史"或"论政治教育"之后，博丹才开始谈他思考的主要问题：什么是最佳政体。这意味着，并不是谁都有资格来谈论这个问题：必须经过前面的心性品质磨炼，才有资格讨论这个问题。

如何理解博丹的君主主权论，迄今是政治思想史上的一大绊脚石，原因不外乎两点。首先，由于自由民主观念是如今的"普世价值"，思想史界已经很少有人关心君主主权论的自然法理。第二，由于现代的政治教育与博丹所理解的政治教育完全不同，很难期待有谁符合博丹所要求的条件与他一起讨论君主主权论的法理。

如果我们有兴味把博丹的君主主权论当作"史料"读着玩，那么，我们至少值得意识到两点。第一，博丹谈论君主主权论的优长时，他的心目中并非没有民主制和贵族制主权论的观念。毕竟，政体类型的比较是古希腊政治哲学和政治史学的核心论题，博丹的思考植根于这个传统。除非我们自己也熟悉这个传统，而非已经有坚定的加尔文主义式民主主权论信念，我们不可能与博丹一起思考。

进入第六章正题后，博丹首先讨论"什么是国民"和"什么是职官”，然后才提出什么是“主权”的问题(《方法》，页 202)。换言之，博丹的论述并非是从君主主权论入手，而是从“主权”应该在谁手里的问题入手。

第二，我们值得关注，博丹在这一部分如何展示他的政治史学，即如何将他的“普遍法”或“自然秩序”原则应用于政治史材料。

博丹的历史阅读盯住的主要问题是政治体的“主权”[王权]的性质，因为他所属的政治体正面临这样的问题。他首先着重考察了古罗马皇帝和历史上的法国国王的权力形态，然后再转而研究各个类型的政治体的主权形态，以便提炼出主权的共同原则。他相信，这些原则能够同时适用于民主制、贵族制和君主制，即使这三种制度会因时因地有这样或那样的变化。

我们看到，题为“国家的变迁”一节出现在考察历史上的各种政体之后(《方法》，页 248)。随后出现了“帝国”主题，而紧接这个主题之后的是“与数相关的各国家的变化”(《方法》，页 261 以下)。“数”属于自然秩序的法则，而非受历史支配，引入“数”的观念后，博丹又回到“帝国的变迁”论题(《方法》，278－315)。

经过对政体的历史变迁所作的将政治历史与自然原理结合起来的长程考察后，博丹才走向他在这一部分开头许诺要探问的“最佳政体形式”问题(《方法》，页 315)。随后我们看到，博丹提出了“王权与宇宙帝国一致”的论题。可是，在这一节里，博丹谈论的仍然是世界政治史上的大量政体史例(《方法》，页 320－329)。

博丹在这里用了不少篇幅来讨论威尼斯这样的城邦共和国是否称得上“最佳政体”，今天的我们对此一定会有兴趣。博丹让我们看到，与如今许多人的观点一样，当时有不少政治史家称赞威尼斯商人的国家，理由是“生活在那里拥有极大的自由”。博丹对这个理由的反驳如下：

> 建立国家的目的不是自由，而是生活得更好。在一个人

> 人都如此热切地纵容自己的习惯和欲望的城市里，德性当然几乎没有栖息之地。如果我们衡量人幸福的标准是财富、荣誉、领地、愉悦和无限制的自由，那这个国家中处处充满了幸福；但如果我们以更优越的德性为标准，我不明白为何威尼斯是最杰出的国家。（《方法》，页 325）

第六章“论政体”在《方法》中仅仅是全书的一章，篇幅却占全书三分之一还多。总体来看，这一章的论述显得有如一个政治史学的迷宫。这兴许是因为，博丹以政治史学的方式探究“法理之事”(legitima)。但更有可能是如沃格林所说，这个问题在《方法》中不得不极度压缩，因为《方法》仅是一部引论性质的教科书。否则，博丹不会在《方法》出版 10 年之后又撰写篇幅更大的《国是六书》。

第六章“论政体”之后，博丹转向了“建立普遍法”的论题。与此相应，完成《国是六书》之后，博丹又撰写了《普遍法的划分》(*juris universi distributio*，1578)，而这一论题在《方法》中同样被极度压缩。[①] 可以说，在博丹那里，普遍历史研究是普遍法学的基础。如今训练法学家不会要求学习历史，法学家难免搞不懂为何博丹要求法学家学习历史，当然也搞不懂堪称儒家的法哲学原理的《春秋繁露》为何要以孔子的《春秋》和公羊氏的秘传为基础。

博丹身处法兰西王国的王朝转换期（瓦卢瓦王朝/波旁王朝），国运岌岌可危。首先，当时法兰西王国面临的“国际”处境非常糟糕：自 1519 年西班牙国王查理五世（1500 - 1558）成为神圣罗马帝国皇帝后，法国就面临被包围的态势。1525 年，法王弗朗西斯一世（1494 - 1547）领军在意大利北部的帕维亚（Pavia）与神圣罗马

---

① 《普遍法的划分》与《方法》的关联，参见麦克雷，《博丹思想中的拉米斯倾向》，见娄林主编，《博丹论主权》（“经典与解释”辑刊第 44 辑），北京：华夏出版社，2016，页 99 - 100。

帝国军队交手战败被俘，被迫接受屈辱的《马德里条约》(1526)。为了挽回败局，这位“最虔诚的基督教国王”也不得不与德意志地区信路德教的王公结盟，甚至在1543年与异教的土耳其人结盟。

第二，法兰西王国的世袭君主制在这时也遭遇历史的偶然。弗朗西斯一世是有抱负且有骨气的君主，他在被迫签署《马德里条约》前曾写下诏书，自己签署的条约但凡有损法国利益的均属无效。博丹17岁那年(1547)，弗朗西斯一世在位32年后驾崩，他的儿子亨利二世(1519－1559)继位，但12年后就死于非命(比武时遭意外)。弗朗西斯一世的孙子弗朗西斯二世(1544－1560)继位时年仅15岁，而且体弱多病，在位仅一年就撒手人寰。王位传给了他年仅10岁的弟弟查理九世(1550－1574)，由他们的来自弗罗伦萨美迪奇家族的母亲摄政。这个意大利女人实际统治法国长达10年之久，博丹的《方法》就写成于这段时期。查理九世刚到能亲政的年龄没多久就离世了，王位又传给小他一岁的弟弟亨利三世(1551－1589)，这时，法国已经深陷宗教内战泥潭不能自拔。

第三，俗话说祸不单行，这时的法兰西王国还遭遇了另一个历史的偶然：弗朗西斯一世即位(1515)不久，路德事件就发生了。面对随之而来的骚乱，法王采取严厉压制措施：自1523年起，不断有新教徒被送上火刑柱。

弗朗西斯一世的镇压激发了新教徒加尔文更为激进的聚众反抗，针对罗马教会的信仰更新斗争变成了针对王政的造反运动。亨利二世继位(1547)后，对新教徒的迫害进一步升级，巴黎议会为了处理新教徒案件甚至建了“焚烧室”。这非但没能阻止、反倒刺激了加尔文教的发展：至1550年代后期，“可能有将近一半的法国贵族和三分之一的城市居民”成了加尔文派信徒。①

① 琼斯，《剑桥插图法国史》，杨保筠、刘雪红译，北京：世界知识出版社，2004，页135(以下简称“琼斯”，随文注页码)。

法国南部和西南部地区的贵族和从商的信徒皈依加尔文宗后，按照加尔文的政教原则组成了有严密组织形式的 Huguenots［联盟者］（通常音译作“胡格诺派”），接受加尔文宗的国际总部日内瓦的指挥，直接挑战国王的治权，法国王室和北部贵族自然会把胡格诺派视为不可容忍的威胁（沃尔泽，页 77－105）。

1560 年，加尔文派信徒试图绑架年幼的国王弗朗西斯二世，1562 年，天主教派首领吉斯派军队袭击在瓦西（Vassy）镇举行祭祀仪式的加尔文派信徒，导致上百人死亡，内战随即爆发。这年博丹 32 岁，风华正茂。

> 从 1562 至 1598 年间，一连 8 场间以 8 次休战的黑暗宗教战争（1562－1563；1567－1568；1569－1570；1573－1574；1576；1577；1579－1580；1585－1598）冲击了国家。在上层政治之下，一个忏悔暴力和屠杀的恶性循环遍及全法国的草根阶层。（琼斯，页 136）

亨利三世继承王位后不久，加尔文教徒试图在南部和西南部建立联邦搞独立，法兰西王国实际上已经南北分裂。《国是六书》与其说是博丹给刚登基的亨利三世的献言之作，不如说是他针对祖国内战状态的经世之作。面对国家的分裂，亨利三世软弱无能，处事毫无章法，在天主教集团与加尔文派之间摇摆，最终被天主教修士刺杀（1589 年 8 月）。直到王室的远亲亨利四世（1553－1610）继位，法兰西才迎来一位有高超政治智慧和伟大政治气魄的王者，否则内战还会延续。

今天的我们觉得，在这样的偶然历史处境中，博丹论证君主主权论法理让人匪夷所思。其实，如果我们看到，当时的西欧王国正在艰难地建立领土性国家，那么，我们就应该说，博丹对君主主权论法理的思考代表了日耳曼民族在崛起时的最高智识成果。事实上,他的思考对法兰西王国的最终崛起(路易十四时代)的确起了积极的智识作用。①

博丹在《方法》中已经致力于引导国家的担纲者阶层思考何谓"最佳政体",并以对世界历史上的古今各种政体的考察为依托。他并没有鼓吹"世袭君主制",毋宁说,他在探究一种切合法兰西国体的德性政体。即便《国是六书》中的"绝对王权"论,也与如今民主智识人常说的"专制"风马牛不相及。

> 王权君主制的国家最完满地包含了人类行为中较低的、更具冲突性的方面。这一幸运的君主的位置处于永恒与短暂之间,处于神圣与政治之间。用多少有些相悖的说法来说,绝对性正是这种中间位置的功能之一。②

对于博丹的一生,施米特这样说:

> [博丹]经常走进他的国家和他那个时代的内政火线,干预危险的局势,往往陷于生命危险……出于对公共的安定、安全和秩序的强烈要求,他头脑中形成了最早的法理清晰的欧洲国家法概念。③

尽管博丹的国家法思想"法理清晰",却被随后的欧洲历史抛弃了,取而代之的是民主政治理论。

---

① 参见邦尼,《博丹与法国君主制的发展》,见娄林主编,《博丹论主权》,前揭,页31-54。

② 参见威尔逊,《王权君主制:〈国是六书〉中的"绝对"主权》,见娄林主编,《博丹论主权》,前揭,页17。

③ 施米特,《从图圄获救》,朱雁冰译,见施米特,《合法性与正当性》,刘小枫编,冯克利等译,上海:上海人民出版社,2015,页232。

博丹的政治教育为何失败

由此出现了一个属于政治史学的问题：博丹对“各种政体”的思考已经包含对民主政体优劣的深入考察，为何17世纪的西欧会兴起颠覆所有政治思考的民主政治论？

答案并非不清楚：因为博丹生活在西方基督教的大分裂猛然爆发的时代——通常称为“宗教改革”时代。换言之，如今被视为“普世价值”的自由民主信仰的真正动机来自看似与政治不相干的“宗教改革”。毕竟，无论民主政治论，抑或民主政体，在古代希腊就有了，并不是什么现代的新东西。被视为“普世价值”的现代自由民主信仰的特征在于，它打上了加尔文主义的烙印。[①]

博丹并没有意识到，自己面对的国家内战虽然是老故事，即国王与封建贵族或中央与外省的利益冲突，但“宗教使它成了新故事”（琼斯，页133）。内战自古就有，意识形态化的内战（宗教内战）却是西方基督教分裂给世界历史带来的毒株。

博丹没有认识到这一点，并不奇怪，因为这种具有现代性质的战争在当时才刚刚开始（沃尔泽，页305－330）。半个多世纪后，霍布斯已经敏锐意识到新内战的特点，他在1645年写给朋友的信中说：

> 经验告诉我们，精神力量与世俗力量之间的分歧开始多于任何其他事物之间的分歧，这就是基督教世界内战产生的原因。[②]

---

① 强调这一点的恰恰是剑桥学派及其先驱巴隆，他们因此而值得学界感谢。参见汉考克，《加尔文与现代政治的基础》，何涛译，北京：华夏出版社，2017，页15注1。

② 转引自阿米蒂奇，《内战：观念中的历史》，邬娟、伍璇译，北京：中信出版社，2018，页61。

即便如此，霍布斯也没有能够预见到，宗教性内战会在随后的世界历史中成为“全球化”的一大特征。20 世纪的中国所经历的内战以及迄今还硝烟弥漫的精神内战，从世界政治史的角度看，都与加尔文时刻相关。

如今的世界史教科书大多以积极口吻描述“宗教改革”运动，勤于思考的思想史家则看到，这场运动“不仅仅是一场针对教会的反叛”，同时也是、甚至更是一场“对智识秩序的反叛”（沃格林/卷四，页 351）。在沃格林看来，这种反智精神有如一株精神病毒，在随后的世界历史中产生出多种变异，祸害无穷。

> 尽管其论著中缺少对于私人诛杀君主的讨论，但加尔文确实为宗教战争提供了全然意识形态的火药库——截至 1560 年，此类战争已大有剑拔弩张、一触即发之势。此后，确有预示了克伦威尔的武装先知；确有以宗教之名反叛其君主的社会等级；确有务求使战争变得国际化的盟约；确有将其对手污名化为“人类公敌”的歹毒举动。（沃格林/卷四，页 372）

加尔文的《要义》自 1541 年的法文版问世后开始“风靡一时”，博丹的《方法》在此 25 年后问世。即便没有史料证明博丹的《方法》有针对加尔文的《要义》的意图，今天的我们也值得将两者放在一起对观，毕竟，它们出自相同的语境。

> 《基督教要义》基本上是一部政治性论著；就其为当时不确定的状况提供了一种解决方案而言，它实乃一件杰出的“应景之作”(livre de circonstance)。……进而言之，使该书应运而生的“环境”，并非一个微小的事件，而是一种文明性灾难。……
>
> 在路德所遭遇的困境和加尔文的构思之间，已然过去了

> 10年。许多个10年累积的问题已经尘埃落定;论敌们的驳难已经为人所知,而自身的弱点也已有所暴露;诸多血腥事件也提醒他们注意到走火入魔所导致的诸种千禧年运动和社会革命的危险;最初的热忱所导致的不谨慎表述也受到了限制;而且首当其冲的是,福音派运动逐渐流变为无穷多的分裂教派,也已成为一种苦痛的前景。(沃格林/卷四,页352-353)

加尔文教义让法国的信从者成了国家分裂分子,很多贵族从加尔文派提供的联邦制构想中看到了重新赢回领地以及获得地方权力的契机,正是在这一"环境"中,博丹提出了政治体的主权问题。就此而言,《方法》的思想意义远远超出史学史范畴。

很可能是在对比加尔文的《要义》与博丹的《方法》之后,沃格林才对加尔文的《要义》作出如下评议:

> 既然加尔文是一位出色的律师,结果便颇为令人振奋,或者毋宁说,在其人身上似乎具有最为微弱的幽默或卑劣之感。令我们感到遗憾的是,对于加尔文纯粹的严肃感与虔信感,我们几乎不能有丝毫怀疑。但是,对于那些在论辩中搞阴谋诡计的行家里手而言,提供一章又一章笃实的娱乐品这项事业,客观上足够构成一部喜剧了。(沃格林/卷四,页354)

我们若翻开加尔文的《要义》,仅会在最后部分看到对政治问题的讨论,而且篇幅不长,难免会觉得加尔文的说教仅涉及信仰之事。何况他还申明,最后谈论政治问题的主题"本质上似乎与关于信仰的属灵学说无关"。其实,"加尔文认为,将政治学说结合到关于基督教信仰的学说中去,不仅是正确的,而且是'某种必然性使然'":

> 加尔文首先探讨了这种结合的政治必然性：正当的秩序，一方面受到被“疯狂和野蛮的人”颠覆的威胁，另一方面也受到那些“君主的谄媚者”的威胁，他们对世俗权力的吹捧竟然到了冒犯上帝亲自统治的程度。这些相互对立的偏激者们，显然都威胁到了基督徒在尘世的安全。而且更为重要的是，“除非这些恶人们受到压制，否则，纯洁的信仰就会消亡”。（汉考克，页38）

若与加尔文的《要义》开头对比，我们得说，博丹的《方法》与加尔文的《要义》具有完全不同的心性品质和智识取向。《要义》的初版（1536）以“致读者书”和“致法王弗朗西斯一世书”开篇，前者以具有卡里斯马天赋的教师身份对反叛罗马教会的新教徒说话，许诺会给他们提供一部周全的信仰指南：

> 我写这本书的目的一直是为了帮助和教导准神学生研读神的话语，使他们不仅能有很好的开端，而且能顺利地进深。（《要义》，页78）

“致读者书”篇幅很短，“致法王弗朗西斯一世书”则是长篇辩护词，它对国王宣示：无论遭受怎样的迫害，加尔文的教会都会捍卫自己的信仰。

加尔文的教会为什么会遭受迫害？从加尔文的辩护来看，是因为“宗教改革的证道被指控导致骚乱”：

> 他们恶毒地指控我们所传讲的教义导致了许多的骚乱、动荡和争辩，在许多人身上产生了恶劣的影响。他们这样做是不公正的。他们把这一切邪恶归在我们所传讲的教义上，这完全是不公正的，因为这一切本是出于撒旦的恶意。（《要

义》,页 100)

直到今天,一般史书仍然仅仅把加尔文的《要义》视为受到路德行动激发的新基督教教义的纲要。但在沃格林看来,就教义方面而言,《要义》"鲜少包含令人感到惊奇的东西",汇编的成分远大于原创(沃格林/卷四,页 352)。"致法王弗朗西斯一世"的辩护书充分证明,《要义》的写作意图绝非仅仅是"为了帮助和教导准神学生研读神的话语",甚至也未必是为了让新教徒有抵抗国王"迫害"的能力,毋宁说,加尔文希望用他的书塑造能给此世带来"新天新地"的新人。

> 加尔文的这部作品或许可称为第一部刻意创作的灵知主义宝书。一个人能够写出这样一部宝书,一个人能够与人类的知识传统决裂——因为他在生命中深信,一个新的真理和一个新的世界会因他而开始——必然是处于一种罕见的精神病态。①

开启波旁王朝的亨利四世(1553 - 1610)是了不起的君王,虽然他早在年轻时就做了一个加尔文宗小派的首领,但在进兵巴黎正式加冕(1594)后,他毅然宣布改宗天主教,然后"用了 4 年时间对闹事者进行威胁、谈判和收买"(琼斯,页 137)。他终止三级会议,剪灭不驯服的贵族,以绝对主权的方式结束了内战。

1598 年 4 月,亨利四世在南特大教堂颁布敕令,宣布天主教为国教,同时承认加尔文派的信仰自由,享有公民权利(史称欧洲第一份有关宗教宽容的敕令),加尔文派激进分子宣讲的所有君王

---

① 沃格林,(《新政治科学》,段保良译,北京:商务印书馆,2018,页 145 - 146(以下随文注页码)。

都是“暴君”的传言不攻自破。

博丹没能看见这一天，他在两年前已经辞世。法国内战的“新故事”到这里也仅仅是暂时告一段落而已，因为“宗教战争的精神直到投石党运动时期（1648－1652）才完全结束”（琼斯，页 140）。那个时候，加尔文教的种子已经在英格兰王国开花结果。

“不从国教者”的诞生

宗教改革风潮兴起时，亨利八世（1509－1547 在位）已经成功让英格兰议会在 1533 年颁布《上诉限制法案》宣称英格兰国王的主权。由于亨利八世因离婚事件遭罗马教廷施以“绝罚”，英格兰王国议院又在 1534 年通过《最高治权法案》（Act of Supremacy，又译《至尊法案》），宣布亨利八世为英国教会的最高首领，确认国王有权管理教会和僧侣的财产，以法律形式确认了早就存在的现实，还确认国王拥有精神权威和管辖属于信仰问题的权力。

这算不上是什么创举：法王弗朗西斯一世在此 10 多年前就逼迫教宗签署了《博洛尼亚教务条约》，确认国王拥有对法国教会的“主权”。无论法国，还是英国，宗教改革运动兴起时，就抵制罗马教廷的权力而言，新教徒与国家并无矛盾。新的矛盾恰恰在于：国王（或国家）的权力要管制本国的教会。

英国国王收回教会管辖权后，英国的天主教会就成了所谓的英国国教（Ecclesia Anglicana，俗称“圣公会”）。亨利八世和英国议会仅仅把教会收归国有，无意改变教会的教义和教阶建制，从而也就并不支持新教改革，仍然持守正统教仪（如圣餐礼）。既然新教改革诉求首先指向教会的教义、教仪和教阶建制，英格兰的新教诉求就直接威胁到王国的教会（沃格林/卷五，页 81－90）。

亨利八世“竭尽全力创建一个具有自我意识的民族教会，这个教会将整个国家团结在国王周围”。然而，“尽管有残忍的叛国罪和异端法”，亨利八世的“这个尝试还是失败了”。[1] 加尔文的教义和精神让英国的新教徒对《最高治权法案》的绝对王权性质难以忍受，尽管他们支持国教拒斥罗马教廷。

这样一来，英国的新教运动就变成了不是与教宗作对，而是与国王作对。在德意志地区，新教改革诉求与王国或公国寻求独立自主权的诉求相一致，在英格兰却变成了王国的分裂要素，出现了所谓的“狄森特”（Dissenter［不从国教者］），他们大多是新兴的工商界人士。[2] 为了维护国王的治权，国王必然要压制新教徒，反过来新教徒必然把国王的治权称为“迫害”。

亨利八世的“机运”颇有些像弗朗西斯一世，他也在 1547 年驾崩。他的爱子爱德华六世（1537－1553）体弱多病，继位后仅 6 年就撒手人寰（1547－1553）。爱德华六世临死前立下诏书把王位传给自己的表姐简·格雷（1537－1554），因为他同父异母的姐姐玛丽（1516－1558）是个狂热的天主教徒。

未料玛丽个性强悍，在枢密院支持下，仅用了 13 天时间就废黜了简·格雷，自己登基（1553），随即宣布英格兰恢复罗马天主教。虽然玛丽身体不好，当王仅 5 年就病逝了，但她血腥压制新教徒，塑造了激进的狄森特分子，给世界历史带来的影响太过深远（沃尔泽，页 105－114）。

信奉新教的伊丽莎白一世（1558－1603）执政后，圣公会在 1571 年提出《39 条信纲》（(Thirty-Nine Articles)，其中虽然包含两项基本的新教教义（因信称义和唯《圣经》论），却并没有否认罗马教会的教义。这样一来，英国国教就成了一种奇特的基督教教

---

① 斯通，《英国革命之起因》，舒丽萍译，北京：北京师范大学出版社，2018，页 81。

② Michael R. Watts, *The Dissenters, Volume I: From the Reformation to the French Revolution*, Oxford: Clarendon Press, 1978; Michael R. Watts, *The Dissenters: Volume II: The Expansion of Evangelical Nonconformity*, Oxford: Clarendon Press, 1995.

派:教义上带有某些新教色彩,建制和教仪仍然是旧教。这当然不能缓和不从国教的各种加尔文宗激进派,反倒使得英国的宗教改革日益变成了彻底脱离国教另立教派的分离主义运动。

伊丽莎白一世当王时期,英格兰王国强势崛起,但国内的宗教分裂问题依然严重威胁王权,胡克(1554 - 1600)竭力为英格兰王国的国教政体的"王权"辩护就是证明。①

> 虽然胡克的目标是把英国国教会建立在自然法原则的基础上,但其实际所为却是通过把宗教嫁接在英国君主制的立法和议会传统之上而使之政治化了。英国国教会尽管本质上是一种神圣基础,但它还是一种人类意志和英国经验的表现;正因如此,它成为英国民族史的一部分。(凯利,页 342)

在《论教会政体》的前言中,胡克提到加尔文,"但毫无疑问语带讥讽"(沃格林/卷五,页 110;详参《新政治科学》,页 146)。1603 年,詹姆斯一世(1566 - 1625)继承伊丽莎白一世的王位后,要求所有国人臣服国王。保皇议会通过《信奉国教法》,政府和国教教会开始广泛迫害"不从国教者",把狄森特逼成了 separatist[分离主义分子],尽管他们有另一个好听的名称 Nonconformist[不从国教者],更一般的称呼是"清教徒"。

随后的故事就不用概述了,众所周知,英国的宗教分裂事件引发的两件大事对世界历史产生了难以估量的影响:第一,宗教分裂引发了英国内战("清教革命");第二,大量受迫害的狄森特逃往美洲殖民地,以至于后来独立建国的美国成了激进狄森特的天堂。②

---

① 参见埃普利,《胡克论至高王权》,见姚啸宇编,《胡克与英国保守主义》,姚啸宇、刘亦凡译,北京:华夏出版社(即出)。

② 参见伍德,《美国革命的激进主义》,傅国英译,北京:商务印书馆,2011。

在英国，"光荣革命"虽然保留了君主制的形式，也为"不从国教者"坚持不懈的反抗提供了激进政治的温床。①

> 截止到18世纪晚期，一大群政治作家及机构都开始要求相当激进的选举权范围。几乎所有的激进主义者都同意，上帝创造的每一个人都是平等的，因为他们都拥有"同样的理性、感觉和情感以感染和影响他人，同样的激情以活动，同样的理性以引导自身，同样的道德准则以约束自我，以及同样的自由意志以做出抉择"。激进主义宣传家中有相当一部分不是不从国教者就是自由派国教徒，长久以来致力于争取宗教宽容，并将他们对信仰自由的要求建立于一切人的自然权利理论之上。（狄金森，页176）

1898年，一位荷兰的狂热加尔文信徒在美国普林斯顿大学做了题为"加尔文主义"的系列讲座，他在讲座中宣称：

> 每一位称职的史学家都无一例外地证实班克罗夫特在《美国历史》一书中的话："对加尔文主义的狂热就是对自由的狂热；在为自由而战的道德战场上，加尔文的信仰告白就是他的武器，就是他最忠诚的同盟军。"
>
> 另一位美国史学家普林斯特这样说："我们国家在宪法上所确立的自由来自于、也扎根于加尔文主义。"（凯波尔，页259－260）

笔者在2015年才读到这段话，两个长期未解的困惑由此迎刃而解：第一，加尔文主义为什么会是美国意识形态的核心；第二，当

---

① 狄金森，《十八世纪英国的大众政治》，陈晓律译，北京：商务印书馆，2015，页184－210（以下简称"狄金森"，随文注页码）。

今学界相当流行的狄森特信仰为何会源自普林斯顿大学的华侨史学教授。

那位荷兰的狂热加尔文信徒在讲座中继续说：

> 加尔文主义给法律开辟了新的道路，首先在西欧，然后是欧洲大陆与北美，今天正影响着越来越多的国家。假如说这个事实还没有被公众完全承认的话，至少已经为所有从事科学的人所承认，但我认为仅仅有这几句声明是不够的。
>
> 为了了解加尔文主义对我们的政治发展所带来的影响，我们必须来看加尔文主义是如何为根本性的政治理念之形成打开大门的，这些政治理念又是如何从加尔文主义的原则之根上发芽成长的。（凯波尔，页 260）

随后，这位加尔文主义狂热分子花了差不多 9 页篇幅宣讲他关于“上帝对国家拥有绝对主权”的加尔文教义（凯波尔，页 260－270；对观沃尔泽，页 29－34）。从中不难看到，加尔文主义版本的“自由民主”就是狄森特人士的“上帝”，美国就是他们的新耶路撒冷。

凯波尔用的是加尔文主义的语言，政治思想史家沃格林用政治史学的语言描述了同一个历史：

> 属灵核心团体组成之联盟的观念可为具有至大的历史重要性，这是因为，通过各殖民地的清教徒定居点，它已经成为美国联邦主义的终极宗教内核。更有进者，通过美国联邦观念对于国际政治的影响，它已成为 20 世纪无疾而终的单一“世界政府”组织尝试的最为有力的内涵。（沃格林/卷四，页 218）

由此来看，美国有政治学家说加尔文“恢复了理性和政治之间古典关系中的某种成分以及古典哲学家的名声中的某种成分”，就显得缺乏辨识力,幸好这样说的政治学家随后就自己否定了自己。[①] 看来,人们的确应该记住沃格林的告诫:“加尔文有一种无与伦比的天赋,那就是肆无忌惮地进行解释”(沃格林/卷五,页53)。

我们值得意识到,就在凯波尔宣讲“加尔文主义”那年,美国主动挑起与西班牙的战争,顺手夺取西班牙在东南亚的殖民地菲律宾。次年,美国政府发表关于中国的“门户开放”宣言,要求与欧洲列强“利益均沾”。[②] 从此,美国携带着加尔文主义走向了“国际化”。

在这样的“全球化”进程中,博丹的政治思考被扫进历史的垃圾堆,一点儿都不奇怪。

自由国际与激进政治

本文开始时曾提到,如今的加尔文传记作家说,“到1575年左右,加尔文主义已经成为一种国际性的宗教”。其实,在加尔文和博丹的时代,欧洲还谈不上有所谓“国际”观念,这种观念诞生于启蒙运动之后的18世纪末期。当时的英国立法者边沁(1748－1832)在1780年写道:

> International是个新词,它被用来表达归于国际公法一类的法律分支;如果不是习惯的影响力,这样一个缺乏特征的名称似乎可以更确切地称为“国内法理学”。[③]

我们会觉得奇怪,为何在边沁看来,“国际公法”实际上指“国

① 沃林,《政治与构想:西方思想的延续和创新》,辛亨复译,上海:上海人民出版社,2009,页192,比较页199－200(以下简称“沃林”,随文注页码)。

② 徐弃郁,《帝国定型:美国的1890－1900》,桂林:广西师范大学出版社,2017。

③ 转引自篠田英朗,《重新审视主权:从古典理论到全球时代》,戚渊译,北京:商务印书馆,2004,页41。

内法理学”？边沁的意思是："国际法”专指“主权者之间的相互交易”。当时欧洲的政治体（国家）很多，却未必个个都有名副其实的“主权”（今天仍然如此）。既然真正有“主权”的国家才能进入国与国之间的交易关系，那么，“国际公法”实际取决于“国内法理学”。这意味着，所谓“国际公法”就是“帝国法”。我们应该意识到，边沁这样说的时候，正是大英帝国的全球扩张走向巅峰之际。①

此外，就“国际”这个语词起初也指西方基督教共同体的政治单位之间的关系而言，“国际公法”也可以称为“国内法理学”：所谓“国内”指西方基督教共同体。超出这个共同体的其他政治体，则属于所谓“万民法”（ius gentium）范畴。但是，随着西欧基督教共同体的几个强势政治单位（所谓“帝国”）的全球性殖民扩张，“国际”关系也就逐渐取代了传统的无论古罗马还是基督教的“万民法”。

20 世纪 90 年代以来，“全球化”观念逐渐取代“国际化”观念，其现实背景是整个世界的经济联系越来越紧密，以至于出现了“全球经济一体化”趋势。

史学史家告诉我们，博丹在 450 年前已经预见到这样的未来：

> 当很多学者仍在坚称《创世记》中的故事，至少还在谈论大洪水之后人类向很多方向迁徙时，博丹却大胆地宣称，人类的统一根本不是过去的现象，而是未来的景象。他认为，世界各地之间因为贸易而不断增长的联系，世界共和国（respulica mundana）广泛共享的思想观念和万民法（ius gentium）是塑造统一的力量。（布赖萨赫，页 241）

这兴许算得上是如今的“全球史”观念的最初表达。然而，博

① 参见马歇尔主编，《剑桥插图大英帝国史》，樊新志译，北京：世界知识出版社，2005，页 13－45。

丹没有预见到，随着世界各地之间的联系因贸易和战争而不断增强，加尔文主义的自由国际势力也在不断增长。加尔文主义者对此感到颇为自豪和兴奋，只不过他们没有意识到，加尔文宗的“国际主义”与“基督教普世主义”还不是一回事。

> 与基督教普世主义不同，国际主义的具体问题出现之时，正值西方文明内部的个别运动试图按照他们的形象来塑造整个西方人类。……加尔文的宗教改革，尽管名义上是改革，但并不企图改革现存的普世属灵体制，而是要创建一种竞争性的普世主义。虽然他设想这个联盟本意是要让它通过适当进程而变成唯一的基督教，但事实上，它只是在一个革命只获得了部分成功的社会中，在新的革命之后的层次上实现了属灵统一的制度化。（沃格林/卷五，页 130）

无论如何，自 17 世纪以来，加尔文宗开启的[国际]“新模式”的确“始终是后来西方政治动力的一个恒量”，并在“若干世纪接连爆发的大革命运动中一再出现”。换言之，由于坚定的“不从国教”信仰，加尔文主义“国际”的典型特征是，不断渗透到各个国家激发“倾向于超越国家界限的属灵革命运动”。对“自由民主”的普世价值“各表忠诚（divided loyalties）第一次变成了一个国际问题”，以至于“一国的臣民呼吁外国干涉来反对自己的国家”，也成了个人良知的证明（沃格林/卷五，页 131）。

在我们这个时代，诸如此类的“良知证明”屡见不鲜，各色狄森特分子不断涌现，尽管他们肯定没读过加尔文的书，也没接触过加尔文主义自由国际的宣传品。[1] 随着商业文明全球化的演进，狄

---

① 颇为典型的加尔文主义自由国际的宣传品（没有丝毫学术含量），除前文提到的凯波尔讲座中译本外，亦参凯利，《自由的崛起：16－18 世纪加尔文主义和五个政府的形成》，王怡、李玉译，南昌：江西人民出版社，2008。

森特甚至成了世俗化的全球现象，即加尔文主义式的基督教信仰世俗化为宗教性的自由主义信仰。越来越多的狄森特与新教信仰毫不相关，他们仅仅崇拜美式“上帝”（自由女神）和“新耶路撒冷”（美国），容不得别人说半句不好听的话。这类狄森特在人格上的典型特征是“对稳定化、客体化组织的攻击”：

> 这场攻击尤其伴有一种撤销与政治权力和解的趋势，这种宗派运动承载着一种新的对政府权威以及统治功能绝无信任的态度。（沃格林/卷四，页185）

用政治史家的说法，好些著名的不从国教者为激进思想的发展做出了突出贡献，很多不从国教的牧师通过布道支持美国革命和法国革命（狄金森，页222）。这倒符合加尔文的愿景，因为：

> 他并不需要一个由义人基督徒组成的垄断性组织，而是想要一个西方基督教文明中所有人都作为其成员的普世性教会，不管个体是否因信而称义。他不想要一个选民的垄断型教会，而是想要一个亦可欢迎堕落者加入的普世性教会。
>
> 这正是加尔文在历史状况中的至高问题。这一问题具有灵魂学意义上的两面性：他怎样才能说服那些具有痛快为非倾向的堕落者们加入自己的教会，并服从教会的纪律，又怎样才能说服自己的选民容忍这些地狱恶魔们的陪伴呢？（沃格林/卷四，页361）

沃格林的这段话语带激愤，看来他实在难以克制心中的愤怒。这种愤怒绝非是个人性的，或者说，绝非仅仅因为加尔文个人。毋宁说，沃格林心中难以克制的愤怒是一种悲愤：伟大的西方文明传统几乎被加尔文主义的自由国际毁灭殆尽。如果情形的确如此，那么，我们就得另眼看待加尔文信徒所说的加尔文主义对“塑造现代西方文化”所做的不可磨灭的贡献。

沃格林有理由说，韦伯的“新教伦理与资本主义精神”论题虽然闻名遐迩，却搞错了方向：清教伦理引出的问题是西方文明的政治品质受到致命毒害。若将《新政治科学》中批评韦伯的章节与论析清教的章节对照，这一点再清楚不过（《新政治科学》，页19-29，140-167）。

其实，认识到这一点的绝非仅仅是沃格林（比较沃尔泽，页2-3）。毕竟，人们必须看到“加尔文旨在建立一个新的普世性教会的野蛮革命最深层的动机：他对于危机的体验，他的新纪元意识，他对于当下历史时刻需要一种‘教会转化’的确信”。这种确信隐秘地表达了一个由他的新教会构成普世联盟的计划：他的信徒相信，“神将打败一切纯正教义和信仰的仇敌，神将使他们的阴谋和计划全部落空”。在晚近200年来的世界历史中，这种信念发展成了自由主义的“永久革命”理念（沃格林/卷四，页369-370）。

> 诸种运动的情绪与观念已经颇为彻底地贯穿于西方文明之中，而且已经通过诸如清教徒革命之类的中介，构成了非革命的、“标准的”(normal)美国政治的一种颇引人注意的组成部分。（沃格林/卷四，页226）

把清教伦理问题引向所谓现代“商人精神”的起源问题，在历史社会学中引导出难以计数的盲目心智，以至于普林斯顿的华侨史学家会提出“儒家伦理与商人精神”一类滑稽论题，却没有意识到不仅自己成了世界史上的所谓“世俗清教徒”式的知识分子（沃尔泽，页4，尤其页138-145），还给“改革开放”后的史学界带来了相当普遍的让人自以为有良知的狄森特风气。

即便比较迟钝的美国政治学家也看到，加尔文的“良知法庭”

已经让个人离开“政治范畴”，同时他又要求个人的“良知自由”参与政治，“最终导致他系统地阐述一门其动机是政治的而非宗教的关于抵制[任何政治权威]的理论”（沃林，页196）。

个体良知自由的“主权”与政治秩序的分离，是加尔文主义的核心。这场革命最为显而易见的结果是：除了“个体自由”的信仰权威，其他所有“权威”都荡然无存。由此便出现了形形色色的“主权”论：从女权主义的“主权”论到各种后现代主义的“主权”论，无不是在实现“不从国教”的原初誓言，最终是加尔文式的个体“良知自由”拥有“主权”。①

余　论

博丹在冥府中看到这样的“主权”论景象，他会感到好笑，还是感到悲哀，不得而知。但他很可能会想到，自己的政治教育之所以失败，原因绝非仅仅是如沃格林所说的那样：他虽然有“极为广博的学识，但组织得很差，其陈述也是一种有力却无趣的风格”（沃格林/卷五，页291）。相反，加尔文的《要义》“行文清通优雅”，“叙事清晰、包罗万象却又井然有序”，堪称“法兰西民族的一大文学瑰宝”（沃格林/卷四，页349）。

博丹可能会意识到，他的失误在于，自己心目中的读者不是“较为简单的心智”。相反，他对自己的读者的心性品质期待过高：他们应该“接受过最好的人文训练和最持重的哲学训练”。博丹期待他们不仅应该“领会正义的本质、了解正义不随人的愿望改变”，还要有能力“熟练地决定公平标准”，“小心审核一切古代知识”，尤其是能“将哲学书应用于法律和国家事务，以德性为标准来阐释法律”（《方法》，献辞，页7）。

① 比较霍夫曼，《主权》，陆彬译，长春：吉林人民出版社，2005。

博丹兴许意识到，按照这样的标准来衡量，在任何时代的任何政治体中，这样的人恐怕都找不出多少。他当然知道，这种情形本属于自然现象，但他也相信自然循环：天性优异的年轻人总会周期性地出现。博丹似乎一时忘了，天素优异的年轻人未必都会有好运，在心性刚发芽时就能受到与其灵魂品质相宜的德性教育。

博丹的最大失误也许是，他没有充分意识到，在加尔文之后的时代，即便天素优异，年轻人也很容易听信加尔文式的"唯信"，进而以为自己有了凭靠独立之良知而来的自由之精神。即便他们"接受过最好的人文训练和最持重的哲学训练"，这些训练对他们的灵魂教养也不会起丝毫作用。因为，他们已经习惯于把空洞的"独立之良知"当作教养本身，人文学问仅仅是一种"专业爱好"。

话说回来，对于正在兴起的加尔文主义式的虔敬自由取代古典教养的时风，博丹未必没有深刻的洞察，否则他不会在《方法》的"献辞"中说：

> 那些自愿把自己从有教养之人的名单中除名的人，就不谈了吧，我们回到历史，从历史中开始我们的论说。（《方法》，献辞，页9）

《方法》的英译者说，"单独地看，本书并不是特别重要"（导论，页18）。在笔者看来，恰恰相反，单独地看，《方法》特别重要。毕竟，"西方历史已走上了一条不同的道路，'俗人大众'的争论正如火如荼地进行"（《新政治科学》，页150），而我国学界晚近30年来也跟着走上了这条路，狄森特风气越来越盛，尤其恰恰在史学界。

中译本说明

本译文根据1572年版拉丁文本(Jo. Bodini, *Methodus, ad facilem historiarum cognitionem*, in *Oeuvres Philosophiques de Jean Bodin*, ed. Pierre Mesnard, Paris: Presses Universitaires de France, 1951),并参照雷诺兹英译本(Jean Bodin, *Method for the easy comprehension of History*, translated by B. Reynolds, New York: Columbia University Press, 1945)逐译,这是《易于认识历史的方法》的第一个、也是唯一的英译本。中译本所标注的编码,为英译本页码,便于读者查核。

英译者不辞辛劳,为译本做了大量注释,确认博丹著作中提及的大量人物的身份、博丹引文出处,并简要介绍这些人物的生平和代表作,对读者有很大帮助,全数逐译。

书中出现的人名,中译按拉丁文或法语读音音译,但附上其名的英文,以方便我国读者查索相关文献。

对具有现代意味的语词或容易引发歧义的语词,中译一并附上拉丁语原文(有时也同附英文),以便读者考核。

书中出现的一些不常见的或重要的地名、部落或民族,中译者不揣简陋,添加了注释,以便读者核查。

原书第十章几乎是史学著作罗列,既是博丹自己的参考文献,也是他给读者列出的阅读书单。为了方便读者查找英文原书或这些古籍的拉丁文书名，特附上第十章的拉丁语原文和英译原文。

译稿虽以笔者的博士论文为基础，由于才疏学浅，译文难免出错，盼大方之家不吝指正。

朱 琦

2018年8月1日

英译本导论

[ix]让·博丹，生于法国安茹省，在图卢兹大学学习法学，毕业后留在图卢兹镇讲授罗马法，在此镇生活了约 10 年。16 世纪时，图卢兹大学是法国最大的学校之一，拥有国内外学生 4000 多人。但是，传统教学法那时已经遭到抨击。博洛尼亚和帕多瓦的各个大学已经引入注释《法典》(*Code*)的新方法，图卢兹的老派做法受到不利的指责。来自意大利学校的访问教授以及在意大利跟随阿尔恰托(Alciati)学习过的法国学者都在抨击老派做法。

后期训诂法学派(The School of Post-glossators)中最著名的是巴尔多鲁(Bartolus of Sassoferrato)，他曾试图用《法典》和《注释》(*Gloss*)解释 14 世纪的各种问题，再附以必然有些牵强的诠释。另外，他们也采用经院哲学派的方法。但是，意大利文艺复兴的人文主义者抨击这些法学家，说他们一方面忽视了法律产生的条件，另一方面也忽视了罗马规则作为一种历史知识源头的价值。瓦拉(Laurentius Valla)是公开批评巴尔多鲁派的主要代表之一。波利提安(Politian)和布得(Bude)都担任起修改法律教义的责任，后者从已经复兴的古典时期知识的角度阐释《学说汇纂》(*Digest*)，并出版了一部有关前二十四卷的阐释作品。

历史法学派由阿尔恰托开创。他在米兰学习古典文化，师从巴赫哈西斯(Parrhasius),之后在帕维亚跟从迈诺的杰森(Jason of Mayno)和德西乌斯(Philip Decius)学习法律。对人文主义和司法的兴趣使他相信,熟读古典文学和历史、措辞纯正,对于理解尤士丁尼法典有重要意义。他于1518年在阿维尼翁(Avignon)、1529年在布尔热(Bourges),还在意大利各大学中传授更新式的方法。在法国,很多教授如居雅(Cujas)和丢阿兰(Duaren)等的教学都反映出受到他的影响。如勒莫尼耶(Lemonnier)所说,他们想做的是,把某一法学家的毕生作品按照一定秩序排列,以让他的任何一个文本在这个序列中都有恰当位置;并进一步把这个法学家归置于其所属学派、把其所属学派归置于其所处的时代。这种做法,与将旧法用于解释当前情形的尝试完全不同。人文主义者与法律学家的合作对这种方法的成功至关重要,至少,正是这种方法使勒卡隆(Le Caron)①宣称,终极哲学就是法律。

[x]1550至1560年间,博丹住在图卢兹,可能也曾听到过这种论调。图卢兹大学虽然倾向于任命保守派教师,却也意识到阿尔恰托及其追随者的重要意义,因为居雅1547年曾在图卢兹讲学。也许,博丹想要获得一套普遍综合法律体系的愿望,正是源于意识到阿尔恰托派的重要意义。② 作为一个人文主义者,又接受过神学训练,偏重于法学,这三个方面催激着他将它们整合成一种历史哲学。《关于国家青年人教育的演说》(*Oratio de instituenda in republica juventute*)显示出他对方法问题的兴趣,该作品呼吁开办一所与法学教师关系密切的古典文化学校。

---

① 勒卡隆(Loys CharondasLe Caron,1536-1617),诗人、法学家,著有《法兰西重要风俗》(*Le GrandCoutumier de Fran ce*),《法兰西法律法令总论》(*Pandectes du droit francais*),以及一些关于罗马法的作品。引转引自拉维斯(Lavisse)《法兰西史》(*Histoire de France*),章五,页313。

② 鲍杜安(Francis Baudouin)在其《历史教育及其与法学结合的方法》(*De institutione historiae et coniunctione eius cum jurisprudentia*)(1561)也支持这一观点。

16 世纪中期弗朗西斯一世统治时的法国，正从生机勃勃的文艺复兴初期进入一个更加动荡的时期——法院不再容忍不信国教者。亨利二世不太能容忍创新，他在位期间，加大了对异教徒的迫害。他的两个小儿子即位后，卡特琳娜(Catherine de' Medici)一直奋力保住弗朗西斯曾紧紧握在手中的王权。但是，在博丹从图卢兹移居巴黎之时，王室已濒临内战和宗教战争爆发的边缘。

那么，除了阐释历史这一普遍而永恒的问题，那时的法兰西还面临着一个更具体、也更紧迫的问题——国家政体的性质。我想，当博丹在 1565 年创作本书之时，这两个问题应该都在他的考虑之中。只有通过 1565 至 1576 年期间越来越混乱紧急的政治环境，才能解释他从写作《方法》到写作《国是六书》(*Republic*)期间在政治哲学上的转变。写作《国是六书》时，博丹已经承受了太多压力；人们太少关注他更早期、自由度更大的作品——这部在 1566 至 1650 年间发行了 13 版的拉丁文作品。① 在《国是六书》1608 年版的前言中，作者否认自己支持绝对君主制，并引用书中章句以证实自己反对提升王权。他呼吁人们关注他在布洛瓦会议中代表第三等级时的种种作为，在那次会议上，他坚定的立场[xi]还使自己身处某种险境。1599 年出版的所谓的《尔平为博丹〈国是六书〉的申辩》(*Apologia de Rene Harpin pour la Republique*)，确确实实出自博丹之手。他在文中控诉批评者费里埃(Auger Ferrier)使用了最不准确的版本，依照一些印刷错误建立对作者的批评。

封建政权和胡格诺派立宪主义者联合，与最高统治者手中的集中权力做最后的抗争。加尔文神权模式为其法国信从者提供了分配统治职能的模式，这种模式允许他们的分裂行为在行政政策方面获得一些发言权。很多贵族，特别是在法庭上没什么影响力

① 海伍德(Thomas Heywood)在为古罗马的史书作家撒路斯特(Sallust)的英译本(1608 年)写的前言中，翻译了《方法》的第四章。

的贵族，从胡格诺派提供的联邦计划中看到了重新赢回领地实力以及获得地方权力的契机。因此，这就有了博丹在分析法国政权时不得不考虑的主权问题。他以阐释历史的方式来分析这一问题，从而将该问题放在了更广阔的背景之中。

博丹明确地说，他写作《方法》的目的是研究普遍法，因为普遍法中最好的部分就隐藏于对人类事务的叙述之中。而且，直到那时，他都没有发现有哪个历史学家阐释过他论题的技艺和方法，也没有人从中汲取教训。该书的价值在于，它展示了从中世纪到现代的过渡时期中一个智识人的智识内容。从某种意义上讲，他对所有学问领域都感兴趣——这导致了专业性的丧失，他把知识分为属人的、自然的和属神的，因此在作品里对三个领域都有著述。《方法》的第六章就是后来《国是六书》的草稿；第八章预告了《自然剧场》(*Theatrum naturae*)的创作。整本书中到处都有指向后来的《关于崇高奥秘的七贤聚谈》(*Heptaplomeres*)的句子和段落。他揭示了他那个时代的趋向：他的历史哲学从权力主义向着自然主义——因而也向着伪科学——迈进。因为，一方面，他用了整整一章来讨论这一理论：各种事件的发展取决于民众的特质，民众的特质决定于地理气候；另一方面，他又提出了更多的自然原因——数字的影响和由第一推动力(the Prime Mover)所驱使的各种天体的影响。

正如他借鉴过去的作者，后来的作者也借鉴他的作品。[xii]甚至18世纪的自然主义者都接受他的某些理论。例如，气候影响的理念，前可追溯至希波克拉底(Hippocrates)，后可延伸至20世纪。①

① 例如，布松(H. Busson)在为蓬波纳齐(Pomponazzi)的《自然奇事原因》(*Les Causes des merveilles de La nature*)所作的前言的第25页，费布尔(Lucien Febvre)在他的《史学的地理学导论》(*A Geographical Introduction to History*)的第108页，提到孟德斯鸠(Montesquieu)、布克尔(Buckle)和森普尔女士(Miss Semple)时说，“正是博丹，修改、订正且极大地扩展了(这一观念，译者加)，不是任何人，只能是博丹”。

既然有关属人的事务的学问——即历史——是本书的首要关注点，他当然希望在历史事件中建立秩序、划分类别；即找出历史事件的时间顺序，这涉及对年谱系统的调查，以及找出这些事件之间的逻辑关系，这需要批判地评价史家的客观程度。

第二章以及第三章大部分探讨方法论问题。博丹提出了一套关于演绎计划的详尽阅读大纲。读者应该从阅读简短的一般性叙述转向阅读更详细的叙述；应该从最早期的故事开始，逐世纪推进。传记作品的巨大价值在于为行为提供指导。与历史相连的学科，如宇宙学、地理学对正确把握整体至关重要。这里又一次运用了从普遍到个别的方法。读者应该先研究整个宇宙，再研究地理学和各个部分的地貌学，正如应该先研究普遍历史，再研究不同国家的个别历史一样。这种大量的阅读需要对笔记进行系统的安排。专注于保卫社会的人类活动，按照控制方式的不同可以划分为：自我教育（self-discipline）、齐家教育（familial discipline）和国民教育（civic discipline）。[①] 此处，作者离开正题而去分析政府（government）的三种功能：统治、审议和执行命令。因此，他意识到了专业化问题，却把这一责任指派给统治权拥有者。终极权力不可分割，因为主权只能掌握在一个集团手中。读者应该遵照上述分类，依据一个主要论题安排自己的笔记。

然而，在做笔记之前，必须要批判地评价史料。第四章引用亚里士多德给读史者的建议：不要什么都信，也不要什么都不信。应该考察史家的背景和素养。史家的写作资质如何？最适宜的史家，既具备通过教育发展起来的天生能力，也有实践经验。史家也不能有情感偏见，因而写作过去久远时期的历史，或者非本国历史更恰当。史家应该使用官方记录，避免以自己的道德判断误导读者产生偏见，[xiii]除非他是该领域的权威人物，如凯撒之于军事

---

① 中译者认为拉丁原文（详见正文页30）与英译有歧意，故根据拉丁原释意。

事务。

第四章余下部分批评了很多史家。如果博丹的确读过他提到的所有史家的作品，那么他一定花了数年时间来准备此书，他对很多作者叙述中隐秘动机的判断的确显示出他的敏锐才智。种族偏见、阶层偏见以及政治联盟所致的偏见都无法逃脱他的慧眼。诚然，他自己也无法摆脱民族偏见，在谈论著名的安茹省的成就中，在他严重夸大凯尔特人、法兰克人和法国人的美德、认为他们代表了亚里士多德所谓的中道时，我们能够觉察到他孩子气的骄傲。

第五章讲述了他半自然主义的历史理论。延续上一章的思想——批判史家，他认为，史家之间的分歧表明，为读者建立一些标准势在必行。如果我们能确定通常情况下刺激各种事件走向的基本法则和帝国的发展轨迹，就能判断任何一个作者对某一国家的记述的可信度和准确性。一个民族国家的命运部分取决于其国民的性格特征。这一观点隐含在他的讨论之中。然而，他主要强调的是这些性格特征形成的方式。这其中当然有天性与训练的影响。但是，什么塑造了天性？为什么是那种类型的训练？他从地理影响中寻求解答。

影响帝国走向的其他因素还有数字与星辰的和谐，因为数字与星辰反映出自身以外更强大的影响力。托勒密理论认为，黄道带三分相位具有强制影响力，博丹否认这一观点，他的依据部分是哲学的、部分是科学的，以确凿的天文学数据为依据。这部分显示出他对卡丹(Jerome Cardan)①作品的熟悉，但对于卡丹的观点，他更多的是质疑，而非同意。

种族偏好、星球影响以及毕达哥拉斯学派式的数字迷信与文

---

① 卡丹(Jerome Cardan，1501－1576)，意大利医生、占星学家。除了著名的三次方程解法，他的作品还有《论精巧》(*De Subtilitate*)，和归纳其形而上学思想的《世间万物》(*De rerum varietate*)。

艺复兴的柏拉图主义范式融为一体。他的地理决定论把希波克拉底和斯特拉波(Strabo)的理论与柏拉图主义教义结合在一起,某种程度上讲,正是这种处理方式使他的贡献显得更加充盈。

从赤道向北,地球每相隔30°被分为一个温度区域。[xiv]这当然是模仿托勒密式分区。作者几乎没有提到南半球,但也意识到其存在,并且知道有人居住在其中某些地方。这些以每30°划分的区域又可以进一步被分为两个部分,最靠向极地与赤道的两个15°区域居民最少。他发现,可以概括描述从赤道向北75°地区居民的性格特征。这些居民肤色不同,从深色到中等颜色,到金色、淡红,中间区域比其他地方更加多样化。居民的性情也不同:南方人多思、信宗教,智慧出众却缺乏活力,他们是"老年人";北方人活跃且强壮,却不太聪慧,相当于年轻人;居住在中间区域的人具有双方的好特质,且不走极端。他们就像中年人,审慎且最善于控制。他在土星、金星和火星中还发现了一些特征,分别与智慧、审慎和行动相对应,他将其分别归于南方人、温带的人和北方人,或者,在他看来,分别是大脑、心脏和肝脏的物理性能。因此,在分析自己所在半球的人口时,他发现不同民族之间相互补充、相得益彰,就如同身体各部分、或是构建良好的国家中的各阶层、或是天体一样。南方、北方以及交融地带的人们构成了世界共合体。

自始至终,他都强调温带地区居住者的优越性。他们是两个极端之间的中和,是两种恶性之间的德性。他们的类型更多样、更多才多艺。这些优势部分源于移民带来的融合,但更是由于他们将自己内部的和外部的各种要素恰当地混合调配在一起。由此,他将历史与人联系,将人与其天性联系,又将人的天性与通过各种元素起作用的各种宇宙力量相联系。"多元性里的联合"这一概念被阐释为"多样化的联合",即世界中的每个群体,由其所在的地理环境所决定,都具有某种功能,可以完善这个世界。那样的世界与微观系统相联;这是柏拉图式共和国的延伸;它小规模地展示了整个宇宙中存在的和谐。

教育时而会改变一个民族的习俗和理念，但除非一直保持，否则原初的自然特性会再次显现。罗马人曾经一度在许多艺术和技能领域都上升到显著领先的地位，[xv]但是由于疏略了训练，又沦为相对平庸的民族。因此，每一民族的习俗和天性决定其发展趋势。识别出所讨论民族的优势特性，我们就能以此为据，判断每一叙述的真实可信程度。

要理解历史，有必要比较深入地详述国家统治技艺。那么，我们也就必须研究过去的国家的兴衰，才能更有效地从事现时的统治。这是史学训练的最大裨益之一。第六章本应举例说明第五章阐述的各种结论，然而，作者却太沉迷于政体研究，沉迷于其过去与现状，以至于将重心从某一特定地理区域的政体类型，转到开始论述诸世纪所证实的最好的政体类型。作为一个法国人，他对这个话题非常感兴趣。

研究国家必然涉及对一些主要术语的定义，例如“国民”、“职官”、“城邦”等等。作者回顾了亚里士多德式概念，并驳斥其太狭隘。博丹认为，“国民”是享有公共自由和当局保护的人。他比较了各个国家中的各种居民所享有的不同权利，并认为所有的居民都是国民，不管什么特殊群体、享有何种特殊权利。他依照的文本是他所谓的由皮乌斯(Antoninus Pius)颁布的法律：“在罗马世界中的人们，让他们成为罗马公民”。外国人是指不认可该国统治并且通常也不承担税务的人。博丹认为，国民在国家中的地位，类似于孩子在家庭中的地位。

职官是拥有部分公共权威却没有最终权威的人。他可以逮捕并判刑；他发号司令，但其他人是执行者。在衡平司法领域，他可能将自己所分享的权威委任给他人，但对于法定案件，他必须要根据法律判决。

对职官及其所享权威的描述就指向了“主权”定义，这是这一章的主要兴趣点，是博丹首要的政治思想贡献。这个词在意大利语和法语中都有，甚至在希腊语和拉丁语中还有两个形式；然而，著述国家论题的人们却一直以来都忽略了其至高无上的重要性。亚里士多德本人并没有精确定义主权，除非他把国家统治活动分为[xvi]咨询、任命和施行正义三类就是意在定义这个词。不过，这一定义却对划分国家类型至关重要，因为，主权的归属决定了政体是君主制、精英制，还是民主制。如果博丹强调这一理论——例如北方诸国由于其民族天性代表某一特定类型，其他不同地区的民族也代表着某一特定类型，那么他的理论体系就连贯一致了。然而，从第五章开始，博丹却偏离了这一逻辑发展。阐明判断主权归属的标准之后，他就开始分析各个著名帝国，以应用这同样的标准确定每个帝国的类型。他拒不承认所谓的混合政体，原因在于，虽然政府职能可能可以分配，但终极职责（即主权）绝不可分享。

博丹指出，主权涉及五种职能：创建并定义各官职的职责；颁布和废除法律；宣战与媾和；接受低级官员的申诉；赦免依法定罪之人。拥有这些权力的人们或群体或个人就是最高统治者，国家政体以此确立。

博丹将国家的起源追溯至家庭。父亲的家长权威与其保护家人的职责并存，就是仁慈全能君主的原型。家族成员之间因共情而产生结合，行会，或是各成员有同等权力的团体（collegium）也是因同样的纽带而联合。国家不过是遵守同样的规则而聚合在一起的众多家庭或行会。这同样可用于阐释城镇和公国，因为，地域大小并不是衡量国家地位的标准。甚至一个国家中的各个民族都不必遵循同一套法律，只要他们受同一个权威的保护。土耳其帝国就是一个例子。更大的帝国中包含着更小的帝国。国家是种，村庄、城镇、城邦、公国是其中的种差。

社会起源之后逐步发展，其中我们发现无限多变化层次。毗邻与共情的因素减少，同时，疆域扩张带来社会成员的增加。当同胞社会中人民的愉悦感被彼此间的争吵破坏，他们不得不寻求武力保护。一些弱者投奔强者；另一些人则投奔最公正者。因而形成了两种国家——以武力为基础的国家和以公正为基础的国家。以武力为基础的国家为了延存，[xvii]必须靠正义维持。因此，最早的国家是一人之治，那个人的头衔表明，他最初的职能就是分配正义。如果他或他的继任者不再履行这一使命，有权势的派系就会密谋以推翻专制。各派一个接一个地获得最高统治权，直到民众厌倦了这样的派系之争和腐败，建立民主式国家。民主式国家通常短命，因为民众没有治理国家的经验，很容易被有野心的政治家愚弄。雄辩家们快速获得控制权，并花钱讨好国民们。他们并非靠自己的功绩来稳固官职，而是让民众们忙于劳作或修建防御工事，以免其有闲暇思考；他们在贵族与民众之间搬弄是非；为了勒索钱财而卷入战争。如果有人企图干涉，他们会以礼贿之或是以武力迫使其放弃自己的观点。如此无尽循环往复，改变的诱因有时源自国家内部压力，有时源自外部武力。

这三种政体的每一种各有一种堕化形式，但每种在开始出现时有高尚的目标，而且一段时期内也行之有效。这三种中的哪一种是最好的、最为普遍采纳的类型呢？透彻地审视天性，我们会发现君主制无处不在。每一种动物都追随其首领。家庭由父亲统治。以往的伟大帝国都谨守皇权。当代的大多数国家也是由国王统治，并且数世纪以来一直如此。这是对博丹论证的总结。他承认有少数作者更中意共和制，例如马基雅维里，也注意到民主式和精英式统治在中间区域的西部曾得以发展，但也只是晚近之事且历时不长。然而，他掉以轻心地略过了这一有冲突的证据，回到对最佳政体形式的研究。

君主制主要有两种：一人掌握主权，不管是以合法还是非法的手段获取。依法获权的王也分两类：不受法律限制的和依法而治的。这样，就有三种君主：僭主、绝对权力之王和宪制之王。博丹毫不含糊地否决了第一种。第二和第三种应该遵照神圣戒律统治。早期，整个国家和国民们的各项权利都取决于君主的意志。皇权不受任何立法系统的限制。后来，[xviii]有了法律，这很大程度上有悖于权势阶层的意愿。理论上讲，控制官员比控制最高统治者容易，因为官员的权力来自君主，而君主的权力就源于自身。

然而，造出一个不受任何法律限制的王确实充满危险，因为人容易受各种情绪的影响而偏离正义。也有偏向于豁免权的论据，但是，法令一经公认而批准，人民就受其限制，为何君主可以不受限制呢？博丹并不倾向于不受限制的统治，但他却承认，的确存在很多绝对君王——他说英国国王就是一例。他承认，只要君主履行他的补足性职责——不计自己的安危保护臣民，其专制就没有侵犯法律。

博丹所属意的那种君主，会以誓言约束自己，根据国家的基本法、以公共利益为准则来管理国家。这使作者有机会详述法国君主制的种种完美：国王不能摧毁整个王国所特有的法律，也不能不征得三个等级的同意更改任何市政习俗。王权所有者不得恣意割让任何公有土地。皇家法令必须反映出当前的公正理念和真理，否则官员们不予认可。博丹的看法与后来的寇克(Coke)一样，即司法人员似乎对形成和稳定宪法的实施都有影响力。君主的权力越小，他的威权就越增强越稳固。最有效抑制君主权力的方式是对上帝的敬畏，因为肆无忌惮的统治者蔑视任何属人的限制。值得注意的是，在博丹对罗马共和国的描述中，给予宗教官员半独立的地位，而在法国，拥有这种重要地位的是司法职官。博丹没有怎么提到政府与教会之间的联系，只是呼吁君主和职官要虔诚。他认为，对神的敬畏是限制专制的最重要因素，一早就应该反复灌输。

虽然对上帝的敬畏本身就是其目的，但这同时也是让王权最好地完成其任务——为国家利益而统治——的途径。另外两种途径是职官和法律。既然中部区域的人天生善于管理事务，那他们就难以忍受专制。西部的独立国家[xix]要么赶走这类君主，要么强迫他们遵守法律——令人极其满意的安排。我们发现这和第五章中描述的民族特征明显有联系。虽然博丹更属意有限君主制，却还不至于提议一个国家应该选举君主。权力应该世袭，以避免出现空位期危机以及其他弱点，那些弱点在波兰和神圣罗马帝国显而易见。

变迁源于内部构建性弱点或外部武力。在任何情况下，都有开端、辉煌，继之以衰退和毁灭。博丹追问，可否从毕达哥拉斯式的数字去估算帝国的兴衰周期？他摈弃了柏拉图相信国家的灭亡源于数学力量的观点，认为那不对。虽然上帝根据数理安排一切事物，却不是因为数字有影响力，而是为了表达上帝的神圣意志。当柏拉图排除可能导致一个国家灭亡的内部缺陷时，也应该从他的理想国中去除破坏共同体的那种古老因素——财富分配不均。在其他地方，博丹说，既然太阳以及其偏离轴心对帝国变迁没什么影响，就必须承认，整个过程全赖于不朽的上帝。如果靠研究能发现变革与天体合点之间的联系，我们也只能推断，上帝是以此作为他的工具。

在第五章中，博丹讨论了经由卡丹阐述[1]的托勒密的三宫组理论，指出分点岁差(precession of the equinoxes)已经改变了这些宫组的位置，但居住在其指定象限的民族特性却保持不变。在第六章中，他抨击了卡丹的另一个假设——每一伟大帝国都有赖于大熊星座的尾部星。卡丹说，当那颗星"垂直于"一个城市，就会为其带来能量。但是，以罗马为例，根据哥白尼的天文表所示，罗马建基之时，那颗星并没有在其顶上。而且，正好在大熊星座下方的

---

① 也许见于卡丹的*Commentaria in Cl. Ptolemaei... IIII de astrararurn iudiciis... libros*(1554)。

那些国家，即斯堪的纳维亚地区也没有从这一位置中获得裨益，反而比它的邻国更弱。

驳斥了卡丹这些匪夷所思的理论之后，博丹继续极其严肃地为那些同样辜负我们信任的人辩护。国家应该根据数字的和谐来创建。[xx]他将三种级数——等差级数、等比级数、调和级数——比拟为忒米斯的三个女儿，分别代表秩序、正义与和谐。中间的正义包含了另外两个。等差级数更适合民主制国家，因为它代表平等。柏拉图在建立精英制国家时，认为更应该根据等比级数来治理国家。而从另外两个中发展出来的调和级数，却描绘了最高统治者与诸侯之间的关系，因而与君主国匹配。它代表着和平，而和平是所有帝国的最高目标。这里，博丹开始讨论音程，也许是借鉴了波伊提乌斯(Boetius)或是马科罗比乌斯(Macrobius)的观点，这种观点试图表明体制健全的国家与和谐音乐的相似性。在另外的论述中，他却抨击福瑞斯特(Forester)犯了诸多错误，因为后者把数论用于音乐或国家。博丹的结论是，一个国家如果根据调和级数原则创建，能最好地规避危险，不管是来自于内部的危险，还是来自于外部的危险。在博丹看来，这就是为所有人谋福利的君主国。这个世界的各个部分密切关联，若是抹杀了相互间合理的差异性，整个结构就会瓦解。这可以用歌曲来做比喻：同音单调，多样性造就令人愉悦的和音。同样的道理，最好的共和国是差异性的结果，是彼此有别的心智的联合。

诚然，政体不是永远处于均衡状态，很多国家也行将灭亡，是什么凸显因素决定它们的兴衰？为了寻求根源，博丹再一次求助于微观世界——自然人。

数字 6 与女性有关，数字 7 与男性有关。在整个自然中，这些象征物有巨大影响力。留心就会发现，很多著名男性都是在 7 或 9 的倍数的年龄时去世。国家的存亡也有一定的周期性，取决于神秘数量。有时，灭亡之年正好是 7 或者 9 的平方数或立方数，或者是 2 的倍数,或者甚至是一个完全数。学园派的“重要数”有重要意义,没有哪个帝国维存了 1728 年以上。博丹继续列出了很多例证。如果例子似乎不完全吻合,他就歪曲数据。如果他所引用的权威们彼此有悖,他支持圣经的记述。《但以理书》[①]中的数字,加上完全数 6,得到 496,博丹认为这个数字对各个帝国都至关重要。古人们说[xxi]一个周期是 500 年,但他们在神秘数量方面没什么技巧;500 不是 9 或者 7 的倍数。他们真正应该算出的是完全数 496。

正如发烧一样,危机发生在具有决定意义的日子,因此,我们必须在某种程度上按照数学关系建立帝国周期。国家遭受疾病,或者可能会走向与他们的天性相符的狂暴的终点。诸多人类事务的发生都不会是偶然现象,而是由神的意志的安排。神的意志将一切事物按照合理的顺序排列,不过,也可能任意将其颠倒。

第五章和第六章包含博丹的历史哲学思想。接下去的三章里,他试图驳斥一些旧的理论,或者说,处理一些阻碍他自己理论的接受度的复杂问题。在对付这些阻碍时,他表现出与阐释历史时同样的倾向——理性主义与迷信混杂。《但以理书》中提出这样一个预言,早期教父们接受了,但是被后来的阐释者,尤其是被具有民族主义偏见的德意志史家们和新教改革者们精心解释和重新阐述。他们把四兽幻象以及另一幅画像的幻象解释为世界末日来临之前的诸帝国的象征。这些帝国到底有多少个?这些数字到底代表什么?针对这些问题,博丹极其怀疑这种解释的有效性。同样,在开始论证之前,他期望能先定义术语。“帝国”一词是什么意思?或许更恰当地说,是谋划中的君主国?另外一个重要因素是疆域大小。如果要给罗马找一个继任者,考虑到疆域范围和地理位置,最可能的不是神圣罗马帝国,而是土耳其人的国家。这一段

① 《但以理书》9:24,他指 70 周或者 7 天的 70 倍。

似乎是一个法国国家主义者对于德意志人断言他们将统领整个中欧的回应。

然后，博丹讨论第二个——金头泥足幻象，但却一点不认同黄金时代的寓言。大洪水不是因人的邪恶而致吗？在所谓的白银时代不是有很多野蛮习俗吗？不是有很多法国英雄与亚历山大旗鼓相当吗？当然，此处他已经陷入了古今之争。他并不认为其中任何一方远远高出另一方。古人做出过卓越非凡的发现，特别是在天文学领域，但是更近的研究和发明使他们失色了。天文学已经有了更进一步的发展。今人研究了磁铁，修建了用于战争的机械。[xxii]仅印刷术一项就具有巨大意义。印度最深远之处被开发出来，这样16世纪的人们能远航到全世界各处，他们已经与离自己最远的区域建立了贸易关系并从中获利。因贸易而产生的相互依赖关系使整个世界就像一个城邦。因此，博丹发现，世界不但没有从黄金时代到白银时代再到泥土时代不断堕化，而且还在不断进步，从早先的孤立和野蛮状态，发展为他身边的拥有人道习俗且遵纪守法的社会。改变的路线呈周期性，面对黄金时代哀叹之人，正如老年人哀叹其逝去的青春一般。

如果要根据周期建立一套历史哲学，不管是出于比较的目的，还是为了发展，我们都应该调和各不同民族使用的不同历法，这具有重要意义。建立普遍时间系统的第一步是定义开端。显然，创世之时即初始时刻。但是，我们能确定世界真的有一个开端吗？或许它是永恒的？

第八章讨论这一主题，非常难分析。博丹在主题以外发现的有趣点实在太多，使得其结构组织太不清晰。另外，还有一些可能引起自相矛盾的省略。大概这章仅有不到一半的篇幅在讨论这个问题——世界是不是被创造出来的。创世之说引用了柏拉图的权威观点。哲学上讲，任何有始之物也必有终，但是，神的意志是世界会永生。另一方面，亚里士多德又说，不消亡的世界就不曾有一个开始。因为提出了这一论点，亚里士多德也否认神的自由意志决定事物的发展，博丹认为应该谴责这种态度。

鉴于这些问题，廊下学派认为，任何东西都不可能生于无。这就引出了基始物质及其形式的生成问题，以及它们彼此之间的关系和与第一推动力之间的关系问题。按照亚里士多德的观点，至少可以肯定的是，就人来讲，其形式源于某种动因而非物质。而在博丹看来，创造者的成果和创造的理念都来自于造物主的头脑。世界的存在，或必要，或可能，或不可能。若是第一种情况，那世界就一直存在；若是最后一种情况，它就永远不会存在；若是第二种具有可能性的情况，其潜势就必然存在于某物之中。博丹认为，那就是永恒有效的第一动因——是他自己引导自己开始行动。上帝是无限的，不可能成为任何有限形态的一部分。[xxiii]次级智能来源于他，既然这些次级智能有限，从中产生出各天体，这些天体也不再能被移动。不过，我们无法确定世界末日何时到来。上帝保护各种普遍形式，却忽略单个事物，单个事物不断变化，且瞬间即逝。无论如何，世界有一个开端。普遍时间系统需要如此。

纪年法必须根据历史文献创建。希腊人回忆不起特洛伊战争之前的日子，而就算特洛伊战争也是部分虚构的。通过比较发现，在关于时间分期的关系问题上，埃及人、迦勒底人和腓尼基人的看法都与神圣经文非常吻合。他们认为，地球的年龄不超过5700年。各种历法——希腊人的、拉丁人的、穆斯林的和基督教的——新年日期不同，这是另一个需要修正的地方。博丹又一次选择了犹太习俗：新年始于9月，因为创世之时必在9月。

其他引起混淆的因素还有：各国王统治时期的重叠和经常出现的中断，例如我们在贝若苏(Berosus)和曼涅托(Manetho)的作品里看到的那些记录；希腊人习惯使用太阴年，以闰日稍作修正。这章的后半部分整体上忠实地叙述了史家们在计算时间时遇到的困难。

正文的最后一章对现代意义上的民族主义有些微贡献，或者不如说对其提出了异议。作者在史学作品里和其他地方观察到一种趋势，一种把某一民族群体与其他民族群体隔离的趋势。隔离的理由是一些民族是本土原住民，一些是入侵外族人。因为自己是本土的，原住民觉得自己具有更大的优越性。土地当然应该是他们的——他们血统纯正，并且，他们以轻蔑中伤的态度对待其他移民民族或住在较远边疆的民族。博丹谴责这一态度，但却几乎是以同样的口吻，毫无遮拦地把法国人和他们的先驱者，即法兰克人和凯尔特人描绘成欧洲征服者，认为不管在军事方面，还是民事方面，他们都是一切德性的典范。

他以圣经为据驳斥民族主义教条。摩西教导我们，我们流着同样的血，一些民族曾从近东的原住地出发迁移到各处，我们正是那些民族的后代。因此，我们应摈弃"本土"这种字眼，这些词毫无依据，只显示出民族虚荣心，我们应该意识到彼此共同的手足关系。[xxiv]因为意识到各民族之间的血缘关系和相互依存关系，所以他强烈呼吁国际间的友好。

> 如今……没有哪个地方富饶到不迫切需要其他地方的资源……如果不是为着这个目的，各个自利的民族在交换货物时为何会和平相处？

根据圣经里的证据，迦勒底人是最古老的种族。诺亚之子们所建立的家族遍布整个东半球。其实，正是诺亚子孙们的广泛扩散造就了哈姆族、闪米特族和雅弗族，他们都有共同的血统。因此，识别最古老的民族并不难。如果定要考究到底哪一族相对最先居住在某地，有三种检验方法。首先是测查史家的可信度。第四章就主要关注这一话题。另外也可以全面研究这一地区的地形。显然，最先被占领的应该是最好的土地，因此，相对于德意志居住者,或说塞西亚人,希腊和意大利的居住者就代表着更古老的民族。

博丹最重视的标准是语言。他试图把把希腊语回溯到犹太词汇,把法语回溯到希腊词汇,把德语回溯到凯尔特词汇,以此论证他最心仪的观点——犹太人是最古老的民族。以语言研究为指导追溯民族起源当然是极好的方法,但是博丹的语文学储备与阐述这一问题所需的素质实在不匹配。跟着他追寻迷宫般本末倒置的派生词时,我们会越来越感到索然无味。通过派生词,他认为他可以证明,犹太人迁入了西班牙,凯尔特人迁入了希腊,德意志人就是高卢人的后代。由于战争、俘虏和移民,各民族相互融合,仅仅只有犹太人保持了其独立性。除了犹太人,任何一个民族都不能吹嘘自己民族的古老性。即便是欧洲的各皇室成员也无法如此久远地追溯自己的血统,虽然欧洲最古老的卡佩家族声称已有 800 年历史。

这一章在重申第四章里关于客观性教诲的同时,也强调要更重视圣经历史,圣经历史总是例外于作者的一般法则。它背离了博丹对中间地域靠近西面民族的偏爱;背离了博丹声称的对民族主义的反对;它引导博丹接受犹太编年法来划分古代时期;最后,它严重背离了博丹应用于一切历史记录的周期性理论。

[xxv]综上所述,本书框架如下:献辞和序言部分陈述作者的目的;第一至第四章探讨一种历史研读法;第五和第六章阐述博丹的历史哲学;第七至第九章试图排除其哲学中的难点;第十章为参考文献。

必须重申,这是博丹的第一本主要作品,是他中年早期的成果。本书出版时,他 36 岁。单独地看,本书并不是特别重要;但若考虑到它与那一时代其他作品的关系以及与博丹后期作品的关系,则意义重大。本导言开篇曾提到,《方法》中某些段落的思想尚处于萌芽状态。本书中所包含的那些观点,最后将发展为博丹在成熟期和晚期所著的另外三本著述。在本书中,我们对他早期的兴趣点——学术的、政治的、迷信的、宗教的——有了一个印象。他的作品富含敏锐的理解力,并不缺少偶然闪现的幽默感,与他的时代多方面的学问有密切联系,因此在某些方面意义深远。似乎他最欠缺的就是组织能力。缺乏思想整体性的原因是他兴趣太广泛。

我一直努力拟出一份可以作为《方法》的整体规划的东西。博丹自己在序言的最后一页拟定了一个大纲;第五章和第六章的开篇处也有关于那一章的概要。关于有限君主制、创世、道德判断的形成和其他一些理论中相互矛盾的观点,更多是因为学术方法的原因,而非作者本人踌躇。然而,也有一些逻辑顺序不清晰的段落,是省略了一些思想阐述的缘故。16 世纪视为理所当然之事,必须辅以其不同的背景知识,才能让 20 世纪的人理解。

某些历史方面的理论观点并非博丹原创。帕特里奇(Patrizzi)和鲍德温(Baudouin)在早几年前都出版过风格相同的作品。这种思想背后的柏拉图主义也是那个时代的典型特征。博丹必定在大学生活时就已经接触到那些思想,并且也从巴黎的朋友们那里有所闻知。那么,他借以形成其历史哲学的素养就由以下方面构成:法学知识(他的专长),对经典文本的熟稔——这在他的时代是必须的,和他的宇宙论。[xxvi]他认为宇宙是一系列相互依存关系,从外部第一驱动力到地球上的最低等元素。这种重叠的力量层次构成了一个连续无尽又瞬息万变的世界,因为,一方面类别保持不变,另一方面每一类别里的个体构成部分又经历着出生、兴起、衰落、死亡的周期。

博丹的宗教信仰一直是未解之谜,引发了诸多揣测。当然,他年轻的时候在修道院待过几年。[①] 他去世时公开承认是天主教

① 庞提库克斯(A. Ponthicux),"让·博丹",《16 世纪评论》(*Revue du seizieme siecle*),XV(1928),页 56-99。

徒，并且葬于拉昂的一所修道院。而之间的45年里，他似乎游离在教会之外。仅从《方法》一书，可以看出他非常熟悉德意志的作者，其中很多都是新教徒，也非常熟悉一些法国胡格诺派作者。还有些地方表明他也欣赏加尔文教以及日内瓦城市国。他更强调旧约而非新约的权威性。这些确知事实也许能把他归入加尔文教阵营，尤其因为他认同加尔文教有限君主的要求。但是，读到最后一章关于各种族起源时，我们也许又会强烈怀疑他是否曾皈依犹太教。显然，除了塔木德经、次经（Apocrypha）和旧约以外，他也精通中世纪闪米特人的诸多著作。

凭着这些条件，博丹构建了自己的历史哲学。这一学说以各民族的天性为据，认为气候会影响到不同民族的天性。不同的民族天性进一步导致不同的政治结构。这些不同民族的结合，各自发挥其特殊作用，就构成了一个完整的世界。这种对任何既定时刻情况的解释，取决于上文提到的柏拉图主义式的等级层次。根据这个理论，各元素（人也是由元素构成）受到天体的控制，天体又依次受到圣灵世界（the spirit world）的控制。

这就是他对任何时间点发生的国家事务的阐释。但是，有必要考虑诸世纪以来已经发生的事。那些在一段时期内相互补足的国家之间到底会发生什么？从作为宇宙缩影的人类身上，从人类的出生、繁荣和衰退开始分析，博丹逐步形成了一套国家周期理论。他并不认为人类的寿命为70岁，而是发现7和9的倍数年有重大意义。把这一数密主义移植到国家身上，他得出结论，国家的周期是496年。数字的重要性引导他偏离普遍时间系统的讨论，周期理论引出了他关于文明进步的思想。[xxvii]的确，单个单位会消失，但类型会存留下来；现在各个国家（和人）已经获得了与过去同样多或者更多的成就。

这是博丹主要的历史哲学思想。另外还有一种与前文所述完全不同的张力。博丹模糊的宗教信仰把一种关于延续的理论植入他的柏拉图式学说中，这种延续理论并不完全关乎个性与共性。在后来关于国家周期以及种族起源的讨论中，他的爱国主义使他对法国人民及其王室尤其另眼相待。即便处于同样的气候带，这一种族也比其他种族更均衡；其王朝是欧洲最古老的王朝。这些论述只是稍稍偏离了气候和周期理论，但他有关犹太人的种种却似乎与他的文化传播主义哲学完全背道而驰。此处，博丹关于永恒的宗教意识使他预言犹太一族会一直延续，与众不同。而他却并不认为其他民族会同样如此，甚至他自己的民族也不会。由此，我们得知，文明的进程主要是一种波浪式运动，整体上缓慢进步，会有小幅的直线运动，这种不断延续的特性已经得到神启宗教的验证。

关于博丹的生活，所知并不多，我也没有逐项叙述，此处希望强调他的智识兴趣点。很多其他作品都对那些事件有所提及，这些作品有：肖维雷（R. Chauviré）所著《让·博丹》（*Jean Bodin*）；卡罗西（A. Garosci）所著《博丹，文艺复兴时期法国的政治和法律巨匠》（*Jean Bodin, Politico e diritto nel Risnascimento francese*）；布朗（John Lackey Brown）所著《博丹的〈易于认识历史的方法〉》（*The Methodus ad facliem historiarum cognitionem of Jean Bodin*）；雷诺兹（B. Reynolds）所著《16 世纪法兰西有限君主制的支持者》（*Proponents of Limited Monarchy in Sixteenth Century France*）。

我查阅了博丹在世时出版的 4 个版本：1566 年版、1572 年版、1583 年版和 1595 年版。在这些版本中，纽约公共图书馆有第一个版本，耶鲁大学有第二和第三个，哥伦比亚大学有第三和第四个。我无法长时间借阅第一和第二个版本，因此翻译所用版本为 1583 年版，要阐明一些难懂的段落时再去参考其他版本。

在 1583 年版扉页上，里昂（或是海德堡?）的马歇尔出版社表述为“真正全新再版”。另外，据扉页介绍，1572 年版是作者亲自修改并添加新资料。与 1566 年版相对照，发现的确如此。他为一些之前没有材料支撑的论述加入了引用资料，为了扩充论证还增加了一些句子。第一和第二个版本[xxviii]是同一家巴黎公司出版的，即 Martin Le Jeune。

针对难懂的段落对照四个版本时，我发现 1583 年版虽然在 1572 年版的基础上加了很多材料，但也出现了新的句法错误，例如把 globus 写成 globo。这一错误也出现在 1595 年的日内瓦版中，这一版比之前的版本有更多错误。第十章，博丹的参考资料，与前几版的差异最大，文献的出版时间要么被遗漏掉，要么被印错了，数位也被颠倒了。出现以上这些差错的原因之一是，在一小页中把所有对应栏目排版对齐的确比较困难。

《方法》在作者生前重印的次数不止上述这些，但不是单独成册，而是与其他作者的文章一起出现在某本书里。我并没有看到这些资料。海伍德(Thomas Heywood)翻译了第四章作为他《撒路斯特》(*Sallust*)英译本(1608)的前言。[1] 在目前这种敌对形势下，梅斯纳赫(Pierre Mesnard)出版了一个法文版(1941)，我认为我国并没有引进。值得注意的是，《方法》出现在西克斯图斯五世(Sixtus V)1590 年颁布的《禁书目录》(*Index*)中。

正确翻译拉丁文地名是个问题，现代用法并非始终一致，或许针对本译本也会有同样的批评。例如，从文艺复兴时期开始，我们就习惯于读圭恰迪尼(Guicciardini)和马基雅维里(Machiavelli)，而不是西尔维乌斯(Aeneas Silvius)、莱图斯(Pomponius Laetus)和雷纳努斯(Beatus Rhenanus)等等。翻译更知名的人物时，我遵循先例；对于不那么知名的作者，中世纪早期的人名我尽量用拉丁文，文艺复兴时期的人名我尽量用其本国语言，只要能辨别出到底是指谁。有时，一个拉丁名可以指好几个人，例如 Garcaeus。如

---

① 迪安(Dean)，《博丹的〈方法〉在 1625 年前的英国》，《语文学研究》(*Studies in Philology*)，XXXIX(1942)，160n。

果从内容中找不到线索，就保留拉丁原文，以期读者的智慧可以超于译者。

若非涉及古典时期，地名都采用现代名称。涉及到制度的译法也是一个难题。在比较各国政府构成时，博丹提到了罗马的、威尼斯的和法国的 Senate。既然法国根本没有这个词，博丹就是想类比古人或许也是更有智慧的人的各种议会组织，所以[xxix]对这三种御前会议，他都使用同样的名称。总体上，我忠于原文，假定只有对 16 世纪作者的所有特征感兴趣的人，才是我的潜在读者。

大多数情况下，除非在英语中没有对应词汇，或者出于语文学的需要，翻译希腊文时都没有作说明。如果作者标注了某一希腊词的拉丁对应词，我就省略希腊文。博丹在“献辞”中坦言他援引了希伯来文，只要他给出了对应的拉丁语，我都翻译出来并省略原文。部分保留希伯来文和希腊文的地方，都是出于语文学考虑。

找出博丹所提到的很多作者的身份和确认他使用的引文的出处，比翻译本身耗时多得多，而且也不可能全部找出。有些作者大家都熟悉，无需加注；其他的我都注明了其生平时间，并列出了他们比较重要的作品。或许也可以做更详细的注释，标出某些人的有趣信息，例如某些人的历史哲学，他们对历法改革、习惯法编纂的渴望等等；然而，个人的空间时间终究有限，而且，对于一项已经持续了整整 7 年的工程，有时也不得不为其画上终点。

献　辞

让·博丹向庭审法院主席让·特西埃致表颂赞

[1]主席，最卓越之人，在这本《方法》中，我计划论及人们应该用什么方法从历史之花中萃取甘蜜，以汇聚获得最香甜的果实。若我确不负此愿，那定是因为您的缘故，您时常提醒我不忘初衷，以您严肃之词给予我坚定的信念，以难以置信的高贵、仁慈和卓越的性格一如既往地支持我。如我终难完成夙愿，我心知乃自身之过。然而，我以为，如果我首先能在您，您的法庭上最仁慈的法官面前，替自己辩护，那或许在其他法官的眼中，我的过错也不会那么难以宽恕。因此，若是您更关注真理而非友谊，有您这早先判决的帮助，我或许可以反驳说此事已被宣判过，以此逃脱他人的责难；或者，撇开法官身份不谈，您会给予我更多的爱，以您之恩惠帮助我，虽然非我所愿、出乎意料，但的确是形势逼迫我偏离从某种意义上讲更重要的计划，转而写作有关法律之事。当然，我的目的是向您简要解释这一计划，这样您在评判《方法》时，或许可以对我更公正（虽然你已经极度公正了）；此外，还有一个目的——或许您会鼓励那些最优秀的、有足够闲暇的、但却比我更有天赋、更有学识和判断力的研究者。

当我走进法庭（law court/forum），为了在公众的关注下生活，如常言所讲，为人民服务（populo servirem），首先就承诺自己，我要把所有的时间从法庭事务中抽出来，转向法理之事（legitima）研究；

并且，不管是以写作的方式，还是其他任何我能够做到的方式，我要报效国家，它仅次于不朽的上帝，赐予了我们一切。我发现有三种写作方式：其一，发现事件并收集资料；第二，[2]以合理的顺序和雅致的形式整理事件；最后，清除旧书中的错误——引起我关注的是，似乎总有那么多的搜寻者，却少有人曾精巧且有逻辑地记录他们的搜寻结果。撇开其他规则不谈，几乎无以计数的作者评注罗马人的市民法，将其增补扩充，以致似乎它唯一的苦患、最严重的弊病就是过于庞大。事实上，一个人的写作技艺越拙劣，他的书就越能大卖；而在我看来，迄今为止，也没人将已经发现的分散杂乱的材料简练且优雅地组合起来。有些人的作品标题醒目，似乎其作品也会如标题般优秀，但最终却没能达到目标。甚至，他们背离自己曾承诺的目标太远，以至于似乎从未追问过这到底是一项什么技艺（ars）。

相信您也深知，技艺（artes）与学科（scientiae/disciplines）无关乎个别，而是涉及普遍（universorum）。然而，这些人曾试图以市民法（juris civilis）为论述主题，也就是一个个别国家的立法问题（singulariscujusdam civitatis）。我不谈论这到底有多明智。然而，技艺的尊严和价值是思考的底线。我认为，罗马法令在短时期内变来变去，企图依照这样的法令来建立普遍法（universo jure statuere），我不说其荒谬性。更荒谬的是，十二铜表法（duodedecim tabularum leges/the TwelveTables）中几乎所有的法律（leges/laws）都被无数律政令（edictorum/edicts）和法令（legum/statutes）所替换，后来又被阿留申法案（Aebutia rogatione）①取代；旧的规章制度不断被新的换掉。不仅如此，我们知道，后来的皇帝们废除了尤士丁尼

① 阿留申法案（Aebutian Rogation）是一种程序性法规，颁布日期不确定（大约在公元前150年）。法规允许起诉者从执政官法令（Praetorian Edict）而非早期颁布的更有限制的法律诉讼（*legis actiones*）中寻找其行为的原因。参见朱雷塔（F. de Zulueta），《创桥古史》（*Cambridge Ancient History*），IX，855以及索姆（Sohm），《法学阶梯》（*The Institutes*），页81中的论述。

的几乎所有法律。剩下的法令中还有多少荒谬可笑之物——有多少法令被几乎所有民族的正义法令宣称为陈腐之物，又有多少长久未用，我就不一一指出了。事实是，那些条款仅仅只描述罗马人的法则，而且秩序错乱。他们应该去读读柏拉图，柏拉图认为，立法与治国之路应是：贤明之士汇集并比较所有国家、或是更著名国家的法律体系，从中编纂出最好的一种。

我的所有研究，所有的思想都是为着这个目标。一开始，我在一张表中为您呈现出我设计好的普遍法结构，从这些原始资料中就可以追溯最主要的类型（summa genera）[3]及每一类型的各部分，一直到最细枝末节处。用这种方法，可以把所有组成部分整合在一起。就这种做法而言，我确实认同柏拉图所讲——没有什么比精确地分类更难或更接近神性。接下去，我建立假设，整个系统就建立在这个最坚实的基础上。然后，下定义。再根据我设计好的结构，尽可能简洁地定规则（praecepta/preceps），即所谓的“条款”（regula），好比一种标准（normam）。[①] 另外，我以简短注释的方式，附上一些罗马法阐释者的信息，这样，每个人都能从我所获悉的信息源获取信息，以满足自己的需求。

从每份资料中，我搜集到并加上各民族的法律——以军事训练或民事训练著称的那些民族。我把法学家和史家的标准也应用到这种联系中，以便能同样顾及到波斯、希腊和埃及人的法令，而不仅仅是罗马人的。我计划从古犹太人的《法学汇编》（*Pandectis/Pandects*），主要是犹太公会颁布的各卷中汲取所有最好之物。在这个问题上，肯卡伯利斯（Jean Cinqarbres）[②]和梅

---

① 在1566、1572、1595年版中，此处用的是norman，在1583年版中，此处用的是formam。

② 让·肯卡伯利斯（Jean Cinqarbres）在1554年是法兰西学院的希伯来语和古叙利亚语教授；他出版了《希伯来语教程》（*Institurionesin linguam Hebraican*），以及更早期的《希伯来语语法》（*De re grammatica Hebraerorum opus*）；卒于1587年。

克尔(Mercier)①,两位说希伯来语的王家医生,承诺助我一臂之力。不能漏掉西班牙人和英国人的法令,也不能漏掉意大利和法国的所有著名邦国(civitatum)的法令(要寻求更模糊的东西就会永无止尽),我相信可以同时把这些法令与我们自己的结合起来讨论。我还希望能获得土耳其人的民事法典。当然,我们可以某种途径获得那个繁荣强大帝国赖以建立的公法。还会加上您的法庭以及帝国法庭的诸多法律条款和最高权威决议。能获得这些资料,部分得益于我们同事的工作,部分得益于瓜里诺(Guarino)②和孟辛尔(Munsinger)。③ 这样,[4]我们决定依据珀律克列特斯(Polycletus)条例审视法律和法律诉讼权;依据莱斯博斯(Lesbia)条例审视衡平法(aequitatem/equity)和法官职责(judicis officium/the office ofjudge)。④

那么,这一得到法学家和史家同意和证实的全部材料,就比仅仅只建立在一个民族——罗马民族的意志之上的材料,能给那一学术分支带去更大的名声和殊荣,⑤尤其是,我们所知的罗马材料还大多建立在对晚期希腊民族的迷信基础之上。曾经,一切事物都承受着最粗鲁的蛮荒之苦,尤士丁尼任命了15人将法律条款编纂成法典,然而,其立法来源太混乱,从污秽与泥浆中根本无法捞出任何

① 让·梅克尔(Jean Mercier),法兰西学院继瓦塔布尔(Vatable)之后的希伯来讲席教授。因宗教观点而被迫离开法兰西,著有《所罗门谚语、传道书和歌中之歌》(*Commentarii in Salomonis proverbia, ecclesiasten et canticum canticorum*),卒于1570年。

② 可能指的是皮索(Guarino Piso),16世纪在比萨教授法学,著有《罗马和威尼斯职官比较论丛》(*Tractatus de Romanorum et Venetorum magistratum inter se comparatione*)和《戏作里的封建习俗》(*In feudorum usus praeludia methodice conscripta*)。我找不出比维罗那的瓜里诺(Guarino of Verona)更有名望的写过帝国法律的人。

③ 孟辛尔(Munsinger,1517-1588),德意志法学家,著有《国库法令观察》(*Observationes iudicii imperialis camerae*)和《天体影响》(*Apotelesma, hoc est Corpus perfectum scholiorum ad institutiones Justiniameas pertinentium*)。

④ 亚里亚多德,《尼格马可伦理学》,v. 10. 1137b 30。

⑤ 1595年版使用的词是angustiorem,而非augustiorem。

纯粹之物。在这种条件下，产生了大量冗长的法令，希望能借以消除法律本身存在的自相矛盾之处，并以某种方式把从整体中撕裂出来的各部分又整合在一起。由此，我们可以明白，古代阐释者们禀赋超凡，但却面临几乎不可能完成的任务。从他们的作品中，我们也得到了同样的印象：他们写了那么多，似乎整天都在写，却没有任何时间阅读。而且，因为他们生活在最悲惨的时代，良好的技艺和文化得不到任何机会，他们的写作把很多人从这一知识领域吓跑了。当把青年人从最美的修辞和哲学花园召回到令人困惑的灌木丛和岩石峭壁旁，他们的心灵当然会倍感沮丧；对于个人，他的天赋越超凡脱群，受到的训练越丰富，就越容易远离这个被荆棘所半遮半挡着的学科的这条研究路径。然而，当研究者开始清理这条路径时，似乎罗马人的法令经过重塑恢复了其先前的价值。

因此，我们可以选择且引用法律时借鉴的阐释者，可以分为四类。第一类人包括那些在学校里、在无止尽的法案讨论中锤炼记忆的人，但他们缺乏练习庭辩实践（exercitatione forensi）。第二类人鲜有技术规则学习，却在频繁的法律事务实践中靠自己发展出司法审议的明智（judicandi prudentiam）。第三类人向后者学习过实践经验，向前者学习过规则：这一类人中[5]有我国的杜兰德（Durand）、①杜法尔（Du Faur）、②帕普（Guy Pape）、③卡森诺克斯

---

① 杜兰德（Wiiliam Durand），被称为“思索者”，法国法学家，生于1232年。著有《法庭思虑》（*Speculum iudiciale*，于1473年在斯特拉斯堡出版），该书使其声名鹊起并得其称号。

② 杜法尔（Du Faur，1529－1584），皮布拉克领主，皇家枢密院议员，博丹1576年出版的《国是六书》中的题献者。杜法尔在帕多瓦跟随阿尔恰托学习，在特伦托会议中代表查理九世。著有《和蔼的指控》（*Aimable accusation... des... evenements de la France, por monstrer que la pais et reunions des subjects n'est moins necessaires a l'Estat qu'elle est souhaitable a chacun en particulier*），也在习俗法领域贡献了重要研究成果，著有一篇关于尤士丁尼的《法学阶梯》的评论。

③ 佩普（Guy Pape，1402－1487），从事习俗法研究的另一位法国法学界人士。格勒诺布尔高等法院的顾问，著有《葛莱提安诺精炼判决集》（*Decisiones Gratianopolitanae*）。

(Chasseneux)、[1]波伊厄尔(Bohier)、[2]巴戎(Baron)、[3]孔南(Connan)、[4]荻拉库厄奥(Tiraqueau)[5]及其同事布里松(Brisson),[6]以及我们学院的门面人物杜穆林(Du Moulin)。[7] 从他们那里,我们学习到教授和判断民法案件的宝贵经验;而从其他人那里我们却几乎一无所获。有人认为自己无需庭辩训练就能获悉法律知识,其实,这正如那些一直在体育馆训练、却从未见过作战队形也从未有过军役体验的人一样。他们一看到敌人就无法忍受,正如在布尔日的学校中名声不错的那些人(正如[6]在一群盲人中,斜视眼就是看得最清楚的人),一走进法庭被问及最琐碎的小事,都无法作答,里昂(Riant)[8]曾辛辣地批评过这些人。您的同事费里尔

---

① 卡森诺克斯的巴泰勒米(Barthelemy de Chasseneux,1480 - 1541),普罗旺斯高等法院的第一任主席。著有《勃艮第习惯法》(*Consuetudines ducatus Burgundiae*),曾暂时取消执行反对沃州人的法律。

② 波伊尔(Nicholas Boyer),或波伊厄尔(Bohier,1469 - 1539),曾在蒙彼利埃、波尔多、布尔日三市任法学教授,著有《论公民大会与法兰西皇家高等法院的权力》(*Tractatus ...de auctoritate magni concilii et parlamentorum regni Franciae*)。

③ 巴戎(Eguinarire Baron,1495 - 1555),博丹青年期时昂热大学的教授,著有《国家概括和布列塔尼公国》(*Coustumes generalles des pays et duche de Bretaigne*),研究尤士丁尼的《法典》和《学说编纂》。

④ 孔南(Francis Connan,1508 - 1551),弗朗西斯一世的申诉总管,著有《公平法评注》(Commentaria juris civilis)。莫罗-雷贝尔(Moreau-Reibel)认为,此人对博丹的影响相当大,见他所著的《让·博丹》第一章。

⑤ 荻拉库厄奥(Andre Tiraqueau,1480 - 1558),被称为他那个世纪的瓦罗,被弗朗西斯一世(Francis I)任命就职于巴黎高等法院。主要作品有《论贵族和出生法权》(*De nobilitate et jure primogenitorum*)。

⑥ 布里松(Barnabe Brisson,1531 - 1591),巴黎高等法院四方帽法庭主席,曾多次被派出国履行各种外交任务。所谓的《亨利三世法典》(*Code of Henri III*)就由此人编纂。

⑦ 杜穆林(Charles Du Moulin,1500 - 1566),或许是他那个时代最著名的法国法学家。为了保存本地权利不受罗马法的侵蚀,法国曾兴起一场汇编法国习俗法并将其编纂成法典的运动,杜穆林是这场运动的领导者之一。著有《高级教士与子爵的封地与习惯法》(*Du feudis, Coustumes de la prevoste et vicomte de Paris*),以及关于法国其他地区的同样作品。他的新教信仰导致他在亨利二世统治时期被放逐。

⑧ 里昂(Denis Riant),国王的律师,卒于1557年。

(John Ferrier),名声卓越,现任威尼斯大使,曾严肃地警醒一些法学家,要他们纠正对法学理论的错误观点。他坦率地向众多听众承认,他自己也是直到在您的法庭中受到长期的法学训练和参议训练之后,才懂得了法律。在这方面,他很像演说家德玛德斯(Demades),后者自豪地讲,他不是在学校里、在闲暇中,而是在众人目光睽睽的凝视下获悉管理公共事务的知识。

最后一类人包括那些不仅接受过技术规则和法庭辩论的实训,而且接受过最好的人文训练和最持重的哲学训练、领会了正义的本质、了解正义不随人愿改变、而由永恒法则定义的人;能熟练地决定公平标准的人;根据基本原理追溯司法起源的人;小心审核一切古代知识的人;清楚知悉罗马的元首、元老院、民众,以及行政官的权限、权力和职责的人;将哲学书应用于法律和国家事务,以德性为标准来阐释法律的人;精通希腊语和拉丁语的人,因为法律用这两种语言命令和描述;以及把接受过的技术训练与法庭和议会的文书融汇贯通的人;最后,已经限定了整个法学技艺的范围、勾勒出其主要部分、分配了各种角色、定义了各种术语且提供了例证说明的人。

如果古代阐释者(interpretes)拥有这些罕见的天赋,如今让我们奋力研究的那些曾被忽视的大量评述(commentariorum)无疑会令高雅的青年人更加愉悦,对国家更加有用。我们从中为我们计划的蓝图借鉴到珍贵定义,并深深地感谢那些人,因为他们慷慨地把他们的某些研究成果给予国家。哦,您的帕比尼安(Papinian)①们、斯卡沃拉(Scaevola)们、拉贝奥(Labeo)们(因为不应该以其他名字来称呼他们),具有正义的自然禀赋,接受了训练的规塑,有丰富的经验,也许在榜样的激励下还会尽其所能。什么能忽略那种伟大的智慧?或者,自从有人类以来,谁还能更有资格被誉

① 帕比尼安等人都是奥古斯都时期和安东尼时期的罗马法学家。

予“法学家”(Jurisconsultorum/jurisconsult)之名?若论一切学问,世界上没有任何地方比欧洲更著名。若论法学知识,[7]欧洲没有其他地方比如今的法兰西更著名(这一点甚至外国人也承认)。若论杰出辉煌,法兰西其他任何地方也比不上这个城市[巴黎],因为这一法庭的魅力,因为这一城市与整个世界的交往和联系。

曾经,柏拉图心系民族、有心设计法律;梭伦和莱克格斯做长途旅行并观察,因为迫切需要立法;十大执政官出于同样的目的遍旅希腊。而我认为,既然法兰西有上述成就,在如今的博学时期(histemporibus Gallia)、在这个法律学校,那一目的能够更便捷更容易地达成。哈德良和尤士丁尼对外国法律都毫无兴趣,但无需质疑,若是老弗朗西斯能活得更久,他会承担并完成这一与世界联系的额外任务。本来并不需要从希腊邀请法学家或从其他地方召唤立法者。

然而,既然一个如此伟大的君王已然被夺走,一场邪恶之变已然降临。虽然他已在文学领域播种,各门学科已经收获丰盛、果实累累,但那些本应收集果实的人却宁愿让果实腐烂,当然,当夺走生产者的酬劳,收益便落入了无知卑劣者之手。回忆起那些曾照亮了整个法兰西的天赋之才的灿烂光芒,在孤独和贫困中被熄灭,我无法不带着最苦涩的遗憾。

因为你无法从公共职责(munere publico)中抽身,就只能以你的权威来督促瑟墨洛里(Semelorii)、波泰(Portae)、康奈伊(Canaii)和曼诺尼斯(Mangones)。①他们因为富裕而有闲暇,你能督促他们努力通过写作来为法律做出好的贡献。或者更应该说,他们应该感谢法律,法律值得他们感谢,正是法律成就了今日的他

① 我没能从 Pauly-Wissowa 或其他古典百科全书中找出这些杰出人士。显然,他们是具有文学才能的罗马法学家。

们。事实上，他们警告其顾问们小心以免被骗，他们配得上自己的德性和智慧之名；他们允许民众知悉一些决议，这不仅给他们带来持久的声望，也使国家安全；但是，筹划如何让后代获得那些受到神灵启示的决议，也是那种德性和智慧的一部分。

这一成就不能指望由这些人达成：没人愿意向其咨询正义之事的人；宁愿被称作文法学家而不是法学家的人；徒有博学的假名声[8]却不具有衡平知识的人；认为音节量就可以为国服务、产生决议、解决法律诉讼的人。显然，这种文法学害虫开始大规模侵蚀所有学科的研习方法，以至于我们现在不得不忍受各个学校出来的无聊文法学家，而非哲学家、演说家、数学家和神学家。本应文雅地清理古老记录中的污迹和斑点以使人们认识到古代事件的那些人，却拿着钢笔，为所有的书都加上大量无用的、事实上是误导性的注释，致使古代遗物几乎片甲不留。

那些自愿把自己从有教养之人的名单中除名的人，就不谈了吧，我们回到历史，从历史中开始我们的论说。从这一学科已经收集到古代各民族散落各处的法令，因此可以将其纳入本书中。普遍法权的最主要优点就隐藏在历史本身之中，考虑到这一点，我们就能从历史中找出对评价法律极其重要的依据。那些依据体现在不同民族的习俗(mores/custom)中，体现在所有公共事务的起源(initia/beginnings)、发展(incrementa/growth)、状态、变迁(conversiones/changes)和衰落(exitus/decline)之中，而这些正是历史方法研究的对象。本书的首要主题就由这些客观事实组成，因为，在历史之酬赏中，最丰厚之物就是国家政体形式(status Rerumpublicarum/governmental form of states)的史料。关于这一主题，我的论述比其他都多，因为鲜有人论及这一问题，而理解这一问题却至关重要，少数谈过的都只是做做表面文章。

如果这一讨论在某些人看来包罗万象而显得太啰嗦，他们应该意识到，像人类事务的历史这种问题无穷无尽，无法以短文压缩论述。但是,如果盖伦(Galen)就他的学术分支的方法都写了三十卷,且该方法还有明确的限制,如果狄俄墨得斯(Diomedes)确实写了6000本文法书,那么我所写的普遍历史,当然看起来也不算太长。

当然,我知道,鉴于您所赢得的非凡的博学和德性之名,我已呈献于您的这一作品在各个方面都还不完整。在一部如此不引人注目的出版物中,我热情地向这些德性致敬,这些德性,我决定既不公开揭示,也不在您面前颂扬。此致。

1566年2月1日

序言:读史的安逸、愉悦和好处

[9]虽然历史有许多的赞颂者,这些赞颂者以真诚而适宜的溢美之辞敬仰着她,但是,只有把历史称为"生活之主"的人的评价,才最真实最恰当。这一指称隐含了所有德性和训练(disciplinarum/disciplines)的所有修饰,意味着人的整个一生都应该根据历史之神圣法则来塑造,即使是波利克勒图斯(Polycletus)标准[1]也应如此。当然,即使已经严格设定善与恶的边界,除非参考关于久远过去的记叙以考虑所有的言辞、事行和谋划,被称为"生活向导"的哲学也会在逝去之物中保持缄默。[2] 从这些叙述中,不仅可以易于解释今日之事务,而且能推断未来之事件,还可以获得关于应追求什么和规避什么的可靠准则(praecepta/maxim)。

所以,在我看来,值得引起我们注意的是,在这么多的史家里,在这样博学的时代(tamque eruditis temporibus),迄今为止竟然没有一个人曾把我们先辈们的著名历史做相互比较,没有把这些历

---

① [译注]波利克勒图斯(Polycletus 或 Polycleitus),公元前5世纪希腊著名雕塑家,古典时期最重要的雕塑家之一。波利克勒图斯有意识地创造出一种新的雕塑方法,并著有一篇文章《标准》(*Kanon*)描述此种方法。因此,此处博丹是以这个词作比喻。

② 没有来自历史的阐述,哲学会缺乏活力。

史比对古人的伟大事迹记录。这件事本来容易完成，只要我们把人类活动的所有种类搜集起来，从中合理地安排各种事例，每个事例都各得其所，以使那些曾做尽坏事的人受到应得的斥责，而以德性著称的人能够依其功绩得到颂扬。

那么，这就是史书最大的功德——至少，能激励某些人朝向德性，阻吓某些人远离恶行。即使没有人为之喝彩，善本身也值得歌颂。然而，那些行过善的人，活着的和逝去的，除了给予他们的德性其他奖赏，更应该给予其应得的赞颂，很多人认为这才是唯一真实的奖赏。或许，邪恶之人看到会烦恼——曾被他们折磨的好人竟被拔高至天国，而他们自己和他们种族的名字却会遭受永久的耻辱。即使掩饰，他们在承受这一事实时也无法不感到悲痛苦涩。庞培(Tragus Pompey)①对赫罗斯特拉图斯(Herostratus)的记录和[10]李维(Titus Livy)②对卡庇托利努斯(Manlius Capitolinus)的记录都不真实，甚至没有什么根据，我认为——他们更渴望的是大(magnae)名气，而不是好(bonae)名声。

我认为，前者受失意与疯狂的驱使；后者则希望通过统治同胞国民提升威望。否则，就必须承认，渴望荣耀的人们在平静地忍受侮辱，二者自相矛盾。就像我们在柏拉图的作品中读到的，揭开邪恶的心灵，我们会看到源于苦难的鞭痕和撕裂、被鞭笞的躯体上的血痕，或者甚至有烧红的烙铁留下的印迹；③对恶名的恐惧，撕裂和吞噬着他们中更渴望荣耀的人，其程度简直令人难以置信。即使从未体验过真正的颂扬，也一直在谋求空名。即使有些人愚蠢

---

① 特拉古斯是奥古斯都时期的史学家。在《菲力家族史》(*Historiae Philippicae*)中，他论及了近东从尼努斯(Ninus)到马其顿的菲力(Philip of Macedon)的传记。这只在尤斯汀的概述中有所提及。

② 李维，《罗马史》(*De urbe condita*)，VI. 11。

③ 这里的理念是，僭主自己的灵魂受到他曾施加于他人的同样的折磨。参见柏拉图《高尔吉亚》525。

到相信他们的灵魂会随着身体的死亡而消逝，但活着的时候，他们还是认为后世的看法最重要，并且常常祈祷，死后即能有一场世界大火（terrarum deflagratio/a conflagration of the world）。

事实上，尼禄（Nero）在世时就曾常常这样希望。奥古斯都（Tiberius Augustus）是个恰当的例子：虽然由于性格弱点，他做过诸多残酷贪婪之事，但如果不是还在乎自己的名声，情况会更糟。因此，他在某个荒远的岛上给自己的罪行寻找藏身之处，并且，因为他认为自己不配统治，所以执意拒绝接受"国父"（patris patria）的权力和称号（据苏维托尼乌斯[Suetonius Tranquillus]所说），①以免日后被人发现他配不上那么高的荣誉而更丢人。现在还存有一份他对元老院发表的演讲，其中他说到，有一件东西君主必须赢取——良好的名声。在其他方面，由于不在乎名声，他的德性被忽视。他留下一些悲恸情绪中写下的信，其中他痛苦地哀悼过往的生活，哀诉已经感受到后世对他严酷的嘲笑，然而却无法改变自己的习惯。在塔西佗（Cornelius Tacitus）看来，君主对恶名的这种恐惧，这一历史教训，具有极大意义，仅仅是这种恐惧就应该能激励人们阅读和写作这一主题。

但是，这一学问分支到底具有什么价值，能成为所有技艺的创始者和保存者，且成为以事行为依据的技艺之首？我们的长辈们，把靠着长期经验观察到和获得的所有东西，都交给了历史宝库；这样，后世之人可以[11]观察到前世之人对未来的思考，比较晦涩事物的各种原因，研究每一事物的直接原因和目的，仿佛那些事物就置于其眼前。而且，事实上，神圣历史是教育人们对上帝虔诚、对父母尊敬、对他人仁慈、对所有人正义的手段，还有什么比这能让不朽的神更荣耀或更真正有益呢？事实上，如果不从圣经的源泉中汲取，我们还能从哪里获得预言和神示的言辞，从哪里获得心灵

---

① 苏维托尼乌斯，《十二帝王传》（*Lives of the Caesars*），III. 67。

上无尽的生机与力量?

但是,除了无穷的好处,每一学科中还常常有两件东西值得我们追求——安逸与愉悦。这两样东西与理解史书融为一体,似乎其他任何一种知识体系都不及历史更让人安逸,或让人能获得同样的愉悦。安逸是指,无需其他任何特殊技艺的帮助,所有人都能理解历史。而其他技艺,由于彼此相关、受到同样系列链的约束,不了解一种知识,就无法领悟另一种。但是,历史高于所有知识分支,具有最高等级的重要性,无需任何辅助工具,甚至无需文字,因为只要听过就能将历史传颂于后世。

因此,摩西在讲律法的一章中说,汝等应将诸事传于汝子,虽然那预示他们的国与书的毁灭。然而,他说,即使帝国(impria)、国家(Respub)和城邦(urbes)毁灭了,这一故事也会永久流传。西塞罗曾预言,对萨拉米斯(Salamis)所发生的事行的记忆消逝之前,萨拉米斯就会毁灭,这预言非常精准,①该城被一股漩涡吞没,水流已经淹没了埃尹吉拉(Aegira)、布拉(Bura)和赫利克(Helice)②,以及克里特岛——曾因城镇众多而被称为"千城之岛"、③而现在或许可被称为"三城之岛"——的很大一部分,还有本世纪的荷兰的很多地方。但是,除非整个人类种族首先毁灭,否则过去的故事永远不会消逝,而会历久犹存,甚至会永远保存在乡下人和没有文化的人的心里。

除了安逸,当读到描述德性获得胜利时,愉悦感也会油然而生。我认为,这种愉悦感如此强,被其俘获过、吸引过的人,应该再也无法离开她的甜蜜怀抱而让自己备受折磨。而且,如果一旦被

① 西塞罗,《图斯坎论辩录》(*Tusculan Disputations*),I. 46。

② [译注]这三座古城都位于希腊阿凯亚地区,在公元前373年的海啸中被淹没。布拉城(也作Boura),据鲍桑尼亚说,得名于伊昂和赫利克之女布拉;赫利克城,位于伯罗奔半岛北部,距离科林多海湾约2公里。

③ 普林尼,《自然史》(*Natural History*),IV. 20。

那种知识渴望所驱使,连不太可靠的神话都能给他们带来愉悦感,[12]那真实事件叙述会给他们带来何等的享受?那么,同样,还有比借助历史沉思先辈们的事迹——那些事迹如同画幅一般历历在目——更让人愉悦的事情吗?事实上,那愉悦在于,有时仅靠它就能治愈所有身体和心灵的疾病。撇开其他不说,阿方索(Alphonso)和费尔迪南德(Ferdinand),即西班牙和西西里的国王就是例证。虽然医生的治术都没法帮助他们身体康复,但一个通过读李维(Livy),另一个读库尔提乌斯(Quintus Curtius),却重拾康健。另一个例子就是洛伦佐(Lorenzo de' Medici,被称为文学之父),据说,他只是听了关于皇帝康纳德三世(Emperor Conrad III)的传说故事,就不治而愈(虽然历史本身就是良药)。

康纳德以长期围困的方式打败了巴伐利亚公爵居尔甫(Guelph, the duke of Bavaria),他提议并试图将该城夷为平地,任何条件都无法使他改变主意。最后,他却被一群贵族妇女的祈祷所感动,允许他们毫发无损地离开,只要他们不从城中带走任何无法背走的东西。然后,我只能说,这些女人带着巨大的信仰,开始背公爵本人,背她们的丈夫、孩子、父母出城。皇帝目睹着一切,带着巨大的愉悦,留着欢乐的泪水,不仅驱赶了心灵里所有的残酷和愤怒,而且饶恕了城市,与他的死敌缔结友谊。那么,谁还会怀疑这点,即历史可以让最凶残最粗野的人的心灵也充满最强烈的愉悦?

太陶醉于欣赏,我们可能面临忽略用处(虽然欢乐中也有用处)的危险。太倾心于琐碎事件的细微末节的人可能会这样——只顾品尝佐料和香料,忽视了更货真价实的食物。因此,我仅略微谈了这种阅读的愉悦,而继续谈其效用。不仅是那些准确的记述,就算只是类似事实和只有些微事实之光的记述,其功用到底有多大?我将明确说明,不是用无数证据,因为每个人都可以从同一源头获得这些证据,而只是给大家讲述大斯基皮奥(Scipio Africrectum)的例子。当他把色诺芬的《居鲁士的教育》牢记于心，从中挖掘出所有德性和荣耀的巨大宝藏，就成为这样的伟人：敌人们仅仅因为害怕他、鄙视其他将军（李维如此记述），就在西班牙发动了一场可怕的战争。不仅如此，连强盗们也对他尊敬有加、毫发不伤。[13]当强盗们迫近他的乡间住宅时，农奴们聚在一起，决意击退守在入口的对大斯基皮奥明显心怀敌意的人。而敌人们却像乞援人一样，哀求农奴们准许他们敬仰和尊奉那个神圣之人；当斯基皮奥了解他们的要求后表示同意，为了能将强盗们的野蛮转化为人性的善意（虽然他已经以自己的德性感化了他们的野蛮）。其实，真正荣耀的裨益来自古老的居鲁士的故事——该作品并非完全符合事实，只是表达了一个非常正义勇敢的王的理想。

然而，不只关注古代，更近期或更著名的例子也有，最佳代表就是土耳其君主瑟利姆(Selim)。虽然他的祖辈们都排斥历史，认为历史不真实，但他自己首先模仿凯撒的诸多作为，用于本国的统治，很快，就把小亚细亚和非洲的大片土地纳入了先祖留下的领土中。更近一步讲，凯撒不也是受到亚历山大的激励，模仿亚历山大的行为才变得如此英勇吗？当他读到亚历山大的种种胜利事迹时，不禁泪如雨下，因为在与他相当的年龄时，自己还一事无成，而他的英雄却已经征服了全世界。同样，亚历山大取得如此多的丰功伟绩，不是因为读到荷马所描述的作为卓越将领典范的阿喀琉斯的英勇气概，又能是什么？没有这部作品，亚历山大甚至无法安睡。最后，撇开外国典模不谈，是什么驱使皇帝查理五世(Emperor Charles V)取得那样的荣耀？难道不是因为读到科米涅斯(Comines)书中所记录的法兰西国王路易十一(Louis XI)的事迹而倾心模仿的缘故吗？

其实，既然史书有无尽的好处、能轻松地阅读、给予阅读者更大的愉悦，就不能让它任人责难。虽然很多人曾歪曲一些其他技艺是危险或无用的，至今却还未发现有谁曾指出史实记录有什么不光彩的污点——除非偶尔有人对所有德性和所有学科宣战时，会责难这门学科撒谎。但是，这种责难针对的是神话传说，而不是历史；正如柏拉图所说，若描述与事实不符，根本就不该被称为历史。他说，一种思维产品，要么为真，要么为假：他称后者为诗歌，前者为知识。①

但是为何要争辩？荷马所著的神话，只是与真实和信息非常相似，都可以从中获益甚多，那真实的历史呢？我们能希望从中获得什么收益？它不仅明白地教导我们生活所必需的技艺，[14]而且教会我们不惜付出一切代价都必须追求什么、避免什么，什么是卑劣，什么是高贵，什么是最好的法律，什么是最好的国家（optima Respublica），以及什么是最幸福的生活。

最后，如果我们礼拜上帝却把历史排除在外，宗教信仰和预言书就会随着诸世纪的流逝而被淘汰；因此，正是那种知识具有无以言表的益处，引导我写作此书，因为我发现，虽然有那么多数量庞大的史家，却没有人曾讲解过这门技艺以及这门学科的方法。很多人草率且毫无条理地混淆了各种叙述，没有人能从中学到任何东西。以前也有人写过一些关于如何恰当安排史料的作品；我不讨论其智识程度如何。或许，他们可能有自己的理由。

然而，如果我能发表一下我的意见，他们似乎有点像某些内科医生，不相信任何药物：尽管已经有诸多推荐药物或者可以对症下药，他们还是执意复查所有制剂，而不努力教病人那些药物的效果和机理。那些探讨关于史料组织的人也一样，书里本已经包含丰富的关于过去的信息，图书馆中已经有许多史家的作品，完全可以更有效地利用这些作品来研究和模仿，而不是仅仅从修辞的角度去讨论其导言、叙事艺术以及字词和语句的修饰等等。

---

① 即制作诗歌（poesy，来自希腊词 ποιεω，意即“制作”），不同于经过调查所获得的信息，即历史（来自希腊词 ιστορεω，意即“询问，探究”）。

那么,为了使我们即将要写的历史方法有个框架,需要一开始就清楚地划分并界定主题,再指明阅读顺序。然后,我们会以历史为依据安排人类活动的类似步骤,这样有助于记忆。之后,会考量个体作者的选择问题。然后,讨论如何正确评价这个领域的作品。接着说说国家政体类型,这当中主要涉及到一切历史的准则。接下去,驳斥那些宣扬四帝国论(quatuor nonarchias)和黄金时代理论(aurea secula)的人。阐释完这些主题后,我们会试图弄清楚各种晦涩复杂的年代(temporum)顺序,这样就能理解从何处寻找历史的开端以及从哪个起点追溯历史。我们会彻底驳斥那些坚持诸民族的[独立]起源(gentium origines /independent origin of races)思想的人。最后,罗列以供阅读的史家的清单和顺序,这样,就可以清楚地了解每个作者所写的内容和他生活的时期。

第一章　历史及其分类

[15]历史，是对事物的真实叙述(verae narrationis)，它共有三种：属人的、自然的和神的。第一种关乎人；第二种关乎自然；第三种，关乎自然之父。第一种描绘人生活在社会中的各种行为。第二种揭示自然中隐藏的种种原因并从最早的开端解释其发展。最后一种记录全能的神和不朽的灵魂的力量和权力，使其与其他万物有所区别。与这一区分相对应，历史有三种既定的表现形式[①]——或然的，必然的和神圣的——对应与之相关的三种德性，即审慎、知识和信仰。

第一种德性区分卑劣与荣誉；第二种区分真实与谬误；第三种区分虔诚与不虔敬。第一种德性指导理性与实践事务经验，人们称之为“属人生活的裁决者”(moderatricem)。第二种德性探究深奥精妙的自然缘由，被称为“万物的揭示者”(inventricem)；最后一种德性致力于研究唯一的上帝对我们的爱，被称为“恶的终结者”(expultricem)。这三种德性合在一起，才能形成真正的智慧(vera

---

① 原词是 assensio，在哲学术语中表示可感知表象的真实性。见西塞罗《论学园派》(*Academica*)II. 12。这些表现形式对应于对历史的三种区分：属人的历史，不绝对确定，仅仅只具有或然性，发展出深谋远虑之应用或者审慎；自然历史，精确因而必然，给予我们知识；神的历史，超出人类的评估范围，因为要求信仰。

sapientia)，人最高最终的善(summum extremumque bonum)。享有这种善的人过着赐福的生活，既然我们已经来到日光之下并享受其光，如若没有拥抱这一来自天国的恩典，实在是不知感恩。而且，在追求这种善时，我们从三种历史中获得极大的帮助，尤其是神圣历史，这一历史无需其他帮助便能使人幸福，甚至无需实践事务经验，无需神秘物理学原因的知识。然而，我认为，如果还具备后面两种，属人的幸福能得到极大提升。

由此可见，我们应该首先探究神圣事物历史。但是，大自然母亲赋予人的首要欲望(primum studium)是自我保存(conservandi)，[16]对自然运转的敬畏使人开始一点一点探究这些运转的缘由。既然是这些兴趣吸引世人去理解这一“万物的裁决者”——因此看来我们必须从属人的事务这一主题开始探究，从孩子的心灵对至高全能上帝有认知开始，如此对上帝的信仰才不仅可能，而且必然。① 因此，探究的次序就发生了转变，从最初思考我们自身、我们的家庭和社会，被引向询问自然，最后探究不朽上帝的真实历史，即静观(comtemplationem)。

有些人在某种程度上已经训练过自己沉思重大事务，能很好地理解业已揭示的哲学秘密，可是对于还未被允许窥探这些秘密的人来说，最后一项何等困难！当他们的心灵一点点从情感层面向上提升，似乎从淹没了大部分人的海浪中脱离后，却永远无法完全解放自己，让自己不受感知所创造的像星云一般的图景的影响，仍然站在真理之光的对立面。因此，有些人一开始就研究神圣历史，有些人对孩子们或是没有受过教育的人们讲解神圣事务难题，他们不仅预期错误，而且用这些高难度的问题打击了很多人。同样，我们督促那些从厚厚的黑雾中走向光明的人，首先专注观察太阳投射在地球上的光辉(splendorem)、然后再观察太阳投射在云

① 对比上页注释①中提到的三种历史。

中、在月亮上的光辉，目的是强化自己的视力、有朝一日或许能够凝视太阳本身。同时我们也得要考虑什么学问的人的利益。他们首先应关注上帝的仁慈(bonitatem)以及他如何卓越地安排属人事务、揭示自然缘由、安排壮丽的天体；之后，关注上帝所安排的整个宇宙的绝妙秩序(ordine)、运动(motu)、广袤(magnitudine)、和谐(concentu)和形状(figura)，通过这样的步骤，我们可以不时回返与上帝的亲密关系，那种亲密关系本是我们人类的最初源泉，由此，我们可再一次与他紧密结合。在我看来，以其他方式阐释历史的人违反了永恒的自然法则。

既然卓越之士和博学之人(viri graves & eruditi)在书面作品里扼要地表述了这一主题的三分法，我也打算致力于此道——我可以建立阅读这些东西的顺序和方式，如何在其中尤其是属人事务的历史中作出判断。因为，总体上讲，神圣历史和自然历史[17]与属人的历史大相径庭，尤其是前两者不仅涉及到起源，而且其构成有确切范围。自然历史展示了必然的不变的因果链(causarum consecutionem)，除非被神的意志制止，或者某一时刻被神抛弃，也就是，屈服于流动物质(fluentis materiae)的君主和所有恶的父亲。这种遗弃会生出扭曲的自然景象和大怪物；上帝通过干预展示奇迹。上帝的遗弃与干预就是宗教或迷信的起源，也引起人们对无法逃脱的神的意志的敬畏，这样，上帝华美的显白的荣耀在属人种族中就变得更加可见(虽然已经无法更闪耀更清晰)。

然而，由于属人的历史大部分源于世人的意志，而人一直都踌躇游移、毫无目的——更有甚者，每一天我们都会面对新的法律、新的习俗、新的制度(instituta)。因此，总体上讲，属人的行为不可避免地会不断出现新的错误，除非遵循自然的引导。即，不听从正确理性指导的人会犯错，或者说，当理性崩塌，人就失去了这种次级起源的帮助，失去了神圣洞察力的引导，这种洞察力更接近人的起源定律(principio)。若是我们从此中分离,将坠入各种恶行之中。人的心灵已经被不朽的神的心灵抛弃,虽然它尽力让自己远离尘世的污点,然而,由于它已经深陷不洁的事务,已经因为与这些事务的接触而深受影响、甚至内心已经被各种相互冲突的情感困扰迷惑,所以,离开神的帮助,人的心灵永远无法自我提升,无法获得任何正义或完成任何遵照自然之事。因此,结果就是,只要我们还被自己的感官弱点和各种事物的虚假图景所阻碍,就无法分别有用与无用、真与假、卑劣与高贵,只能为了避免冒失而让行为审慎一些,但其实误用了审慎这个词。要具有审慎,没有比历史更重要更关键的因素,因为属人生活的各种情节有时会周期般重现、自我重复。我们认为,必须要注意到这一点,尤其是那些不过隐居生活、与属人的立法大会和团体(societates)紧密联系的人。

在三类历史中,让我们暂且将神圣历史留给神学家、自然历史留给哲学家,我们自己长久且专心地集中关注属人的行为以及支配属人行为的各种法则。对属人活动的探究要么以普遍的方式(communis),要么以个别的方式(propria):[18]后者包括单个个体,或最多单个民族值得记录的言辞或事行。正如学院派的人明智地避免给老女人的事务做任何概括性的定义,历史也不应关注同样琐碎无用的活动。普遍历史以两种方式叙述诸多人或城邦的作为:或是叙述几个民族的作为,如波斯、希腊、埃及;或是叙述所有民族流传下来的作为,或至少是最著名的那些民族。可以以不同的方式叙述。根据时间顺序——每天、每月、每年——列举事件,这种记录可称为历书(ephemerides)或日志(diurna),和年鉴(annales)。

或者,作者可以追溯每个城邦记忆可及范围内的起源,甚至追溯至创世之时,追溯各个城邦的创建、发展、业已建立的各种类型、衰败和灭亡过程。这也可以以两种方式记录:简要的可以称为历代志(chronica),详尽的可以称为编年史(chronologiae)。还有些作者以些微不同的方法达致同样的目的。弗拉库斯(Verrius Flaccus)①称历史为"广为流传的神话",事件、人物、地点的重要性由事件发生时在场的人衡量。西塞罗把不加任何修饰、也不费神追问事件发生的诱因,只单纯地记录每一年发生的事件的方式称为"年鉴"(annales)。西塞罗说,历史,就是写年鉴,没有别的。日志(diaria),或是历书(ephemerides),记录每一天的事迹,格利乌斯(Gellius)②作品里的阿瑟里奥(Asellio)是这么讲的。而年表(fasti)则是另一种年鉴,所有值得纪念的事情、最伟大的职官、最著名的胜利、失败、成就和世俗竞赛都简要记录其中。弗拉库斯、克拉托尔(Crator)、③奥索尼乌斯(Ausonius)、④卡西俄多路斯(Cassiodorus)⑤和库斯庇尼安(Cuspinian)⑥的作品就是这样,但这些作品都统称为"史书"(historiae)。

[19]上文提到的分类也同样适用于自然历史和神圣历史。那些史书要么讲述某一宗教(即基督教的起源和发展),要么讲述几个或所有宗教,尤其是最著名的宗教的起源和发展。虽然找不

---

① 弗拉库斯(Verrius Flaccus),词典编纂家,可能是公元前1世纪的人。他的作品被收入菲斯图斯(Sextus Pompeius Festus)的《语词的意义》(*De verborum significatione*)。

② 格利乌斯(Aulus Gellius),哈德良时期的拉丁语法学家。此处指《阿提卡之夜》(*Noctes Atticae*)v. xviii. 8。

③ 克拉托尔(Crator),维鲁斯(M. Aurelius Verus)时期的自由民。他记录了从罗马建城到维鲁斯去世之间的历史,其中有各执政官和其他职官的名字。

④ 奥索尼乌斯(Ausonius),活跃于公元4世纪高卢时期,著有关于从尤里乌斯到埃拉加巴卢斯(Elagabalus)时期的诸位罗马皇帝的《四行诗》(*Tetrasticha*)。

⑤ 卡西俄多路斯(Cassiodorus,约公元486–575年),罗马贵族,他在维瓦里乌(Vivarium)建立图书馆,因而影响了中世纪欧洲的智识发展进程。为了教在那里工作的人们,他作《教程》(*Institutiones*),包括如何练习写作(*scriptorium*)。在他的督促下,关于苏格拉底、所罗门(Solomen)和忒奥多勒特(Theodoret)的早期基督教史书被译为拉丁语,名为《三段历史》(*Historia tripartita*)。

⑥ 库斯庇尼安(Cuspinian,又名Joannes Spiesshaymer,1473–1529),日耳曼外交官、学者,著有《罗马执政官评注》(*Commentarii de consulibus Romanorum*)。

出另一种宗教能在迷信和不敬之间保持平衡。同样，也可以收集某一事物的自然历史——例如，某一种植物或动物，或是所有植物或动物的历史。例如，泰奥弗拉斯托斯（Theophrastus）[1]和亚里士多德的著作。或者，我们甚至可以描述这些事物的所有元素和所有主要部分，或者描述整个自然界，例如普林尼（Pliny）的作品。

如果不愿把数学纳入自然科学的范畴，也可以把历史分为四类：属人历史，当然这历史既不确切，也令人迷惑；自然历史，确切，但由于与质料（materiae）或某一邪恶天神相关，有时飘忽不定，所以反复无常；数学历史，因为没有混杂任何质料而更加确切，所有古人都把数学史和自然史分开讲；最后，最确切的神圣历史，其本质即不变。这就是对历史的分类（partitione）。

---

① 泰奥弗拉斯托斯（Theophrastus），亚里士多德的学生，著有《天文史》（*History of Astronomy*）和《植物史》（*History of Plants*）。

第二章　历史文献的阅读顺序

[20]我认为,广泛应用于人文学科的系统和方法同样也可以用在历史上。仅仅屯一大堆史书在家里还不够,除非能理解每本书的用途,理解阅读这些书的顺序和方式。在盛宴上,即便时季菜品本身宜人,但如果上菜方式随意,其结果也不如人意。因此,阅读前需要先确保文献的顺序不乱,即较晚近的文献不要放置在更早的阅读序列中,中期文献不要放到最后。犯这种错误的人不仅根本无法领会事实,而且严重削弱了自己的记忆力。因此,为了易于完整地理解历史,从一开始,我们就要应用人文学科教学的卓越向导——分析法(analysis)。分析法总体上说明如何将整体切分为部分,如何把每一部分再分成更小的部分,应用分析法也非常易于解释整体与各部分之间如何彼此和谐地聚合。

千万不要试图使用综合法(synthesi),诸多研究者已经精密地调整好所有历史活动的各部分,并将其融为一体;但是,有些人却笨拙地把它们分开。然而,各个部分和整体之间的美妙聚合,一旦被撕裂开,就不可能再独立存在。就是因为这个原因,珀律比俄斯斥责法比乌斯(Fabius Maximus)①和其他写作布匿战争的作者,

---

① 法比乌斯(Q. Fabius Pictor),活跃于公元前225年。他是最早以散文体(转下页注)

这些人仅仅只记录那场战争的某一个片段。他写到，某种意义上讲，这些人是只画眼睛，不画脑袋，或是只画从某个生物身上撕下来的一部分，没人能明白那个部分到底是什么。哈利卡纳苏斯的狄奥尼修斯(Dionysius of Halicarnassus)①也这样[21]指责珀律比俄斯(Polybius)、西勒努斯(Silenus)②、蒂迈乌斯(Timaeus)③、安提戈努斯(Antigonus)④和耶柔米(Jerome)⑤，这些人留下的关于罗马历史记录残缺不全。

可能也有人这样指责狄奥尼修斯，但是上述作者不该受此责难，因为不是每个作者都应该处理所有主题，也无法处理所有主题，因为每个人的劳力和努力程度是有限的，只能收集到他尽力能收集到的资料。我认为这些指责不应针对历史的写作，而应指向历史的阅读。如果历史被分割得支离破碎，各部分无法再彼此联合或与整体凝聚。他们记的都是有关罗马的历史，我们继续说说有关所有民族的普遍历史。我称为普遍历史的那些记录，囊括了所有民族或最著名的民族的种种事务，或是记叙了一些著名人物在战争中以及和平时的事迹，那些事迹从他们民族起源的早期一直流传到我们时代。尽管在任何作品里，略去的事迹都比记下的事迹多，但流传下来的记录还是太多了，以至于一个人就算穷尽一

(接上页注)记录罗马史的作者，记述了从埃涅阿斯到他自己时代的故事。此处指珀律比俄斯的 *The Historie* I. i. 14。西庇阿家族和法比伊家族之间的斗争，在珀律比俄斯的评述中显现出对法比乌斯的不利。

① 哈利卡纳苏斯的狄奥尼索斯(Dionysius of Halicarnassus)，活跃于公元前30年，著有《罗马考古学》(*Roman Archaeology*)。此书是关于罗马历史的伟大著作，共20卷，记录了从公元前264年到珀律比俄斯时代的史事。他强调罗马的希腊起源。

② 西勒努斯(Silenus)是西塞罗(《论占卜》[*De divinatione*] I. xxiv. 49)曾提及过的一位希腊史学家。此处指 Dionysius I. vi。

③ 蒂迈乌斯(Timaeus)，活跃于公元前260年，西西里人，著有一部从最高时期开始的西西里史，以奥林匹克4年周期为纪年系统。

④ 安提戈努斯(Antigonus)，公元前3世纪的希腊史学家，记录意大利史。

⑤ 卡尔迪亚的耶柔米(Jerome of Cardia)，希腊化时期的史学家。见下文页370。

生，不管他有多长寿，都无法读完全部。

那么，首先让我们放置一张囊括所有时期的总表，不需要太细节化，这样易于研究。这张表需要包括世界的起源、大洪水、各个最著名的国家和宗教的起源时间和灭亡时间，如果已经灭亡了的话。可以参照创世、建城、奥林匹亚运动会的时间，或者如果理由充足，也可以参照基督纪元、阿拉伯人的大逃亡年（在流行的编年史记录中已经被略去）等标准来确定事件的发生时间。十分符合这类的作品一般被称为编年史，其特点是每条记录之间留有空间，虽然记事简要，但初学者易学。虽然其年代次序并不十分准确，但非常接近史实。

这种表述之后，应该读更完整更准确的书——不仅记录了有代表性的民族，也囊括所有民族的起源、条件、变化和衰落情况。但叙事也需要简洁，能够几乎一览之下就了解每个国家已经建立起来的形式。很多人都写过这类作品，但在我看来，其中写得最准确的是丰克（Johann Funck），①[22]他以准确的年表体系（ratione temporum）收集了尤西比乌斯（Eusebius）②、比德（Bede）③、卢西杜斯（Lucidus）④、西吉斯蒙德（Sigismund）⑤马汀（Martin）和弗里吉奥（Phrygio）⑥等人都记录过的史事，并仔细纠正了这些作者记

---

① 丰克（Johann Funck，1518－1566），著有《年代学》（*Chronologia, hoc est omnium temporum etannorum ab initio mundi usque ad hunc praesentem ... annum*），1552。

② 凯撒利亚的尤西比乌斯（Eusebius of Caesar），4世纪史学家、神学家，著有《年代学》（Chronographia）和一些编年标准，以及希腊文的 *Historia ecclesiastica*。

③ 比德（Bede，673－735），史学家、神学家，著有拉丁语的《英格兰教会史》（*Ecclesiastical History of England*）和《论时间体系》（*De temporum ratione*），其中将从创世开始的历史分为六个阶段，记年时把基督诞生年作为划分的起点。

④ 卢西杜斯（Johannes Lucidus Sarnotheus），16世纪著名的数学家，著有《时间的校正》（*Emmendationes temporum*）。

⑤ 西吉斯蒙德（Sigismund Meisterlin），著有《奥古斯都教会编年史》（*Chronicon Augustanum. ecclesiasticum*），逝于约1488年。

⑥ 弗里吉奥（Phrygio），即塞登斯尼克尔（Paul Constant Seidensnicker，1483－1543），自称弗里吉奥，著有《编年史》（*Chronicum ...ab exordio mundi temporum seculorumque seriem complectens*）。

录中的错误。

但是，有时丰克太过迷恋细节，所以我们读的时候要把过于琐碎之事略去，只关注最重要的事情。了解完这个作者讲的关于所有国家的情况之后，我们应该浏览一下卡里昂（Carion）[①]的史书，或甚至以同样的态度读读梅兰希顿的史书。梅兰希顿有时在教会纷争上过于啰嗦，因为他太关注宗教和虔敬。如果这些描述读着不太讨喜，跳过就行。其他关于著名国家的概述，我觉得他都简洁且准确地记录了。如果还有其他（的确还有一些）比梅兰希顿写的普遍历史更充分的史书，我觉得应该读一读。

从普遍历史我们可以逐渐进入个别历史，仍然以编年表的方式安排顺序阅读。既然迦勒底人、亚述人、腓尼基人和埃及人首先创建了治理国家的理法（Reipublicae gubernanddae ratio）、学科体系（disciplinae）和人类品质（humanitas）本身，我们就应该从研究这些民族的古代史开始。不仅要阅读那些专门记述这些民族的作品，如贝罗苏斯（Berosus）[②]、墨伽斯特涅（Megasthenes）[③]和希罗多德的书，也要阅读希伯来作者，因为他们的事务与其他作者的有很多共同点。约瑟夫斯[④]的《犹太古史》（*Jewish Antiquities*）和[23]《驳阿庇安》（*Books against Apion*）中还记录了一些相邻民族的事情，比其他任何作者都记录得更准确。

---

① 卡里昂（Johann Carion of Lubeck，1499－1537），著有《历代之书》（*Chronlcorum libri tres*）。该书由梅兰希顿（Philip Melanchthon）和佩乌瑟（Gaspar Peucer）编辑，在查理五世时期面世。

② 贝罗苏斯（Berosus），公元前3世纪时期巴比伦贝尔地区的神父。在约瑟夫斯和尤西比乌斯的作品中有他的《古迦勒底》（*Chaldaica*）中的选摘。

③ 墨伽斯特涅（Megasthenes），约公元前300年时的史家，著有《波斯纪年表卷一》（*Annalium Persicorumliber I*）。

④ 约瑟夫斯（Flavius Josephus，约公元37－95年），著有《犹太战争》（*Wars of the Jews*）和其他关于犹太人历史的作品。他深得维斯帕安的宠爱，晚年住在罗马。据尤里比乌斯在《教会史》（*Ecclesiastical History*）III.9中的权威记录，罗马城中有一尊他的塑像。

然后，我们应该研究希伯来人的历史。研究方式应该是，先研究国家建立的体系，再研究宗教建立的体系，因为后者属于第三种历史，要求更尊贵的静观心灵(altiorem contemplationem)。然后，研究米底斯人、波斯人、印第安人(Indians)和塞西亚人(Scythians)的帝国。而后转向希腊人，他们从阿拉克赛斯河(Araxes)、①幼法拉底河、叙利亚关口等地发源，繁衍到达达尼尔海峡，再从达达尼尔海峡繁衍到多瑙河、阿克罗斯伦安山脉(Acroceraunian Mountains)②和艾米安山脉(Aemian Mountains)。他们占领了亚洲和欧洲附近的众多岛屿，将其变为殖民地，之后还占领了意大利。

这些殖民地居民可以分为三类：第一类被称为爱奥尼亚人；第二类是伊奥尼亚人，第三类是多利安人。研究完希腊人，再研究意大利人，他们被阿尔卑斯山脉和二海③环绕。在帝国的威严和事迹的荣耀方面，意大利人超过了其他所有民族，在正义方面，他们也声名显赫。因此，似乎他们不仅在法律和制度方面使其他民族黯然失色，而且迄今为止在语言上也异乎寻常地卓越。必须用功探究意大利人的整个古代史，因为他们和迦太基人发生了历时长久耗资巨大的战争，所以，同一个作者事实上会讲述两个民族的历史。

我认为凯尔特人最接近罗马人，很可能他们比意大利人还要

① [译注]阿拉克赛斯河，希腊语发音译法，也称阿拉斯(Aras)或阿拉克斯河(Araks)，全长1072公里，覆盖面积102000平方公里，是高加索地区最大的河流之一。流经土耳其、亚美尼亚、阿塞拜疆和伊朗等国，在小高加索山南面注入库拉河(Kura)。

② [译注]阿克罗斯伦安山脉，也称Ceraunian Mountains或Akroceraunian Mountains，是位于阿尔巴尼亚西南面沿海的山系，今阿尔巴尼亚发罗拉市境内。此山脉沿爱奥尼亚海东北面延展，在古代世界非常有名，托勒密、斯特拉波和鲍桑尼亚的作品中都提到过此山脉。此山脉得名于希腊语Κεραύνια ὄρη，意即“雷劈峰”。

③ [译注]指亚得里亚海和地中海。

古老。当然,在罗马人以军事训练著称之前,他们早就因此而得名。他们不仅把侨民送往意大利,也送往西班牙、德意志、希腊和亚细亚,我们会适时详述。虽然凯撒把他们限制在加仑河和塞纳河的边境,但他们的统治范围却从比利牛斯山和大西洋一直延伸到莱茵河和阿尔比斯山区域。接下来应该研究日耳曼人,他们被阿尔比斯山、莱茵河、维斯瓦河(Vistula)、①喀尔巴阡山脉和波罗的海环绕。日耳曼人的邻居有丹麦人、挪威人、瑞典人和斯堪的纳维亚人。

从上述民族发源出哥特人、法兰克人、旺达尔人、匈奴人、赫卢利人、伦巴第人、勃艮第人、盎格鲁人和诺曼人,这些人干了大事儿,在法兰西、英格兰、西班牙和意大利建立了最繁荣的帝国(imperia)。虽然西班牙人和不列颠人因其过往而声名远扬,但他们的事迹不及上述民族那么有名。

阿拉伯民族也一样,因其古代史而著名,但由于怠惰而长期不为人知,[24]直到从沙漠中突然崛起,从波斯人和希腊人手中夺取了对亚洲和非洲的控制权,在欧洲也取得了巨大胜利。他们不仅传播武器,而且把宗教、习俗、制度和语言传播到全球(toto terrarium orbe)。一般人称之为萨拉森人(Saracens),②然而,他们是不同民族的混合体,只是阿拉伯人自己占据了支配地位,下文将澄清这一点。

接着,我们应该研究土耳其人,他们从里海沿岸向亚洲推进,以武力一点一点渗透小亚细亚地区,直至整个希腊和埃及。

---

① [译注]维斯瓦河,又译"维斯杜拉河"(波兰语 Wisla),是波兰最长的河流,全长1047公里,流域面积192000平方公里,占波兰国土面积的三分之二。维斯瓦河发源于贝兹基德山脉,流经克拉科夫、华沙、托伦,最后在格但斯克流入波罗的海,其间有多条运河同奥得河、第聂伯河、涅曼河相通。

② [译注]萨拉森人是阿拉伯西奈半岛上的一支游牧民族,罗马帝国早期常常在叙利亚沙漠周边不断侵扰帝国边界。后来东罗马帝国时期,人们用此名指所有阿拉伯民族。

我们也不能忽略鞑靼人的帝国，他们统治着伊玛乌斯山脉（Imaus Mountains）[①]和里海以外幅员辽阔的地区。还有莫斯科人（Muscovites），他们从伏尔加河地区发源，把疆域拓展到顿河（Don）和第聂伯河（Dnieper）区域，最近还占领了利沃尼亚（Livonia）。[②] 最后还有美洲人（Americans/Americi）和那些控制了南非海岸和印第安（Indiae）海岸的民族，理解他们的历史也会有用且愉悦。

所有这些资料，应该首先迅速浏览，然后必须更精确地研读。这样，我们就能抓住叙事中最重要的要点，同样，我们也可以逐渐深入细节。我们不仅要研究伟大的国家，也要研究一些普通的、不太重要的，例如，罗得岛人、威尼斯人、西西里人、克里特岛人、赫尔维西亚人、亚加亚人、热那亚人、佛罗伦萨人等等的各个公国（Respublicas）。鲍桑尼亚（Pausanias）[③]曾相当精确地描述过希腊人诸国。研学了所有国家的历史，接着要探究一些声名显赫之人的事

---

① [译注]伊玛乌斯山脉（Imaus Mountains），也称伊迈昂山脉（Mount Imeon），位于中亚地区，即如今的兴都库什，帕米尔和天山山脉群。此山脉旧时从西南部的扎格罗斯山脉延伸到东北部的阿勒泰山脉，并连接到东南部的昆仑山、喀喇昆仑山和喜马拉雅山脉。希腊化时期的学者喜欢称之为 Imaus Mountains，虽然此山脉的名称根本没有希腊词源。

② [译注]利沃尼亚，日耳曼和斯堪的纳维亚语为“利夫兰”（Livland），是位于波罗的海东岸的历史古地，曾是居住在古利沃尼亚大郡美特瑟坡（Metsepole）的芬兰利沃尼亚人的领土。古利沃尼亚最著名的统治者是图拉达（Caupo of Turaida）。在利沃尼亚的十字军东征期间，该地成为古利沃尼亚的宝剑骑士团（LivonianBrothers of the Sword，后称利沃尼亚骑士团）的殖民地，利沃尼亚这一名称由此开始被用来指代更广阔的领域：波罗的海东岸的马里亚纳之地（Terra Mariana），即现拉脱维亚北部和爱沙尼亚南部，西北面是里加海湾和芬兰海湾，东接佩普斯湖（Lake Peipus）和俄罗斯，南接立陶宛。利沃尼亚的居住者包括波罗的海各族和芬兰各族，其统治阶层时上层波罗的海日耳曼人，随着时间的推移，一些贵族被波兰化，变成波兰-立陶宛贵族或瑞典贵族，或者被俄罗斯化，变成俄罗斯贵族，如 Dvoryanstvo。从 12 世纪初开始，利沃尼亚成为丹麦人和日耳曼人大肆扩张的地方。

③ 鲍桑尼亚是 2 世纪的吕底亚土著人，主要作品是《希腊志》（*Description of Greece*）。

迹，他们获得名声，或是靠权力，或是因其种族的优越和富裕，或是因其英勇和谋略能力。每个读者需要根据自己的判断在这些人中选择，将每个英雄的言辞和行事对应于他的生活理念。

研究完属人的事务，如果还有闲暇细读自然科学，会发现从自然科学出发更容易研究神学。另一方面，如果有物质或者生活环境方面的困难，需要承担这些责任，就应该开始其职业生涯。抑或，如果生活已经没有空间留给各种活动，就做一个旁观者，以自己的双眼，观察那些曾在书中阅读过的无生命的画面所描述的属人事务。正如毕达哥拉斯对我们的警示，[25]要从历史中收集到最珍贵的果实，最好的途径就是首先谦逊地参与或勤勉地观察实践事务。

理解了属人的事务和自然事务后，就来到最后一步——研究神圣历史，仿佛完全清白。首先需要收集每一种宗教的主要教义。我们要清楚每一种宗教的创始人是谁；它的开端、发展、最终的形式和目的如何；每一种宗教中，什么与德性相关，什么无关。有些杰出的哲学家研究宗教和最高的善，我们还需要阅读他们的观点，从他们揭示出的观点中，真理之光能更清晰。从这一材料中，可以有效地获取许多东西，通过这些东西才能汲取奖品，以侍奉给全能的上帝，如同希伯来人从埃及人那里所获得的一样。但是，我们推进这种知识的更好途径不断祈祷，把纯净的心灵转向上帝，而非任何研究过程。

以宇宙学（Cosmographiae）来比拟就很容易理解我们所讲的编排历史一事。因为，这个学科与史学的联系和相近关系是，一个是另一个的组成部分。其实，仅仅从地理学家那里，我们已经探求到对斯基泰人、印第安人、埃塞俄比亚人和美洲人的描述。除了这些材料，史家还使用地理学资料，他们常常描述地球的各区域。如果有什么技艺对于史家至关重要的话，我认为地理学一定排在首位。因此，正如一个希望了解宇宙学的人一样，史家必须研究把整个世界囊括在一小张地图中的表达方式。然后，他应该注意各个天体之间的联系，参照四大要素并从各种元素中分离出星图学（uranographiam/uranography）：从气中分离出水和陆地。然后，他必须演绎出测风术（anemographiam/anemography）、水文图（hydrographiam/hydrography）和地理学（geographiam），还需要把后者划分成十层圈（decem orbes）和许多区。

之后，必须仔细观察气流规则，二海的性质和范围，以及陆地的分布。地球应该首先大致被分为四个或五个部分，即欧洲、亚洲、非洲、美洲和东南大陆，须得参照其他几个部分和天空的位形来比较它们每一个的状况。接着，应研究更温和、因其居住者的名声而更著名的那一部分，即欧洲，将其分为西班牙、法国、意大利、希腊、日耳曼、斯基泰、斯堪的纳维亚、丹麦以及与每一区域相连的各岛屿。同样，[26]应把亚洲分为大亚细亚和小亚细亚：前者进一步划分为亚述、波斯、帕提亚、米底亚、赫卡尼亚（波斯的一部分）、阿里亚纳、格德罗西亚、印度和塞西亚，以及近伊迈乌斯和远伊迈乌斯；远伊迈乌斯包括佛里吉亚、吕底亚、吕西亚、西里西亚、卡里亚、潘菲利亚、叙利亚、加拉提亚、卡帕多西亚、本都和亚美尼亚。非洲应分为毛里塔尼亚、利比亚、普兰尼加、埃及、埃塞俄比亚、努米底亚和尼格里托的各个区域。如此定界，足以标注出知名的河流、山脉、海洋为边界，并标出每个地区恰当的天体经纬线。

从地理学我们终于读到了地方志（Chronographiam），即对各个区域的描述说明，方法很简单。要更细致描述我们的模式，就需要描述每个区域。例如，欧洲的第一个部分西班牙，可以分为贝提卡、卢西塔尼亚和卡拉孔尼安省。而卡拉孔尼安省又可再细分为加利西亚、卡斯提尔、纳瓦拉和阿拉贡，指明边界的河流分别是埃布罗河、瓜迪亚纳河、塔霍河、瓜达基维尔河和杜罗河，那座山脉（通常被称作哈德良山）分出了远西班牙地区。然而，可以把这一区域的中心维度定在40°,[1]中心经度15°,[2]整个地区长跨14°,宽跨7°。其他地方都应以此法界定。

最后,从地方志转到地形学(Topographiam)和测绘术(Gromaticam),即对各个地方的描述和规模的研究。首先,这涉及到著名的城镇、港口、海岸、海峡、海湾、地峡、岬角、田地、丘陵、斜坡、岩石、峰峦、旷野、牧草、森林、小树林、矮林、大草原、丛林、植物篱、公园、果园、绿地、柳树种植园,以及所有驻有防御工程的城镇、殖民地、辖区、自治城、要塞、大教堂、村落、行政区和庄园(如果需要如此的话)。否则我们就不能定义和阐释普遍历史。在没有精确了解整个宇宙的联系、各个部分之间的联系,以及部分与整体之间的联系之前,就开始研究各个地区的地图会出差错;同样,必须首先厘清普遍历史的秩序和顺序、所有时代的秩序和顺序,并将其清晰陈列出来,好似列在一张表格里,接下去才能理解个别历史,否则也会犯错。

具体描述每个民族时,也应使用同样的分析法。因此,如果想清楚地了解并记住[27]罗马人的历史,就应该首先读儒福斯(Sextus Rufus)[3]的作品,他仅用4页就讲完了整个故事,然后再读弗洛鲁斯(Florus)[4]的概要和欧特罗皮乌斯(Eutropius)[5]的

---

① 1583年版是11,1566年和1572年版是40。

② 本初子午线是在亚速尔群岛估算的。参见杰维斯,《地图中的世界》(*The World in Maps*),页31。

③ 儒福斯(Sextus Rufus),不太知名的作者,著有《罗马人民的胜利和行省简史》(*Breviarum de victoris: et provinciispopuli Romani*),该书是敬献给东罗马皇帝瓦林斯的。

④ 弗洛鲁斯(Lucius Annaeus Florus),公元2世纪人,著有《罗马纪要》(*Epitome rerum Romanarum*)。

⑤ 欧特罗皮乌斯(Eutropius),康斯坦丁皇帝的秘书。他著有《著名的意大利行省和罗马诸部落》(*De inclytis totiusItaliae provinciae ac Romanorum. Gestis*)和《罗马史》(*HistoriaeRomance libri x*),后一本把1100年的罗马历史压缩得很简洁。后来被助祭保罗扩写。

书。之后，就该读李维和珀律比俄斯了。

研读法兰克人的事迹时也应如此，应该先读梯列特（Jean du Tillet）①的小册子，再读埃米利乌斯（Paul Aemilius）②；先读希菲利努斯（Xiphilinus），③再读狄奥（Dio）④，先读尤斯丁（Justin）⑤，再读狄俄多儒斯（Diodorus）⑥或者特洛古斯，但后者的作品几乎全部佚失。

然而，仅仅理解普遍历史还不够，除非我们也知晓细节。而如果这两类合在一起，珀律比俄斯说，能带来无可比拟的好处。之前，很多阅读儒福斯或弗洛鲁斯的书中的主要标题的人都遗漏了这个观点，因而忽略了李维。所以，李维的作品几乎完全佚失。同样，似乎也是尤斯丁导致了庞培作品的消失，希菲利努斯导致了狄奥作品的消失。

最后，我们应该把所有值得回忆的言辞和事行交付给记忆的仓储室（locos）统管，就如将其装入藏宝箱一般。从这些藏宝箱中，我们能拿出足够多最有益于作出判断的资料。更甚，完成此事的最简便方法是，把属人的各种行为分类摆放在眼前。

---

① 梯列特（Jean du Tiller）d. 1570，莫城主教，著有《法兰西编年纪》（*Chronicon de regibusFrancorum*），该书 1550 的版本与埃米利乌斯（Paul Aemilius）的《法兰西史》（*History of France*）捆绑付印。博丹频繁引用后者。

② 埃米利乌斯（Paul Aemilius of Verona）d. 1529，巴黎掌玺大臣（chancellor）、法兰西史料编纂者。主要的作品是《至 1488 年的法兰克部落纪要》（*De rebus gestis Francorum usque ad annos* 1488 *libri xx*）。

③ 希菲利努斯（Xiphilinus），11 世纪君士坦丁堡的一位修士。他为狄奥的作品作简本。

④ 卡西乌斯（Dio Cassius），活跃于公元 3 世纪，以希腊文著从埃涅阿斯到公元 229 年的罗马历史。

⑤ 尤斯丁（Justinus Frontinus）在公元 1 世纪时为庞培关于马其顿君主国的作品作简本。

⑥ 西西里的狄俄多儒斯（Diodorus of Sicily），活跃于公元前 1 世纪。著有《史学藏书》（*Bibliotheca historica*），一部试图书写世界史的作品。

第三章　历史材料的合理安排

[28]因为接下来的讨论主要涉及对属人事务的描述，我们得再严格定义一下“历史”这个词的内涵。这个词本身具有多重意思，仅就指人类的各种活动、以流行的方式来说，是关于人类过往活动(actionum)的真实记叙。此外，人类活动如此不计其数且杂乱无章，有如此大量的历史记叙，除非把人类的活动和事务分为特定有限的几类，否则无法清楚理解众多历史著作，也无法长期牢记那些教训。

我认为，学者们在其他人文学科里常常使用的各种帮助记忆的方法，也应该用于历史。就是说，应该把值得记忆的相似事件以某种特定的顺序排列，从这种排列组合中捋出各种事例以指导我们的行为，就像从藏宝箱中取宝一样。当然，我们不缺乏博学之人的各种研究，他们通过阅读历史文献，萃取出被称为格言警句的真知灼见。

我们通常关注的人类活动有三种：谋划(consilia)、言辞(dicta)和事行(facta)，对应于这三种活动，有三种值得研究的德性：优思(bene sentiendi)、佳言(bene dicendi)、善行(bene agendi)。然而，作者们往往只收集言辞，而忽略了谋划和事行中所蕴含的东西。也有人记录了杰出人物的言辞和事行，但是其记录往往低效而且毫无编排顺序。他们还混淆了属人的事务和神圣事务，同样也把这两类事务与对自然的描述混为一谈。他们甚至没有标出有目的的行为，而一国的安危往往取决于某一人的决策。

因此，我认为应该这样安排，在三本书中涵盖所有领域的一切范围：第一本讨论属人的事务；第二本讨论自然，自然往往会干扰历史；第三本讨论神圣事务。因为属人的事务比其他两个领域的探究有更多混乱和不确定性，因此我们应该抛开自然历史和神圣历史，集中精力按不同主题编排属人的事务和行为。厘清它们的顺序之后，应该指出如何把历史之花①合理地分门别类，让每一朵都各得其所。

[29]“活动”指自身就是目的之物；②与不留下任何实在的劳动成果的言辞不同。而“产品”与写作相同，指劳动成果。但是，既然所有论述都以普遍术语措辞，我们就不强求话语的微妙性了。我们把“活动”定义得更广泛些，即囊括所有出于人类意志的谋划、言辞和事行。这意味着，要么意志不受一切激情的影响，就像一些智慧之人的所作所为，要么意志受情绪牵引而偏离正轨（例如屈服于欲望或愤怒），就像很多放纵甚至疯狂的人的所作所为，而且这些人还说，自己并非有意作恶，而是受到某种软弱性格的影响，并非自愿这么做（sponte agunt）。

或许，有些人因为害怕不幸之事降临而做出某种行为，例如扔掉珍爱之物的人。③ 他们的行为既非出于自愿，也非受情绪的影响，而是由于承担了某种事务，宁愿选择失去财富，也不愿失去自我。如果有人完全失去理智（如疯狂的人和对现实意识不清的人），与其说那是人类的活动，还不如说是神的影响，或是已经完全

---

① 1583 年版使用的是 historiam，1566 年和 1595 年使用的是 historiarum。

② 亚里士多德，《政治学》VII. 3. 1325b。

③ 亚里士多德，《尼各马可伦理学》III. I. 1110a。

偏离本来的天性，或是被魔鬼强制。正如自然的吸引或拒持活动不因人而为之，这些也一样。如果有人受到他人攻击后反过来猛烈还击，引起他最初行为的原因不是他自己，他没有罪。同样，当上帝或神的愤怒致使某人作出预言，那也不是属人的行为，而是缘于神，因为人的意志无法控制那行为。

那么，源于人的谋划、言语和事行的活动，也就是由人的意志做主的活动，才是属人的活动。因为意志是人类活动之师(magistra)，在趋避事物时，它要么听从理性(ad rationem)，要么跟随灵魂中更低的部分(animae inferiorem)。

自然首先赋予每个生物自我保存(conservandi)的欲望，所以，人类最早的各种活动与那些无法摒弃的事物相关。后来，人们开始从事这样的事务——缺少了虽然可以生存，却活得一点也不舒适；即便舒适，也不华丽；即便华丽，也缺乏给感官带来甜蜜喜悦的深切乐趣。由此，有了获取财富的欲望。然而，我们对愉悦的渴望永无止境，或者这是人与野兽都共有的欲望。因此，一个人越高贵，就越会让自己远离野兽的水准，由此，他逐渐被引致对荣耀的渴望(gloriae cupiditate)，以致或许使其他人黯然失色。从而产生出控制欲和[30]打击弱小的暴力。同样，也就有了冲突、战争、奴役和屠杀。然而，这种生活混乱狂暴、充满危险，空洞的荣耀无法满足拥有崇高灵魂的人；结果，天赋优异的人逐渐转向道德和智识都卓越的活动，这些活动能赢得真正的赞誉和持久的名声。很多人以此为他们的最高目标。

由于自然渴望静止，显然，在某一时刻，这些德性卓越的活动必然也会被引向静止。因此，如果一个人逐渐不再关心他的同胞、不同他们来往，而寻求孤独，他也许会享受到一种与自然和谐一致的宁静。然后，了解到人类事务的反复无常和不可预知性，他转而研究确定的自然缘由。在这种沉思中，他能体验到巨大的欢愉，他投入所有精力去理解那些研究，甚至放弃王者的权力和财富。而且，许多颠覆了伟大帝国的人，自愿选择放弃统治，回归这种生活。由此有了这种知识系统和被称为沉思的德性——因为它完全建立在对真理的认知上。当然，天赋卓越的人显然不满足于靠感官就能理解问题的学科。顺着这个步伐，他被引向只能靠心灵才能领会的事务——即不朽灵魂的力量和能力——直至他被迅疾的翅膀带着上升，追寻人类起源的第一因，与上帝紧密结合。所有谋划、言辞、事行，所有属人的努力，所有训练和美德都被引向于此。虽然将沉思称为“活动”不太恰当，但亚里士多德如此命名，除非他前后矛盾地把幸福生活也定义为一种活动。①

那么，让我们按顺序安排。第一类是与保护人的生命、躲避疾病和攻击的技艺相关的职业，例如狩猎、牲畜养殖、农业、建筑业、体育和医学。第二类属于贸易、领航、纺织和机械技艺等。第三类是为了防御和获得更好的生活，特别是能够获益的技艺，那些技艺教我们积累财富、并将所获之物应用于宏伟事业。这第三类包含了前两类技艺的精制。[31]紧随其后的是愉悦的各种动力因（efficient cause/effectrices），②它们能温和地影响感官或头脑或二者。提到对口味的影响，当属阿庇克乌斯（Apicius）③的技艺；对触觉产生影响的，有如米利都人④的情爱诗；影响嗅觉的，如制造膏药的技艺；影响眼睛的，有安排线条和混合各种色彩的技艺——那技艺能让色彩长久地保留在绘画上，例如雕刻技艺、装饰园艺、铸造技艺、雕像艺术以至各种染色和刺绣工艺；影响耳朵的，即蕴含在演讲的韵律和修辞（figures）中的优雅言辞。过度加工削弱并最

---

① 亚里士多德，《政治学》VII. 3. 1125b。

② 亚里士多德，《尼格马可伦理学》VI. 2. 1139a，《形而上学》V. 2. 1013a。

③ 阿庇克乌斯（Apicius Caelius），奥古斯都的同时代人，著名美食家。他可能是15世纪发现的《论厨艺》（*De re coquinaria*）一书的作者，该书也有可能是另一个阿庇克乌斯的作品，后者生活在图拉真时期。

④ 可能参考的是亚里士多德《尼格马可伦理学》的VII. 7. 1151a。

终破坏了和谐，这导致了恶果。因为，简单自然的人容易从严重的心灵疾病中恢复，而被各种混合声音和急促韵律弄得不自然的人常常会心智错乱。太渴望满足听觉欲望的人容易出现这种状况，他们不喜欢多利安调式和庄严的旋律。这些人影响了爱奥尼亚人，因此，很多人不理智也就不足为奇了。而且，既然离群索居之人从彼此身上无法获得生活的乐趣和便宜，那么能只从自身获得生活乐趣和便宜的人就更少了，因此，人们寻求机会社交联合。然而，因为上帝恩赐人灵魂不朽，并让人与**他**有某些相似而与**他**联系在一起，所以，认为人与兽类有同样的欲求对象与人的上位不符。事实也如此，人在各个政治群体中能过得舒心，但过得并不高贵。①

那么，不足为奇，人类最重要的活动，就在于保卫他们共同的社会，因为这个社会是许多重要利益的动力因。这些利益体现在三种教育中：国民教育（civili）、齐家教育（domestica）和道德教育（morali disciplina/training）。

第一种教人管理自己，第二种教人管理家庭，第三种教人管理国家。其实，这与强行让自己遵守理性规则一致，一切正义和法律的最高点都基于理性原则，人须得首先能让自己臣服于理性，而后才能管理妻子、孩子、奴仆；须得先能掌控家庭，而后才能掌控国家。其实，第一种控制是一人之于一人，第二种控制是一人之于几人，以婚姻之爱引导妻子，以父母之爱引导孩子，以主人之治引导奴仆，乃至为[32]生活中的有益之物获得财富，勤俭地使用已有的财富；而第三种控制影响深远，其所控制的联合体不仅涉及一个家庭，而且涵盖与之有联系和贸易往来的几个

---

① [译注]此处的意思是，上帝赐予人不朽的灵魂，因而人与兽就有了差别，比兽类高级。如果认为人与兽类有同样的欲望，就与人的这种高级性不符。而人在政治生活中只是满足其与兽类相似的目标，所以能过得愉快，但不高贵。灵魂的欲望只能通过更高等级的活动——静观来满足。黑体为中译者所加。

家庭,[1]致力于促进并保卫这个联合体。可是,这一切都始于国民教育,换句话说,始于最高理性(summa ratione)的命令(imperandi)和克制规训(prohibedique)。

与许多人不同,我不把国民教育叫做法律体系(因为前者只占后者中的一小部分),我认为它是一切技艺和人类活动的调节器。人类活动可划分为三个分支:统治(imperium)、审议(consilium)和执行(executio)。实施统治的方式很多,共有四类,就像有四类不同的活动,主权(imperii maiestas/sovereignty)的各种特征就通过这些活动得以体现。第一类是创设职官并给各个职位分配其司法权;第二类是颁布或废除各种法律;第三类是宣战与媾和。最后一类包括给予惩罚和奖励,以及最高豁免权。

但是,审议活动常常也包含在我们刚才说的主权的各种职能中。颁布法律是一回事,关于立法的审议是另一回事。后者是议院的事儿,而前者是人民或君主或任何拥有主权的个体或群体的事儿。审议内容还包括增加和减少赋税、募集军队、接收或驱逐外交官、关注防御事务和建筑修缮,最后,对国家中国民其他技艺和活动的指导无法被纳入法律的范围。

但是,这些活动中最重要的是统治、分配正义(iuris dicendi)、召集议会(concionandi)和主持祭祀(sacrificandi)。前两项活动涉及强制(superiores ad cogendum),后两项涉及说服(sequetes ad suadendum),其威力不亚于强制,有时甚至更大。前两项以法律和武力驱逐罪恶,后两项以理性和宗教仪式驱使人朝向荣耀和美德。首先,阻止无法无天的野蛮人的残酷和劫掠,必须要靠士兵的手;第二种方法有赖于法律庭辩(iuris disceptatione)和衡平(aequitate);最后一种方法凭借各种集会和宗教敬畏(religionis metu)。

---

① 亚里士多德,《政治学》I. 2. 1252b。

如果战士英武、法官公正、祭司虔诚、言说者睿智，人类社会便主要靠一个领袖的技艺、司法体系、演说术和信仰而结合在一起；因而，这个社会也同样容易被瓦解，除非这些人受国民教育和统治(imperio)的引导。这类活动分支也管理日常必需品的购买和售出，管理农业、畜牧业、医药、领航业，管理[33]随后的能提供保障的技艺——确保生命能得到重要或便捷的保障。

国民教育也管理文学事务：例如，管理阐释神法和世俗法的人，管理被古人称为智者的那些人，后来的人简单地称他们为文法学家(Grammaticos)，我认为包括修辞学家、诗人、语法学家、哲学家和数学家。古人恰如其分地将这种教育称为统领阶层的学科(disciplinam architectonicem)，因为它为所有学科的所有专家们制定法律，以让他们的活动指向于共同利益，而非挑起麻烦，有损国家。

另外，这一教育也定义每个人的职责。职官分为文职和军职。后者关注战争事务，前者关注国内统治、审议、判决、城市的年度供应，开支、国库、土地、住房、青年人的教育和宗教。整个文职分支可划分为七类。

第一类无头衔、无钱、无权，只能由监督税收、军事训练、保安职责、城市安保的人来承担，这一类官职人员不领薪水。第二类包括一些有酬劳但没头衔的公职人员，扈从和清理城市垃圾的人就属于这一类。

第三类是有一些报酬的公共职务，不是完全没有头衔，但不与任何特别官阶挂钩，例如税收员、抄写员、书记、公共代理人和副官。第四类有头衔和报酬，但没有最高权力，例如神职人员和大使。

第五类荣誉很高，但没有盈利和权力，如议院议长或威尼斯总督就是这类职务。第六类有头衔和权威，没有薪水——这种设置很适合各种行政官员，例如执政官、裁判官、监察官、古罗马护民官、古雅典执政官、古希腊监督官以及其他这类官职。最后一类是有头衔、有权力、有收入的人，如威尼斯人中负责判案的120人，以及其他地方类似的人员；它包含了行使司法权力的那些人。所有这些官职都听命于拥有国家主权的那个人的统治(imperio)和威权(potestate)。

我们不应把宗教视为国民教育的一部分，即便看到神父和主教受制于职官的权力；出现这种情况是因为，必须热忱地保护国家中的祭祀和受批准的仪式。而宗教本身，是洗涤后的心灵直接转向上帝，它的存在无需国民教育、[34]无需社会联系，只在个体离群索居的状态中，伟人们一致认为，这样的个体越远离国民社会，越幸福。

然而，国民生活要求永恒的行动，不能整个国家都陷入静观状态，正如身体或灵魂的所有机能不能全部给予思想一样。如果我们把"善"仅仅定义为静观，它会带给个体幸福，但不会带给整个国家同样的幸福。这个难题一直令亚里士多德十分困扰，他无法让自己从中解脱出来。因此，瓦罗(Varro)①认为(斐奇诺②认为是柏拉图先提出来)，如果我们想要个人和整个城邦都达到同样的理想状态，就不能把居住在社会中的人的理想状态定义为独自的闲暇或活动，而只能将其定义为所谓的混合性格。心灵完全从肉体剥离之前，不可能享受纯粹的静观。

那么，人类活动就被分为上文讲的各种类别。如果遗漏了什么活动，也可以很轻松地将其归入那些类别。因此，在我们计划的三本书——属人的、自然的、神圣历史——的第一本里，应该一开始就按照上述顺序，区分人和人类活动的各种行为(acts)。第一

---

① 瓦罗(M. Terentius Varro)，生于公元前116年，忙于各种事务，也是那个时代最博学的人。著有《拉丁语》(*De lingua Latina*)、《国家事务》(*De re rustica*)和《罗马古代史》(*Antiquitates Romanae*)。

② 斐奇诺(Marsilio Ficino，1433－1499)，柏拉图主义者。他翻译了希腊哲学家的作品并编辑了《基督教》(*De religione christiana*)。

个主题应该是种族的不为人知与声望；第二个是生与死；第三个是生活的各种便利；然后是财富和贫穷；之后，生活的奢侈和节俭、比赛和演出活动、愉悦和痛苦、荣耀与恶名、身体的美好与扭曲、长处与弱点、举止的粗鲁与文雅、无知与有识、天赋之才与天资贫乏；然后，道德教育和总体上关于德性与恶性的讨论。接着要考虑齐家教育，夫妇之间的互爱，父母和孩子之间的相互感知，以及主人的管理和奴仆的服从。最好还要考虑强者与弱者之间彼此的相互责任，理财技艺、爱与恨、社团与贸易，以及以血缘和婚姻为基础的关系。①

然后，我们要处理民事知识。首先要提及统治权，王室特权和专制统治(despotic rule)，[35]人民的状态和暴民的情况，精英们的统治和少数人的野心。我们得就以下问题展开讨论：国家审议、提议或取消法律，职官和个体国民，战争与和平，总体上对国民的保护与驱逐外敌，失败与胜利，奖赏与惩罚，征税与降税，接收或驱逐外交官，建立或取消行会和公司(corporibus)，管理人文艺术与各种学科，公共和私下审判，温和与严厉的惩罚措施，避难与宽恕，集会与演说者。最后，要处理农业与畜牧业，这二者是国家的主要支柱；贸易与航海事务；建筑和手工业，纺纱与编织，医疗与医药，音乐与体育，绘画与雕塑，香料与其他提供愉悦的技艺，文学事务，对神法和世俗法的阐释，哲学家与数学家，诗人与文法学家。

第二本书会涉及各种自然事物的历史划分，阅读史家作品时常常会遇到这些。首先要探讨自然的各种基本原则，时间和地点，上升和下降，总体上的运动与变化；各构成部分及其本质；未发育完全的机体；金属与石头；植物的种类；分为三个群体的生物；各天体；世界的大小和形状。通过更准确的区分，所有这些主题都容易

---

① 博丹可能引用的是他的同时代人卡斯(Giovanni della Case)的文献《弱者和强者之间的常见条约》(*Trottato degli unfici communi tragli amici superiori e inferiori*)。

解释，因为自然事物具有极高的精确性。

最后一本书的主题是神圣事务：首先关于属人的心灵，它是一切自然发展的累积，但是是最低级的神性，然后是智性的三分秩序；之后是上帝及其事行和预言；最后讨论宗教与虔敬。

把这些主题按照这种顺序安排在每一本书中的各标题下，或者以看似更适合每个读者的方式安排，下一步在每个主题处标注出在读史中遇到的每一件值得牢记的事实，在有关属人活动的书的页边空白处加上关于谋划、言辞和事行的注释，以大写字母的形式标注（这样易于把相关材料与相应的活动对应起来）。然后，我们看看那些细节中哪些高贵、哪些卑劣或中性，并以这样的方式作注：C. H.（意即“值得尊重的谏言”[consilium honestum]）。或者，如果有人——否定廊下学派的教义——喜欢区分高贵和有用，卑劣和无用，我也不会反对，那就可以建立一个四维模型——卑劣、高贵、有用、无用。例如，忒米斯托克勒斯为阿里斯蒂德斯（Aristides）提出的烧船计划，[36]是依照人民的命令为了国家的利益，这个计划对阿里斯蒂德斯有用，但却不高贵，我们应该将这一事件放在“为了国家的利益而执行的计划”标题下，在页边空白处加上C. T. V. 三个字母，意即“卑劣却有用的计划”（consilium trupe utile）。

而且，某种意义上讲，审议是言辞和事行的基础。审议可以不依赖言辞和事行单独存在，后二者却不能离开审议，否则就是不过脑子地说话或做事。关于重大事务的谋划几乎全是秘密。那些谋划，不经艰辛无法获知，不到整个事行完成也无法清楚获知。例如，辛辛纳图斯（Cincinnatus）常常于风暴和危机中挽救罗马人的国家。当平民们因冲动而失去理智、企图把护民官的数量翻倍时，执政官阿庇乌斯强烈反对，辛辛纳图斯只把他的计划告诉少数几个人，他说：

同意他们，护民官越多，每个人的权力越有限，他们当中只要有一个人干预，就能破坏或阻碍整个团队的权力。

平民们当然意识不到他们被误导了，还感谢元老院，仿佛元老院帮了他们一个大忙。我们就把这类涉及到国家的谋划称作有用且高贵吧。穆提乌斯(Q. Mutius)买房时，为了让良心好过点，付给卖主高于其所要求的价格，他的这一事行可被成为高贵但无用。忒米斯托克勒斯的计划也一样，他秘密警告波斯国王，希腊人想要切断地峡，这种做法让他把亚洲与欧洲联合起来。这个计划不仅高贵而且对双方都最有用：如果波斯国王战胜了希腊人，会继续宠信忒米斯托克勒斯；同时，这对全体希腊人也有用，因为薛西斯立刻就想到了撤退。有用之物几乎总是与高贵一致。有时，在一个事件里，各种谋划、言辞和事行都属于同一种类。

例如，塔尔文(Sextus Tarquin)针对卢克赫提娅(Lucretia)的谋划很卑劣，其言辞更卑劣，而他所干的勾当最无耻。有时，在说出的话也许与谋划或事行不符，例如，奥古斯都在亚克兴角(Actium)①打败安东尼(Mark Antony)后，想建立其永久的权力，其言辞和谋划就不一致。他设计了非同寻常的方法，与他向元老院发表的演说完全相反。在演说中，他反复拒绝掌管国家，并进一步要求元老院放他卸甲；最后，在那些已经被他贿赂的人的请求下，他请求诸神见证，10年后，平息完所有事件就交出统治权。此后，他每10年就这样发一次誓，以此持续了45年的统治。忍受不了奴

① 亚克兴角是希腊西面一个海岬的古名。位于阿卡纳尼亚(Acarnania)的西北部，阿尔塔海湾(GulfofArta)面对尼科波利斯(Nicopolis)的河口处，现为圣尼古拉奥斯角(Akra Nikolaos)。公元前31年，屋大维在此大败安东尼，成为罗马世界霸主。海角上曾有一座阿波罗神庙，屋大维为了纪念亚克兴战役扩建该神庙，并规定5年一大祭。亚克兴地区是以战争作为计时标准，在海角上有一个小镇，或者说是一个村庄，也叫亚克兴。

役的西塞罗此时会说,[37]高贵的演讲与卑劣的谋划完全不一致。

既然同一部分历史常常可能被排列在不同的标题下,我们就必须找出主要问题:例如,普鲁塔克在叙述德米特里乌斯(Demetrius)的生平和阿庇安(Appian)①在叙利亚战争事务时,都讲了安提俄克的故事。由于对斯特拉托妮可(Stratonice)产生了令人难以置信的激情,安提俄克日渐衰弱、似乎濒临死亡,幸亏亚里士多德女儿的儿子埃拉西斯特拉图斯(Erasistratus)从安提俄克的心跳判断出他的强烈爱意。

> 他对安提俄克的父亲塞琉古一世(Seleucus)说:“你的儿子完了”。
>
> 塞琉古问:“怎么会这样?”
>
> 埃拉西斯特拉图斯答:“他无可救药地爱上了我妻子”。
>
> 塞琉古说:“那么,我对你不够好吗?你就不能纵容一下这个年轻人的爱情吗?”
>
> 他又反过来说:“就连你自己不也是会屈从于对某人的情爱嘛。”
>
> “噢,愿诸神把他的爱转向我亲爱的斯特拉托妮可”,塞琉古大喊道。
>
> 这时,埃拉西斯特拉图斯说:“那你可以同时兼具父亲和医生的角色了。”

就这样,塞琉古就把后妈让给了安提俄克。埃拉西斯特拉图斯则得到了60000枚金币。这个故事涉及爱情、重病的治疗、父

① 阿庇安于公元95年出生在亚历山大。此处提到的文献是《罗马史》和《叙利亚战争》章十。

爱、儿子的孝心、慷慨，以及埃拉西斯特拉图斯敏锐机智的言辞。然而，由于爱情的伟大力量是所有这些行为的诱因，我们不能把这段令人愉悦和难忘的历史放在“德性”或“慷慨”或“医学”的标题下，而应将其归在“爱情”标题下，否则会无数次提到同一件事。

同样，言辞也有许多类，尖刻的、恶心的、无耻的，也称为卑鄙的；但某些文雅机智的言辞可视为高贵。而那些机智或辛辣的，如果既不适合“卑鄙”，也不适合“高贵”类别，那么我通常将其置于中间，即“中性”。

例如，德莫斯梯尼对福吉翁的谈话：“人民会摧毁你，只要他们开始暴怒。”

得到的回答是：“相反，如果他们恢复理智，就会摧毁你。”

有人傻乎乎地问他：“谁是最好的国民(quis civium optimus)?”

他回答道：“最不像你的人。”

这些以及类似的话就属于言辞的魅力。

人们碰巧遇到的偶然事件(虽然没有什么是偶然的，但我们就用常用词吧)，虽发生在人身上，但似乎部分来自神[38]，部分源于自然。相关的例子有，塔西佗曾记述，5万费德奈人丧生于剧场坍塌。① 这件事应该放在“关于死亡”的标题下。亏损、沉船和意外战败都应归于此类。但是，我们也把相反的事情放在同一标题下，因为历史上它们几乎总是同时出现——即德性与劣性，卑劣之物与高贵之物——通过列出一张关于这些事件的清单，我们就能在谈及一件事时，同时谈及其对立面，例如迟钝、审慎、狡猾；怯懦、勇敢、鲁莽；自负、希望和绝望；浮躁、坚定和固执；古板、节制、无节

① 塔西佗，《编年史》IV. 62。

制;傲慢、谦逊和自贬;残酷、宽厚和放纵,塞涅卡贤明地称其为灵魂的恶;贪恋、大方和浪费;插科打诨、文雅和粗野;谄媚、和蔼和乖戾。[①] 即使很多性格特征难以名状,其两级也常常隐含在其中道的名称里,例如,一个崇高灵魂的伟大在于友好、德性、宽厚和忠诚,这些特征中完全没有两极特征,或者词里只包含一极。[②] 有些情况下,两极之间无法容纳中间状态,例如嫉妒、怨恨、[③]饶舌、沉默寡言、不得体和羞怯,羞怯被排除在德性外,因为任何年龄的人都不该羞怯——德性的定义暗含着这一特点。

然而,如果有谁不满意恶性与德性的二分法,也可以采取四分法,即审慎、节制、勇敢和正直。斐洛[④]为了避免多个词引发歧义,认为最高的善无非是正义,而正义无非是所有谋划、言辞和事行中的某种正直和诚实。柏拉图教诲说,每个人首先于自身发展正义(犹太人会说每个人首先于自身开始仁爱),他把审慎给予灵魂的更高层,让其指导欲望、警示危险,将勇敢指派给心脏,审慎指派给肝;然而,他认为所有正义都有一个共同点——理性指挥,其他服从。[39]也就是,他让每一部分各归其所。[⑤]

但是,要么这根本所指无物,要么完全把正义与审慎混为一谈。每个人用以判断应该给予其他人什么的那种德性,法学家不称其为道德德性,而称之为审慎。让每一事物各归其所或命令其各归其所的人,不是善,否则不那么做的人就是恶,除非我们承认,

---

① 这段分析基于亚里士多德的《尼格马可伦理学》II. 8. 1109a。

② 出处同上。IV. 4. 1125b 处有这段的依据:“居中的性格没有名称,同样我们也可以如此描述两级性格。”

③ 出处同上。II. 6. 1107a:“决不能认为每一种行为中……都存在着这样一个中间状态……”

④ 犹太人斐洛于基督元年前不久出生在亚历山大。此处提到的文献是《该隐的后代及其流放》(*The Posterity of Cain and His Exile*)章二十四。

⑤ 柏拉图,《理想国》IV. 443 - 444:“正义……意味着……他应根据其字面的本来含义合理安排其位置。”

没有杀人就吹嘘自己给予了人生命的恶棍身上也有德性。如果我们把这类正义授予低层次灵魂，就会遇到困境：我们将与无理性的野兽为伍，因为它们也有那种低层次力量，与人的法律和正义相关联。但如果有什么德性是两种灵魂都有的，当然审慎就是那纽带，同样也是所有德性与各种知识体之间的纽带。如果我们确实承认这点，就得从哲学中排除“审慎是否是美德”这个模棱两可的争论。我们可以从柏拉图本人那里获得这一观点的权威说法，《法义》的最后一卷，①他只以德性来衡量每个人的所有活动，以审慎来衡量一切德性。否定了廊下学派的观点，现在我们可以以我说过的方式来划分与智识——即各种学科——相关的各种德性了，将其分为理论的、实践的和能生产产品的。②

因此，结论就是，在读史过程中，不会出现任何无法被恰当地归列在其合适位置的史事——不管是值得称赞的，还是该遭责备的。如果历史中的卑鄙之事与高贵之事、有用与无用之事混在一起，我们必须停止探讨，换成通俗的谈论方式。例如，罗马元老院曾产生过这样一次决议，命令地方总督加卢斯(Gallus)破坏与阿凯亚人之间的联盟；然而，如果加卢斯遵从自己天性的善，就应该维持双方共同的友谊，在出现争吵时安抚双方。

应该说，这一决议对罗马人有用，因为拉科戴梦人、威尼斯人以及几乎所有的民族都采用过同样的审议；德莫斯梯尼驳亚里斯托克拉底斯(Aristocrates)的演讲和为罗德岛人争取自由的演讲内容都表明，这一审议对雅典人有用。但是，如果各民族的权利被侵犯，就应将这一审议视为无用且卑鄙。

在缺乏经验的人看来，[40]刺杀林孔(Rincon)和福勒戈索(Fregoso)两位外交大使，或者掩盖他们是被皇帝查理五世的人杀

---

① 柏拉图，《法义》XII. 963。

② 亚里士多德的《尼格马可伦理学》VI. 8. 1142a 处似乎区别了实践智慧及其应用。

掉的，对皇帝有用，因为据说两位大使邀请外援和土耳其军队。然而，这一罪行不仅卑鄙，而且对皇帝本人和整个国家都极其有害，最终，这一罪行演变成一场大战的导火索，天主教同盟被煽动了。科林斯毁灭和塔伦特姆败北的原因正是起于两位大使遇刺。如果有人不愿听从民众的判断，而更愿意跟从智慧之人（虽然关于什么是卑鄙或高贵，即使是智慧之人彼此之间也无法达成一致），那他在掌管国家时常常会步入歧途。

最后，读史家作品时，为免太频繁地被要求中断阅读而去写作，我们应该在页边给类似段落加注。这样，就能很容易地把每一史事归到其标题下。我们也能从中获益——通过重复，能够更加牢固地记住所有最重要的材料。

第四章 史家的择取

[41]出于一个特别委屈的原因，斯基泰人想要毁掉所有古人们的书信和文献——他们对此非常生气：希腊人和拉丁人的图书馆和书架上堆满了对自己民族丰功伟绩的颂扬，但对于其他民族值得纪念的伟大事迹，他们或者不公正地忽视，或者以敌视和轻蔑的措辞记述。的确，希腊人和拉丁人在颂扬自己时溢于言表。其他民族，除了犹太人，几乎没有留下任何关于本族人古代的记录。而且，我不知道为何会出现这种情况：总是忙于战争和管理各种事务的民族回避写作，而惯于花更多时间在文字上的民族，深陷其中，迷恋个中乐趣，几乎从来无法摆脱其诱惑。

其实，这种事屡见不鲜：长期发展军事的民族，变得对文学感兴趣后，就会失去勇气和精神力量，要么因为他们在和平与不思进取状态里放松下来，要么因为，致力于静观神圣和自然事物的人不仅会避免杀戮和流血，而且会完全脱离粗野和残暴。显然，这种情况首先发生在希腊人身上，然后拉丁人，接着甚至也在其他民族身上发生。

因此，将军福基翁鼓励雅典人，比起在战争中渴望杀敌，要更渴望与敌人文争笔斗，这才是他们强项，而武力是他们的弱项。德玛德斯曾常说，他们像笛子，离开了舌头，便一无是处。不停唠叨的亚洲人甚至更软弱。相反，斯巴达人虽然完全缺乏文学知识，却在故土和异乡都取得了闻名的战绩，溢美之词不是他们自己说的，而是出自其敌人之口。

同时，我们知道凯尔特人和日耳曼人的著名事迹，以及阿拉伯人和土耳其人——他们参与的战争和取得的胜利由于遗忘而不再为人所知；或者有记录也不完整，因为都是他们的敌人在记录。反之，希腊人极其详细且不遗余力地记录萨拉米战役或马拉松战役，似乎那就是有史以来最值得铭记的功绩。即便如此，当伟大的亚历山大作为胜利者坐在波斯王位上，希腊外交官宣称希腊已被一场伟大的战争所点燃时，[42]他却彬彬有礼地回答，对他来说，这只是一场蛙鼠之战。

然而，与和凯尔特人、日耳曼人、土耳其人和鞑靼人之间的战争相比，亚历山大与软弱的亚洲人和波斯人（卡图曾常常说他们像女人一样，凯撒也轻视他们）之间的战争简直微不足道。他们的敌人在记录他们的胜利时缺乏考量，记得这个，就不难理解上述现象。那么，为了能从历史中搜集到事情的真相，不仅在选取单个史家时，而且在阅读他们的作品时，我们都必须谨记亚里士多德的贤言——读史时，有必要既不太相信，也不完全不信。

如果相信每件事的每个方面，常常可能会以真为假，在统治国家时铸成大错；但如果完全不信任历史，就无法从历史中获益。一些作者在历史记录中混杂了各种谣传，这样不对，但另一种做法也不对，如土耳其人，据说他们根本没有对古代的记忆、完全不感兴趣，因为他们认为人类都听信谣言，不可能写出可信的记录，现在的作者或者指挥过事件的人的记录更不可信，因为在涉及到本人的事情上，他们往往会撒谎，或者会因为受到恐惧、贿赂、仇恨君主等因素的影响而偏离事实。① 普鲁塔克铭记着这些说法，并设法

① 1595年的版本用的是 principium，1566和1583年的版本用的是 principum。

避免犯这样的错误。但是，什么因素在妨碍人们为了后代而非为了当代人写作？这么多作者中，或许也有人既非因为恳乞，也不受贿赂、嫉妒或情绪的影响而写作。那么，谨慎的读史者会在自负与愚蠢两种恶习之间求得中道，会就最好的史家做出自己的选择；在完全了解史家的特点和才华之前，他不会对作品下定论。

为了公共利益，评价众所周知的史家时应该显得公正且毫无偏袒，否则，目的本来是希望限制某些人写作，却把最优秀的人吓得也不敢再写。每个人都必须对史家做出选择，就这个问题，我自己不愿明确做个判断（这要求某种更伟大的技艺和才能），而仅仅借用一些合理标准和可能可以接受的原则。如果有人不同意这些标准，我也不会感到烦恼而放弃我的观点。正如人专心地看画，[43]看其图样、线条和色彩，发表判断时决不能忽视画作本身，因为有些东西就连最敏锐的眼睛和感官都无法捕捉——同样，要判断史家的德性和恶性，不仅需要懂得历史的每一分支，而且需要长期从事管理工作。

我认为，有三类史家：第一类天生能干，并且从训练中也受益良多，他们对事务有精深的把控；第二类史家缺乏教育，却不乏实践和天赋能力；第三类有一些天赋才能，缺乏实践事务经验，但对收集历史材料有惊人的热情和努力，因此他们与那些终身从事公共事务的人几乎水平相当。然而，每一类史家中又包含无数种——因为每个人的正直程度、学识和经验都多少各不相同。最好的史家具备所有三方面要求，要是他们在写史时能不受一切情绪的影响就更好了。要善良的人写到恶人时克制自己不咒骂，或是提及英雄时克制自己的爱意和感激之情，实在太难。有些人认为赞美有德之人、辱骂恶人是高贵的谎言，没什么不好，因此有人试图修饰历史。但是，如果优秀的史家没写好这类作品，那我们如何判断作恶者？因此，不管史家写的是他本人关心的还是其他人关心的文献，不管他的作品论及的是同胞或是外国人、敌人或是朋友、军事或是民事，不管记录的是他自己时代的事情或是更早时期的事情，是为了同辈或是后代记录，此事都事关重大。

如果一个人曾参与公共审议、执行权力或法律决议，或至少了解上述活动，我称之为对公共事务经验丰富。因为，上述三种活动涉及国家最重大的关切。如果他还曾亲自统治过国家，就更娴熟了，若是除了这些实践，他还对文学和公法(publici juris)有精深研究，那更是专家。没有书籍，我们几乎无法获得错综复杂的治理国家的知识，因为人类的生命跨度太短，不足以让我们游历几个国家、熟悉几个不同的民族就获得那些知识。当然，吕库古(Lycurgus)、梭伦、尤利西斯(Ulysses)的确不靠书籍就做到了。[44]荷马将这三人中的最后一个称为"圣贤"(prudens)，因为他见识了许多城邦和许多民族的习俗。

人们认为以下东西非常重要：各个国家的差异、不同动物和植物天性上的差异，建筑物、金字塔的地基，以及古人使用过的铸币。而各个民族的各种法律和司法体系、各个国家的国情及其变迁，他们却认为没什么价值。然而，正是从这些东西中才能获得管理国家的真正知识。另外，通过在执行分支部门和公共审议部门担任职官，以及在法庭担任公职，更容易明了一个民族的各种习俗及其国家类型。如阿卡迪乌斯(Arcadius)所讲，从事诉讼的人了解所有的恶；不仅了解恶，也了解善，没有善，也就不存在或无法了解恶。而且，正是在极度的善与恶之间，蕴涵着属人的审慎。我们从中能领会，写史的人若缺乏经验和良好的文学知识(缺乏足够的素养)，是最糟糕的史家。这是择取史家最重要的标准。

但是，要排除所有情绪干扰——这是我们选择史家时要求他达到的状态——毕竟有些困难，一开始我们就必须警示自己，至少在关于他本人、他的同胞和他的朋友的那些值得赞扬的事情以及关于他的敌人的卑鄙的事情上，不要太轻易相信作者。另一方面，敌方都认可为高贵甚至辉煌的事迹，我们可以给予无限信任。其余的，我既不采纳敌方的也不想要己方的评价，而是更相信第三方，第三方就类似仲裁者，可以摆脱所有的偏见。所以，显然哈利卡纳苏斯的狄奥尼修斯（没有担任任何政治职务）记录的罗马人的历史，比法比乌斯、撒路斯特或卡图（Cato）都真实得多，也好得多，后三者都是本国的富人。希腊人珀律比俄斯常常指责法比乌斯和菲利努斯（Philinus）说谎，因为在罗马人和迦太基人对布匿战争的记录里，法比乌斯讲的全是罗马人的卓越和腓尼基人的种种不好；相反，菲利努斯记录的却是，腓尼基人在所有情况下都表现得豪迈勇敢（珀律比俄斯如此说的），而罗马人总是卑劣且缺乏斗志。[①]但在珀律比俄斯眼中，法比乌斯[45]非常正直、智慧，从不隐藏本国或敌国的任何谋划。

此外，每个人都会精心拟定自己的写作，就像言官们（oratores）小心翼翼地不作任何评价、不发表任何不利于他们的观点一样。然而，一个人绝不可能既出色地担任言官职务，同时又是优秀的史家。有些历史记述不断地赞扬某个人、重述其美德，却从不提他的恶行，对此我无法赞同，因为没有哪个人能正直和圣贤到从不犯错。埃根哈德（Eginhard）[②]和阿基亚居奥里（Acciajuoli）[③]曾给予查理大帝那样无尽的赞美，尤西比乌斯对君士坦丁、雷布里哈（Lebrija）[④]对费尔迪南德、约维乌斯（Iovius）[⑤]对美第奇（Cosimo

---

① 珀律比俄斯，《历史》I. 14，15。

② 埃根哈德（Eginhard，770－840），曾查理曼的法庭供职，之前在阿尔昆学派和富尔达研学。著有《伟大的卡罗尔的一生》（*Vita Caroli M agni*），其中他模仿了苏埃托尼乌斯（Suetonius）所作的《十二帝王传》。

③ 多纳托·阿基亚居奥里（Donato Acciajuoli，1428－1478），佛罗伦萨人，著有关于亚里士多德的生活的评注和对《伟大的卡罗尔的一生》一书的评注。

④ 雷布里哈（Antonio de Lebrija，1444－1522），西班牙人文主义者，据称著有《雷耶大主教年代记》（*Chronica de los ...reyes catholicos*）。

⑤ 保罗·约维乌斯（Paul Jovius，1483－1552），著有《他的时代的历史》（*Historlarum sui temporis tomi iii*）。

de' Medici)，斐罗斯特拉图斯(Philostratus)[①]对阿波罗尼乌斯(Apollonius)、普罗科匹乌斯(Procopius)[②]对贝利萨利乌斯(Belisarius)、斯塔菲路斯(Staphylus)[③]和勒瓦(Leva)对查理五世皇帝都给予过那种赞美，这让他们看上去像言官，而非史家。

因此，聪明的审视者会核查每个作者的记录，不仅比对他同胞和朋辈的作品，而且比对其敌方的作品。他不会完全认可科米涅斯(Philippe de Comines)对路易十一的溢美之词，而是要参考雷梅尔(Le Maire)[④]的记录，后者是记述比利时事务的史家；不是仅参考这一个，还要参考埃米利乌斯(Paul Aemilius)的作品，他们三人一个对路易不吝赞词，另一个完全反对这些赞词，第三个持中立看法。雷梅尔称路易背信弃义、谋杀亲兄，对于这样一个已经违背了人法和神法的人，最重要的是通过罪行建立僭政。而且，他称科米涅斯是叛国者和逃兵。在这件事上，我认为二者都不可信，[46]因为前者(科米涅斯)被国王赐予了巨额财富和荣誉；后者(雷梅尔)是前者的政敌，不仅冷嘲热讽而且称其为罪犯，言辞中所昭显的恶意完全不像史家所为。埃米利乌斯既非其敌方，也非其友人(他来自维罗纳)，在此问题上，他的话审慎且节制。

> 公爵以弑杀尊亲的罪名激起人们对国王的怀疑：他贿赂了兄弟的儿子们，让他们毒死他。

---

① 斐罗斯特拉图斯在公元1世纪时写了译本关于阿波罗尼乌斯·提阿乃乌斯(Apollonius Tyanaeus)生平的书。

② 普罗科匹乌斯是希腊人，公元5世纪生于巴勒斯坦。著有《历史》(*The Histories*)，囊括了波斯人、汪尔达人、哥特人等的历史，以及《神秘史》(*Historia arcana*)，其中对尤士丁尼的统治作出了负面记述。

③ 弗里德里希·斯塔菲路斯(Friedrich Staphylus，或是 Stapellage)，逝于1564年，天主教的日耳曼皈依者，著有 *Historia de vita, morte, et justis Caroli V*。

④ 让·雷梅尔(Jean Lemaire de Belges，1473－1525)，著有《高卢图解及特鲁瓦纪事》(*Les Illustrations des Gaules et singularites de Troyes*)。

他没有轻率地断言什么，也没有遗漏任何听来的传言。前面提到的两人是在路易有生之年著述，而后者是在路易去世百年之后著述，因此不会受到任何或宠爱或恐惧或仇恨情绪的影响。塔西佗(Cornelius Tacitus)承认，他对提庇略、克劳狄乌斯、凯乌斯和尼禄的记述有不实，因为写作时这些人还在世，他因为害怕而夸大了对他们的赞扬。这些人去世之后，他的叙述中充满了恨意。因此，他打算不带任何愤怒或激情地记录那些与他自己的关切不相干的事务。他所记录的人物都已过世百年。亚里士多德说，与近期的历史相比，更久远的历史不会让人不悦，不会不可信，或许也是这个意思。对于允许当今事务的历史公开传播的人们，的确很难写出真相，否则其记录可能伤害某人的名声或毁掉其名誉。因此，西塞罗不提及任何在世的著名言官，如他自己所说，害怕触怒那些被他忽视的人。

而且，在一个言不由衷即是低劣，而坦陈心思是不审慎，甚至危险的国度，谁会从史家作品中寻求真相呢？最好是规避所有当前恐惧，相信为后代而述的人。或者，如果有人在调查完所有公私记录，重现了更早时期的事行，并从老人们所保存的传统中写出历史后，还更喜爱写关于他自己时代的作品，并享受这些劳动成果所带来的荣誉，那就让他去吧。著名作家们就是这样做的：李维、苏维托尼乌斯、塔西佗、阿里安(Arrian)[①]以及哈利卡纳苏斯的狄奥尼修斯。相比于其他人，我们可以给予最后一个作者更多的信任，因为他不是记述自己的国家，而是其他国家，并且收集了所有评述，还从官方文件获得了那个国家的所有秘事。

同一类的作者还有珀律比俄斯、普鲁塔克、麦加斯忒尼斯，阿米

---

① 比提尼亚的阿里安(Arrian of Bithynia，约公元 96－180 年)，爱比克泰德(Epictetus)的门徒兼朋友。著有《亚历山大远征史》(*History of the Anabasis of Alexander*)。

阿努斯(Ammianus)、①[47]珀律多尔(Polydore)、②克忒西阿斯(Ctesias)、③埃米利乌斯、阿尔瓦雷兹(Alvarez)④和罗马人路易(Louis the Roman)。⑤ 但是,如果史家描述的所有信息都来自二手资料——来自其他人的谈论,如珀律比俄斯所讲——没有见过官方记录,其描述也不那么可信。所以,最好的史家都说,他们从官方记录收集的资料,以此增加自己作品的可信度。因此,阿米亚努斯宣称他从官方文件中挖掘出了高卢古代史。

同样,阿里安在其作品开篇处写到,他曾读过托勒密君主以前那些不为人知的注疏,托勒密与亚历山大大帝曾共同四处探险。阿庇安在写关于奥古斯都的作品时、麦加斯忒尼斯和克忒西阿斯在写波斯人的公共记录时也是这样做的,狄俄多儒斯曾发誓说,他写关于埃及人的事,是见过埃及人的秘密档案。亚历山大的外交官欧奈西克瑞塔斯(Onesicritus)⑥和阿里斯托布罗斯(Aristobulos)曾吹嘘他们在埃及和印度的见闻。出于同样的原因,帕莱法图斯(Palaephatus)⑦常常说:“我们曾亲眼见过。”

---

① 马尔切利乌斯(Ammianus Marcellinus,约公元前625－前391年),安提俄克本地人,著有三十一卷本《国是》(*Rerum gestarum*),关于罗马帝国从涅耳瓦到瓦林斯期间的历史。

② 乌尔比诺的珀律多尔·维吉尔(Polydore Vergil of Urbino,1470－1555),著有《盎格鲁史》(*Historia Anglica*),全书二十六卷。他作为彼得定金(Peter's pence)的副征收者去到应该,并成为韦尔斯的会吏总。

③ 克忒西阿斯与色诺芬是同时代的人,住在波斯法庭,著有一部波斯史。

④ 阿尔瓦雷兹(Francisco Alvarez,约公元1465－1541年),葡萄牙史家,一次去往阿比西尼亚代表团中的一员。他曾以葡语写过一部作品,并在1558年将J. Bellere在安特卫普出版的一本书译为法语,书名为《埃塞俄比亚与地球关系的历史描述》(*Historiale description del'Ethiopie contenant vraye relation des terres... du grand Roy et Empereur Prete-lan*)。

⑤ 巴尔特马(或瓦尔特马,Louis Barthema),罗马贵族,活跃于16世纪早期。他四处旅行,编纂了重要的《旅行指南》(*Itinerary*),对北非和西亚、中亚有大量描述。

⑥ 欧奈西克瑞塔斯陪同亚历山大大帝远征,并进行科学观察。

⑦ 帕莱法图斯是拜占庭希腊史家和文法学家,著有《关于神奇事物》(*Concerning Incredible Things*)。

当然,真正的史实不应从君主传记中获取,因为他们会吹嘘自己的诸多功绩。我们应该只调查那些与对他们的赞扬或指责毫不相关或仅仅只有一点关系的事情,时间顺序、各行省、政府、君主的年龄、谱系和整个公共事务描述,国家的各种秘密就隐藏其中。这里,我们应该重提麦加斯忒尼斯的话:"的确,所有以君主为写作对象的作者都无需被认可,除了神父,因为神父被委以保存公共年鉴的任务。例如贝罗苏斯,他根据古人的年鉴里还原了亚述人的全部历史。"他说的就是这么多。

[48]但是,如果某些叙述虽然看上去不可思议,但有太多证实者以致无法置疑,那很可能就是真的,尤其是如果各个作者都不认可其他说法的话。例如,在之前的比赛中,有一个公众舞者表演笨拙,之后一个村民报告说,梦到被朱庇特警告,因此说服了罗马元老院重新举办竞赛。这种事谁会相信呢?元老院宣布,根据那个人的梦,比赛重新举行。也许一个人说不足为信;但是普鲁塔克、李维、狄奥尼修斯、瓦勒里乌斯(Valerius)①和普林尼都这么说,他们不可能在元老院和罗马人民的问题上犯这么一致的错误。

有人可能会说,难道不可能是一个作者被另一个作者的错误误导吗?当然,这有可能,不仅在人类历史而且在自然科学的叙述中都有可能。曾有个古老的传言,天鹅在将死之时会唱出甜美的挽歌,所有人都这么说,埃斯库罗斯以来的诗人、画家、还有哲学家中的佼佼者,柏拉图、亚里士多德、克律西波斯(Chrysippus)、②斐罗斯特拉图斯、西塞罗以及塞涅卡等等。然而,普林尼率先、阿忒纳奥斯(Athenaeus)随后提出,③根据长期经验,事实并非如此,我

---

① 马克西姆斯(Valerius Maximus)于公元1世纪著有九卷本《神奇的事行和言论》(*De factis dictisque memorabilibus*)。

② 克律西波斯(Chrysippus,约公元前280-前206年),廊下学派哲学家。其现存作品仅有残篇。

③ 瑙克拉提斯的阿忒纳奥斯(Athenaeus of Naucratis),生活于公元2世纪末3世纪初,著有《随谈录》(*Deipnosophists*)。

们接受了他们的说法。但是,当然很容易弄清楚自然历史真实与否,相反,人类事务起伏太大,不太容易意识到其中的错误。很多人都写到,奥尔良公爵查理(Charles, duke of Orleans)因为大不敬之罪而在巴黎服刑,不止一两个,而是大概有20个史家都曾这么说。然而,30年之后,他却被英国人俘获,此人后来回到法兰西,平静辞世。我的同胞G.杜贝莱(G. du Bellay)①批评一些史家们太缺乏辨别力,将近期广泛传播的谣言记录为事实。斯特拉波也批评波西多尼乌斯(Posidonius)、②埃拉托斯忒尼斯(Eratosthenes)③[49]和美特罗多儒斯(Metrodorus)④犯同样的错误:把一些轻浮之人的谎言作为史实记录下来。

不过,波西多尼乌斯引述庞培以证实自己所述有出。因此,对于史家们彼此有不同意见的事,我认为我们应该相信更近期的描述,只要作者给出了无可辩驳或某种程度上更能让人接受的证据。因为真理的力量和本质是,只有历时弥久,才能见诸于世,那时,各种常见的错误、谄媚、纷争都会消停。宗教信仰有冲突的人们之间的争吵最激烈,因此,我们不能征求犹太人对天堂的看法,或是征求基督徒对犹太人的看法,或是征求我国人对摩尔人、伊斯兰教徒的看法,而是要通过比较所有最值得信任的史家作品,弄明白他们到底是谁,他们自己是否确实在这一领域展开过研究。然而,在这方面,很多人曾错得更离谱,其错误源于对古代的无知,而非故意

---

① 杜贝莱(Guillaume du Bellay,1491 - 1543),外交官、史家,著有《高卢古代史》(*De l'antiquite des Gaules*)。

② 波西多尼乌斯(Posidonius,约公元前130 -前50年),续接珀律比俄斯书写普遍史。他是杰出的廊下学派学者,西塞罗的教师之一。

③ 埃拉托斯忒尼斯(Eratosthenes,约公元前274 -前194年),亚历山大利亚图书馆的馆员,著有三卷本的《地理学》(*Geographica*)和《编年史》(*Chronographia*)。他的作品如今只剩他人引述过的残篇,但是他制作的世界地图保存了下来。

④ 美特罗多儒斯(Metrodorus)在公元前1世纪著有一部《地理志》(*Periegesis*)。此处提到的是斯特拉波的《地理学》XVI. iv. 16。

说谎。

至于古代希腊人记录的有关罗马人和凯尔特人的事,或是罗马人记录的有关迦勒底人和希伯来人的事,其中大部分都有误,因为任何一个民族对其他民族的古代历史都是无知的。而且,当读到关于敌方应受谴责之事时,我们一定不能立刻赞同,除非对作者深信不疑。但是,由于敌方的作品也不是完全经得起检验,所以也不能对其全盘否定。虽然遭到元老院命令的责难,卡利古拉却明智地下令,允许卡西乌斯和拉比努斯写的关于凯撒的作品在民众中流传。他说,人人都知道每个人的事行,对整个国家有利。然而,如果卡西乌斯或拉比努斯关于凯撒的证据保存至今,我也决不会认同他们的下述观点——或者说凯撒的观点:他说庞培的继任者们不区分神事和人事,从各个寺庙抢钱,而他本人曾洗劫过高卢人的所有寺庙,从不惧怕任何宗教或任何神,甚至抢走祭祀珍宝,那些珍宝庞培曾拒绝打开。

凯撒作出上述以及其他指控,是为了让自己显得有发动战争的正当理由(尽管没有任何正当理由足以让任何人拿起武器背叛自己的祖国)。[50]但是,他记录的关于他发动的战争的史事,大部分被认为是真实的,尤其是根据波提亚法(Portian Law),总司令不得向监管国库的护民官虚报战亡者的数目;否则他可能会被剥夺凯旋仪式和统治权(为了统治权,凯撒认为犯罪都值得)。虽然还是有人违反这项法律,并且未受惩罚,但是,对恶名的恐惧会遏制渴望荣誉的人,尤其是如果这个人的作品在他有生之年就自由流传,还有无数敌人可能会指责他说谎。

一般都公认,凯撒写作《驳卡图》(*Anticato*)正是在回应西塞罗的《卡图》(*Cato*),但是,如塔西佗所言,他写作该文的方式如同被告在法官们面前替自己申辩。所以,我们提过的关于敌对者证据的说法的确不错,除非被俘虏后接受了贿赂,例如人们对弗鲁瓦萨尔(Froissart)的普遍看法。很难说英国人与弗鲁瓦萨尔到底谁欠谁多一些,因为后者公开承认他收到前者送的大量礼物。布鲁尼(Leonardo Bruni)①也有过同样的经历,他吹嘘收到他曾称赞过(虽然是无心为之)的一个人的礼物。

总之,我认为,如果一个人大半生都在处理国事或战事,他写的一切事情都可靠。然而,我也认为,没人能完全忽略对祖国的赞美或是冷漠对之。珀律比俄斯被认为是所有优秀史家中最诚实的,但提到他的同胞时,仍然忍不住犀利地痛骂菲拉尔库斯(Phylarchus),②因为此人隐瞒了麦加罗城邦人(Megalopolitans)在与阿里斯托马库斯(Aristomachus)的战争中表现出的勇气和勇猛。若非我理解错误,出于同样的动机,普鲁塔克写《论怨恨》(*About the Malignity*)是针对希罗多德。在此文中,他抨击得最多的是有关皮奥夏人和凯罗尼亚人的史料。那么,当读到萨贝利库斯(Sabellicus)③把威尼斯人的战争与罗马人的功绩对比的那些作品时,谁又能忍住不笑呢?即使威尼斯国民吉安诺蒂(Donato Giannotti)④都受不了这种比较。几乎[51]所有史家都在与自己的这个弱点抗争(如果以正直的谎言捍卫自己民族的尊严算是弱点的话)。既然如此,读到凯撒对高卢人习俗的描述,或塔西佗对日耳曼人的记述,或珀律比俄斯对罗马人的记述,或阿米阿努斯对法兰克人的记述时,我会欣然接受,因为这些史家都是外国人,但却显然知晓他们所描述的民族的古代历史。

---

① 布鲁尼,被称为阿雷蒂努斯(Aretinus,1369–1444),意大利人文主义者和史家,著有《意大利与高卢之战》(*De bello Italico adversus Gothos*)和《佛罗伦萨史》(*Hbtoria Fiorentina*)。

② 菲拉尔库斯是公元前3世纪的希腊史家,其作品仅存残篇。

③ 萨贝利库斯(Marcus Antonius Sabellicus,1436–1506),意大利学者,著有《威尼斯城市状况》(*De situ urbis Venetae*)和《城市建筑中的威尼斯纪要》(*Rerum Venetiarum ab urbe condita libri xxxiii*)。

④ 吉安诺蒂(1494–1563),著有《威尼斯共和国之书》(*Libro de la republica de' Venetiani*)。

不过,有一点我非常疑惑,史家是否应该赞扬或斥责,对于所讨论的事务,他们是该自己作判断,还是应该给予读者不带丝毫偏见的信息。因为这个密切关系到对史家的择取,因此我将各方主要观点都呈现出来,各位可就此自行判断。因为历史应该只反映真相,如同是对诸多事件的一份记录,被置于最开放的公共意见中,有待所有人自行判定。既然如此,我认为史家的偏见在很大程度上有损于事件,因为他们似乎希望把仍需商榷的意见反复灌输到缺乏经验的[①]读者脑中。但是,那些不想被欺骗的谨慎读者会仅仅因为这个原因——不请自来地给出自己的意见——强烈地质疑史家。许多史家表现得像修辞学家或哲学家一样,事件还未记录完就中断,把读者的思想和记忆引向别处,这可不是一个小缺点。因此,批评蒂迈乌斯犯了下述两项错并不为过。他太过频繁地偏离历史记述而去批判,因而被称作"批评家"(ἐπιτίμαιος)和"诽谤者"。

既然最难的莫过于公正地判断,如果史家本人从未染指过公共职务或公共审议,却对伟大的国家管理者们指指点点,谁不严厉指责他?而且,连将军们的战斗路线都没见过的人却评判其败与胜,还有什么比这更荒谬?记录亨利与查理五世皇帝之间战争的那个人(我就不提他的名字了)对两人都发表了自己的看法,他对国王过分谄媚——不妨说是让人不堪重负的谄媚——以致亨利自己看到这些话都感到恶心得无法忍受。另一方面,他极尽侮慢地攻击查理,将其描述得邪恶且卑鄙。善良的人无法理解,为何如此侮辱自己的君主。对于这个君主来说,对那样的敌人开战很卑劣,被对方打败更卑劣,而以婚姻来建立盟约关系最卑劣。[②][52]因此,大家都认为,作为史家,他不值得信任,作为法官,他不公正。约维乌斯根据自己的见解,恶意比较瑟利姆和智者以实玛利、查理

---

① 1595年版用的是 imperatorum,而非 impeitorum。

② 这段可能是指弗朗索瓦一世,娶了查理五世的妹妹。

五世和教皇保罗以及其他君主，其作品同样草率。

与这些人不同，色诺芬、修昔底德、苏维托尼乌斯、凯撒、圭恰迪尼(Guicciardini)①和司雷丹(Sleidan)②极少或者仅仅隐晦且谨慎地给出自己的意见。凯撒军事荣耀显赫，精通指挥技艺，可以说，他完全有资格就军务发表自己的见解，不必担心被指责言论粗浅。可是，在表述意见时，他仍然审慎克制。有传说认为，苏拉如果追击庞培的追随者，也许就能取胜，凯撒得知后却说："似乎不可能从其决策中找出错误。副官的角色与将军的角色完全不同。副官听命行事，将军应该就最重要的事务自行决策。"同样，提到庞培命令一个士兵在法尔萨拉(Pharsalus)边线上站着、不准前进；只准抵抗敌人、不准攻击时，凯撒说：

> 在我们看来似乎这样做毫无道理，因为每个人都有一些与生俱来的灵魂骚动与敏捷性，会被战斗激情点燃。将军们不应该压制而应该促进这些性情。③

此处，凯撒与庞培不仅在战场上较量，而且也在较量战争指挥艺术。我们不乏例子来支持凯撒的论证，特别是伊巴密农达(Epaminondas)对阵拉栖戴梦人取得的胜利。就算有无数这样的例子，可某个连军营都没见过的叫福尔米翁(Phormio)④的人，却俨然像个仲裁者一样谈论那些人，难道不荒谬吗？或者，从学校出来

① 圭恰迪尼(Francesco Guicciardini，1492 - 1539)，有从军、外交和行政管理经验，著有《意大利史》(*Istoria d'Italia*)。

② 司雷丹(John Sleidan)，伊拉斯谟的弟子，翻译过弗鲁瓦萨尔和科米涅斯的作品，著有一部关于宗教改革的史书，书名为《宗教状况与国民事务》(*De statu religlonis et rei publica*)，从政治视野追溯路德运动的历史。有一部关于他的研究作品，名为《四帝国》(*De quatuor summis imperiis*)。

③ 引自《内战记》(*De bello civili*)III. 92。

④ 福尔米翁是哲学家，曾在汉尼拔面前就战争的技艺发表演讲。

的某个人，却试图纠正最贤明的治邦者吕库古或梭伦制订的法律，不荒谬吗？亚里士多德就这样做了，也招致了很多人的敌意，珀律比俄斯隐晦地批评过他，普鲁塔克公开指责他。我不知道他们这样做是否明智。

[53]然而，我仅知道，就自己知之甚少的事情发表意见很可笑。查理五世的家庭教师比维斯(Vives)①就此批评过科米涅斯，因为他太频繁地偏离既定的历史主题去谈论风俗和君主们的德性问题，并以哲学家的姿态谈论通常意义上的幸福生活。然而，科米涅斯与比维斯不同，他大部分时间都在处理国家事务，要么在打仗，要么有公务在身，因此，如果有人能够正确评价的话，他就是其中之一。如果的确需要批评，史家更恰当的做法是，叙事之后，温和地批评，或者全然隐藏自己的意见。

但是，珀律比俄斯的说法将我引向了对立面。他指责斐拉尔库斯(Phylarchus)没有赞扬每一个英雄，并认为年鉴的首要价值就在于，通过颂扬善行以鼓励好人追求德性之路，通过谩骂和讽刺恶行恐吓恶人。塔西佗和普罗科匹乌斯认可这种方法，并且，所有最严肃的史家的确曾对记录的事件表达过自己的意见。而且，阿加忒阿斯(Agathias)②写到，他认为未经修饰的历史如同老女人的闲聊，我对此非常惊讶。但是，对我来说，这个作者的价值不足以让我听信他的意见。特别是，西塞罗曾严肃表示，凯撒的史书不加渲染、简单、坦率，去除了一切装饰，仅仅叙述出来，让每个读者自行判断，只此一点，凯撒就似乎超越所有史家。与此相同的还有色诺芬的史书，他继承了修昔底德的风格，不强加任何自己的判

---

① 比维斯(1492－1540)，西班牙人文主义者，剑桥大学教授，著有《技艺堕落的原因》(*Decausis corruptarum artium*)。

② 士麦纳的阿加忒阿斯(Agathias of Smyrna，约公元536－582年)，著有《论最高统治和尤士丁尼皇帝的统治》(*De imperiis et rebus gestis Justiniani imperatoris*)，该书续接普罗科皮乌斯史书的时间结束点开始。

断,不偏离主题,也不进行任何修辞典饰。虽然很多人认为扬善斥恶是历史的优势之一,但扬善批恶这活儿,显然哲学家比史家做得更合乎事实且更好,这是他们的特殊职能。

然而,任何作者怎么责骂尼禄都不为过,尼禄本人甚至详述他谋杀那些最高贵的人、他的家庭教师、两个妻子、兄弟布里塔尼库斯(Britannicus),以及自己的母亲的经过。苏维托尼乌斯简单朴素平铺直叙地记下这一切,省却任何不必要的废话。但是,当阿庇安讲述完米忒里达特(Mithridates)如何谋杀自己的母亲、兄弟和三个未成年的儿子和三个女儿后,他写到,"血腥且残酷,这就是他对待所有人的态度"。[1] 这话破坏了[54]之前的章节里他所秉承的忠实风格,就像约维乌斯在一长篇演讲中用非常轻蔑的言辞详述土耳其君主瑟利姆的所有暴行一样。在我看来,无需演说式的精心阐述,仅仅直叙他杀害了三个非常亲密且完全效忠于他的帕夏、两个兄弟、五个侄子和年迈身曲的父亲,就已经足以给他的名字带去永恒的耻辱,并且反而更有说服力。精描细述完全不适合史家,这种叙述在读者眼中显得虚伪或不可靠。让我来表明自己的偏好吧,那些认为不加修饰的历史最无趣的人就随他们去。

如果伟大人物是能够就某些事件做出正确决断的人,他们给予意见我当然不会反驳。以下人物在国民教育方面非常杰出:哈利卡纳苏斯的狄奥尼修斯,普鲁塔克、李维、佐纳拉斯(Zonaras)、[2]狄奥和阿庇安;军事教育方面的卓越者有凯撒、帕特尔库鲁斯(Paterculus)、[3]阿米阿努斯、弗鲁瓦萨尔、希尔提乌斯(Hirtius)、[4]杜贝莱;

---

① 引自《罗马史》(*Roman Histories*)XVI. 112 末的"米特拉达梯战争"。

② 佐纳拉斯,12 世纪阿托斯圣山上的一名修道士,阿历克塞一世皇帝的私人秘书,著有《编年史》(Annales),记录从创世到 1118 年阿里克塞去世期间的历史。

③ 帕特尔库鲁斯(Velleius Paterculus,约公元前 19 -公元 31 年),著有《罗马史》(*Historiae Romanae*),记述从特洛伊战争到公元 30 年期间的罗马历史。

④ 希尔提乌斯(Aulus Hirtius,约公元前 90 -前 43 年),凯撒在高卢的一名军官,凯撒的《高卢战记》卷八是他所著。

二者都擅长的，色诺芬、珀律比俄斯、修昔底德、塔西佗、科米涅斯和圭恰迪尼；擅长记录君主秘史和宫廷生活的有苏维托尼乌斯、朗普里狄乌斯（Lampridius）、斯巴提阿努斯（Spartianus）、①司雷丹和马基雅维里；擅长记录民族习俗和各国差异的有狄俄多儒斯、梅拉（Pomponius Mela）、②斯特拉波、非洲人利奥（Leo the African）、③博伊姆斯（Boemus）④和阿尔瓦雷兹；擅长宗教的有斐洛、约瑟夫斯、尤西比乌斯、忒奥多勒特（Theodoret）、⑤苏格拉底（Socrates）、⑥苏佐门（Sozomen）、[55] 卡里斯图斯（Nicephorus Calistus）、⑦奥罗修斯（Orosius）、⑧希多尼乌斯（Sidonius）、⑨图尔的格雷戈里（Gregory of Tours）、⑩乌尔斯贝格修道院院长（the

---

① 埃利乌斯（Lampridius Aelius）生活在3世纪末4世纪初，被称为"皇史六家"（*Scriptores historiae Augustae*）组织成员之一，该成员也包括斯巴提阿努斯。

② 梅拉（Pomponius Mela），活跃于公元43年，克劳狄时期的西班牙人，著有《宇宙学书》（*Cosmographiae liber*）。

③ 非洲人利奥（Leo the African，约公元1485－1554年），著有九卷本《全非洲述》（*De totius Ajricae descriptione*）。

④ 博伊姆斯或贝安（Johann Boemus or Beham），日耳曼希伯来人，生活在5世纪末6世纪初，著有《万民习俗、法律和仪式》（*Omnium gentium mores, leges et ritut... tribus libris absolutum opus, Aphricam, Asiam et Europam describentibus*）。

⑤ 忒奥多勒特，公元5世纪的塞拉主教，著有希腊语作品《圣经难题选答》（*Selected Questions on the Difficulties of the Holy Scriptures*）。

⑥ 苏格拉底和苏佐门都是5世纪的律师和希腊史家。前者著有从306至489年的教会历史，后者从苏格拉底的书中自由借用，写出从323至423年期间的历史。他们和忒奥多勒忒一起续写了尤西比乌斯的编年史。他们的作品为阿里安有关卡西奥多鲁斯的争议提供了知识源泉。

⑦ 克森托普洛斯（Nicephorus Calistus Xanthopoulos），活跃于公元1320－1330年。著有追溯至610年的《教会史》（*Historia ecclesiastica*），大部分谈论希腊教廷，从尤西比乌斯、苏佐门、苏格拉底、忒奥多勒忒、埃瓦格里乌斯和其他人处借鉴不少。

⑧ 奥罗修斯是5世纪时期的史家，与圣奥古斯丁有联系。他的七卷本《驳异教的史书》表述了以下理论：过去的日子更可悲，因为那时的人们离真正的宗教慰藉更远。

⑨ 阿波黎纳里斯（Sidonius Apollinaris，约公元430－487年），阿维纳主教，高卢史家。现存他的书信和给皇帝的颂词。

⑩ 图尔的格雷戈里（538－594），著有《法兰西史》（*Historia Francorum*），解释了高卢人从罗马文化到中世纪文化的过渡史。

Abbot of Ursberg)、[1]威廉、泰尔主教(bishop of Tyre)、[2]佛罗伦萨的安东尼(Antonine the Florentine),[3]以及《马格德堡诸世纪》(*Magdeburg Centuries*)的作者。但是,就像古人们说的,让人人各守本分吧。因此,珀律比俄斯关于宗教的意见和尤西比乌斯关于军务的意见,我都无法苟同。大体上,关于史家的就是这些。

现在,我们转而谈谈选择最好的史家。我认为,希望以后比现状更好,实在傻气;这种希望似乎就是邪恶的,有些人自己设定了完美史家的理想模式,我认为其研究没有什么真正的价值,从未有过、也永远不会有完美史家。同时,他们忽略了我们已经拥有的触手可及的史家。史家应该是严肃正直的人——严于律己、聪明、擅长写作,具有关于日常公共生活和私人生活以及其他所有重要事情的知识,谁会怀疑这一观点呢?有些读者相当愚蠢,只喜欢历史中的雄辩词或编造的演讲或讨喜的偏题内容。我确信,一个人的写作既要给予人愉悦,又要传达事情的真相,几乎是不可能的事。修昔底德、普鲁塔克和狄俄多儒斯都就这点批评过希罗多德。我很奇怪,为何西塞罗会把希罗多德称作史学之父,所有古人都指责他所言不确。所有作者都毫不客气地予以否定,这比任何证据都更能证明该史家作品的不实性,然而,我认为也不该全盘否定他。在他的作品中,除了雄辩词和伊奥尼亚式的优雅魅力外,还包括了许多[56]往昔岁月的图景,后人的作品重述过很多他忠实记录的事件。

---

① 乌尔斯贝格修道院院长著有从尼禄统治时期到他生活的年代的编年史。他活跃于13世纪,他的作品被其他编年史家续写至查理五世时期。

② 威廉,泰尔大主教(约公元1130－1185年),生在叙利亚,鲍德温四世(Baldwin IV)时期成为耶路撒冷王室司铎。其著作《海外事迹史录》(*Historia rerum in partibus transmarinis gestarum*)涵盖了1095至1184年鉴的历史,是沙特尔的富尔彻(Fulcher of Chartres)作品之后拉丁王国最主要的权威著作。

③ 佛罗伦萨的安东尼(1389－1459),佛罗伦萨大主教,著有一部《编年史,或三部史》(*Chronicon, sive opus trium partium historialium*)。

但是，优秀史家的标识之一是，是否得到所有人的认可，尤其是生活在那一时期、参与过那些事件且仍然在世的人的认可。我认为修昔底德、撒路斯特（Sallust）、[①]色诺芬、科米涅斯、圭恰迪尼、凯撒和司雷丹符合这条标准。虽然雅典人抱怨修昔底德的叙述偏向于斯巴达，但他们的说法恰恰有力地证明了这个作者的真实坦率。因为，修昔底德是雅典人而非斯巴达人，在伯罗奔半岛战争中曾任外交官和法官，他富庶且拥有王室血统。他如同站在瞭望塔上一般亲眼观察过那些事件，也曾为了确认事实真相而给有能力的调查者支付酬劳；最后，他的作品发表在一个自由城邦——经历过那场战争的幸存者都可以给予评价，谁会质疑他记叙的历史的可信度呢？但他也没有过分偏向斯巴达，以致完全忘记自己的邦民。在此书的写作期间，他被邦民们放逐，即使这样，他也没有中伤伯里克利——致使他被放逐的怂恿者以及他最大的对手，反而在伯里克利去世后表达出溢美之词。他的预言也非常准确：因为失去了伯里克利，城邦也会失去自己。

然而，狄俄多儒斯曾隐晦地批评修昔底德杜撰过一些演讲词。庞培也就同样的问题批评过李维和撒路斯特（在尤斯丁的作品中可见）——在作品里加入直接引述和转述的讲辞，超越了他们记录的主题的界限。如西塞罗所讲，历史中最令人愉悦之物就是朴素而明快的简洁。[②] 但是，如果把李维作品中的演讲词全部删除，就几乎所剩无物了。正是这个原因，使卡里古拉把李维的作品及其半身像清除出几乎所有图书馆。他的离题应该看上去更明显，因为在第四十五卷，他宣称决定只写罗马人的历史。

不太容易判断撒路斯特，因为他的所有作品都几乎已荡然无

---

① 撒路斯特是公元前 1 世纪时期凯撒的政治家，著有《卡提利纳和朱古尔塔》（*Catilina* and *Jugurtha*）。

② 西塞罗，《布鲁特斯》，段 262。

存。但从已有的来看，显然他是最忠实的作者，拥有各种重要事务的经验。为了能够更真实地记录与朱古达（Jugurtha）的伟大战争，他的旅程远达非洲。而且，他的陈述非常直率。把那个时代罗马人的所有勇气都只授予凯撒和卡图，[57]还有什么比这更勇敢？相反，修昔底德颂扬伯里克利，司雷丹颂扬法王弗朗索瓦、萨克森公爵、杜贝莱和拉斯基（Jean Laski），其赞词真实且恰当，但他们反驳与自己不一致的对比。若要提出什么人有什么声名狼藉之事，他们会以必不可少的证据来论证，或是记录说那些恶名已经被流言隐然接受。他们通常这样做，把许多人的各种计划和各种隐蔽的策略明明白白地记录下来，圭恰迪尼、普鲁塔克、马基雅维里和塔西佗也这样做。司雷丹是法王弗朗索瓦的代表，常常代表国家出任大使。他计划首先论述宗教（因为他尽忠职守且敬畏上帝），因而以尽量简洁的笔触，不仅囊括了直接演说和间接演说，而且包括了从正反两面论述宗教的书籍。很多人不太喜欢这一点。

不过，对古代和国家事务感兴趣的人应该不会觉得这有什么讨厌的。我国一些史家——如弗勒里（Aimoinde Fleury）、①蒙斯特雷（Monstrelet）、②弗鲁瓦萨尔和查特尔（Alain Chartier）③等——的作品中，掩藏着一幅古代世界和往昔岁月的图景，不能轻率地鄙视它，这是一幅在埃米利乌斯的作品中从未有过的图景。埃米利乌斯承认他遗漏了很多其他人已经记录过的东西。具有这

① 弗勒里（Aimoinde Fleury）或海默（Haemo）是10世纪的本笃修会修士，著有编年史《法兰西国王和贵族的源头》（*De regum procerumque Francorum origine gestisque clarissimis usque ad Ph. Augustum*）的第一部分。在一些经典作者和图尔格雷戈里的基础上，他本人的贡献是把编年史记录到公元7世纪。这部作品以相对优美的拉丁文写成，其他修士后来将其续写至1165年。

② 昂格朗·德·蒙斯特雷（Enguerrand de Monstrelet，约公元1400－1453年），继弗鲁瓦萨尔之后15世纪的编年史家。

③ 查特尔（Alain Chartier，约公元1392－1430年），巴黎领班神父，诗人、史家、外交官。著有《四人骂对话集》（*Quadrilogue-invectif*），描述了百年战争中的法兰西。

种特点的还有非洲人利奥的作品、阿尔瓦雷兹和加兹乌斯(Gazius)的作品,后者的作品包括了大大小小以及无关紧要的事,可以让好奇者的耳朵里塞满无穷无尽各式各样的细节。但是,这种情况在希腊人和拉丁人的作品中非常罕见,他们只处理国民教育和军事教育以及与一些难忘的大事相关的事务:例如李维的作品记录了同盟者战争(Social War)中卡皮托尔山(the Capitol)被焚;塔西佗的作品记录了烧毁城市12个区的那场大火。

然而,同时,不仅普通作者,而且著名作者,也在讲述一些明显不可思议的奇迹。例如,凯撒在他的《内战记》中提到特拉勒斯(Tralles)①有多个雕塑流汗——而他在其他地方却蔑视诸神,也蔑视人。李维在这方面比其他人都虔敬,或者我该说,比其他人都迷信。因为在很多段落中,他都提到母牛说话、职官的权杖被烧掉、雕塑出汗(通常在雨天发生)、[58]神在汉尼拔面前显形、6个月大的婴儿欢呼胜利等事儿。所以,珀律比俄斯把如此描述事件的史家称为“悲剧作家”并没有冤枉他们,因为当不能让汉尼拔脱离困境时,他们就施计召唤诸神。然而,珀律比俄斯自己的作品中

---

① [译注]特拉勒斯,后来改名为艾登(Aydin),是土耳其爱琴海地区艾登省的首府城市。位于比德涅克大门德雷斯河(Büyük Menderes River,古名曲流河)下游的中心地带,是从山谷的高地一直延伸到海岸这片区域的俯瞰之地。据斯特拉波所述,特拉勒斯是由阿尔戈亚人和一个色雷斯部落特拉利亚人建立。与吕底亚的其他城市一样,该城被并入了波斯帝国。在伯罗奔尼尼战争中战胜雅典之后,斯巴达试图从波斯人那里夺取这座城市,但没有成功。公元前334年,特拉利亚人未经抵抗即向亚历山大投降,因而未被洗劫。从公元前313至前301年,该城由亚历山大的将军安提科一世统治,后来塞琉西王朝一直控制此城,直到公元前190年,并入帕加马古国。公元前133至前129年,这座城市支持亚利斯托尼库斯(Aristonicus),此人觊觎帕加马的皇位,以对抗罗马人。罗马人将其打败之后,取消了该城铸造硬币的权利。罗马共和国时期,特拉勒斯是首府之地,但后来被以弗所替代。斯特拉波将这座城市描述为一个繁荣的贸易中心,列出了诸多该市的著名居民,如毕达哥拉斯、演说家斯康姆布拉斯(Damasus Scombrus)和狄奥尼索克利斯(Dionysocles)。几个世纪后,君士坦丁堡圣索菲娅大教堂的建筑师特拉勒斯的安提莫斯在此地出生。

提到宗教时却不怎么虔敬。他们更值得被宽容,因为被迷信约束总比完全不敬神好,或是,受到错误宗教的束缚总比毫无信仰好。

同时,李维偶尔会给予过分虚伪的不恰当的赞美。所有国民中,他最喜爱森普罗尼乌斯(Publius Sempronius,这样的喜爱对于其他人显得极其不公正),于是他宣称,自然和命运恩赐此人所有属人的美德。这还不够,他对此人的种族、财富、雄辩口才、身材、年纪、灵魂的伟大、军事训练等方面的显赫做了非常夸张的细节描述。他的确把卡米卢斯(Furius Camilus)捧上了天,把阿弗利卡努斯(Africanus)捧上了天外天,所以,奥古斯丁说他是庞培[①]的跟随者也不足为奇,因为他赞美庞培从不嫌多。但是在责难别人时,他节制且高尚。例如,写到李维(Livius)和克劳迪乌斯(C. Claudius)在监察官面前言辞激烈地相互攻击,他说:

> 这是一场不得体的争斗,以损失自己的名誉为代价来玷污对方的名誉。

平民们曾经崇敬贵族,对此,他评论道:

> 那时,这种谦逊行为和崇高灵魂是全体民众的普遍特征,而现在哪个人身上还能找到这种特征呢?

提到坎帕努斯(Calvin Campanus),他说:

> 他是一个邪恶的人,但还没有降到最低处,因为他愿意让祖国毫发无损,而不是将其摧毁之后自己去当统治者。

---

① 参见塔西佗,《历史》IV. 34。

另外，我们也倾慕李维多样化的风格。他有时详述，有时简洁。其史书的前十卷叙述了建城后的460年；接下去十卷讲述了74年的历史；二十到三十卷涵盖了18年的史事。似乎是在坚定地逐渐向主题推进，他在剩下的一百一十卷里讲述了192年的史事。罗马人民从来没有停止过战争。虽然如此安排，但从圣城驱逐国王到阿庇乌斯(Appius Caecus)时代比从阿庇乌斯到凯撒时代发生的事情更多。但我认为，这种明显减少的原因是，他想(把历史)整合为一体，可以这么说，更古老的作者的记录比较少，[59]因而帝国早期的记事比较缺乏，而鼎盛时期的记事却很多。而当他碰到比自己写得更好的部分，就直接整体照搬，例如对布匿战争的描述，似乎是一字不落地从珀律比俄斯那里借鉴过来的。

相反，珀律比俄斯不仅永远态度平和、始终如一，而且聪明、严肃，赞赏时节制，批评时尖锐，如同圣贤的立法者和优秀的将军，他讨论了很多关于军事和国民教育的问题以及关于史家的职责的问题。另外，他记录了自己时代以及稍早时期里几乎所有比较兴旺的民族，从第124次奥林匹亚运动会或说创世后的3680年起，到创世后3766年。不过，他的四十卷记录中有三十六卷都遗失了。另一方面，他似乎也担得起哲学家的责任，一点都不逊色于其史家的角色。在与迦太基人的联盟事件里，他警告共和国的领导者和管理者，应该仔细考虑那些与他们结盟的人是不得已而为之，还是真心希望保持友好。第六卷中处处是这种警示，其中他充分地表达了自己对罗马人的军事训练和国民教育的意见。而且，早期史家里，没有人比他对那些特殊遗址和地区解释得更细致。但是，他也常常不太友好地批评对先前时代的忽略和史家们的无知，那些史家写了罗马民族很多荒谬的事件。

从同一个人的作品中，我们也发现了李维和阿庇安应受责骂的错误。根据阿庇安的记录，高卢军团曾被布伦努斯(Brennus)牺牲掉、在那场屠杀中，没有一人生还，并吹嘘说罗马城因此被攻克。[①] 尤斯丁也曾犯过类似的错误，还有卡里马库斯(Callimachus)[②]及其注疏者们，他们说布伦努斯的军队摧毁了意大利后进攻希腊，洗劫了德尔菲神庙，然后被闪电击中，全部身亡。然而，珀律比俄斯以最清晰且最令人信服的证据表明，这同一支军队在烧毁了罗马城后，远征至达达尼尔海峡，而后，被该地的便利性吸引，便驻扎在拜占庭一带。就在此处，他们征服色雷斯人后就建立了一个王国，一直维持到克莱阿卢斯(Clyarus)时期。[③] 这一事实似乎不该[60]那么引人注意，因为不久前鲍德温是领袖时，高卢人占领了拜占庭并控制了希腊帝国很长一段时间。

在我们的时代，约维乌斯学习珀律比俄斯，记录自己时代的普遍史。但是，他们之间的差别是，后者曾身处事件发生的现场、掌控时局，或曾亲眼见过各处的公共和私人记录；而前者写的很多事都是道听途说——或是根本就未曾听说过的。珀律比俄斯长期参与军事训练和国民教育；另一个在两方面都没有经验。前者是将军，后者是医生。珀律比俄斯的旅程遍及大部分欧洲、非洲和小亚细亚的多处海岸并可能研究过那些地区居民的习俗，而约维乌斯，如他自己所吹嘘的那样，在梵蒂冈待了37年。一个是大西庇阿(Scipio Africanus)的指挥官，随他四处征战；而另一个则天天陪着各位教皇。而当被问到为何要无中生有地捏造事实或掩盖事实时，他回答说是为了他的朋友们。虽然他深知目击者会摧毁他作品的可信度，但他也明白，无穷无尽的后代们会相信他所述之事，

---

① 李维 v. xlix. 6。有两个高卢首领都叫布伦努斯。

② 博纳考斯(Philip Buonaccorsi)，被称作卡里马库斯(1437 - 1496)，著有《阿提拉，对土耳其之战》(*Attila, De bello Turcis inferendo*)和《弗拉迪斯劳王史记》(*Historia de rege Vladislao*)。

③ 我无法辨别出克莱阿卢斯是谁。珀律比俄斯 IV. 52 处提到过拜占庭的一个卡瓦卢斯(Cavarus)，博丹的下一句话即是指第四次十字军东征和占领君士坦丁堡。

这些后代就会赞扬他和他的同胞。

巴黎的郭霍利(Gohorry of Paris)①对此给出了最终证据,他说他相信,自己编造的阿玛迪斯的传奇,决不会比约维乌斯的作品更假、更不可信。如果编造谎言是为了国家,或许还情有可原,色诺芬和柏拉图都允许职官们做这种事;然而,任何人为了谄媚而撒谎都是卑鄙的——史家就更卑鄙。如红衣主教贝萨利翁(Cardinal Bessarion)②曾说,当在罗马看到那么多他曾斥责过的人的生活方式被一些愚蠢的颂扬捧上了天,他真的非常怀疑古人们记述的事情是否真实。不诚实的史家们就如此毁掉了人们对其他史家的信任感。如果约维乌斯是在模仿珀律比俄斯,他就应该牢记那个作者在其作品[61]开篇处所讲——从历史中剥离事实,就如同挖掉最美好生物的眼睛。确定约维乌斯作品真实性的依据,不是把他称作神话作者的司雷丹,或是常常指责他捏造谎言的威尼斯的布鲁托(Bruto),③因为前者是出于宗教动机,后者是出于憎恨僭主之心,而是历史之父圭恰迪尼,其作品最能驳斥他。

所有人都认为圭恰迪尼的写作最真实。如果把他的作品与约维乌斯的相比,不止一点一处的不同。特别是演说词、信件、协约和法令等尤其不同,这些材料纯属约维乌斯随意捏造。然而,正是在这些材料上,他违反了恰当性原则,粗鲁的士兵说的话显得像学

---

① 巴黎的郭霍利(Jacques Gohorry of Paris)编辑或翻译了 *AmadeGaule* 的第 10－11、13－14 篇章。

② 红衣主教贝萨利翁(约公元 1395－1472 年),君士坦丁堡名义上的总大主教。他试图调和拉丁和希腊的各个教会,以对抗土耳其人。后来作为西庞图(Sipontium)的大主教定居意大利,曾因政治任务而拜访过路易十一的法庭。他是柏拉图主义者,著有《诽谤柏拉图的人》(*In calumniatorem Platonis*),以驳斥亚里士多德主义者特拉比松的乔治(George of Trebizond)。

③ 布鲁托(Giovanni Michele Bruto,约公元 1515－1594 年),著有《为佛罗伦萨免受吉奥维的诽谤而辩》(*Le difese · de' Florentini contra le false calunnie del Giovio*),一部《佛罗伦萨史》(*Historia Florentina*),在巴特里(Stephen Bathory)的要求下著《匈牙利史,1490－1552》(*Historia Hungarica*,1490－1552)。

院里出来的修辞学家，颂扬他的人——阿尔恰托本人都这么说。我就不提查理皇帝（Emperor Charles）对约维乌斯的愚蠢鼓励了——“你得演奏管乐，约维乌斯！”以及与后者的争吵和谈话，在我看来，这些事发生的可能性与哈桑（Muley Hasan）杀了 200 多头狮子或法兰西人从布雷西亚的牧场抢走了 60 万只羊和 20 万只牲畜的可能性差不多。他本人非常肯定此事，但却没有给出任何证据。他记录了很多关于波斯人、阿尔西比亚人和土耳其人的事，但是是否真实，他自己也不知道，因为他相信传闻。他并没有看到君主们的谋划、各种演讲、信件和事行，或者看到任何公共记录，但他的写作却仿佛他亲自参与了这些事那样不容置疑。他并不想写那些他本可以叙述得更真实的事情，例如发生在意大利的事。然而，他也没有能力处理好他希望记述的事，即外部事务。尽管如此，他却说，若是拿他和同一时期的其他作者相比，他会很愤怒。

我认为这样写是在模仿阿里安，阿里安认为自己比写过亚历山大生平的史家都优秀，就如同亚历山大比其他将军都优秀一样。阿里安对埃皮克特图的描述表明，他的确有过人的禀赋，又受过优秀的教育。博学又有经验，还非常睿智，所以他被哈德良（Hadrian Augustus）一路提拔、获得所有等级的荣誉，最终在帝国全盛期任执政官。我就不提阿提卡演讲中的那些华彩，以及他的雄辩口才[62]使得他被称为另一个色诺芬了。如果约维乌斯能在任何一个方面与阿里安相比，他就不该因为被比较而生气，这样我还会认可他一点。不仅他写的很多事情不真实、不文雅，而且还因这虚构获得了报酬。因此，就算他写的真事也被认为值得怀疑，但他把历史廉价甩卖，并通过说谎而比其他讲述真相的人获得了更丰厚的财富，这点非常让人讨厌，也极不公平。

因为案情需要（ut casus feret①），我现在要回到古人，将他们

① ［译注］这是法庭术语。

与我们时代的作者一一对比。首先是哈利卡纳苏斯的狄奥尼修斯，他除了讲话态度温和、具有阿提卡式的纯粹外，还记录了从罗马建城以来的古代史，他的勤勉超越了所有希腊人和拉丁人。他以最准确的方式记录了被拉丁民族忽略的那些司空见惯的东西——祭祀、比赛、凯旋仪式、职官的勋章等，以及罗马人在管理国家、税收、占卜、国民大会等方面的训练，罗马人如何艰难地把全体居民划分为不同的阶级和部落，以及划分元老院的权威、平民的等级、职官的管理和人民的权力——在我看来，就他一人记叙得最准确。为了让这些东西更显白易懂，他把希腊人的法律和仪式与罗马制度作比较：例如，从雅典人和塞萨利人那里得知关于罗慕路斯建立的庇护法之后（虽然凯撒说这些法律在高卢人这儿也很普遍），他就对此进行了比较。他认为罗马的独裁官拥有的权力，等同于与斯巴达的军事统治者、塞萨利的执政官和米提利尼的民选调解官（Aesymnetes）。

而且，如果没有他的记录，罗慕路斯、努玛、塞尔维乌斯等颁布的法律以及罗马人的早期起源，会整个遗失而不可知。似乎是因为这些东西太过平常，拉丁人漫不经心忽略了它们，我们看到，这种忽略影响了几乎所有史家：他们遗漏了这个国家的制度，以为那是众所周知之事，好像他们已经断定，异邦人也和其国民一样熟知这些东西，或这些东西甚至已经被标准化。这种承上启下的联系，司雷丹做得很好。斯特拉斯堡（Strassburg）禁止做弥撒 20 年后，因武力威迫恢复许可，人民成群结队地涌出，像是要去看一场新上映的演出；他抓住这个机会，想要把[63]做弥撒的机密传给后代，以免它以后再遭抛弃或被忽略或全部遗失，我们会缺失这个仪式的相关知识。虽然他不经意地漏掉了很多东西，即使忘掉这个圣礼，也情有可原，因为成年之后，他从未亲自参加过。

狄奥尼修斯、普鲁塔克、珀律比俄斯和狄奥以及所有希腊人以同样的方式煞费苦心地调查过罗马人的总体制度，而这些东西却被拉丁民族所忽略。我曾常常渴望我们的作品和意大利人的作品里有同样的东西——即他们应以狄奥尼修斯为榜样。收集完各地的个别历史材料之后，他还收集了与已有的国家形式相关的所有言辞、事行和谋划，尤其是表明敬畏宗教和神意（religionem &. numinis metum）的材料。宣扬罗马人的司法（justitia Romanorum）由永不消亡的永恒自然法颁布、以让正义者能从不义占有者手中夺回国家统治权，还有什么说法能比这个更神圣、更令人敬畏？智慧之主西拉（Syrach）的古老预言也如是说。我们应该敬仰上帝之善，他对人类事务的关照主要表现于此——一切时代、一切世纪以来，我们总是看到，为了众数低者的利益，他把支配权给予每个最优秀的人。由此，上帝统治诸天使；天使统治世人；世人统治野兽；总体来讲，灵魂（anima）统治肉体（corpori）；理性（ratio）统治欲望（libidini）；智性（mens）统治理性（rationi）。

这就是狄奥尼修斯的历史。如果现在全部传世，我们就没有理由抱怨瓦罗的宝藏被毁。狄奥尼修斯不仅与庞培大帝和图贝罗（Tubero）关系密切，而且与其老师瓦罗的关系也非常好，因此，通过与瓦罗散步和交谈，他似乎引述了其所有著名段落。

普鲁塔克在记录罗马古代史上也表现出几乎同样的勤勉。我想，应该如何赞扬这个作者，显而易见。他是最好的君主图拉真（Trajan）的私人教师，在统治者的宫廷里长期历练，最终在管理伊斯特拉半岛（Istria）事务时达致完美。在那期间，他无疑把经验与对知识的最高热忱结合在了一起。他特别关注最著名民族的历史，虽然记录不连贯，但分块描述适合于君主模仿。而且，我们钦佩其评价每件事的坦率，因此，比起史家，他更像君主派出的审查员。其实，我认为除了普鲁塔克，还真没有其他人适合当那些事务的仲裁者。[64]这种大智慧还能有什么遗漏？只要是阅读过他严肃讨论国家事务作品的人，阅读过他渊博的哲学作品的人，都完全明白这点。

但是,他像优秀的将军一样,仍然非常仔细地解释战争的诱因、开端、进程、失败和胜利。有时,他甚至离题去解释国内事务中最微小的细节。例如,他讲了监察官卡托(Cato the Censor)的故事,此人故意在奴隶中制造不和,以免他们从容不迫地联合起来密谋什么更糟糕的事情。他常常讲伯里克利干的一些不可思议、明显违背常理的事,伯里克利常常为了自己方便,卖掉每年的农场收成,以买生活必需品。但是,他用了"他们说"这样的措辞,以防有人轻信这个传闻。另一个例子,在讲吕库古的生平时,他写到,一个斯巴达男孩为了掩藏他偷的狐狸,一直忍受着这东西对他的重要器官最残酷的撕扯和啃咬,直到自己被咬死。阿格西劳斯因为仅靠自己就赢得了同胞邦民们的心志(animos & voluntates),而被五长官惩罚。然而,值得注意的是,他把希腊君主与希腊人比较、在罗马人之间相互比较,却没有比较希腊人与罗马人。只要比较一下德莫斯梯尼与西塞罗、卡图与阿里斯提德、苏拉与吕桑德、马塞勒斯与佩罗皮达斯等,就能轻易地做到这点。

然而,将阿格西劳斯和庞培相提并论,与拿苍蝇和大象相比又有多大的区别呢?有时,他甚至会在罗马古代史上出错,身为希腊人,这似乎不是什么应该值得注意的事,在记述德莫斯梯尼的生平时,他承认并不太懂拉丁语。他写到,通过提出关于审判的色普洛尼亚法案(rogatione Sempronia),格拉古让骑士团与元老院结盟,然而,事实上,正是这个法案夺走了元老院的审判权,让骑士团独有,帕特尔库卢斯、阿庇安、阿斯库尼乌斯(Asconius)、[1]塔西佗和弗洛鲁斯都证实过此事。因此,他错误地把利维安法(legem Liviam)当成了色普洛尼亚法案、把吕库古当成了德鲁苏斯(Drusus)。类似的例子还有,他把德拉马克(drachma)等同于罗马银币(de-

① 佩狄亚努斯(Q. AsconiusPedianus),公元1世纪意大利人,著有《西塞罗讲辞评注》(*Commentor in Ciceronis orationes*)。

narius)，把明纳(mina)等同于磅，混淆了法比乌斯和安东尼的生平。这些错误极大地误导了布得，错误的前提经过推理后会得到得到无数错误的结论。在记录小卡图(Cato the Utican)的生平时他说，罗马人允许借妻，卡图就把他的妻子借给了荷尔腾西乌斯(Hortensius)，这样，卡图出生高贵且能生育的妻子玛尔提娅(Martia)就可以为荷尔腾西乌斯生孩子。我无法相信此事，尤其是罗马还有罗慕路斯颁布的[65]关于通奸的法律，以及被提庇略废除的古老习俗——父系亲属可以全权惩罚通奸的妻子。居雅非常轻率地命令马努提乌斯专注于他自己的技艺，因为他[马努提乌斯]认为，依照罗慕路斯关于通奸的法律，奸妇的丈夫和亲属可以对她施予死刑。然而，格里乌斯如此引述这条法律：

> 如果你抓到你的妻子通奸，不经审判杀死她，你也能免罚。而如果你自己通奸，她不敢动你一根手指头；这不允许。①

卡图在关于妇女们之前的生活和习俗的演讲里提到，正义原则允许丈夫杀死通奸的妻子，因为ζημιοῦν并不仅仅指罚款(multare)——如居雅所讲，它还有惩罚的意思。然而，狄奥尼修斯本人的解释更明白，他说，根据妻子的通奸行为和迷醉程度，通奸者的丈夫拥有对惩罚力度的最终裁定权。根据这些话，丈夫有生死裁决权。不过，塔西佗在卷二中②断言，奸妇通常受到的处罚都比较温和，即被亲戚们撵出200里程以外。普鲁塔克以及斯特拉波都说，帕提亚人和斯巴达人一样，都有把妻子借给朋友的习俗。但是，我认为，罗马礼仪不允许这一习俗。

---

① 格利乌斯(Aulus Gellius)，《阿提卡之夜》(*Noctes Attic*)X. 23。

② 塔西佗，《编年史》II. 50。

阿庇安也写了罗马人同样的事情，我不太赞同，因为关于他常常把他们的早期历史弄错。在《内战记》卷二中，他说凯撒在元老院与马塞勒斯(Marcellus)意见相左，因此把手放在剑柄上、以威胁的姿态对元老院说："你们不同意的话，它会同意。"但这话其实是安东尼说的，凯撒那时在高卢。同样，他写到，克罗迪乌斯(P. Clodius)与凯撒的卡尔普尼亚(Calpurnia)有不法关系，在善德女神(Bona Dea)节上被抓获。这些事情其实与庞培娅(Pompeia)有关。而且，阿庇安是埃及人，他在关于利比亚战争的书中承认，自己直到晚年才到罗马，成为奥里利乌斯(Aurelius)帝政下负责外事案件的辩护律师。然而，在所有史家中，唯有他向我们展开了一幅罗马全相图，囊括了对罗马的各省、财富、军队和整个帝国的描述。斯特拉波、普林尼和儒福斯的确也提到过各省，但是他们没有叙述其资源。阿庇安在关于利比亚战争的书中宣称：

> 罗马人有4万骑士，20万步兵。[66]其武装力量更是两倍以上。船只较少，2000艘；1000艘三列桨战船；500艘五列桨战船；海军装备更多；80多艘金船首和金船尾的精良战船。除此以外，还有300头大象、2000辆武装好的战车，宝藏库中有价值74000塔兰特的财富。①

然而，我们遗失了他的大部分历史记录，缺少关于西西里、马其顿、西班牙和迦太基的那些卷。

如果卡西乌斯(Dio Cassius)的作品受损程度没有那么大的话，本可以弥补这些损失。不过，希菲利努斯在他的概述里竭尽所能地讲述了诸多事务。狄奥终其一生致力于国家事务、逐级获得

---

① 阿庇安，《罗马史》，前言，段10。这一段是转述的，有点不太准确。

荣耀直至成为执政官并两次担任该职务；作为地方总督，他以各省管理者的身份写下出色的记录；最后，他将经验与人文艺术的伟大知识结合；那么，谁会迟疑把这样的人列入最优秀的史家？当然，他还仔细收集了各次国民大会、罗马职官和全部公法的信息。只有他记录了君主们的献祭仪式（consecrationes）和神化过程（ἀποθεώσεθς），也几乎只有他把塔西佗称作帝国奥秘的那些东西公诸于众。他的确是一个勤勉的公共法律顾问研究者。然而，似乎每次他都刻意选择站在凯撒的立场反对庞培，站在安东尼的立场反对西塞罗。他把与马克曼妮人战前出现的那些预兆归咎于埃及人阿奴夫（Arnuphu the Egyptian），而不是基督徒，这与德尔图良（Tertullian）、①尤西比乌斯、奥罗西乌斯、尤斯丁、助祭保罗（Paul the Deacon）②等人相反，也与奥里利乌斯给元老院的信中透露的证据相反。

有些人认为应该把狄俄多儒斯与前面提到的人并列，还有很多人把他放在首位；但是我却不明白为何他们如此倾慕他，是因为他说话的方式——极其普通，还是因为他的史学体系。的确，每一卷开篇时，他都会把要讲述的事件依次正确地安排好，把材料压缩得简洁明了，[67]例如，在第一卷开头，他就把整本书分成了四十卷。前六卷讲述特洛伊战争以前的事；接下去的十一卷讲述从特洛伊战争到亚历山大逝世期间的事，剩下的二十四卷从亚历山大讲到高卢战争。除开特洛伊战争——古人们认为是虚构的——以前的事件，他记录的事件历时1130年。从特洛伊战

① 德尔图良（Tertullian）出生在迦太基，其父母是异教徒，活跃于卡拉卡拉统治时期。他后来皈依东正教，但却又为了孟他努派而弃教。著有《驳犹太，护教辞》（*Adversus Judaeos, apologeticus adoersus gentes*）。

② 助祭保罗（Paul the Deacon，约公元720－794年），伦巴第族人，后来成为卡西诺山修士，在卡洛琳王朝文艺复兴中扮演重要角色。著有《罗马史》（*Historic Romano*），将欧特罗皮乌斯的历史扩充至553年。

争到赫拉克勒斯族的回返,他认为有 90 年,这与阿波罗多鲁斯(Apollodorus)①的观点相同;从这时到第一次奥林匹亚运动会召开历时 328 年;从第一次奥林匹亚运动会到高卢战争历时 730 年。这一部分他写得很细致。只有他列出了古代著名的哲学家、史家和诗人的年表,对历史贡献巨大。例如,他在第十四卷写到,吕西阿德斯任执政官期间,克忒西阿斯估算了自尼禄起的历史源头。克忒西阿斯用了六卷来记录亚述人的事务,还用了同样多的卷数记录波斯人的事务,而他[狄俄多儒斯]把这些东西在一卷就讲完了。在那一卷里,他的描述几乎处处与希罗多德不同。普鲁塔克、鲍桑尼亚、阿忒纳奥斯和几乎所有希腊人都引述克忒西阿斯的作品。至少我们还有他作品的概要。

但是,狄俄多儒斯说,修昔底德的历史始于卡里斯(Charis)任雅典执政官、弗里乌斯(Quintus Furius)和帕普利乌斯(M. Papyrius)任罗马执政官之时。依次下来,埃弗鲁斯(Ephorus)②记录了从赫拉克勒斯族回返到佩林图斯(Perinthus)围城期间的历史;忒奥旁普斯(Theopompus)③从马其顿的腓力执政第一年开始记录,包括卡里米德斯任雅典执政官期间、第 105 次奥林匹亚运动会和艮努提乌斯(Cn. Genutius)与埃米利乌斯(L. Aemilius)任执政官期间的历史。

然而,狄俄多儒斯对忒奥旁普斯的批评也同样适用于他自己。他说忒奥旁普斯的五十八卷记录中有五卷的真实性值得怀疑;同样,狄俄多儒斯自己的四十卷中,几乎有整整十二卷的内容值得怀

---

① 雅典的阿波罗多鲁斯活跃于公元前 2 世纪,著有《书藏或神的起源》(*Bibliothecessive de deorum. origine*),关于特洛伊沦陷到他自己时代的编年史。

② 库迈的埃弗鲁斯(Ephorus of Cumae,约公元前 400 -前 334 年),现仅存其古代地理学著作《地中海航记》(*Periplus maris Mediterranei*)和《希腊》(*Hellenica*)的残篇。

③ 开俄斯的忒奥旁普斯(Theopompus of Chios,约公元 378 - 305 年),其最重要的作品是一部希腊史,对修昔底德作品的扩充。该作品延写至马其顿的腓力时期,但现仅存残篇。另外还有一部篇幅更长的作品,相信记录了腓力的统治。

疑，前五卷看起来几乎全是神话拼凑而成，因此，比维斯认为，没有哪个作者比他更轻率。然而，在普林尼看来，他却是希腊人中第一个不随意写史的人。虽然他的初衷是写世界史，但整部作品却全都是希腊史。而且，[68]他相当详细地记录了一个叫吉利普斯(Gilippus)的斯巴达人的讲辞（忘记了拉科尼式简洁以及他自己对修昔底德的批评），其细致程度超过了对近300年在意大利疆域内发生过的战争的记录，虽然其中有一大段篇幅离题讨论雅典人中的害虫及其成因。我就不提他对太阴年的解释有多荒谬了，居然相信人的寿命可以达到1200年，好像如今很多人也没超过这一年龄。但是，既然他说他花了30年在写史和游历上，我很奇怪为何他没研究近邻意大利的历史，尤其是他还生活在罗马帝国的鼎盛期，即凯撒当独裁官的时期。

如果把李维和狄奥尼修斯的作品与狄俄多儒斯的相比，会发现他们记录的罗马古代史几乎每一处都不同，特别是对斋月和奥林匹亚运动会的估算，后者常常出错。我认为出现这种情况可能是因为他不太懂拉丁语，无法更勤勉地研究罗马人的作品，一个证据是，每次他都把phrourios理解为"暴怒"，其实是把这个词当成了希腊语；同样，他把贺拉斯(Ancus Horace)误作马尔库斯(Marcus)，把马尼乌斯(Sp. Manius)误作梅里乌斯(Melius)，把莴笋(Lactuca)误作摔跤(Luctatius)，把三叉神经(Trigeminus)误作三种芳香植物(Tricostus)。就算这也许是各个抄写员的错误（我如此假设），但他在执政官、十长官和拥有执政权力的军队护民官等问题上也出错，这就无法以同样的借口来解释了。列举这些事务时，他漏算了3个、有时4个罗马年，并且完全混淆了整个罗马纪年体系。其实，对照西戈尼乌斯(Charles Sigonius)[①]和潘维尼奥

① 西戈尼乌斯(Charles Sigonius，约公元1520－1584年)，著有《罗马的王、执政官、独裁官、监察官纪年表》(*Fasti regum, consulum, dictatorum, ac censorum Romanorum*)和《罗马国民法前身》(*De antiquo jure civium Romanorum*)。

(Onofrio Panvinio)[①]的研究和作品，很容易纠正这些错误。

在这方面，塔西佗帮了我们大忙。记录1世纪从提庇略到涅耳瓦时期的史事时，他调查了几乎所有重要的、不重要甚至最琐碎的事情。在卷四中，他提前告诉读者自己不会讲述战争、围城、或溃兵、或平民和贵族之间的斗争等事情。他的工作不太体面，但却不是无用。不久之后——

> 我们把暴虐的命令、无休止的指责、毫无信任可言的友谊、无辜者的毁灭，以及类似的东西混在一起，任其开花结果。

然而，[69]他却仔细描述了发生在那段时间里的所有战争，那些战争他都指挥过或协同指挥过。亚克兴海战胜利后，没有哪个史家比他更全面地论述过军事和法律体系。他接受过长期的军事训练和民事教育，并且出任过下日耳曼地区的地方总督。期间，他不辞辛劳地描绘了日耳曼人的习俗、惯例制度、宗教仪式等等，日耳曼人的整个古代历史几乎由其一人所录写。他配得上甚至更大的荣耀，正是因为塔西佗的卓越智慧，奥古斯都才得到议会和军团的无条件同意而成为了帝王。奥古斯都正是从他那里获悉了自己的种族起源，因此把每个图书馆都塞满了塔西佗的书。然而，他的书却没能保存到现在，让我们也可以读到完整的作品。

塔西佗的写作风格极其敏锐，充满着远见卓识。以下文为例："恶行易报，善为难还，因为人们都认为感激之情是负担，损害他人是获益。"而且，他说，除非以罪行相逼，否则塞扬努斯(Sejanus)的好意无人领情。[②] 他说波蓓娅(Poppaea)根本不区分其丈夫们和情人们，

---

① 潘维尼奥(Onofrio Panvinio，1529－1568)，著有《从罗慕路斯到查理五世的罗马纪年和凯旋式》(*Fasti et triumphi Romanorum a Romulo rege usque ad Carolum V*)和三卷本《国是评述》(*Reipublicae commentariorum*)。

② 塔西佗，《编年史》IV. 68。

利之所在，即是她情之所钟。还有谁比他说得更简洁、更尖刻？他辛辣地声讨维特里乌斯（Vitellius）的通奸、色欲、烂醉和残暴行为，他说此人天性罪恶、昭然天下，除此以外，他还说服元老院通过允许乱伦的法律，同意叔叔和侄女的婚姻。对一个人最严厉的斥责不过如此。就是这个统治者，踩着他屠杀的国民们的尸体走过，其他人都无法忍受那恶臭气味，他却公开说，敌人的尸体好闻，国民的尸体更好闻。如果我们寻求塔西佗关于法律和国家的意见，他说过：每个伟大的范例中都包含着一些不义，为了公共利益而强加在一些个体身上的不义。还有什么比这话更有分量！柏拉图的观点与此仅稍有不同："认为法律能消除一切麻烦的人是在砍九头蛇的脑袋。"如果我们寻求法律和参议的技艺，如果我们追溯的不仅仅是罗马古风，还包括其他民族的古风，没有什么比塔西佗的作品更能让我们受益良多的了，例如，当讨论到批准亚美尼亚人的一个联盟时，他说：

> 惯例就是，捆住国王们的右手，把他们的拇指绑在一起，并扎牢束结；很快，当血流到手的末端时，只要轻轻一划，他们就会抽到血并依次舔舐。

这个联盟被视为机密，有如以血供奉。[70]为何还要多说呢？塔西佗当然是对职官和法官最有帮助的史家。

但是，某些人的斥责让我深感悲哀且有所警觉，如果他们的权威性没那么大的话，还不太需要驳斥。在写给约维乌斯的一封信中，阿尔恰托（Alciati）①胆敢称，神圣历史显然是一丛荆棘。的确，因为塔西佗讲话的方式不太润饰，所以常常遭到一些人的批评。那

① 阿尔恰托（Andreas Alciati，1492－1550），意大利法学家，曾在布尔日和阿维尼翁任教。著有《寓意集》（*Emblematum liber*）和 *Index locupletissimus super commentarim codicis Justiniani imperatoris*。

些人更喜欢文法学家们讲述的不太严肃且微不足道的小事，胜过喜爱由终身从事公共事务的人写下的严肃记录。然而，我不明白阿尔恰托为何看不起这样的人，他恰恰该是那个欣赏其口才的人，除非，他的意见源自德西乌斯(Decius)，[①]德西乌斯把塔西佗从法学家的名单中剔除，称他是西塞罗主义者。耶柔米也一样，他记录说，由于自己是西塞罗主义者，而非基督崇拜者，所以被置于基督审判台前鞭打。然而，他遭受的鞭打和塔西佗遭受的讽刺，都是不应该的。

布得(Bude)[②]尖刻地把塔西佗称为最邪恶的史家，这并非戏言，而是因为塔西佗写了反基督教的作品。我认为这就是德尔图良称他最虚伪、称他为奥罗修斯、谄媚者的原因。但是，正如法学家玛克鲁斯回答说，妓女的恶在于她当妓女，然而，承认她妓女的身份的话，她的行为就不卑鄙了。所以，塔西佗的不虔敬在于他不是基督徒，但他并没有针对我们不虔敬地写作，他只是被异教迷信所束缚。另一方面，如果他不努力维护他信奉为真的宗教，颠覆他所不相信的，我反而会认为他缺乏考量。既然基督教徒和犹太教徒每天都像投毒者一样被拖去接受惩罚，而且与所有罪行和贪欲相联系，什么样的史家会克制不使用轻蔑的语言呢？如果无知可以是一种借口，那我认为应该原谅塔西佗，虽然他推测犹太人(Iudaeos)来自克里特伊达山(Mount Ida of the Cretans)，是伊达山人(Idaeans)。[③] 他与大马士革的尼古拉斯(Nicolaus of Damascus)相似，认为耶路撒冷

---

① 德西乌斯(Philip Decius，约公元 1454 - 1535 年)，米兰人，因招致教会的不满，离开意大利去到法兰西，成为格勒诺布尔市议会的议员。著有《法令日志》(*Commentaria in Decretales*)和《论统治法》(*De regulis iuris*)。

② 布得(Guillaume Bude，1467 - 1540)，文献学家，著有《法学汇编注释》(*Annotationes in xxivlibre Pandcctarum*)，他在其中把文献学和历史用于阐释法律。他还有一篇关于货币的作品《论阿司》(*De asse*)。

③ [译注]在希腊神话里，有两座伊达山，克里特的伊达山和特洛德的伊达山。后者也称弗里吉亚伊达山，荷马史诗和维吉尔的《埃涅阿斯》中提到的是后者。克里特的伊达山即是希腊神话中养育幼年宙斯的山洞所在地，是克里特岛上的最高峰，如今叫作普西罗芮特(Psiloritis)。

得名于ἱερόσυλα παρὰ τοῦἱ ερὰ συλέιν。[71]如果这是一种罪，那乌尔比安(Ulpian)[①]的罪更大，因为他在卷七中讲述了基督教徒遭受的严刑，不是出于历史研究的需要，而纯粹是因为那惩罚很严酷。

苏维托尼乌斯谈论基督教徒时才真是邪恶，但人们对他的史书赞赏有加，因为公正的评价者们认为，在所有史家中，他的写作最精确。他调查每一件琐事，某些人不喜欢这样；但是，凡是君主的言行都不该被视为琐事；没有小事，因为这些言行会传达到普通民众，君主的示范总是会塑造人民的习俗。或许，不太讨喜的是，他太渴望详述某些君主特别可怕的欲望，塔西佗就没有描写那些细节。但在描述君主的怪癖方面，朗普里迪乌斯更厉害，他描述了赫利俄加巴卢斯发明的很多怪异的新欲望，似乎他讲这些东西没有其他目的，就是为了建议每个人去模仿。但是，两个作者在接受教育时都生活在皇室，与君主保持着亲密关系，特别是苏维托尼乌斯，曾是哈德良的私人秘书，据说后来因为对皇帝的妻子表现得太不拘礼节，超过了皇室礼仪允许的范围，失了尊严，才丢了职位。那些依次记录后继皇帝生平的人——即狄奥、斯巴提阿努斯、卡庇托利努斯(Capitolinus)、[②]赫罗狄安(Herodian)、[③]忒勒贝利乌斯(Trebellius)、沃庇思库斯(Vopiscus)、欧特罗皮乌斯(Eutropius)、朗普里迪乌斯、沃卡提乌斯(Volcatius)、阿米阿努斯、莱图斯

---

① 乌尔比安(Domitius Ulpian，170－228)，叙利亚人，成为罗马法学家，著有《论执政官职责》(*Adedictum praetoris*)。《法学汇编》大量引用他的作品。博丹显然熟知拉丁文版 *Divine Institutes* V. II 的中的段落，其中提到，多米提乌斯的第七卷论述了基督教徒要遭受的各种惩罚。

② 卡庇托利努斯、沃卡提乌斯、忒勒贝利乌斯和沃庇思库斯占托名作《奥古斯都时期史记》中的四部分。朗普里迪乌斯和斯巴提阿努斯占另外两部分。

③ 赫罗狄安(Herodian，公元约170－240年)，著有《从马尔库斯到戈尔狄亚努斯三世的罗马皇帝》(*De Romanorum imperatorum vita post Marcum usquead Gordianum nepotem*)。

(Pomponius Laetus)、[1]奥罗修斯和奥里利乌斯(Sextus Aurelius)等,[2]他们的地位都不及苏维托尼乌斯。沃庇思库斯天真地承认了这一点,因为他理所当然地称苏维托尼乌斯是最完美的史家。

苏维托尼乌斯的写作方式看上去不受任何人的地位或缺陷的影响,完全不受任何干扰。他声称,[72]最初,卡利古拉灵魂和身体的德性都无人能及;他也说,这个人后来的恶行如此多、如此令人发指,以致比任何自然界的怪物都更可怕。以同样的方式,他宣称尼禄统治的前5年值得称赞。他还说,克劳迪乌斯非常呆笨,坐在执政官席前时,肤浅的辩护律师们会说他愚蠢。然而,他却记下了这个人的一次高贵判决。一位妇女不认自己的儿子,双方都提供不出让人信服的证据,克劳狄乌斯命令她与这个年轻人结婚,以此迫使她认了自己的儿子。[3] 谁还能比智慧的主人所罗门判决得更有智慧呢?赫罗狄安对寻求真相没有那么大的热情;他通常无法详述同一个君主的恶行与德行,而且斯巴提阿努斯和卡庇托林努斯常常证实他记录中的错误。苏维托尼乌斯的作品里还有对罗马古代史和古代法律的描述,许多法令、昭示和元老院法令,这些东西在其他作品里都没有;除了塔西佗,几乎也只有苏维托尼乌斯揭示了哪一种才是君主的裁定权和司法权,诸多法学家写作时都从中受益良多。

我认为我们还应该加上帕特尔库鲁斯,除了接受过博雅教育,他还任过官职,并在民事和军事上都获得过巨大荣誉。对于他流

---

① 莱图斯(Pomponius Laetus,1428 - 1498),意大利文献学家,受到瓦拉(Laurentius Valla)的影响,著有《从小戈尔迪安尤斯丁三世时期的罗马史纲要》(*Romanae historiae compendium ab interitu Gordiani junioris usque ad Justinum tertium*)。

② 维克托(Sextus Aurelius Victor),非洲异教徒,活跃于公元4世纪下半叶。编纂了《罗马简史》(*Breoiarlum historiae Romanae a Jana etSaturno urbeque condita usque ad consulatum Constantii*),该书至少部分是他写的,记录了从奥古斯都到康斯坦提乌斯期间皇帝的生平。前面部分可能是其他作者所著。

③ 苏维托尼乌斯,《十二帝王传》,V. 15. 2。

畅且令人愉悦的散文文体，我就略而不谈了。他从最初开始记录罗马古代史，其文风的简洁和洞察力无人能出其右（如果他的书完整地保留下来的话）。他也常常赞赏名人，赞赏的言辞与众不同，配得上英雄人物，例如他对庞培、凯撒和西塞罗的赞扬。然而，人们并不把他的作品称为历史，而是将其视为理解普遍历史的事实基础（propositionis locum）。以他为榜样，米兰总督杜贝莱在一本小书中，按照历史格局，或者不如说，以平面图（ἰχνογραφίαν）的形式，讲述高卢古代史，他的这种方式成为史家们关注和模仿的杰出典范。其超凡的天赋和卓越的智慧在作品中彰明较著，他用拉丁语和本土语言记录查理五世皇帝的普罗旺斯远征。

其实，鉴于他横溢的才华、极高的学识和不同寻常的管理事务的经验，这事也只能他来做。他的一生，都在参与王室会议，[73]从事外交活动、军事管理，或者追求人文艺术。最终，据说正是他引领法兰西贵族既看重文学上的荣耀，也重视军事荣耀。他是我们的引领者之一，给文人以武器，给武人以文学。然而，以免有人认为我过分赞美我的同胞（他是安茹族人），得提提司雷丹对他更高的赞誉。司雷丹把各种称赞都加诸于他，称他为法兰西贵族增光添彩。因此，我们应该把他列入珀律比俄斯、修昔底德、色诺芬、凯撒和塔西佗那一类，因为他恰如其分地探究了事情的诱因、起源、发展过程和趋势，研究了每个人所有的谋划、言辞和事行。我们这个同胞的作品并不多，但这并不影响对史家的择取，因为窥一斑可知全豹。

圭恰迪尼的作品非常详细，若非二者都是同辈的话，很可能是在模仿此人。虽然他一直未走出意大利领域，无法与杜贝莱显赫的军事名声相比，但是，在严谨的人看来，他写的历史远优于其同辈（我不知道他是否也超过了更老的史家）。因为，只要碰到任何看似难以解释、需要斟酌之事，他在讨论时都会显示出最敏锐的机智，他明智的意见如盐一般恰如其分地洒落在各处。从众多例子中挑选几个：因为在军事训练和国民教育上都最娴熟，他隐晦地批评我国人的鲁莽，这些人冒失地靠武力拓展权力，却无法维持权力；他们没有发现，占领了土地却不知道如何在领地上施行国民训练，这种领土不仅毫无用处，而且是一种危险的责任。这确实是与众不同的意见，称得上是伟人的意见！啊，那是君主们都熟知的！另外一处，他以如下言辞谴责威尼斯人不审慎：

> 意大利的事务乱作一团之时，威尼斯人竟然认为没人敢伤害他们，所以他们就无所事事地等待战争结束以获得战利品。但是，有必要自己变得更强大，或者与更强大者结盟协作。

这些指责没有任何轻蔑或怨恨之意。对于在世之人，他既不赞美，也不谩骂，他的写作不带任何情绪指向。从对教皇利奥的记录中更可以看出这点，因为他从教皇利奥那里获得了巨大的财富、[74]乃至更大的荣耀和官职。教皇让他全权管理教皇军队和各教省。尽管如此，他还说，利奥这个君主有诸多值得称赞和谴责之处。而且，只有他向法王弗朗索瓦透露教皇背信弃义地抛弃了结盟的秘密；然而，他也说，他并非不忠于查理五世，因为正是在他的帮助下，查理五世才把法兰西人赶出了意大利，以便后来能更顺利地赶走西班牙人。

此外，他这样评价费尔迪南德：他披着宗教和公共利益的外衣，以掩藏自己所有的贪婪。还有什么评述比这更坦率？另一个证明他正直且不受制于仇根的例子是，对于法兰西人防守帕尔马，他应该十分生气（因为他在奋力保卫帕尔马时，曾被法兰西人长期围困，那是事关他的生死和所有财富的事），然而，他却驳斥了约维乌斯讲述的所谓“法兰西病”（morbo Gallicum/Frenchevil）的流言。他说：

> 公平的做法是，澄清对法兰西人的这一诬陷，因为是西班牙人从西部群岛把这种疾病带入意大利的。

而且，他对寻获真相的热情显而易见，对于任何事，他都要看到所有必备的证据才会认可，从不莽撞断言。据说，他曾从各种渠道萃取信件、法令、盟约和演说辞，并给予阐释。他作品里常常出现这种表达方式："他这样说到"；或者，如果缺乏原话，他会写"他话里意思是"。因此，他显然完全不同于约维乌斯，后者不仅捏造了大部分历史，而且捏造言辞或甚至像学究那样捏造演说词。

例如，巴格里昂(Baglioni)的讲辞显然与圭恰迪尼原文引述的完全相反。他非常勤奋地研究各种事件、场所、人物，甚至各种谋划和事行，他似乎全面调查过意大利所有的城镇、自治城、营地、河流，还有我认为最重要的官方记录。但是，他从未忽视任何在普通民众中传播的流言；例如，在马里格纳诺战役中，法兰西人打败了瑞士军队，他无法得知具体的死亡人数，就说：

> 因为大多数人被嫉妒或热情或恐惧情绪所影响。很多人说死了14000瑞士军，有些人说10000，还有人说8000；还有人说只有3000。

当他记录在意大利持续了几乎40年之久的那些事件时，对国外事务只作些许介绍，或将其限制在合理的篇幅内。[75]他也明智地略过了土耳其战争和波斯战争，以避免就自己了解不多的事务贸然发表言论，虽然他对这些事务比约维乌斯了解得多得多。但为了不让这些事被完全遗忘，他简短地介绍道："据说瑟利姆已经进攻叙利亚和埃及。"有些人认为他好像有时很啰嗦，但是，对于想要研究公共事务态势和整体人类关切的人来说，他说得太简短了。因为那段时间里，意大利是世界上发生事件最多或公共体系变化最多的地方。从他那里获知如此多的真相太有价值了，据说所有意大利人都一致认为他天赋圣贤，是最博学、最正直、最有实践经验的人。当其他人错误地表述历史、实际上是各自按照自己的意愿表述时，至少还有一个人将历史建立在如此高的标准上，他不仅让其他低标准作者黯然失色，而且也让约维乌斯和本博（Bembo）相形见绌。

虽然本博①非常著名，相当长时间在整个意大利都地位显赫（我没有论及他不同寻常的口才），但是，为了取悦同胞国民，他写了很多并未发生的事，除非圭恰迪尼在很多事情上说了谎。或许有一件事可以为证，法兰西人在福尔诺沃（Fornovo）附近大胜威尼斯联军，有一种说法是，一把利剑挡住了他们的路途，本博的说法却是，他们既没有被战胜，也不是胜利者，他把法兰西人回到法兰西称为逃跑（fugam/flight）。圭恰迪尼尖锐地指出：

> 如果征服就是获得对战争所指向的目标的拥有权，那么法兰西人赢了，因为他们参与战争只是为了把国王毫发无损地迎接回国。那么，既然他们让敌人离开了，还杀死了一部分敌人，把其他人赶去了塔拉河，自己安全地回到祖国，谁还会想到去问谁胜利了？

同样，本博也掩盖了拉文那（Ravenna）战役的真相，那是一场著名且广为人知的战斗，每个人都无法否认法兰西人的胜利。本博说：

> 18000 多名步兵和骑兵被杀，双方死亡人数差不多，但是

① 本博（Cardinal Pietro Bembo，1470－1547），威尼斯共和国历史学家，著有十二卷本《威尼斯史》（*Historiae Venetae*）。

各自的运气却不同。

这一段里他称威尼斯是[76]意大利的领袖国，另一段里却称其为世界的饰品；时而赞美威尼斯人的公平和信念，时而又称其华丽富裕；然后，他又称赞一艘威尼斯船拒绝土耳其人支援，是具有难以置信的勇气；最后，他一直强调，所有威尼斯国民都有责任感，他们节制、有敬畏心且睿智——他的行事方式更值得被称为好国民，而不太像优秀的史家。

但是，本博处处以轻蔑的言语抨击法兰西人，说在法兰西人眼里没有神圣之物、什么都不安全；他说威尼斯人与阿瓦洛斯（Alfonso Avalos）①之间的约定已被打破——这种写作风格不是为了赞扬己方，而是为了迫害对方。如果军法的确规定，以轻蔑言辞侮辱一个国家的人品质拙劣，那史家是否更应该避免这种言辞？特别是他的行为——以虚假记录取代事实，正是他自己斥责其他人的原因。圭恰迪尼指责威尼斯人违背盟约，不仅因为他们太疑心法兰西人会背叛他们，而且因为他们收纳了法兰西人最痛恨的敌人阿尔维亚诺（Alviano）。当阿尔维亚诺大胜法兰西之后，他们将他接进城，甚至还试图把他纳入盟约条款中，尽管法王不愿意。

因此，本博高谈阔论地写法兰西人背信弃义，其真实度就如同说，威尼斯战争期间，阿普利亚的乌鸦和秃鹰在空中打架，打得如此惨烈、参与的鸟如此多，死鸟尸体装满了12辆推车。本博毫不质疑这件事，甚至公开肯定其真实性。然而，因为他并非自愿写作，如他自己所说，60岁时，他就极其厌倦了写史所必需的辛劳工作。在第四卷中，他说："我厌倦了追溯这场战争中那些鸡毛蒜皮的事。谁读到这些细节会不憎恶呢？"写这些事显然是为了得到某种效果。罗勒达诺（Loredano）驳米尼乌斯（Minius）的讲辞也是同样的性质，说

---

① 阿瓦洛斯（Alfonso Avalos）是帝国军队的将军。

他比任何文章都辞藻华丽。他的这种笔调是为了用词纯粹，因为他不愿意使用任何非拉丁语词汇，然而，从意思上考量，却必需使用那些非拉丁语词。他把土耳其皇帝称作色雷斯国王，虽然色雷斯在其帝国疆域中还不及百分之一的面积，他把米兰公爵也称为国王。这的确是拉丁语，但是我认为不足以接近文章要表达的意思。

[77]普罗科匹乌斯与本博截然不同，显然他完全不懂修饰历史，不懂希腊讲辞的纯粹，或者根本忽略了这些。然而，他的确记下了与主题有关的各个细节，极其热忱地追问最琐碎的事情。在事务管理方面，他是贝里撒利乌斯的永恒同伴，共同分担整个公共法律顾问事务，他常常担任国家使节，在理论方面，他也有适当的了解，因此，我毫不迟疑地将他列入人数不多的入选名单。他描述了不同的信件、法令、盟约和各种各样不同风格的演讲，所以，他配得上最诚实史家的典范。但是，他太过频繁地赞美贝里撒利乌斯，大部分赞词又极其愚蠢。更愚蠢的是，他为谋杀康斯坦丁开脱。康斯坦丁曾是尤士丁尼的御马官，正是贝里撒利乌斯指挥了针对他的谋杀。他说，天命使然，康斯坦丁该这样死。我也就不提他的其他荒谬记录了，关于 30 头猪、忒奥多里克（Theodoric）雕像等等，还说极北之地（Thule）①是大不列颠的十倍大，虽然事实上小得多。但是，下文这件事却是所有人都不信：坐落在那不勒斯这面的维苏威火山的灰烬居然被风吹到了拜占庭，那里的人们非常害怕，所以每年都恳请神平息怒火。这些带着希腊式浮华的奇闻不仅毁掉了世俗史家对他的信任，而且教会史家也不相信他。

卡里斯图斯（Nicephorus Callistus）的作品中也充斥着那种故事，甚至佐纳拉斯——本来是位备受赞赏的史家，和格雷戈拉斯

---

① [译注]极北之地（Thule）是古希腊罗马时期的文献和绘制地图中用来指最北端之地的词汇，也作 ultima Thule。在后来的经典文献和中世纪文献中，也可以用于比喻任何未知世界的遥远地方。到了中世纪晚期和现代早期，该词在希腊罗马世界通常具体指冰岛和格林兰岛。19 世纪后通常指挪威。

(Nicephorus Gregoras)①也常常觉得那些故事有趣,甚至尤里比乌斯一度也觉得有趣。同样,他发誓说亲眼见过这个奇迹——一株植物跳上了基督铜像的基座(那铜像是300年前一个患出血症被治愈后的妇女敬献给救世主的)。当这株植物触碰到铜像衣服的边缘后,能用来治愈所有病患。在安东尼、阿多(Ado)、②[78]格拉玛提库斯(Saxo Grammaticus)、③西吉伯特(Sigebert)、④弗雷库福(Freculph)、⑤劳克勒(Naucler)、⑥马里阿努斯(Marianus)、⑦梅林(Merlin)、⑧乌尔斯贝格修道院院长、艾慕安、图尔平(Turpin)、⑨加甘(Gaguin)⑩等人

---

① 卡里斯图斯(Nicephorus Callistus,公元约1295-1360年),君士坦丁堡档案管理人,著有十一卷本《罗马及拜占庭简史》(*Romanae hoc est Byzantinae historiae*)和一篇论文《沉没的天体》(*De astrolabo*),论文于1498年在意大利出版。他提出的历法改革与200年后格利高利八世采纳的历法很相似。

② 阿多(Ado),9世纪时维埃纳省(位于洛林大区)的法兰西主教,后来被封为圣徒。著有《简史》(*Breoiarium chronicorum ab origine mundi ad sua usque* tempora *id est*, *ad regnurn Ludovici*, *Francorum regis*, *cognomento Simplicis*),以布得的作品为基础。在他看来,罗马帝国的统一一直延续到法兰西卡洛林王朝时期。

③ 格拉玛提库斯(Saxo Grammaticus,约公元1150-1220年),生于泽兰,著有《丹麦事迹》(*Gesta Danorum*)。

④ 让布卢的西格伯特(Sigebert of Gembloux),逝于1112年。虽然是修道士,却支持亨利四世皇帝反抗格里高利七世。著有《编年记》(*Chronogra phia*)。

⑤ 弗雷库福(Freculph),逝于850年,本尼迪克特修士,利雪主教。得到虔诚者路易的喜爱,并将他的编年史献给皇后朱迪丝。那部编年史涵盖了从创世到伦巴第族王国时期的历史。与阿多不同,他承认罗马帝国的结束。

⑥ 劳克勒(Johnannes Nauclerus,约公元1430-1500年),士瓦本贵族成员,法学博士。他的《编年史》(*Chronica ... ab initio mundi usque annum Christinati* 1500)是了解中世纪历史的重要源头。

⑦ 斯科图斯(Marianus Scotus,1028-1082)富尔达僧侣,生于爱尔兰。著有致力于记录普遍历史的《编年史》(*Chronica*)。

⑧ 卡勒多尼乌斯(Merlin Caledonius,约公元540-612年),游吟诗人、先知。

⑨ 图尔平(Turpin),8世纪兰斯地区大主教,据说是记录查理大帝生平的作者。名字可能是提平(Tilpin)。

⑩ 加甘(Robert Gaguin,1425-1502),巴黎教会法权力机构的枢机主教长。曾作为大使出使英格兰和罗马帝国,著有《法兰西人的起源和部落》(*De origine et gestis Fancorum*)。

的作品和古老的编年史中，这类小事比比皆是。我们无法完全排除这些东西，但是有些人在这方面更胜一筹。图尔的格雷戈里、佛罗伦萨的安东尼、威廉、蒂尔主教和乌尔斯贝格修道院院长等人的作品，不管里面富含多少预兆和奇迹，都是有用且见闻广博的史书，特别是在那些野蛮淹没了一切的时代里。他们也曾长期十分熟练地管理国家公共机构。

如果缺乏更好的作品，我们应该从其他作品中收集残余，就如从淤泥中筛选宝石。除了马可波罗(Marco Polo)①和海顿(Hayton)，②几乎没有人写过鞑靼人的事迹，虽然他们记录的内容也极其贫乏且与传说混杂。相比起来，海顿的书更可信，因此，我们来反驳马可波罗的如下说法：行在城(the city Quinsay③)的周长超过了 70 里程，城里有 12000 座桥，每一座都很高，足以让展开帆的货船轻易通过；为了对抗敌人的武器，日本人(Zipangi)戴上戒指，那些戒指能让他们避免受伤。除去这些事情，我们可以在某种程度上理解鞑靼人的事行，他们的风俗、法律和宗教概况。

[79]然而，阿尔瓦雷兹更忠实、更勤勉，他第一个记录了埃塞俄比亚事务，现在得到了外国人和最好的史家们的认可，阅读他的书不会不愉悦。齐格勒(Ziegler)、④克罗墨(Cromer)、⑤克兰茨

---

① 这里应该是指威尼斯的保罗(Paulus Venetus)，但内容似乎又指的是马可波罗，而不是另一个威尼斯人。

② 亚美尼亚的海顿(Hayton of Armenia)活跃于 1310 年。他是亚美尼亚国王之子、位于塞浦路斯的普雷蒙特雷修会的修士，著有《东方区域史书》(*Libel historiarum partium orientium，passagium terrae sanctae*)，重印时名为 *Historia orientalis quae de Tartaris inscribitur*。

③ [译注]即杭州。

④ 齐格勒(Jacob Ziegler，1470－1549)，日耳曼天文学家、地理学家。著有关于普林尼的《自然史》卷二和《斯堪的纳维亚》(*Schondia*)一书的评注，以及一本关于斯堪的纳维亚的史书，这部史书是第一个识别出该半岛南北轴线的作品。

⑤ 克罗墨(Martin Cromer，1512－1589)，波兰学者，埃尔姆(Ermeland)主教。他曾受命担当重要的外交使命，参加特兰托会饮。著有一部地理学作品《波兰》(*Polonia*)和三十卷本《波兰的起源和国务》(*De origins et rebus gestis Polonorum*)。

(Krantz)①和奥拉乌斯(Olaus)②也出版过关于哥特人、萨克逊人、内尔维人、萨尔玛提亚人或波兰人,以及丹麦人的史书,之前都没有多少人知道。其中大部分东西确实可信,只有奥劳乌斯常常讲一些不可思议的事情。然而,有些事在一定程度上也可以接受,因为很多作者都同意他的说法。例如,内维尔人转世变成狼(此时应称利沃尼人)的说法,希罗多德、梅拉和其他史家都曾经传过,更晚近的史家也同意这种说法。事实上,非常博学且一点也不轻浮的佩乌瑟(Gaspar Peucer),③以及以受教育程度和旅遍全欧洲而闻名的郎格特(Languet),④都曾向我证实,他们从当地居民那里得知此事。它的发生是否是因为威力强大的自然界的某些神秘力量,如传说中的巴赫修斯(Parrhasius)事件,还是神的报复,如尼布甲尼撒(Nabochodonosor)事件,我就不太清楚了。

非洲人利奥紧随阿尔瓦雷兹。我通常把这些人,还有庞培尼乌斯、斯特拉波、鲍桑尼亚称作地理史学家,因为他们写史时也一并讲述地理。当然,斯特拉波稍微涉及了世界上的国家和帝国;鲍桑尼亚则非常仔细地描述了希腊世界诸省、其公共事务的状况及其变化、民族、城镇、营地、河流、山脉、涡流、喷泉、寺庙和雕像等,[80]其细致程度超过了所有人的预期。非洲人利奥也是如此,论

---

① 克兰茨(Albert Krantz,1448－1517),对其的任命与汉堡主教座堂有关,著有《旺达尔人历史》(*Historia de Vandalorum vera origins, variis gentibus, crebris e patriamigrationibus*)和《北部王国编年史》(*Regnorum aquilonarium chronicon*)。

② 大奥拉乌斯(Magnus Olaus,即 Olaf Manson,1490－1557),乌普萨帕大主教、历史学家、制图师,曾作为古斯塔夫一世(Gustavus Vasa)的外交官出任各种外交使命,著有《北部陆地描述与海洋图》(*Carta marina et descriptio septentrionalium terrarum*)。

③ 佩乌瑟(Gaspar Peucer,1526－1602),续写了吕贝克的卡里昂的编年史,该续写部分由他的岳父梅兰希顿编辑。他还著有 *Commentaries de praecipiis generibus divinationum*。

④ 郎格特(Hubert Languet,1518－1581),新教人文主义者、外交官,曾在普瓦捷市和帕多瓦市学习法学。他是梅兰希顿的朋友,日耳曼君主派往查理四世宫廷的大使。《驳僭主辩词》(*Vindiciae contra tyrannos*)可能是他的作品。

种族,他是摩尔人,论国籍是西班牙人,宗教方面,他先信仰伊斯兰教,后来改信基督教。在他长途跋涉游遍了几乎整个欧洲和小亚细亚以及欧洲的相当一部分地区后,被海盗俘获。他被作为礼物敬献给教皇利奥,在此期间,他以难以置信的热情和勤奋,把他原来用阿拉伯语写成的关于非洲的作品译为意大利语。那部作品中包含了非洲的习俗、法律和公共制度以及整个区域的位置和疆界。对于军务,他稍有论及,但仅仅简单记录了各位将军的胜败战绩,没有任何讲辞或修饰。他的写作不太像史家,而像地理学家。不太喜欢他的读者也会被不断出现的新鲜事物吸引,感受到阅读的愉悦。他没有叙述任何不可思议之事,除了说埃及驴子惊人地温顺,甚至可谓金驴(aurei)。他宣称见过埃及绵羊的尾巴重达 50 磅,甚至有些重达 120 磅,这与贝罗尼乌斯(Bellonius)①和卡丹所述一致。我想他是 1000 年来唯一探索非洲的人,非洲被悲惨的野蛮埋葬,被我们遗忘,而他将其再度挖掘出来让所有人注意到。

我还要加上利安德尔(F. Leander)②和明斯特尔(Munster)③,他们一个描述意大利,一个描述日耳曼,将整个国家的历史连同地理呈现在我们的眼前。虽然明斯特尔把他的日耳曼地理书称为宇宙志

---

① 贝罗尼乌斯(即皮埃尔·贝隆[Pierre Belon],1517 - 1564),研习医学和植物学,曾在希腊、爱琴海诸岛和亚洲大陆等地逗留,著有《国外海洋鱼类的自然历史》(*Histoire naturelle des etranges poissons marins*),其中包括了鲟鱼、吞拿鱼、海豚和河马。该书是现代鱼类学的基础。他还著有《阿拉伯和埃及动植物类型》(*Portraits d'oyseaux, animaux, serpents, herbes…d'Arabic et d'Egypte*)。

② 阿尔伯特(Frater Leander Alberti,约公元 1479 - 1553 年),出生在博洛尼亚。他是多米尼加国民,历史学家和地理学家。他曾与骑士团的将军一起遍游意大利和法兰西,著有《意大利全境描述》(*Descrittone di tutta Italia*),类似于比翁多(Biondo)的作品。还著有《骑士团名人录》(*De viris illustribus ordinis praedicatorum*)。

③ 明斯特尔(Sebastian Munster,1489 - 1552),日耳曼神学家、宇宙学家、方济各修会成员。后来传信路德教,在海德堡教希伯来语、在巴塞尔教数学。著有六卷本《宇宙志》(*Cosmographiae universalis, Organum uranicum*)和《工具论》(*La Declaration de l'instrument ... pour coignoistre le court du ciel jusques a l'an MDLXXX*)。

(cosmography),但是整个作品只谈论了日耳曼和瑞士的地域情况——城镇、遗迹、起源以及对各民族的描述。记录完这些,就没有空间对世界再作整体描述了。不过,值得注意的是,[81]我读过的所有史家和地理学家(除了珀律比俄斯和托勒密)的描述都以周长来刻画岛屿和地域的大小。他们认为周长相等或不等的地方,面积就相同或不同。这是最愚蠢的看法。但是,好像很多人,包括我自己,也常常不可避免地有这种想法,直到我发现,几何证明常常会证实下述情况:一个岛的周界线可能是另一个的三倍,但是面积却可能是它的十分之一。而且,如同地理史学家把地域与历史混合,哲学史学家也可以在叙事中植入智慧教诲。在这方面,色诺芬赢得了极大的称赞,更伟大的是,没有任何前人能让他模仿,正如维莱乌斯(Velleius)写荷马一样;色诺芬之后,也没有任何人有能力模仿他。

普鲁塔克紧随其后,然后是拉尔修(Laertius)①,再接下去是犹太人斐洛,斐洛之前还应该算上柏拉图,我认为,古人们当然不仅有初始偏见,而且显然有偏好。约瑟夫斯与柏拉图是同时代的人,他在更深奥的哲学方面似乎不及后者,声望也更低,但是他对古代的了解却远远超过柏拉图。事实上,耶柔米就惊叹过,一个犹太人居然如此了解希腊的古代史。从他批驳文法学家阿庇安的那些卷可知他对希腊的了解程度。在那些卷里,他通过从希腊人、波斯人、埃及人和迦勒底人处得来的证据证实了摩西的圣著(虽然这些著作本身就足以自证),在现有作品中,他的作品对理解起源问题最有帮助。为了避免有人不相信,他通过12位史家的观点证实,正是摩西作出了关于人类年龄的陈述。但是,他认为犹太民族在古老性、信仰、宗教、学说和正直品性等方面都优于其他所有民族,当然,也许是他想把同胞已逝的荣耀从遗忘中重新唤回。借用

① 拉尔修(Diogenes Laertius),活跃于公元3世纪中叶,但是我们对他本人知之甚少,他的作品是十卷本《名哲言行录》(*De vita et moribus philosophorum*)。

他的记录，可以轻易地批驳希罗多德、狄俄多儒斯和尤士丁尼等人写的传奇故事。

在约瑟夫斯之后，犹太人赫格西普斯(Hegesippus)[1]以五卷本讲述了犹太战争，据说安布罗斯(Ambrose)[2]将其译为拉丁文。然而，还是约瑟夫斯的作品更真实、更好，[82]因为他不仅身在现场，而且在指挥战争，他被维斯帕先和提图斯俘虏之后，还为自己赢得了国民权，赢得了弗拉维安家族的名声和一座雕塑。这个人当然具有我们之前提到的史家的必备德性——最高程度的博学、非同一般的诚实和管理事务的卓越经验。他的作品有多诚实可信，可以下述事实明证：他本人信仰犹太教，但却非常重视基督教，并难能可贵地力证基督的真实性。相反，几乎所有教会作者在写到与我们的信仰不同的宗教时都饱含敌意，他们不仅希望降低对方的德性，甚至以讽刺之词伤害他们。奥古斯都(Julian Augustus)是很好的例子，他通常被称作叛教者(Apostate)。就算他活该被极尽嘲讽、受到各种惩罚，但是史家在写史时却不能对他的卓越功绩只字不提，而我们的人们恰恰就这样对待他。

的确，在这方面，他们应该效仿阿米阿努斯的坦率以及他寻求真相的热情。他与每个优秀史家一样，以最大的忠实度关注各个君主的德行和恶行。他责备尤利安把基督教与老女人的迷信简单彻底地(阿米阿努斯就是这么说的)混为一谈；因为他非常残忍地剥夺了基督徒的教育机会，命令杀死康斯坦丁的巴斯丁伯爵。但是，对于同一个人非同寻常的美德，他也不吝赞词——说他极其节制、有勇气、自制、对智慧充满热情，这比任何微不足道的观点都更

---

① 赫格西普斯(Hegesippus)，活跃于公元4世纪，他翻译并注释了约瑟夫斯的《犹太战争》。

② 安布罗斯(Ambrose，约公元330－397年)，生于一个罗马家庭，曾任公职，还未行施浸礼就当上了米兰主教。在某种程度上受到斐洛和奥利金的思想的启发，他留下了大量关于旧约的注释文献。

公正。他为这些他确认的事实提供了重要例证和证词。例如，他记录了一个小插曲，一个非常有才华的讲演者德尔菲尼乌斯(Delphinius)，当着当时正好在巴黎的尤利安的面，猛烈攻击高卢纳尔庞(Gallia Narbonensis)的首席官员努梅里乌斯(Numerius)，但是因为缺少证人，尤利安感到很尴尬。

> 德尔菲尼乌斯大叫："噢，最光荣的凯撒啊，如果这就足以抵赖，还会有人有罪吗？"
>
> 尤利安回答道："如果这就足以指控，还会有人清白吗？"

而且，阿米阿努斯是希腊人，如他自己所承认，他是一个战士，是骑士统领乌尔西奇努斯(Ursicinus)永远的同伴。他确确实实参与了他那个时期罗马人在欧洲和亚洲发动的几乎所有战争，并保留了所有资料，将其记录在十八卷本中，其时间跨度从康斯坦丁统治的第13年到瓦林斯逝世。其中，前十三卷资料从其他史家的著作中也可得。继之，他从[83]涅耳瓦开始记录，塔西佗的作品正止于这个时期。塔西佗似乎是阿米阿努斯想要关注并模仿的唯一史家。但是，二者的不同在于，因为时代的需要，塔西佗保持了罗马讲辞的高贵，但是阿米阿努斯却用拉丁语记录希腊人，并且很多时候甚至也不是用的拉丁语词。他还常常偏离正在讨论的主题。然而，最伟大的人都会受到这个缺点的折磨，波西多尼乌斯曾严肃地提到西塞罗的这个缺点。但是，阿米阿努斯应对了这一指责，即使不是用拉丁语回应的，这一回应也完全契合他的写作目的，他说：

> 而且，事实上，写作风格是小事，长篇大论有利于获得完整知识。任何太喜欢简洁的人，在讲述新材料时，不是斟酌他可以把什么讲得更清楚，而是思考应该省掉什么。

每个读者有必要根据自己的判断，从这么多不同类型的史家中做出个体选择，否则在短暂的人生中，会被大量作品淹没。如果我们认为著名的维吉尔(Polydore Vergil)最忠实地记录了英格兰人的历史(虽然在苏格兰人和法兰西人眼中他当然不可信)，雷纳努斯(Rhenanus)[①]忠实记录了日耳曼人、埃米利乌斯记录了法兰西人的历史，那就无需担心比德、加甘、加祖斯、萨克索以及类似的史家，同样的主题，他们也写得比较杂乱。但是，我不明白是自然界的什么怪异因素，使得在某些时间段里，同时出现了大量史家，然后他们又几乎同时消失。普鲁塔克写到，有300位史家描述过马拉松战役。同样，几乎有30位史家在其作品中讲述了最近的意大利事件。然而，我认为只有圭恰迪尼应该被置于所有人之上，他的权威性得到普遍一致的认可。现在，几乎整个欧洲充斥着无数史家，他们详细描述着最琐碎的事情，而很多世纪前，几乎一个史家都没有。

但是，为了避免追查所有记录太费时，我们应该遵循曾提出的标准或更好的标准，以挑选出最好的史家。读史者也应该警惕，以连续系列方式呈现出来的一本书其实是很多作者共同撰写的。《士师记》和《列王记》就属这类作品，但作品往往最后只归到一个作者名下。[84]例如《萨缪尔书》，但很明显最后十五章是萨缪尔去世后才写成。《申命记》的最后一部分也是如此。《约书亚书》被认为是另一个作者所著，因为引用了《亚瑟书》[②]中关于太阳恒定那部分。然而，在《列王记》卷一章一中提到，这本书写于500年之后，除非我们可以这样想：《亚瑟书》是诸多作者共著，而且最初开始著述的时间早于《约书亚书》。基于同样的原因，海默——我们

① 雷纳努斯(Beatus Rhenanus，Bilvon Rheinau，1485－1574)，出生在斯莱德，后来成为评论家、编辑，也是伊拉斯谟的朋友、作家。他本人所著作品有《日耳曼事务》(*Libri iii rerum Germanicarum*)。

② 博丹引述时写的“Recti”，但是《犹太百科全书》中使用的Jasher。也可参见《约书亚书》10：13。

误称他为艾慕安(Aimoin)——的记录也是很多作者共著，因为该作品记录了300年间发生的事，而这些记录现在都被认为是他的研究。赫吉诺(Regino)[①]和卡里昂[②]的作品也是同一性质。有关史家的择取就说这么多。我写作的初衷是，让每个读者可以自己作出不偏不倚的判断。

① 斯派赫(或普鲁姆)的赫吉诺(Regino of Spires, or Prüm)，于915年在特利尔逝世。他是普鲁姆修道院院长，著有一部从创世到906年的编年史和《论和谐制度》(*De harmonica institutione*)和《宗教会议原因》(*De synodalibus causis*)。

② 第一版中这一段缺了很多，从“读史者”到“卡里昂”部分。

第五章　对历史的正确评价

[85]现在似乎有必要谈谈正确评价史料的话题。有些人本就应该秉持最高标准,如果他们注重事实和信誉,就没有理由驳斥或拒绝认同历史。然而,史家们彼此持不同意见,出于或热情或愤怒或恐惧,有些意见不仅不同甚至彼此矛盾,正因如此,我们必须归纳出所有民族或至少那些知名民族的天性,以得出合理标准,才好检测各种史料的真实性,就每个个例作出正确判断。狄俄多儒斯、沃拉特拉努斯(Volaterranus)、[①]凯利乌斯(Caelius)、[②]萨贝利库斯和博伊姆斯对各民族不同的法律、宗教、祭祀、公共宴飨和制度等方面的记录非常贫乏,我们应该与他们稍有不同。对于上述那些东西,无法归纳其一般准则,因为它们各不相同,且在整个自然生长过程中每隔一段时间就会改变,或是会随君主的意愿而改变。因之,我们要寻求人的天性特征,而非人类制度的特征。除非受到强力胁迫或长期训练的影响,人的天性特征是稳定的、永不改

---

① 沃拉特拉努斯(Raphael Maffei,1451? - 1522),著有《城市事务评注》(*Commentariorum rerumurbanarum libri xxviii*)和《罗马和希腊的官职》(*De Romanorum Graecorumque magistratibus*)。

② 凯利乌斯(Caelius Antipater),罗马法学家和史家,格拉股兄弟同时代人,生活于约公元前 123 年,著有《年鉴》(*Annales*)。

变的。即使被改变,最终仍会恢复其原始状态。这类知识,古人们什么都写不出,因为他们不了解不久前才开辟出来的各个区域和地方;每个人只能尽其所能依照可能性推论。

因此,首先我们应该阐释居住在南方和北方的民族的天性,居住在东方和西方的民族的天性。然后,关注一些特别区域,即山区、沼泽地区、多风区域、平静地区民族的特征,接下去,关注训练在改变人的天性方面的作用。继之,我们要反驳托勒密以及古人们的错误,他们认为,可以根据各个民族所处的区域对应于黄道十二宫的不同部分,以追溯各民族的各种习俗。当我们领会悉知了这些事情,我相信就能领会悉知大部分历史了。[86]我不知道还有什么讨论比普遍历史知识和不偏不倚的判断更有必要。

然而,我坚信[占星术的?]各区域和诸天体没有最高控制能力,但人们仍然深受其影响,只有凭借神的帮助或坚持不懈的自律,才有可能战胜自然法则。盖伦和珀律比俄斯说的不对——空气的缓和必然会影响我们。塞西亚人安纳卡西斯(Anacharsis)①证实,它对性格变化的确有重要影响,但却没有最高控制力。我们必须把地形异质性与柏拉图在《法义》卷五中的观点联系起来,他说,有些人因其所处的地域不同,天生就比其他人更好或更差;②因此,有必要以法律的方式限制彼此矛盾的不同民族相互迁徙。这种差异性的产生也与不同的水域、空气甚至不同食物有关系。因此,古人几乎不约而同地记录到,居住在北方的人身形更高大强壮;而南方人则更弱,但他们的才能却比其他人强。当然,这是凭借长期不懈的经验而得知的,因为观察事实并不难;但是,南与北的影响力到底有多大,如何区分东与西,对于每个区域的特征和内

① 安纳卡西斯(Anacharsis)是一位具有传奇色彩的塞西亚君主,在梭伦时代四处旅行。

② 柏拉图,《法义》(*Laws*)v. 747 D.

在天性应作何考量,这些问题就很难了,更难的原因是,从未有人在这个暗区燃灯引导。希波克拉底代表了最高权威,他说北方人更纤瘦、肤色更深。亚里士多德在《论题篇》(*Questions*)中宣称,被极热和极寒危害的人们也同样远离文明世界。这些论述显然看似与先前讲的观点相抵触。南方人如何能既聪明又远离文明呢?然而,每个人说的都不假。

为了更容易理解,我们把这个半球分为四个部分:赤道圈为南方,极地点为北方,摩鹿加群岛(Moluccas)为东方,赫斯珀里得斯(Hesperides)①为西方。斯特拉波的划分不同:印第安人在东方,凯尔特人在西方,斯基泰人在北方,埃塞俄比亚人在南方。托勒密的安排也与此相近。然而,不久前,人们发现古人[87]在这个问题上犯了严重错误,因为数学家们否认有东西方之分——就其位置而言太对了。现在完全可以把东方与西方的交界处定在美洲,因为这个区域被印度和非洲之间无尽的距离分开。北方与南方分界线就是环绕地球的赤道。继之,赤道这面半球中间的标志就是经度45°,因此,这条线以北至极地是北方,余下的是南方。除了波西多尼乌斯和阿维森纳,古人们都认为,人类居住在赤道圈与极地圈之间,并认为其他地方都不安全,不适合居住,我们必须更正这个错误。

诸多探索都发现,事实上,赤道区很有益于健康,而热带下方区域却难以置信地热,当然,原因很明显:太阳在赤道区域升得更高,而且由于赤道圈的大小,太阳在赤道圈停留的时间比热带地区短得多。其实,阿尔瓦雷兹写到,赤道的各水域在6月变硬成冰,甚至刮南风时也如此。赤道区的其他特征还包括,降雨量大,山脉

---

① [译注]赫斯珀里得斯在希腊神话中指夜晚的宁芙女神、日落之光,是“夜之女”或“西方宁芙”。据说,西方宁芙们在世界的最西端(即非洲北部的阿特拉斯山脉所在地)培育了一个极乐花园。此处博丹应该指的即是此地。

高、植被茂盛。最后,人脸肤色并非黑色,而是橄榄色。另一方面,热带以下区域却灼热,没有降雨,没有森林,河流很少,大片大片连绵不断的沙漠,除了阿拉伯半岛的费力克斯和印度的某些地区,因为这些地区多山,靠近东方。克忒西阿斯很早以前就发现,我国有人最近也发现,这里的居住者肤色黝黑,不仅埃塞俄比亚人如此,而且有些印度人也如此。我无法相信某个博学者的说法,即人是因为库斯(Chus)①的诅咒才肤色变黑。长期以来,他们误解了希罗多德的观点——埃塞俄比亚人是黑色种子。他的意思是,如果埃塞俄比亚人在斯基泰出生,肤色还是黑色,而斯基泰人在埃塞俄比亚出生,肤色也还是白色,虽然所有民族在长期不断的相互移民过程中已经混杂融合了。

然而,当植物生长的土壤发生变化时,它会随之逐渐变化,我们发现人类也一样;因此,如亚里士多德所讲,火与太阳使得人的肤色越来越深。而且普林尼也讲,埃塞俄比亚的狮子是黑色的,诗人奥庇安(Oppian)②在《狩猎》(*On Hunting*)中也宣称他亲眼所见如此。我把这些卷本译为[88]拉丁诗行并注疏后,某个语法学家随心所欲地借鉴了我的作品,将其以散文的形式再次出版。那么,为了避免犯与古人同样的错误,我们要把从赤道到极地之间平均分成三块,也就是把90°纬度的区域分为30°热带、30°寒带。剩下的中间30°为温带区域,那里的人生活最为舒适幸福,除开高低不平和险峻的高原地区、凹陷的沼泽、或是因干旱而形成的沙漠地区、或是因水域或偶然有害特质造成的危险贫瘠区域。热带某些地区的土壤非常肥沃,居民感受不到气候带来了多大的困难。可以把热带、寒带和温带的这30°区域再细分为两个部分,如此,靠

---

① 库斯是诺雅三个儿子之一。

② 阿帕米亚位于叙利亚,阿帕米亚的奥庇安著有《狩猎》(*Cynegetica*),这是一本关于狩猎的著作,含四卷,题献给卡拉卡拉皇帝。博丹将其希腊语原文译为拉丁语,并于1555年出版。

近赤道的15°区域气候更温和,热带的15°区域更热;温带中第一个15°区域由于气候温和而更适度,从45°到60°区域有点冷。同样,寒带中的第一个15°区域的确有人居住,更远的区域则没有城邦、没有市镇、没有任何可以保护人类的设施。

自然和权宜教会我应该作此区分。从赤道开始,北纬30°平行线如同前沿,分界线是从遥远的非洲海岸一直延伸到埃及的阿特拉斯山脉,面迎着太阳的光热,以无数河流滋润非洲近[地中海]岸。同一条边界也分隔阿拉伯半岛的诸山脊和远波斯各部分以及印度海岸。北纬60°平行线上有哥特人、利沃尼亚、莫斯科人、奥克尼群岛人等的边界和伊迈乌斯山脉的末端。① 从这条线一直到北纬75°平行线都有居住者,但在那一纬度居住生活比较艰辛,再以北就完全无人居住了,如果地理学家和史家们的说法可信的话。我把每个30°的区域再一分为二的原因是,从热带地区到极地圈,顺向每15°处有分界,反向每7°处有分界,如果认可我曾讲过的分界线的话。②

[89]既然最冷和最热的地方在热带下③和极地圈,那么赤道的气候相对比较温和,北纬30°附近的气候也一样。其实,据说两个地方都有白肤色的埃塞俄比亚人(Leuko-Ethiopians)。热带地区的埃塞俄比亚人通常是黑皮肤;出于相反的原因,极地地区的则是黄褐色。自那以下到北纬60°,他们的肤色变红;下到45°,肤色变白;再下到30°,肤色变黄,当黄疸汁与黑胆汁[忧郁的]混合,肤色变绿,直至热带地区的黝黑和深黑。所以,希波克拉底的说

① 伊迈乌斯山脉在亨里克斯(Henricus Martellus Germanus,1489)的地图和里贝罗(Diego Ribero,1529)的地图上有标注。帕米尔高原可能与现代的一致。

② 拉丁原文是:ob id etiam, triginta quasque partes bifariam divido, quod tropiciet Polares circuli quindecim gradus hinc inde septem secant。

③ 地球表面的这两条纬度平行线分别位于赤道以北和以南23°28′,是酷热地区的边线。北极圈线在北纬66°32′。

法——北部地区的人因为苍白瘦弱而难看——很荒谬，除非只看最遥远的北方人。同样，古人们说他们强壮高大，这个说法适用于离我们很近的那地方的人。

我也有过疑虑，不过霍斯特尔(Gaspar Holster)证实了我的推测。他是一个来自斯德哥尔摩的大主教教区的瑞典人，这个城市位于哥特人的最中心，哥特人以学识渊博、语言能力和战士勇猛而著称。他的脸和头发都是红色，有个明显的红鼻子，[①]肤色无暇、身材中等、肩宽、蓝眼、视力不好，总是近视。同样以学识著称的法兰西人朗格特，游遍整个欧洲，也经常给我讲述同样的事情——在哥特人居住的那些地方，以及在瑞典本地，人们的肤色更红，但体型却无法和日耳曼人相比。希波克拉底和亚里士多德都说，所有北方人都有浓密的胡萝卜色头发，盖伦对此感到很困惑，好像这些人应该都是金发，虽然极北地区的很多人看上去是赤褐色。我从不列颠和日耳曼的居住者处得知，他们那里的红发人都源自丹麦和挪威，为了夺取邻近的疆土才移居过来，所以原住民对他们的态度都不太好。法兰西也有很多这种人，特别是维斯特里亚(Westria)或诺曼底等曾被丹麦人占领过的地区。但是，日耳曼人和不列颠人几乎都是金发。这样就好理解卢坎(Lucan)的话了——“金发的士瓦本人从北风的家园南下”[②]——因为古士瓦本和士瓦本海一直延伸至[90]北纬55°。他们过去认为这以外再无陆地。

而且，这类身体方面的问题既能帮助我们理解一个民族的习俗，也能帮助我们了解和评估其历史。我们来考量其他证据。斯基泰人与南方人有很大的不同，后者是黑眼睛，而前者眼睛灰蓝；居住在二者中间区域的人眼睛呈淡黄色。阿米约(Amyot)，一个极其博学者翻译普鲁塔克的“马利乌斯”(Marius)时把

① 亚里士多德的《动物志》IX. 24处使用了φοιωικορύγκος一词。

② 卢坎，《内战记》(*Pharsalia*)II. 51。

ὀμμάτων χαροπότητα译为“栗色眼”和“略带红色的眼睛”。我更乐意将其译为“目露凶光”。塔西佗说日耳曼人“蓝眼泛凶，红发，体型高大”，①尤韦纳尔(Juvenal)写到，“谁人不识日耳曼人蔚蓝色的眼睛、金色的冠巾将滋润的卷发成对束成节?”②然而，“蔚蓝色”却与“红色”完全不同，因为χαροπότητος是个模棱两可的词，既可以指残暴，也可以指眼睛的颜色，③正如尤斯坦提乌斯(Eustathius)④解释的荷马诗行，我会如此表达：“野猪群熊和咆哮的雄狮。”⑤

加图卢斯译为“蓝灰色”，每种译法都对。奥庇安用χαροπην来形容海，因此塞涅卡称其为蔚蓝色(caerulean)。阿米约有权威加萨(Gaza)⑥的支持，加萨把χαροπός有时译为“红色”，有时译为“黄褐色”；斯嘉里格(Scaliger)⑦译为“灰黄”；赫西基乌斯(Hesychius)⑧说χαροπός的意思是“蓝灰色和黄色”，因为亚里士多德在某处说山羊眼睛是ὄμματα χαροπά。山羊的眼睛其实是黄色。这一混

---

① 塔西佗，《日耳曼尼亚志》(*Germania*)，段4。

② 尤维纳尔，《讽刺诗》(*Satires*)，XIII. 164。

③ 利德尔和史葛的希腊语英语词典([译注]即牛津希腊语词典)这样解释χαροπός：原意指捕食兽眼睛的瞪视。

④ 尤斯坦提乌斯(Eustathius)，帖撒罗尼迦大主教，大约1192年？著有《荷马的〈伊利亚特〉评注》(*Commeutarii ad Homeri Iliadem*)，《荷马的〈奥德赛〉评注》(*Commentarii ad Homeri Odysseam*)和《占领帖撒罗尼迦之书》(*De capta Thessalonica liber*)。

⑤ 《奥德赛》XI. 611。

⑥ 加萨(Theodore Gaza)，约1478年在费拉拉任希腊语教授，曾受那不勒斯君主的秘书潘诺密塔努斯(Panormitanus)和罗马红衣主教贝萨里翁(Bessarion)的资助，著有《希腊语法》(*Grammaticae Graecae libri iv*)。

⑦ 斯嘉里格(Julius Caesar Scaliger，1484－1558)，意大利人，亚里士多德物理学和形而上学的阐释者，后移居法兰西。著有关于亚里士多德《动物志》的评注和关于卡丹《论精巧》(*De subtilitate*)的《练习集》(*Exercitationes*)。斯嘉里格(Joseph Scaliger，1540－1609)，上一个斯嘉里格的儿子，皈依新教后开创了一个新的历史批评学派，著有《瓦罗文选》(*Conjectanea in Varronem*)和《时间校订》(*De emendations temporum*)。

⑧ 赫西基乌斯(Hesychius)，14世纪时期的亚历山大学派信徒，著有一部希腊词典。

淆和错误的起因是对荷马的误读，因为他把狮子描述为χαροπούς，指的是眼睛，如同γλαυκῶπις Ἀθήνη，*glaucopis Athene*，很多人认为指的是皮肤。[91]亚里士多德说这一定是黄褐色。因此拉丁人称狮子是“黄褐色”。而且，据荷马所说，奥庇安也更强调，狮子的眼睛的确会闪烁，所以博提乌斯(Simon Portius)①也犯了类似的错误，把χαροπός解释为“黄灰色”并认为那是灰烬的颜色，依据是贺拉斯说狼是“黄灰色”。这个词的确与眼睛有关，瓦罗会说乡下的公鸡有黄灰色的眼睛，或者黄色的眼睛，正如菲斯图斯(Festus)②说谷粒是黄色一样。它们的颜色确实淡一些，像盯着太阳的隼或巨鹰的眼睛。菲斯图斯说，介于 flavus 和 caesius 之间的颜色就是黄灰色。普劳图斯把那两种颜色叫作 ravistelli。最近，在最新的论辩里，某人把菲斯图斯的黄灰色解读为“干谷粒”。他提出的理由是，干涩的喉咙发出的声音变得沙哑；这个解释表明解释者文法糟糕且不通医理。因为，谷粒是黄色的，沙哑声出自湿润的喉咙。③

因此，既然亚里士多德笃定埃塞俄比亚人是黑眼睛，斯基泰人是蓝灰色眼睛，那他就认为中部地区的人是山羊式的眼睛，即黄色或黄灰色，而普林尼说是红色。然而，中部地区的人是两种极端的混合，有无限多种变数；两种极端里则没什么变数。那么，斯基泰人的脸具有明显不同于其他人的特征——即泛蓝色的眼睛。柏拉图会说，那是蓝转白，像夜晚的猫头鹰的眼睛，因此可被称为“银色”。在光线下会变昏暗。据普鲁塔克说，辛布里人也有那样的眼

---

① 博提乌斯(Simone Porzio，1497? －1554)，著有《关于人类理性的讨论》(*De humana mente Disputatio*，*An homo bonus vei malus*，*vo malus volens fiat*)和《论自然法则》(*De rerum naturalium principiis*)。

② 菲斯图斯(Sextus Pornpcius Festus)，词典编纂者，时期不确定，大概在马尔蒂尼与马克罗比乌斯(Macrobius)的年代之间，著有《论语词的意义》(*De verborum significatione*)。

③ 干涩(raucus)和黄色(ravus)在词源上有联系。

睛。我注意到很多丹麦人也有那种眼睛。相反，日耳曼和不列颠人不是这种蓝灰色带微光的眼睛，而是明显与众不同的暗蓝色。这种颜色甚至如水一样被称为 aquilus。如亚里士多德在《问题篇》中所讲，蓝灰色眼睛标志着有热，而像南方人的黑色眼睛则标志着缺热。中部地区的人有山羊式的眼睛，或者黄灰色眼睛，拥有最精确的视力（事实上，普林尼说山羊眼睛从来不会模糊）。而且，在亚里士多德看来，这也意味着最好的习惯。

但是，蓝灰色眼睛意味着残忍，普林尼和普鲁塔克都说，苏拉、卡图和奥古斯都就是这种眼睛。普鲁塔克［92］用χαροπότητος这个模棱两可的词既指颜色，也指辛布里人的残酷，因为他用的是"冷酷的"和"闪微光的"这两个词。因此，三种民族主要共有三种颜色的眼睛：黑色、蓝灰色和黄灰色，而黄灰色中又有无数种变化。维特鲁威某种程度上确认了这点，他说："上北方的人种身形巨大，肤色白皙，红色直发，灰色眼睛，多血；而沿靠南轴线的人种则由于太阳的能量而体型更矮小，肤色黝黑，卷发黑眼，四肢虚弱，缺血。"①这是他的解释。斯基泰人的血液中富含纤维，就像野猪和公牛的血液，他们说这就是力量和大胆的根源。南方人缺血，就像野兔和鹿，所以他们更胆怯更虚弱。

因此，我们采纳这一理论，所有居住在北纬 45°到 75°平行线地区的人们，由南往北体内热量逐渐增多，而南方人因为可以从太阳那里获得更多的热量，自身的热量更少。冬天热量在体内集聚，夏天热量外流。因此，我们冬天更有生气更强健，夏天则更倦怠。同样的原因，通常我们冬天更易饿，比夏天进食量更大，特别是刮北风的时候。南风引起的效应则相反，也就是，如亚里士多德所讲，生物更不易饿。因此，我们观察到，当日耳曼人去意大利或法

---

① 维特鲁威（《建筑十书》［*Ten Books all Architecture*］VI. I，段 3－4），摩根的翻译与博丹的稍有不同，形容南方人的四肢时用的"强壮"，而非"虚弱"。

兰西人去西班牙时，吃得更节俭或更压抑，就很好解释其原因了。奥地利公爵菲利普例外，他在西班牙时用餐习惯照旧。不过，西班牙人在本地时用餐节俭，到了法兰西却比法兰西人还能吃。我们用这个证据来作解释吧，牧羊人常常说，当畜群和牲群下到南方时，会因饮食节制而虚耗，在北方时更活跃。非洲人利奥记录到，他在非洲几乎看不到牛群或马群，只有少数羊群，母羊产奶量很少，这就不足为奇了。

相反，所有作者都称赞日耳曼人和斯基泰人的畜群。如普林尼的所讲，这不应归因于这两个地方的牧草比南方的好，而是气候原因。那些居住在北方的人，由于体内的热所带给他们的力量，比南方人更积极更健壮，[93]即使在对应的南回归线以外区域，情况也一样：人们离赤道越远，身形越高大，巴塔哥尼亚(Patagonians)①陆地上的人被称为巨人，他们居住地的纬度与日耳曼人相同。这就是斯基泰人常常暴力攻击南方的原因；这点虽然看似难以置信，但却是事实：伟大的帝国常常由北向南扩展——鲜有由南向北发展的。亚述人击败迦勒底人；米底亚人击败亚述人；希腊人击败波斯人；帕提亚人击败希腊人；罗马人击败迦太基人；哥特人击败罗马人；土耳其人击败阿拉伯人；鞑靼人击败土耳其人。相反，罗马人不愿意越过多瑙河发展。图拉真修建了横跨多瑙河的巨型石桥(据说有20个桥塔，至今仍有残片)后，的确完全征服了达契亚人。但是，当哈德良了解到要让这些部落一直臣服并不容

---

① [译注]巴塔哥尼亚人口稀少，位于南美洲南端，由阿根廷和智利共享。该地区包括安第斯山脉的南截面地区，以及安第斯山脉南部以东的沙漠、大草原和牧原。巴塔哥尼亚有两个海岸，西面的面向太平洋，东面的面向大西洋。普遍认为，发端于安第斯山脉流进大西洋的科罗拉多河和巴兰卡斯河，是阿根廷巴塔哥尼亚的北部边界。智利以南的巴塔哥尼亚地区通常延伸到麦哲伦海峡或好望角。巴塔哥尼亚的名字来自于1520年麦哲伦使用的 *patagón* 这个词，他用此词指他的探险队该地的土著居民，他们认为这些人是巨人。现在，人们相信，他称之为巴塔哥的人是特维尔切人(Tehuelches)，他们通常比当时的欧洲人高。

易，他们也并非总是手下败将，就下令毁掉石桥。我们还是来看看更近期的例子。

法兰西人常常在法兰西本土惨败给英格兰人，几近失去领地；除非受到英格兰居民的邀请，他们从来无法迈入那片土地。相反，英格兰人常常被苏格兰人打败，虽然他们1200多年来一直尝试控制对方，却仍未能让其退出岛上哪怕一点点土地，甚至在资源和人口上都远远超越苏格兰的时候也没法成功，就像他们之于法兰西人一样。英格兰人抱怨说由于法兰西人的敌意，竞争不公平，那并非事实。因为当罗马帝国摇摇欲坠之时，南不列颠被迫请盎格鲁撒克逊人保护他们，以免被苏格兰人奴役。而抵挡住了苏格拉人杀戮的人，却不愿意在故土展开进攻。① 我不谈斯基泰人、帕提亚人、土耳其人、鞑靼人、莫斯科人、哥特人、匈奴人和苏瓦松人(Suessiones)②等等入侵欧洲和亚细亚的事儿了，因为这类事不计其数。除非我理解错误——《以西结书》、《耶利米书》、《以赛亚书》和仅存的《先知书》都多次警醒过：从北方来的战争、士兵、骑兵，以及帝国将近倾覆。

在我曾提到的地区，从北纬45°到75°平行线区间，[94]即比亚米亚(Biarmia)③所在地，上述所有现象更为真切。而且，这以外更远的地方，居民要么很少，要么根本没有，据希波克拉底所讲，居住在那里会被严寒灼伤，就如同靠近热带地区的人会(被酷热)灼伤一样。其原因并非如亚里士多德在《气象学》卷四中所推测，是过度反应造成的内热的力量(因为植物也会出现同样的情

---

① 拉丁原文为 Anglosaxones ad praesidium evocare qui Scotorum impetus cohibuerunt lacessere domi noluerunt。

② [译注]苏瓦松人是公元前1世纪时比利时西部的一支比利时部落，居住于瓦兹河和马恩河之间，约公元前57被凯撒征服。老普林尼称他们为 Suaeuconi。凯撒在《高卢战记》中讲到，苏瓦松人由加尔巴统治。在当时人记忆中，他们的国王狄维契亚古斯(Diviciacus)统治着比利时大部分地区，甚至不列颠的某些地方。

③ 白海周边区域。

况——会被严寒灼伤，正如被酷热灼伤一样），[①]而是因为严寒渗透进最中心地带消耗了体液，庞培[②]称其为“白霜”。然而，希波克拉底认为这一情况适用于居住在小熊星座下方的民族，因为北方地区在他的时代时还不为人知。

相反，凯撒对这个地区完全不了解，他说日耳曼人更高更壮是因为他们拥有自由意志，没有接受从孩提时代开始的自由教育，而这个解释并不对，他们长成那样应该是热和体液的原因。同样，热也引起反作用——太频繁地饮酒。他们把对湿和冷的嗜好称作渴。日耳曼人特别是撒克逊人的这种痛饮方式，还有波罗的海附近居民的豪饮方式，任何时候、任何法律都无法改变。塔西佗说：“没有人认为日夜饮酒是可耻之事，喝醉的人之间发生无数口角很常见。”[③]但是，阿忒纳奥斯指责斯基泰人喝“未经兑水的酒”时，就借用一句老话，说每当拉科尼亚人“想喝更烈性的酒时，就称之为喝斯基泰样式。赫拉克勒亚的卡麦勒昂(Chamaeleon of Heraclea)在关于醉酒的著作中写到，‘是的，那就是以斯基泰方式来庆祝’”。[④] 因为斯巴达人不说 ἐπίχυσαν，即倒水，而习惯于说 ἐπισκύθισον，即倒大量的酒。

同样，他们也体液充盈。由此，对热和干的渴求使他们产生饥饿感，但他们却更喜爱饮酒，而非进食，因为自身有更多热。这就是希波克拉底认为一个人不可能[95]既吃得多、也喝得多的原因。塔西佗在日耳曼人身上观察到这个事实，但他不太明

① 亚里士多德，《气象学》I. 12. 348b：“现在，我们明白，热和冷以轮流的方式作用于彼此。因此，天气热时，地球中下部冷，霜冻天气时，那些地方温暖。”卷四章五 382b 内容相似。

② 此处是印刷错误，误将普林尼印为庞培。庞培在《自然史》II. 61 处间接论述到，“grandinem conglaciato imbre gigni et nivem eodem umore mollius coacto, pruinam autern ex rore gelido”。

③ 塔西佗，《日耳曼尼亚志》，段 22。

④ 阿忒那奥斯，《随谈录》x，段 42。博丹从这段中引了几句彼此没有关联的话。

白原因。他说，“他们忍受着禁食和寒冷，习惯了天空和土地的性质”，[1]因为气候严寒土地贫瘠。不对，那更是内热所致，内热抵抗着周遭更严峻的寒冷。有活力的体液抗饿。海洋生物体内多水，所以其生长超过其他生物，这证实了体液充盈对生长的作用。由此，他们也生出粗哑厚重的声音，虽然西班牙人、迦太基人和埃塞俄比亚人的声音不同寻常地尖细清晰。后三者的声音证实了身体的寒冷干燥；日耳曼人的声音证实了其身体的湿和热。湿气过于致使管道和新木材声响厚重。热打开［身体的］内部通道，寒关闭通道。因此，女性天生寒更重，音调就比男性更高。在温度适中之地，人的声音变得甜美悦耳，例如亚细亚人、意大利人和法兰西人。北方人南下或在温暖地区发动战争时，就通过流汗消解掉过多的湿气。

塔西佗说：

> 日耳曼民族具有一种奇怪的易变的天性，他们没有什么深爱之物，憎恨安静。他们要么发动战争，要么不打仗的时候就狂睡暴食、自暴自弃。[2]

内部的热驱使他们行动，就像男孩子们，热不允许他们停下来，但湿气带来温和、在汗水中消解。普鲁塔克在写马利乌斯生平时确证了这些现象，他写到，辛布里人潮湿的躯体常常因热和汗水而温软下来。因此，西班牙人和意大利人如果首次袭击法兰西和日耳曼人后能坚持战斗，就能轻易打败他们。珀律比俄斯首先发现了这点，马利乌斯和凯撒后来以著名的胜利证实了这点。凯撒说，法兰克人在战斗刚刚开始时比男人还男人，接下去却比女人还

① 塔西佗，《日耳曼尼亚志》，段4。

② 塔西佗，《日耳曼尼亚志》，段15。

女人。塔西佗也这样评价日耳曼人：

> 日耳曼人体型高大，只在首次攻击时有力量。他们无法忍受劳作和单调沉闷的工作，完全不能忍受渴和热。相反，他们很耐寒。

如梅拉所记，到青春期时，他们还赤身裸体到处走。但盖伦听说孩子一生下来就被父母浸在水中的事时，感到很惊奇。而尤利安的解释体现在他说“安提俄克演讲，憎恨胡子的人（Discourse at Antioch, The Beardhater）”这句话里。他说日耳曼人的私生子被淹没在莱茵河里；[96]合法的孩子游泳。然而，此事他写得太荒诞了，且没有权威引证。

非洲人身体干、冷，且非常硬，如阿芙洛迪赛乌斯（Aphrodisaeus）①在《问题集》（*Questions*）中所讲，能不厌其烦地忍受劳作和炎热。然而，因为他们体内没有热，所以受不了寒冷，不像斯基泰人忍受外热极其困难，因为体内的热已经足够。同样的道理，马天生温暖多湿，在埃塞俄比亚生活困难，在斯基泰更容易存活。相反，干而冷的驴在非洲生龙活虎，到了欧洲却很疲惫，而斯基泰根本没有驴。

那些居住在中部地区的人既不耐热，也不耐寒，因为中数与两级都不对付；但是，他们能很好地地忍受二者。我称为中部的地区并不是指极地和赤道之间距离的中点，而是热带和极地距离的中点，因为赤道下并不是最酷热的地区，②我们已经说明，而是热带地区最热。因此，气候最温和的地方不是北纬30°到40°平行

---

① 阿芙洛迪赛乌斯（Alexander Aphrodisaeus）活跃于公元3世纪，是著名的亚里士多德评注者。博丹显然指的文献是《自然和道德问题集》（*Quaestiones naturales et morales*）。

② 1583年版没有否定词，1566、1572和1595年版都有。

线区间，而是40°到50°平行线区间；气候越温和，地势越向东倾斜。位于这一区域的有远西班牙、法兰西、意大利、高地日耳曼及日耳曼大部，上下潘诺尼亚(Pannonias)、伊利里库(Illyricum)、米希亚(Mysias)、达契亚(Dacia)、摩尔达维亚(Moldavia)，马其顿、色雷斯和小亚细亚最好的部分，亚美尼亚、帕提亚、索格底亚那和大亚洲地区的很大一部分。然而，越靠近东方的地区，气候就越温和，虽然看上去那些地区朝南倾斜也越多，例如吕底亚、西里西亚、亚细亚和米底亚。然而，我们到恰当时机时再谈东方吧。更接近我们的南方人有西班牙人、西西里人、伯罗奔半岛人、克里特岛人、叙利亚人、阿拉伯人、波斯人、苏萨人(Susians)、①格德罗西亚人(Gedrosians)、②印第安人、埃及人、昔兰尼加人(Cyrenaeians)、③腓尼基人、努米底亚人、利比亚人、摩尔人和居住在佛罗

---

① [译注]苏萨是原始埃兰、埃兰、第一波斯帝国、塞琉西、帕提亚和伊朗的波斯苏萨王朝的古城，是古代近东最重要的城市之一。它位于底格里斯河以东约250公里的扎格罗斯山脉，卡尔黑河和德斯河之间。苏萨人即指当时该地的居住者。古代苏萨遗址现在是伊朗城镇舒什所在地。

② [译注]格德罗西亚，希腊语称法，是指现巴基斯坦俾路支斯坦(Baluchistan)地区的沿海部分，大致相当于今天的乌克兰。在关于亚历山大大帝和他的继任者的作品描述中，这个被命名为“格德罗西亚”的地区，从印度河一直延伸到霍尔木兹海峡的南部边缘。格德罗西亚的本土名称可能是瓜达尔，因为在如今的乌克兰中部有两个城镇和一个海湾(瓜达尔湾)都叫瓜达尔。

③ [译注]昔兰尼加，希腊语Κυρηναϊκή，阿拉伯语为拜尔盖(برقه)，指利比亚东部地区，范围包括从利比亚中部往东至埃及边境，南部至利比亚与乍得和苏丹交界处，约占全国面积的48%。首要城市是班加西。由于地理上原因，昔兰尼加在陆地上受埃及影响，在海上受希腊影响，属典型的东地中海文化圈。昔兰尼加在几千年的时间里被许多民族和种族征服并占领过，它距伯罗奔半岛只有250英里，距离之近成了它成为历史主战场的主要原因。据希罗多德引用的传说，德耳菲神谕把昔兰尼加许给最早的移民。昔兰尼加是利比亚少数适合农耕的地区之一。希腊人阿里斯托克莱斯在这里建立了第一个王朝，史称巴图斯一世。公元前6世纪，希腊人在沿海地区建立大型居民点。公元前1世纪它沦为罗马帝国领地。公元7世纪，阿拉伯人进入该地，之后又先后被奥斯曼帝国、意大利和英国占领。1940年9月13日，这里爆发了二战史上著名的昔兰尼加会战。

伦萨的美洲人，他们居住在位于同一纬度的远西地区，体质更寒凉。以此类推，北方人指居住在纬度50°到60°平行线区间的人，他们比居住在纬度70°平行线区间的邻居更温和。前者有不列颠、冰岛、丹麦、部分哥特兰岛、从日耳曼大部到下日耳曼，布格河和甚至到远塞西亚和鞑靼的地区，这片地区涵盖了大部分欧洲以及大亚洲地区。

[97]还剩居住在纬度15°平行线到热带地区的人，既然他们被酷热削弱了精力，我们就必须分别讨论。居住在北纬30°平行线以南赤道以北区域的其他人与30°平行线下方的居住者几乎体验着同等温和的气候，这点我们将以热的形成原因和历史知识来说明。

主要的讨论集中于居住在北纬30°到60°平行线之间的民族，因为我们了解他们的历史，必须对这些历史提出一套理论。对于其他民族，我们几乎一无所知，但通过这个论证，我们会得知能应用于所有民族的东西。地中海诸民族，从身体形态上看，冷、干、硬、毛发少、虚弱、肤黑、体格小，毛发卷曲、黑眼、声音清脆。相反，波罗的海诸民族温暖、湿、多毛发、强壮、肤白、体格大、体软、胡子稀疏、蓝灰色眼、声音低沉。位于这二者之间的各民族在各个方面也都处于上述两种之间。只此一件有待商讨：所有人都一直认为南方人虚弱，但他们却强硬；所有人都认为北方人强壮，但他们却柔软。相反，希波克拉底和几乎所有其他作者都说，斯基泰人和与斯基泰人相似的山区民族都体硬、狂野、天生能承受辛劳。哲学家和史学家们提出了这些相互抵触的观点，而如果我们认同生活在寒冷地区的北方人有毅力忍受劳作，生活在温暖地区的人会被汗水分解而变衰弱，那就需要正确地鉴别历史，同时也要调和希波克拉底与亚历山大、李维、塔西佗、珀律比俄斯、普鲁塔克和凯撒等人的观点，后面的人都说法兰西人和日耳曼人不耐劳作。就此问题，阿加忒阿斯对日耳曼人的描述和克兰茨(Krantz)对斯堪的纳维亚人的描述是契合的——他们乐意在冬天而极少在夏天发动战争。

相反，南方人很能忍受炎热，符合其天性，虽然他们在比较冷的地方变得精力更旺盛，在温暖的地方却比较倦怠。我听说，西班牙妇女常常用他们的语言把日耳曼人叫作“软鱼”。但是，凯尔特人和贝尔格人来到意大利或普罗旺斯，由于皮肤柔软，常常被蚊虫和寄生虫折磨得死去活来，而本地人因为皮肤坚硬，所受困扰没那么大。

我们已经就体型问题讨论了很多。根据体型可知人的心智习惯，可就历史作出正确判断。[98]身体与大脑的发展成反比，大脑越强大，身体越弱小；在感官功能健全的前提下，个人的智力越发达，身体能力越弱小。因此，显然，南方人在智力上领先，斯基泰人在身体素质上领先。亚里士多德在《政治学》卷七里暗示了这点；① 强壮和英勇的人天赋偏弱，不太善于管理公共事务。但是，非洲人的智慧超强，力量不足。然而，驱赶外敌和保护国民都需要力量。

第三类是那些具备执行命令和发出命令的优良技艺的人们，他们能以力量挫败南方人的狡黠，以智慧抵抗斯基泰人的袭击。维特鲁威认为战士应该从这类人中选取，因为他们在智慧和力量方面都不输于人。这是否正确，留待他人言说。一个历史问题悬而未决——为何哥特人、匈奴人、赫卢利人(Huruli)和旺达尔人进攻了欧洲、亚洲和非洲，却缺乏智慧，无法维持统治。采纳明智之人计划的民族建立了契合于文明社会的国家，将帝国繁荣维持甚久；诗人们刻画戎装的帕拉斯或受她庇护的阿基琉斯的确恰如其分。斯基泰人几乎从未对文字有好感，南方人也不待见武器，所以都无法建立伟大的帝国。罗马人极其有幸，在两个领域都获得了成功，如柏拉图所期望，他们明智地综合了体操与音乐。的确，他们是从希腊人那里获取了法律与文学，即国民教育，就像他们获得帕拉斯的雕像一样；从腓尼基人和西西里人那里学到了航海科学。

---

① 亚里士多德，《政治学》VII. 6. 1327b23 以下。

另外，从常年的战争里，他们汲取了军事经验，而从前他们在斯基泰人习俗里学到的是只使用剑刃攻击，之后，他们从西班牙人处学习到使用剑尖刺杀，这些是珀律比俄斯讲述的。因此，似乎也不足为奇——他们本有极高天赋，加上训练之后，其功绩便超越了所有民族，从而声名远扬。

但是，这也是某种神圣恩赐的缘故吧——或者我该说神圣智慧？非洲人更聪慧，斯基泰人身体力量更优，如果上帝赐予像一样壮的人以狐狸般的狡黠，或赐予像狐狸一样狡猾的斯基泰人巨大的力量和忍受力，他们也许会将此恩赐用于毁灭。亚里士多德说，武装了的不义最残忍。而且，他相信，[99]力量中等的人在人性和正义方面都超越其他人，而在《问题集》中，他认为具有这一特征的民族生活在温带。他问："承受着过度严寒或炎热的人们为何都未开化？"是因为最好的气候造就最好的习俗吗？果真如此，为何所有史家都高度称赞斯基泰人的纯真和正义，却痛骂南方人的习俗呢？

在此，为了避免哲学家和史家之间产生矛盾，我从历史中寻求决断。此事并不复杂，因为，如凯撒对安东尼和多拉贝拉的正确评价，胖子一点也不邪恶，但是必须得小心布鲁特斯和卡西乌斯这种瘦子。北方人笨重，南方人瘦小。因此，塔西佗对日耳曼人的描述是对的："这个种族既不机敏，也不狡猾；狂欢的自由打开了心中的秘密，所有人的坦率见解在第二天都会得到再次考量。两个阶段会得到同样的重视。"①进而，这就是为何国王和僭主们以前选保镖，并且现在也仍然是一般都从色雷斯、斯基泰、日耳曼、切尔克斯、赫尔维希人等中间高薪选取；不是如很多人的愚蠢看法那样，他们不相信自己人的力量，而是他们知道，在色雷斯人庞大的身躯

---

① 《日耳曼尼亚志》的各个文本中有时是 ioci，有时是 loci。1566、1572、1583、1595 年版的《方法》中写的 ioci。这段的主题在段 22，是关于饮酒。当人们喝得太醉而口无遮拦时，讨论还在继续；他们再次清醒之后才做决议。

中,隐藏着最小的狡猾和仇怨,这些人更乐意接受士兵的职位,而非统治者的位置。

那么,为何称他们残忍且未开化呢?原因很明显,一个人越远离人类文化,即远离人类天性,他就越近似于动物,因为缺乏理性,无法克制自己的愤怒和脾气。因此,北方人有时会因冲动而做出残忍的行为。修昔底德就说,色雷斯人什么都不怕,是“最冷酷残忍的民族”。塔西佗也如此描述日耳曼人:

> 他们习惯于杀戮,没有严格的纪律,而是出于愤怒的冲动,如魔鬼一般。

因此,匈牙利人杀死格里蒂(Gritti)①后,依照民族习俗,把自己的军鼙和长矛浸在他的血里。[100]不列颠人刚从对外战争中缓了一口气,就发动了内战,期间他们杀死了 40 个君主中的 12 个,以及无数王子,准确地讲,在 30 年里,他们杀了 100 个。如果波兰人和约维乌斯的编年史所言不虚,特兰西瓦尼亚人(Transylvanian)②让他们的士兵禁食 3 天以令其残酷得发狂。这样做的目的是,这些人可以严酷地对待暴徒头目乔治(他曾把某些匈牙利大富豪钉在木桩上)。结果,士兵们牙咬手撕地把这个仍有呼吸的头目扯开并将其生吞;然后,他们把这个已经没有内脏的人割成小块,煮熟了之后吐上痰喂给俘虏吃。我就不说特兰西瓦尼亚王子德拉库拉如何野蛮了,全世界都认为那太过分了。我也不提哥特

---

① 格里蒂(Luigi Gritti)是威尼斯总督 Andrea Gritti 的亲生儿子。他于 1480 年生于君士坦丁堡,跟随苏莱曼围攻维也纳。他帮助 John Zapolya 反对费尔迪南德一世,在匈牙利鼓吹土耳其政策。匈牙利人在 1534 年将其谋杀。

② [译注]特兰西瓦尼亚在历史上曾是罗马尼亚的中部地区,位于喀尔巴阡山脉的东部和南部,历史上的特兰西尼亚在西部延伸至阿普西尼山脉。但是,这个词有时不仅仅指特兰西尼亚原址,而且也包括克里那纳、马拉默和罗马尼亚部分地区。特兰西尼亚地区以其喀尔巴阡山景观和丰富的历史而闻名。

人和匈奴人之前闻所未闻的残忍手段了——不仅对人，而且对动物、城镇、堡垒、墓碑和罗马人的坟墓都施行过，把坟墓连地基一起掀翻。他们无法抑制自己的愤怒，就像无法控制自己的其他欲望一样。塔西佗描述日耳曼人：

> 清醒的时候，他们以掷骰子的方式决定严肃的事情；他们对得失毫无顾虑，甚至如果身外之物输光时，会押上自己的个人自由作为最后的赌注。

因此，普罗科匹乌斯指责日耳曼人和法兰西人说，他们如此渴望财产，以至于会为金子舍弃生命、为钱财输掉战争。

南方人没有这么贪婪，却过于节俭小气；相反，斯基泰人却放纵贪婪。因为他们知道自己处于劣势，所以异常多疑。我们的人之前太明白他们的这个特点了。霍尔斯特给我讲过另外一个事情，哥特兰岛上的间谍和偷听者都藏在公共旅馆里，因为怀疑之心起于求知之欲。他们只在清醒的时候和南方人交流，当觉得自己受骗时就退却保持距离，或者，常常靠欺骗陌生人占领先机，或把武力作为最后手段。所以，全世界都一致认为他们和南方人一样背信弃义（过去的史家们完全忽视了这一事实，因为他们没有同斯基泰人打过交到）。他们离开家乡后随即显示出自己的性格特征。因为法兰克人从日耳曼进入法兰西（日耳曼人吹嘘说法兰克人是条顿人出身），普罗科匹乌斯提到法兰克人时的说法与前述一致：

> 这个种族最有可能背信弃义。

沃庇斯库斯说：

> 法兰克人一边笑着，一边背信弃义，已经习以为常了。

因此，阿尔恰托写到，一条蝎子尾巴被扔向[101]日耳曼人。这个谚语在法兰西以土话流传——怀着应有的歉意，这样说吧，以免我们的讨论看似会有损任何种族的名声。我不是在谈论这一特殊性格的特点，而是每个种族与生俱来的天性。然而，就这个特点，丹麦人和挪威人却远远胜过日耳曼人，他们彼此有太多不同。当然，在日耳曼人中，人民对君主们的不忠或残忍，或者君主们彼此之间的不忠或残忍，从来不及基督徒与古斯塔夫斯之间、丹麦人与瑞典人之间的残忍。诺曼人也是从这些种族发源而来，人们一般都认为，他们不可靠。

然而，如果从渴望理性和智慧方面来讲，北方人不能控制其脾气，进而被认为放纵、多疑、背信弃义、残忍，那为何南方人甚至比这些人更残忍、更无信？再一次，我将从历史中寻求解答。显然，南方人有最好的天赋能力；因此，科卢梅拉(Columella)在卷一章三中宣称：

> 众所周知，迦太基人是非常敏感的民族，他们说，“土地一定比农夫弱”。①

关于与凯撒作战的埃及人，希尔提乌斯评论到，

> 这些非常聪明的人看过我们建造的东西，也机灵地建造出来，甚至看起来好像是我们模仿了他们的作品。

稍后，他又说，

---

① 科卢梅拉在公元1世纪生于卡迪斯，著有《论农事》(*De re rustica*)。

埃及人惯于背叛。

而且，有谁不知道迦太基人如何狡诈地、在多长时间中逃脱了罗马人的威权？虽然如此，他们对敌人总是难以置信地残忍，从他们在布匿战争中的行为可以看出这点。也是在那场战斗中，同属腓尼基人的斯本蒂人（Spendii）和迦太基人相向而战。如珀律比俄斯所述，“在残忍度和各种罪行上，那场战斗超过了我们所听闻的所有战争”。然而，珀律比俄斯所指的迦太基人的残忍暴行，若是与非洲人利奥的史书记录相比，或者与穆雷-哈桑（Muley-Hasan）及其儿子闻所未闻的暴行相比，会显得滑稽可笑。穆雷-哈桑和他儿子不久前残暴地对待其臣民，并互相残害。穆雷-哈桑曾驱逐他的父亲，后来他自己又被驱逐，被他的兄弟残暴地烧毁了双眼，瞎着眼睛来恳求皇帝查理。

从迦太基人那里，我们可以追溯到挖眼睛、撕手脚、剥皮、开膛、缓慢焚烧、刺刑等。但是[102]用车轮把整个身体折断却起源于日耳曼人，在明斯特对科隆的描述中可见。意大利人、法兰西人、西班牙人、希腊人和亚细亚人常常因恐惧而厌恶这些惩罚方式，甚至极不情愿从别人那里听到。在波提乌斯法案（Portian law，那时甚至禁止鞭挞国民的身体）颁布前，罗马人的极刑是，以斧子砍死或砍断脖子；之后改为饿死，最后允许了放逐。希腊人习惯使用毒芹。泰奥弗拉斯托斯说，基俄斯岛人（Chian）①还在里面兑点水，这样犯人死时没那么痛苦。他们认为，除非一个人的确犯

---

① ［译注］基俄斯岛（Chios，现代希腊语作 Khios），希腊第五大岛。基俄斯海峡将该岛与土耳其隔开。基俄斯岛呈新月形，长 50 公里，从北到南最宽 29 公里，覆盖面积 842 平方公里。岛上多山、干旱，山的山脊绵延着岛屿的长度。此处是荷马学派吟游诗人的发祥地，传说荷马本人曾在此定居。在古代，基俄斯岛被称为“蛇岛”（Οφιούσσα）或“松树岛”（Πιτυούσσα）。中世纪后期，该岛被许多非希腊人势力统治，如热那亚人、意大利人、土耳其人等。1415 年后，基俄斯岛沦为鄂图曼土耳其帝国的附庸，至巴尔干战争结束后重归希腊。

下前所未有的残暴罪行，否则死亡本身已足够令人痛苦。珀律比俄斯认为，暴行的传播源于恶意训练；为了避免人人都产生这样的想法，来细看一下南美洲人的天性吧，他们把男孩子投入死去敌人的鲜血中，然后吮吸血液，大嚼断残的肢体。

因此，南方人和斯基泰人的残忍极其不同，后者仅仅是受到愤怒冲动的驱使，灵魂中某种强大的勇猛引导出报复行为；他们被激怒之后容易平复。南方人不易被激怒，而一旦被激怒，就很难平复：他们会像狐狸一样狡猾地攻击敌人，不是直接诉诸于暴力，而是给被征服者施以恐怖的痛苦的折磨。这种残暴部分源于专制，专制统治造就邪恶的教育体系和不羁的脾气，从而塑造出这样的个体；但更大的原因是各种体液混合的比例失调。进一步追究，这种失调是因为外界力量对各种元素的影响不均衡。天体的能量干扰着各种元素，这些元素包围着人体，人体内容纳着血液（sanguis），血液中充盈着血气（spiritu），血气里包容着灵魂，而灵魂中凝聚着智性。虽然智性独立于一切物质，但却也受到这一连锁关系的显著影响。所以，可能最远的各个区域更倾向于各种恶。从血液中抽离黑胆汁正如从酒中去除沉淀物一样[困难]，因此，由黑胆汁所导致的智性困扰很难根除。

南方人黑胆汁充裕，当体液被太阳的热量抽出时，黑胆汁却如沉淀物一般降到底部，并且通过各种情绪增加得越来越多，因此，心智以这种方式构造的人显然难以抚慰。[103] 他们说，阿雅克斯（Ajax）和科里奥兰纳斯（Marcius Coriolanus）就是那种人。前者一直无法平息（仇恨）直到以火和剑摧毁他祖国的边域和联盟城邦；后者，当无法找敌人复仇时，怒气横生，屠杀牲畜群。

知悉癫疯的成因，我们就更容易形成历史观。一方面，显然南方人比北方人更容易受制于暴怒，因为人比动物更易癫疯。非洲人利奥写到，非洲有大批疯子，每个地方的公共建筑都隔离出一部分留给精神错乱的人。西班牙南部也有很多。下日耳曼地区几乎没有因黑胆汁导致癫疯的人，都是因血液引起的；普通人把这种癫疯叫作圣维图斯病(the disease of St. Vitus),得这种病的人会狂喜欢腾、跳愚蠢的毫无意义的舞蹈。作曲者以竖琴模仿之;之后再使用更严肃的旋律和调试,通过旋律和调试的低沉来逐渐使疯狂的人们完全平静。

另一方面,中部区域的居住者,当黄胆汁开始灼烧时,会被逼得狂乱,从而诱发伤害和杀戮。居住在小熊星座下方的人因为粘液太多,必须与老人们的疯狂,即困倦——一种心智上的虚弱,会引发困倦和健忘——作斗争。但是,每个地方都会出现精神错乱(insania)。我所指的精神错乱是指理性不能控制脾气,这多发于北方人。西塞罗说,智者可能会暴怒,但不会精神错乱。其他一些作者对此事的解释是,简单粗暴的人无可救药,这种解释太愚蠢。所有这些情况都只是总体陈述。当然,每个地方都有疯言疯语、抑郁、狂暴、困倦的人;每个人也有聪慧、强壮和中道的人。然而,在一个地方,总是会一种人多些,另一种人少些。医生们讲的关于消除忧郁的说法和亚里士多德关于忧思民族的描述与南方人非常契合,根据这一信息,我们应该能对历史作出判断。

略过这些东西,我们仅更明晰地解释下遗漏了什么东西或哪些没有得到足够的强调。即这一事实:南方人特别沉迷于肉体的愉悦和欲望,而希波克拉底说过,斯基泰人不适合情爱,因为他们腹部的寒冷和湿气太多,还因为他们好骑马;所以他们没什么繁殖力。[104]他们徒劳地与情爱作斗争,他们痛恨此事,并且自行阉割。"阉割"一词在另外的地方他指切掉双耳下方头部的静脉;我们知道直至今日某个民族都仍然有这种做法。但是,几乎所有史家都否认这些陈述。

让我们使用正确的价值标准来评价我们所寻求的历史,且以此消除哲学家和史家之间的分歧。其实,哥特人、斯基泰人和日耳曼人都善生育,他们不仅散布于北方各大城市广袤的偏僻之地和森林里,而且把殖民送往全欧洲。日耳曼人居住在多瑙河那一边,斯堪的纳维亚人居住得甚至更远，在斯基泰最末端的区域。因此，墨托蒂(Methodius)[①]和助祭保罗记录说，军队常常像蜂群一样涌来。其实约旦涅斯(Jordanes)[②]和奥拉乌斯把北方称为人类工厂，因为哥特人、格庇德人、匈奴人、辛布里人、伦巴第人、阿兰尼人、勃艮第人、诺曼人、皮克特人、赫鲁利人、士瓦本人、斯拉夫人、斯威克利人和卢基人都发源于那里。而且，斯基泰人温暖而多湿，所以能生，无疑是所有民族中最能繁殖的。

我不知道为何希波克拉底认为斯基泰人腹部寒冷。自然本身证实那看法不对。同样的原因致使内脏的热量冬天比夏天多(从冒烟的嘴呼出的热气表明了这点)，这也影响到北方居民。因此，冬天人们更能怀孕，而不是如亚里士多德所讲的情欲更旺。人们在夏天情欲更旺(因为黄胆汁此时更多，有刺激作用)，却不太容易怀孕。是上帝的最高智慧决定了这一现象，因为最能受孕的人不太需要激情；体液和热量都不足的人是最好的父母，自然给予其更多欲望刺激。否则他们没有繁殖同类或建立各种社会的意愿。

同样，自然使得男人在冬天、女人在夏天倾向于情欲更旺，正如医师们的说法；这既不是为了满足情欲本身——那最可耻，也不是为了单个繁殖——即生物的普遍动机，而是因为人永恒存在的彼此结合欲望，这种欲望我们生而有之。激情能促使短暂的结合，如同激情对其他生物的作用一样，[105]却无法长久；因为激情无法维持互爱。我无法苟同希波克拉底的论证，他说斯基泰人情爱能力不足是因为他们长期穿马裤骑马；因为亚里士多德论证过，而且在《问题集》里以最确切的推理论证，常常骑马的人情欲更旺。

根据这些事实，我们可知应如何评价凯撒、沃拉特拉鲁斯和塔

---

① 墨托蒂(Methodius，825－885)，去到斯拉夫的传教士。

② 约旦涅斯(Jordanes)，活跃于公元6世纪，著有《哥特史》(*De origine actibusque Getarum liber*)。

西佗等人的论述了。他们都曾高度赞扬过日耳曼人的克制力。塔西佗说：

> 年轻人们很大了才会有爱的体验，因此，他们的青年期不会过于紧张，少女们也不着急。

然而，这却不是出于自制力，我们已经表明，北方人天性在饮食、怒气、赌博、盗窃方面都最不节制。温和的人克制力最好，而不是克制力好的人最温和。而且，没有情欲与激情的诱惑，就不存在克制的理由；正如同某人若没有遇到危险或艰难，就不能说他勇敢一样。而南方人，更智慧、更有理性能力，他们已经凭借其特殊天赋表明，他们可以仅仅为了寻求愉悦就随意作恶。自控很难，特别是身陷欲流之中时，很容易屈服于可怕的荒淫。非洲还曾出现过人畜混交的情况，因此各地出现了如此多的怪物。所以才出现了利奥提到的南方人和迦太基人难以置信的嫉妒，而日耳曼人完全没有这种这样的嫉妒。

关于日耳曼人，凯撒如此描述："他们认为，在25岁前了解关于女人的知识，是最卑劣的事情之一；这没有什么好隐藏的。"①阿尔塔莫（Althamer）、②波焦（Poggio）、③和明斯特在描述巴登地区时提到，日耳曼人和外国人以及他们的妻子们混杂在一起洗澡，没有任何疑虑。明斯特写到，"嫉妒"一词在他们那里没有存在之地。日耳曼人伊赫尼库斯（Irenicus）④补充到："在我们的时代，那种习

---

① 凯撒，《高卢战记》（*De bello Gallieo*）VI. 21。

② 阿尔塔莫（Andreas Althamer），约1564年，著有一部对塔西佗的《日耳曼尼亚志》的评注。

③ 波焦（Poggio，1360－1459），著有一部《佛罗伦萨史》（*Historia Florentina*）。

④ 伊赫尼库斯（Franz Friedlieb，1495－1559），著有《日耳曼尼亚注释》（*Exegesis Germaniae*）。

俗在洗浴之地也处处可见。”凯撒还提到，不列颠人共有 12 个妻子，兄弟与姐妹同住，父母与孩子同住。意大利人永远无法忍受这种生活方式，西班牙人也是，他们常常因爱与嫉妒而疯狂。其实，迦太基人和美洲人[106]宁愿死也不会那么做。因此，不足为奇，波斯人、迦太基人和希伯来人的国王们常常妻妾成群。狄俄多儒斯在卷二、希罗多德在卷三、约瑟夫斯在卷四章十七中都如是说。

相反，斯基泰人要么共有妻子，要么一个人过；然而，他们与其妻子的生活方式，是我们听说过的禁欲事例中最不可思议的，包括那些国王，这个民族的习俗正是从他们那里习得。塔西佗写到，在所有的蛮族中，只有日耳曼人的妻子不是共有。沃拉特哈鲁斯力图证明，波兰的卡斯米尔(Casimir)，和波西米亚王温策斯劳斯(Wenceslaus)，一直保持着贞洁和禁欲的生活。皇帝亨利二世(The Emperor Henry II)不仅避开别人的妻子，连自己的妻子也一并远离。

那么，生育的源泉是热和湿；情欲的源泉是两种胆汁。黄胆汁作用下，情欲可能由愤怒引发；黑胆汁作用下，情欲由这种胆汁中充盈的泡沫和气体物质引发。我想，亚里士多德《问题集》中争辩为何忧郁的人感觉最敏锐的那段，就是这个意思。一个证据是，吃酸的和气态食物的人变得情欲旺盛，如果胆汁因燃烧而变酸变咸则越发如此。或许正是因为如此，诗人们想象的维纳斯生于海上的泡沫。整个兽类中，只有野兔是异期妊娠。而且，据瓦罗和艾利安(Aelian)[①]的权威论证，它怀着孕生产；而在所有生物中，只有这种雌性能在已经怀孕后再次受孕。[②] 我认为，野兔具有这种特点，是因为它比其他动物的黑胆汁都更多。因此，不足为奇，南方人黑胆汁充盈，据说就更易于有激情。托勒密记录到，因为南方人

---

① 艾利安(Claudius Aelian)，生活于公元 3 世纪，著有《差异史》(*Varia historia*)和《论生物天性》(*De animalium natur*)。

② Herodotus III. 108.

好色，所以非洲人首要崇拜的神是维纳斯和天蝎座，后者与女性阴部有关，控制着那片陆地。

还是因为黑胆汁，南方人饱受麻风病的折磨，所以，古人们称这个病为“布匿”[①]病；这不是因为病人呈红色，据摩西和普林尼判断，南方人的麻风病不是红色的，而是因为它源于迦太基地区。阿拉伯人的疾病也是源自那里，[107]有些人称之为 alphus，另一些称之为 leuce 和 vitiligo。其实，根据普林尼的证据，在庞培时代之前，意大利没有麻风病患者。他说，这种病只在埃及才有。证据是，最古老的作者摩西曾就麻风病制订了大量法律，而希腊人和罗马人则没有这方面的法律。

当然，非洲人利奥和阿尔瓦雷兹对此事的记录一致。一个说两个毛里塔尼亚都有无数为麻风病人专设的房子，另一个说在阿比尼西亚，麻风病人与人们混在一起，以使麻风病看起来与普通小病没多大区别。但是，我国人有据为证，美洲人里满是麻风病人，或以他们的用词，满是患上那不勒斯病的人。[②] 斯卡里格把这种病叫作“印第安的”；印第安人称之为“普阿的”(Pua)。这个病正是从这些岛传向整个欧洲和非洲，终于逐渐渗透进叙利亚和斯基泰。非常明显，这个病确实是由黑胆汁引起的，原因从如下事实可知——心情更抑郁的患病者更难治愈。黑胆汁同样也使南方人哀伤，脸上情绪低落、步伐缓慢、心事重重；相反，北方人则因为血液充盈而愉悦快速。

所有史家都写到，南方人身体和心智都倾向于最大的恶，从以上叙述可知其原因。显然，他们受到黑胆汁的恶劣[③]影响。然而，

---

① Puniceus 意为“迦太基人”，也有“红色”之意。

② 文艺复兴时期以“麻风病”一词统称各种皮肤病。见《简明牛津英语词典》(*Shorter Oxford English Dictionary*)的 leprosy 词条。《新英语词典》(*New English Dictionary*)在 leprosy 词条中引用了伊拉斯谟《对话集》(*Colloquies*)中的话：“新的麻风病……有些人……称之为那不勒斯疤。”

③ 1566、1572、1583 年版用的词是 male，1595 年版用的是 mala。

如果那种所谓的“消耗性”(虽然有各种各样的)忧郁得到好的呵护,心智和身体都会获得令人瞩目的优势。首先,他们不会得各种因为过量饮食、血液溢出和坏血而致的疾病。在非洲鲜有热病,有也很轻微,因为缺乏内湿和内热。据希波克拉底说,虽然有一种抑郁病态所特有的四日热,但一经治愈,永不复发。而在北方,越远离中部地区,反复发作的热病、肿瘤和水肿、癫痫、抽搐、感觉缺失等疾病越频繁出现;原因之一就是过剩的体液和分泌物,这两样东西南方人都很少有。

在温带,因为空气流动频繁,有各种害虫。虽说极地只有冬夏,中部地区却有快速的春秋更替。[108]因而出现了关节病、隔日热、各种比腐败、坏疽等疾病,最后一项是我国人愚蠢地或不虔敬地从圣安东尼(St. Anthony)那里获得的。在意大利和高卢人居住的那不勒斯,很多人都崇拜圣安东尼,比崇拜上帝更甚,立的誓言更强烈,也更惧怕他。有些人认为气候温和地区的人远离极地,因而更健康、活得更久,这种看法不对。南方人的天性就适合热;斯基泰的人的天性就适合冷。居住在中间地区的人虽然看似比其他人更温和,却受到冷和热的双重夹击,空气经常变化,致使各种疾病和早衰。

因此,史家们在年龄问题上意见分歧很大。亚里士多德认为南方人活得更长;普林尼认为北方人活得更长;盖伦则认为中部地区的人活得更长,他所谓的中部地区在小亚细亚,他认为那里的人性情最好。其实,高卢人、斯基泰人、埃及人和阿拉伯人做梦都想有这种性情。同样,希波克拉底说,所有更大、更好、更美的生命形式都出现在亚细亚,[①]这种说法似乎对错参半。因为北方人体型更大,我们之前已经表明,而且事实上属于更高贵的体形。约瑟夫斯、凯撒和塔西佗都记录过日耳曼人令人瞩目的大体型,古人认为

---

① 希波克拉底,《空气,水,和环境》(*Airs, Waters, and Places*),段 12。

高卢人的美有口皆碑(因其肤白,亚洲人称他们为 lacteos,奶白或 Galactas)。德尔图良也认为高卢人有这种特征;然而,这方面,他们似乎不及不列颠人。但是,盖伦不识高卢,当奥里利乌斯劝说他去看看高卢时,他不为所动。

而且,既然温暖与潮湿维持着寿命,那在北方,生命就应该更长久。可能正是因为这个原因,普林尼认为北方乐土之民(Hyperboreans)将其生命延至很老。其实,据知,不列颠有人活到 100 多岁,我相信如果斯基泰人不过度沉溺于酒食的话,能活得更久得多。古人以及更近代作者的作品都证实,南方人也活得久,虽然他们的热和湿并不充足,分泌物的量也少。所有人都认为,这些特征会加速年老和死亡。泰奥弗拉斯托斯告诉我们,植物的尺寸增加越少,茂盛期越长。[109]其他人认为,更温和的气候下生命更长久。意大利孕育了很多如今已活过百年的人。普林尼根据人口普查数据报告,有些罗马人活到 140 岁。

但是,只有相互比较现代史家与古代史家的记录、相互比较各个古代史家的记录,并兼顾到身体因素,才能对历史作出最确切的判断:例如,南方人,特别是努米底亚人,活得更久。这种说法可信,因为老乌鸦体内几乎没有热,更少湿,据说其寿命是人的四倍。而且,大象只在南方可见,亚里士多德和朱巴(Juba)却都说它是所有生物里寿命最长的。同样,棕榈树据说能存活千年,且只在南方生长。而且,坚不可摧的金子和磐石,质量最好的都在南方;北方几乎没有。那么,盖伦的看法——最温和的生命最长久——就不对。否则,岩石应该比植物更温和,植物应该比生物更温和,大象和鹿子比人更温和,这太荒谬了,他还认为,才能卓越取决于是否有适宜的性情。

既然心智超越身体、天赋力量在南方比在北方大,无疑在整个世界中越向南延伸,人就越有能耐,并且南方人也比斯基泰人有更伟大的德性。同样,南方人移民去哪里,更大的恶也就现于哪里。

那么,我们就容易懂得李维史中的那个判断了。他记录了汉尼拔的美德之后说:

> 此人的很多伟大美德与他可怖的恶行相当:惨无人寰的残忍、比布匿人更胜的不忠、毫无诚信、不尊神圣、对诸神没有敬畏之心、不重誓言、毫无尊严。①

马基雅维里的观点不对——他认为最终人们不可能极端邪恶,而事实上,佩鲁贾僭主巴格利昂,虽然能轻易杀死教皇尤里乌斯和他的护卫,却选择放弃控制权,而非犯下那罪行。汉尼拔绝不会这样做。就是这个马基雅维里,认为所有民族中最邪恶的是意大利人、西班牙人和法兰克人。有一段里,他以令人侧目的方式颂扬日耳曼人的正义和睿智。另一段中,[110]他却抨击他们背信弃义、贪婪和傲慢。这些矛盾源于对每个民族的习俗和天性的无知。愚蠢和笨拙的人不可能真的恶名昭彰,而是如柏拉图所说,更大的恶和更大的善都出于伟大的天赋之才;因为肥沃的土壤生产出大量坏胚子,只有精心培育,以恰当的方式耕种,才会真正结出硕果。相反,贫瘠的土壤既长不出好胚子,也长不出坏胚子,除非花大力气,否则一无所获。

我判断南方人和斯基泰人的天赋也是这种情况。这不足为奇,因为几乎所有史家和诗人——从埃斯库罗斯到如今——都赞扬斯基泰人的正直、抨击南方人的狡诈。塔西佗说,“日耳曼人优秀的习俗比其他地方的良法更有威力”。然而,那时日耳曼人缺乏任何训练,所以他们与兽类并没有什么不同,他们自己也承认这点。既然他们完全生活在无知之中,我不明白为何他们的正直配得上这样的赞美,他们本就无法成为很好或很坏的人。另一方面,

---

① 李维,《论城邦的维存》(*De urbe conilta*)XXI. iv. 9。

最值得称赞的人是，有机会行不义、但经过深思熟虑之后却选择培养自己所向往的美德的人。因为通向美德的路只有一条，如同一条直线，周围到处布满了斜线，或者，因为即便人类已经了解至善和至恶，也仍然更倾向于行恶，即便是残酷的惩罚或永恒的死亡威胁也无法阻止他们。即使是永生的赏赐也无法驱使他们靠向正义，所以很多人认为，如果人没有品尝过恶及其带来的果实（但是没有恶，善的本质也无法被理解），会活得最正直，也更幸福，和其他生物一样，完全凭自己的天性生活。事实上，我们也看到，没有受过任何规训的斯基泰人和山地民族就接近于这一类。

除开这个难题，还有一个问题，有些史家抨击希腊人、埃及人、阿拉伯人和迦勒底人迷信、不虔诚、巫术、无耻的情欲和各种残酷行径，却漏掉这些民族值得称赞的品质，对这些史家，我们该如何评价？正是从这些民族中，源源不断地涌现了文字、有益的技艺、诸美德、训练、哲学、宗教和人文主义本身。斯基泰人[111]不乏辛勤，住在中部区域的人也一样，但是南方人却从不朽的上帝那里获得了最杰出的天赋。我们以人体或建构优良的国家或世界或天体作类比，才能更好地理解这一点或就史学意图作出更确定的判断。

为了形成理论，我们想象一下，统领着这三个民族的某些行星构成了秩序，当然，这套秩序是我们人为的；我们把土星归南方人，木星归下一个民族，火星归北方人。下一轮，金星归南方人（太阳有如光的源泉，一视同仁），水星归下一个民族，月球归北方人。这样区分三种民族，似乎我们可以更清晰地理解一切自然的精确力量。迦勒底人说，土星的力量控制领悟力，木星引领事行，火星指挥生产。最优秀的希伯莱自然阐释者们懂得这点。他们认为土星安静，对于沉思来说，没有什么比安静更重要。希腊人称木星正义，因为他们从希伯莱人那里引进了所有好东西。他们想象正义就在木星这边。他们称火星强壮勇敢。因此，迦勒底人和希腊人认为它主宰着战争。当然，据说土星冷，火星热，木星则介于前二者之间。土星主管知识和那些通过独自沉思真理才能实现的东西;第二个主管智慧,①体现为事行,包括一切德性;第三个主管各种技艺和制作,有赖于技巧和力量。第一个属于心灵,第二个属于理性,最后一个属于创造力。南方人对沉思有持续的热情,适合黑胆汁,是最高学识的推动者和领导者。他们揭示了自然的秘密;发现了数学法则(mathematicas disciplinas);最后,还率先注意到自然、宗教和诸天体的力量。由于血液和体液充盈(心智受其重压,几乎从来没法发展),斯基泰人不那么适合沉思,所以他们自觉地开始对那些属于感知的事务感兴趣,即从事技艺和制作。

[112]因此,北方人创造那些所谓"机械"事物——各种战争工具、铸造技艺、印刷,以及一切属于金属制作的东西,日耳曼人阿格里科拉(George Agricola)②极其详尽地讨论过这一切,相比之下,亚里士多德和普林尼对这方面似乎一无所知。意大利人和西班牙人惯于向日耳曼人和不列颠人求助就不足为奇了,因为后者具有某种天体禀赋(caelesti /celestial gift),知道如何找到土壤中隐藏的脉络,并在找到后开启它们。同样,马尔斯(火星)的儿子们过去常常发展军事训练,如今也仍然以难以置信的热情坚持着。他们操练武器,夷平山脉,抽干水域,常常从事打猎、耕作、畜牧或各种建造技艺,因此他们的才能似乎都展现在其双手上。这一事实足够明晰,每一种家用器皿和工具都是这些人制作的,技术如此高明,制作如此精巧,以致其他人只能望物惊叹,无法复制。也许,柏拉图说是马尔斯和伏尔甘发现了这些技艺,就是这个意思。如果我们相信占星学家,那么,出生时火星是其上升星座的人们会成为战士或技艺娴熟的工人。

---

① 博丹显然是在讲木星的特点,虽然他在前一句子里把木星放在第三个。

② 阿格里科拉(George Bauer,1490 - 1556),医生、化学家、矿物学者。著有《论金属或伯曼》(*De re metallica, sive Bermannus*)和《从最初到现在的撒克逊之王》(*Dominatores Saxonici a prima origine ad hanc aetatem*)。

相反，中部地区的人天生就不如南方人那样善于发现秘密科学，也不像北方人那样适合于发展手工技艺，而是最擅长管理事务。如果阅读过史家们的所有作品，就能判断出，正是这些人首先发明了制度、法律、习俗和管理国家的最好方法，发明了商业、政府、修辞、辩证法和如何培养将领。而且，据说木星与水星掌管着上述事务；出生时以这两个星座中的任意一个或二者皆为上升星座的人，据说天性就适合从事这些事务。其实，阅读历史就能发现，最伟大的帝国总是在亚细亚、希腊、亚述、意大利、高卢、日耳曼北部等地方诞生。这些地方位于极地与赤道之间，北纬 40°到 50°。这些地方也出现了诸多最伟大的统治者、最好的立法者、最公正的法官、最贤明的法学家、最全能的雄辩者、最聪明的商人、最著名的乐手和戏剧表演者。非洲没有出现过任何法学家，[113]斯基泰更少；也没有演说家，寥寥几个诗人，更少有史家，极少有像意大利人、希腊人、西班牙人和亚细亚人那般从事丰富盈利贸易的人。那么，我们把这些事实与历史比较，就可以对整个问题作出更准确的判断。

盖伦曾抱怨到，除了安纳卡西斯，斯基泰没有出过哲学家，希腊倒是出了很多。皇帝尤利安通过与高卢人长期接触，当然发现并了解了他们的天性，在讨论高卢人时，他写到，“凯尔特人从不花心思在哲学或数学科目上；而是对辩证法和修辞学感兴趣”。因此，尤韦纳尔(Juvenal)说，“雄辩的法兰西教出了不列颠律师”。①其实，他们所信奉的宗教已经表明了这点。凯撒说，“高卢人特别崇拜水星(墨丘利神)”。“墨丘利有许多种形象；他们认为他是文艺的创造者；他拥有寻求财富和经商的巨大能力。”长期的经验证实了这些历史记录。世界上没有哪个地方有这么多诉讼律师，对民法投入如此巨大的热情，而神秘知识和数学科目的确是被忽

① 尤维纳尔，《讽刺诗》XV. III。

略了。

相反,南方人与生俱来的黑胆汁使得他们长时间沉思,所以他们自己愿意从事务管理中脱离出来,寻求荒芜的孤独。其实,沉思和冥想(希伯莱人和学院派的人称其为弥足珍贵之死)的力量在于:磨砺心智、区分出不同的人。当人达到这个境界,他不仅看穿自然事物的秘密,而且带着其纯净的心灵展开轻快的翅膀被推向天堂,并且满载着神圣事务知识。之后,在不朽的上帝的帮助下,他向无知的人们揭示困难和奇妙的事务。因此,阅读过历史的人不应对此感到奇怪,最厉害的哲学家、数学家和先知,以及世界上所有宗教都出自那些地方,那些地方就如同最丰富的源泉。并非神圣心灵不愿意朝其他地方的人吐送仙气,那样说太邪恶了,因为上帝在其他地方也享极盛名,如同太阳的光辉。

然而,就像同样的光辉在清透的水里比在浑浊的水里更明显一样,比起朝下看的心灵,神性对纯洁心灵的照耀也更清晰。朝下看的心灵因与身体接触而受到影响,受到自身内部彼此交战的各种不安因素的干扰。血液和体液都更充盈的人们[114]更难把自己从这些尘世的糟粕中分离出来,所以赫拉克里特称智慧的人为"干燥的灵魂"(dry souls)不是没有道理。卡丹说,人聪明是因为他湿且暖,这种说法很荒谬,不是一个哲学家该说的话,因为我们看到,更冷的野兽更聪明,亚里士多德在《论动物的部分》(*De partibus animalium*)卷二中就这么说。① 大象非常聪明,普林尼详细记述过,它的血却是所有动物中最冷的,这就是一个例证。②

既然诸事如此,就很容易判断史家们对南方人宗教的记录是否如实。特别是,非洲人利奥提到诸神庙的建立时说:"费斯(Fez)城中有700座神庙。最宏伟的那个的环道有1000步长,31扇门;

① 亚里士多德,《论动物的部分》II. 2. 648a5。

② 普林尼,《自然史》(*Natural History*)VIII. 12。

900 支火炬日夜燃烧。”我们也可以信任阿尔瓦雷兹，他关于阿比西尼亚人的史书中记录了闻所未闻的大神庙，记录了无以计数的僧侣，他们不仅在分隔出来的区域里，而且在人群里、市场上和营地走来走去；甚至军队都从僧侣中招募，因为王子们都过这种僧侣生活。而且，国王被称为 Negus 和 Jochan Belul，意即“极其珍贵的珠宝”，行事如同祭司，出行时礼服和装饰都像祭司，前面有多位祭司带着宗教象征物领路。另外，他还讲述了整个民族的斋戒，与我们自己的相比简直令人难以置信。

然而，如果你依据历史判断，就会认为这些事情不可信。很多人不靠面包维持生命，而是吃生扁豆或白水煮蔬菜，当然，那不好吃。其他人直接在裸露的身体上带一条铁质圈，像腰带一样。斋戒期间，即一年中第三个部分初始，很多人晚上不休息。有些人睡在齐颈的水中。还有人会 24 小时站着凝视天空。在规定的日子里，所有人用枝条和鞭子反复鞭打自己。稍有违背信仰的人，或是拒绝亲吻木质十字架(有人会这样做)的人，即有罪，会被复仇的火焰烧死。他们认为，幸与不幸的经历都同样源于那一个全能上帝的意志，这个观念对于保护国家和确保幸福生活十分有用。① 但是，他们在管理事务[115]和统治国家方面却很愚蠢，下述事实可以说明。他们会一直鞭打罪犯，直到受害者拿到罪犯按规定付给他罚款。而且，像总理一样管理最重要事务的首席法官，常常国王一声令下就被打死了。谋杀犯被送去给死者的亲戚惩罚。不过，所有判决的签发都没有任何文件或记录。欠债者被送去让债主奴役，直到能还清债务。士兵们没有酬劳，没有假期，但是每个人必须去扛麦子或做类似的事情。他们没有城镇，没有营地，没有堡垒。人们在整个国家中到处游荡，首领虽然有值钱的家用物资和

---

① “这个观念对于保护国家和确保幸福生活十分有用”，这句话在 1566 和 1595 年版中有，在 1572 和 1583 年版中没有。

大量财富，却住在帐篷里。他们不用文件，而是把公共账目记在皮纸上。上述行为证明，这类人不适合管理事务。

斯基泰人更不适合，他们像奴隶一样，需要武器强迫才能完成一切事务，做事的方式如野兽一般。如塔西佗对古日耳曼人的记录："没有武器的话，官员们就既干不了公事，也干不了私事。"日耳曼人博伊姆斯和明斯特现今也同意这种观点："如果受到伤害，他们鲜少以法律、而是用剑和掳掠的方式回应；他们也不以掠夺为耻。"而且，还有什么比惯常发生在克拉根福特(Clagenfurt)①的事情更不义、更野蛮呢？如某人被疑为贼，就会被杀。然后，人们才开庭审判。他们说，这个习俗是向匈奴人和哥特人学的。决斗规则也是从这二者那里学的。各种不义中最不义最卑鄙的是，当虚弱无助的人受到侮辱，会受到轻蔑对待，除非他冒着生命危险，拿起武器来解决此事，不管对手有多强大。依照这种方法，只要把斯基泰人与力气上胜过他们的野兽相比，也可以理所当然地嘲讽他们。总体上，天性决定，理性更少、力气更大的斯基泰人应该以军事荣耀来作为最高德性的衡量标准；南方人应以虔诚与敬畏来衡量，而中部地区的人应以智慧来衡量。虽然所有人都以各种方式保卫自己的国家，但有些人惯于诉诸于武力，有些惯于依靠对神的敬畏，剩下的常常依靠法律和司法决议。

因此，不足为奇，哈里发们的陛下或以色列信仰中的祭司们权

① [译注]克拉根福特，英文应为Klagenfurt，现是奥地利凯尔滕州(kirnten)的首府，坐落于克拉根福特谷地的威尔特湖畔。克拉根福特是奥地利南部的边境大城，距意大利约60公里，离南斯拉夫更仅30公里，掌控阿尔卑斯山上的几个主要隘口，如Loiblpass、Wurzenpass，有相当重要的交通和防御价值，且是有立法权的特别市。克拉根福特始建于古罗马时代，在12世纪已有城市规模，在接下来的几个世纪里，克拉根福特遭受了火灾、地震、蝗灾和土耳其人的袭击，并遭受了农民战争的蹂躏。1514年，一场大火几乎完全摧毁了这座城市。1518年，由于无法重建该市，皇帝马克西米利安一世无视人民的抗议，将其割让给公国的贵族。新的所有者却带给克拉根福特带来经济复兴与政治和文化繁荣。1809年拿破仑带领的法军与该地人民在此城交战。

力很大,[116]不仅对法律和宗教有最高控制权,而且对帝国、军队和所有财产都有最高控制权,那么也就对自由和奴役、最终对每个人的生死有最高控制权。但是,斯基泰人的子裔土耳其人和切尔克西亚人(Circassian)①里的马穆鲁克人(Mameluke),率先脱离了他们的控制,并把他们赶出了其古老的属地。

或许,这就是诗人们告诉我们萨杜恩被朱庇特的威权赶走的原因,那意味着,早期的人们为了分配正义,将智慧且虔敬的人立为王。人们以为,仅仅履行职责就可以保住职位,其实不然。很多人既不敬畏神灵,也没有任何其他顾虑,完全不受约束。因此,更智慧的人掌权后就开始为国家制定规则,宗教型和哲学型的人则重视祭祀和静观,而民众们则从事军事训练、农耕、手工业。由此,智慧者以祷告和警示治国;审慎者以条规和命令治国;强壮者以力量和行动治国。我以为,国家就是靠这三个分支——戒条、法令和执行支撑着。

神职人员和智者给予警示;官员们发布命令;执法者实施命令。由此,阿那克萨戈拉影响伯里克利;柏拉图影响狄翁;伊索克拉底影响尼克克勒斯(Nicocles);普鲁塔克影响图拉真;珀律比俄斯影响西庇阿。东方三贤以明智的智慧训言或宗教教化不断为波斯人提供忠告;婆罗门劝告印度人;先知们劝告希腊人;主教们劝告罗马人。然而,他们都没有能力管理事务,事实如此,柏拉图虽然是个极其博学聪慧的人,在掌管他所关注的国家后,却没有能力

① [译注]切尔克西亚人,西亚民族,欧罗巴人种地中海类型,主要分布在土耳其、叙利亚、约旦和伊拉克;原住高加索黑海沿岸至库尔德斯坦地区;使用切尔克西亚语,属高加索语系阿布哈兹-阿迪盖语族。切尔克西亚人的早期历史极其含糊,虽然在切尔克西亚地域内未曾建立过希腊殖民地,但已知希腊人确实曾在切尔克西亚临黑海沿岸地区建立殖民地,并展开广泛的贸易活动,其影响至为明显。之后,罗马人、哈札尔人(Khazar)、蒙古人、克里米亚鞑靼人、土耳其人以及俄罗斯人都曾对他们产生影响,对其拥有完全统治权。该民族原信基督教,16－18世纪改信伊斯兰教,属逊尼派。

管理。同样，亚里士多德也写到，博学如阿拉克萨哥拉，却缺乏审慎，因为他忽略了自己的财务，结果死于缺乏食物和生活必需品。同样的事也发生在非常年迈的加萨身上。因而，菲洛给予摩西极高的赞赏，因为在所有有死的人中，他是唯一一个集勇敢的将军、审慎的立法者和最神圣的先知者于一身的人。

那么，接下来，把分析一个国家的方法同样运用于分析世界共和国，就可以为各个民族分配各种功能，某种程度上，智慧也许属于南方各族，力量属于斯基泰民族，审慎属于位于中间的那些民族。这一理念甚至可以见于灵魂诸部分。头脑自身给予警醒，理性指挥，然后感官如同执行部门那样被调动起来执行命令，[117]在灵魂的这三种能量中——动物性(animali)、生命性(vitali)和自然性(naturali)——当然是动物性从大脑带来动作和感觉，生命性从心脏带来至关重要的血气，自然性从肝脏带来加速动力。

我认为，要理解每个民族天生的特性，获悉每个民族历史更真实更确切的观点，最好的办法是把这个微观系统与世界这个巨人作比较。因此，我们将把柏拉图在《理想国》中的做法应用于世界共和国，但稍作改变。柏拉图认为护卫者应位于大脑，掌握控制权，如同城堡中的雅典娜。这样，他似乎希望恢复萨杜恩的统治权；因此，所有人都赞赏他的那句话——但却鲜有人真正理解——“要么王应是哲学家，要么哲学家应该是王”。然而，哲学是对最美事物的永恒静观，正如所有的严肃学者都会做的一样，与军事或民事没有任何共同点。而且，他给予士兵们武器，将其安放在心脏位置，因为那是愤怒的所在地。他把农民和手工业者安排在肝脏，因为他们为城邦提供食物和必需品。然而，要是执行这些安排，肯定会带来大骚乱，我们会逐个解释。

现在，我们来思考这个问题，就只考虑世界共和国和各民族天性；如果可以，我们把这个世界像一个人那样组装起来，各就其位。在这个问题上，作家们也分歧很大。荷马、亚里士多德、柏拉图、盖伦、毕达哥拉斯和阿威罗伊把世界的右边——他们称之为“动物性”——归在东方；把世界的左边归在西方。普林尼和瓦罗正相反，遵从拉丁人的古老习俗，把左边归为东，右边归为西。瓦罗说，“各神庙里都是左面在东；右面在西”。[①] 他把神庙称为被占卜师的权杖划分出的天空诸区域。伊斯兰教徒们就如此祈祷。占卜官们过去常面朝东方，如李维在卷一中所载——“占卜官的右手面朝南，左手面朝北”。第 89 首大卫赞诗的第 13 行看上去无疑与他的观点吻合，“北风与您的右手/汝创造了它们”，然而，所有阐释者都把“南方地区”解读为“右手”。迦勒底阐释者就这样解读。也许可以补充这个事实，它们把东方称为“脸”；如此推论，[118] 当脸朝向东方时，南方就在右边，这就是我们发誓时的习惯。

不过，既然他们的论证没有什么依据，我们就该采用斐洛的观点，恩培多克勒(Empedocles)、[②]卢坎、克莱奥米得斯(Cleomedes)[③]和索林鲁斯都认同他的观点。摩西让神殿的左面朝南；右面朝北。解释此事的最好理由是——从东到西运动快，而人的步态是朝前，不是向后或向两侧走。[④] 因此，卢坎说，“很奇怪树丛的影子没有投影在左边”。[⑤] 当然，对于希腊人来说，右比左的预兆更好，而在拉丁人的预兆中，左被视为真正的幸运，如普鲁塔克和普林尼所记录，不是因为太阳从左边升起，普林尼说，而是因为左边朝向南。位于世界这个部分的植物、金属、宝石、人类、心智和天体的价值都优于其他部分，因此希伯莱人认为亚伯拉罕的流浪被指引着朝南而行。相反，以西结说，恶来自北方。而且，米兰多拉(Pico della Mirandola)

---

① 瓦罗，《论拉丁语》(*On the Latin Language*)VII. 7。

② 恩培多克勒(Empedocles)，活跃于公元前 444 年，我们有他关于宇宙学的《残篇》(*Fragments*)。

③ 克莱奥米得斯(Cleomedes)，活跃于公元前 1 世纪，著有《诸天体的循环理论》(*Circular Theory of the Heavenly Bodies*)。

④ 对比博丹的《普遍自然剧场》v. x. 902。

⑤ 卢坎，《内战记》(*Pharsalia*)III. 248。

的书中记载，阿拉伯人和摩尔人说，南方鲜有恶魔或根本就没有，要么是因为阳光充足，据说恶魔们要躲避阳光，要么是因为空气稀薄而无法供养它们。北方的恶魔和巫婆的数量比其他任何地方都多，如果我们相信格拉玛提库斯和奥劳斯的说法的话。

我们已经提出，北方人更强壮，南方人更虚弱。但人的左手更弱，右手更强，如马克罗比乌斯(Macrobius)①在其《农神节》(*Saturnalia*)卷七章四中所述。普林尼说，在子宫里，男性朝右移动，女性朝左移动，②这个观点与瓦罗、亚里士多德和希波克拉底的看法相符。阿特米多鲁斯(Artemidorus)③在释梦时解释，右眼象征儿子，左眼象征女儿，他把右面的牙齿解释为[119]男性朋友，左面的为女性朋友。总之，他在卷二十七中说，右侧各部分必须应用于男人或年轻人，左侧各部分应用于女人或老人。亚里士多德在《动物志》卷四章三和章九，④卷四章一⑤和卷一章十五中，称右侧部分为男性的，左侧部分为女性的。⑥ 另外，右脚和右臂比左边的都更大(鞋匠们至今都知道这点)更有力。

我们已经明晰，斯基泰人肤色略红，血液丰富，而南方人则血液少、黑胆汁充盈。肝脏在右；脾脏在左。后者是黑胆汁的容器，前者是血液的容器。我们也已经表明，斯基泰人放纵、易怒、一冲动就想复仇；但南方人只会在预先谋划好之后才会施行复仇计划。前者的特点当然与右边契合；后者与左边契合。黑胆汁使人安静，

---

① 马克罗比乌斯生在公元5世纪初期，可能是希腊人。他最著名的作品是对西塞罗《西庇阿之梦》的评注。他也著有七卷本《农神宴饮书》(*Saturnaliorum Conviviorum*)。《方法》1566年版中没有对马克罗比乌斯的引用。

② 普林尼，《自然史》VII. 4。

③ 阿特米多鲁斯(Artemidorus Daldianus)，安东尼时期以弗所的医师，著有《梦的解析》(*Onelrocritica*)。

④ 这些引用与现代各版本都不符。

⑤ 亚里士多德，《论动物的生成》III. i. 763b30。

⑥ 1566年版中没有“这个观点与瓦罗……女性的”这段。

胆囊使人易怒,肝脏使人无节制。因此,结果就是,在这个世界共和国里,我们应该把类似于战士和手工艺者的斯基泰民族放在右边,把南方民族放在左边,而把中部地区的民族放在心脏位置,如同把官员放在城邦中心一样。因为心脏位于大脑和肝脏之间,同样也在肝脏和脾脏之间。而且,亚里士多德说:"有些民族为奴是天性使然,其身体必须得因某些用途而强壮;其他的民族身体虚弱,但的确有益于人类的社会联系。"

我并非受到下述事实的影响,即犹太人以及其他民族认为右手优于左手,他们的这一观点在下述文本中可见:旧约《诗篇》109、新约《马太福音》22、《马可福音》12、《马太福音》25 和 26、《使徒行传》7、《歌罗西书》3、《希伯来书》1 和 10、《以弗所书》1,奥斯蒂恩西斯(Hostiensis)的作品、[1]安德里亚(John Andrea)的作品、[2]潘诺米塔努斯(Panormitanus)[3]在《论主权与服从》那章[120]以"通常"一词开始那段,亚里士多德卷三章十一、十三、十九、二十五和卷三十二章七;还有,雅各把右手放在以法莲(Ephraim)的头上祝福他。巴尔杜斯(Baldus)[4]在"关于神圣教堂"法则中也提出了同样的观点,从"我们命令"这句开始。[5] 老库尔提乌斯(Curtius)在

---

① 苏萨的亨利(Henry of Susa),奥斯蒂亚(Ostia)大主教,人称奥斯蒂恩西斯,1210－1271。他教授教会法,著有《金质注释大全》(*Summa aurea*)和《最高教令注释》(*Summa super titulis Decretalium*)。

② 德·安德里亚(Giovanni d'Andrea,1275－1347),著有 *Additiones ad speculum judiciale G. Duranti* 和 *Nouellae ...super v libros Decretalium*。

③ 潘诺米塔努斯(Nicolas Tedeschi Panormitanus,1389－1445),人称"卢瑟恩法学博士"(Lucerna juris),著名的教会法学家之一。著有《五判决书评注》(*In quinque Decretalium libros commentaria*),《克莱门缇娜案汇撰》(*Glossae in Clementinas*)和《巴兹勒公会论纲》(*De concilio Basilensi tractatus*)。此处是指他的《教规法令集》(*Corpus juris canonic decretals*)I. 33. 6。

④ 巴尔杜斯(Baldus deUbaldi),生于 1325 年,是帕多瓦的法学教授。他的讲课围绕《教令集》(*Decretals*)中的三卷,并著有关于《旧学说汇纂》、《新学说汇纂》和《法典》的评注。

⑤ *Dcccrnimus de sacrosanctis ecclesiis c*. 摘自《民法大全》(*Corpus juris civilis codex*) I. 1. 16。

《论辩》(*Consilia*)74节说,“更尊贵的地方在右手处”。普劳图斯在《说谎者》(*Pseudolus*)里的话是,“我下所有命令都有这种标志:我的军团有讨喜的(sinistra[①])预兆,有最确切的占卜,并且顺我的意”。[②] 西塞罗在《论法律》卷三里说,“那样一人,在有吉兆的情况下,被称为人民的首领”。[③] 西塞罗对此作出解释:“然而,我并非没有意识到,我们称sinistra为好的事物,即便这些事物在右侧;但是,我们理所当然认为左边的预兆最好,而外国人认为右边的最好。”[④]更著名的是瓦罗的论述,在《信札与问题》(*Letters and Questions*)的卷五中,他说:“从诸神的坐落处朝南看,左边是地球的东方;右边是西方。我认为这就是了,这样我们可以把更好的预兆与左边而不是右边联系在一切。”虽然如此,很多拉丁人还是认为左边是恶兆。维吉尔写到,“南风对树木、庄家和畜群都不好(sinistra)”;[⑤]西塞罗也说,“没有人以不好的(sinistris)言论责备我;我不埋怨别人,只责备自己”。

“不详的乌鸦常常在空心的冬青树上聒噪。”[⑥]他们以不同的方式理解左与右的原因是,犹太人以及所有遵从这一习俗的后继民族,拜日时都是脸朝东,所以此时他们的右手朝南,左手朝北。摩西禁止这样做。然而,也许原因是,在接受了这样或那样的意见后,显然南方优于北方,人的右手又朝北。[⑦]

[121]柏拉图把战士置于心脏,职官置于大脑,普通大众置于肝脏,在这点上,我的看法与他不同。我会把神职人员和博学人士

---

① [译注]也有左边的意思。

② 普劳图斯,《说谎者》II. iv. 72。

③ 西塞罗,《论法律》III. III. 9,引文应为esto,命令式。

④ 西塞罗,《论占卜》II. xxxix. 82,这段被博丹重述了,西塞罗的第一个从句被博丹放到了最后。

⑤ 维吉尔,《农事诗》I. 444。

⑥ 维吉尔,《牧歌》IX. 15。这一行应为Ante sinistra cava monuisset ab ilice cornix。

⑦ 1566年版里这一整段都没有。

置于大脑，把职官置于心脏，把从民众中选取的手工业者和战士置于肝脏。心脏至关重要的能力不是提供力量，那是血液和肝脏的事情；它的职责是促成活动。当然，马基雅维里的意思不是说最好的士兵，而是最好的将军，应该从意大利选取，因为，最好的将军不是靠力量而是靠更睿智取胜。阿米阿努斯就讲，"士兵要用身体服务，将军要以头脑服务"。其实，普鲁塔克所记录的佩洛皮达斯（Pelopidas）生平就表明，将军的职责不是与敌人亲自交手。职官的职责也不是如执束杆侍从一般劳作，而是管理和控制。而且，柏拉图赋予哲学家和贤明之士控制权，而历史却证实，这些人适合静观，缺乏行动力，[1]把士兵置于心脏也是一样。士兵最好从农民中选取，如普林尼记录的古罗马训练法，或是从手工业者中选取，如我们现在的做法，因为这些人已经适应了劳作。我们观察到，过去和现在，人们付给斯基泰人或日耳曼人很高的酬劳以换取他们的军事服务。重申一下，最好的士兵总是从农民和平民中选取，他们有能力做力气活。如果把这些与诸天体联系起来考虑，同样它们也彼此一致。

如果我们将土星对应脾脏，木星对应心脏，火星对应胆囊，肝脏对应月球，占星学家们归纳的特征就与身体的每一部分联系起来了。火星与月球在一起就如同把胆囊与肝脏结合起来，为整个机体提供营养和动力，好像月球滋养着元素的地球。当它的光增强，便给予行星、水域和动物相当大的能量。其实，拥有月亮在其宫位的人们据说都特别强壮健康——最符合这一点的是斯基泰人。另外，凯撒曾在一段里如此描述日耳曼人，说他们"终其一生都在打猎和从事军事活动"。那么，还有什么比把他们对应给狩猎神狄安娜或战神马耳斯更适合的呢？普林尼的评价也值得注意——"雷电在中部地区产生，[122]在埃塞俄比亚和斯基泰根本没有"。[2] 这点我们

---

① 在1566、1572和1583年版中，这里是actiones，1595年版是lectiones。

② 普林尼，《自然史》II. 51。

从当地居民那里得到了证实。雷电是朱庇特的属性，不仅诗人们，而且自然法学家们都持这个观点，但如果有人把太阳置于心脏，我也不会反对，我们已经让所有人明白其原因——太阳被置于行星的中心，或如哥白尼的看法，被置于世界的中心，因为它标志着最恒久的生命，热量适中，不像火星那样灼烧。也许，所有人都已经熟悉这个理论的全部内涵，也可能认为其中某些特殊部分很奇特。然而，所有这些特征都不适合极地地区的人，而只适合温带各地区的人。

同样，对各民族的这种三分法也可用于划分宇宙：智性的，由各种心智构成；天体的，由各个恒星构成；元素的，即是事物起源和毁灭时的状态。进一步也可对应于各种灵魂（除了那些被非尘世的污迹所污染而无法归类的）的三级秩序。第一类似乎将人类纯净的理智献归于上帝；第二类将智慧用于指导国家；最后一类埋头于物质和形式。既然如此，人类种族也有三种，斯基泰民族、南方人和中间地区的人分别与三种灵魂活动相对应：智慧、审慎和创造能力，分别体现于静观、活动和生产中。我认为，根据大脑、心脏、肝脏的活动以及天体的活动，他们[三种族?]无疑可以与智慧的、勇气的、欲望的相对应，也可以用来对所有历史作出最准确的判定。

因为，根据一个叫埃利亚（Elia）的拉比的预言，他们说元素世界的时代会在6000年后结束，因此，人类两千年来在宗教、智慧方面都表现卓越，并且热心研究各天体的运动和自然的普遍力量。同样，在接下去的两千年里，他们忙着建立国家、制订法律、引领殖民地。那段时间里，统治权由萨杜恩转至朱庇特，从南方人转至中间地区的人。在之后的千年里，即从基督之死开始，各种以前从不知晓的技艺和手工业开始出现。全世界范围内也战争不断，开始大骚乱，这时，当然对朱庇特的异教信仰消逝了，也就是说，各个帝国被颠覆，[123]都落入了马尔斯的儿子们（即斯基泰人）的手里。

因此，哥特人、勃艮第人、赫鲁利人、法兰克人、伦巴第人、盎格鲁人、不列颠人、匈奴人、旺达尔人、格皮德人、诺曼人、土耳其人、鞑靼人和莫斯科人的军团突然遍及欧洲和亚洲。要么，正如神学家们至今都在宣称的那样，有某种天体力量在这些低级生物的上空，要么，如很多人所以为的那样，什么都没有。

无论如何，通过感官，我们感知到存在（being/ὅτι ἐστὶ）本身，用他们的话讲，感知到它的存在，即使其存在的原因很模糊。因此，我们可以理解很多作品，不仅是史学作品，还有哲学和占星学作品。史家们错误与否其实很容易辨别，例如托勒密的如下话语：

> 南方的亚洲人在设计、议事方面都是最好的，强壮且好战；北方人则是聪明的魔法师，娴熟于神圣事务，且非常公正。

这些描述显然不对而且极其令人困惑。普林尼的这个说法也不对——南方人和北方人的身形大小相同，因为后者有更多的体液滋养，前者有更大的火的力量。这不仅史学意义上不对，而且推理本身也不对。亚里士多德、希波克拉底、盖伦、狄俄多儒斯、希罗多德、瓦拉拉丁特拉努斯和萨贝里库斯等的作品中也有无数这种错误。详细追溯这些会冗长不堪。指出其源头足矣，这样我们就能更好更准确地明白，应该如何判断所有民族的普遍历史。

虽然史家们彼此各不同，常常还自相矛盾，但除了耶柔米，所有人都认同这点——高卢人善变（fickle/leves）。凯撒这样写过，塔西佗和忒勒贝利乌斯也证实了这个说法，意大利人和日耳曼人常常重申这个观点，特别是司雷丹写的皇帝查理的演讲。但是，其他人又说其他民族善变。李维说，“叙利亚人、亚细亚人和希腊人是最不可靠的民族”。对于与其没有贸易往来的斯基泰人，他们只字不提。好吧，如果他们所谓的头脑多变就是敏捷和快速——正是这两个特征使中部地区的人处理事务最有能耐，那么在史家们笔下，以这个缺点著称的法兰西人、意大利人、潘诺尼亚人、亚细亚人、迦勒底人和帕提亚人，确实善变。不错，维罗纳人斯嘉里格，这样记录法兰西人："我们看到，法兰西人在教育方面多才多艺，能够适应各种事件的各种趋势。他们的灵魂充满炽热的活力，动作快速高效，没有哪个其他民族如此。对于他们感兴趣的任何东西，他们都发挥得很好并且进步得很快。[124]他们热情地从事贸易、追随文学、武器、学问、诚信和雄辩，他们自身的忠诚、正直和坚定不移还超越了所有种族和民族。"这是他证词。

但是，斯基泰人却受到浓密体液的阻碍，仿佛被一个秤砣拖着，智识的力量无法穿透这浓密。南方人受黑胆汁的严重影响，沉浸在对最伟大事务的最严肃沉思中。因此，他们灵魂急速的脚步有时会被阻碍。我们看到这种情况不仅发生在摩尔人和迦太基人身上，而且也发生在西班牙人身上。例如，他们讲话、动作、走路和所有活动都慢，似乎因为惰性而失去了活力。反之，法兰西人做什么事儿都快，如此迅速以至于他们都完成了，西班牙人还没开始。事实上，他们走得太快，西班牙人以为他们在跑，而不是走。在学习上，他们也表现出与其他方面一样的速度与轻松，南方人经过持续探索所发现的那些事情，他们能很快做成或模仿，所以，凯撒对他们的敏锐感到惊讶，并不是没有道理。这些是黄胆汁的显著特征。当盖伦把身体各种体液的力量对应于灵魂时，他把审慎归于黄胆汁、坚持性对应于黑胆汁、愉悦对应于血液、温和对应于粘液。这些混合在一起，能产生出无穷多变种。如果这些体液泛滥、或燃烧、或耗损，就会朝各种相反的恶习转化。因此，有时过多的黄胆汁使人冒失轻率、其灼烧使人狂怒。所以，他们行动轻率、太过匆忙，阻碍谋划，这就是法兰西人被说成善变的原因。但是，如果善变仅仅只是言行上的某种反复无常，我认为应该被称作鲁莽（daring/temeritas），而非轻浮（levity/levitas）。或者如果要说我们轻浮，斯基泰人这方面无疑超过我们。

相对的事物具有相反的特征。如果南方人黑，北方人一定白；如果后者体型大，前者体型一定小；后者强壮、前者虚弱；后者温且湿，前者冷且干；后者多毛、前者光秃；一个声音沙哑，另一个声音清亮；一个怕热，另一个怕冷；后者愉悦，前者忧伤；后者合群，前者孤独；后者粗心大意，前者腼腆羞怯；后者豪饮，前者节制；后者对自己和他人都不在意，前者谨慎并惯于守礼；后者笨拙粗野，[125]前者智性极高；后者奢侈，前者节俭；后者全无色欲，前者极其好色；后者肮脏污秽，前者整洁干净；后者简单坦率，前者惯于欺骗；后者是战士，前者是祭司；后者是手工工匠，前者是哲学家；后者用手，前者用脑；后者寻找地球的脉络，前者探究天国。

那么，如果迦太基人非常坚韧，如普鲁塔克所写，斯基泰人又如何呢？我们已经表明，二者陷入恶行时都残忍且不守信用，但我们列举过其相反的诱因。不过，如果恶行指极端行为，南方人倔强，斯基泰人浮躁，那中道即是保持不变。当然，野蛮人和理性力量较弱的人更像野兽，容易被激怒，也容易被安抚，短时间里容易无缘无故地被人牵着来来回回。同样，男孩和女人对朋友忽热忽冷，而有判断力的男人不会如此。在人类种族里，一个男人越有能力，越少被吸引去交朋友或憎恨某人或持极端意见；但一旦被吸引去做这些事，就很难再分心。更仔细研究，我发现南方人、中部地区的人和斯基泰人似乎在一定程度上具有老年人、成年人和青年人的习俗和体液，合起来整齐地表现为一条古老的线：老年人祈祷、年轻人行为，成年人谋划。我把还未衰老的人称为老年人。当然，斯基泰人像年轻人一样暖而湿。南方人像老年人那般冷而干。实现中道式生活的人组合得比较匀称。

其实，采信亚里士多德写给忒奥德克底（Theodectes）的信中的说法，年轻人过度地同欲望和渴求作战，我们论证过这是肝脏的、也是大众的特征。亚里士多德还说："因为他们轻浮且善变，对新事物的厌恶和欲求会突然俘虏他们。"稍后他又说："他们的愿望突如其来,转瞬即逝,这些愿望热烈、鲁莽、激愤、放荡、奢侈,不邪恶,而是心怀好意且简单坦率,因为他们没有见过太多恶。"他把这归因于无知,而非美德;而且,他说,他们轻信于人,以盲目的希望欺骗自己。老人则相反。而年龄居于前二者之间的那些人,在掌控所有事务时都节制。亚里士多德对这些东西的论证更全面。它们恰如其分地对应于三种民族,不仅理论上如此,而且实际例子也如此。日耳曼北部的居民[126]要么是斯基泰人,要么接近斯基泰人,他们指责高卢人善变,但自己总是提供最显而易见的证据来证实,正是他们自己具有善变的特点。塔西佗如此描述古代[日耳曼]人,他说:"这个种族既不精明,也不狡猾,欢宴上的自由开启藏在心中的秘密,所有坦率的意见第二天会得以重新考量。两个阶段都会得到同等重视。他们不知如何伪装时就会仔细商议,当不会出错时才做决定。"这是他的看法。

虽然斯基泰人的浮躁有无数例子,最明显的却是这个——在最应该持之以恒的领域——他们所信仰的宗教。被匈奴王阿提拉(Attila)赶出家园的东哥特人和西哥特人,恳求瓦林斯(Valens)赐予他们土地,承诺会遵守帝国的法律、信仰基督教。如愿以偿后,竟然背信弃义地推翻了瓦林斯,将他活活烧死。哥特人进入意大利后,首先成为基督教徒,然后又改信阿里乌斯教。明斯特说,靠近极地的格陵兰人性情变化无常,先轻易地接受了基督教,后来又故态复萌改信邪教。土耳其人,斯基泰的一支系,入侵亚细亚后,立刻皈依阿拉伯人的信仰。鞑靼人在没有任何外力强迫下接受了基督教,之后很快又改信伊斯兰教。依旧粗鲁野蛮的诺曼人虽然已经征服了大部分法兰西,却立即背弃了自己的部落信仰,传信被征服者的信仰。齐格勒和明斯特记录过,冰岛人曾有一时是偶像崇拜者,后来遵从外国人的意愿成为基督徒。波西米亚人和撒克逊人率先抛弃了罗马礼仪,我不争辩这明智与否,这与我们的主题也不相关。虽然他们曾拥有特别杰出、特别博学的人,揭露了教皇的各大骗术，然而，举行会议并深入考量了这件事很长一段时间后，他们却选择了最艰辛的方法。我说的是平民和农民们，他们虽然不太懂这事儿，却立刻接受了其领导者的意见。撒克逊立刻全境倒戈，波罗的海各城市、丹麦、挪威、哥特瑞典和那些从瑞典哥特人发源出来的人——赫尔维西亚人——很快，甚至不列颠和苏格兰都放弃了。上日耳曼地区曾抵抗了相当长一段时间，那地方离北部不远，还没有完全抛弃古老的仪式。

法兰西做决定要困难得多。其实，[127]司雷丹也曾模仿其他人抱怨法兰西人易变，他承认，在法兰西居住的9年时间里目睹了法兰西人非常残忍的火刑柱行刑。我们非常不幸地给予并执行了这些惩罚长达40年。有些人的确是出于宗教动机，以为这样做表明了对上帝的忠诚；其他人则是因为更愿意崇拜一个上帝，将其看得胜过一切欢愉、财富、荣誉甚至生命本身。在日耳曼没有关于火刑柱死刑的记录，除了一个巴伐利亚州本地人利奥(Caesar Leo)之死。让意大利人放弃他们的古老观点有点困难。如果日耳曼人始终如一地坚持其宗教，他们就能更容易地把其他东西一以贯之了。但是，他们一时这样，一时那样，接纳了无数各种各样的意见。他们不仅听信胡斯(Huss)或路德(Luther)的教义，也听信再洗礼派(Anabaptists)的学说，听信冯·莱登(von Leyden)、茨温利(Zwingli)、卡尔斯塔特(Karlstadt)、[①]奥西安德尔(Osiander)、韦斯特法尔(Westphal)、戴维(David)、斯丹卡尔(Stancar)、亚当后裔(theAdamites)、瓦勒度派(Waldensians)等的意见，听从临时敕令(Interimists)，以及无数其他学说。

然而，南方人、亚细亚人和非洲人，除非的确接收到来自天国的奇迹或者被武力强迫，一旦接受了某种宗教就不会改变。他们崇尚从一而终，不仅仅男人，而且妇女和小孩也是一样，这点几乎

---

① 1566、1572和1583年版是Selestadt。

把国王安提俄克逼疯了。他用各种最残酷的惩罚方式折磨7个希伯莱男孩,也无法强迫他们吃猪肉。而且,他们的母亲主动督促儿子们高贵地赴死。当然,那个种族永远无法因奖励诱使或惩罚逼迫而改信其他教义,他们遍布世界各地,独自顽强地保存着自己3000年前就开始笃信的宗教。当穆罕默德自己既不能靠神迹,也不能靠言辞来实施他的教义时,最后就诉诸武器,通过给予奴隶自由,他用暴力完成了理性无法完成的任务。正如英国人抱怨自己的不幸——虽然他们在身体力量上强于法兰西人(如科米涅斯所录),但是智慧却远远落后;或如意大利人,对他们来说,在智力上胜过未开化的法兰西人和日耳曼人非常容易(如卡丹所录),但却谩骂希腊人狡猾;希腊人之于克里特人,克里特人之于埃及人和迦太基人也是一样;同样,希伯来人和埃及人抱怨希腊人反复无常;意大利人抱怨法兰西人;法兰西人抱怨日耳曼人。

我的观念是,在人们的事行和言辞中,[128]就如同在所有其他事情中一样,存在某种黄金中数,即所谓的"恒定性"(constancy/constantia)。这是介于轻率多变与顽固不泯之间的中数。在明智的人眼中,永远坚持一种看法绝不是值得称赞的做法。如同航行中,即便无法驶归港口,向暴风雨妥协也是一门技艺。在那种情况下,根据天空的方向掌舵,时常改变帆篷的布局,被视为最高的审慎。因此,面对多种多样且相互矛盾的人类事务(我排除了神圣事务),真正明智的人认为,改变自己的意见并无过错。据说,在公共事务中,尽可能有力地说服你的国民。但是,有些人会固执地死守自己的意见到底,认为被驳斥就显得低劣,被打败就是耻辱,还有些人宁愿远离生活都不愿放弃自己仔细考虑后形成的意见,这些人于己于其同胞市民都无益,还常常会给其国家带来毁灭。全世界都公认的最明智的人——柏拉图和色诺芬都认为,职官可以为了国家而说谎。

既然这些恶对于每个种族似乎都与生俱来,就必须根据每个民族的习俗和天性来鉴别历史，以免作出相反的评价。南方人的节制不值得赞扬，斯基泰人的醉态常被人指责，却的确不该被鄙视，因为南方人缺乏内热，很容易对食物和饮料满意；相反，斯基泰人即便想自控也很难，因为被内热所驱使，也缺乏天赋资源。

考虑到这些，更该指责的是南方人的奢侈生活，而非斯基泰人宴饮时的兽行，虽然那与喂养野兽没多大不同。塔西佗曾这样描述早期日耳曼人："他们用来填饱肚皮的东西根本不加工，也不用调味品。"后来又说：

> 他们在自己家里赤身裸体、污秽肮脏，然后就长成了我们所羡慕的身长手长的样子。他们就混在畜群里，在同样肮脏的泥地里度日。

当斯基泰人饿了，就撕开马耳朵处的血管，吸它们的血，生食其肉，如传说中的帖木儿（Tamerlane）军队那样。南方人却整洁优雅，无法忍受污秽。从他们祭祀和日常生活中使用脸盆和浴缸就可以看出。不仅古人们和色诺芬说过，而且阿尔瓦雷兹也证实过这点。色诺芬说，波斯人以咳痰为耻；[129]阿尔瓦雷兹说，阿比西尼亚人认为在寺庙中吐痰是不能容忍的罪行。继而，阿忒纳奥斯说，亚细亚人和埃及人拥有不可思议的佳肴。以挥霍无度①著称的安东尼被克娄巴特拉（Cleopatra）轻易地比下去后，嘲笑自己和罗马人愚蠢且粗野。波斯人制订法律奖励那些发明新的取乐方式的人，泰奥弗拉斯托斯记录过此事。我就不提那奖品了。波斯人的姿态和行为中也同样优雅。他们也谱成美妙的旋律，在竖琴上弹奏吕底亚调式。但斯基泰人喜欢流畅美妙的演说和迷人的措辞，通过他们的语言就能明白这点，沙哑的辅音一起出现，没有

---

① 前三版用的词是 decoctor，1595 版用的 decoctos。

元音间隔。他们受不了吕底亚调，而是培养声音的粗度；如塔西佗所写，他们用战斗的喊叫声激发精神，把护盾靠向嘴唇发出噪音，这样声音可以膨胀成一种更饱满更重的调子。① 他们喜欢听号角声和鼓声，对竖琴声全无兴趣。奇怪的是，斯基泰人也喜欢协会组织和集会；因此他们被古人称为“游牧者”(nomads/Nomades)，如今被称为“游牧部落”(hordes /Hordae)，鞑靼人说，他们的人无以计数，在各个平原漫游。

南方人追求独处，喜欢在树丛里躲藏，而非暴露在众目睽睽里。中部地区的人无需描述，如果人们了解了两极，能轻易由此领会中数是什么样子。例如，斯基泰人更常使用弗里吉调；南方人更常使用吕底亚调；中间区域的人在多利安调的触动下变得更凶，如诗人们所讲，以歌声唤醒马尔斯。② 吕底亚调式会让南方人更倦怠，多利安调本质和谐，引领灵魂的争斗朝向英勇和荣耀。因此，柏拉图称赞这种调式，亚里士多德也在他论述国家的卷篇里大力赞扬这种调式。③ 罗马人接受基督教时，也极其热情地接受了多利安调式，甚至颁布一道警示，禁止任何人在举行仪式时使用除多利安以外的调式。相反，斯巴达人则使用长笛，克里特人战争中使用鲁特琴(lute)，不是为了抑制其愤怒，如修昔底德和普鲁塔克所写(柏拉图和亚里士多德认为[130]是为了帮助人们实现复仇目的)，而是为了符合其自身的天性，因为克里特人和斯巴达人就是欧洲最南端的种族。④ 从北方人、南方人和中部地区人的真实特征来看，各民族的习俗的话题，就说这么多。

东方和西方的平坦和水平的地方(我们需要说说这些)不太好

---

① 塔西佗，《日耳曼尼亚志》，段 3。

② 维吉尔，《埃涅阿斯记》VI. 165。

③ 亚里士多德，《政治学》VIII. 7. 1342b15。

④ 在上面引述的段落中，亚里士多德说，长笛更适合表达酒神式迷醉，这也要求使用弗里吉调式。在博丹看来，弗里吉调式最适合用来刺激南方人。

判断,因为事实上并没有什么升起(oriatur)和下降(occidat)的地方。然而,不仅医生,而且农民和建筑者都从最令人信服的证据中了解到,在多山国家,东面和西面在很多方面有巨大差异。例如,都灵的平原在东面,因为阿尔卑斯山向西逐渐升高,而巴勒斯坦则向西逐渐升高,因为赫尔蒙山和黎巴嫩向西俯瞰,所以太阳从赤道升起后,巴勒斯坦比都灵几乎早一个半小时看到太阳。因为逐渐上升的光以其温和的热量纯净了空气中浓厚有害的沉闷,使得这个地区更加温和。而且,当太阳以其最大热量灼烧时,即在下午时,对东部地区而言在下沉,对西部地区而言却在上升。因此,阿洛布罗热人和都灵人有巨大差异,虽然他们都位于同一纬度,同一天球经度。

上述情况有因可循,但对于平坦的地区,就没有明显确切的原因可以解释为何小亚细亚的加拉提亚与意大利的坎帕尼亚如此不同,这二者位于同一纬度。但是,从以往的经验看,希伯莱人、希腊人和拉丁人都一致同意,东部地区比西部更温和更好。因此,以西结写到,做礼拜时,被拣选的人脸转朝东方。以赛亚也说,正义来自东方。同样,另有人警示说,“关注东方,看欢愉从上帝来到你们中”。我乐意使用这些证据,更乐意是因为,我明白这是对自然和神圣事物最真实的阐释。在拉丁人里,普林尼在卷七中评述到,长期观察发现,害虫是从东方传到西方。我在纳尔波那西高卢(Gallia Narbonensis)[①]也注意到了这点。因此,如果出现相反的趋势(基督1557年的确出现过),他们曾预测说传染病会遍及各地。在希腊人中,阿米亚努斯[②]举证说,塞留西亚被毁时,[131]他们打开了一所神庙里被迦勒底人用神秘技术尘封的祭坛,一种无法治愈

---

① [译注]纳尔波那西高卢,第一个位于阿尔卑斯山以北的罗马行省,边界大致上是由地中海向南,西至维内斯和阿尔卑斯山的北部和西部,也被称为“我们的省”(Provincia Nostra)。如今大约是法国南部的朗格多克和普罗旺斯。

② 阿米阿努斯(Ammianus Marcellinus),《罗马史》(*Roman History*)XXIII. xi. 24。

的瘟疫流行开来。马尔库斯和维鲁斯的时代，这些疾病到处传染，导致从波斯边境到莱茵河和高卢整片地区的死亡率极高。那以后不久，据说瘟疫从埃塞俄比亚向北蔓延，几乎毁掉全世界。原因很明显，南风吹过北方的湿润地区，温暖加速了腐烂过程。

那么，下一种影响因素就是不同种类的风。从南而至的风温暖潮湿；从北而至的风寒冷干燥。因为沿着北-南轴心和东-西轴心吹的风通常比较温柔，所以不会像斜着吹来的风那样引起空气的变化。当太阳远离北-南轴心时，不能激起很强的气流；但在东-西轴心线，太阳更强烈的热量会搅动风，但也抑制风的强度。[1] 因此，春天和秋天的风比冬天和夏天的更强。最强劲的是西南风（Africus）和西北风（Corus）。次之，是与之相对的东-东南风（Vulturnus）和北风（Aquilo）。西北风当然又冷又湿；东-东南风温暖干燥；西南风湿润温暖，北风又干又冷。据观察，沿着北-南轴心线吹的风非常冷，或非常温暖。沿着东-西轴心线吹的两种风都很温和：从正西方吹来的风和西风（Favonius），但是西风非常温柔、极少出现，或者基本上只在日落时才有。东风（Subsolanus）很健康，比西风要稍微强劲一点，特别是当太阳离开赤道时。然而，我完全不知道为何东部地区比西部地区更优越、更远、更隐蔽，因为没有什么真的上升或下降，但后续的效果却明显且奇妙。在我看来，如我以前所讲，东部地区的末端在摩鹿加群岛，西部地区的末端在赫斯珀里得斯群岛。这就是半个地球，因为这些岛的子午线彼此相距 180°。还有地球的另一部分——美洲所在地，两极都被无边无际的大海分割，因此似乎从东到西都完全被分隔开。关于每一区域的魔鬼的本质问题，[132]东方三博士（themagi）多有争论，我不讨论了。

---

① 显然，他的理论是，冬天的太阳远离北-南轴心线，所以不会引起大风，而夏天的太阳靠近东西轴心线，引起大风，虽然热量也抑制风的强度。

现在，我来谈谈只有感官能触及的事物。希腊最严肃最博学的人，即亚里士多德、希波克拉底、盖伦和克忒西阿斯，在很多段落中都提到且以恰当的例子证实，所有更美更好的事物都发现于亚洲，而非欧洲。即使他们由于不了解这些地区的纬度而常常出错，但现在其纬度已知，并发现在天球的同一四分区里，住在西边的民族天生身体力量更好，东部的民族才能更卓越。凯尔特人常常率领大量军队进入意大利、希腊和亚细亚，但意大利人直到在凯撒的领导下才把威力发展到顶峰，才敢进攻法兰西，且那时高卢人已被内战损耗疲惫。所以，西塞罗和阿格里帕(Agrippa)盛赞凯撒，因为他战胜了罗马人几乎无法抵抗其攻击的很多民族；他们不敢去惹那些民族。然而，意大利人几乎没遇到任何困难就征服了希腊。继而，希腊人带着他们的军队，穿透到亚细亚最中心、最深处，却几乎从来不去意大利，除了在皮拉斯王(King Pyrrhus)领导时。但是，当他被打败后，为了自身安全而胆怯地逃走，就像薛西斯，带了那么多军队进入希腊，各条河流都几乎被抽干了；却被一小队希腊人挡住并赶跑，太丢人了。所以，卡图指责穆雷纳，凯撒指责庞培的掩藏术，说他们在亚细亚的战争不过是与妇女们之间的战争，因此才有尤利安皇帝的这个评论：

> 凯尔特人和日耳曼人大胆；希腊人和罗马人有时好战，有时温和；埃及人更勤劳精明，虽然身体虚弱温和；叙利亚人头脑敏捷灵活，适合接受训练。①

后文里，他又说：

> 为什么我要提到日耳曼人有多么渴求自由、多么无法忍

① 尤利安，《驳加利利人》(*Against the Galileans*)，页347。

受奴役呢？提到叙利亚人、波斯人、帕提亚人以及所有住在东方和南方的民族多么容易驾驭、多么安静呢？

他把这些东西写进书里以反对基督徒，在书中明确揭示出东西方的力量。同样，塔西佗记录到，巴达维亚人占领了日耳曼的最西端，他们是最凶恶的民族，以勇猛著称。普鲁塔克在记录马里乌斯的生平中证实了这点。其实，他们的身形就很显眼，就像所有居住在寒冷的沼泽地带的人一样。同样，居住在最西端的各民族[133]被认为是所有高卢人中最好战的。凯撒本人首先注意到这点。他说："最好的人出自阿奎塔尼亚人（Aquitanian）和鲁腾尼亚人（Rhutenian）。"[①]而且，在欧洲所有种族里，最西端的是不列颠人和西班牙人，他们最活跃。

西方与北方有很多相似之处；东方和南方有很多相似之处。不仅从生物的天性，而且从灌木、各种石头和金属的特征中都可以看出来。有一个不变的传统，最好的金子和最珍贵的宝石都发掘自东方和南方，而其他最珍贵的金属发掘自西方和北方。的确，卡丹因此遭到斯卡里格的指责，因为他是根据其他权威作者作出的论述，而没有事实证据。但卡丹之前，阿格里科拉（Agricola），冶金技艺方面的大师，以他最权威的证据支持过这一说法。他说："全欧洲价值最高的金矿产自西班牙的贝提加，即欧洲最南端；非洲最好的则在埃塞俄比亚。"同一个作者在后文里又宣称："非洲东部缺乏红丹和水银；铁矿在非洲也很稀少，但在坎塔布里亚（西班牙的最北端，也是欧洲的最西端）却很丰富。在法兰西和日耳曼也

① ［译注］阿奎塔尼亚是罗马的一个行省，位于现今法国西南部阿基坦大区（Aquitaine）。原来恺撒把比利牛斯山脉到加龙河（Garonne）之间的地域定为阿奎塔尼亚，奥古斯都又往北扩大至卢瓦尔河（Loire）。大概有 20 多个阿奎塔尼亚部落，大多规模小，名声不太好，大部分的部落都生活在海洋中。鲁腾尼亚人极有可能指的是现代的东斯拉夫诸民族。

很常见”。他还说:“最好的铁在瑞典人和东哥特人那里。他们称之为 osemutum。”而且,他写到,萨高(Sagau)附近的利吉(Ligii),[1]在草地上挖 2 英尺深即可发现铁矿;10 年后又生长出来,再次可以开采。因为地下水的缘故,不能挖得更深。地球上最丰富的硫磺资源在极北之地(Thule),那里被称为冰岛。硫磺从那里被运往全欧洲。还是这个作者记录到,在日耳曼,这种矿藏只有戈尔德克罗纳(Goldkronach)[2]和喀尔巴阡山脉(Carpathian-Mountains)有,喀尔巴阡山脉的所有金属矿都很丰富。的确,它们在日耳曼东面向南延伸的边境线上。

据说,每年土耳其人从鞘铁菌属里冶炼出 20 万金片。寻找铁矿比较难,所以土耳其人常常在废弃的城镇里寻找铁矿,而非铜矿和锡矿。北方的铁矿几乎就在地表层,南方的金矿在田野和净砂层。其实,他们说在达木图王国,与贝特山脉(Bet)接壤处,摩羯宫的另一边,下过大雨后就能找到金子。因为其他金属被北边的大火溶解,即在比利牛斯山、侏罗山(Juras)、塞文山(Cevennes)、阿尔卑斯山、喀尔巴阡山、色雷斯山、旁加优斯山(Mount Pangaeus)、劳里山(Mount Laurius)、特墨洛斯山(Mount Tmolus)和高加索山里被溶解,[134]因此,南方能采集到金子,不是因为受到火,而是由于受到天体恒星和太阳热量的影响,即使在土壤和砂砾表面也能采集到。同样,南方人和东方人受天体热能和恒星力量的供持,但西方人和北方人靠内在激昂的热供给。

所以,从细节回到普遍,我的理解是,在北方,内部温暖潮湿,外部干燥寒冷。相反,在南方,内部干燥寒冷,内部温暖潮湿。东方和西方则要温和一些。事实上,这一点在更纯粹的本质和更脱离物质

---

① [译注]利吉是位于波兰北部的村庄。

② [译注]戈尔德克罗纳是位于德国巴伐利亚州东北部拜罗伊特城的小镇,位于拜罗伊特东北 12 公里处的斐克特高原(Fichtelgebirge)附近。

性的元素上表现得很明显。夏天的空气上下都变热时，中间区域集聚了大量冷空气，以致重量增加形成冰雹，冬天还无法形成这种现象。同样，被太阳的炽热灼烧的土壤保持了其冷，而当所有事物都冻僵之时，土壤内部却保持着热量。井里可见这种现象，井水冬天涌出时热乎乎；夏天却似乎很冷。因之，北方几乎永远都冷，冷得太久以致热都存在于内部，不仅土壤如此，各种生物和植物也都如此。如恩培多克勒所讲，自然似乎将热放在冷里，将冷放在热中。既然植物的养料和动物的食物都从温暖潮湿之地长出，所以北方有大量树林和生物。因此，普林尼记录到，日耳曼处处是不可思议的浓密森林。维特鲁威也写到，亚平宁山脉的北面，长着高耸的树木。极地下被称为格陵兰岛的地方，就是因为其广袤且碧绿的森林而得名。非洲没有树丛，除了在山区，山上的性质和北方一样，我们稍后解释。高大的树木和人，越往南，似乎一点一点变得越矮小。纳尔波高卢有些橡树只有 2 英尺高，结果实后却不再长高。

另外，在北方，除了金矿以外的其他所有金属矿藏都很丰富；而南方却几乎什么都没有，除了在最陡峭的山里。但是，北方大陆上也有火山爆发和大火的记录。奇美拉山（Chimaera）、[①]嘉泽乌勒（Gazeuale）、维苏威火山、埃特纳火山、特内里费（Teneriffe）山峰[②]、

① [译注]奇美拉山位于古代吕西亚内，以不断燃烧的火焰而闻名。据说，此山位于土耳其境内一个名为亚纳塔（Yanartaş）的地区，不断有甲烷和其他气体从岩石里冒出来。一些古代传说认为它就是神话中怪物奇美拉的起源地。

② [译注]特内里费，或特内里费岛，是西班牙位于靠近非洲海岸大西洋中的加那利群岛中最大的岛，也是西班牙人口最多的岛屿。该岛由火山形成，西班牙的最高点泰德峰（Teide，3718 m）就在该岛，应该就是博丹提到的特内里费山峰。特内里费岛这个名字的由来是参照《罗马史记》中 Nivaria 一词，意为“泰德火山顶端的积雪”。特内里费的邻岛拉帕玛岛上的原始居民关伽族人能清楚地看到这座高山，习惯上称她为雪山。最初征服特内里费岛的是关伽族人，他们在此建立自己的王国并命名为关伽。1494年，西班牙军队船只发现了此岛，并发起了特内里费岛上的第一次战争。由于关伽族人没有先进的武器，并且那年发生了瘟疫，他们也没有先进的医药免疫，最终于 1495 年 12 月 25 日投降卡斯提尔王国。此后一直为西班牙属地。

卡尔帕托司(Carpathus)和图勒，即极北之地(它坐落在北纬70°，几乎整片地下全是火山)，以及奥劳斯在描述哥特人时命名的大部分地方，都燃烧着永恒的火焰。比利牛斯山就[135]因火而得名。赤道另一面南纬30°的地方，没有关于火山的记录。也没有冒热水的温泉，不像在意大利、高卢、日耳曼和最远的哥特兰岛等地。我认为那就是米兰多拉下述话语中想要含糊表达的意思："明白北风的特点的人懂得，上帝为何要以火来审判世界。"这是个很古老的观点，不仅皮科阐述过，普鲁塔克说赫拉克里特也阐述过，希伯莱人也说过，他们认为世界在某一时刻会燃烧起来。马基(Jerome Maggi)①认为，火不会从天而降，而是从地球的内核迸发出来。而且，这火一定是在北方点燃，而非南方，因为南方有水源，而北方地块集聚延展，滋养着内部的大火。虽然，对于凝视着由土壤和水构成的世界的人来说，显露出来的土壤和隐藏着的一样多，陆地和整个海洋的大小似乎差不多；但是，如果我们以赤道为南和北的尽头——一般而言都是如此，那么露出水面的整片陆地则是向北延伸。还剩下非洲和美洲的一小部分。被称为南部的那片陆地被描述为面积广袤，目的是为了能详尽阐述，而并非事实如此。

因此，我们必须以某种不同于古人的方式阐释《以斯得拉书》(*Esdras*)②，否则他的话就会很荒谬——上帝揭示了地球的七个部分；他把水全部归为第七部分。古代逍遥学派的想法更可笑，认为陆地是水的十分之一。如果这个由水构成的球③是陆地的七倍，如我们从圆周与直径的比率所知，那陆地(这样的话，只有其表

---

① 马基(Jerome Maggi)逝于1572年，著有支持廊下学派哲学原理的*De mundi exustione et de die judicii*，并著有关于尤士丁尼的评述。

② 《新约外传和旧约伪经》(*The Apocrypha and Pseudepigrapha of the Old Testament*)IV以斯拉记6:42。

③ 这里遵循的是1566年和1572年版，其中用的是globus，而不是globo，这样逻辑上更讲得通。也可参见博丹的《普遍自然剧场》II. vi. 259。

面可以触及到地球的中央)就是全部浸在水中。要把陆地的中心放置在地球的中心,这比率还需要多多少?但是前一种假设[①]一定是正确的,因为在麦哲伦海峡附近,离南极不远处,地球的球面有一点凸出。这值得关注,很多人的旅程和经验都证实了这点,海和水域的重量是由北而生,以巨大的冲力向南推进。[136]卡丹跨越不列颠和冰岛时,从水手们那里了解到这点并记录下来,但他既没有调查这个现象的原因,也没有调查其影响效应,所以遭到斯卡里格的批评。斯卡里格说他仅仅介绍了这个现象,就像是他自己发现的一样,这批评得有道理。

因为涉及到对元素世界和对人的普遍本质的全面理解,涉及到求证我们已经陈述过的事实(即陆地朝北延伸,水域朝南流;此处外部温暖潮湿,彼处外部寒冷干燥;此处内部寒冷干燥,彼处内部温暖潮湿),我们来比较一下古人与我们的观察。首先,我们要关注迦勒底人认为火相三分主星在欧洲,水相三分主星在非洲的观点;希腊人形容南风是"从潮湿地或者南边来的",诺托斯(Notus),仿佛来自潮湿。那种风暖而湿。玻瑞阿斯(Boreas)则寒冷干燥。还有一个广泛认同的事实是,水流从波罗的海经过斯卡格拉克海峡(Skagerrak),[②]奔向英吉利海峡(the Channel),因此也就朝向法兰西和西班牙海岸。但是,里海通过一些内部秘密通道流出,在蓬托斯变成亚速海(Sea of Azov),因而被引着穿过达达尼尔海峡注入地中海。更远些,赫拉克勒斯海峡附近喷发出一大股

① 即那个古怪的假设。

② [译注]斯卡格拉克海峡位于日德兰半岛和挪威南端、瑞典西南端之间,是北海的一部分。海峡西通北海,东经卡特加特海峡和厄勒海峡,连接波罗的海,是波罗的海沿岸国家通往北海以及大西洋、北冰洋的重要通道。在两次世界大战中,斯卡格拉克海峡在战略上对德国非常重要。第一次世界大战的最大海战,日德兰战役,也被称为斯卡格拉克战役,于1916年5月31日至6月1日在此处展开。第二次世界大战期间,德国入侵丹麦和挪威的目的,就是因为控制这条水道极其重要,它是通往波罗的海的唯一海上通道。

水流，因而将整个水域带回南方。

水手和贸易商们曾明确讲述过这些事，地理学和水文学也将我们引向同样的结论。普林尼说造成更大波浪运动的不是北方，而是南方，这并非全无道理，只是他解释的原因很傻，因为南风显然是把海潮潮流朝相反的方向逼近。还有一个证据，狄俄多儒斯曾提到，不久前阿尔瓦雷兹也说过，更近期我国航至非洲的人们也一致声称，即在赤道那边有连绵不断的雨水泛滥，所以形成了尼罗河洪水。普林尼在卷二①中称，永不绝迹的露水滋润着非洲，即便在炎热的夏天也如此。他没有解释此中原因。仅有的解释是，南方是地宫（hypogaeum）②所在地，从整个黄道宽度来看，相对于北方，太阳在南方离地球更近。因此，它显然能够把水的重量朝那边拖。这个支撑我们观点的证据[137]不仅可信，而且我认为也一定能得到认可。

亚里士多德说北方的热病更严重，夏天时北方的热比南方更厉害。这个说法可以反驳。热病的原因很明显，即毛孔闭塞，其结果是，冬天各地的疾病都比夏天更严重；然而，认为夏天时人们在欧洲比在非洲更苦于天气炎热，就很荒谬了。但亚里士多德把这个观点陈述得好像广为人知一样。

其实，阿尔瓦雷兹记录过，一个从埃塞俄比亚来的阿比西尼亚教徒，在他与外交大使约翰（Prester John）一同抵达葡萄牙的当天，就死于高热。当然，在法兰西的西班牙人抱怨，夏天他们觉得比在西班牙更热。而且，我从一个日耳曼人普克（Purquer）那里得知，在夏季中期的但泽（Danzig）③地区，即靠近波罗的海地区比图

① 普林尼，《自然史》II. 63。

② 瓦伦斯认为 hypogaeum 在这里是 nadir（天底）的意思。

③ [译注]但泽（Danzig）是德语发音音译，波兰语“格但斯克”（Gdańsk），该城位于波罗的海沿岸，是波兰滨海省的省会城市，也是该国北部沿海地区的最大城市和最重要的海港。格但斯克曾是斯拉夫人最早的定居地，历史上称“格但奈 （转下页注）

卢兹更热。我想，这就是塔西佗告诉我们日耳曼人把一年分为冬季、春季和夏季的原因；他们从不知晓秋季的收成以及这个季节的名称。丹麦人只有冬天和夏天，和迦太基人一样，从不考虑春秋，非洲的利奥就这样记录。

我们可以把北方炎热的原因归于空气的停滞和沉闷。由于内部潮湿而致的水流，使得欧洲和斯基泰河流众多，从而生出许多泥泞地和沼泽地。因而，夏天水蒸气浓厚。水蒸气封锁住热气，使这里的空气比非洲更加沉闷炙热，非洲因为缺乏河流而空气稀薄。因此，正如金属被点燃之后比木材燃烧得更猛烈，木材也比甘草燃烧得更猛烈，所以在浓密的空气中也比在稀薄空气中燃烧更猛烈。因此，如果想花费少洗热水澡，可以在土壤中洒水，水蒸气上升使得空气变厚，就能保持住热量。还有一个证据，夏季，我们在雨天会比晴天流汗更多，感觉更热。但是，我不会进一步说北方表面的各部分比南方更热。与其性质一致，表面各部分干燥寒冷。但是当南风吹拂、蒸汽上升，空气就能更好地保留并保持住热量。

相反，在非洲，当土壤、石头和水域被温暖后，因为光线能量的

(接上页注)兹”。8－9世纪，这里是手工业－渔民居住点。13世纪起，同荷兰、英国、斯堪的纳维亚国家有着广泛的贸易联系。16－18世纪，成为欧洲最大的商港，并是手工业和文化艺术中心之一。1793年，被普鲁士占领，改名为但泽。1807年，拿破仑授予它自由城市特权，但由于通向大海的普鲁士走廊的建立，格但斯克与波兰领土隔离而经济完全崩溃。1813－1814年，该城要求与波兰重新统一，未果。后并入西普鲁士省。第一次世界大战后，波兰复国，当时波兰因没有港口，将附近直通波罗的海的一条狭长地带划出，作为波兰出海通道，这一地带被称为波兰走廊。《凡尔赛和约》还规定但泽为自由城市，由国际联盟、波兰行使管辖权。然而，格但斯克的立法议会(由德意志人组成)总是尽其可能反抗波兰的监督。最后，波兰在其北面16公里的波兰领土格丁尼亚建起另一港口。格丁尼亚迅速发展，而格但斯克也日渐繁荣。纳粹党在1933－1935年的选举赢得议会多数席次，使德国进一步操纵格但斯克。第二次世界大战前夕，纳粹德国要求收回但泽和波兰走廊，希特勒以此作为向波兰进攻、发动大战的借口之一。战争期间，格但斯克市80%的古都建筑遭到破坏。战后按原状重建，并恢复格但斯克原名。

原因,会比在斯基泰热得多。所以,亚里士多德这样说应该更恰当,[138]夏天,即使行至北纬60°,北方的空气也比南方更热。总体上,这些东西可以揭示出居住在该地水平地区的民族的习俗。

现在,我们来细究山区、潮湿地区、沙漠地区、多风地区和平静地区各自的不同特征。平原地区和山区居住者,其天性方面的差异,与南北地区的居住者相同,如果平原不太潮湿,与温带地区居住者的差异也几乎差不多。因为北方的强冷一直延伸到各个平原;南方一样,延伸至各个山区。中部地区冷空气与热空气相遇后发生反应,产生的力量如此大,以致月亮山或最高的特内里费峰的居住者们都会受冻,丝毫不输于极北地区的人们所受之寒,如果那些人真的存在的话。想想夏天冰雹总是在中部地区的上空形成,就很容易理解这点,而冬天我们几乎看不到这种现象,因为冷被分散了,力量不足。因此,阿威罗伊的想法不对——植物和生物在山区长得更好,因为离天堂更近。如果真是这样,那山区人民应该更像上帝更有才华,但人们却都觉得他们粗俗笨拙。

希波克拉底的记录也不对[①]——山区的季节更替造成了其居住者凶残的特点和巨大的身形。因为我们清楚地知道,北方各地水源极其丰富,而山区却很干,那么山区的人一定更顽强、更坚韧,活得更久,外表也更出众,就如同山上的鸟儿和兽群胜过生活在沼泽地的,山上的树木也胜过其他地方的。山巅几乎没人居住,人们都居住在坡面,所以纬度45°以下朝北的坡面更温和更适宜生长。然而,在那一纬度平行线的这边,朝南的坡面更宜人。二者的差异很大,曾去过山区的人们非常了解这点。

那么,我们所说的中部地区的特点以及人们的习俗就不包括如下地区的居住者:阿尔卑斯山、比利牛斯山、赛文山脉、阿克罗斯伦安山脉、大巴尔干(the Great Balkans)、[139]喀尔巴阡山、奥林

---

① 希波克拉底,《空气,水,和环境》,段24。

匹斯山、托罗斯山脉、斯特拉山、[①]高加索山、帕米尔高原和奥弗涅山脉，但这一地理带的气候是最温和的。同样，我们所说的南方居住者的特征也要排除如下地区：阿特拉斯山、阿拉伯高地、贝特山脉、安盖乌斯山（Mount Angaeu）、[②]特内里费峰和被普林尼称为“诸神的战车”的塞拉利昂山。山区人坚强、粗野、好战，惯于艰苦劳作，一点也不狡猾。不仅在北方的山区，而且在靠近赤道的阿特拉斯山里，据说都有体型高大强壮的人，就是我们常常能见到的那种。毛里塔尼亚和努米底亚的统治者们曾想从这些人中招募其军团。当然，引人注意的是，居住在阿拉伯地区山里的人们永远无法脱离其凶狠的特性和坚定的勇气，而是依靠自然的力量或是凭着对这一地区的保护，让自己的生活一直享受着最大的自由。

我听说，即使是土耳其统治者也付了6000金币，才可能自由地享受大马士革和巴勒斯坦平原。再说，居住在亚平宁山脉里的古马西人（Marsi），听闻是意大利各民族中最凶狠的。大家都说，缺少马西人，没人能获得胜利。如果不是居住在瑞典山脉里的达勒卡利亚人（Dalecarlians），[③]古斯塔夫斯上哪儿去招募攻打瑞典王国的军团？瑞士人又如何呢？既然他们把自己的源头追溯至瑞典人，他们为自己，也为被僭主折磨的相邻民族争取到了自由。他们常常打败奥地利的各君主，大举杀戮日耳曼人。他们以武力占领了日耳曼帝国的不少部分。最后，因为他们凭借武器的力量干了那么多事儿，以致被称为征服者和君主监察官。

由此，我们能理解西塞罗的话：“利古里亚的山地人与其天性

---

① 博丹似乎从西到东在列举，这样的话，斯特拉山脉应该在小亚细亚，但英译者无法找出其位置。

② 安盖乌斯一定是拼错了，应为旁加优斯（Pangaeus），位于色雷斯的一座山。博丹在第133页提到过旁加优斯。

③ [译注]达勒卡利亚在历史上是瑞典中部的一个省或地岛。该省的边界大部分与现代瑞典的达尔纳县重合。Dalarna一词的意思是“山谷”。历史上，达勒卡利亚人也被称为达利人，以热爱独立而闻名。

一样，粗狂生猛；而沿海民族则非常狡猾。”我不细讲西西里亚和巴尔干岛的山区人民如何与土耳其人长期作战，他们在其领袖卡拉芒人（Caramani）的带领下支撑了多久，又是如何一次次击退土耳其人的了。总体上，他们的天性与居住在潮湿地区的人相反，后者因为水源丰富，即使位于同一纬度，身形也更高；[140]因为巴达维亚人（Batavians）①和弗里斯人（Friesians）②控制着莱茵河的河口，比这个地区的日耳曼人身形更高大。由于生活在灌木丛和平坦地区，贝尔格族人比不列颠人更高，他们说不列颠人的祖国很平坦，完全没有湿地，全是沙地。

最糟的是居住在潮湿温暖地区的人们，例如埃及和高卢纳尔榜，全被沼泽地覆盖。鼠疫、积水、皮疹、麻风病都是那里的地方病。这里也可以看到虚弱的人和难看苍白的脸。气色好是气候温和的主要指标，但是干旱地区不管多么温暖，人们都仍然健康。西班牙、努米底亚、波斯、迦勒底和阿拉伯费利克斯地区都有活跃的强壮之人，比同一区域的其他人强壮。非洲的利奥记录到，当埃及、昔兰尼加、毛里塔尼亚和高卢纳尔榜满是白癜风病人的时候，麻风病患者在西班牙和努米底亚仍然非常少见。

即使一河之隔，如果流域很长的话（如多瑙河、尼日尔河、波河、塔霍河、阿索波斯河），有时也会造就人们不同的天性，如此，可分为河南人和河北人，彼此不易有联系和贸易。因此，他们彼此常

① ［译注］巴达维亚人是古老的日耳曼部落，从公元前1世纪下半叶到公元3世纪生活在莱茵河三角洲附近。这个名字也被应用于罗马人雇佣的几个军队，因为那些士兵来自巴达维亚。巴达维亚是莱茵河上的一个岛，凯撒在《高卢战记》里曾提到过，岛的最东端是莱茵河上的一个分裂带，一头连着瓦尔河，另一头连着莱茵/老莱茵河。后来，塔西佗提到，这个部落最初是凯撒从未提价过的德国查蒂部落（Chatti）的分支，因内部纷争而被迫搬到新家。

② ［译注］弗里斯或弗里斯兰（Friesland）是北海（即德国湾）东南角的沿海区域，从荷兰西北部穿过德国西北部一直延伸到丹麦边界。弗里斯是弗里斯人的故地，弗里斯人说弗里斯西亚语，这是一个与英语密切相关的语言组。

常大相径庭。尼日尔河以南的人身小、体弱、肤色灰白;相反,以北的人则身大、体壮、肤色黝黑。所以毫不奇怪,柏拉图因自己是雅典人不是底比斯人而感谢诸神;但是雅典和底比斯不仅被阿索波斯河隔开、相隔约 2 万步,而且雅典人面朝南,底比斯人则朝北。同一区域,山谷南面比北面的天气更热,所以住在后者的人天性大致类似于斯基泰人,而住在前者的人则更像南方人。因此,靠近喀尔巴阡山南面的居住者肤色褐黑;另一面的则肤色白皙。同样的原因,盖伦把日渐衰弱的人送往塔比亚努(Tabianus),那是索伦托和那不勒斯之间的一个地方,那里有一个山谷朝南,冬天气候也如春天一般。

因此,居住在莱蒂亚(Rhetia)、①卡林西亚(Carinthia)和克罗地亚的人与居住在伊斯特拉半岛和伊利里亚(Illyrians)的人的天性存在差异和不同;伦巴第与利古里亚和托斯卡纳居住者的天性也不同。纬度 45°平行线以下,还有些人被山谷四面环绕,因为光线集中以及这个地区每个地方的特征都得到保护,所以他们忍受着非常浓厚的热气。[141]而且,因为从山上下来的泉水和雨水混杂着淤泥,土地极其肥沃。古人们曾记录到,毛里塔尼亚一带和大小阿特拉斯的山谷有 1 比 100 的收成,在我看来并非虚构,因为即便现代非洲的利奥也承认,他曾见过 1 比 50 的收成。确实,普林尼说毛里塔尼亚的地方财政官送给奥古斯都的一株麦穗上有近 400 颗麦粒。更难以置信的是斯特拉波讲的关于托鲁斯山脉山谷

---

① [译注]莱蒂亚,以 Rhaetian 民族命名的罗马帝国行省,西临赫尔维西亚人的国土,东临诺里库姆王国,北接文德里西亚,西接南阿尔卑斯高卢,南面是威尼提亚和希斯特里亚。因此,它包括了现代瑞士东部和中部地区(包括上莱茵河和康斯坦斯湖)、巴伐利亚州南部和上士瓦本、福拉尔贝格州、蒂罗尔州的大部分地区,以及伦巴第的一部分。后来的文德里西亚,即现德国乌尔腾堡东南和西南部分,成为莱蒂亚的一部分。在奥斯都和提比留斯时期,莱蒂亚的北部边界是多瑙河。后来,北部边界是多瑙河以北绵延 166 公里的上日耳曼长城(Limes Germanicus)。居住在瑞士东南部的罗曼什人被认为是莱蒂亚的直系后裔。

的故事——葡萄串有2腕尺长,从一棵无花果树上可以采集到70配克果实。在黎巴嫩山脉的山谷里的大马士革田野中,也有关于几乎同样事情的记录。作为例证,我们有阿维尔尼人的利马涅、都灵乡村、比利牛斯山的黄金山谷、塞萨利的坦佩谷(Thessalian-Tempe)、[1]塞藤山谷(the valley of Sitten)和喀尔巴阡山脉各山谷,这些地方如此富饶,以致山谷里的肥沃完全弥补了山区上的贫瘠。所以,因为物产如此丰富,居民们必然从事农业,忽略军事事务,促进和平,在愉悦中逐渐懈怠。

阿忒纳奥斯在卷七中写到,吕底亚人和翁布里亚人因其无耻的取乐而著称。两个地方都处于平坦的低地,普洛佩提乌斯说麦瓦尼亚坐落在平坦中的空处。[2] 锡巴里斯人(Sybarites)[3]的故乡也位于那种地势,这些人从来没有见过升起或下落的太阳,阿忒纳奥斯曾描述过他们的娱乐和享受方式。但是,阿尔恰托把普劳图斯和加图卢斯作品中的一个词愚蠢地误读为了 parcos,其实他们

---

① [译注]坦佩谷,希腊北部塞萨利的一个峡谷,位于北部的奥林匹斯山和南部的奥萨山之间。山谷有10公里长,皮涅俄斯河流经此峡谷,通向爱琴海。在古代,希腊诗人把它作为阿波罗和缪斯女神最喜欢的地方。皮涅俄斯河右岸有一座阿波罗神庙,皮提亚竞技会上的获胜者即在此处接受桂冠。

② 普洛佩提乌斯,《哀歌》(*Elegies*)IV. i. 123。

③ [译注]锡巴里斯人是锡巴里斯(Sybaris)本地居民。锡巴里斯是意大利南部一个古希腊城邦,事实上,它是公元前8-前6世纪古代希腊人在意大利半岛南部建立的夹杂在土著居民点之中的一系列城邦的总称。大希腊时期,希腊各族纷纷外迁建立殖民地,阿哈伊亚人建立了锡巴里斯(约公元前720年)和克罗同(约公元前710年)。最初建立的一些城邦,后来有的又建立了自己的子邦,如锡巴里斯建立了波塞多尼亚。大希腊的诸城邦除与周围意大利各族经常发生战争外,彼此之间也常有战争。公元前510年,克罗同在打败锡巴里斯后,将该城夷为平地。锡巴里斯的流亡者于公元前453年重建该城,旋即又被克罗同摧毁。公元前443年,在伯里克利的支持下,包括一些雅典公民在内的来自许多城邦的希腊人,在锡巴里斯附近建立了图里。据斯特拉波和西西里的狄奥多罗斯讲,锡巴里斯靠近大海,位于克拉提斯河(Crathis)与锡巴里斯河之间,锡巴里斯和图里的废墟被克拉提斯河的沉淀物掩埋,遗迹在20世纪60年代被重新发掘。如今可在意大利卡拉布里亚大区科森扎省找到,位于原址的东南面。

是称翁布里亚人为 porcos(猪)。更荒谬的是,在普鲁塔克的《论文集》(*Symposiac*)卷二章十中,本来ὀμβρικὰς διαιτάς指的是翁布里亚人(Umbrian),但他却在那里讨论野兽。因为据说艾利安和埃斯库罗斯都用ὀμβρίκιὰ和ὀμβρίκαλα①来指野兽的幼崽,而拉丁人称绵羊或摩弗伦羊的小崽为 umbrian。

这类富饶山谷的居住者们沉沦于享受,与贫瘠地区的居住者的秉性迥异。后者在战争时是勇敢的战士,和平时是聪明的劳动者,或者孜孜不倦地从事贸易。正因为如此,贫瘠的阿提卡平原使得雅典人成为各种技艺的发明者。据载,他们认为享乐是最大的罪,意大利的热那亚人、[142]我们中的利穆赞人和日耳曼的纽伦堡人也持这种看法。山谷居住者因为更丰富的资源而更快乐,其他人则因为自己的才能而快乐。雪融化后,冰冷的水流进中空的地方,所以常常会收缩形成淋巴结核或水囊肿,特别是向西和向北的地方。所有居住在都灵地区瓦勒多卡(Valedoca)山谷里的人,都患有淋巴结核或喉咙肿瘤或扁桃体炎。他们说话不平衡或者不能说话,如阿基塔尼亚的拉达诺(labdani)族就是因为他们"发音不准"(labdacismus)而得名。他们身体上的这些疾病源自水域。而身体上的病也被带入了灵魂。希波克拉底清楚了解水域在改变习俗方面的强大力量;无需说更多。但是,普林尼的记录也值得注意——在希腊的阿利阿克蒙河(Vistritza)②流域,绵羊是白色的;

---

① 埃斯基涅斯用希腊词ὀβρίκαλα指动物的幼崽,里德尔和斯科特在《希英大字典》中指出,艾利安也用过ὀβρία一词。斯特方在《希腊语词库》(*Thesaurus*)中指出,ὀμβρίκαλα这种拼法是偶尔为之。

② [译注]阿利阿克蒙河(Vistritza)是德语,其希腊语名Ἀλιάκμων,拉丁语名 Hase Chasu。此河流全长297公里,是希腊马其顿地区最长的河流;源出阿尔巴尼亚边境的格拉莫斯(Grammos)山;流向东南,穿过平缓的谷地和盆地,流经卡斯托里亚湖(Kastorias),进入本都峡谷,流经韦尔米昂山(Vermion)和皮埃里亚山(Pieria)之间,穿过塞萨洛尼基(Thessaloniki)平原,注入爱琴海的塞尔迈湾(Thermaikos Kolpos)。

阿克修斯河流域，绵羊是黑色的；而在赞瑟斯（Xanthus），[①]绵羊是黄色的。维特鲁威证实了这种说法。

我们生存所主要依赖的空气也会生出不少缺陷，有时甚至还很多。虽然我们曾总体上谈及过这一事实，但细说起来，可以发现，多风地区的人更凶猛、更多变；相反，少风地区的人更和蔼稳定。原因很明显：在被吹得左摇右晃的地方，大脑无法宁静。一个证据是，没有人能在运动与吵闹中冥想，冥想只能产生于纯净的心智，在脱离了情绪干扰、身体保持不动的时候才能进行。一个人越聪明，身体和大脑的动作就越缓慢。其实，疯狂就是身体以及灵魂永不停息的疾奔，所以我认为，是风和寒冷永恒的撕扯使水手们野蛮和残忍。不管如何，众所周知，色雷斯、高卢、不列颠、切尔克西亚、利比亚沙漠、卢西塔尼亚、波斯、挪威、诺里库姆（Noricum）[②]和潘诺尼亚等地，据说受到大风的严重影响和干扰，与处于同一地带其他更平静地区——亚述、小亚细亚、除了利古利亚的意大利和埃及等被称为黄金气候地区的居住者相比，前述地区的居住者更凶猛，更容易被改变。

的确，居住在托罗斯的切尔松尼斯（Tauric Chersonese）的切尔克西亚人处于非常温和的气候带，但是据说他们的野蛮、不忠和残酷令人震惊；多风的影响力在这里最为明显。还有一个证据是，法兰西的居民里，血气最旺的当属纳尔榜、阿基坦和普罗旺斯的人，但这些地方却在法兰西的最南端。因此，我认为，这种凶猛和

---

① [译注]赞瑟斯是古代吕西亚的一个城市，位于现今土耳其的安塔利亚省，同名河流所在地。赞瑟斯是吕西亚人的文化和商业的中心，后来也是波斯人、希腊人和罗马人的文化和商业中心。15世纪，拜占庭帝国灭亡后，该地区变成了土耳其人居住地。如今这座古城早已被废弃。

② [译注]诺里库姆是一个凯尔特王国的拉丁名，大约在公元前400年建立，是由12个部落组成的联盟，包括现代奥地利大部分地区和部分斯洛文，后来成为罗马帝国的一个行省。它北临多瑙河，西接雷提亚（Raetia）和文德里西亚（Vindelicia），东面和东南面是潘诺尼亚，南面是意大利。

心智上的不安定激动状态,部分由[143]南-西南风(Atlanis,普林尼用这个词,伏尔图努斯也常用,这种风时常刮过高卢纳尔榜)造成,部分由西北风(Corus)或西-西北风(Circius)造成,居民们称这种刮得最猛烈的风为塞拉(Serra,应为 saw[锯子]?)。

各民族的融合对人们的习俗和天性的改变可不止一点点。住在同一地区的斯基泰人并非真的都一样,因为世界上每个地区都有特定的性情。希波克拉底持这种观点。恩培多克勒和廊下学派的看法可能更接近事实。如普鲁塔克所记录,他们认为外表差异源自从灵魂接收的影像。有些人天生如野兽,因为他们完全不受思想的影响,而仅仅受感官的影响,就像普林尼讲的那样。所以斯基泰人喜爱简单的愉悦方式,这符合他们的天性,并且很少被思想的多样性影响,容易生养出与父母相似的孩子。然而,我更倾向于另一种推理路线。

我们曾说过,埃塞俄比亚的人非常敏感,性欲强,没有人显著偏离这一统一类型。他们都身材小,卷发,肤黑,鼻子平,唇厚,秃顶,齿白眼黑。斯基泰人也没什么差异。希波克拉底自己写过,塔西佗也如此描述日耳曼人。现实中,我们发现,越远离中部地区,人们的脸彼此越相像,而在中部地区,人与人之间有无限多种差异。虽然在气候温和的地区,人的眼睛应该都呈泛红的黄色(因为那一种类的所有眼睛都是黑色、蓝色和黄色三种颜色的混合),但我们发现除了红黄色,还有泛灰色的(glaucus)、蓝灰色(caesius)、黑色、灰黄色(ravus)和这些颜色混合产生的无数变种。有高鼻子的人,也有偏平鼻的;有卷发的、黑发的、白发的和红发的;有红胡子的;有气色鲜红的,也有面色苍白的;有身材矮小的,体型庞大的。那么,出现这些情况应该是由于各民族的混杂,各民族常常从两极地区迁徙到中部地区,就好似搬到气候最稳定的地区。无以计数的斯基泰人、哥特人、土耳其人和鞑靼人的游牧群在中部地区定居。只有旺达尔人一直挺进非洲,后来又被赶出去。既然被古人们称作萨拉森人的阿拉伯人和迦太基人把殖民从非洲领进欧洲和亚洲,他们自己也就在中部地区定居下来。没有人进入斯基泰,他们虽然入侵了西班牙、意大利和希腊,却在高卢被打败和征服。之后,法兰西人[144]把意大利和大部分西班牙从奴役中解放出来。古凯尔特和古罗马的殖民地居民以同样的方式在中部地区寻求家园,没有人去往斯基泰和埃塞俄比亚。

因此,正如我们看到从各种不同的生物、植物中产生了不同的形式,例如骡子、美洲豹、土狼、狼狗和长颈鹿,都不像他们的父母,所以对于人类的变化,我们也应作出相同的判断。狼狗是狼受孕所生,却几乎与狗没多大差别,因为如瓦罗在其作品中所讲,狼就是森林里的狗。但是骡子与马和驴、长颈鹿与骆驼和美洲豹却大相径庭。因此,如果斯基泰人与埃塞俄比亚人混杂,无疑会生出一种变化多样的不同种类。阿忒纳奥斯写到,费拉德尔甫斯(Ptolemy Philadelphus)曾展示过一个人,当时那人正处于某一发展阶段,脸和身体是两种颜色;一边是黑色,一边是白色。这样的话,我就认为,是丹麦人、撒克逊人和英格兰人与不列颠人的混合,使不列颠人更加凶猛,而他们自己却变温和了。其实,当不列颠人被赶出家园进入高卢时,虽然艰难,却也逐渐摆脱了其野性,并慢慢摆脱高卢人的奴役而赢回自由。

我想,同样的推断也适用于查理大帝领导的贝尔格人中的撒克逊殖民者,他们一直为自由而英勇奋战。如此,人与植物就不同:植物被移植到其他地方后,很快失去自己的特点以适应土壤的特征,因为要从土壤中吸收养分;人却不会轻易改变自己天性中与生俱来的特点,那需要很长的时间。凯撒记录到,高卢特克托萨人(Gallic Tectosage)占领了日耳曼最肥沃的地方,随着时间的推移,他们的习俗和天性改变非常大,在凯撒时期,他们的生活像日耳曼人一样穷苦艰难;二者的事务和生活习惯已然相同。所以,当执政官莫密乌斯(L. Memmius)将要与以好战勇猛著称的伽拉太人

(Galatians)①开战时，他鼓励被高卢名声吓到的罗马军团，说加拉太人很早就不是高卢人了，以燃起军团士兵们的胜利希望。他们早已因亚洲式的愉悦而变得毫无男子气，在温和的气候中丢失了英勇，所以对他们没什么好怕的。在希罗多德的书里，居鲁士说得很对，“没有男子气的男人生于温和的天空下”；事实上，除了极其热忱地投入军事训练的那段时期，土耳其人也逐渐了丢失其斯基泰式的野性特征，[145]轻易就被莫斯科人和萨尔玛提亚人武力打败。

然后要讨论的问题是，教育能够在多大程度上改变人们的天性。教育分两部分，属神的和属人的；属人的教育可能正确，也可能错误。当然，每种教育都足以彻底战胜天性。如果希波克拉底真的认为所有植物种类都可以培植，②那么人类在多大程度上可以被驯化？是否曾有什么人种太庞大太野蛮，即使找到领袖，也无法在文明的进程中前行？什么人种曾经受过最精良技艺的培训，却在培养人文学科方面止步不前，也没有陷入野蛮和暴行中？虽然存在无数这类例子，但没有哪个比日耳曼人的经历更能说明问题。日耳曼人自己承认，他们曾经与野兽没多大差别，如动物般在沼泽和丛林中游荡，由于某种根深蒂固的反感而逃避学识。然而，他们现在如此进步，在人文学科方面似乎超过了亚洲人；在军事上超过了罗马人；在宗教方面超过了犹太人；在哲学上超过了希腊

① [译注]伽拉太是罗马帝国的一省，是古代安纳托利亚（现在的土耳其）中部高地的一个地区，位于小亚细亚中部。伽拉太北面是比提尼亚和帕弗拉哥尼亚，东面是本都，南面是吕高尼和卡帕多细亚，西面是弗吕吉亚，东部是侵入的高卢人。现在土耳其的首都安卡拉也位于古代伽拉太省。伽拉太人是希腊时期主要居住在该地的高卢人，发源于在布伦纳斯的领导下入侵马其顿的凯尔特移民。在莱奥里奥斯和莱昂诺斯的领导下，最初在伽拉太定居的凯尔特人大约于公元前 278 年到达色雷斯。这些凯尔特人说凯尔特语系里的一种，即迦勒太语，但这种语言例证不足。公元 1 世纪，罗马帝国的许多伽拉太人被保罗的传教活动基督教化。保罗给伽拉太基督教团体写的书信，即《新约》中的《伽拉太书》。

② 文本上写的是ἐφημερώσται，但其实应该是ἐξημερωσθαι。

人;在地理学方面超过了埃及人;在算数方面超过了腓尼基人;在占星术上超过了迦勒底人;在各种技艺方面似乎都超越了所有民族。

事实上,马基雅维里曾彬彬有礼地责骂他同时代的意大利人,说他们自认为很聪明,却请日耳曼人来测量自己土地的疆域。而且,当教宗利奥想了解太阳和月亮的准确航道时,他派遣使者去日耳曼,如同凯撒曾经派使者去埃及一样。阿拉伯人和迦太基人生性温柔,没有男子气,致力于发展军事科学后,最终其训练使得他们控制了亚洲和非洲。同样,根据西塞罗记录的最清晰的证据,马赛人发展国民教育非常成功,被誉为最贤明、最正义的民族。关于斯巴达人的教育,史家们讲述的事情显然很不可思议,然而,那些事比较可信,因为它们来自敌人的记录。忽视规训的最佳范例是罗马人,虽然他们之前在正义和军事荣耀方面超越了所有民族,但现在几乎在每个方面都被所有其他民族赶超。因此,我认为,罗马人与生俱来的特性——事实上是意大利人与生俱来的天性——非常值得称赞;[146]然而,没有哪种天生的好能够强大到足够抵抗错误的培育。

我不再多加详述寻常话题讨论的内容,因为每个人都可以从我使用的材料中获得那些信息。代之,我将说说熟悉的例子。由于我们的祖先认为长脸更好看,通过产婆们的安排,(孩子的)脸逐渐看起来确实很长,这点从旧时的雕塑和图画中便可看出。在西印度,人的前额①非常宽,鼻子巨大;我们读到,这归功于产科医生。辛涅西阿斯(Synesius)②记录到,他曾在非洲见到一个妇女,人为地把自己扮得像只蚂蚁,以让看她的人获得乐趣。当然,遗憾

① 1583年版是fons,1572和1595年版是frons。在1566年版里,这整句话都没有。

② 昔兰尼的辛涅西阿斯(Synesius of Cyrene),生活于5世纪早期的亚历山大利亚城。他是柏拉图主义者,著有《埃及人或论占卜》(*Aegyptius sive de providentia*)以及其他很多作品,但没有那一本特别适合于这个奇闻。

的是，妇女们现在追随的衣着风格是为了使身体轮廓看起来更诱人，但这却使她们的胎儿生活的空间更狭小。这形体使她们患上肺痨。但是，如果习俗和训练对自然事务和人类事务影响那么大，最终逐渐发展成为习俗并对人产生如天性般的影响力，那么，神圣事务又会如何呢？我们发现，宗教的力量和影响甚至可以深远地改变人的习惯、腐化人的性格，虽然几乎不可能完全抹去我们更早期的性情痕迹。日耳曼人以其无穷的努力获得了所有伟大技艺的知识，但在判断诸多事务方面，他们还是缺乏我们在希腊人和意大利人的作品里发掘出的那种规范性、美好、秩序性和系统性。他们身型庞大，书的部头也越来越大。马斯库鲁斯（Musculus）①越写越多，马汀和伊拉斯谟也越写越多，任何人在有生之年都无法读完他们的作品。南方人却不同。只用寥寥数行就揭示了所有神圣事务和自然事物的秘密。他们以大脑的优势弥补身体的劣势，以少量的书籍起到最大的作用。

最后要反驳托勒密和其他一些人的错误，他们把黄道十二宫和他们所谓的三宫组的各部分对应于每个地区，以此来对应于各民族的天性。他们说，欧洲介于西部和[147]北部之间，受到第一个三宫组即火相的狮子座、白羊座和射手座的影响，木星和火星是这个三宫组的决定力量。亚洲塞西亚位于北方和东方之间，属于风相三宫组，即双子座、天秤座和水瓶座这三宫，木星和土星的光线交汇处（radiis conjunctis）。非洲介于西方和南方之间，处于水相三宫组下，即巨蟹座、天蝎座和双鱼座，受到火星、金星和水星的影响。南部非洲介于南方和东方之间，受到土相三宫组，即金牛座、处女座和摩羯座，以及金星和土星的影响。显然，这些说法不仅与前面的论述不同，而且与自然本身和历史也不相符。这一错

---

① 马斯库鲁斯（Wolfgang Mausslin，Musculus，1497－1563），皈依了路德教。生于瑞士，著有圣经评注。

误源于忽视了地理位置,地理位置非常重要,有些古人甚至曾认为海洋是条河、西班牙是个小镇。稍微知晓一点这类东西的人就很明白,托勒密本人犯了多少错误、如何误导了其他人。对天体运动的无知加重了其错误,因为迦勒底人几乎用了1500年从事这一研究,从神圣历史和托勒密使用了他们的观察结果就能看出。迦勒底人都无法领会第八圈的运动,托勒密也没能观察出颤动(trepidation)轨迹。[①]

然而,这些东西通过阿拉伯人、西班牙人和日耳曼人的研究一点点逐渐为人所知。其实,据西塞罗讲,迦勒底人吹嘘他们花了47万年研究每个小孩的星象并以结果来检验,[②]这并不对。这一幻想的多变性自相矛盾,无需讨论;因为如果真如此,他们不会察觉不到那些随着时间的推移我们已经观察到并理解到的东西。而且,他们为我们描绘的黄道十二宫完全站不住脚,[148]因为自他们的观察时间以来,十二宫的所有部分和所有位置都发生了变化。第一个星座白羊座,在托勒密之前已经占据星群第一部6000年之久,那时已经到达第二十八部。因此,自迦勒底人的观察以来,它已经沿着整个宫跑了不止一整圈。那时被认为是金牛座之首的昴宿星团,现在位于双子座。轩辕十四星那时在巨蟹座,现在已经经过了狮子座的第二十部。但是,白羊座与双鱼座、狮子座与处女座、金牛座与双子座有什么共同点?火与水有什么共同点?而火相星座已经进入了水相宫。如果我们发明了所必需的第九圈,它

---

① 约翰森,《文艺复兴时期英格兰的天文学思想》(*Astronomical Thought in Renaissance England*)中页54-55里提到:"当……阿拉伯观察者发现托勒密的进动率数字太小,他们把这一震荡运动与一致进动理论、多变进动思想或颤动思想相结合,在天文学家中获得了立足点。为了描绘出这一想象中的颤动现象,阿拉伯人给这个系统加上第十球体。这一额外的球体解释了二分点在天空里绕行的渐进运动,固定恒星的球体自转小圈时其两极处于第九个球体的表面,由此生出理论上的周期性进动不均衡。"

② 西塞罗,《论占卜》II. 46。

里面就不会有恒星。因此，这一颤动学说完全站不住脚。

我们来考察托勒密举的例子。他说，腓尼基人和迦勒底人简单、仁慈，是星座观察者，因为他们受到狮子座和太阳的影响，还有什么比这说法更荒谬、更配不上他的伟大名声(如果他的确是这本书的作者)呢？他还认为，巴比伦、亚述和美索不达米亚受到处女座和水星的影响，因此他承认迦勒底人热爱科学。而且，他说犹太人、叙利亚人和以土买人大胆、不虔诚，因为他们受到白羊座、天蝎座和火星的影响。所以史家都一致认为叙利亚人驯良到奴性的地步；犹太人似乎是为了宗教而生。以土买人是最顺从的民族(除了山地民族)，这是西塞罗对着庞培的骨灰作出的考量。他说：

> 他认为，他不得不忍受叙利亚人、纳巴泰人(Nabathians)①的王。

这些理论属于相对理念，因为相对于埃及人，如托勒密，叙利亚人和以土买人位于北方。他们中有些甚至是山地人。然而，卡丹在评论这本书时，因为知道从托勒密时代至今，天体已经改变了位置，竟荒谬地说西班牙人、不列颠人和诺曼人变得贪婪狡猾，认为他们现在受到天蝎座中心的影响，虽然他也写过，说这些民族受到射手座影响，所以忠诚真实。我用阿庇安对卡西乌斯的描述来回应他。当大量罗马人的军队被帕提亚人挥剑杀死时，卡西乌斯企图营救余下的逃到他那里的士兵，一个迦勒底人警告他，让他稍晚一点、等到月亮到达射手座、天蝎座下沉的时候再施救；他回答说：

---

① [译注]纳巴泰人是一个古老的阿拉伯民族，居住在今阿拉伯北部和黎凡特地区，他们于公元37至100年间在该地定居后，就把阿拉伯和叙利亚之间、从幼拉底河到红海的地区命名为纳巴泰。后来，图拉真征服了纳巴泰王国，将其并入罗马帝国，其独特的文化浸没在希腊罗马文化中，最终消弭。

我更怕射手，而非蝎子。①

同样，也是不列颠人和诺曼人的剑，[149]而非蝎子曾伤害过我们，那时，他们入侵了几乎整个法兰西，已经被内战摧毁的法兰西，用他们的飞镖残杀我们的军队。

那么，如果卡丹的这些学说被严肃认可，必然颠倒并违背事物的真实天性。那么，北方区域就得变成南方，生出的不是大胆的日耳曼人，而是温顺的埃及人；非洲人就是好战，而非胆怯之人。但如果卡丹认为，由于星座位置已经改变，恒星的影响力也已经改变，那他应该如何对待托勒密——他本人如此钦慕的人的观点呢？他自己在其他作品里一直以己之力确证古人们的看法，又当如何看待他的观点？更甚，从众多例子中选一个——司雷丹在《教会史》中写到，皇帝查理五世被立为皇帝、出生、俘获法兰西国王弗朗索瓦和战胜日耳曼都发生在同一个月的第一日。然而，据卡丹所说，他是摩羯座。奥古斯都出生在这一宫，因此他用幸运的摩羯座星群铸造硬币。贺拉斯称摩羯座为西方的僭主即指此事。这段中的所有阐释者都错了。卡丹写到，波旁的查理、柯西莫·美第奇、土耳其国王瑟利姆都出生在这一宫，瑟利姆生于 9 月 1 日的前七天，即 8 月，也就是奥古斯都战胜安东尼的那个月，也是在 8 月，他在卡尔德拉旷野打败了波斯人的王以实玛利(King Ishmael of the Persian)。两年后的同一天，他把甘普索苏丹(Sultan Gampso)赶出了自己的帝国。确实，从奥古斯都时代到瑟利姆和查理五世时期，所有星座都已经变换了其位置，已经越过了 17°。然而，摩羯座还保持着其影响力，因为奥古斯都、查理五世和柯西莫·美第奇都在其 19 岁时获得最高权力。星座改变，而民族的天性并未改变，如此，谁还会认为天体的力量和民族习性是由三宫组体系控制

① 普鲁塔克，《希腊罗马名人传》"克拉苏"段 29。博丹引用的是伪作。

的呢？

虽然我们已经证实了这点，但如果把从托勒密时代以来、甚至凯撒时代以来行星的最大合点（不包括内行星）与历史事件对比，就能更明白、更易懂。历史中最著名的就是战争引起的骚乱。因为他们说马尔斯控制着[150]天蝎座，当庞培与凯撒之间爆发内讧波及整个世界时，地外行星（planetae superiores）都聚集在那一宫；但是帝国和共和国变迁在欧洲时有发生，托勒密认为欧洲受白羊座、狮子座和射手座的影响，非洲才受天蝎座、双鱼座和巨蟹座的影响。同样，630 年的合点也在天蝎座，那时阿拉伯人从亚细亚沙漠启动，以其军队征服了几乎全世界，颁布新法、废除宗教、摧毁波斯帝国。之后，他们使希腊人、拉丁人和波斯人的语言在亚洲和非洲荡然无存。而且，这一彻底变革发生在南亚，那地方在托勒密看来是受金牛座、处女座和摩羯座的影响。同样的合点也发生在 1484 年[原文如此]，那时，已经静默地保持了很长一段时间和平的意大利，先是突然被自己的军队击溃，然后又被法兰西和西班牙人的军队压倒。这种战争灾难波及到西方群岛和新世界。但是，一种闻所未闻的传染病后来被西班牙人带入，开始蹂躏整个欧洲。所以，涉及非洲的重大改变事实上却发生在欧洲和美洲。

同样，公元 73 年，同一批行星在射手座交合，那时，奥托（Otho）、加尔巴（Galba）、维特利乌斯和维斯帕先频频骚扰罗马帝国。然而，最重大的战争却发生在巴勒斯坦，最大的屠杀是对犹太人的屠杀，而托勒密却把他们置于天蝎座影响之下。公元 430 年，行星交合点在水瓶座，哥特人的军团突然从极北地区涌入欧洲，颠覆了罗马帝国。东亚十分平静，即便托勒密将其置于水瓶座下。再说，1373 年的交合点还是水瓶座。这时日耳曼遭受了大地震；阿普利亚发生了战争，该死的瘟疫开始至东向西席卷全欧洲。但是，如那些人所讲，欧洲与水瓶座没有任何契合之处。312 年，这些行星也在摩羯座交合，但他们认为摩羯座的影响力那时在南亚。那时，三个帝国和他们的罗马军团遭到大规模杀戮，康斯坦丁大帝违背元老院和罗马人民的意愿，以武力获得了帝国。他在短时间内完全废除了罗马帝国的法律和政治阶层，但所有这一切都发生在欧洲，如果我们相信托勒密的说法，欧洲并不受摩羯座或双鱼座的影响。

然而，[151]公元1464年，在这一宫发生了一次大交合；这一次僭主们和各种内战席卷整个欧洲。爱德华三世[原文如此]杀死了英格兰国王亨利。鞑靼君主扎达马库斯（Zadamachus）被他的人们赶出了自己的王国，逃到立陶宛地区。普鲁士各城市中发生了一次密谋；①皇帝腓特烈（Emperor Frederick）被自己的人民围困在维也纳；法兰西国王路易十一被王子们的阴谋严重威胁；佛罗伦萨发生了大暴动；萨克逊各城镇与布伦瑞克（Brunswick）②公爵们开战；阿尔巴尼亚公爵斯坎德培（Skanderbeg）脱离土耳其，杀戮并打败了他们。然而，非洲却相安无事。1524年在同一宫（双鱼）又发生了一次交合，那时法兰西正饱受内战之苦，整个日耳曼也在贵族和平民之间的武力碰撞中战战兢兢。法兰西国王在帕维亚被俘，稍后西班牙人占领了罗马，土耳其人占领了罗德岛。然后发生了大洪水，他们预测整个世界都会被淹没。但是非洲仍然安静和平。再继续这样举例就没完没了了。

① 指1454年的普鲁士联盟？

② [译注]布伦瑞克是位于德国中北部、下萨克森州东部的城市，它坐落在奥克河两岸松软的沼泽地上，中世纪时挖掘的护城河将奥克河分为两支，环绕城市的市中心。该城市的早期历史很模糊，直到12世纪，都是由布伦尼家族的萨克森贵族家族统治，后来因为通婚并入了韦尔夫家族领地。1142年，韦尔夫家族的狮子亨利（Henry the Lion）成为萨克森州公爵，遂将布伦瑞克变成了他所在州的首府。其子奥托后来被加冕为神圣罗马帝国的皇帝，进一步促进了该市的发展。在中世纪，布伦瑞克是重要的贸易中心，是北欧经济和政治中心之一，也是13至17世纪中叶汉萨同盟的一员。17世纪时，布伦瑞克是德国第七大城市。

虽然这些大交合预示着事务变化和各种战争态势，然而，没有任何人观察到或通过科学研究觉察出有任何稳固迹象的确更能影响每个区域，关于这类事情，从[作者提到的那些?]各原理中无法推出任何确定结论。虽然，我相信通过长期持续的观察，可以建立更确信的系统，只要有人愿意回到最开始处搜集更早期的历史和那些交合。例如，从珀律比俄斯的书里可知，在开第140届奥林匹亚运动会时，显然所有事情都发生了重大变化。那时，小菲利普成功统治了马其顿；安提俄克统治小亚细亚；托勒密·菲洛帕托(Ptolemy Philopator)统治埃及；汉尼拔统治迦太基人；安提俄克统治叙利亚；小来库古统治斯巴达。然后，罗马人与迦太基人、安提俄克与托勒密、阿凯亚人和菲利普与斯巴达人和安那托利亚人之间，分别爆发了重大战争。

同样，狄俄多儒斯和尤斯丁的作品记录了同一时期在西西里、希腊和亚细亚也爆发了奴隶战争。强盗斯巴达克斯纠集了一支逃亡人员军队入侵意大利，同时还控制了地中海海域。此外，默罕默德承诺给农奴自由，基督徒也解放了他们的奴隶，因此，不久之后，几乎就再也没有农奴遗留了。另一方面，[152]当伟大的默罕默德打败了两个皇帝四个国王后，僭主制几乎同一时期在全球大批出现。法王路易十一率先把他的臣民全部逼迫为奴。基督徒强加给瑞典人一个无耻的僭主；扎达马库斯成为鞑靼人的僭主；国王被杀后，爱德华三世成为英格兰人的僭主；切尔克斯人马穆鲁克成为埃及人的僭主；乌苏姆卡桑(Ussumcassan)成为波斯人的僭主；潘多尔夫(Pandolfo)成为锡耶纳民族的僭主；瓦洛里(Francis Valori)成为佛罗伦萨人的僭主；斯福尔扎(Ludovico Sforza)成为米兰人的僭主；本蒂沃利奥(John Bentivoglio)成为波伦亚人的僭主；巴格里昂成为佩鲁贾人的僭主。

接下来，我们要就如何看待文字和规范达成一个意见。曾几何时，有很多博学之人。后来，之前的文学记忆几乎灭绝，另一些人又使其重见光日。柏拉图、亚里士多德、色诺芬、蒂迈乌斯、阿基塔斯、伊索克拉底，以及无穷无尽的演说者和诗人同时大量涌现。中断很长一段时期后，又出现了克律西波斯、卡尼阿德斯（Carneades）、廊下学派的第欧根尼和阿基克拉斯（Arcecilas）。之后，瓦罗、西塞罗、李维、塞洛斯特成为同辈。维吉尔、赫拉斯、奥维德、维特鲁威越来越著名。不久前，瓦拉、特拉佩尊提乌（Trapezuntiu）、斐奇诺、加萨、贝萨里翁和米兰多拉成为当代著名人物。那么，如果有人曾收集过值得记录的事务，就应该比较那些事务和这些伟大的传承，以确定哪些地区受到影响，哪些国家因此而改变。这样，就可以对各民族的习俗和天性有更全面的了解；也就能对每一种历史作出更有效更可靠的判断。

第六章　国家政体类型

[153]既然绝大部分史书是关于国家及其内部变迁的记叙，要理解历史，就必须简要解释国家诸起源、已经建立起来的各种形式、各邦国的目的，因为这些是迄今为止所有史书中最富成效、最有裨益的东西。其他事物对于了解灵魂之本性确有价值，对于塑造每个人的道德确实很好，但是通过阅读史家作品而搜集到的资料，那些关于城邦的开端、成长、成熟形式、衰败和消亡的资料，却是必不可少之物。不仅对一些个体，而且对于每个人，都必不可少，以至于亚里士多德认为，对于建立和维存人类社会而言，最有效之事就是了解治国之术。然而，伟人们对治国术的看法却各有千秋且分歧不小，值得注意的是，这么多世纪过去了，迄今为止还没有一个人阐释过到底什么是最好的国家。

柏拉图认为治国之术极其难懂，以至于没有人能够掌握，因此他提出了这种立法方法，以把城邦(government/civitatis)建立在坚实的基础之上；如果圣贤之人收集完所有国家的全部习俗和法律后，再比较这些东西，也许就能从中调和出最好的国家类型(genus)。[1] 亚里士多德似乎尽其所能地遵循这个方案，却没有

---

[1] 柏拉图，《法义》III. 681D。

具体实施。亚里士多德之后，珀律比俄斯、哈利卡尔那索斯的狄俄尼索斯、普鲁塔克、迪奥和塔西佗（我略掉了作品没能保存下来的作者们）都在他们的著作中留下了卓越而重要的论述国家的观点。

马基雅维里也就国家（government/Republica）之事写过很多——我以为，他是野蛮习俗在1200年前毁掉一切之后的第一个人。[他的话语]在每个人口中流传，无疑，若是他能将古代哲人和史家作品中的知识与他的经验相结合，就能写出更充分更有益的东西，更贴合事实。约维乌斯说自己不够资格写那种东西，他的作品的确证实了这一点。在他之后，[154]帕特里奇（Patrizzi）、①布勒顿（Breton）②和加林贝托（Garimberto）③也就习俗、统治民众、教育君主以及立法等问题撰写了长篇的严肃论述，但关于国家政体类型（statu）的论述却相对较少。这些作品中根本没有提及统治权（imperiorum）的变迁，甚至根本没有触及到亚里士多德所谓的君主策略或君主秘事，以及塔西佗所谓的帝国之秘。其他人展示出一些理想中的国家之事，如同记录史实一般，其实缺乏潜在的方法（subiecta ratione）。我得把康塔里尼（Contarini）④除开，他不仅令人赞赏地展示出威尼斯共和国的国家形式——他认为的最好形式，甚至还拟定了模仿的实施计划。这些人的作品几乎就是我们能获得的关于国家的所有著作。即便他们已经尽其所能地准确论述了这一主题，在本书中，我仍然认为

---

① 帕特里奇（Francesco Patrizzi，1529－1597），著有《史学哲论》（*Dieci dialoghi della historа*）和《廊下学派论集》（*Discussionum. peripateticorum libri xv*）。

② 布勒顿（Robert Breton），著有《论最佳国家状态》（*De optimo statu reipublicae liber*），Paris，1543。

③ 加林贝托（Jerome Garimberto），加莱赛主教，著有《论国家统治》（*De' regiment publici de la citta*）和《教宗大事记》（*Fatti memorabli d'alcuni Papi*）。

④ 康塔里尼（Gaspar Contarini，1483－1542），红衣主教，外交官，愿意与改革调和，著有《论职官和威尼斯共和国》（*De magistratibus et republica Venetorum*）。

有必要关注这个主题。而倘若其他作者的论述如此不充分,我就更应如此!

因此,研究哲人和史家关于国家的争论,并将我们之前的帝国与现在的帝国相比较,我所计划的这本《方法》似乎就有用武之地。如果所有因素都得到恰如其分的关注,也许就能更清晰地理解各国的普遍历史。从这种讨论中,我们可以受益匪浅——更易于理解君主国需要什么样的法律,以及民主式和贵族式国家需要什么样的法律(因为国家类型不同,法律也有应有所不同)。

然而,为了避免陷入更重视权力的影响力而非推理的说服力的争端,我们必须以必要的证据来驳斥亚里士多德关于国民、城邦、国家、最高权力和职官的定义,这些定义是讨论的基础。然后,我们要阐释我们的观点并驳斥关于混合政体的根深蒂固的谬误。进而我们会谈论三种政体类型,帝国的变迁,最后讨论最好的国家政体类型。

什么是国民?

亚里士多德将国民(citizen/civis)定义为可以参与司法管理、担任公职或是有审议资格的人。他也承认,这一定义只适合于民主制。①[155]然而,既然定义应该针对共性,那么根据亚里士多德的观点,只有在伯里克利执政时,生于雅典的人才是国民。其他人要么会被放逐,要么成为他自己城邦的异邦人,无法分享荣誉、参与司法事务和公共审议。那么,*皇帝安东尼*(Emperor Antonine)在一次公告中下令,罗马君权范围内的所有自由民都应该是罗马国民,又该作何判断?如果接受亚里士多德的观点,那些人就该是外国人,因为他们没有各种国民权利。既然这些观点既荒谬,又对

① 亚里士多德,《政治学》III. I. 1275 a23 及 1275b19。

统治有害，随之而来的推论也必然荒谬。亚里士多德的这一定义导致康塔里尼、西戈尼乌斯、加林贝托以及其他很多人误入歧途。无疑，在很多国家，这一定义为内战提供了极佳的托辞。然而，若是亚里士多德提出的这一国民描述甚至连民主式国家都不适合，该怎么办？人们普遍认为雅典一直最具民主特色，据普鲁塔克记载，雅典存在一个第四阶层，最弱势、最贫穷的阶层，迄今为止占人口总量的比例最多，而根据梭伦所立之法，他们一直无法分享荣誉、参与参议院和官职抽签。

同一个人，将职官定义为有统治权（imperio）、司法权和审议能力的人。① 由此，他暗示，国民都有资格承担行政职责，实际履行那些行政职责的人是职官，仅仅只有入选资格和能力的人是国民。然而，一个国家里能够进入议会的官员如此少，不用说得太细就知，以这样的体系，谁可以被称为职官？几乎在每个地方，国家的元老院都缺乏统治权和司法权，而且，我们马上就会说明，只有民众或贵族们或君主同意之后，元老院所裁决之事才能生效。既然亚里士多德本人在最后一卷中列出那么多种既无权势、又无司法权、也无权参与审议的官员，又为什么要讨论此事？他称国家为职官和国民的聚合体，其实就表明，国民在时间上先于国家，由此国民就是没有官职或权力的一群人，而国家是国民和职官的聚合体。但是，如果众人集聚一地，没有法律、没有约管、没有任何人维护公共利益，当然甚至不存在任何公共利益，每个人各怀其私，没有惩恶扬善的机制，哪里有城邦的样子？那种[156]情况下聚集在一起的群众，不应称之为城邦，而应称之为乌合之众，或其他名称，反正不能称其为城邦（civitas），因为这类人没有国家，用荷马的话讲，没有法律。②

---

① 亚里士多德，《政治学》IV. 15. 1299a25。[译注]同一个人，指亚里士多德。

② 荷马，《奥德赛》，IX. 106。

其实,他从未定义过最高权威(summum imperium),他称之为最高官职(κύριονπολίτευμα)和最高权力(κυρίανἀρχήν),[①]包括君位和国家的决定性条件。他仅仅只细化了国家统治的三种功能:[②]一是审议公共事务,二是任命职官,最后是处理司法事务,除非我们一定要认为他的这一论述就是定义。然而,所谓最高的那种权力不应该被委以任何一个官员;否则就不是最高(除非人民,或君主将其完全掌控在自己手中)。进而,被委以主权之人,除非是暂时委任,就不再是职官,而成为了君主。实际上,国家事务的审议权甚至被授予了个体国民们,而司法事务的管理权则交给了地位最低的人。那么,这两种权力就不在主权范畴内。[③] 所以,这三种权力中的任何一种都无法代表最高权力,只有创建职官可以视为其中之一,而这一权力,根据统治类型不同,属于君主本人或人民或贵族们。

更典型的最高权力表现为:颁布和废除法律,宣战与媾和,终极仲裁,以及最后一项,判决生死和给予奖赏的权力。而如果我们认为亚里士多德并没有阐释主权,只是想阐明国家的行政结构(administrationem),就必须同时承认,他根本从未定义过主权或任何一种政体形式,因为主权归属决定国家政体形式,而真正的国家治理无所不包,或许就应该更简明扼要地定义决策、命令和执行等问题。没有第四种,这三种里就包含了军事、民事和荣誉等所有国家功能。[④] 例如,战争由元老院决议,君主宣布,士兵执行。在审判中,私人法官(privati judices)和仲裁者(arbitri)做裁决,职官们(officials/magistratus)发号命令,公务员们(public servants/apparitores)执行命令。这些事情通常都由一人且是同一个人去做。既然职官裁决并宣布法令,那些拉丁民族称之为"决议"(or-

① 亚里士多德,《政治学》,III. 6. 1278b11 - 13。

② 亚里士多德,《政治学》,IV. 14. 1297b 41。

③ Summum imperium 被译为"主权"。参见本章中标题为"什么是主权"部分。

④ 西塞罗,《论友谊》XVII. 63。

ders)和“指令”(commands)的告示,就并不[157]代表最高统治,更不属于司法行政机构判决和实施的法令。

有鉴于此,我们要寻求更确切的原则,如若我们能在已有的原则中找到比之前提出的更好的原则则更佳。我认为,家族或行会是国家的真实写照,既然一个单独的人不可能建立家族,一个家族或一个行会也不可能发展出一个国家。但是,即便有不止一人愿意聚集在同一个屋檐下,如果不是一人指挥一人服从,或是一人指挥其余人(或是少数人指挥单独的个体,或是整个集体指挥单独个体),也不可能构成家族或行会,因为家族或行会必须有内部规则。反之,如果一个人靠着自己的个人权威或内部规则将几个人聚在一起——例如,男人、妻子、孩子们和农奴,或几个同事——他们就构成了家庭或行会。

只是,普利斯库斯(Priscus)[①]应该会说,行会中应该有 3 个人,他在“关于术语的意义”一文中的“涅拉提乌斯”那段这么说。[②]把乌尔比安在“关于术语的意义”[③]一文中的“放弃”(Renunciation)那段所讲和阿普列尤斯(Apuleius)的论述结合起来便可知,一个家庭里,3 个人和母亲接受家庭中父亲的管理。阿普列尤斯写到,15 人组成一群民众(a populace/populum)[④]——也就是,5 个社团或 3 个家庭,因为一个家庭由 5 人组成,一个社团由 3 人组成。那么,3 个及 3 个以上家庭或 5 个及 5 个以上社团若是在某一时刻被某一权威的合法权利组织联合起来,就构成了一个国家。反之,如果多个家庭或社团(colleges/collegia)彼此分离,无法受同一共同规则的约束,这个群体就被叫作“无序(ἀνάρχια)”,而不

---

① 普利斯库斯(Neratius Priscus),生活于图拉真和哈德良皇帝在位期间,著名的法学家,其决策被《学说汇纂》(*Digest*)大量引用。

② 拉丁语为 Neratius de significatione verborum,参见《学说汇纂》50. 16. 85。

③ Detestatio de significatione verborum,参见《学说汇纂》50. 16. 40。

④ 阿普列尤斯大约在公元 125 年生于非洲。参见《论魔法》(*De Magia*),章四十七。

能叫作“国家”。

这些家庭是聚集在同一个地方，还是居住在各自的房屋和地区并不重要。即便父亲与孩子和农奴不住在一间屋子里，或是甚至彼此在空间上分离、各自的居住地有一定距离，只要他们共同承认父亲的正统、遵守父亲的有限(moderato)管理，那就可被视为同一个家庭。我用了“有限”这个词，因为这一事实区别了家和国——国有终极的公共权力，[158]而家只有有限的私人法则。所以，即使组成一国的各个家庭的疆域和定居地相距甚远，只要他们处于同一主权的监管下，不管是一人统治所有人，还是所有人统治各个个体，抑或是少数人统治所有人，这些家庭仍然被视为在同一统治下。由此可知，国家不过是受到同一种统治的一群家庭或社团。

国民是享有共同自由和当局保护的人。西塞罗给“国”下的定义是，为了生活得更好而有关联的一群人，①这一定义表明了公共机构的理想目标，但却不是公共机构的权力和本质。这一定义同样适用于毕达哥拉斯学派的集合，以及同样为了生活得更好而联合在一起的人们，但如果混淆了国与联盟的区别，他们就无法不被称为国。而且，还有坏人家庭，正如有好人家庭一样，因为坏人与好人一样也是人。对各种统治的考察也必然一样。谁会质疑此事——每个伟大的帝国都是强盗们通过暴力建立的？我们提出的国的定义，适用于各个村落、城镇、城邦、公国，不管其土地多么分散，只要它们接受同一权力的控制，就可称之为国。这一概念不受地域面积的制约，不管面积有限，还是幅员辽阔，正如大象是动物，蚂蚁也是动物，都有运动能力和感知能力。所以，不管是拉古萨城，还是日内瓦城，其统治几乎就仅限于其城墙内，都应同鞑靼帝国一样被视为一国，鞑靼帝国也受同样的限定，就像受太阳运转轨迹的限制一样。②

---

① 西塞罗，《论共和国》1.4。

② “太阳永不沉落地的帝国?”

亚里士多德之言很荒唐——一群人若是太庞大，如当年的巴比伦，就不是一国，而是一个种族。但是，并不存在各种族的共有帝国，也不存在什么共有法律；而且，巴比伦不仅受同一政权、同一批官员、同样法律的统治，甚至还生活在同一圈城墙内。这不叫国叫什么？西塞罗在另一处给这一词下的定义似乎更晦涩——基于大家都认可的法律和共同利益而形成的几个联盟的结合体。① 如果接受这一定义，国民们仅仅认可同一政权还不够，还必须在同一时间被同样的法律限制才行。这样的话，土耳其的各阶层人民生活在一起，却没有共同的法律体系，[159]就不能称之为国，但他们受同一政权同一批官员的管理，不称之为国岂不荒谬。它要么是一个有政府之国，要么是无政府之地；既然不是后者，就必是前者。

由此可得，国的特点是共同的统治；城邦的特点是共同的统治和同样的法律，城镇的特点是其国民不仅接受共同的统治和同样的法律，而且生活在同一城墙里。所以，城镇包含了村落；一个城邦，农村，有时还有多个城市，以及有城墙的城镇只是靠着共同的法律联系在一起；公国，或者更恰当些，世袭领地包括几个城邦；最后，国，如同一个门类，包括所有这些变化形式。因此，凯撒说，“整个赫尔维西亚城邦(civitas)被分成了四个行政区”。西塞罗记录到，图斯库兰自治区在罗马城邦内成立。巴尔多鲁②持不同意见，在“论事物的意义和术语”一文中的“名城”一段，③他把城邦限定在城墙以内。在有关国内法的论述中，④他称市民(municeps)为

---

① 博丹用的词是 coetum multitudinis soietatum，而西塞罗在《论共和国》I. 25 和 VI. 13 处用的词分别是 sociatus 和 sociati。

② 巴尔多鲁(Bartolus，1314－1357)，后训诂法学派的著名法学家，就《罗马法大全》(*Corpus Iuris Civilis*)写过评论，参见“前言”，页 1。

③ Appellatio urbis de significatione rerum et verborum，或《学说汇纂》50. 16. 2。

④ 《学说汇纂》50. 1 的标题是“Ad minicipalem et de incolis”。

国民的一种,但没有给出任何原因或援引任何权威著述。而肯索里努斯(Censorinus)在阿庇安的“利比亚战争”记述中回应迦太基的使者们说,他的确想要摧毁迦太基城,但他愿意让该城及其国民拥有他们自己的法律,①正如罗马人曾约定:城邦本身并不包含城墙或土地。

那么,既然同一村落的人们彼此之间的关系比同一城镇的人更密切,那同一城镇的人彼此之间也比同一城邦的人更亲近,因为国民们不仅共享同一统治、司法体系、法律和社会公共机构,而且共享着同一个城镇,共享其防御体系、市场、神庙、市政厅、街道、剧场、祭祀,以及众多的友好关系和利益。因此,当罗马共和国从最初狭小山谷里的三千阿尔巴人中发展建立起来之后,首先把安腾纳特部落(Antemnates)、卡梅林部落(Camerinians)、克鲁斯蒂米尼部落(Crustiminians)的人和萨宾人纳入同一城邦,之后又接纳了被征服的阿尔巴人,把他们中的一些人安置在同一城邦里,另一些人安置在自治区域和城内。后来,他们在战争中击败了图斯库兰人、埃魁人(Aequians)、②沃尔西人(Volsci)③和赫尔尼西亚人,却不再允许他们入城或进入罗马平原,因为已经没有足够的地方安置他们,但是,这些人仍然属于罗马共和国,允许保持[160]自己的法律,允许他们接受官职荣誉。这些人与其他人一样是同一国的国民,享有自由民的权利,但是,罗马土地上的居住者地位更

---

① 阿庇安,《罗马史》中“布匿战争”XII. 81。

② [译注]埃魁人是古罗马早期的一个部落,埃魁位于意大利中部亚平宁山脉向东拉提姆的延伸线上。为了争取独立与罗马长期开战,后来被打败,大量罗马殖民被安置在他们的土地上。如今只能推知他们当初都属于意大利语族。

③ [译注]沃尔西人是一个意大利部落,是罗马共和国第一个世纪的历史中的著名民族。这个部落属于奥斯卡-萨贝利(Osco-Sabellus)部落群,居住在拉提姆南部,那里部分是丘陵,部分是沼泽。他们南面是奥伦奇和萨莫奈人,东边是赫尔尼西亚人;他们的属地大约北至诺尔巴和科拉,向南延伸至安提姆(现安齐奥和内图诺)。几百年来,他们一直是罗马的敌对者,直到公元前300年,其领土终于被并入了其时不断发展的罗马共和国。

高,更准确地讲,他们才能被称为罗马国民(Quirites)。

因此出现了司考路斯(M. Scaurus)针对西塞罗叔叔的著名评论:"西塞罗啊,真希望你以选择居住在自治区那样的胆量和勇气来选择住在最伟大的国家里",因为后者更喜欢居住在阿平兰,而非罗马本土。他的侄子,伟大的演说家不仅获得了罗马城的居住权,而且拥有一处价值50000金克朗的住宅。然而,他仍然被其敌人称为"新贵人"(novus homo)、"外国人"。他确实是一个新人,因为他是其家族中第一个获此殊荣的人。他的儿子是"贵族"(Nobilis),①因为其父亲是"新贵"(novus)。父亲会被讥讽地叫作"外国人",因为他生于阿平兰,而非罗马城外的乡村。

由此,我们知道,拉丁人给予其国民们不同的称谓,城里居民的名称优于殖民地居民;因为,虽然他们的法律、习俗和权利都一样,却并不居住在同一片土地上或同一城里,恰恰是那个城有权威和声望,能发布各种豁免令。而自治区的地位曾一度比殖民地更低,原因是种族和罗马血统的重要性。据格利乌斯记录,作为一项特殊恩典,自治区政府一直都被授予殖民地的各项法定权利,直到提比略在位时,各殖民为了不采用罗马法律而沿用他们自己的法律和习俗,自愿放弃了那些法定权利。所以,他们的确是同一国家却不是同一城市的国民;从这个意义上讲,我们应该阐释《尤里乌斯法律》(*Julian Law*),正是根据这一法律,罗马人在同盟战争(Social War)中将国民身份扩充至所有盟友。并不是说盟友们之前不是国民,他们也受到同一个统治权的管辖,但那之前他们没有资格追求荣誉。

---

① 不管是贵族家庭,还是平民家庭,只要有家庭成员官居要职,家庭中的所有成员都称为"贵族"(nobiles),而不属于这些家庭以外的人当了高官,那个人就是"新贵"(novus homo)。

那以后，这一权利逐渐延伸至所有意大利人。乌尔比安在赋税那一章提到的殖民地，就在那时获得了意大利人的权利。某种程度上讲，其余的人都是附属者，如普林尼列出的那些地方的人，虽然罗马人或许不时会给某些族群一些特许权。另外还有一些自由群体，保持着自治尊严，例如我们中的阿尔比人（Albii）、梅尔蒂人（Meldi）、比图里吉人（Bituriges）、桑托尼人（Santones）、塔贝里人（Tarbelli）、阿尔维尼人（Arverni）、内尔维人（Nervii）、维纶尼人（Verunni）和乌尔巴内克特克特人（Ulbanectectes）[1]；希腊人中的[161]雅典人、斯巴达人、忒撒罗尼迦人（Thessalonians），后来甚至所有尼禄种族的阿凯亚人。还有一些自由民和联邦民，享有国民的荣誉权力，如马西利亚人（Massillians）、艾杜人（Aeduans）、赫米人（Rhemi）和卡赫努坦人（Carnutani），但他们并不是真正的国民，因为，他们并不隶属于罗马当局，虽然他们享有不受阻碍的自由权和豁免权。塞涅卡说：

> 罗马完好地恢复了雅典、罗德岛以及诸多著名城市的法律，也给予了他们自由和豁免权，但这个城市却向安东尼的宦官们纳贡。[2]

普林尼在卷十的第六封信中，询问他的埃及朋友关于亚历山大和罗马城的国民权问题。李维在卷二十四写到，“殖民者被转移到普提奥利（Puteoli）、[3]萨勒诺（Salerno）和布克森图（Buxen-

---

① 1566年版是 Ulbanectes。

② 塞涅卡，《论恩惠》(*Debeneficiis*) v. xvi. 6。此处为转述，此段原文是 ut...penderet，但博丹忽略了目的从句，引用了其直陈式。

③ [译注]普提奥利（Puteoli）最初是迪凯阿奇亚（Δικαιαρχία）的希腊殖民地。公元前194年，罗马于此建立殖民地，取名 Puteoli。普提奥利是亚历山大谷物船运以及来自罗马世界各地的其他船只的商业中心，也是坎帕尼亚出口货物的主要枢纽。

tum)”。[1] 他们申请国民身份时，被元老院判决为非国民。此判决的依据是选举权和追求荣誉权，在所有给予国民的权利中，这两项是最有价值或最有意义的。但这并非确切表明他们不是国民，否则就不得不承认他们是异邦人。甚至波伊提乌斯也记录到，[2]根据西塞罗的说法，罗马国民们被迁入拉丁殖民地之后，其地位被适度降低，在这些特权上——选举权、居住权、圣仪权以及部落中的成员权——失去了他们的国民身份。然而，地方自治和殖民地的人们有追求荣誉和担任公职的权利，有阶层区分权、法定义务、产业权、正式所有权、遗嘱权和通婚权，但某些群体比另一些群体享有得更多。然而，如果所有人都享有同等权利，那就只有在罗马出生且一出生就是自由人的人才能被视为国民；在李维以及其他作者的作品中，享有罗马市民（Quirites）权的人都称为国民；罗马市民享有的权利低于罗马人；或者说，自治市、拉齐姆地区、拉丁殖民地区的人享有的权利低于罗马殖民地区的人；或者，意大利人的权利也同样分两种，在意大利和在省区的，这清晰地展示在“关于人口普查”（About the census）这一标题中。[3]

但是，如果所有人都有“国民”头衔，那么，以荣誉权、选举权、商议权、司法裁决权、免税权来作为衡量国民的标准就不对，尤其是，尤里乌斯法[162]把国民身份给予了所有的盟国人民。另外，皮乌斯（Antoninus Pius）法中，下述语句表述了个体的身份：“身处罗马世界的人们，让他们成为罗马国民。”他不仅给盟国，而且给所有省区的人都授予了国民身份。但是，他并没有像很多人误解的那样，把各省区人民与意大利人等同，也没有把意大利辖区

---

① 李维，《罗马史》XXXIV. xlv。1583 年版《方法》遗漏了从普提利奥到萨勒诺这一行。[译注]布克森图建于公元前 471 年，是大希腊地区的一个殖民地。历史上曾两次作为罗马天主教礼拜仪式的主教辖区。如今仍然有天主教挂名教士。

② 波伊提乌斯著有关于西塞罗《论题》的作品。

③ *De censibus* 参见《学说编纂》50. 15。

的人与意大利自治区的人等同，或是把意大利自治区的人与拉丁自治区的人等同，或是把拉丁自治区的人与拉丁殖民等同，或是把拉丁殖民与罗马殖民等同，或是把罗马殖民与奎里特人等同，或是把罗马市民与罗马人等同。否则，为何法学专家们要煞费苦心地解释罗马人的权利、意大利人的权利和自治区人的权利？斯凯沃拉(Scaevola)、帕比尼安(Papinian)、保罗、赫莫根尼亚(Hermogenian)、马赫克鲁斯(Marcellus)和莫德斯丁(Modestinus)[①]等的鼎盛时期晚于皮乌斯，正是他颁布了这一法律；潘维尼奥认为这条法律是卡拉卡拉(Antoninus Caracalla)颁布的，这不对，在《法据》(*Authentics*)lxxviii 处已经讲得很清楚。[②] 而且，迪奥的记录——塞维鲁斯(Severus)允许亚历山大人入选元老院——也不对。如果盟国人已经享有自由和当局的保护，那为何有人会说尤里乌斯法授予他们国民身份？为何为了获得国民身份，他们不惜发动历时弥久的战争？原因当然是，如此他们有可能获得寻求荣誉和在国民大会中投票的权利。这二者被视为罗马国民的最高权力。有些人可以追求荣誉，但不能投票；有些人二者都不能，虽然也受罗马私法的保护——还有些人连这一权利也没有，虽然不用进贡。法律专家们解释了不同群体的不同权利，一一重述耗时过长。

但是，根据安东尼努斯的法律，所有罗马族的人，即便是省区的人，都有贵族权(nobilitas)，因为尤士丁尼就是那样记录的，所以从那时起，职官就对他们有同样的司法管辖权，而这之前，国民的自由上述权会消解总督的审判管辖权。圣保罗的父亲买到国民权后，圣保罗在一项死刑案件中向皇帝上诉，叙利亚总督菲利克斯

---

① 安东尼努斯·皮乌斯到亚历山大·塞维鲁斯(Alexander Severus)时期的罗马法学家。

② *Authentics* 是尤士丁尼法集，部分于公元 554 年颁布，被晚期评论法学派者细分为 9 种排列顺序 98 个标题。

就说，“如果他没有向凯撒申诉的话，本可以被释放”。[①] 小普林尼在给图拉真描述基督教徒时写道：“我故意把那些过去被称为国民的人送往城里。”[②]不仅在罗马共和国，而且在其他每个地方，我们都能发现这一国民间的差异。[163] 在罗马，同一城墙内有贵族、骑士、平民之分；狄俄多儒斯所记载，埃及人里有祭祀、士兵、劳工之分；我们的祖先里有德鲁伊人、贵族和农民之分；如今有教士、贵族和平民之分；威尼斯有贵族、国民和平民之分；之前佛罗伦萨有贵族、人民和平民，以及三个人民阶层的区别——更有权的、普通的和低等的。柏拉图也区分了护卫、士兵和农民。在各处，每一群体因权利、法律、官职、投票权、荣誉权、特权、地位、豁免权或其他东西的不同而与其他群体有所不同。然而，一国之内的所有国民就像同一身体的各个组成部分。正如圣保罗所说：“脚会说，我不是眼，所以我就不是身体的一部分吗？”

如此，亚里士多德讲，这种国民是半国民半异邦人，对亚里士多德有多尊敬，这种说法就应该有多荒谬。[③] 事物的定义与名称应该一致。不过，西塞罗的说法更晦涩——没有人能够既是自己国家的国民，同时又是罗马国的国民，但希腊人可以。[④] 我认为所有人有共同的体系，西塞罗说两国的国民应该是荣誉国民。因为，他在巴尔布斯辩护词里说：“许多曾经的罗马国民未被判决且很安全，但他们自愿放弃其财产，只身前往其他城市。”[⑤]后文又讲：“哦，卓越的法律啊，我担心我们每个人可能有不止一种国民身份，也担心有人可能不是出于己愿而被剥夺国民权或享有国民权。”[⑥]

---

① 26:32 条，“阿格里巴说直到费斯图斯……”

② 普林尼，《书信集》x. 96。Wui 应作 quia。

③ 亚里士多德，《政治学》III. I. 1275a。

④ 西塞罗，《为巴尔布斯辩护》(*Pro Balbo*)XII. 29 – 30。

⑤ 同上，XII. 28。

⑥ 同上，XII. 31。

赫莫根尼亚在《自治区》(*municipes*)的“地方自治法”中阐释这段话时认为,在此意义上,这个人一定是某一个城邦的真正国民,第二个城邦的荣誉国民。① 否则,就必须承认,一个国民同时受制于两种不同的规则和命令,这太荒谬了。因为,如果一种法律令行,另一种法律令止,该如何是好?乌尔比安在“地方自治法”中说,一个自由民可以成为两个国家的国民,也应以这种方式阐释。而且,如果一国在另一国的控制之下,例如专区、殖民地、集市、交易区、自治区,以及罗马曾经统治过的省份等,那么,每个人在维护罗马帝国权威的同时,也不得不遵守他同胞国民的法令。[164]同样的道理,根据“关于宗教社团”这篇末尾提到的梭伦古法,每个社团的成员除了拥有各自国里的身份,也受社团法规的约束。②

而且,我发现,似乎罗马人允许的,所有的民族都允许,当他们宣布放弃自己的国民身份后,只要没有犯罪,就可以在他国接受的前提下成为另一国的国民。除了英国人,我从拉特兰伯爵(the Earl of Rutland)那里得知,他们不敢未经获准就离开本国。伯爵不仅以其荣耀的出身和财富而声名鹤立,而且以勇敢而著称。要成为圣职人员或封臣,个体必须出生在这一阶层,或者,如果他想效忠其他人,则先需获得上级的同意,而后需要获得下级的同意。所以,只要个体愿意接受他出生地的人的统治(如果不公开反对即为同意),他就是该国国民,或者如果他要去别处,也必须先臣服于他人的统治并被接纳,才能成为其国民。然而,如果他已经完成了这些程序,就再也不能根据回国的相关法律而回到原属国,因为对于原属国,他已经是一个外国人、外来者,我记得巴黎人的法院就是这样决议的。因此,在曼基努斯(Mancinus)③一案里,他被交给

---

① 《学说编纂》50. 1. 16。

② 1566 年版中没有这句。*Ult. de collegiis* 参见《学说编纂》47. 22. 4。

③ 曼基努斯(Hostilius Mancinus)在公元前 137 年对抗努曼蒂尼人(Numantians)时是指挥官。

敌人却遭到敌人驱逐，对他的判决里提出，他的国民身份并没有被撤销，虽然有护民官曾下令把他像外国人一样从元老院带走。

那么，区别外国人和国民的主要标准就是，后者要么默许祖国的权威，要么臣服于外国法律并被接纳，而外国人不接受出生地的统治，也不臣服于其他人，或者投降后却不被接受。上述两种身份之外的是同盟者、敌人或中立者。阿庇安写到，他曾看到各种种族的信使来到罗马，想让自己及其眷属臣服于罗马统治，却遭到拒绝。人都有理性并因此而彼此关联，故而，外国人和罗马国民享有同等的司法正义，能自由享受很多东西，如城里的居住区、宗教仪式、市场、道路、剧院等，即便如此，外国人只有在受到犯罪或阴谋的危害时，才有权威保护他们。法学家们说，不能强迫这些人履行国民义务，除非在[165]他们的财产创建地。威尼斯人规定，外国人要成为国民，须得在城里居住 14 年，即使这样也不能分享荣誉，只是能加入行会、受当局保护。

而且，事实很明显，只要认可出生地的统治便是该地的国民，即便父母是外国人，因为这已经成为所有部落的习俗和基本法则。日耳曼人甚至授予这种人更多——允许他们分享荣誉，而威尼斯人、古罗马人和雅典人则不同，只有父母是国民才可以，普鲁塔克在记录伯里克利的生平时提到这点，伯里克利颁布了一条法律："只有雅典人生的人才是雅典人。"李维在谈论罗马国民和西班牙妇女所生的孩子时说到，"在我们当中，父母是外国人的国民与父母是国民的国民享有同样的权利，能自由地享用他的外国父母的财产"，但是，我们的法律与不列颠人和土耳其人的法律都规定，除非外国父母在法兰西本土有合法子女，否则其财产要收归国库。所有国家的法律都规定，当受到战争威胁时，可以驱逐外国人，并通过正当法律程序召回被非法俘虏的本国国民，这一点非常重要，很有意义。

然而，据说阿比西尼亚人和莫斯科人的王违背外国人的意愿扣留了他们，这违背了国与国之间的法律，也违背了自由协助(liberaliter fovere)原则,但是这些东西我们在《论法令》(*De decretis*)中已经非常详细地讨论过了。

由此,显然亚里士多德给"国民"下的定义,即得到康塔里尼、西戈尼乌斯、加里贝托和索得利努斯(Soderinus)[1]赞同的那个定义,站不住脚。但是,抛开一切歧义,我们可以问,他们自行结盟而成的政权,是否能创造出一个同样的国家;例如瑞士的城市国和波罗的海各镇。在穆提乌斯(Leander Mutius)[2]和很多其他人看来,这种情况可以。因为瑞士就是内部成员关系最密切的联盟体(foedere sociati),它同样有国民大会,也派遣共同的官员去巴登(Baden)[3]的小镇和很多类似的地方。但是,彼此能交换货物、维护合约、享有通婚和共同娱乐等权利,以及有牢固的友好关系[166]并不构成同一个国家,否则彼此也有这些关系的法兰西王国和西班牙王国就是一个国家了。然而,情况并非如此,即使实行同样的法律也不行,例如罗马人接受了希腊人的法律之后,他们和希腊人就遵从同样的法律。最后,即使彼此的联盟很紧密,一起抵御共同的敌人、接纳共同的朋友,例如很多彼此最为忠诚、最能相互理解共情的君主们曾做的那样,也不能据此而成为同一个国家。

因此,剩下的标准只有我指出的共同的最高结盟(imperii societas)和联合(conjunctio)。13 个瑞士城市国,雷提亚人的 3 个镇,波罗的海地区的 70 个镇,签约形成合法联盟,承诺不伤害彼此,当受到共同危害时,会彼此协助盟友战斗。但是,他们没有共

---

① 塞得利努斯(Francesco Soderinus,1453 - 1524),佛罗伦萨人,后来成为维罗那大主教。

② 穆提乌斯(Huldreich Mutius),1539 年是巴塞尔大学的教授,著有日耳曼民族从最早时期到他的时代的编年史。

③ 马汀(Vivien de St. Martin)在作品 *Nouveau dictionnaire de geographie* 中提到,这个镇在瑞士的阿尔高州,位于利马特河边,是中世纪时期重要的战略堡垒。

同的权威，没有统一。7个近邻同盟城市之间没有其他形式的联系，3个埃托利亚城市的联盟、12个爱奥尼亚城市的联盟也都没有其他形式的联系，虽然他们有某种共同的议会，让他们可以保卫家产、驱逐外敌。然而，联盟内的每一个城市国，因其最高权力的归属不同而彼此分离。因此，只有当赫尔维西亚人的各个城市国都自愿遵守其他国的法令时，才有可能结为一体，就像私人合伙关系一样。相反，在同一最高权力下，多数人赞成的东西就能束缚所有人。

对47个拉丁国家的理解又当不同，它们包括12个希腊城邦、12个伊特鲁里亚城邦，剩下的各个日耳曼帝国城镇和省，因隶属于同一帝国同一皇帝而共同构成一个国家。希腊人、拉丁人和伊特鲁里亚人各自每年选出一个执法者（但是有时任职期会延长）；而日耳曼人选出的人终身任职。马其顿的王——两个菲利普和一个安提戈努斯都曾被希腊人选作领袖，普鲁塔克和珀律比俄斯曾记录过此事。同样，据狄奥尼修斯记录，图利乌斯（Servius Tullius）和傲慢王塔克文（Tarquin the Proud）是拉丁人选出来的王，科里奥兰纳斯是伊特鲁里亚人选出来的王。西班牙王和法兰西王也是以同样的方式被选为日耳曼皇帝。已经成立了40年的士瓦本联盟和波罗的海各镇的联盟，与赫尔维西亚人的城市共和国联盟仅在下述这一点上有所不同：后者是永久性的，前者只在规定时间段成立，当然，除了在日耳曼帝国王权时期。

有时还有更神圣的联盟，城邦之间不仅培养君主们相互的友谊，而且宣誓彼此忠诚。他们并不受制于任何其他责任，也不用听从任何其他命令，[167]例如乌特勒支、列治、格德司（Guelders）、康斯坦茨和康布雷与奥地利君主们之间的封建关系。在日耳曼，也有很多其他地方许诺效忠公爵们和伯爵们，却如大多数封臣一样，不承担任何义务。如古拉丁人过去常说的那样，这真的只是为了自愿维持罗马人民的威权而已，就像莫德斯丁努斯（Modestinus)在以“我不怀疑”[1]开篇的《论囚犯》(*About prisoner*)一文和西塞罗在《以巴尔布斯的名义》(*On Behalf of Balbus*)一文中给出的解释一样。西塞罗说,“它的重要性在于,前者可能是联盟中的弱者”。图利乌斯写到,一个城市国可以以友邦(amicitia)、联盟(societate)、盟约(sponsione)、合同(pactione)、协议(foedere)等方式加入另一个城市国。而且,我们曾讲过的情况得到各个皇帝和国王最权威意见的认同。苏黎世人与奥地利人缔结协议后,盟约国们对他们宣战,苏黎世人解释说,只要没有危害到盟约国,他们的这个行动就应该得到容许。

但是,无疑奥地利人是赫尔维西亚人共同的敌人,事实上甚至是他们的头号敌人。所以,直到巴塞尔和康士坦茨大主教以苏黎世人签订虚假契约的名义强迫他们废除与奥地利人的协议时,针对他们的战争才结束。他们不是受他人命令的管制,而是受制于自己签订的条约。对这一原则的最好例证是伯尔尼人占领敌方土地的案件:穆提乌斯记录到,各联盟城市国都同意战利品必须公平分配,但是被选为仲裁者的法兰克王弗朗索瓦却裁决,这些东西是各国自己的武力所获,而非属于联盟,所以应该归每国自己所有。最后,最近格拉鲁斯人摒弃了他们原来的宗教,其联盟内爆发了大争吵。有些人认为在神圣战争中违反协定条约不对,神圣战争是要庄严地禁止人们放弃已经接受的信仰。皈依者认为这种约定并不能束缚他们遵守神圣法,更不能束缚他们的后代。有些聪明人依照这个原则——每个人应该享有自己的宗教、听从自己的统治者——提出了一些建议,其实,如果那些皈依者不采纳这些建议,似乎这件事也不会导致战争。

这个原则在这个情况下也成立——最伟大的君主和国王们彼此之间形成了非常密切的友谊和联盟,他们有共同的敌人和朋友,

---

[1] *Non dubito de captivis* 参见《学说汇纂》49.15.7,评述者是普罗克洛斯。

并应相互帮助和相互保护来支持彼此，一致对抗来犯者：除非双方都同意，否则不允许一方加入任何其他联盟或与其他人建立友谊，[168]他们让自己、自己的人民和后代都遵守这些协约。奥古斯都(Philip Augustus)与罗马王阿尔伯特之间的联盟、路易十一与卡斯提尔王阿方索之间建立的就是这种联盟。甚至法兰西王查理五世与卡斯提尔王亨利签署的其实也是这种盟约，亨利在盟约里承认查理五世是他的上级主人(superior lord/superiorem dominum)。这一盟约抄自财政部关于所有法兰西早期历史的原件，是我的同事勒瓦赞(Charles Le Voisin)拿给我看的，他因其博学和正直而闻名。

那么，不同城市国的联盟、货物交换、共同的权利、法律和宗教都不构成同一个国家，只有同一权威下的联合体才构成一个国家。所以，西班牙国王统治着幅员辽阔、距离分散的大量省份，各个省份包含很多城市国，这些城市国彼此的法律和风俗都不同。每个城市国又有许多村庄、城市、有城墙的城镇和营区，他们都遵守同样的法律；但是不存在没有个体差异的城镇(除了属于那个共同体的地区)；个体差异即与其他城镇的不同之处。然而，帝国法律对所有人都一样，各个民族在语言、习俗和宗教等方面存在巨大差异，法律却把他们联合在同一个君主的最高权威之下。同样的结论也应该适合于其他例子。

而且，所有民族的所有王国、所有帝国、所有僭制和所有国家正是凭借理性原则和国家共同的法律才联合在一起的。由此可知，世界也正如一个城市国那样——所有的人依照共同的法则彼此联系，因为他们明白，他们有着同样的血脉，隶属于同一种理性监护(guardianship of reason/rationis tutelam)之下。但是，既然这种理性统治约束不了任何人，就无法真正从所有民族中锻造出一个国家，所以君主们或运用军队，或签订协约，或依照相互的良善意愿，为王国疆域以外发生的事务寻求合法指引和裁断。

什么是职官？

解释完“国民”的定义，我们也要定义“职官”（magistrate/magistratus），因为这是城邦的构成要素。亚里士多德将职官描述为拥有权威、司法和审议能力的人，但是最后他把国家的所有职能都归于“职官”名下。以这种方式推论，没有人能够当职官，因为分享审议权、司法判决权和威权的人几乎没有。把所有担任公职的人称作“职官”也很荒谬，[169]因为这就意味着抄写员、侍从、副官、公共服务者，甚至刽子手都可以被称作“职官”——那些之前被划分为奴的人，可能对其更恰当的称呼应是“侍者”。而“职官”一词意味着权威和权力。因此，最大的职官独裁官，被称作“人民的主人”。这是埃斯基涅斯和德莫斯梯尼之间激烈辩争的主题，因为埃斯基涅斯说τειχοποιός就是主人。[①] 德莫斯梯尼不同意此观点，但他把这个职位视为某种公共职权或公共服务，把“职官”定义为拥有权力的人。这些东西在《论帝国》（*De imperio*）中讨论得更充分。

那么，就把“职官”定义为拥有部分公共权力的人。我加上“公共”是为了与父权或奴隶主权力区分开。而且，职官的命令只不过是一条布告（ordinance/edictum），而君主的命令却是法律。但是，如果没有紧随其后的行动，也是无效的命令。然而，根据瓦罗和乌尔比安的裁定，对不守规矩的人行使的最小威权是逮捕，因此没有逮捕权的人就没有威权。几乎所有城邦里，最不重要的职官都有逮捕权，即是连传唤权都没有的人，例如平民的护民官都有逮捕

① 埃斯基涅斯，段24，与此官职相关使用的是“统治”（to rule）的分词形式。洛卜丛书对亚里士多德《政治学》卷六章五1320b15的翻译，使用的是“职官”（magistrate）一词。博丹使用的却是magister，而非magistratus。

权，虽然他们曾太频繁地滥用权力并传唤人来审判。威尼斯人的执政官和出庭律师可以逮捕和指控罪犯；他们没有传唤权。我国不仅给予所有法官逮捕权，而且所谓的“要塞使节”（commissaries of thefortress/castelli commissarios）也有逮捕权，虽然他们根本不从事法官工作。拥有更大权力的人，为了维持司法体系，可以根据其政治权力的大小传唤和施予惩罚，否则司法就成了一句空话。即使司法权最小的法官也有罚款权，我们称之为商业（mercantile）管辖权。其他法官有权施予更重的罚款；有些有鞭挞权；少数甚至有折磨权；授予持剑权是终极限度。最后，这种法官被授予了完全（merum）权力，因为除了主权——即生死权之外，那是能授予职官的最大权力了。

宽恕权体现为法外施行最大的宽恕[170]或严惩——拥有国家主权的人才有此权力，而职官们的权力性职能范围从持剑权到逮捕权不等，这是高级权力和低级权力的两极；这些权力与司法权往往不同。司法权以法律为依据，而这些权力以命令的形式下达，所以我们发现，私人法官和行政议员们裁定和判决；职官自己发布命令和执行，判决只是偶尔为之。因此，我国的情况是，高级法庭裁定，君主本人发布命令。既然瓦罗给予某些职官逮捕权和传唤权，其他职官传唤权和出席权，还有一些职官连以上权力都没有，那似乎他的“职官”也包括没有命令权的人，例如市政官和财务官。我认为这源于一个普遍却错误的指称。

如果手下没有代理人，不能发布命令，谁会称这个人为职官呢？事实上，他可能被赋予职位和荣誉，却没有威权。西戈尼乌斯和格鲁希（Nicolas de Grouchy）①支持菲斯图斯的观点，认为那些

---

① 格鲁希（Nicolas de Grouchy of Rouen，1509－1572），巴黎的希腊语和神学教授，著有《罗马公民大会》（*De comitiis Romanorum*），《罗马公共法》（*Jus publicum Romanorum*）和《西贡民之后罗马职官在公民大会上的论辩》（*Ad posteriorem Caroli Sigonii de binis magistratum Romanorum comitiis disputationem, refutatio*）。

官员被授予的是权力(power/potestatem)而非权威(authority/imperium),这不对。那种事情不应根据文法学家的规则来确定,而应该根据法学家的规则,法学家认为权力等同于威权,甚至比威权更大。法学家保罗说,“权力”指的就是职官的威权。地方总督是拥有范围最广的司法权的职官(乌尔比安如此定义这个官职),在所有机要职官里,他一人拥有统治权(imperium)。法学家们在“论司法权”一篇里以“威权”一词开头,将上述统治权称作“权力”。① 因此,朗普里狄斯记录到,亚历山大皇帝曾宣布,“我不会让干非法勾当的人掌权”。所以,当以法令用语颁布警告时,为了避免把执政官、裁判官以及其他有威权或权力的人传唤到法庭来,最后判决词汇被理解为适用于地方性职官。否则,如果他们所说如实,就不允许把民政官和财务官传唤到法庭来,这与瓦罗的记录和马克西姆斯(Valerius Maximus)的例证相反。因为,我们从尤士丁尼的《法学阶梯》(*Institutes*)中得知,虽然民政官有部分裁判官式的司法权,但他们缺乏权力和威权。②

[171]西戈尼乌斯说,监察官有权力没威权,也不对,因为根据瓦罗的裁定,他们有传唤某人的权力,因此也就有逮捕权。我们在李维史卷四十章四十三、佐纳拉斯史卷二看到,监察官能颁布法令,他们有什么权力颁布法令呢(拉丁人称之为职官法令的命令)?有什么权力选择或排除遵守其命令的议员和骑士呢?有什么权力让国民参与人口普查、发誓、召集议会、领导所有人民参加净化仪式(lustrum)呢?除非他们有威权,有传唤权和逮捕权。瓦罗在《论拉丁语言》(*On the Latin Language*)卷五中说,裁判官(praetor)并没有召唤首府军队的权力。③ 监察官、执政官(consul)、临

---

① *Imperium de jurisdictione* 参见《学说汇纂》2. 1. 3。

② 只有高级(贵族)民政官有颁布法令的权力。

③ 瓦罗,《论拉丁语言》卷五,段 80:Praetor dictus, qui praeiret lure et exercitu。

时执政官和独裁官有这种权力。其实，这看似很荒谬——平民的护民官，所谓的低级职官居然应该有权威，而监察官，在更重要预兆指引下任命的所谓高级职官，却应该缺乏权威。

亚里士多德把职官定义为有宣判权和审议权的人，也不是指威权，因为主持国家议事会之人的权力是颁布法令，而不是命令；私人法官和牧师也能判决和颁布法令，但不能命令。他们没有传唤权，也没有逮捕权，他们也没有传票送达员和侍从。西塞罗在给阿提库斯的一封信里说，“牧师是宗教裁决者；元老院是法律裁决者”，但从狄奥尼修斯的作品中可知，元老院无法执行它颁布的法令，牧师也没有任何威权，没有传票送达员。不过，从李维和瓦勒利乌斯的作品可知，裁判官判决了乱伦、贞洁和灭火等罪行后，能执行这些判决。同样，我们的牧师既没有传唤吏，也没有执束侍从，但是他们要么向职官索要传唤吏和执束侍从，要么职官们执行他们的死刑判决——“因为不允许我们杀死任何人（他们说那违背常理）”。这是犹太人说的话，所有威权正是从他们那里获得。

拉比们记录到，朱迪亚（Judea）[①]在神庙第二次被毁前 40 年被降为行省。我国人民错误地以为，他们是被摩西戒律禁止如此，其实不是，因为只有神职人员和使节以及他们的父系亲属，才允许对作恶者判极刑和延迟极刑判决；希伯来法学家们在塔木德经[172]“犹太公会”标题下的第四章以及对耶利米的注疏里都这样

---

① ［译注］朱迪亚位于今巴勒斯坦地区多山的南部，在圣经中的古希伯来、古以色列，以及后来的罗马时期，该地区一直保持此名。此名源于希伯来语的“Yehudah”，犹太族长雅各的儿子，他的后代构成以色列的犹大部落（耶胡达）和后来的犹大王国，1906 年的犹太百科全书里，认为犹大王国可从 934 年追溯至公元前 586 年。该地区的名字在后来的巴比伦、波斯、希腊和罗马时代略有变化。“科赫巴起义”（Bar Kokhba Revolt）后，该地区在公元 135 年被重新命名，并与罗马叙利亚合并，皇帝哈德良称其为叙利亚巴勒斯坦。1948 年至 1967 年间，朱迪亚的大部分地区位于约旦的约旦河西岸。20 世纪，作为以色列行政区域的一部分，以色列政府将朱迪亚作为一个地理术语，作为以色列行政区域的一部分，被称为“约旦河西岸”。

记录。迦勒底阐释者认为那值得注意。乌尔比安在“论司法权”(About Jurisdiction)[1]标题下以“就职官而言”(in the case of magistrates)开头的那段里写到，因为犹太人内政职官只有惩罚奴隶的普通权力，所以当朱迪亚省长庞提乌斯希望不要太重地惩罚基督时，他们公开回答到，根据摩西之法他已经承认了可判死刑之罪，但他们却没有被允许判处任何人死刑。从这些事可明白知晓，我们在第三章中提到的公共职能的区分不仅必要而且更真实。

什么是主权?

现在来定义主权(sovereignty/summum imperium)，主权关涉到国家类型。亚里士多德称之为 τὸκύριονπολίτευμα 或 κύριαἀρχή；意大利语 signoria；我们的语言 sovereignty；拉丁语 summa rerum 和 summum imperium。明白了这个，就能解释清楚与国家相关的许多晦涩和困难问题。然而，亚里士多德以及曾就政体问题著述的人们都忽视了这个问题。我以前常想，summum imperium 要么可以定义为创设职官的权力，要么可以定义为赏赐和惩罚权。但是，这种想法很荒谬——既然职官们常常根据自己的意愿和命令施行惩罚和奖赏，就有必要在主权问题上把他们与君主联系起来。正如圭恰迪尼作品里索德里尼(Soderini)的妙评，更危险的是，把国家的所有权力都授予官员；当佛罗伦萨人习惯这样做后，国家遭受了毁灭。亚述人和我们自己的祖先也犯过同样的错误；过去，君主创设拥有实权的下级职官；他们掌控着所有统治权力，甚至侵犯到王权本身。因此，把所有权力都授予一个职官的国家，并不是构建良好的国家。

比较了亚里士多德、珀律比俄斯、狄奥尼修斯和法学家们的论

---

① *Magistratibus*, *de jurisdictione* 参见《学说汇纂》2. I. 12。

述，以及把这些论述与各公国的普遍历史相比较后，我发现一国之主权涉及五种功能。第一且主要的，是创设最重要的官职并定义每个职位的职责；第二，宣布或废除法律；第三，宣战或媾和；第四，接受[173]官员们的终极申诉；最后，当法律本身无法酌情处理或宽恕时，权衡生死。在构建良好的国家时，这些权力永远不能授予官员，除非迫于紧急情况确有必要或国家已处于非常状态。如果一个官员确实在判决这些事务，批准权也应该掌握在君主或民众手中，到底该在谁手中，依各国的类型而异。

显然，在法学家们看来，这些事务专属于君主，其实还有很多其他事务也属于君主；例如，征税权、纳贡权和发行货币权。虽然过去甚至现在也常常把这些事务指派给职官们，但法学家们认为这应是君主专属的权力。然而，在《论帝国法律》(*De jure imperio*)[原文如此][1]中关于陛下的权力那章，我们已经非常详尽地讨论过这些东西。而且，在民主式或精英式政体中，精英们和民众的权力等同于君主国中国王的权力，因此这些最重要的权力相应地归属于民众。为了更清楚地理解这点，必须得解释下这个问题。法学家们充分地讨论过此事，但还没得出准确结论：即职官是否应该拥有最高权力(merum imperium)，或者说最高权力是否应该属于君主一人。

为了解决这个问题，当皇帝亨利七世(EmperorHenry VII)在博洛尼亚被选为统治者时，他承诺在洛泰尔(Lothair)和阿佐(Azo)之间主持正义，并颁布法令规定最高权力(merum imperium)归君主一人所有。这件事说明洛泰尔正确，阿佐错了。[2] 除了阿尔恰托和杜默林，其他所有人都曾写过，他们认为阿佐的观点更正确。

但是，应该把这个问题从假设变为论点，就能更清晰地理解

---

① *De jurisdictione*？1566年版中没有这句话。

② 参见 M. P. Gilmore 的论文《罗马法中的论辩》(*The Argument from Roman Law*)。

了。最高权力(merum imperium)在于执剑权,他们解释说,乌尔比安就这么说。然而,此时应该追问,君主授予职官的权力——执剑权、或宣战权或媾和权、或官职创设权、或法律颁布权、或奖惩权,仍然是君主专属的权力呢,还是也被转移到了职官手中?所有人都持同样的观点。洛泰尔采纳了帕比尼安(Papinian)关于被授予司法权的人的职位的看法,即职官凭借其官职分配到了公共正义,但不能再把它委托给旁人。他们常常被称为司法的执行者和管理者,很恰当。

对这个问题,阿库修斯(Accursius)①写到,[174]正义与君主同在,但正义的实施,即实现,却在于其他人。阿佐曾仅根据司法对这些做了必要的解释,就法律文辞来讲,据说执政官基于他的权力可以做任何事,总督拥有仅次于君主的最大权力。那么,据说就连埃及的地方长官也放弃了授予他的权力。这是所有阐释者提出的证据里最有意义的。其实,他们非但没有定义问题,反而让问题越来越模糊。不仅仅是这个问题,无数法律问题都陷入极大的模糊性里,因为至今没有一个阐释者曾解释过法律的行为(action of the law/legis actionem)与法官职责(office of judge/judicis officium)之间的差异。在那么多作者中,似乎没有一个解释过法定程序(statutory process/legis actio)到底是什么,所以我希望在短时间内解释清楚,以及这每一个概念蕴含着什么力量和权力。

现在,只剩这个问题有争议:普遍法有两种主要类型——法律和衡平——即法定程序和职官职责的基础。法律与法律行为的关系正如衡平与职官职责的关系。帕皮尼安、乌尔比安和古代法学家们都认为,职官不可以把任何法律赋予他的职能托付给其他人。

---

① 阿库修斯(Accursius,1182-1260),佛罗伦萨人,阿佐的学生。著有一部《标准注释》(*Glossa Ordinaria*),涵盖《法典》、《学说汇纂》和《法学阶梯》。他的儿子爱德华在牛津讲授罗马法。

他只有简单明了的法定程序，因为这些事情更有赖于法律本身，而非职官。但是，不管他被授予了何种衡平权力，他都有权将其托给其他人。例如，公共案件中的裁判官和法官（帕皮尼安提出的这个例证）不可以把这种权力转托给其他人，或者在判决中改变法律的严厉度或温和度、或增加一些东西，而是必须以一个词，不，甚至是一个字母给出宣判，即 A.，C.，N. L.，我宣布无罪（Absolvo）；我判你有罪（Condemno）；尚未显明（Non Liquet）。这样做的目的，是让国民们的声誉、生命和最终的财富不取决于某一个人的主观意愿，而是建立在法律意志本身的基础上。

另一方面，国内案件危害不大，所以无法被全部纳入法律范畴，而且案件不计其数。它们被留给市民（urbani）或外国人（peregrini）裁判官管理，因此裁判官在解决这些问题时不受法定程序锁链式的约束，而是可以凭自己的衡平感和虔诚审理，由此，他们可能[175]超出法律范围甚至违反法律裁定的很多东西，或判决，或指定法官；最后他们可能颁布法令，以按照自己的意愿修订或改变法律、减弱或加强法律的严厉程度。因此，这恰恰是职官的职能，巴尔托鲁称之为“高贵的”（nobile）职能；而法定程序“有酬劳”，最好被称为“奴性”职能，因为它只为法律服务。

私人法官或法律仲裁或法律使臣们不管做什么，据说都是依法行事，而不是凭借其法官的位阶行事，因为即使市民裁判官不受法定程序的约束，也要求其诉讼当事人受此约束。这并不是说，依照法律程序行事的职官没有履行职官的职责，而是如果他因此被称为职官，就不太确切或不太恰当。任何凭借其自身就有威权、或司法权、或任何这类权力的人，所具有的权力是专属于他，他可以将这种权力转托他人，乌尔比安在“论司法权”中以“与我们祖先的习俗相符”开头那段这么说。① 但是，被授权的人不能把授予他的

① *More maiorum de jurisdiction* 参见《学说汇纂》2. 1. 5，评注者是尤利安。

任何东西再转授给别人；否则会被判偷窃。这条不仅适用于个体国民，也适用于被其他人委任而获得司法权的职官。在“论被委任了司法权的人的职责”标题下以“所以”（et si）开头那段，①尤利安写到，他拥有属于另一人的司法权。

既然职官们被赋予管辖很多法律之外的东西，法律之内还包含很多东西，显然当他们就职时，不管凭其自身获得了什么权力，都属于他自己，其余的就属于法律或委任他们的人。由此可知，裁判官对公共案件没有无限裁量权，或者说没有执剑权，仅能够执行判决和法律行为，就像执束侍从一样，布鲁图斯曾对他们说，“执束侍从，你们要依法行事”。显然，拥有极刑特别裁判权的人没有任何限制，他完全可以根据自己的意愿缓和或加重惩罚，只要不逾越已有习俗，如乌尔比安在“论惩罚”中以“今天”②起头的那一段所写。因此，他就拥有执剑权。

同样，罗马执政官负责管理军队，依据其官职权力能作战，因为他们可能自由地骚扰或攻击敌人，[176]自发地指挥供给系统和军事演练。然而，他们不能宣战或媾和，因为后者是平民的权力，前者是人民的权力。因此，在没有接到命令的情况下就与撒姆尼人和努曼提亚人签订了协约的执政官们才会屈服。所以，赫尔维西亚人的军队与特拉姆利乌斯（Tramulius）签订协约并接受了质押后，如果君主不批准这协约，他们就只能送上自己的项上人头。因为，只有君主拥有宣战和媾和的权力。

所以，卡图说，应该把凯撒交给高卢人，因为他没有向他们宣战的权力。如果凭借某条法律或在某种情况下将军被赋予了媾和或宣战的权力，那一委任也是临时的，他不能逾越被委任的权力，也不能将那权力转以他人，因为他并非凭其职位或权威而拥有那

---

① *Et si, de officio eius cui jurisdictio mandata est* 参见《学说汇纂》1. 21. 3。

② *Hodie de poenis* 参见《学说汇纂》48. 19. 13。

权力，他只是权力授予过程中的一环。另一方面，独裁官却是因为其官职的权力而具有宣战、媾和、生杀以及控制整个国家的权力，然而，这是有时间限制的，仅仅在他任国家的独裁官期间才有那些权力。他真正肩负的不是官职，而是委托。即使职官的权力是其专属，也没有人是因其自身的权力而肩负官职或荣誉，而只是身负一项委托，直至委任期满，或者直至委任他的人收回委任。乌尔比安说，“我放下了曾经承担的职位”，就是这个意思。这句话迷惑了阿尔恰托。而且，当君主或授予权力的人去世，不管授予者根据他特有的权力或法定程序授予了职官或个体国民什么东西，只要那权力还在，都会被撤回，就像监察官的职位那样，但是与官职同在的权力不会被撤回。然而，我们应该站要它们的立场，充分讨论这些问题；在《论帝国》中，我们更准确地地论述过这些事儿。

一个更困难的问题是，元老院的法令是否需要君主或拥有国家最高权威的人认可。如果是君主，这个问题不难确定，因为他领导元老院和议事会，所以所有法令都有君主的认可。没有君主本人的命令，一切法令都不具效力，因为元老院没有权威、没有司法权，除非得到君主或人民的认可，君主或人民若没有真正反对元老院的法案，就看似认可。但是，如果存在更严重或涉及到主权的问题，通常就会呈报给君主。

我国也有这样的法律，而在民主制和精英制国家中，情况并没有那么明显，因为民众和所有精英都无法参与[177]国家的议事会。如果他们可以参加，那最机要的国家决策就会在大众中流传，而这不安全且充满危机。但是，如果决策得不到理解，也就得不到批准。

狄奥尼修斯在卷二中证实了此事。他说，“罗马元老院颁布的那些事务的最终裁定者并不是元老院，而是人民”。因此，李维的书中常常出现这些表述——“元老院颁布”，“人民命令”。当他描述大西庇阿的权力时，他说，“西庇阿庇护着这个统治着全世界的城邦;他微微颔首,就相当于元老院的法令、人民的命令”。西塞罗说,“但是,只有平民或人民命令的东西神圣不可侵犯”。

所以,与孔南的想法不同,元老院决议(senatus consulta)的有效期只有一年;这证据同样来自狄奥尼修斯,卷七。德莫斯梯尼在“驳贵族政体”(Against Aristocrates)演讲中提到,雅典人的情况也一样,法令无法束缚人民或平民。这同样也适用于职官们的法令,职官们只能根据《阿特里纳法》(*Lex Aterina*)裁决比较轻微的罚款,而较重罚款的裁决和处罚权得由平民们判定。李维史卷二十五中可见这些描述,瓦勒留的书中则频频可见。

因此,既然批准立法是人民的独有责任,那么法律既不是职官的命令,也不是元老院的法令;它们在诸多方面——量刑、批准以及强度和效度——都有所不同。阿庇安在“内战史”卷一里写到,批准法律时,不仅职官,而且全体人民都要向法律宣誓。① 所以人们的理解是,除非被人民特赦,否则人人都必须遵守十二铜表法和神圣法。既然国民大会条例不能违背公共正义,学院章程不能违背市政法规,城邦法不能违背帝国法——那么私人个体就不能有损职官威权,职官权力不能有损元老院的威权,元老院的威权不能有损平民的权力,平民权力不能有损人民的最高权力,因为国家的最终威权就在于人民。

但是,既然在大众中传播国家决策看似很危险(然而,如果所有元老院法令都必须获得人民的批准),[178]人民授予元老院管理国家事务的权力,除了职官创设、法律颁布、宣战媾和、生杀大权和终极申诉的权力,正是因为这些是人民保留的主权。可以从狄奥尼修斯记录的执政官瓦勒里乌斯(M. Valerius)的演讲以及珀律比俄斯的观点里明晰这点。至于其他,为了不让元老院滥用权力,平民们的护民官被允许否决一切元老院决议。所以,当元老院

① 阿庇安,《罗马史》,“内战史”I. vii. 59,但文中的强调点不同。

商议时,护民官常常站在门口,除非他们在元老院决议上写“T”以示同意,否则决议无效。再后来,他们就被允许进入元老院了。

那么,授予元老院或职官的权力与主权有显著区别。否则,就不得不承认,主权被托付给了那些从他人处接受权力的人。如果这看似荒谬,那珀律比俄斯的这个说法也应被视为荒谬——他说,国家主权部分在民、部分在元老院、部分在执政官。而且,他认为政体似乎是混合制——精英制、君主制和民主制的混合。狄奥尼修斯和西塞罗采纳了这个观点;然后马基雅维里、康塔里尼、托马斯莫尔、加林贝托和马努提乌斯(Manutius)①也坚决维护这个观点。我们必须要论辩以驳斥他们,因为这个议题对于透彻理解国家历史太重要。佛罗伦萨人把是否让人民重获自由的问题提出来激烈争辩,让帝国的秘密在人群中散播,似乎并不明智,事实上非常危险;把少数不能依法就职的平民隔离出来后,他们最终决定,法律必须由人民制定、职官必须由人民选举。其他事务将通过元老院和民众职官来管理。圭恰迪尼如此记录。

由此可清楚获知,主权权力主要体现在这些特殊方面。因此,在每个国家里,应该研究谁能赋予和撤销职官的权力,谁能制订或废除法律——是一个国民,还是一小部分国民,抑或是大部分国民。确定了这点,[179]就能明白国家政体类型。没有第四种,事实上,没有人能设想第四种,因为德性和恶性并不构成一种统治类型。君主正义或可敬与否,国家都是君主国。寡头制和人民统治也一样,就算他们只有创设职官的权力,也仍然拥有主权,政体类型必然由他们决定。那么,我们称前一种为精英制,后一种民主制(我们就用这些词,以免被迫使用贵族制、寡头制、民主制、暴民制等名称,这些名称是根据统治是否有德性而言的);如果除了创设

① 马努提乌斯(Paul Manutius,1512-1574),著有关于西塞罗演讲的评注,以及关于罗马古代史的著作。他是建立阿尔定出版社的年轻成员之一。

职官之外，还有宣战与媾和的权力、生杀权力，那就更应该如此判断。而且，显然，这些事情历来如此，不仅在君主制，在精英制或民主制国家中也一样。常见的说法是，元老院和执政官没有上诉权，那仅仅指普通法律，因为遇到特殊案例可以要求上诉君主或人民，阿卡迪乌斯称之为“祈求仪式”(supplication/supplicare)，当案子非常特别或者涉案人员非常重要有必要上诉时，就可以上诉。以免没完没了地陈述历史例证，我们就以雅典人、罗马人和威尼斯人的国家为例，以说明罗马是混合制的说法不对。

罗马人的国家类型

我认为，在珀律比俄斯时代、在狄奥尼修斯和西塞罗时代的大部分时期，罗马完全是民主制国家。他们把国王赶出城后，布鲁图斯给人民建议的第一条统治法，是由人民选出任期一年的执政官。李维和狄奥尼修斯都记录了此事。由此可知，执政官的所有权力都应该来自人民。那么，事实上，他们说罗马类似王权统治、王权在执政官手中就不对，同样，下述说法也不对：罗马皇帝下执政的地方官手握皇权，或者土耳其的大帕夏，甚至法国国王之下拥有实权的官员们，由于能独立管理国家中所有最重要的事务，所以他们分享了王权。这些人的确拥有比执政官更大的权力，而且其权力具有永久性。因此，如果王权在军队指挥者手中的说法很荒谬，那更荒谬的就是王权在执政官手中。稍后我们[180]会证明，护民官的权力比执政官权力更大。

他们认为元老院类似精英统治，即使其所有权力和威权都来自人民。其实，择取元老们要遵从人民的意愿或命令。西塞罗说：“我们的先祖每年任命职官，这样他们就可以一直指引国家。职官们作为一个整体的议事机构被人民选出，通向最高职官的渠道向全体国民敞开。”此后，为了省事儿，菲斯图斯写到，人民通过奥维尼亚法(*Ovinia tribunitia*)命令从每个阶层选举监察官,由地区元老院推举一个最优秀的人。而且,和其他职官一样,监察官也是由人民创设。那么,结论就是,任何一种威权的获得都来自人民。那么,元老院的精英统治何在呢？如果真有,那在王国里也应一样,王国中的议会由君主建立,具有同罗马元老院同等的权力。但是,把这一团体的权力与君主的权力相提并论,不仅愚蠢,而且是头等大错。这些作者提出,罗马元老院分享了人民的权力,对这一观点,也应作同样的判断,即他们把主人行使统治权与仆人和代理人行使统治权相提并论。我们认为,元老院和职官们所拥有的一切权力,都源自人民的威权和意志,这足以证明,这个国家是完完全全的民主制。

然而,布鲁图斯的同事瓦勒留却提出了第二法律,李维称其为罗马自由的独特堡垒。法律的第一部分提出,所有职官可以自由向人民上述;第二部分规定,任何职官不得在罗马国民上述时处死或鞭打他或企图罚款;此外,没有人民授权,任何人都没有任何权力,否则,会被处以死刑。李维、狄奥尼修斯、瓦勒留、普鲁塔克和庞培尼乌斯也全都同意这一点。这一申述法律,由于常常被违反,被同一家族颁布了三次——瓦勒里乌斯家族的普布里乌斯(Pulius)、莱维努斯(Laevinus)和马尔库斯(Marcus)。那么,这个国家的精英制体系在哪里？执政官们不能鞭打国民、不能罚款,有被上诉的危险,他们的王权体现在哪里？宣战权在人民手中,这一事实众所周知,无需举例。如狄奥尼修斯所记录,这是王政时期的赛维乌斯法(Servian Law)规定的,但是诸王逃走后运用得更频繁。[181]李维在卷五中说,对于宣战需要人民的命令还是只要有元老院法令就可以的问题,存在争议。护民官们为了达到目的,宣称若昆克提乌斯(Quinctius)不把元老院决议拿给人民,就反对他征税。所有百夫长都这样要求。

同样,向安提俄克宣战,正是通过阿克里亚法(Acilian Law)

实现。而且,从波提乌斯护民官法令(law Portia tribunitia)可知,显然人民才有鞭打、赋予自由和流放(死刑权力已经讲过了)的权力;那法令是瓦勒里乌斯和阿普列乌斯颁布的,他们在罗马纪元454年(A. U. C. 454)[①]担任执政官(西戈尼乌斯说是监察官卡图颁布的,这说法不对)。该法令禁止对国民身体施以棍棒。100年后,森普罗尼乌斯法案(Sempronian Rogation)又庄严重申这一点,还增加了对叛国罪处以极刑的规定。

那么,为何珀律比俄斯要说,“如果关注人民拥有的权力,他会认为这是民主制国家;但如果关注元老院的权力,会认为权力在精英们手中;因为这个团体是公共审议中的领头羊,控制着国库,接受和遣散大使,审理谋反罪、叛国罪并施毒”。这段话里有多处错误,对人民权力的解释也有误,他(与几乎所有希腊人一样)将其与平民权力混淆了,大错特错。他忽略了元老院具有的最大权力是什么,忽略了有些活动如果没有人民的同意元老院根本无法真正展开,他赋予了元老院特殊职能。元老院所具有的最大权力不过是元老院决议“让执政官处理”等等,就像一把剑,在国家处于危机时拔出来,反对梅里乌斯(Spurius Melius)、格拉古兄弟、萨图尼努斯和凯撒等人。它也有权任命独裁官,但只能在特殊情况下。因为临时执政者常常由执政官任命,而独裁官则由临时执政者根据元老院决议在情况的确需要时任命。狄奥尼修斯说,元老院用这种制度欺骗了平民。

然而,平民们的护民官们很快发现了这个帝国秘密,在接下去的很长时间里,护民官们借用一条极好的法律——即不准申诉——不允许任命这个职位,所以菲斯图斯称该法律完全是针对独裁官提出的。而且,普鲁塔克说,虽然所有职官到期就得卸任,但平民的护民官却能保持其权力,并且还能通过行使其否决权来

---

① 李维,《罗马史》x. v, vi, ix。

帮助国民。当独裁官马克西姆斯想判处军队领袖米努提乌斯(Minutius)死刑时,为了反对他,护民官们调解说,[182]米努提乌斯不应受死刑处罚,因为他与独裁官具有同等权力。

我们已经表明,根据波提乌斯法、瓦伦乌斯法和森普罗尼乌斯法,珀律比俄斯对死刑审判的记录不对。① 李维引述一个元老的话,"当人民没有那样的愿意时,我认为元老院无法执行对坎帕尼亚人的诉讼,因为他们是罗马国民"。但是,因为坎帕尼亚人曾长期支持汉尼拔,他们被以叛国重罪起诉。

那么,为何有人会说,虽然人民不愿意,元老院还是处死了很多国民,甚至比被职官处死的人数都多?这类事例不胜枚举,但最著名的一例是,将军尤贝利乌斯(Jubellius)②在雷吉奥附近去世,军队自己选了一个书吏。瓦勒里乌斯说,元老院认为此事非常严重,他们把士兵们召回城里,判处他们死刑。每天行刑 50 人,士兵们先被鞭打,然后被砍头,还不准埋葬尸体、不准哀悼。当时的护民官富尔维乌斯(M. Fulvius)高声抱怨元老院违背了祖先们的习俗,玷污了神圣法,却徒劳无功。另一个例子是,执政官阿庇乌斯抨击军队不遵守军纪,③把百夫长、有军衔者,甚至领双份酬劳的人都鞭打致死,处罚不是在军营实施,因为那需要取得将军的同意,而是在城内。剩下的众兵,他命令十分之一的人要受死。元老院同样也违背神圣法和康纳利乌斯法(Cornelian Law)释放了许多本该接受惩罚的人。

对这一异议,某个法学家回应道:我们必须考虑的,不是在罗马城里做了什么,而是什么做法才合法。因为,我们不该从对制度

---

① 《论国民的头》(*De capite civium*),公元前 123 年。头(caput)是罗马国民的身份,根据这一法律,除非被人民审判,否则不能动这一身份。

② Valerius Maximus,《值得记录的言行》(*Factorum et dictorum memorabilium*),*ix* II. vii. 15。

③ 李维,《罗马史》II. lix。

的滥用，而应该根据实际的制度来判断国家类型。公共监狱监管者们的司法权仅限于最底层的奴隶和外国人，从马克西姆斯的记录的可知，不仅国民而且职官们甚至职位显赫的高官在被监禁之后，死刑处决也是他们执行。然而，却没有人能指控他们犯了大不敬(*crimen majestatis*)①之罪，就像克罗迪乌斯在平民面前指控西塞罗谋反，说他未经人民同意就处以阴谋者极刑。但是，对西塞罗的这个指控被[183]撤销了，因为只有人民才能判决他。由于存在这些差异，当平民们和贵族们都违背法律行使权力时，就出现了平民反对贵族的斗争，以及职官们相互间的斗争。

职官们有较大但却有限的权力；元老院的权力比职官们大；平民们拥有的权力是他们中最大的。但是，任何人只要深刻地思考这些问题，就能确定，国家的最高权力和主权在人民手中，不仅从我们已经讨论过的那些事情中可以得知这点，而且还因为，人民承担着法官和调停者的角色，仲裁平民与贵族之间的各种纷争。当元老院企图镇压平民或者平民奋起反抗元老院时，唯一平息暴动的方法就是，执政官们亲自出面或者被任命的独裁官出面，询问人民的意愿。从平民的三次退隐中可知这点，更主要的证据是旷日持久的争议——贵族们一直蔑视平民表决，平民们瞧不上元老院决议。从狄奥尼修斯的记录中可知，执政官 L. 瓦勒里乌斯和霍拉提乌斯(M. Horatius)请人民集中，在百人团大会上提交了一项法律，提出平民表决应该约束元老院。麻烦一下子就解决了。

然而，逐渐元老院又开始无视平民表决。护民官们起作用了，他们与元老院调停。再一次，110 年后，斐洛(Q. Philo)被任命为独裁官；他向人民提出了同样的措施，即平民表决应该具有法律效力，就如同人民下的命令一样。的确，有段时间曾有一条规定，法律应该首先经元老院商议后，才能在百人团会议上呈交给人民。

---

① “反人民罪”(Crime aga inst the people)。

但是,提交给平民却无需征求元老院意见,因此贵族们极不情愿地停止频繁忤逆平民表决,直到50年后,独裁官荷尔腾西乌斯又向人民提出了同一提议。

由此,罗马帝国颜面尽失——平民们,也就是最低下的群氓,能够命令什么应该成为法律,而国民们却受到约束,似乎是人民自己下的命令。平民甚至有权任命所有职官和祭祀,除了执政官、裁判官和监察官。而且,他们还控制着除了极刑罪犯以外的公共审判,有权结束人民宣布的战争,还能延长人民授予的权力的期限。最后,平民们通过教唆护民官,还掌握了其他权力。例如,他们通过苏尔比克乌斯法案、[184]马尼利乌斯法案和加比尼乌斯法案(Sulpician,Manilianand Gabinian rogations),频繁宣战,这些法案是护民官违背了其祖辈的习俗,提交给平民的;他们还违背神法,把一些最好的人流放。由此,最高掌控权就从人民下降到平民手中——国家从民主制变成了暴民制,沉入群氓泥潭中——这个过程主要发生在格拉古兄弟、德鲁苏斯以及后来萨图尼努斯和苏尔皮提乌斯(P. Sulpitius)当平民护民官的阶段,他们用自己的血以及他们国民们的血玷污了城邦。

如果我们可以把帝国的最高权力划归人民,即给那五个阶层(因为第六层在大国民议事会中没有地位),或划归平民,即给除了精英以外混杂在35个部落中的所有国民,显然这个国家就是民主制。其实,元老院的所有权力来自人民,没有人民的命令和同意,它什么也做不了。不管它下过什么命令、将要下什么命令,都是以人民的名义为之。但是,是人民自己下令,还是以人民的名义下令,在判断国家类型时又有什么区别?

不过,更荒谬的是,把一个人的特征,即王的权力等同于两个执政官的权力,实质上连护民官的权力都比他们大。西戈尼乌斯在论述职官那一章中讲,执政官可以把任何职官排除在国民大会外,但任何人都不能把执政官排除在国民大会外,这个观点也不对，因为最频繁发生的事情就是，护民官否决执政官的提议。李维在卷四十四写到，既担任过执政官又担任过监察官的提比略·格拉古（Tiberius Gracchus），因为没有接受当时的护民官关于罚款和抵押的调解，而被护民官没收了财产。

还是这个护民官，弹劾了监察官克劳迪乌斯，因为后者在他不在时召集了国民大会。同样，护民官弗拉维乌斯（L. Flavius）命令把执政官梅特卢斯（Metellus）扣上锁链带走，另一个护民官曾命令把监察官阿庇乌斯扣上锁链带走，这些事在李维史卷九中讲过。[①] 李维还在卷二中提到，"护民官把他的侍从派到执政官那里去；执政官把他的执束吏派到护民官那里，大叫着说，后者只是没有权力没有官职的个体国民"。

然而，弗洛鲁斯在第四十五章说，护民官德鲁苏斯，因为执政官菲利普在国民大会上质问他，就派侍从扭伤菲利普的脖子并把他投入监牢。相反，暴力触碰护民官神圣不可侵犯的身体却是极刑之罪。[185]而且，维克提乌斯因为没有在护民官出现时站起来，没受任何判罚，就被杀了。最后，以调停的方式阻碍元老院、阻碍职官、同僚，甚至阻碍平民们，都是护民官的权力。除非平民们庄严行使自己的选举权，免除护民官的权力，否则没有任何其他方式能阻止他。

有例为证，普鲁塔克说，当格拉古提出土地法时，护民官奥克塔维乌斯（M. Octavius）以一人之力反对他所有的同僚和格拉古。除非平民们投票免去奥克塔维乌斯的权力，否则这法律没法生效。最后，任命独裁官以后，其他职官失去了权力，只有护民官能保持其权力。因此，如果执政官有等同于王权的权力，就应该比护民官权力大得多，除非以康塔里尼描述的那些事实来论证——他们缺乏王权的外部装饰。因为他们不得不总是在首都、在普通民众中

① 应该是李维，《罗马史》III. xxxiv. 107。

游走，所以没有束棒、没有执束侍从，没有官座、没有召唤权，也没有司法权。因此，普鲁塔克在《问题集》里、[①]李维在卷二里说，他们不是职官。不过，不谈这些东西了，既然所有国民的所属——财产、自由、生、死，最后职官、祭祀和元老院的权力，都有赖于人民的意志，谁还会继续质疑这个国家是民主制？雅典人其实比罗马人更民主；但二者都是民主制。

我们已经充分讨论了这些问题，现在可以来驳斥珀律比俄斯、西塞罗和狄奥尼修斯的混合制国家的观点，以支撑我们自己的观点。我不会执拗于谈论其真实或虚假，但似乎更可能是后者。现在，很容易驳斥马基雅维里、康塔里尼、西戈尼乌斯、马努提乌斯以及其他持有同样观点的人。他们相信珀律比俄斯和狄奥尼修斯的观点，认为斯巴达人的国家、罗马人的国家，甚至威尼斯共和国都是混合制国家，是我曾提到的三种类型的混合。至于斯巴达是混合制的观点，似乎是亚里士多德率先为这种错误观点提供了依据，因为他曾提到，有人认为，斯巴达的政体是部分民主、部分君主、部分贵族，而他并没有驳斥这个说法。不过，既然[186]他开始讨论后只是提出了三类政体，而没有更多的探究，看起来他的意思就是他也这么看待这个问题。然而，如果想要透彻地了解这个国家的类型，既不能读亚里士多德——普鲁塔克曾隐含地批过过他，也不能读色诺芬——他只谈论了其习俗，而是要去读普鲁塔克的书，他曾去过斯巴达，并就斯巴达的事务调查过最古老的作者，因此他的作品可能更好更真实。

斯巴达人的统治

他写到，当王权退却后，吕库古建立了一个由 28 人组成的元

---

① 普鲁塔克，《问题集》(*Questions*)LXXXI。

老院，再加上两个王，他的侄子卡里劳斯(Charilaus)和阿尔克劳斯(Archelaus)，后者把自己的祖先追溯至赫拉克勒斯。他颁布了一条法律，规定这个三十人元老院应就所有有关国家的问题做出决议，然后由人民来批准元老院的决议。吕库古没有为国家设计更多的机构，除了青年人的领袖外也没有创设任何职官。但是，他规定两个王在发动战争时要担任将军。狄奥尼修斯在卷二也确认，吕库古允许人民颁布法律、任命职官、宣战和媾和。由此，显然吕库古的国家完全是民主式的。

但是，据普鲁塔克讲，由于人民大部分时候都不愿意改动元老院的决议，吕库古之后130年，双王忒俄庞普斯(Theopompus)和波吕多卢斯(Polydorus)把主权从人民手中转移到元老院，并且假装是奉神谕而为，以免人民后悔放弃主权。然后，他们决意让元老院任命5个任期一年的长官，担任双王和元老院的检查者，以避免国家出现僭主。双王除了王的称号外别无他权。马基雅维里和其他很多人都认为斯巴达只有一个王，因此出现错误。如果把本应特属于一人的王权分给了两个人，那也可以分属给很多人。

那么，由于这个事实，国家就由民主式转变为贵族式，因为国家统治群体里没有了人民的位置。仅有一点，一个贵族去世后，常常会提一些补位候选人，每个人会基于其受欢迎程度得到掌声。然后，早已隐藏好的法官们挑选出得到掌声最多的人为元老。但是，没有选举、没有投票，也没有[187]公共议事会(*comitia*)体系。贵族们任命五长官任职一年，这是国家的最高职官。双王高于所有其他国民，五长官高于双王。这五个官员能任意对国民和双王开出罚款，对所有案件都有司法权，除了极刑案件，我们可以从色诺芬的记录里读到这些。而且，阿吉斯王想要提升人民的力量、重塑吕库古的立法时，还被他们投入监牢并处死。普鲁塔克在记录克里欧弥奈(Cleomenes)生平时写到，过去，他们常常以死罪起诉王们，并将其流放。

如果珀律比俄斯和狄奥尼修斯认为斯巴达王的权力类似君主权力，王就应该有豁免权，像曾经的罗马人和雅典人那样，而不是让王的权力等同于执政官；否则，也应该说五长官具有等同于王权的权力，这些人那么傲慢，有个人一上任，他们就命令所有国民“刮胡子”，①如亚里士多德告诉我们的那样，这只有一个原因，即国民都都知道，必须遵守这些人的命令。

由此可知为何晚近的作者们一直在引用珀律比俄斯和狄奥尼修斯的权威观点为自己辩护；虽然有很好的证据支撑我们的观点，但仍有必要以推理的方式表明，而非以权威证实，为何所有事都是如此：修昔底德、色诺芬、亚里士多德和普鲁塔克都一致写到，雅典人发动了一场与斯巴达人的战争，这场战争持续了 30 年，就是因为一方想在希腊建立民主制城邦，而另一方却想建立贵族制城邦。其实，希腊人被征服后，斯巴达人推翻了民主式统治，指定 30 个贵族来控制城邦，史称“三十僭主”。德莫斯梯尼在他的演讲“驳勒普提尼斯”(Against Leptines)里说得很清楚：“在斯巴达城邦里，元老院掌控国事，但是在雅典，人民掌控国事。”②有鉴于此，珀律比俄斯、狄奥尼修斯、康塔里尼和马基雅维里更应该去证实，很多公认的权威作者的观点有误，而不应该否认斯巴达的贵族式统治。

那么，亚里士多德设想三种正宗政体、三种邪恶政体就是正确的。然而，如我已经阐述，不可能超过三种，因为追问国家统治者善好还是邪恶，对于国家类型没有影响；一个坏人或是一个好人同样都是国民，而且最好的人还是最坏的国民，因为他的整个存在都在追求离群索居，在沉思中朝向天国。

[188]必须得有一个国民来领导；或者不止一个，但是只占国民中的少数；或者全部或大多数国民。除此之外，无法想象还有其

① 普鲁塔克，《希腊罗马名人传》IV. 165。
② 德莫斯梯尼，“驳勒普提尼斯”，107。

他可能性。某一种统治的确有可能比另一种更民主,但不管怎么说,[那另一种][①]还是民主式。

以此为讨论基础,我们的推理是,威尼斯要么是一人掌握主权;或是少数国民;或是全体国民至少是全体中的大部分人掌握主权:即它要么是君主制、要么是贵族制、要么是民主制。根据康塔里尼、或萨贝利库斯、或本博的作品,显然威尼斯从最早开始就是民主制城邦;一段时期以后变成了贵族制。因为,如果罗马是民主制国家,如我们之前已经表明;如果雅典是民主制国家,这已经无需质疑;那么威尼斯的统治之前也是掌握在人民手中。如果前两个经得起证实,第三个也同样经得起。

民主制国家的根本法则最明显不过。普鲁塔克说那是梭伦首创,与第一任执政官布鲁图斯提出的也非常相似,后来,三瓦勒里(three Valerii)再次提出所有职官都应上诉至人民。康塔里尼写到,这个共同的理念在威尼斯的早期历史时期就被载入法律并得以通过,那时,他们的城邦还在礁湖一带定居,处于逐渐形成的过程中。而且,他说到,威尼斯人在查理大帝时期建立其城邦,虽然更早期他们在陡岸各处分散居住时,各自有不同的政体。在那之前,没有任何记录显示他们选举过总督或元老院或职官,直至公元706年,安纳法斯托(PaoloLucio Anafesto)被选举为第一任总督。之前每州都有自己的法律,彼此分而治之。因此,马努提乌斯说威尼斯共和国以这种形式发展了1120年,这个说法不对。约维乌斯说800年是正确的。威尼斯国民吉安诺蒂对威尼斯国有最细致的记录,他的说法与约维乌斯一致。

我们无需知道每个城市具体的建成时间,但是需要知道每个国家何时开始建立,在某一特定政体下,何时停止兴盛。所有人被

---

① 这段的原句可能被修改过。我看到过的每一版本的拉丁原文都是“erit quidem aliud imperiurn aliomagis popul are: sed populate tamen”。

融入一个城市时，颁布了包含着民主制统治精髓的上诉法案，规定不是向贵族或精英上诉，那时他们还没有形成一个阶层，而是向作为一个整体的人民、即同时被聚合在一起的全体国民上诉。[189]康塔里尼否认贵族和平民之间存在任何差异，因为所与人都在平等的基础上被视为国民且共享同一民主政体。韦斯普奇乌斯(Guicciardini Vespucius)在佛罗伦萨推崇贵族制(因为佛罗伦萨曾就改变统治方式开展过一次讨论)时发表的演讲里，引用了威尼斯城的例子。但是，索德利努斯(Soderinus)赞成民主制，并断言说，把掌控着威尼斯的那些人称为“贵族”是不对的，因为他们仅仅只是国民，而其他人是外邦人。对于这个说法，威尼斯国民吉安诺蒂在他那本精心写作的关于威尼斯国的书里提供了另外的支撑。他说，西亚尼(Sebastian Ciani)时期之前，即 1175 年前，威尼斯人的文件里没有使用过“绅士”(Gentilhuomo)一词。

其实，如果威尼斯人承认这点，那这个国家显然是民主制，因为如康塔里尼所写，正是全体国民团体，除了外邦人，拥有最高上诉权、创设所有官职和职权的权力，以及最终的立法权。另外，从本博的作品中可知，他们还有宣战和媾和权，以及生杀权，本博记录了他们与教皇尤里乌斯(Pope Julius)和法王路易(Louis, king of the French)之间的战争，人民投票并下令之后，他们才宣战。没人反驳这点，的确，元老们有时未经人民同意就开战，但这种情况在罗马人和雅典人中也时有发生。虽然十人委员会和四十人团上述的情况鲜有，以免太频繁地同意自由上诉可能最终致使罪行得不到惩罚，但是有时，如果涉案国民太重要或者罪行太残暴，这种极刑案件得提请人民审理。从本博记录的关于格里玛尼(Antonio Grimani)的案件中可知这点，因为此人来自一个显赫且有权的宗族，得由人民来审判并判处流放。如果法官未经上诉便处罚了罪犯，也不能就此说明他们有生死权，因为他们是依法办事，不可以释放犯有死罪的人。宽恕是国王或人民或贵族的特权，他们

才有不受法律限制彰显仁慈的权力。所以西塞罗为里加利乌斯(Ligarius)向凯撒求情,说道:

> 在法官面前,我绝不会这样说:“哦,法官们,请宽恕他吧,他犯了错,鲁莽行事,如果[宽恕]今后[决不再犯];人们往往在父母面前才会这样做。”而在法官前会说:“他没有这样做,他并没有谋划这个,证据有误,[190]这个控告是无中生有。”

但是,如果十人委员会或者四十人团有渎职行为,其任职期满后可以被指控。

由此,我们明白,帝国统治的特点是,它属于威尼斯人民,即全体国民。所有其他事务几乎都由十人团处理:但如果事务太重要,他们常常会传唤那七人一起来。如果他们中间出现分歧,又会请十六人团来咨询;如果还无法达成一致,或者如果事情看起来甚至更紧要,他们会给元老院汇报。如果在元老院还无法处理或者涉及到帝国的最高权力,就会请示人民,迦太基人(亚里士多德说他们是民主式统治)的惯常做法就是如此。现在,要以抽签或者选举或者两种方法并用的方式(还必须加上皇权的两种方式,即所有职官或者一些职官由一人任命)任命 16 种职官,而在亚里士多德看来,民主式统治最大的标志就是,所有职官由全体国民任命,威尼斯正是如此。

我曾提到,全体国民的数量那么大(因为康塔里尼和西戈尼乌斯认为其余的是外邦人,而非国民),所有人从所有人处获取权力,事实上,完全不论财产(property)、贵贱、学识或价值(worth);而号称所有国家中最民主的希腊人,却非常看重财富和第四阶层,他们在数量上超过其他阶层,根据梭伦法,他们没有机会获得荣誉,直到阿里斯提德废除那条法律。而且,抽签这种方式本身就排除了卓越或声望的影响,通过抽签和投票并行的方式，所有重要官职都在威尼斯人中分配。在亚里士多德看来，最民主的方式就是允许以抽签的方式产生职官。但斯巴达人的做法完全相反，康塔里尼认为，斯巴达与他的祖国相似。他们完全不采纳抽签。

既然诸事如此，我不明白为何康塔里尼认为威尼斯共和国是三种类型的混合。他说，"国民大会中有民主的特点；元老院里有贵族的特点；总督身上有王权的特点"。但是，如果不是人民授意，元老院的一年任职期、总督以及职官的任职期又从何而来呢？而且，总督甚至还没有上诉权和逮捕权。他们不仅剥夺了总督法利埃罗(Doge Faliero)的武器和权威；还请十人委员会作为调查者和自由的监护人，以对其执行极刑惩罚。但是，总督的肖像[191]被刻在硬币上；他给各种公共假日命名，所以康塔里尼说，总督与国王的相似性，处处可见，除了权力。罗马的二执政官和雅典的九执政官其实也是如此。

依照同样的推理路线，我们可以说雅典也是民主权利调和了王权。我们必须就雕塑、紫色官服、辉煌的金冠以及权杖和王冠做同样的评价，而威尼斯的统治者被禁止佩戴权杖和王冠。这使人们的焦距关注他与国王的相似和外表雷同之处，而忽略了关注权力。如果后者看似荒谬的话，那前者也应该荒谬。我认为他们的错误，就像不学无术的艺术家给圣母玛利亚装点上金色礼服和耀眼王冠，尽管他们画的是她在破旧不堪的马厩里劳作。

既然康塔里尼认为只有他称为"贵族"的那些人是国民，并认为其他所有人都是异邦人身份，那么根据亚里士多德对"国民"的定义，按照这一推论，我们就必须称威尼斯国为民主制国家，索德里奴斯这样论证到。康塔里尼自己承认，民主制的本质属性即国民的大议事会。因为国民数量多并不决定国家政体形式；我们必须观察所有国民是否分享权力。否则即便是雅典城邦也无法被称为民主制，即使伯里克利时期也不能，那是雅典最强大的时候，因为如普鲁塔克在记录伯里克利生平时所讲,[1]父母都是国民的人的子嗣才是国民,公开接受了悄悄混上国民身份的5000人之后,被纳入伯里克利人口普查的国民也不超过14040人。[2]

之后,人数增加,据阿忒纳奥斯记录,人口普查的数据是20000国民,100000异邦人,400000奴隶。[3] 德莫斯梯尼在其演讲"驳阿里斯托革顿"(Against Aristogeiton)中提到,他的时期共计有20000雅典人;没有提到异邦人。但是狄纳尔科斯(Dinarchus)反驳德莫斯梯尼说,共授予了1500名合法门客(clients / civibus reorum)选举权。通过这点可知,在那么庞大的群体中,只有相对较少的人分享了权力。德莫斯梯尼在其演讲"论城邦的组织"(Aboutthe Organization of the State)中说到,演说家就是城邦领袖;将军地位在他们之下。大概有300国民行使选举权。[4] 其他人都是这300人的追随者。[192]虽然在那么庞大的异邦人和奴隶中,只有极少数国民可以分享权力,但是所有人都一致同意这是一个民主制国家。按照这样的推理方式,威尼斯有大约5000或更少的国民有资格获得荣誉,谁会否认它是民主制国家呢?诚然,亚里士多德认为一个城邦最多只能容纳10000国民。柏拉图认为不能超过5040,[5]因为这个数可以被49整除[6],他还提倡堕胎,主张为避免人口过量,不仅应该杀死畸形儿,而且一般的孩子也可以杀掉。

但是,如果愿意,我们可以比较一下雅典人、威尼斯人和罗马

---

① 普鲁塔克,《希腊罗马名人传》,"伯里克利",37。

② 希腊人给出的数据是14040;博丹在1572年的版本中给出的数据是14400;在1595年版本中给的是414000,根据下一句话所示,这两个数据显然都不对。1566年给的数据是xiii millibus。

③ 阿忒纳奥斯,《随谈录》VI. 272C。

④ 德莫斯梯尼,"论城邦的组织"20。

⑤ 柏拉图,《法义》V. 738B。

⑥ 柏拉图说的是59。

人的统治方式,这样更能理解为什么它们都是民主制国家(因为它们与斯巴达完全不同)。我说罗马国家的政体,指的就是其民主制时期,人民拥有真实的而非虚假的权力,因为罗马早期是王制,这从狄奥尼修斯的书中卷四可知,王们把最高的宣战媾和权、职官任命权、上诉权等诉诸于人民,虽然实际上是他们自己自由裁决这些事务。

同样,奥古斯都掌权后,还保持着公共议事会的形式,把法律提交给人民,但实际上就是他一人独裁。它们都有一个共同点——公共议事会拥有主权。但不同的是,威尼斯人民只拥有我们提到过的那些最高权力;其余的都委任给元老院和职官。鲜有事务上诉给人民;更鲜有开战的讨论;更更鲜有的是颁布或废除法律。人民真的集会时,几乎总是为了任命职官,而罗马平民却对公共案件有最终决定权,虽然这并不属于帝国最高权力的范围,几乎每个地方都是将其委派给职官们。相反,雅典人民除了常常讨论决定法律、结盟、战争和公共案件以外,还决定宗教、外交使节等事情、出谋划策、处理元老院的决议等等,甚至还常常讨论一些琐碎事务,几乎到不太合适的地步。其实,从波鲁克斯的书中可知,早期还需要以罚款的方式逼迫国民们参与国民大会。① 伯里克利减弱了[193]雅典最高法院法官的权力,提高了人民的权力,并奖励参加国民大会的人。

更糟糕的是,据德莫斯梯尼在演讲"驳涅埃拉"(Against Neaera)中所说,除了决定放逐和选举国民的事之外,他们都以举手的方式来投票(现在赫尔维西亚的山区人民就这么干),这种方式致使弱势者被更有势力的强权逼迫着投票。德莫斯梯尼在其演讲"驳勒普提尼斯"里提到,甚至更糟糕的是,关于奖赏和授予国民

---

① 波鲁克斯(Julius Pollus),活跃于公元 183 年,著有一部编年史《建城以来神圣史》(*Historia sacra ab orbe condito*)和《专有名字字典》(*Onomastikon*)。

权、豁免、赏赐、荣誉、前排坐席、雕像、市民集会厅的食物等问题，都由人民独自提议。所有最无耻的人得到了这些东西，而最尊贵的人却被拒之门外。更荒谬的是选举职官，所有官职都系在签上，这个国家事实上更是抽彩制，而非民主制，因为权力的给予是基于签运，而不是人民。

罗马的方式好一些，根据卡西乌斯和帕比利乌斯的法律，他们以投票选举的方式挑选所有职官，虽然公开选举遭到诸多敌意和争议，但我仍然很奇怪西塞罗会批评这条法律。然而，人民过去常常封赏，虽然我们知道罗马人民除了授予荣誉之外，几乎没给过什么其他赏赐。威尼斯人也是，他们赏予对国家有价值的外邦人国民权；赏予国民荣誉、官职和雕像。而且，罗马元老院与威尼斯、雅典、迦太基、热那亚、拉古萨以及几乎所有日耳曼城邦都不同，后述诸城邦的元老院掌控在精英们手中，这样，后者只有一年的权力，而前者具有永久权力。柏拉图的元老院也是限期一年。威尼斯元老院权力非常大；罗马元老院权力中等，雅典元老院的权力最小，因为人民的权力越大，元老院的权力就越小。曾有一时，一个持异议的护民官的演讲就能限制元老院的权力。大部分罗马法的阐释者都错了——他们说元老院有草拟法律的权力。元老院从提比略时期才开始有公共议事职能，他把这一职能从人民手中转交给元老院；而奥古斯都去世时把这个职能留给人民，他自己在世时是作为独裁者颁布法律。他也允许人民指定一半的职官和一半省的总督，虽然候选人由他自己提出。塔西佗在卷二、狄奥在卷三记录——公共议事会被转交给元老院——这就意味着，表面上留给人们的东西[194]也被授予了元老院。从这时起，元老院决议就具有了法律效力。然而，的确是君主制定并批准法律；从《法学汇编》里记录的皇帝马库斯、哈德良和塞维鲁的演讲中可以看出这点。

但是，这里我们讨论的是民主制时期和护民官的权力。威尼斯人没有护民官，因此就没有无耻的演说家大胆左右民意并以此满足自己的意愿。但是，除了涉及到最高国家权力，元老院可就所有事情自由命令。然而，据普鲁塔克的记录和德莫斯梯尼在“驳安德罗提翁”(Against Androtion)中所讲，在雅典和罗马，任何事务未经元老院建议不得提交给人民。为了回应指控，安德罗提翁反对既定的习俗，也就是说，提交程序通常不同。更糟糕的是，法律允许他们不经元老院商议直接把某些措施提交给罗马平民。威尼斯人非常审慎地规定，未经十六人团——即相当于亚里士多德的智者们——的商议，任何事务的任何提议都不得提交给人民，甚至不能提交给元老院。同样，只要国家还独立，雅典和罗马元老院都不能插手诉讼；除非，遇到太不寻常的事或者罪行太残暴，需要不同寻常的惩罚方式。但是，如德莫斯梯尼在其演讲“驳尤厄戈斯”(Against Euergos)中所记，即使雅典元老院取得特别审判权，也不能判处高于500德拉克马的罚款。如果发生更严重的事，就得提交给人民。威尼斯人的十人委员会和四十人团拥有对公共案件的特别审判权，希腊人称之为εἰσἀγγελείας，然而，雅典元老院的特殊职能是，可以把某个元老赶出元老院，驱逐他，并把被告们交给人民。在罗马，这是监察官的权力；在威尼斯，这是十人委员会的职责。

威尼斯人和雅典人的职官设置有很大的相似性，但却与罗马人的大不相同。众所周知，罗马的职官非常少，而雅典职官很多。除了500人议会，还有战神山议事会，其权力等同于威尼斯人的十人委员会。[195]不同的是，后者的权力有期限，而前者却是终身制。最初，王们为了审理极刑案件而设置他们；后来，普鲁塔克说，梭伦命他们担任所有事务的调查者和法律守护者。但是，正如伯里克利剥夺了战神山议事会的权力，四十人团的创建以及后来七人团和十六人团的创建，也削弱了十人委员会的大部分权力。

接下去出现了九执政官团体，某种程度上类似于威尼斯的七人团。还有审理伤害性暴力案件的四十人团，还有五十人执政官

(Ephetae),类似于威尼斯判决罪案的四十法官,只是五十人执政官仅对意外过失杀人犯有司法权,苏伊达斯(Suidas)和波鲁克斯的作品都对此有记录,鲍桑尼亚对阿提卡的描述里也充分解释过各种类型的案件审理。不仅可以为国民和异邦人开庭审案,甚至还可以为残暴的野兽和无生命的东西开庭审案。[①] 这在雅典人中很常见。普鲁塔克在记录提摩勒昂(Timoleon)生平时提到,小狄奥尼索斯和艾克特斯(Icetes)与迦太基人一起被赶出城邦后,人们向僭主们的雕塑索求极刑惩罚,就像向僭主本人索求一样。每年从每个部落以抽签的方式选出 220 名仲裁者。波鲁克斯说,他们都超过 60 岁,苏达斯的说法是超过 50 岁。这些人可以对应于威尼斯人中审理民事案件的八十人团,其中,40 人处理国民间的案件,40 人处理国民与异邦人之间的案件。

执政官是审理国民案件的裁决人的主席,军事执政官(Polemarch)是审理异邦人案件的裁决人的主席。罗马人中担任这个职位的是两名裁判官——城市裁判官(urban praetor)和异邦裁判官(foreign praetor)和 100 个人。这些人中领头的有 10 人,他们代表裁判官审理诉讼。裁判官与元老院的委派人和骑士委派人一起主持刑事法庭的公共审理。奥勒里乌斯法(Aurelian Law)又规定增加了司管国库的护民官。然而,值得注意的是(此事曾误导了布得和很多其他人),虽然元老院并不以法律或公告的方式决断任何案件,但从废除国王到森普罗尼乌斯法案[②]颁布期间,刑事法庭的法官、审理杀人犯的监察官的择选都只根据元老院命令。不过,元老院能审理是一回事儿;[196]由裁判官以抽签的方式从具有元老头衔的人里挑选出审理案件者又是另外一回事儿。

雅典人的 10 个族长,或者部落头领,是克里斯提尼创设的,非

---

① 鲍桑尼亚,《希腊志》(*Description of Greece*)XXVIII. 8-11。

② 这个法案剥夺了元老院从他们自己人中挑选人出任法官的权力。

常类似于威尼斯人中的部落头领，即十六人团；而雅典人的氏族长就像威尼斯人商业行会的会长或是罗马各库里亚的牧师。那种官职几乎各个地方都有。雅典的居民官（demarchs/Demarchi）仅仅只是名称上与平民护民官相似，权力上完全不同。元老院、国民大会和法庭的主席、执政官和监督人——威尼斯人在各行会里都有对应职位。罗马的两个执政官执掌元老院；高级职官中的某一位[①]执掌人民；护民官，或民政官（虽然非常罕见），或一位高级职官，执掌平民；裁判官执掌庭审。但是，在雅典，则是被波鲁克斯称为“法律监护人”的十一人；他们几乎等同于罗马审理极刑案件的三执政官。威尼斯还设有很多罗马和雅典没有的低级法官，埃帕戈格（epagogues/Epagogos）类似商业案件的法官。在康塔里尼的作品里可见这些记录。

威尼斯有一种职官叫执政官辩护者（triumvir-advocator /triumviri advocatores），他们有权逮捕和起诉罪犯，因此没有人能像罗马人和希腊人中出现的情况那样，能被起诉却最终免受惩罚。在我国，类似的做法是从所有等级的法官中选招三人。雅典人的10名审计官（logistae）[②]也大致与威尼斯的市政官相似，因为都要求描述他们所担任的职位；只是前者在入职前要查问候选人的个人习惯调查情况；后者只询问一下省属职官；十执政官和三执政官入职前也都是向市政职官询问一下情况。

其他负责管理国库的职官几乎都与雅典和威尼斯的相同。威尼斯设有司管税收和贡物的长官，有多少种税收和贡物，就有多少种这样的长官：借贷长官、负责收公募基金的国库官、负责收钱的财务官。雅典设有收受人、司库（hellenotamiae）、帕拉斯的财务官、市政司库或收缴人、调查员、负责向被罚款的人收取祭祀钱财

① 执政官、裁判官或监察官中的一位。

② 审计员团体，外出的职官向他们递交账目。

的地方官、赛事财务官、军事财务官、销售品财务官、物品登记员[197]以及财务主管,但是最重要的是人民的财务官。

威尼斯和罗马有更为众多的负责食物供给的职官。罗马有一个司管食物供给的地方长官、最多两个民政官。威尼斯除了有市场办事员,还有15名重量和计量的监察官,15名谷物监察官,还有一个店铺监督官。

另外,威尼斯还有公共健康督察员,货币督查、道路委员、舰队指挥官和负责照顾孤儿与寡妇的圣马可(St. Mark)市长。雅典几乎有无数人负责照看国民们的安全、捍卫城邦的尊严,亚里士多德称他们为"城邦的护卫者",例如供水专员、城墙专员和公共建筑专员。而且,还有监督各种典礼的法律护卫、监督习俗的督查、监督妇女的妇女督查(gynecocosmi);司管宴会的酒督查;管理摔跤学校的培训师;管理歌舞队的指挥(choragi)。

特殊的公共职官有特别的行政任务。招募职官要区分异邦人和国民。监察官调查职官们的行为。演说家为公共案件辩护。使臣被派往盟国或异族。我就不提军事官职、部落将军(taxiarchs)、骑兵将军、三列桨战船的船长或出资人和统帅了。也不提罗马的大主教和牧师了,当他们开始广泛地参与宗教和军事事务后,人数越来越多。我观察到,雅典没有地方性职官,因为他们的盟邦有自己的职官;但是据色诺芬记载,只有雅典职官有上诉权。

威尼斯和罗马也是如此,但他们有省级职官。罗马有三个:总督、副总督和司库(乌尔比安把地方总督、地方裁判官和副财务官吏[*proquaestores*]都算作地方长官)。如果一个省面积非常大,副总督人数会增加。威尼斯常设四个:市政培训官、军事长官、城塞看护官和司库。这就是除迦太基之外最著名的民主制国家的构建,迦太基的情况在亚里士多德、珀律比俄斯和李维的书中有一些不太清楚的记录。

通过这些事实可以清楚知晓,威尼斯城市国之前是民主制,由来逐渐转变为精英制统治。因为大多数国民和平民都忙于手工业，愿意放弃管理事务的权力；异邦人和侨居者[198]不允许参政，参政权只授予对国家有出色贡献的人，而且授予得很吝啬。古老的家族逐渐消失，如果那三十异邦人在热那亚战争期间——那时国家极度缺钱——没有买到国民权，这个国家的人口数量肯定已经大幅度下降。如果罗马和希腊采取与威尼斯同样的政策，也会发生同样的事情。克里斯提尼给所有旅居者和自由人都授予了国民身份，这样就增加了雅典的国民数量。罗马人出于自己的需要也接受所有自由人，除了极少数，因此，据狄奥尼修斯记载，拉丁民族的人都惯于把自己的孩子卖到罗马为奴，这样获得自由后还可能得到获得荣誉的权力。之后，迫于同盟战争的压力，罗马人把国民身份授予所有意大利人，后来还授予异邦人，最后授予所有居住在罗马帝国的人。那时，威尼斯中城民（citadini）和平民（plebei）与贵族一样都是国民，就像个人与任何职官一样都是国民，只是他们不能获得荣誉，不能参政。

现在，该回到我们最初开始整个讨论的初衷了。威尼斯国民可以当总理（虽然不是通过抽签，而是通过投票选举），甚至当大臣，但并不是出于这个原因他才被视为国民，否则，职位那么少，又是长期任职，如此就只有少数人才能是国民。其余的就只能是外国人。根据阿忒那奥斯的说法，雅典人中有 20000 国民分享权力，有 10000 外国人生的外国人，虽然他们不能分享荣誉、不能投票，但他们也是国民。因为他们享有自由，受到当局的保护，法律上被平等对待、有永久居住权，最后他们的出生地就是祖国，其他国家或君主无法合理接受他们为国民。因此，事实上，雅典有 30000 国民，其中 20000 构成了民主制的基础。这种国家里没有必要所有人都参政，只需要大多数就行；因为是说大多数人同意，而不是所有人同意。

另一方面，如果国民中的一小部分人统治，少数国民同意的东西被视为合法,权力就是精英式。除非我们的确要用精确的言辞描述所有事物,也就是,一定要是最好的几个人统治的才能被称为精英制。然而,这样的话,不仅在威尼斯找不出精英制,[199]在拉古萨、热那亚、卢卡以及日耳曼人那里都找不出,这些地方都是极少数人掌权,而且在其他任何地方也找不出任何贵族制存在过。在只有贵族或富人掌握政治权力的国家,腐败就会滋生,无论德行或学问如何。而且,有时最好的人和最圣贤的人还会因为贫穷或是出身低微而被排挤。所以,让我们采取更流行的标准来定义精英统治——少数人的统治,并且把少数定义为国民中的一小部分:①不管是两个人(正如法学家们所讲,大家熟悉的都比这个数多),还是三个人——如奥古斯都、安东尼和雷皮杜斯(Lepidus)作为三执政者建立并专横地统治的国家。

然而,这种政体立刻沦为三个君主国,稍后变为两个,最后合成一个。或者,可能是超过三人以上统治,但仍然只占极少数,并且品性卓越,如王政前的希伯来、王国被推翻后的斯巴达、或者亚历山大前的法尔萨利阿。还有些地方,统治者们很少、很邪恶,例如麦加拉以及三十僭主统治下的雅典、十将军统治下的罗马、奥戴家族(Oddi)统治下的佩鲁贾、贵族们被驱逐后的锡耶纳。或者,也可能是大量最高贵的人在统治,如贵族掌握实权以后、护民官创设以前的罗马,其民主的标签形同虚设。奈达斯、威尼斯、拉古萨、卢坎和纽伦堡也是同样的情况。统治者也可能是少数富裕的国民,如权力从人民手里移交出后的罗德岛、底比斯和热那亚。但是,统治者的人数各有差别:法尔萨利阿 20 人,斯巴达 30 人,希伯来 71 人,日耳曼 200 人、或最多 300 人,拉古萨和卢卡也差不多是这个数。据马克西姆斯记录,马赛利亚有 600 人。如今,热那亚有

---

① 1583 年和 1595 年版是写的 optimaturn imperia civium paucitatemminorecivium parte definiamus,而 1572 年版在 paucitatem 前插入了 paucitate。

大约1500人。在威尼斯，贵族的数量比这三倍还多，但是那种情况下很难精确计数，因为是根据家族来择取贵族。

不过，如果要以选举或抽签的方式来择取，更好的方式是以几何比率指派百分之一的人，几何比率最适合精英统治，调和比率最适合君主国，算数比率最适合民主制。因此，如果我们[200]假设有1万国民，就应择取100名精英。这是根据几何比率算出的结果，因为这个数字是1到10000的比例中项。同样，如果有2万国民，应该选出200名精英。吕库古的选取率大概是千分之一，即从5000斯巴达人和3万拉栖戴梦人中只选取了30人。元老的择取数量要远远低于精英。柏拉图是另一个极端，他按照1/30的比例选建一年期元老院，也就是从5040①名国民里选择180个，我认为这种做法是根据之前的实践。罗慕路斯选取的比例也是1/30，即从3000国民中选了100个元老院成员，那3000国民是他领着自立城邦的人。

但是，在后续占领的殖民地，据法学家们在“关于条款的意义”(Concerning the Meaning of Terms)②标题下以“一个受监护者”(a ward/1 pupillus)开头那段里的记录，是按照十分之一的比例选取。而摩西似乎通过神签选取了万分之一的人。虽然当时有622000个20岁以上、55岁③以下被算作能够拿武器的人，但他只选了71个来掌管元老院。而如果我们假设还有10万未成年人的话，就该是这个比例。我还没有算奴隶、老人和女人，他们的数量应该是这个数的两倍多，因为几乎每个地方，有多少男人就有多少女人，而且不止一个人以雅典城命名。④ 但是，我很奇怪，为何柏拉图和亚里士多德都忽略了这个元老院成员和贵族的选取体制，

① 希腊人提供的数据是5040，但博丹似乎认为是5400人。

② *Pupillus de signifi cations oerborum* 参见《学说汇纂》50.16.239。

③ 1595年版是写的50岁。

④ 也许因为这个名字是复数形式，即Athenae?

虽然他们限制了国民的数量，而国民的数量总是在变化，或减少，或增加。狄奥尼修斯记录到，第一次人口普查，即罗慕路斯统治时的那次，统计出有 3000 国民；第二次，即塞尔维乌斯统治时的那次，统计出有 80000 国民；第五次：130000；第七次，110000；第八次，103000，除了奴隶、女人、劳工和商人；他估计，没有纳入统计范围的人数是统计出的三倍。而且，很容易估算出每一年的人数，因为，根据塞尔维亚法，有人出生，就在朱诺鲁西娜神（Juno Lucina）面前挂一枚钱币；有人死亡，就在维纳斯利比蒂娜女神（Venus Libitina）前挂一枚。但是，在精英制国家里也有极少数，例如斯巴达、法尔萨利阿、希伯来，有些人既是贵族，也是元老院成员。关于民主制和精英制国家就讨论这么多了。

君 主 国

［201］现在，我们必须来讨论君主国；虽然只有一种类型，但却有几种变体。亚里士多德定义了五种。驳斥他无需太长的篇幅，我将这个留给每个读者自行决定。当国家主权在一人之手时，不管他的统治是合法，还是不合法，我都称之为君主制。不合法的叫僭主制，合法的叫王制。一个的目的是荣誉，另一个的目的是个人享乐。亚里士多德说，只要王的统治有一点点违背人民的意愿，就变成了僭主，这并不对，因为用这种衡量标准，根本不会有王。最正义、最明智的领导者摩西，其命令和禁令几乎全部与人民的意愿相反，如果照此判断，他就是最大的僭主。总之，君王根据民众的意愿统治国家，这个国家就成了民主制，而非君主制。因此，亚里士多德下这个定义，就得被迫承认不存在任何君王。

一个僭主可能比另一个更不义，但只要有罪行有暴力，都被称为僭主。合法统治的王有两种：完全不受法律限制的和受制于法律的。第一种王,曾一度在没有任何法律的情况下,仅凭靠其特权最正义地统治帝国。据说,在吕库古和德拉科(Drako)以前,即没有法律颁布前的古希腊,诸王即是如此统治。在古人们的记忆里,意大利诸王的统治也如此。那时,国王或个体国民从不颁布任何法律,整个国家和国民的各种权益全系于君主的意志。庞培尼乌斯记录到,拉丁民族由皇权统治,没有任何特定的法律体系。约瑟夫斯推断,摩西是最古老的立法者,因为荷马在他的长篇作品中,从来没有使用过"法"一词。虽然之后引入了法令,但却是个体国民提出的,而不是王颁布的;直到晚些时期,君主们不再愿意受制于这些规定。其实,王们没被赶出城邦之前,执政官们绝不让自己的权力和权威受到法律的限制。

权势群体和弱势群体之间总是存在永不消失的激烈争议,那种争议曾给伟大帝国带来灾难性毁灭;权势群体想要独断地统治、不受法律限制,弱势群体想要人人都受到相同法律的约束。[202]平民护民官阿尔萨(Terentius Arsa)曾给人民提议,应该有书写的法律以供执政官使用,这样可能避免平民们的反复无常。狄奥尼修斯说,执政官们连续6年提议,这个法案才最终被通过。由此设置出编纂法律的执政官。然而,让官员守法是一回事,让君王守法却完全是另一回事。因为,后者的权威来自他自身,而前者的权威来自君王或民众。

在柏拉图看来,最能证实一个国家衰败的证据就是职官凌驾于法律之上,而不是法在职官之上。创造出一个无法律约束其权力的君主,任由他随心所欲地主导一切事物,实在危险。亚里士多德严肃地考虑过这个问题。他追问,授予一个人权威是否优于授予法律权威。他认为,如果能够在城邦中找到那样一个优秀的人,让他统治更好。① 可是,之后,他又评论到,"把权力

① 亚里士多德,《政治学》III. 13. 1284b 30-35。

给予法律，就是把权力给予神，而把权力交给一人，就是增加了一个怪物”，[1]因为人易于被各种情感左右而偏离正义。

法律需要阐释，虽然由于地点、事件以及原因等条件的改变，法律也无法涵盖所有的可能事件，他仍然认为有必要把一切能让法律涵盖的东西给予法律，剩下的就只能留给人类的衡平和良知了。若是如此，法律的执行似乎应在于职官，而非国家中最高权力的拥有者或是君主。因为，颁布法律的人应高于法律，也就是，可以撤销、削弱法律、使之无效或增加，甚至若条件需要，允许废除它。而若是立法之人被法律所限，就无法行使上述权力。

因此，德莫斯梯尼反对勒普提尼斯提出的法案，因为那会颠覆政体。勒普提尼斯向人民提出的法案是，人民赦免任何人都不合法；任何人只要寻求赦免就得遭受死刑。但是，罗马人曾颁布过一条神圣法律，规定任何人申请赦免都不合法，但他们加上了限定："除了向百人团大会申请"，否则人民就失去了撤销自己法令的权力。而这就很滑稽了，因为一个人如果无权收回他曾颁布的法律，就也无权自行颁布法律——见"论法"标题下以"如果任何人一开始"开头那句和[203]"关于誓约术语"标题下以"由提丢斯"开头那句。[2] 前有奥古斯都，后有维斯帕先，他们获得帝国的统治权后，元老院都宣布他们不受法律的限制，似乎这就是原因之一。但是，这样的话，国家常常会遭到蒙骗。

事实上，由于我们已经说过的原因，立法之人应该高于法律只是一种美好的温情；但是，法律措施一旦征得所有人的同意而生效，为什么君主不该受到他自己颁布的法律的限制呢？因此，阿斯库尼乌斯记录到，科尼利乌斯(Cornelius)颁布的护民官法提出，执政官

---

① 亚里士多德，《政治学》III. 16. 1287a。

② *Si quis in princip. de leg.* 参见《学说汇纂》32. 3. 22；*a Titio*，*de verb. obligat.* 参见《学说汇纂》45. 1. 108。

也必须遵守他们自己颁发的法令，不能重新制订或改变已经定下的规则，虽然他们已经惯于推翻以前做出的判决、招摇任性地发布命令。因此，执政官与他颁布的法令之间的关系也同样适用于君主或人民与他们颁布的法律的关系。如果这是正义的——一个人不管给其他人下什么命令，他自己都得遵守；那君主或人民应该受制于自己颁布的法律，不是更正义吗？

因此，罗马人民过去常常对着他们自己颁布的法律宣誓，从阿庇安的卷一中可知这点。也是因为这个原因，努米地库斯（Metellus Numidicus）由于不同意土地法案（Agrarian①Laws/Appias leges）、不愿对着土地法案宣誓，所以被流放。既然人民也要遵守他们自己颁布的法律，直到法律被正当地废除，那么君主当然也应遵守法律。但是，君主若说他们自己不受法律的限制，就是在对民众玩弄诡计，这意味着他们不仅高于法律，而且也没有任何方法可以限制他们，更卑鄙的是，他们所喜欢的任何东西都具有了法律的效力。庞培尼乌斯和乌尔比安对这个观点的喜爱在某种意义上超出其作为法学家的身份。保罗曾作出过如下有重大意义的声明："君主从不完善的圣约中擅改任何东西都可耻；至少君主应该保护那些他们自己似乎无需遵守的法律。"

同一时期，先是塞维鲁斯在自己颁布的敕令（rescripto）中确认此事。之后，忒奥多希乌斯（Theodosius）和瓦伦提尼安（Valentinian）在其帝王演讲中明确承认，他们自己也受法律约束。他们说：

> 承认君主自己也得遵守法律，才是配得上皇帝威严的决议。[204]我们自己的权威正是有赖于公正的力量，让王冠从属于法律对国家统治确实非常重要。以现在的法律语言来

① 博丹的文本中写的是阿庇安法，但是阿庇安的原书中写的是土地法。

讲，我们认为，我们自己也不许做我们禁止他人做的事情。

鲜有君主认为这条法律是为了维护他们的利益——土耳其、波斯、斯基泰、不列颠或阿比西尼亚的王们都不会这样认为。不，即使罗马教皇也不愿意受任何法律的束缚，以他们自己的话来说，他们绝不自缚双手。因此，当他们说他们是法律和所有东西的主人时，他们就像亚里士多德称为主人的那一类王，如同家庭中的父亲、像保护自己的财产那样保护国家。君主应该是国家中所有东西和法律的主人，这既不违背自然，也不违背法律，只是，他的责任也必须是以他的双手捍卫帝国，以他的鲜血保卫子民。因为，各国的法律都规定，一家之父不仅拥有他自己挣的财富，也拥有他的奴隶所挣的财富，以及属于奴隶的财富。这就是第一类君主。

第二类君主不仅要官员和个体国民守法，而且自己也守法，如基督徒君主们，鲜有例外，或者迦太基人的君主们，在神圣仪式上庄严宣誓，重复王国的祭司和显要们拟定的话语。他们自我约束，依照国家法律，以公共福祉为目的来管理国家。我认为，我们的国王们的加冕誓言的确非常令人感动，不仅文辞异常优美、确有古风，而且蕴含着有分量和尊严的思想。在如下方面尤其意义重大：在牧师前，君主以永生的上帝之名宣誓，将公正的法律和正义给予他所统辖内的各阶层，正直虔诚地裁决。宣誓以后，他就不能轻易地违背信仰；即使他有能力，也不愿意违背，因为正义对于他和对于个体国民都一样，他也受到同样的法律的限制。而且，他不能摧毁整个王国特有的法律，也不能未经三级会议的同意更改任何城市的习俗或古风。因此，就纳尔榜人民提出的基于长期使用土地就能获得土地所有权的诉求，国王和人民之间展开了旷日持久的严肃争论。他们说，根据他们自己的习俗和罗马人的习俗，要迫使他们证实对这片土地的所有权，既不公平，也不正义。调查被多次推迟，最后国王放弃了，或者说，马屁精们和骗子们放弃了。

[205]我认为,这些事情表明,亚里士多德说受法律限制的王不是王,并不正确。只要拥有主权,当然就是君主。否则,罗马人民在国家中就没有主权,因为他们都宣誓遵守法律。然而,这些法学家的阐释者们坚持,乌尔比安和庞培尼乌斯关于罗马君主的话(罗马君主不仅自己不守法,而且说他们的意志就是法律)适用于所有君主,这种解读害处更大。更卑鄙的是,杰森(Jason)[①]在国王路易七世面前阐释一章早就被阿佐[②]很好地阐述过的法律时,曾鲁莽地断言,一切都是君主的财产。这种解释不仅违背了王国的习俗和法律,而且违背所有皇帝和所有法学家的所有法令和建议。如果没有人是任何东西的物主,那所有民事诉讼都不可能存在。塞涅卡说,"君主拥有凌驾于一切的权力;个体国民拥有财产"。之后,他补充到,"在最好的君主之下,君主拥有他权威内的一切,同时,个体者拥有财产"。[③] 凯撒因其权威拥有国中的一切,而财产却是靠继承所得。[④]

因此,就让这个——有些国王遵守其领域内的某些法律,有些完全不受约束——成为区分国王的统治是否正义的标准。另一个区别是,其王位是创设的,还是由于他出生在王室家族决定的。亚里士多德把后一种王国称为不受法律管辖类(a foreign type /barbaricum),当然其统治者就遵循牢不可破的继承次序。被选为国王的人的王位又可区分为终身制和短期。因此,拉丁人称最高权力掌握者为 dictator,塞萨利人称为 auchus,米提林人(Mitylenians)称为 aesymnetes,斯巴达人称为 harmostes,雅典人在民主制城邦前称为执政官(archon),佛罗伦萨人称为 balia,但一个 balis 由很多

---

① 梅诺的雅森(Jasen of Mayne, 1435 - 1519),意大利法学家,著有《学说汇纂和法典评注》(*Commenaria indigestum et codicem*)。

② 原文为 a Zenone。

③ 塞涅卡,《论恩惠》(*De Beneficiis*)VII. iv. 2。

④ 塞涅卡,《论恩惠》(*De Beneficiis*)VII. v. 1。

人组成。那些人无需上诉，对战争与和平、惩罚与奖励拥有最高控制权。如果他们从贵族或平民那里获得了永久权力，亚里士多德就称他们为君主。他写道：

> 这一类人生活在英雄时期，那时，人们根据共同的意愿选出最公正、最贤明的人，战时担任终身领袖，阐释司法和神圣事务。

古罗马人也选举那种人，[206]我们的祖先法兰克人、阿拉伯人、斯基泰人、丹族人、挪威人、波兰人和匈牙利人也曾这样选举。庇阿斯图斯(Pyastus)这个粗野之人在基督 800 年被选为波兰国王；自他开始，王位代代相传，直到雅盖洛王朝，从这一支生出了如今正在统治的西吉斯蒙德(Sigismund)。

但是，不久前，马加什一世(Mattias Corvinus)被选为匈牙利国王，古斯塔夫(Gustavus)被选为瑞典国王，失去私人生活。匈奴人称选举为 cari。选举在佩斯(Pesth)战场即军队的集结地举行。[①] 埃及人的统治者过去通常由马梅鲁克人(Mamelukes)，即执政者的护卫选举产生，迦太基人和摩尔人的王也是以这种方式产生，除非某人被前任国王直接采纳为权力继承人，例如奥古斯都们曾经惯于指定凯撒们为权力继承者。亚里士多德还提出了第五类王，即军队领袖。他举了斯巴达双王的例子，但是这个例子不够恰当，因为这些王没有任何权力；我们前面说过，他们既不能宣战，也不能终止战争。但是，我认为亚里士多德被误导了，吕库古掌权时只是保留了双王的称谓而已，以免他们在城邦中兴风作浪。实际上，国家的军队领袖重要得多，就像古热那亚人的世袭旗帜持有人(hereditary banner bearers/perpetui Vexilli

---

① 1566 年版中没有这两句。

feri)，尽管他们并未被列入国王名单。还有底比斯人、阿凯亚人、佛西斯人、卢卡人、拉古萨人和古高卢人等的领袖，凯撒说他们都是一年制职官。

日耳曼人的政体类型

人们对日耳曼人的皇帝有些拿不准。最早期，即查理大帝家族趋于灭亡之时，他们创建出选举制度，当然，那时是君主制，例如亨利一世(Henry the Fowler)、奥托家族的皇帝和其他皇帝，一直到皇帝鲁道夫(Rudolph)，中间只有极少数例外。但是，鲁道夫彻底丧失了王权所保留的东西，因为新的领袖们更渴望荣誉，而非控制权，所以愿意受选举人的约束。第三个奥托皇帝希望自己通过选举而不是继承的方式当选。这使国家转变为贵族制，因为帝国的主权完全转交到各诸侯和贵族手中。从查理四世的金玺诏书(Golden Bull)可以看出这点。皇帝在战时的确是领袖，例如，犹太人中曾有一段时期就是这样，但皇帝却不能颁布法律、宣战、任命职官或者[207]要求征税。他本人的确拥有至高无上的尊严，也能从税收和关税里分得一匙羹；除此以外，别无所有。帝国法庭由24个成员和一个法官组成，而大法官和帝国法庭成员的任命权则由皇帝和其他诸侯共同享有。皇帝不能任命任何诸侯，而我国的诸侯通常由国王任命，所以在他们那里，皇帝由诸侯们选，诸侯也由诸侯们选。最后，皇帝的权威也可能被剥夺，例如不久前查理四世的儿子温策斯劳斯被废黜。

日耳曼主教普夫卢格(Julius Pflug)①抱怨说，皇帝应该命令诸侯，而人民应该听命于皇帝和诸侯的指挥和命令。而且，诸侯

① 普夫卢格(Julius von Pflug，1499－1564)，瑙姆堡(Naumburg)主教，著有《论日耳曼国，命令与制度》(*De republica Germaniae，seu imperio. constituendo*)。

们比皇帝本人在管理国民方面拥有更大的权力。他的这些话清晰地描绘出一个贵族制国家。另外,诸侯和贵族议会的参加者包括选侯帝、郡公爵(dukes)、伯爵领主(landgraves)、侯爵(margraves)、伯爵(counts)、男爵(barons)、主教(bishops)和各联盟市镇的代表。议会要颁布或废除帝国法律、决定税收和纳贡、宣战、委派军队、准入使节、批准条约等。选举制度的基础是三级制。第一等级由7个选侯帝构成;第二等级是帝国各诸侯;第三等级是各市镇的代表。所以,如果两个等级——例如选侯帝和诸侯、或者诸侯和各镇——达成一致意见,剩下的那个等级就无权反对。

值得注意的是,这个等级制度在任何地方都没有得到重视。①而这个制度也没那么古老,例如从皇帝查理四世给菲力勃艮第公爵的授予书中就可看出,这个授予只是根据选侯帝们的投票决定。如此重要的事,如果当时帝国的各诸侯和各市镇有投票权却没有得到他们的一致同意,绝不可能作出决定。

无疑,诸侯们统治着他们各自领地的人民(虽然这种统治受帝国法限制),既然他们的生活、财富、土地和所有合法权利都来自于其地位。然而,这也证实了各诸侯和城市国之间存在严重争议,证实了在各个等级或帝国法庭中都可以听闻到的极刑案件,以及超过20克朗财产的个人上诉案件。从金玺诏书可以轻易地理解其他一切事情。因为统治方式更接近贵族制,最重要的教会[208]职位也都被分给了贵族们;普夫卢格写到,平民们几乎什么都分不到。帝属城邦(imperial cities/civitates imperiales)本身部分自由(这一类城市有大约70个),在某种意义上又部分隶属于诸侯们,但是它们有自己的法律,由各自的贵族们管理。纽伦堡城市国就是个例子,它是最大的城市国,因其内部组织而闻名。

---

① Nusquam ea ratio comitiorum habetur.

纽伦堡城国

如柯尔特斯(Conrad Celtes)[①]所录,它拥有大约300个贵族成员(数目并不固定),选自28个显贵家族。与其他日耳曼城市的常态不同,在纽伦堡虽然手工业者和商人可以参与选举,却不能参与统治。因此,国家的主权由这些贵族掌握。议院(senate)的监察官和候选人从他们中间择选。一旦选出,另一些职官就让位。议院由26人组成,通常由这些人指派8名靠前的成员。还有其他官员;例如,13个有参与议会级别的所谓的"乡绅"(squires),7名市镇长官(burgomasters),其权力几乎等同于威尼斯人的十人委员会。还设有5个头人,审理盗窃案和暴力造成的损失;同样,还有12人司管民事案件,和作评估的法学家;其他事务都由议院解决。往下是7人,负责军事训练的军官、乡下居民的法官、两个国民中具有最高权力的司库;食物供给专员、护卫执政官,其职责和权力相当于威尼斯人中圣马克的检察官;最后是教士团(colleges)和自治机构(corporation)专员。这就是这个共和国的政体,日耳曼其他邦国近乎模仿这种形式,虽然其中有些是民主制。

由此可知,有些人认为日耳曼的皇帝拥有主权,这并不对。他们这样认为,是因为在金玺诏书(但这东西部分被废止了)中,查理四世称各诸侯和选侯帝为他的斟酒人、管家、厨子、持盾卫士和马夫;这些人其实都手握实权,凯撒却什么权力都没有。最大的证据是,皇帝只有发誓忠于各选侯帝之后,才正式宣布即位。他无权染指公共基金,[209]但是国库被一分为三,一份在

---

① 柯尔特斯(Conrad Celtes,1459－1508),著有《图解日耳曼》(*Germania illustrata*)和《纽伦堡的起源,状况、习俗和制度》(*Libellus de origne, situ, moribus et institutis Norimbergae*)。

斯特拉斯堡，一份在吕贝克，还有一份在奥格斯堡，税收就分别保管在这些地方。

阿凯亚人的统治

这种统治形式就像阿凯亚人(Achaeans)的政体，最初由12个城市组成。从俄瑞斯忒斯(Orestes)到僭主希格斯(Siges)[①]时期，他们生活在王权统治下，僭主被杀以后，建立了精英制。然后，他们的友情被德米特里乌斯和安提戈努斯(Antigonus)的各种计谋瓦解，回到僭主制。皮拉斯领军进入意大利时，他们又一次赢得自由。之后，塞罗尼人(Ceraunian)的僭主伊西阿斯(Iseas)因为担心自身的安全，自愿把城邦还给了阿凯亚人。然后，卡里尼亚(Carinia)、勒昂提亚(Leontia)、培林尼(Pellene)都加入了联盟；最后，相邻城邦流放各自的僭主后，也纷纷加入联盟；这些城邦有：阿尔戈斯人(Argives)、斯西昂人(Sicyonians)、阿卡狄亚人(Arcadians)、科林斯人(Corinthians)拉栖戴梦人(Lacedaemonians)和所有伯罗奔半岛人(Peloponnese)的城邦；因为阿凯亚人在希腊人的内部纷争中获得了掌控权，便赢得了勇气和正义的声名。

毕达哥拉斯学派在意大利被镇压之后，各城邦都发生了巨大骚乱，所有最贤明最能干的领袖们悉数被杀，于是意大利各城邦全部投靠阿凯亚人，甘愿接受统治，虽然雅典人和拉栖戴梦人在武力和资源上要富裕和强大得多。最后，他们通过联盟和协议获得了那么多好处、吸引了那么多城镇与他们结交，以致整个伯罗奔(Peloponnesus)都遵守同样的法律(珀律比俄斯的记录如此)、同样的习俗，采用同样的计量单位，信奉同样的宗教，接受同样的统治；虽然这甚至看似不可思议，但事实的确如此。

---

① 珀律比俄斯，IV. i. 5处说的是俄古革斯(Ogyges)。

这种惠及广泛的良愿吸引了这么多民族和城邦，得到了他们的喜爱，唯一欠缺的就是把这些民族和城邦框在一堵城墙之中。更令人钦佩的是，他们凭借其英勇完成了那么多事业，结果不仅建立了万夫莫敌的前线抵抗外敌，而且被称为僭主的检查员和统治者（对瑞士的记录也是这样）。罗马人在使诡计破坏他们之间的友谊之前，一直无法征服他们。与日耳曼人一样，他们举行年度国民大会；但他们的[210]将军任期是一年，而日耳曼人选出的将军是终身任职。

由此可知，亚里士多德称这些军事领袖为王并不对，因为只有一个人有权力颁布法律、任命职官、宣战与媾和、接受申诉时，才能被称为王。如果缺乏这些权力，所谓的王只是一个空名。我们在民主制和精英制中观察到的其他事务与君主制中相同。

君主制的层级

君主之下，元老院具有最高权力，在我国被称为枢密院（the privy council/privatum consilium），西班牙称为王室议院（the royal council/regale），土耳其称为国务院（divan/Divan）。除此之外，各地都还有另一个议院（senate/Senatus），西班牙人称之为枢密院（the secret/secretum），我们称之为内务院（inner council/strictum）：由 4 或 5 人构成，与君主关系友好，处理帝国中的机密要事。威尼斯的那个机构就是十人委员会。根据乌略亚（Alfonso Ulloa）[①]的记录，西班牙的王室议院常常由 12 人组成，与君主一起决定关于法律、战争、和平以及整个国家的形势等要务。另一个议院处理印度事务；第四个议院由 5 人组成，常常讨论贵族等级、

① 乌略亚（Alfonso Ulloa）在威尼斯逝于 1570 年。此人著有 *Vita dell' invitissimo e sacratissimoimperator Carlo V*。

战役、神圣战争等事务。第五个议院为宗法而设,处理宗教事务。第六个常常与将军们和王国贵族们碰面,专门商讨军务。波兰人有两个议院,一个相对专属[于某个阶层],另一个范围广些。波兰人萨瑞乌斯(Sarius)①说,所有主教或要塞的护卫者或占据主要官职的人民都在这个范围内。

在英格兰,爱德华二世建立了一个十五人议院,这15人似乎具有最高的威望、最贤明,那发生在坎特伯雷大主教罗伯特(Archbishop Robert of Canterbury)任职期间,是为了限制君主们实行僭制统治。② 在土耳其,据说君主的元老院由4位帕夏、2位卡迪勒斯克尔(cadilesker)和8位贝伊(bellerbey)组成。我国具有王室血统的诸侯们可以加入议院,然后是高级职官:例如,总理(chancellor/Cancellarius)、统帅(constable/magister militum)、宫廷内侍(chamberlain/magister palatii)、图书管理员(keepers of the books/magister liberllorum)、典礼官(marshals/Mareschalli)、海军上将(admiral/Praefectus maris)和君主的护剑官(great sword bearer/Magnus Scutifer)。其余的参与者,[211]例如,红衣主教、主教、某些财政官员、最高法院的主席或其他人,根据君主的意愿和这些人在国际协商及事务管理经验中的功绩记录而择取。

议院以下,有两个次重要的职官,统帅和总管,几乎在所有君主国里职能都一样。以前罗马王制时期,据说贵族们的护民官是法律和武器的调解人;独裁官下,军队首领承担这一职能;帝国时期,则由帝国卫士长官承担。应运而生的是,一个人集好的议院成员、勇敢的将领和文辞流畅的雄辩者于一身。例如,忒

① 扎莫伊斯基(Jean Sarius Zamoyski,1541 - 1605),波兰大臣、驻法外交使臣,著有《罗马元老院》(*De senatu Romano*)。

② 是指1322年的上议院圣事执事(the Lords Ordainers)吗?那时的坎特伯雷大主教是芮诺德(Walter Reynolds)。

米斯托克勒斯、阿里斯提德斯、伯里克利、法勒赫乌斯(Demetrius Phalereus)、德莫斯梯尼、卡图、凯撒、布鲁图斯、安东尼以及无数其他人。

国家颁布了大量法律后,军队系统和城市行政体系区分开来,每个地方都建立了两套职官系统——分别为和平时期与战争时期而设。在我国,以及西班牙和不列颠,同一个人可以曾被称为宫相(mayor of the palace),之后又被称为军队将领或统帅,迦太基人称之为 *munafidus*;约维乌斯误将其写作 niphates,埃德格纳鲁斯(Edegnarus,因此才有了非洲人利奥)①称其为苏丹中的 diadarius。土耳其人称之为维齐耳帕夏(pasha Vizier),即议会议长;阿比西尼亚人称其为 betudeta,意即侍者。与和平时期的职官相比,总是这些人的权力更大,其实荣誉也更大,因为国家安危和国内秩序取决于军队武装。虽然前者发布法令和命令,但命令的实施者却是军事管理机构。

大法官(Chancellor/Cancellarii)的职能在每个地方也几乎都一样——即正义和法律的阐释者、圣印的保管人。马基雅维里竟荒唐地认为法兰西大法官对国民拥有不受限制的生死大权。据阿尔瓦雷兹说,阿比西尼亚人将这个职位称为首席法官;土耳其人称为 cadilesker 或首席法官。处理亚洲事务和欧洲事务的各有一个职官。他们先于帕夏们处理事务。他们监督法官们,并对案件做最终决议。[212]穆夫提,或称首席牧师,其实是神圣法的阐释者,他们把神法阐释到这样一个程度——没有人能颁布违背宗教的法律。其他军事或和平时期的职官都不及上述人等,例如典礼官,像军事护民官一样具有从属的领事权。波

---

① 非洲人利奥出生在格拉纳达,被称为 Eliberatanus。著有 *Descrtzione dell'Africa*。博丹原文如下:narn qui apud nos, Hispanos, Britannos, magister militum sive Conestabilis, olim magister palaris, idem apud Poenos Munafidus, quem male Jovius Niphatem, ut apud Sultanos Edegnarus (sic enim Leo Afer) ipse Diadarium vocat。

斯人将这种职官称为总督(satraps),罗马人称为省长(governors),土耳其人称为 bellerbeys,阿比西尼亚人称为 neguses,日耳曼人、法兰西人、不列颠人和西班牙人曾称为公爵或伯爵,现在称为省长。土耳其人称为 sangiachi 的官职与我们的总管(seneschal)不同。

我们已经定义了国民、国家、城邦、职官和主权,也谈及了国家政体并提出只有三种形式。现在,我们来谈谈国家的变迁。

国家的变迁

社会有各种起源,这些起源逐渐延伸,直至如今囊括了所有人,我们会发现几乎无数种不同程度的社会差异和变化。第一种伴侣关系,即男人和妻子之间的关系,被认为是最古老的关系,因为其中存在某种灵魂、身体和所有财富的共同体。然后,孩子们的出生使新的共同体与原生共同体产生一些小变化。接着便有了兄弟关系;之后出现父系族人和同族成员之间的关系,这些成员由于无法居住在同一屋檐下,去到其他家庭,拥有另外的财富和利益。新的关系和新的婚姻不断产生,继而导致更多的亲戚从家族中分离出来。除了以通婚为基础的联盟,下一个群体是以德性为基础的朋友关系;继之是邻里关系,各自都有后代的邻居们在诸多居住地相遇,彼此靠近,构建家庭;因此有了氏族和行政区(pagi),这个名称的来源是,他们都喝来自同一口井或出自同一口泉(paga)的水。

后来,村子的规模扩大,使他们有能力抵御陌生人,生活更有保障。就像我们在修昔底德的史书中读到的那样,陌生人数量相当多,在村子周围游荡,把已经耕种着的田地和已经建好的房屋的主人赶走,并占领那些田地和房子。或许是他们想在村里堆放食物和财富(opes),或者是希望有助于获得食物和财富,或者是希望生活得更舒适；所以他们开始在自己周围建筑城墙，[①]oppidum 和 polis 由此而得名。[213]Polein 和 poleuein[②] 意即居住、养育或管理，既然一条沟渠无法提供足够的保障，我们认为，他们开始用瓦里斯（varris）把市镇围起来，由此经过早期的字母变化后有了“城墙（vallis）”一词。然后，他们绕着各个市镇修建防御工事，因此，拉丁人称之为 urbes，之所以叫这个名称，要么像菲斯图斯说，得名于 urbus，要么如瓦罗所说，得名于 orbis，因为外围是一圈城墙为界，里面是一圈护城河。希腊人称之为 astu purgos，日耳曼人称之为 purgum；二者都取义“更安全的城堡”。[③]

但是，当居民数量增加时，就必需扩张城市的疆界。根据塔西佗的记录，罗马人认为，除了从敌人手中夺得土地来扩充罗马所有，其他做法都不对。要不然，就只能往其他地方运送殖民；既然殖民们遵从与旧城邦同样的习俗，殖民地一开始便与母邦被视为一体。我认为，国民（civis）就等同于 quivis（古人们没有字母 q），因为每个 quivis 与所有其他人一样遵守同样的法律。

因此，友谊是人与人关系的纽带，靠着这种联系，一个家庭扩展为多个家庭联盟，再扩展成为村庄、市镇、城市、民族，继续扩展直至联系起全人类，人，靠友谊维持。这些或某些其他原则构成社交群体的基础，因为，人靠自己的意志（因为群居是人的本性）或出于某种强大的需求而去某个集居地与他人汇合，在这些人身上，他发现了使生活更愉悦更舒适的必要手段。显然，越远离原初的男人与女人关系，人们彼此的相互接触和共同利益就越少。因此，天性决定，人越是喜欢某种东西，越是想要将其据为己有，真正的专有，不想与人分享。所以，自然允许事物共有，历时还不太久。然

---

① 修昔底德，《伯罗奔半岛战争史》I. 8，该处的翻译是“城墙”，而不是“护城河”。

② πόλις; πολεῖν πολεύειν.

③ abarcetutiori.

而，友谊的纽带和财产共有的纽带不同，因为分的人越多，每个人分到的财产就越少，而友谊却如光束，越亮，便有越多的人能享受到。因此，自然禁止兄弟与姐妹、父母与孩子缔结婚姻，或者几乎所有种族的共同法则都禁止此事。据观察，连最野蛮的美洲人也没有[214]违背这个法则。

由此，如奥古斯丁所讲，家庭内社交扩展为政治性社会，曾经仅局限于同一家族各家庭间的友谊扩展至所有临近区域。奥古斯丁的说法比教皇英诺森（Pope Innocent）的说法更接近真相，后者把婚姻关系描述为第四层，因为体内有四种体液（在倒数第二章“论关系”）。[①] 这似乎应该是理所当然的，因为即使柏拉图似乎也没有理解到扩展这一关系的重要性，在《理想国》卷五中，[②]他只禁止了父母与孩子间的乱伦，但没有禁止其他类型的乱伦。

人们虽然感受到共同生活的吸引力，但当弱者被强者欺凌时，这种吸引力很快被争斗破坏。瓦罗认为弱肉强食是一种普遍自然倾向：

> 能干者，要求更多，
> 如同大鱼吃小鱼
> 苍鹰杀群鸟。

为了逃脱，有些弱者、能力低下者逃向健硕强壮者，另一些逃向最正义者，以求从迫在眉睫的伤害中获得拯救。由此产生两类不同的国家——一类主要靠武力建国，另一类主要靠衡平建国。

---

① 1595年版省去了括号内这句。《论血缘》（*Deconsanguinitate*）指的是《教令》（*Decretals*）4. 14. 8。

② 柏拉图，《理想国》v. 9。

从后者中生出王制、贵族制和民主制；从前者中生出僭主制、寡头制和暴民制。由于缺乏合适的拉丁词汇，西塞罗把暴民制也称为僭主制。但是，即使是靠不法手段获得政权而建立起来的国家，要维持下去也需要正义，因此僭主们自己不得不培养这一德性，不是为了德性本身，而是为了自己。因为这个原因，正义的名誉得到增强。由此，人们投奔最公正最贤明的那个国民，以自己的血肉之躯保护他，以免他受到伤害。然后，这个人公正地统治国民们。

即使缺乏历史的引导，我们也能由此知晓，每个人的充分自由，即在没有法律和权威的情况下如己所愿地生活的能力，从各个分离的国民手中交出、予以一个人；那最初建立的国家形式就是一人之治，这个人被称为仲裁者，选出他是为了让人们可以享有正义（德莫斯梯尼写到，雅典人最初就是这样做的，希罗多德记录米底斯人也是如此）。荷马和赫西俄德的史诗中还有更久远的证据，仲裁者们被称为王、主人、统治者，更甚至于被称为牧羊人或人们的牧者。[215]这些词所表示的不是权力和控制，而是关心、关怀、统治和仲裁上的公平。

正因为如此，阿米阿努斯在卷二十九中说，统治（dominion）不是别的，而是关心其他人的安危。[①] 柏拉图在《理想国》卷五中写道："正义或正义之事实质上是一种供别人享受的美物，它给强者和统治者带来利益。"[②]荷马之前的很多世纪，米诺斯（Minos）和埃阿库斯（Aeacus）统治着伟大的帝国，他们就被称为审判者（judices）。同样，管理希伯来人的公共事务的那70人被称为士师（judices）。李维和瓦罗的史书中都可以看到这些记录，瓦罗介绍了

---

① 阿米阿努斯，《罗马战争》（*Roman Wars*）XXIX. 18。

② 柏拉图《理想国》I. 16（王扬译本，页25）对比 Everyman 版页20：Both justice and just are...a foreign good, the advantage of the more powerful and of the governor。

每个执政官候选人选中的侍从,说到,所有国民,受邀来到这里,来到仲裁者面前,来参加这个会议。①

那么,对这些事实就不该感到奇怪:奥古斯都如此勤勉地实施司法正义,甚至病了躺在担架上还在做裁决,凯撒家族的其他人对细枝末节的事务也有审理权;甚至如今我们的国王们任命圣职时,也首先发誓会给予无偏向的正义,正义似乎是创设君主的首要原因。

因此,最先出现的处理公共事务的机构是君主式的。一种情况是,虽没有法律,但有正义,其正义仅在于国王一人的正义;另一种情况是,没有正义,某个非常强悍的人与一帮强盗把弱势人群降为奴隶,就如同摩西写的巨人们和宁录(Nimrod),正是他们第一次迫使人成为奴隶。然后,为了能维持其通过罪行获得的权力,必须靠公平稳固权力。所有史家都一致同意以下这点,即最初没有人企图建立精英制,更鲜有民主制。国王仅从一个家族里选取,因为最有权力的人总是把统治权留给其后代。因其正义而备受尊敬的人,不仅在生前而且死后也受人崇拜,人们将他们的后代拥立为王,珀律比俄斯说,因为他们认为这些人会像他们的父辈们一样。

但是,当君主开始以贪婪和个人利益,而不是正义来衡量其统治权力时,王制就会转变为僭制。因此,有权的人们开始相互争吵,之后甚至弱者们也相互争吵,因为那些本该保护他们的人,却残酷地压榨他们、折磨他们。[216]所以常常出现的情况是,因为君主残暴或贪婪,或二者皆有,一些有权的人一起密谋并推翻了专制君主。因残暴而被推翻统治的君主有,法拉里斯、菲拉的亚历山大(Alexander of Phera)、卡利古拉(Caligula)、尼禄(Nero)、多米提安(Domitian)、维特利乌斯、康茂德(Commodus)、帕多瓦的埃

① 瓦罗,《论拉丁语言》(*On the Latin Language*)VI.88处写的是 viisite,博丹引文里写的是 vos ite。

克利诺(Eccelino of Padua)和米兰僭主约翰马里亚(John Maria, the tyrantof the Milanese)。

不过,更多的专政是被贪欲毁而非残暴毁掉的;残暴者让人民忠于职守并制造恐惧,而贪婪却让人滋生不满,因为不能控制自己欲望的人不配统治别人。佛罗伦萨僭主亚历山大·美第奇(Alexander de' Medici)企图与另一个人的妻子通奸时被杀掉,庇西斯特拉图斯因引诱阿尔莫迪乌斯的妹妹而被后者杀死。皮亚琴察僭主阿洛伊修斯(Aloysius)、加来阿佐(Galeazzo Maria)、西班牙国王罗德里克(Roderick, the king of Spain)、塔克文(Tarquin)、萨尔丹纳帕鲁斯(Sardanapalus)、赫利俄加巴卢斯(Heliogabalus)、克劳迪乌斯(Appius Claudius)以及其他无数人失去政权也是同样的原因。由于憎恨专制,权力被赏予篡权者的头领。因此,阿尔巴克斯(Arbaces)赶走萨尔丹纳帕鲁斯后,掌握了亚述人的王国。每个布鲁图斯都把控执政官职位和军队;贡扎加(Louis Gonzaga)杀死僭主博纳科尔斯(Bonacolsi)后掌控了曼图亚。而且,经验告诉我们,最邪恶的专制之后总接着最公正的君主。专制者的命运令其他人害怕,认为模仿那样的生活卑鄙且危险。尼禄之后是贤王加尔巴;多米提安之后是涅耳瓦;黑利俄加巴卢斯之后是亚历山大;康茂德之后是佩蒂纳克斯(Pertinax);马克西米努斯之后是戈尔迪安(Gordian)。然而,习性会逐渐改变,君主们逐渐偏离正道,直到又出现另一个极其邪恶的君主。

这种永无止境的变迁是所有君主国的特征。迄今为止,所有存在过的君主国都有这种特征。首先是柏拉图、然后是珀律比俄斯和西塞罗都论及过君主制转向民主制和精英制的必然性,但那并不对,因为据传斯基泰人从来没有过精英制和民主制,南方人也没有过,幼发拉底河以外的亚细亚人或甚至美洲人都没有。只有在中部地区,朝西面,我们发现有民主制和精英制。而且它们都出现得相对较晚,没有繁荣多久。最后,除了极少数地方,其他地区全都发展为守法君主国(monarchias legitimas),这种形式与所有天性一致。首先是克里特岛,然后是迦太基人,只有雅典人和斯巴达人把全希腊带入了或民主制或精英制。西西里人紧随其后,然后是意大利人、法兰西人、西班牙人,最后是日耳曼人和瑞士人,都发生了变化。

在我看来,发生这种情况是因为中部地区的人天性适合管理事务,我们在之前的章节里已经说明,[217]他们认为自己有资格做统治者;更特别的是西方人,他们的独立精神比东方人更强,无法轻易忍受僭主。因此,要么是他们强迫君主守法(没有什么比这个欲望更神圣),要么把僭主们赶下台,建立民主式统治或是精英式统治。历史清晰地记录了这些事实,无需举例。

帝国的两种变化

政体变化可能由外部原因或内部原因引起;很有必要对此进行区分。外部原因或友或敌。当国家主动愿意把统治权交予他人时,其变化就是朋友所致,虽然不存在外在的强制力,例如米兰人从日耳曼人的统治中解放出来后,请了安加拉家族(Angeran family)的厄里普兰多(Eriprando)来当他们的统治者①,虽然他并不渴望这个王位,他们还是把权力交予他。同样,马穆鲁克家族杀死几位苏丹之后,把埃及的统治权交给了卡拉曼尼亚君主甘普索,尽管这个外国人也不太情愿。同样,底比斯人和腓尼基人送出一队殖民后,把殖民们建立的城邦交给了柏拉图,让柏拉图根据他的设想来颁布法律,决定统治类型。但是这种情况很少有,毕竟忍受陌生人的统治还是很困难。更常发生的情况是,被征服者不得不臣服于胜利者的统治。雅典人的民主制就是这样被斯巴达领袖吕桑

---

① 来自维斯孔蒂(Visconti)家族的一个神秘家系。

德强行改为了精英制。同样的判断适用于所有情况。

内部原因引起的改变也分两种情况;完全没有暴力参与的和武装力量造成的。前一种是从正确到错误的转变,轻而易举,因为人的天性就易于犯错,跌入恶行。还有比尼禄执政的前五年更好的统治吗?还有比所罗门年轻的时候更好的君主吗?还有比卡利古拉执政早期更著名的良政吗?然而,还有比他们后期更卑劣的君主吗?当他们达致恶的极限,不下最大的功夫无法恢复。因此,无需任何外力影响,王政几乎总是会演变为僭政,贵族制演变为寡头制;民主制演变为暴民制。

但是,从僭主制到民主制的转变几乎总是诉诸于暴力,即僭主被杀死。如果僭主死后无子嗣,这样的情况常有,贵族们经常会掌握权力,因为害怕再次回到僭主制。最初,[218]他们以最大的公平和正义引导着国家,因为统治初期一般都很优秀;但是贵族中有些人在朋友、利益、财富或英勇事迹荣誉方面有优势,他们想要更优越的地位,甚至比职官和军队指挥更优越。这样就滋生出寡头制,西塞罗将其称为内讧,因为少数人以邪恶的手段侵蚀多数人的财富和荣耀。

在这种情形下,有权势的人里权谋四起、策划谋杀,直到平民们受不了这些恶人们的统治,一举击溃、掠夺并杀死他们中那些还未结盟的人。这样,各个小党派结成的统治被推翻,民主制随之而来。人民重获自由后,被自己阶层一些人的演说轻易劝服,相信应该享有赢得的自由。

通常,平民们本能地就会从屠杀僭主走向另一个极端,即民主式权力。某种程度上讲,这是人与生俱来的天性:不愿服从违背自己意愿的命令——即便是正义的命令,而更愿意随心所愿,或者大家轮流着指挥与服从。由此就建立了新的国家形式;人民希望由他们来授予权力,这样,个体男女,首先作为普通国民、其次作为职官,才会服从整个群体的意愿。

而且，总会发生这种事，打赢了敌人，却滋生了内讧，精英制消融为民主制，或者进一步都沦为寡头制。与之相反，遇到失败时，权力从人民回到精英们手中。例如，罗马人打赢了与塔伦特姆的战争后，开始向平民们敞开官职。但在布匿战争中，当意大利被汉尼拔的威力震吓，护民官们就失去了权力。汉尼拔和安提俄克大帝（Antiochus the Great）被打败后，护民官出来严词厉指，平民们又登上指挥高地。

同样，直到波斯人在萨拉米被征服后，雅典人才建立了民主制，反之，在叙拉古战败后，权力回到四百精英手中。[①] 与之对应，狄俄多儒斯记录到，叙拉古人赢得这场战争后，建立了民主制城邦。个中原因显而易见。平民们就像难以驯化的野兽，繁荣时欢欢喜喜；一旦逆运降临，立刻崩溃，根据事件调整计划。但是，离危险更近的精英们会在暴风雨中接过船舵。

[219]然后，当轻率且无远见的人民开始管理事务时，雄辩者们很容易按照自己的目的诱导缺乏经验的平民们的思想，如果他们的目的不符合雄辩者的期望，也容易让他们放弃那些目的。每个人根据自己的能力和野心（因为，对权力的贪欲不出自血气衰弱的人，而出自有进取精神和有大能耐的人），以宴请、送礼、看新奇玩意儿等方式满足平民们的欲望，以获得本来凭自己的德性无法获得的荣誉和权力。如果有人企图干涉，只能要么以礼物贿赂，要么无中生有地起诉，以迫使其放弃主张或弄死他。

以弗所人就如此驱逐了赫尔摩多鲁斯（Hermodorus），雅典人也这样驱逐了阿里提德斯和修昔底德；罗马人以这种方式驱逐了卡米鲁斯（Camillus）、鲁提利乌斯（Rutilius）、梅特卢斯和西塞罗。当这些人被驱逐后，人民像得胜而归的英雄，为其勇气而庆祝。他们把荣誉和职位交给控告者们，这些人长久地享受着权力的好滋

① 1595年版写的是四十精英。

味，为了巩固其权力，他们便设立诸多护卫、集聚大量财富，以致任何方法都无法再解除其权力。民主制里几乎总是出现这种情况，即平民们接受僭主，把自己和城邦交到一人手中。

如此，科林斯人被僭主库普塞鲁斯(Cypselus)统治，叙拉古人被狄俄尼索斯统治；雅典人被庇西斯特拉图斯统治，莱翁蒂尼人(Leontinians)[①]被潘尼提乌斯(Panaetius)统治，阿尔戈斯人被费多(Phido)统治，阿格里真托人(Agrigentians)被法拉里斯统治，罗马人被凯撒统治，卢卡人被卡斯特鲁乔(Castruccio)统治，比萨人被法吉乌拉(Della Faggiuola)统治，米兰人被托赫(Napo della Torre)统治，锡耶纳人被潘多尔夫统治，佛罗伦萨人被雅典公爵(the duke of Athens)统治。为了更好地维持从人民手中获取的权力，他们想出了各种可憎的僭制技艺。虽然很多人都知道这些伎俩，但是需要让更多的人明白，以让人民可能对此保持警惕。

首先，他们雇佣随从、甚至异邦人和陌生人组建卫队；他们迅速建立起防御工事，抢夺城堡要塞，杀害有胆识的人，像砍高高的罂粟一样砍掉更有权势的人；他们把荣誉和奖赏给予陌生人，查封协会和社团，彻底摧毁国民间的友谊；他们秘密挑起贵族和平民间的矛盾，然后以施暴或暗杀双方的方式来扩充自己的金库。他们在每个地方设立偷听者和间谍，向高贵的技艺和学科宣战，让平民

① [译注]莱翁蒂尼是位于意大利西西里东南部锡拉库扎省的小镇。历史上，这座古城是来自希腊纳克索斯岛的殖民者于公元前729年建立，它是西西里唯一一个海岸上的希腊定居点。这个遗址最初由西尔斯人控制，由于希腊人控制了北部肥沃的平原，因而也控制了这个地方。公元前498年，盖拉的希波克拉底将其变为属地。公元前476年，锡拉库扎的赫尔隆(Hieron of Syracuse)把居民从卡塔纳和纳克索斯迁到莱翁蒂尼。后来，莱翁蒂尼重获独立，但为了保持独立，他们寻求雅典的干预。公元前427年的雅典远征计划的流产主要归功于莱翁蒂尼的高尔吉亚(Gorgias of Leontin)的雄辩。这个镇在罗马时代似乎无足轻重。公元848年，小镇被萨拉森人破坏，在1693年的地震中几乎被夷为平地。

们忙于劳作和工事修建，以免他们有闲暇从心灵中生出更崇高的思想；他们为了榨取钱财而宣战并雇佣异邦士兵，[220]假装已经提出了停战协定或和平提议；他们设计出新的职位和荣誉，并让想得到的人付出代价，这样就有更多的人和他们绑在一条船上。他们让强盗和恶人掌管公共职位和税收，以此榨取人民的财富和血汗。等强盗们榨取人民相当长一段时间后，他们就发布命令，处死强盗。看到没有任何疑心的平民们怀着巨大的喜悦观看行刑，并为僭主的公正欢呼鼓掌，真是最令人悲哀的事。此事之所以更不值更邪恶，是因为僭主把他的不敬掩藏在虔敬之下，假装敬畏诸神的神庙，这样他们的表现和举止便看似秉持着德性典范。

所有这些东西完整地囊括了国家的两个秘密：首先，他会从人民手中拿走所有能妨碍他的权力，第二，甚至连妨碍他的想法，他都会夺走。他以夺取财富、武器和保障措施的方式夺取权力；但是，不减少人民的各种资源和所能获得的支持，僭主的权力无法增加——正如哈德良在讲到财富时所说，不饿死其他人怎么行呢？当怒意开始出现时，他就在人民中秘密播撒敌意与不和，以瓦解他们反抗他的意志，当国民们彼此不信任，就无法合谋任何计策。最后，他使人民认识到自己无能为力，只能屈从于僭主的欲望。西塞罗说，恐惧是权力维系的邪恶守护者。因此，没有任何僭制能永久维系下去，因为内部争斗很容易将其推翻，所有人都害怕且憎恨那一个人，反之，那个人也害怕且憎恨所有其他人。谁杀死了僭主，谁就会获得最大的爱戴和荣誉。

僭主更容易被外部武力赶出去，因为最忠诚于国家的好国民们会出人意料地与敌人密谋以推翻一个僭主。所以，在很短时间里，阿拉图斯(Aratus)和提莫勒昂摧毁了无数暴君，而狄俄尼索斯吹嘘，他以坚不可摧的链条守护着他的僭制，却在不久后就被他的随从狄奥摧毁。不久前，斯福尔扎也是被他最信任的人背叛，在羞辱中被赶下台。

国家的灭亡到底是内部力量还是外部力量造成的，这至关重要。因为有些东西是天性所致，似乎永不褪色，而有些东西却凝合得非常糟糕，以致一口气就可以吹散，[221]国家也是如此——在最初诞生时被调和得越好，就越能够抵制外力，很难从内部颠覆。然而，必须警示管理公共事务的人，国家废除古奴隶制(servitaia veterum)、近年来攻击宗教以及封臣制度(clientelarum)和封建制度(feudorum)法律的废除，都给叛乱(conversionum)——前所未有的叛乱——以可乘之机，那些叛乱古人们几乎闻所未闻。

其实，人们曾有一时很担心，担心奴隶被解放、国家可能受到威胁，就像提尔人、西西里人和罗马人的很多城邦都曾因此而遭受巨大毁坏。随着僭制数量的增长，奴隶们的自由增多，主人们的权力减少，尤其在提比略时期，他提议建一座纪念碑作为奴隶们的庇护所，就像以弗所人的戴安娜神庙(Temple of Diana)、希腊人的忒修斯墓和昔兰尼人(Cyrenian)①的托勒密雕像。之后，在哈德良时期，主人失去了对奴隶的生杀权，当僭制盛行时，奴隶主开始害怕他们的奴隶会在僭主面前控告自己叛国。基督式自由出现后，人们认为，把奴隶像野兽那样用链条捆绑着奴役，太不人道。出现这种思想的部分原因，是基督徒害怕他们的奴隶信徒可能落入异教徒的权势中，所以不停地解放奴隶。这些事情很明显，无需更多证据。

接下来必须要从最不明确的古代史里寻求资料，因为现在虽然没有奴隶制了，但我们无法确知奴隶制消亡的具体时间，以确认

---

① [译注]昔兰尼(Cyrene)是一个古老的希腊罗马城市，靠近今天的利比亚夏哈特(Shahhat)，它是该地区5个希腊城市中最古老、最重要的城市。利比亚东部的经典名字——昔兰尼加(Cyrenaica)正是得名于它。古代昔兰尼的大墓地就在附近。昔兰尼躺在杰贝尔阿赫达高地的一个葱郁的山谷里。这座城市是以清泉Kyre之名命名的，希腊人将其供奉给阿波罗。它也是公元前4世纪著名的昔兰尼哲学学派的所在地。

帝国变迁是因为这个原因。查理大帝颁布的有关奴隶的法律还在,虔诚的路易(Louis the Pious)和洛泰尔的法律也在,记录在查理大帝法律书和伦巴第家族的法律书里。还有西西里和那不勒斯国王威廉(William, king of Sicily and Naples)颁布的关于奴隶和逃亡仆役的法律条款,以及皇帝弗雷德里克二世(Emperor Frederick II)在其那不勒斯王国的《辩护书》(*Placita*)中的条款。腓特烈在1212年即位。还有教宗亚历山大三世(Alexander III)、乌尔班三世(Urban III)和英诺森三世(Innocent III)颁布的关于农奴婚姻的法令。这三位分别在1158年、1185年和1198年开始任教宗。因此,腓特烈以后就不再有奴隶制,巴尔托鲁在其"关于囚犯"一文中以"敌人"(Hostes de captivis)开头那段里①写到,他的时期已经没有农奴了,好长时间都没有了。[222]基督教习俗从来不允许买卖人口。然而,巴尔托鲁兴于1309年。② 潘诺米塔努斯说,这值得一提。

我们决不能忽视我曾读到的这条法庭记录,即根据元老院的一条法令,恰隆主教(the bishop of Chôlons)被禁止拥有封地或解放其农奴,即使得到所在牧师会的同意也不行。这条法令颁布于1272年。的确,很久以前,公元781年,曾爆发过一场奴隶战争,严重困扰了国王阿方索之子奥里利乌斯统治下的西班牙。在我看来,基督徒好像是效仿阿拉伯人的榜样才废除了奴隶制,因为,穆罕默德或甚至奥尔马都曾解放过其宗教信徒中的所有奴隶,这种做法在各基督教帝国中引起了严重骚乱,从查理大帝关于奴隶叛乱的法律卷二章七中可以看出这点。当奴隶解放被批准,紧跟其后的是极度的贫困,这种贫困很容易颠覆国家。由于极度贫困,会滋生抢劫、盗窃、杀戮和公共乞丐贸易。

---

① *Hostes de captivis* 参见《学说汇纂》49. 15. 24。

② 比较巴尔多鲁的注释17。这里的拉丁词是vixit,该词可以做"去世"之意。

宗教的多样性已经给国家和统一(imperia coetusque)带来诸多困扰,以前,除了犹太人,所有的祭祀礼仪都一样。由此生出了无穷无尽的政体变化。很多人正是以宗教为借口侵略伟大的帝国:例如,阿拉伯人、波斯人、摩尔人和罗马教宗们。约瑟夫的族人从摩尔人手里夺得毛里塔尼亚帝国的统治权,其手段与以实玛利重获波斯王国的手段一样,以慷慨激昂的演说为手段,以宗教为借口。查理五世曾在日耳曼试过此法,某人近期也在我国试过此法。罗马教宗们不仅要罗马城服从他们的统治,而且要拉齐姆、皮奇诺各行省、翁布里亚、弗拉米尼亚、埃米里亚和伊特鲁里亚都服从他们的统治;这还不够,他们还想控制西西里、那不勒斯、阿尔贡和英格兰各王国;因此,他们要求这些地方缴纳贡税。

当我读到罗马教庭拥有多么广袤、质量多么好的土地时,实在无法不吃惊:它拥有那么多圣职人员财产或封地,向各个国王索要那么多贡税,还有我曾提过的国王们向教皇们做出的那些承诺。我的同事莫特(Charles de la Mothe)是一个热情的古文物研究者、出色的阐释者,正是他给我看了这份抄自梵蒂冈原件的重要材料。更甚,布永的戈弗雷(Godfrey of Bouillon)武力征服了两个叙利亚,罗马教宗就把此地作为圣俸赐给他了。就这点来说,他似乎在效仿非洲各君主,那些君主都是从以实玛利后裔的最高祭司那里获得其王国、帝国、生命和所有财富。

与数相关的各国家的变化

[223]解释完这些内容之后,我们来看看帝国的变化是否能够以毕达哥拉斯数(Pythagorean numbers)计算出来。柏拉图仅以数学序列(mathematical sequences)衡量国家变迁与衰亡的做法,在我看来显然很荒谬。原因在于,虽然不朽的上帝通过数字、顺序和精妙量度的方式规定万事万物,但不应该因此就把这视为

数字具有影响力，更不应将此归于机运的影响，因为这一切的源头是神的王权（the Divine Majesty），正如奥古斯丁所讲，这种王权本身就是天命，否则，就不存在天命。所以，亚里士多德将万物之变化归于次级原因（secondary causes），并在《政治学》卷五中对柏拉图关于数字的论述不以为然。[①] 亚里士多德的整本书里，就数对这个问题的讨论最好最准确。

他提出了导致国家变化的许多原因，我认为可将这些原因归纳为以下几点：伤害、荣誉、忧惧、轻蔑、少数人过度富有或多数人过度贫穷。亚里士多德已经就这些原因进行了充分论述，我在此不予赘述。但是，既然柏拉图在《理想国》中假借苏格拉底之口，设想他已经提出了所有可能的方式，以避免任何人伤害其他人，或因为金钱或荣誉而害怕或轻蔑他人或扰乱国家，并最终已经把各种政体的古老祸因从他的国家中清除出去，那么，如果我们假设存在最好的国家，亚里士多德所提到的因素——富有和贫穷——就无法摧毁那样的国家，因为那就是最好的国家。[②] 然而，苏格拉底说，即便那样的国家，在逐渐衰亡时也会感受到自己的终结，因为这是万事万物的共同本性。然而，我一直想不通，柏拉图认为，因为属神的善，世界会永恒存在，却在其他地方又说世界会因自身的弱点和衰颓而灭亡；而在关于最好的国家形式问题上，为什么他没有作出同样的判断。

根据后世对柏拉图著作的解释，各个数字不再和谐之时即是国家灭亡之时。既然这样，如果国家由于内部的缺陷和失衡而濒临灭亡，那就不是苏格拉底设想的最佳政体。国家的盛衰变化竟然有一个数字起源，这看起来似乎有些荒谬。原因在于，即使是组合度差的数字也会合成令人厌恶的嘈杂声，因为以这种方式发出

① 亚里士多德，《政治学》，卷五章十二，1316a。

② 如果我们接受柏拉图的前提，那么亚里士多德所提到的各种危险就不存在了。

的各种声音无法混合，它们相互冲突[224]产生刺耳的声音，试图渗入耳朵；然而，当这些声音和谐相融，也就是说，当它们被恰当地以符合比率的数字形式安排好之后，就不存在不和谐。

由此，国家一直在愉悦的和谐状态里调和、交融，没有争论、没有不和谐的声音，从这个前提出发，国家也不会——我看不出可能以什么方式——摇摇欲坠。因此，弗里斯特(Forester)①的说法并不对，他认为柏拉图所表达的意思是，尽管他的国家最初建立得很好，如同那些最初按照比率排列的数字，尤其是他建议我们模仿的那个理想国家，但是随着时间的流逝，也会滋生出不和谐。他认为，当数字偏离 4:3 的比率，就会产生不和谐。

然而，弗里斯特犯了太多错误，甚至无法判断哪个错得最离谱。首先，其实他是以 3:4 的比率把各个调和平均数联系起来，但它们本来应该以 2:3 的比率与奇数和偶数组合在一起，正如婚配数(the marriage number)的性质所展现的那样。② 因此，除了单位 1，最和谐、最悦耳的是所谓赫米奥拉比例(sesquialtera)2:3，这两个数的结合没有介于中间的平均数。然后，由于没有平均数，4 和 9 无法结合，因而造成剧烈的不和。但是，6 能以等比(equal ratio)方式与两个数结合，且能使二者愉悦地和谐。同样，如果介入两个平均数，即 12 与 18，8 与 27，也能以同样的比例结合。③ 以这种方式无限推演，永不会产生冲突。

3:4 的赫米奥拉比例也是一样。以他(即弗里斯特)本来希望的方式，这两个数并不真正调和，因为古人和我们时代的人都无法

---

① 我无法确认是否是 Foresterus。曾有德意志人弗斯特(Valentin Forster，1530 - 1608)，梅兰希顿的追随者，在帕多瓦(Padua)学习法律和数学，并任教于法国多所大学，与许多法学家，如 Duaren，有过交往，或许也认识博丹。

② 毕达哥拉斯的婚姻数为 6。

③ 见约维特(BenjaminJowett)译版《柏拉图对话集》(*The Dialogues of Plato*)中的“蒂迈欧”，页 454，尤其是注释。另见博丹，《自然剧场》(*Theatre de la Nature*)Ⅱ. iii. 192。

忍受缺失三分之一或五分之一。但是,同之前一样,如果我们找到一些可以介入的数字,这一缺失也能够维持其魅力。认为3:4与27:64二者比率相同,还有什么看法比这更愚蠢?因此,让我们给出二者之间正确的平均数,36和48。两个最近的数之间的比率与基数3和4的比率相同。并且,即使推至无限,这种和谐也将永久存在。以243和1024为例,它们在婚配数中的比率是2:3,①正如27和64一样,它们的结合会产生不和谐。不过,如果[225]插入一些平均数,即324、432、576、768,每一个数与其紧邻数的比率都同3和4的比例相符且调和,因为所有方面都符合赫米奥拉比例。弗里斯特的严重错误,还包括盲从他人的观点,认为柏拉图的重要数是12的立方数。如果真是这样,为什么柏拉图希望一部分比另一部分存活时间更长?② 许多人都曾在这一问题上犯难。

但是,由于柏拉图的数字确实最晦涩最难懂,我不会鲁莽地下任何断言,除了有关帝国里各种变化的这一点:柏拉图应该知道,无论国家在建立之初多么完善,一段时间后都会暴露出弱点,其原因或是源于自身内部缺陷,或是外部力量的影响。因此,磐石和金子的构造强度那么大,自然属性那么卓越,显然任何方式都不可能将其摧毁,但它们却可以自己毁掉自己。这显然是第一种情况。此外,它们也可能屈从于外部力量。在火或者王水(aqua chrysulca)的持续作用下,它们会逐渐流逝和瓦解。但是,显然到目前为止,希腊和拉丁地区的学园派里没有任何人以任何城邦为例,来说明与政体类型有关的数字的力量与意义。这一点尤其引人注意,因为这不仅关系到政体类型,而且也关系到国家的发展壮大、变化和颠覆;这也迫使伊壁鸠鲁学派承认,人类事务不是由机运草率地统治,而是由全能上帝的最高权威和深

① “Qui in numero nuptiali dupla triplaque ratione sunt quadrati.”

② 柏拉图,《理想国》Ⅷ 546。

谋远虑所统管。

接下来，让我们简要地看看一直被其他人遗漏以及可能被故意忽视的东西。首先，或许我们可以观察：完全数6影响女性；7影响男性。发生在7和9的倍数年时的疾病对男女都十分危险。这些数字在整个自然界里都有强大的力量。塞涅卡曾说：每一个7的倍数年都会在时代中刻下自己的印记。然而，他应该将这个用在人身上。令人惊叹的是，有很多事例为证，国家变迁也发生在7的倍数、9的倍数、7与9相乘的平方、完全数或球面数(spherical numbers)的年份。专注于思考这个问题的人都不会怀疑：男性死于7或9的倍数的年龄：如14、18、21、27、28、35、36、42、45、49、56岁时。而7与9同时发生作用(即处于7与9相乘的年龄)的年份，所有古人都认为最危险。奥古斯都曾在一封信里祝贺他的朋友平安度过了63岁，他称这一年是所有老年人的致命年。

[226]下一个危险年是70岁。普鲁塔克在70岁生日那天死去。伊壁鸠鲁如此关心自己的身体，却还是在72岁那年去世。接下去是77岁，奥古斯都大约活了77岁；弗雷德里克三世(Frederick III)活了77岁。他统治了53年，奥古斯都统治了56年；他们都死于8月19日。下一个危险年是9的平方数，81岁，柏拉图就在81岁时去世，去世的那一天，他看到了光。大卫(David)对人类生活的描述里也没有超过81岁的人。很少有人能活到84岁，12与7的乘积，但泰奥弗拉斯托斯做到了。临死时，他抱怨说，自然给予他的寿命太短，给乌鸦的太长。保罗三世(PaulIII)和保罗四世(PaulIV)也在84岁时去世。

然而，有一些人活到了90岁，10与9的乘积，比如费勒尔弗(Francesco Filelfo)；如史所证，使徒约翰(John the Apostle)活了99岁。圣耶柔米(St. Jerome)活到了91岁，13个7年。而且，正如我们在书籍和信件中看到的，有些人的寿命很长，但几乎所有人的寿命都是7或9的倍数。拉麦(Lamech)活了777岁。玛士撒拉(Methusala)活了970岁[原文如此],亚伯拉罕(Abraham)活了175岁(即他活了25个7年);雅各(Jacob)活了147岁(21个7年);以撒(Isaac)活了180岁(20个9年);由于光束(rays /radiorum)剧烈碰撞和传导的缘故,也可能不时出现意外死亡的情况,但除非神圣意志干扰自然,意外死亡更经常发生在7或9的倍数的年龄。无数人在63岁时去世:亚里士多德、克律西波斯、薄伽丘、圣·伯纳德(St. Bernard)、伊拉斯谟、路德、梅兰西顿、西尔维厄斯(Silvius)、亚历山大、斯图姆(Jacob Sturm)、库萨的尼古拉斯(Nicolas of Cusa)和利纳克尔(Thomas Linacre),都饱受疾病折磨。同样,西塞罗在63岁时被谋杀。亚历山大乌45岁时因悲痛而死;阿提库斯(Atticus)77岁时被饿死。

现在,让我们把同样的准则应用于国家变迁,但具体方法是,寻求7或9的平方数和立方数,或者把其中一个的平方数或立方数乘以另一个数的平方根,甚至用一个完全数,或试试重要数(magno numero)里的球面数(sphaericos)和立方体数。最后还有12的平方数和立方数,学园派的人称之为"柏拉图重要数"。7和9的平方分别是49和81,7和9的立方分别是343和729。7的平方乘以9得441,[227]9的平方乘以7得567。496是完全数;6和28是较小的完全数;余下还有8100多个完全数,[①]都太大、不适合于描述国家。12的平方数144,立方数1728。目前没有一个国家维存过这么久,因此舍弃比这更大的数字。球面数里中包含4个重要数,分别是125,216,625,1296。有那么多数,既不是完全数,也不是平方数、立方数;或者即使是立方数、平方数或完全数,也由偶数而非奇数构成;即使由奇数构成,也不是由7或9及其倍数构成。在这个无限的数的序列里,仅仅借助于这几个数——相

① 文本的意思可能是108000,但这一点在算术上不对,并且与上下文也不相符合。

对于无限数列非常少,我们便可以开始研究几乎所有国家的奇妙变迁。

首先,从12的立方数开始。有些学园派的人认为这个数是柏拉图的重要数和致命数。根据斐洛本人的观点中,我们可以发现从尼努斯国王(King Ninus,古亚述国国王)到亚历山大大帝(Alexander the Great),亚述人的君主国恰好维系了这么多年。梅兰希顿、房克甚至所有博学之人都采用了斐洛的观点。但是我们只能追溯到尼努斯那里,狄俄多儒斯、希罗多德、克特西亚斯、特罗古斯和尤斯汀都从尼努斯开始其著述,因为正是尼努斯首先确立了政体形式并建立了巴比伦。因此,更准确地说,有一种亚述人和波斯人的君主制,而不是存在两种不同的君主制;否则我们就必须把迦勒底人、米提亚人、帕提亚人的王国、亚述人和波斯人的王国区别对待,虽然他们都是同一地区的居住者和公民。

但是,作为一个异邦人,亚历山大把一个新种族从欧洲迁移至亚洲,打败大流士(Darius)的军队,最终改变了其习俗和法律,在这个意义上,当然他确实建立了一个新君主国。但是,这些事件各就其位。从大洪水到神殿被毁和希伯来人建国,斐洛计1717年。约瑟夫斯多计了200年;其他人给的数字远远少于这二者。从历史事实和重要数本身的卓越两方面来看,应该在斐洛的计数上再加11年,得出的结果不多不少正好是12的立方。同一时期,埃及摆脱了亚述国王的统治;斯基泰人入侵小亚细亚;雅典人将庇西斯特拉图斯的儿子们驱逐出雅典;罗马人将塔克文家族(Tarquinians)驱逐出罗马。

但以理的"7天"说大概也能以这种方式得以阐明。[228]关于耶稣诞生之年,所有作家的看法存在巨大分歧,而斐洛——被视为记述最准确的古代作家——认为是3993年。卢修斯认为应减去3年。玛利亚(Joseph Maria)认为应再加6年,因为一些我十分赞同的原因,我采纳他的数字,因为数字 3999[①] 是 7 的平方与 9 的平方的积,与随后发生的大多数重大事件变迁非同寻常地契合。以此计算,耶稣死于创世记后的 4000 年。当然,这包括了但以理的 70 个七年,即 490 年。如果我们从朗吉马努斯(Darius Longimanus)开始计算,那时以斯德拉正好被派往耶路撒冷建国,即在 70 个七年前的第六年——也就是,把 6 这个唯一的完全个位数与 70 个七年(即 490 年)相加,正好得到又一个完全数 496,这数字与国家的各种变迁非常奇妙地契合。

为了说明这一点,不让不确定的猜测将我们引向歧途,我们从罗马执政官写的年鉴中选取例证,因为那最可靠。从建城到屋大维在阿克提姆岬战役中击败安东尼、被元老院尊为第一任奥古斯都统治世界,计 729 年,这是 9 的立方数。从奥古斯都到年鉴里称为最后一位罗马皇帝的奥古斯图卢斯(Augustulus,因为他被哥特人的王奥多亚克赶走),计 496 年,这是一个完全数。从建城到帝国覆灭的时间正好是一个平方数,即 1225,能够被 7 整除。

据说,瓦罗曾在肯索里努斯提及他曾听到尊贵的占卜师维克提乌斯(Vectius)预言,由于罗马国已经安全地维存了 120 年,所以能一直维存到 1200 年。我发现,从尼努斯到第一任米底国王阿尔巴克斯正好是 1200 年。房克多计入了 3 年;其他人的计数更少些。然而,这一点非同寻常,即不仅从奥古斯都到奥古斯图卢斯历时 496 年,而且从国王被赶出罗马城到凯撒任独裁官也历时 496 年。不仅如此,从康斯坦丁大帝到查理大帝在罗马首次被立为皇帝那一年,据潘维尼奥计算,也是 496 年。

潘维尼奥是最热衷于罗马古代史的研究者,他虽然对历史有浓厚兴趣,却对数字完全不关心。这还不止,从阿尔巴(Alba)建

---

① 应为 3969。

城到它被霍斯提利乌斯(Tullus Hostilius)毁灭,也恰好历时 496 年。另外,事实上,[229]从希伯来人的第一个王扫罗(Saul)到巴比伦之囚,也是 496 年。热纳布拉尔(Genebrard)[①]多计入 3 年,伽凯乌斯(Garcaeus)[②]甚至多计入 10 年,塔木德研究者们少计了几乎 100 年,但却没有对这个结论进行任何必要的论证。从人们在所罗巴伯(Zorobable)领导下回返并第二次修建神庙,到希律(Herod)被元老院任命为王,历时 496 年。从第一任米底国王阿尔巴克斯到亚历山大大帝也历时 496 年。事实上,马其顿王国从第一任王卡拉努斯(Caranus)到亚历山大去世,也历经了同样长的时间。房克少计 8 年,其他人多计 12 年。我认为应该取个平均数。

我们将以法兰西王国为据,列举更多与这个数字契合的国家变迁的证据。但以理的数字加上完全数 6,就得到了这个数字。而且,在重要数里只有它由 9 的倍数和 7 的倍数构成,如果从两个因数里都减 1 的话。[③] 古人们说帝国 500 年一轮回时,就是指这个数。然而,他们在这种事上没什么技能,因为无法将 500 用在人类或自然事物的轮回上。事实上,500 既非完全数、平方数、立方数、球面数,也不是 9 和 7 的倍数或这些数的根或平方。

只要非常细致地研究罗马人的各次内战、平民们的各次分裂和国内冲突,就能发现这些事件发生的年份都是 7 的倍数,或 9 的

---

① 热纳布拉尔(1535－1579),博丹时代著名的希伯来研究者,法兰西学院教授,著有《两本书里不同的计时法》(*Chronographia in duos libros distincta*),并编纂奥里根的作品集。后任艾克斯主教,是神圣同盟的忠诚支持者。

② 伽兹(Johannes Gartze,1530－1574),德意志占星学家,著有《占星法》(*Methodus astrologiae*[?])。

③ 根据博丹在前面几页里提到的做法,这里的意思应该是,9 和 7 是 496 的因素,496 要么是 1728 的因素,要么是比 1728 更小的数里唯一满足给定条件的。不太确定他到底想表述什么,可能是[(7 * 9)－1][9－1]= 496,但是在比 1728 小的数字里,有很多都能玩这种数字游戏。

倍数,或既是7也是9的倍数。从建城到国王们被赶出,历时243年;从国王逃离到图里亚弑亲,历时468年;从国王逃离到平民们的圣山撤离,历时18年;到第二次撤离,历时63年;到第三次撤离,历时225年;到格拉古兄弟叛乱,历时378年;从这一事件到马里安内战(the Marian Civil War),历时45年;由此到凯撒战争,历时7年;从图里亚弑亲到[230]西西里内战,历时7年;由此到最后一次的阿克提姆岬内战,历时7年。所有这些数字都是9的倍数或7的倍数或由二者组合而成。而且,罗马城是在建城后364年被占领,也同样是7的整倍数;从建城到坎尼败北历时539年,这个数字是77的7倍。那时罗马帝国几近毁灭。从坎尼之灾到巴儒斯(Barus)之灾,历时224年。两个数字都是7的倍数,两次败北都发生在8月2日。同样,吕桑德在萨拉米战役胜利77年后把雅典城墙夷为平地。普鲁塔克在记录吕桑德生平[1]时还提到,这两次战役都发生在穆尼基昂月(Mounichion)的第六天。同样,在我主707年,国王罗德里克执政的第七年,摩尔人入侵西班牙;770年后,他们被驱逐出去,这从西班牙作者塔拉法(Tarafa)[2]的作品中可知。

还有很多关于7的立方数的例子。因为摩西[3]选中了这个数字设立大庆典(the great Jubilee)。因此,从犹太人在以斯帖(Esther)的帮助下打败哈曼(Haman),到他们战胜安提俄克库斯,历时343年,而且每次胜利都发生在3月的第13天,希伯来人称其为阿达尔月(Adar)。因此,希伯来人将这一天视为具有巨大荣耀的一天。从奥古斯都独揽大权到康斯坦丁大帝独坐帝位,历时相同。波斯人的王国,从居鲁士到亚历山大,历时210年,这个数字

① 普鲁塔克,*Lysander* 15。

② 塔拉法(Francis Trafa),16世纪的加泰罗尼亚人,著有《西班牙国王的起源和统治》(*De origins et rebus gestis regum Hispaniae*)。

③ 《利未记》(*Leviticus*)25:8。

由30个7构成。伦巴第人统治了同样长的时间。在余下的3年里，由助祭保罗掌事直到德西德里乌斯(Desiderius)被谋杀。英格兰人统治加来的时间也是这么长。叙利亚的小亚细亚的诸位国王，从第一任尼卡诺尔(Nicanor)到最后一任腓利(Philip)，统治时间也是这么长。从希伯来人出埃及到神庙被毁、国家颠覆，历时900年；这个数字是两个平方数9和100相乘而得。从斯巴达人的第一个王欧律斯忒涅斯(Eurysthenes)到僭主纳比斯(Nabis)也是这么多年，纳比斯被斐洛波门(Philopoemen)赶下王位，然后斐洛波门更改了拉科尼亚的政体类型。吕库古的各项法令在颁布567年后被废除，斯巴达人被迫接受[231]阿凯亚人的习俗；这个数字由9的平方乘以7得到。但是，从拉古斯(Lagus)到把埃及降为一个省的奥古斯都，托勒密王朝一共统治了294年，这个数字是7的倍数。希伯来人的国衰落了70年；如阿庇安所写，雅典人也控制了希腊70年。哥特人从他们的第一任王忒奥多里克到托提拉(Totila)，也统治了77年，如潘维尼奥在他的年鉴里的记录所讲。斯巴达人统帅全体希腊人12年，这是阿庇安的记录。亚历山大大帝统治希腊的时间也是这么长，12是伟大数字的根值，因为他在大流士去世前统治了6年，在大流士被杀后又统治了6年。之后，他的帝国像闪电般突然瓦解。

不局限于古代史，我们来看看国内的例子，把梯莱特(Jean du Tillet)划分的时期与年鉴精确对应。从凯撒最终征服高卢人一直到法兰克人(凭借其勇敢的战士们，拒绝投降)的头领马喀莫(Marcomer)，法兰西臣服罗马441年，这个数字由7的平方数乘以9得到。从这时到瓦拉姆德(Waramund)得势历时9年；到他统治期结束，历时3个9年；从他被称为公爵到宫相(Mayor of the Palace)丕平(Pepin)篡夺权位并赶走基尔德里克(Childeric)，历时343年，343是7的立方；从罗马统治高卢的最后一任总督西格阿里乌斯(Syagrius)被谋杀，到法兰克人种族的卡佩——虽然德意志人不承认这点,但他的确是法国人,出生在安茹省——从法兰克人手中夺得统治权,历时 496 年,即那个完全数。从瓦拉姆到卡佩,历时 567 年。这个数字是 9 的平方乘以 7 构成。从瓦拉姆到伟大的于格(Hugh the Great)以及路易四世被贵族们废黜和囚禁,历时 512 年,这是个立方数。从那时到另一桩叛国事件,即波旁的查理(Charles of Bourbon)反叛弗兰索瓦以及他被俘,历时 12 的 2 倍的平方,即 576 年。从卡佩到最近那场可憎的骇人听闻的臣民血肉之战,历时同样长的时间。从洛林公爵查理(Charles, duke of Lorraine,被卡佩从继位名单中剔除,关押在奥尔良的一所监狱里)被俘,到另一个洛林的查理获得王权后把卡佩家族的子孙关押在奥尔良,也历时这么多年。同样,从糊涂查理(Charles the Simple)在信心百倍地向贝罗尼挺进、被赫尔伯伯爵(Count Hebert)扣为阶下囚,[232]到甚至最不糊涂的路易居然自愿地或者说相当莽撞地去贝罗尼、被查理伯爵俘虏,历时 540 年,这个数字是 9 的整倍数。同样,从卡佩到查理八世值得纪念的意大利远征,历时完全数 496 年。从伦巴第人的帝国被推翻、查理大帝征服此地到路易七世征服伦巴第,正好是 9 的立方数,即 729 年。这时,威尼斯人的国家正遭受一场痛苦的失败。我们曾说过,在查理大帝之前,威尼斯人不曾拥有过稳定的政体,只是在尼斯福鲁斯(Nicephorus)和查理大帝的同意下获得了自由。因此,威尼斯人的国家,在几乎被推翻之前,共维存了 729 年。同一时间,马克西米利安皇帝(Emperor Maximilian)、路易七世、费尔迪南德国王和教宗尤里乌斯二世(Pope Julius II)共同策划了这个国家的毁灭。而且,土耳其人的苏丹和机运本身似乎在共同密谋对抗那么多那么强大的敌人。那城市偶然被硫磺粉点燃,陷入火海,遭受重创,无数的金子在沉船里丢失。其实,那个时候,威尼斯人显示出他们巨大的能力和智慧。

同样值得注意的是,戈弗雷在一场著名的胜战里打败波斯军队、把叙利亚从奴役中解救出来，到萨拉丁(Saladin)俘虏最后一个鲍德温(Baldwin)，历时 90 年，9 的整倍数。同样，法兰西人统治了希腊人的帝国 56 年，即从鲍德温到巴列奥略王朝(thePalaeologi)。他们也占领了教宗职位 70 年。两个数字都是 7 的整倍数。如果继续列举这些重要变迁事件的话，我永远没法收尾。然而，通过已经给出的例证，有闲暇的人们，能够根据史家们提供的无偏见的精确史料，推导出所有的国家变迁，以便更真实更好地预见即将到来的变化(虽然那只有上帝知道)，而不是像卡丹那样轻浮地乱猜。卡丹认为，每个伟大帝国都有赖于赫里斯座(Helice)或大熊星座的尾部星。当它垂直于新兴的罗马，便带给其能量；然后又垂直于拜占庭，之后法兰西，然后移向德意志。这些事情的可信度就如在自传里他写的关于自己的事情一样。他发誓说自己从没撒过谎，这在他看来似乎非同寻常。然而，一个好人本应该在这方面卓越——不撒谎，即如尼格蒂乌斯(Nigidius)[1]所解释的，不睁着眼睛说瞎话(knowingly say untruths)。而[233]审慎之人应该小心避开每个谎言，即像同一个作者的观念，不违背自己的意愿重复虚假的陈述。

然而，即便某人在卡丹所声称的技艺方面只具有中等熟练度，对他来讲，卡丹的说法不是撒谎还能是什么？虽然他明白，那颗星曾垂直过无数民族、无数城市，并且还会一直这样，他还是补充说，为了一个城市的兴起，太阳也应该到达其顶点以与那颗星构成合点。他一面说那种能量延伸到同一平行线的所有民族，一面却说只有一个地方应该处于统治地位。他以为以这样的方式就能够骗到那些最谨慎的人。然而，因为那颗星离赤道有 54 度，且只在北极圈区域活动，因此，不管因为颤动偏离多远，它与离这个城的垂

---

① 尼格蒂乌斯(Nigidius Figulus)，公元前 1 世纪的毕达哥拉斯学派哲学家、占星学家，著有《论占卜》(*De auguriis*)，已迭。

直线都有12度的差距，显然无法垂直。我们要表明，不仅它无法到达顶点，而且无法与太阳构成合点，因为有必要根据维度和最高点的时间来做[准确的修订]。而且，卡丹的错误还可以从下述事实中推知：普鲁塔克写到，瓦罗曾命令著名的占星学家费尔曼努斯（L. Tarutius Firmanus）[1]尽可能地固定罗马城和帝国的诞生日和时间。然后，通过对恒星勤勉的观察，他发现罗马地基于第六届奥林匹亚运动会后的第三年建立，而狄奥尼修斯和瓦罗都一致认为是法尔毛提月（Pharmouthi）伊德日（Ides）之前5天，或者按照现在的历法，是5月前的第11天，即4月的法利亚日（theday of Philia[2]），下午大约3点，那时木星位于双鱼座，土星、金星和火星位于天蝎座，太阳正穿过金牛座，月亮位于天秤座，那是罗慕路斯执政的第18年。

普鲁塔克还从吕利乌斯（Antimachus Lyrius）那里获知过此事。他们都从来没有提到过大熊星座。从哥伦布自己制作的图标和他有关运动的最准确原则可知，那时这个星座位于狮子座18度56分。但是，现在其位于处女座20度50分。既然这些都是事实，那当双子座的第12部分位于顶点时，这个星座如何能垂直于新兴的罗马城呢？从这点开始算，狮子座的第18部分在54度以外。[3][234]那时太阳正穿过金牛座，而大熊座的最后一颗恒星正穿过狮子座，它与太阳构成合点的可能性还有多大？[4] 因此，它与

---

① 费尔曼努斯是西塞罗时期的占星学家。参见普鲁塔克对罗慕路斯生平的记录 *Romulus* 12。

② 法利亚是牧神节，4月21日。

③ 黄道带的每一部分包含30度，一次是金牛、双子、巨蟹和狮子座。我不太明白为何博丹把从双子座的12度到狮子座18度之间的距离说成是54度，两句话后，他又把从金牛到狮子之间的距离算为大约90度。他是不是以顺时针方向计算的双子座12度旁边的恒星，而已逆时针方向计算的狮子座18度的恒星？

④ 1566、1572和1583年版，问号在“狮子座”（Leo）一词后；1595年版的问号在“金牛座”（Taurus）一词后。

太阳的任何合点经度上都相距 90°，维度上相距 45°。

不过，卡丹更蠢的说法是，当罗马人的统治权交到拜占庭手中时，尾部星正好垂直于那座城市；因为，根据珀律比俄斯的作品所述，拜占庭在罗慕路斯出生前就已经建城了。更荒唐的是，他从希腊人那里一下子跳到高卢的最远端，又跳到德意志，完全违背这颗星本来的运动和轨道倾角。但是，这种结论似乎至多只能博人一笑，根本不值得驳斥。不仅大熊星座的尾部星，而且整个星座都垂直于斯堪的纳维亚人和利沃尼亚人，为何他们从来没有因此而获得过任何权力，反而常常被其邻居攻击和要挟？或者，如果垂直位置的恒星能赋予统治权，古人们说的那些星宿为何没有闪耀成王？我是指轩辕十四星（Regulus）、毕宿星团（the Hyades）、昴宿星团（the Pleiades）、心大星（Antare）？为何卡丹称之为皇室的那 15 个星座没有这种影响力？为何室女座 α 星（Spica）、[①]天琴星座（the Lyre）、大角星（Arcturus）以及事实上所有行星，几乎全都垂直于非洲，非洲却没有因此而获得权力？反而却总是屈从于欧洲和亚洲的军团？

哥白尼的理论不同，他的弟子们记录说，他认为帝国的变迁与一个小离心圈（eccentric circle）的中心点以及其运动有关。而且，他认为太阳是静止的，这个小圈不属于太阳，而是属于处于运动中的地球。然而，从来没有哪个人如此无知，竟然认为可以从各个天体运转圈的中心引出力；认为能从地球运转圈中引出力都没这么蠢，哥白尼没敢把这个写下来；但他的后继者们像记录一项经过研究的确认事实一样记下了那个梦想。既然从历史中发现了这些东西的谬误，既然离心圈的运动和太阳的运动都对帝国的变迁没有任何显著影响，就必须承认，这事全有赖于不朽的上帝。或者，如果我们要把每片领地里发生的变革归为次级诱因，就不得不根据

---

① 处女座星群中最亮的星。

那些著名的恒星的合点，即在前述章节里提到的那些，来判断其归属，上帝以那些恒星作为其工具。[235]一方面，古人们由于不了解天体的运动，无法观察到这些，另一方面，他们的后人们却完全忽视了这些。

在我看来，最简单的方法就是根据数字归纳周期，把每个帝国的开端（托勒密称其为“纪元”[epoch]，阿方索称其为“时代”[era]，即西班牙语里的“根”[root]）作为起始点，我们习惯狂热地以那些决定性的日子来预测健康或危机，如此，假如几个人在不同时间生病了，对其中一些人来说，某一天可能意味着健康，对其他人可能意味着结束（然而，有时那是因为恒星以及其对人体有害的穿行产生的力量，那力量同时影响几个人，在具体哪一天上没有差别）。所以各个帝国也要与自己的疾病做抗争，就像珀律比俄斯写的那样，他们有时终于暴力，这种结局与其天性相符，也是某些具有决定意义的确切数字注定的结局。我也不会受到亚里士多德在《政治学》卷五和《形而上学》末尾中的观点的影响——他说，所有数字都没什么重要意义。否则，为何第七个男人治愈了淋巴结核？为何第七个月和第九个月出生的孩子存活下来，而第八个月出生的孩子从来无法存活？为何是7个行星，9个球体？为何人的腹部是人身长的七分之一？皇室医师帕雷（Ambrose Pare）向我肯定了这一事实。为何饿到第七天就致命？普林尼写到，这是由长期经验而知。为何月亮的奇妙变化都是由7的倍数构成？为何有7套琴弦？为何夜莺7天7夜无休无止重复9种变化的啼鸣？

布列坦法院主席波伊尔（Jacques Boyer），一个具有高贵天性的人，在人文艺术方面有广泛的造诣，他曾就这些奇迹给过我意见。最后，为何埃夫里普海峡的七重涨潮和退潮——如有些人记录的——逼疯了亚里士多德；或者如另一些人记录的，使他猛地跳了进去？因为亚里士多德没有弄懂埃夫里普海峡，据说是埃夫里普海峡控制了亚里士多德。摩西这位非常智慧之人的预言，以及先知书里的所有预言，几乎都在 7 的倍数范围内。他们在第七天、第七周以及第七月宣布各种节日庆典；在第七年宣布土地休耕、解放奴隶，但是在七七四十九年后宣布大赦、释放所有债务人、归还土地给原来的所有者。因此，希伯来人称 7 是神圣数字。

这些东西说明，人类事务的发生并非如伊壁鸠鲁所吹嘘的那样，是意外或偶然，或如斯多葛学派所主张那样，基于无法改变的命运，[236]而是依照神的智慧。即便这种智慧令人敬仰地安排了所有事物的秩序、运动、数字、和谐以及形状，它也能依照自己的意志、有时甚至任意地而改变它们；正如《以赛亚书》[①]中写到，当希西家祈祷时，上帝延长了他的生命，并向他展示太阳逆行。然而，神圣经文里提到，为了惩罚或原谅有罪的人，据说时间有时会加速，如保罗写的埃利亚预言。以大洪水为证据，洪水在神的命令下比在自然秩序下集聚得更快，这样才能顺利构成伟大数字，即创世后的 1656 年。如果在这个数字上加 8 个 9 即 72，其结果正好是伟大数字 12 的立方。

这样，人们可以理解到，上帝不受任何数字、任何必然性、任何自然法则、任何议院或民众的限制，他只受自己的约束。既然是他自己命定了自然法则，从自身而非别处获得控制权，他就不应该受到自己颁布的法律的限制，对同样的事情在不同时期可以做不同的决定。因此，安波罗斯写到，人世间，恶人的罪行并非总是会遭到惩罚，否则他们可能以为来世不会遭报应，好人也不会有恩赐；也不是所有有罪之人都能免罚，否则他们会吹嘘上帝不在乎道义。因此，对于国家中的好人和恶人，我们也应怀此看法，否则可能不得不将某些事推给命或运。

---

① 《以赛亚书》(*Isaiah*) 38:8.

我从最深层次的哲学角度讨论关于各个国家变迁的这些东西，既是为了促使博学之人沉思这些最美好的事物，也是为了让我们自己不至于因各个帝国的各种变迁而感到沮丧。很多伟大的人经常陷入这种命运。当庞培从法尔萨利阿败北中幸存下来、痛苦地哀悼国家的陨落时，只有哲学家塞昆都斯(Secundus)的讲辞能安抚他。这让他相信，各个国家到底能持续多久，是由永恒的上帝决定的。

罗马帝国的变迁

现在，我们以史为考，把那些曾名噪一时的国家的变迁和衰落与我们自己的作比较，以使真理之光在这两个方面的基础上更加闪耀。据说，这些国家中最著名的是罗马人的国，曾一度在诸王统治下繁荣兴旺，[237]然后在塔克文家族当权时沦为僭制。这些统治者被赶出城后，权力落入常常违背平民们意愿的精英和贵族们手中，之后，国家陷入十将军的内讧之中。当这些人被推翻杀死后，人民节制地依法统治了一段时间，直到渴望变革的人掌控了国家。

因此，接下来是寡头制，或者更恰当地说，从格拉古兄弟叛乱到马里乌斯和苏拉的时期，国家处于暴民的骚乱无序状态。马里乌斯和苏拉用公民们的鲜血令人发指地玷污了整个城邦。最后，这之后 36 年，国家被以凯撒和庞培为领导的两个派系之争弄得疲惫不堪，直到奥古斯都独自合法地获得统治权，掌控了国家。在他之后，有多位优秀的君主；然而，不久后又被僭主篡权，最后，当君士坦丁大帝把大部分元老院和他自己的帝位迁向拜占庭时，这个国家丧失了其所有尊严。最后被哥特人、希腊人、法兰西人、意大利人和西班牙人控制，甚至到今天都仍然臣服于外国统治者或者服从教宗们的意愿。

雅典帝国的变迁

雅典人曾受困于同样的风暴。阿提卡十二城受到敌军来犯，刻克洛普斯(Cecrops)勇敢地守卫了这些城，然后，据说他获得了王权。自他开始，君主国大概延续了800年之久，直至埃斯库罗斯(Aeschylus①)时期。埃斯库罗斯的统治一直持续到他去世，此后，贵族们创设了10年任期的独裁式职官，但后来这个职位的任职者滥用其权力，因此贵族们又把任期削减为一年。克里昂(Creon)是一年期职官的第一任任职者，希腊人称之为"执政官"(ἄρχων)。拉丁人称之为"法官"(judex)；这个职位一直保留到庇西斯特拉图斯，使用与狄俄尼索斯同样的手段，他雇佣一队侍卫保护自己对抗阿尔克迈翁家族(Alcmaeonidae)，并最终获得了永久权力。然后，庇西斯特拉图斯的儿子，希帕库斯和西庇阿斯以武力维持了70年的统治，如亚里士多德所述，直至其中一人被杀死。另一人死后，梭伦首先创建了民主式权力，但国家统治仍然合法且公正，因为根据梭伦立法，第五阶层，即最底层的平民，也是那时人数最多的阶层，不能获得荣誉，也不能分享政治权力。阿里斯提德斯率先废除了这条法律。最后，伯里克利通过消除、或至少是极大地削减了战神山议事会的权力，从而把这个民主制城邦变成了混乱的暴民制。须知，正是战神山议事会维持着这个城邦的安全和尊严。伯里克利[238]以付报酬和赠礼为诱饵引诱人参与统治，从而把一切判决、议事和决定整个城邦发展方向的权力都转移到最底层的平民手中。他去世后，阿尔喀比亚德又遭驱逐、尼西阿斯与其军队一道惨遭杀戮，统治权就被交回到四百贵族手里。

然而，不久后，忒拉绪鲁斯(Thrasyllus)一派又恢复了平民们

---

① [译注]此人非希腊著名悲剧作家。

的权力。最后，战艇在伊哥斯波塔米河覆没，雅典人及其所有盟邦都被斯巴达统治，斯巴达在所有地方建立贵族制以代替民主制。由此，30 名贵族被选出来管理雅典城邦；这 30 人马上就沦为吵吵嚷嚷的僭主。因此，当忒拉叙布洛斯（Thrasybulus）推翻他们的统治并杀死他们后，最高权力重回人民手中，并一直持续到拉米亚战争时期。

在拉米亚战争中，安提帕特（Antipater）把民主权利交给了几个精英，让他们执行他的命令。这几个精英的头领是波里奥克特斯（Demetrius Poliorcetes）。然而，14 年后，波里奥克特斯驱逐了法勒赫乌斯，借口恢复自由而建立了僭制。他被敌军俘虏后，雅典人再一次重获自由，直至苏拉（Sulla）时期。由于米忒里达特喜欢雅典，此人就围攻雅典城，并带着极其粗野的情绪占领了该城，然后大肆屠杀城内居民，据说血流成河，流遍整个城市。诚然，因为罗马人钟爱雅典，雅典人曾经享受过自由。如普林尼所述，此后，他们也因为同样的原因而重获自由。但是，他们拥有的只是自由的影子，因为他们为僭主和职官们的欲望服务。不过，值得一提的是，阿庇安说雅典人统治了希腊 70 年，而德莫斯梯尼在奥林索斯颂的第三篇中①却说，雅典人的领导地位只维持了 45 年。

斯巴达帝国的变迁

据普鲁塔克的记录，当吕库古在斯巴达帝国建立民主式政权时，它就从王制（国王们从欧律斯忒涅斯开始到吕库古时期统治了约 300 年）转变为僭制，但这种叙述非常狭隘，我们之前已经说明过。24 年后，塞奥彭普斯和波吕多洛斯稳固地建立起精英统治，在这种政体下，斯巴达繁荣了 576 年，直到僭主纳比斯出现。阿凯亚

---

① 德莫斯梯尼，《奥林索斯演讲录》（*Olynthiacs*）III. 24.

联盟在他们的领袖斐洛波门的领导下，把纳比斯赶下台，废除了吕库古体系，逼迫斯巴达实行阿凯亚联盟的制度。[239]最后，他们都被罗马人打败，全部屈从于罗马的统治。

著述方法的人不应该陷入细节，而只应该关注普遍性，并且从某种意义上讲，应该指出获取普遍性的来源，因此，我们不再细数底比斯人、科林斯人、密西林人、西西里人、西锡安人、阿尔戈斯人、克里特岛人、科西拉岛人建立的不太著名的城邦了，如果确实有人想要更仔细地研究这些城邦，鲍桑尼亚非常清楚地记录了它们的变迁。既然这些事情已经讲清楚，那么让我们再来研究一下意大利区域里公共事务的兴衰。

西方帝国的变迁

伦巴第人被打败后，意大利被列入了高卢人的王国，日耳曼、萨克森、潘诺尼亚以及西班牙大部都成为高卢王国的一部分。虔诚的路易的子孙们瓜分了统治权。秃头查理(Charles the Bald)获得了帝国的最东面，也是主要的部分，即法兰西；洛泰尔先得到了意大利，后来又得到洛林；丕平分得阿基塔尼亚；路易分得日耳曼。他们的瓜分方式是，任何人都不从属于另外二人的权力。

接着，多次战争后，日耳曼和意大利合成了一个王国，一直到查理大帝这支完全灭绝，征得各君主的同意后，日耳曼开始选举国王；过去，他们通过教皇使节和教区牧师统治意大利和瑞士，自己亲自统治日耳曼。然而，后来这些君主沦为了僭主，日耳曼人摆脱他们的奴役后创建了精英制国家；赫尔维西亚人是民主制；由于教皇和皇帝之争，意大利人分为居尔甫派和吉柏林派，在教皇和皇帝的使节们里，有些人拥立国王，有些人拥立僭主。剩下的是支持民主制和精英制的。因为教皇乌尔班把那不勒斯和西西里王国给了法兰西人，所以皇帝路易把罗马教廷所在的那些城市作为礼物赠送给教皇的将军们。其他地方的民众厌倦了被异邦人奴役，更愿意归从邦内的有权人士。

所以，来自安杰拉的一个家族[1]的伯爵们控制了米兰和伦巴第大部；斯卡拉家族(the Della Scala)统治维罗纳；埃克林家族(the Eccelini)统治帕多瓦；博纳科尔西家族(the Bonacolsi)统治曼图亚，当这个家族被驱逐以后，贡扎加族(the race of Gonzaga)继续统治曼图亚；博洛尼亚被本蒂沃利奥家族(the Bentivoglio)统治，法恩扎被曼弗雷迪家族统治(the Manfredi)；里米尼被马拉泰斯塔家族(the Malatesta)统治；佩鲁贾被巴格里昂家族(the Baglioni)统治，这个家族被驱逐后，由奥迪家族(the Oddi)接管；卡斯泰洛城由维特利家族(the Vitelli)统治；费拉拉、雷焦和摩德纳由德斯泰家族(the D'Este)统治；卡梅里诺由达瓦拉诺家族(the Da Varano)统治；乌尔比诺由蒙泰费尔特罗家族(the Montefeltro)统治；佩扎罗、福尔利、[240]和伊莫拉由斯福尔扎家族(the Sforza)统治；教宗们控制着皮塞恩省、翁布里亚、弗拉米尼亚、埃米利亚、拉齐姆和伊特鲁里亚大部分地区，而威尼斯人从查理大帝和尼斯福鲁斯(Nicephorus)那里获得自由后，先从其他人那里抢得伊斯特拉半岛，然后得到了黎本尼亚(我略过了各岛屿)、特雷维索、维琴察，后来又一点一点吞掉帕多瓦、维罗纳、贝加莫、布雷西亚、克丽玛、科莫和拉文那。

同样，佛罗伦萨人从日耳曼人那里获得自由后，制服了比萨人、沃拉特朗人(Volaterranian)、皮斯托亚人(Pistoians)、阿雷佐人和相邻的一些城镇。卢卡、锡耶纳和热那亚居民也在同一时期获得了自由。所有这些有城墙的城镇，以及更多被政治意义上的边境分隔开的城市，从王制变为僭制，再变为精英制，很快又起内讧变为民主制，有时甚至陷入无统治状态。世界上没有哪个地方

---

① 即维斯孔蒂家族(the Visconti)。

演练过如此多种的政体形式。最后，所有有记录可查的国家都再次转变为君主国，除了威尼斯人、卢卡人、热那亚人、拉古萨人、赫尔维西亚人和日耳曼人。我们之前曾提及过威尼斯人和日耳曼人。现在尽量简短地说说其他人的政体及其变迁。

赫尔维西亚的政体及其变迁

赫尔维西亚人长期忍受着帝国使节、教区牧师和哈布斯堡家族(Hapsburg)伯爵们的三重压迫，哈布斯堡家族伯爵后来变成了奥地利公爵。赫尔维西亚人为了摆脱僭主式统治，于1315年成立了一个联盟。最初，这个联盟里只有施维茨、乌里和翁特尔瓦尔登的人，后来，卢瑟恩、楚格、苏黎世、伯尔尼，甚至之后，巴塞尔都加入了进来，虽然这个联盟对巴塞尔来说并非十分重要；再后来，提契诺人、瓦莱人、莱蒂亚人，来自西腾、圣加尔、米尔豪森和罗特魏尔的人都加入进来，最后日内瓦人也加入了进来。我们已经指出，这些城镇被分隔为多个政治性疆域，但所有城镇都是民主制。只是，5个次要的行政区，所谓的山地行政区，其政体不太一样，其民主程度胜过伯尔尼人、苏黎世人、巴西勒人和最后从日耳曼人统治下脱离出来的那些人。实际上，需要投票时，人们在同一时间、同一地点聚合，采用举手的老办法投票。与很多人的想法不同，这些区的职官都是一年一选；但有时，如果任职者干得不错，任期可以延长到两年或三年。山地行政区有一个最高职官，所谓的“代表”(Man)。这个官职下，有副职(deputy/Cancellarius)或书记(chancellor/Carmilingus)，以及类似发军饷的司库，另外还有12名[241]议员。这15人共同负责所有民事和军事政务。再次，还有省级长官或职官和市级法官，通过市级法官可以向这15人上诉。伯尔尼人选举最高职官；巴塞尔人和其余的几乎所有区都选市镇长官(Burgomaster/Burgonagistros)，除了日内瓦人，他们把被赋予特别权力的人叫作市政官(syndics/Syndicos)。伯尔尼人的统治领域很广(因为他们有大概有 40 个市镇),很多人认为,伯尔尼人、巴塞尔人、苏黎世人、日内瓦人和从日耳曼分离出来的那些人是精英式统治,因为他们发现这些人都设有 300 人的议院,或者有些地方是 400 人,这些议院负责商议国事。

但是,这种看法并不对。从政体角度思考,这些团体发布的命令,只有在得到人民的许可时才能生效。取得人民同意的方式是,收集工人们的集团和社团的意见,每个社团都有自己的集会,通常称之为 Schaffae,每个社团自己的领袖负责召集各自的集会。然而,每个集团的市政官(syndics/Syndicus)和民众领袖(tribune/Trubunus populi)把人民的命令报告给上一级议院。几乎每个地方都有三个议会,巴塞尔甚至有四个,国家安全显然是它们要商讨的重要问题。由于所有事务都是他们处理,如果议会不愿意,任何事都不能提交给民众,如果下层议院没有决定,上层议院无法获知任何事,所以这些地方的民主法律拥有最大的影响力。他们不会随民众任性的想法而改变,他们自己触犯法律也会受惩罚。

至于亚里士多德说的民主制的五种类型,最危险的就是民众的意志高于法律、或与法律处于同样的位置,就像色诺芬记载的雅典人。同样,最智慧最值得称赞的是,难以驾驭的平民们受法律契约的约管。那么,瑞士人因其功绩而闻名于世 250 年就不足为奇了。法律公平、公共集会的频率是让民主制得以维持的正义措施。麦加拉人、罗马人、佛罗伦萨人、锡耶纳人和日内瓦人的民主制常常被贵族们推翻,但在赫尔维西亚里,没有那种贵族,就算有,也一直在躲避平民们的暴怒,因为他们数量相对较少,所以发誓放弃贵族头衔,与最底层的平民们合为一体。大多数情况下,他们无法企及最高官职,只有屠宰者和废话连篇的人才能就职。行会里常有争吵和仇恨,公共宴会不仅要检查这些争吵和敌意,而且国民们彼此很团结,对国家怀着几乎令人难以置信的[242]良善意愿。对国家的良意是他们所有高尚法律的目标。虽然当伯尔尼人、苏黎世人和巴塞尔人改换宗教信仰时,他们想要废除这些交际酒会,却无法成功。

日内瓦人没有那么民主,不喜欢这种习俗。他们没有公共宴会,除了每3个月庄严地组织一次圣餐。其实,他们认为,赫尔维西亚人每隔一段时间就举行的狂饮不利于私人和公共事务,也不利于对宗教和德性。双方的观点都有自己的理由,也不缺乏权威和伟大人物典范。然而,赫尔维西亚人中没有纷争,而日内瓦人据说却私底下长期存在秘密争斗,他们任职的原因更多是恐惧,而非出于爱。但是,因恐惧而为的任何事都是无法长久维持的。证据是,几年前的一场阴谋几乎摧毁了整个国家。也许是国民们的脾气被异邦人挑唆得愤愤不平,让阴谋有了可乘之机。但是,在这世上,能使一国繁荣的,若非其财富和疆土广大,必是其德性和虔诚,日内瓦就有这样一项值得称赞的传统——牧师审查制度。

我能想象得到的最伟大、几乎接近神圣的事情就是抑制人类的贪婪和恶行,恶行只有通过人类法律和判决才能得以纠正。其实,这种高压政治是模仿基督的统治:首先很温和,态度温和;然后稍微严厉一些;如果还不顺从,才使用严肃有效的圣物介入方式。圣物介入之后才是职官们施予惩罚。如塞涅卡所说,通过法律达到善好,很荒谬。所以,那些永远无法被法律制止的事,在那个城市却既不使用暴力,也没发生骚乱,就被检查者们控制住了,靠的是检查者们因其自身德性而赢得的最高尊重。因此,这个城市里没有卖淫、没有宿醉、没有舞蹈、没有乞丐,也没有虚度时光的闲人。

热那亚人的政体及其变迁

热那亚人曾因其海上势力和伟大功绩的荣耀而闻名于世,因为他们差点从威尼斯人手中赢得帝国、甚至对自己城市国的统治权。然而,被威尼斯人打败后,他们先自愿臣服于法王查理六世

(Charles VI, king of the French),后来又归顺米兰公爵。那段时期,福勒戈索家族和阿多诺家族(the Adorno)在城邦里内斗,平民们获得武装后把所有贵族都赶出城。他们设立了8个平民护民官,驱赶了法兰西护卫团,[243]武力夺回各个城塞,把他们的总督贬为漂洗工。① 之后,路易十二占领城市,处决总督,严厉惩罚了这些国民。但是,伦巴第向皇帝查理五世投降后,多利亚(Andrea Doria)为了查理背叛法兰西人,就像另一个阿拉图斯或吕库古,建立了有最好的法律和制度的国家,不惧怕任何战争和僭制。他建立了基于种族古老性、财富和显赫名声为基础的贵族制,以代替曾经的民主制或甚至可以称为暴民制。他撤离了那些曾扰乱国家的派系的姓氏,把国民分为28个部落。为此,他立法规定,以德性出众或财富显赫为标准,每年从平民中选出10位升为贵族。但是,我从热那亚人那里得知,这条法律后来被废除了,极少有人被获准享有荣誉。他让400国民构成精英团体,这些人拥有最高权力,以这种方式,让大约1200名精英轮流统治。据说,国民共有8万人,但是我无法确定这个数目的准确性。他把主权——即颁布法律的权力、宣战媾和权、终极上述权和职官设置权——给予精英们,尤其是议院职位,也是一年期。

总督权力曾经是终身享有,他将其限定为两年,给总督配备500名日耳曼侍卫。只有这个人有权召集精英和议院。任职期满,市政官们就其忠诚和正直性提供证词后,他就被增补进监察官(这些人具有商议国事的最高权力)队伍。选择总督的方法太繁琐,我就不详述了;总之,只有最正直、出身最高贵的人才可以就任这一职位(虽然曾经依据旧法,只有平民能当选)。不采用抽签法。这个人以下设8个任期半年的职官,与威尼斯人的七人团权力相当,就像五市政官与威尼斯人的十人委员会权力相当一样。他们共同照管国家。

---

① 据《意大利百科全书》(*Enciclopedia ltaliana*)载,迪诺维(Paolo di Novi)是染工。

接下来是普通管辖(the general jurisdiction/universae jurisdictioni)负责人官职,他们称之为“主要行政官”(podesta/potestatem)。这些人常常从城外挑选,与3名使节共同进城,会得到数目恰当的报酬。极刑案件可以通过他向议会上诉。另外,还有7名任期半年的职官,他们被称为特别职官,因为他们有[244]对案件的专断权,还能指派护卫人选。此外,5名负责民事案件的人是异邦人,其任职期限为两年。众所周知,他们通常“轮值”。最后,有监督各行会会长的检查员,以免会长们在贸易、计量、测量或手工业方面渎职。军事官职一年一任,一名将军统领40名军官。国库由圣乔治银行看管,这个银行受到所有人的高度赞赏,包括100位职员和8位出纳员,他们掌管着这个城市显赫的财富和收益,这些财富均来自公共领域和当铺的关税和税捐。

卢卡的政体

卢卡的统治权也在贵族们手中。不久前,据统计,城里共有34000人,其中2000人轮流掌握统治权。因为一年一任的选举团队由60名贵族组成,所以他们掌握着这个国家的最高权力。这些选举人要选出10名任期3年的职官,其中的头领被称为“旗手”[standard-bearer]。他们不能离开城市,否则会被判死罪。还要指定一个由18人组成的议会,这些人与那10名职官一起共同商议国家事务。下设次级职官:由一名法官和两名辅理构成的三人团,法官和辅理三人轮流做,都来自异邦;其中一个辅理听审公共案件,另一个处理私人案件。

另外,由9人和剩下的那个异邦法官组成审理商人的法官团。还有司管谷物、健康①和食物供给的专员们。此外,有8人管理异

---

① 1595年版用的词是salis,1566、1572、1583年版是用的是salutis。

邦人。最后,有6名司库和6名士兵队长。[①] 不过,最著名的是监察官团队,根据大议事会的意见,他们可以把恶人和太过自由放荡而常常受监督的人流放3年,以示惩罚。

然而,卢卡人和热那亚人并非真的自由,他们必须向西班牙国王缴纳贡税,才能获得自由。热那亚人为了维持对基俄斯岛的控制,以前也曾付给土耳其君主3万金克朗;威尼斯人付过12000;拉古萨人以贡税的名义付过13000,以免交税收和关税。但是,最近所有这些岛,除了极少数几个,都被土耳其人统治了。

拉古萨人的国家

[245]拉古萨人也有一个由精英们组成的政府。那是24个非常古老的贵族家庭的后裔,他们构成了贵族集团。但是,和威尼斯人一样,他们都是全体一起任职。他们创建了一个由60人组成的议会。六十人议会下设一个十人团,十人团之上有一个教区牧师,是这个城市国的领导,常常负责主持他们的工作;十人团下设5个职官,这5人相当于威尼斯人的十人委员会。再往下是具有顾问头衔的6人,担任民事案件的法官,和5位负责犯罪案的法官,通过他们可以向三十人库利亚(curia)上诉。晚上有6人值夜。其他任职者没有任何执法权,例如,3名管理财产的官员;4名刑事推事,2名铸币厂主管,以及分别管理城镇、谷物供给、公共卫生的特别长官;最后,还有白天负责管理城塞的队长。

就像以前雅典人一样,通常由议会主席掌控着城塞和国库的钥匙。他们管理国家的体系与威尼斯人的有很多共同点,而这一点的确不同——为了维持权威,他们从潘诺尼亚招募执法者的侍卫,就像热那亚人从赫尔维西亚和日耳曼人中挑选侍卫一样。但

---

① 1583年版写的是militum,1595年版是milium。

是，在所有曾经存在过的国家里，只有佛罗伦萨共和国在短短331年间的变化最惊人。我从佛罗伦萨人和他们的史家们——波焦，我的意思是，马基雅维里、安东尼和圭恰迪尼——那里获知了很多，我认为简要解释一下会很有用，根据这类国家，我们可以更好更准确地判断什么是最佳政体。

佛罗伦萨帝国的政体和演变

我们提过，当教皇和皇帝们就意大利的统治权争吵不已时，佛罗伦萨人于1215年获得了自由。在国民大会上，他们创设了12名职官，即所谓的“长者”(seniors/antiquos)；和两名大法官(justice/Praetores)，管理城市事务的和管理外国事务的，各自任期一年。但是，当他们把所有权力赋予少数人手中时，突然爆发了冲突。从前任职官手中收回权力后，佛罗伦萨人选出了32人建立起一个统治机构，他们称之为“改革者”；成立了手工业行会并为其指派了类似护民官一样的职官。当更显赫的人们喜欢吉柏林派时，吉柏林派的人被推到前台；国民们选出[246]12位所谓的“良人”，以为名字改了，习俗也会跟着改变。然后，他们选出了80名议员商议国事，但整个国家的主权却授予180名贵族，这180人拥有最高行政权和立法权。他们将这种政体保持了大概30年。后来，当贵族们开始内讧，政体变为寡头制时，人民夺走了统治权。然后，他们创设了3名执政官，称之为“普莱奥里”(priori /priores)，和一名行政长官(gonfalonier/vexillifero)，并给这个长官配有一队禁卫军保卫国家；另外，以免被敌人欺负，他们还组建了4个城市市民和乡村村民组成的行会。因为其最高旗手(vexillifer)是民选的，他甚至通过抽签的方式来阻止贵族们追求荣誉。

之后，贵族内发生了非常严重的纷争。因此，人民也被分为许多派别，他们内斗了相当长一段时间，饱受蹂躏后，一致同意请求教皇给他们派遣一位具有皇室血统的人，他们愿意臣服于这个人。教皇把当时已经去往罗马的西西里王瓦卢瓦的查理（Charles of Valois）派去了佛罗伦萨。查理在一段时间内压制了骚乱，把被流放的人和被内战迫害的人都请了回来。但是，由于查理自己的人民召唤他，还没等到这个城市完全平定，他就离开了。因此，紧跟着发生了有史以来最严重的骚乱和屠杀，严重到甚至临近的卢卡塞人都不堪其扰，几乎全部离开自己的城市，去帮助佛罗伦萨平定暴乱。然而，他们还是无法平静，直到被外部战争吸引了注意。

因此，1304 年，他们改变了政体，最高旗手由 1 名变为 3 名，他们称之为 pannonieri，这 3 人具有非常大的权力，甚至是独裁式权力。召集全体国民大会时，他们创立了一套选举系统，并一直使用——即他们选出某些他们认为适合担任职官和分享荣誉的人，把这些人的名字刻在壶上或袋子上，然后每年以抽签的方式从这些人中间选一些出来。候选人名单每 10 年一换，有时换得频繁点。他们抽签选出 8 人，与那位一年期的最高旗手一起，共同负责管理国家两个月。他们还选出一个由 250 人组成的咨事会——一部分贵族，一部分人民。精英社团由 300 位国民构成。

[247]即便在这种统治方式下，佛罗伦萨人也没能消停多久，因为存在民事纷争（civil discord/civiles discordias）和国内的不良情绪（domestic ill feeling/odia intestina）。因此，他们又一致同意邀请雅典公爵布里耶纳（Walter de Brienne），此人后来担任统帅时，在普瓦捷战败，被英格兰人杀死。精英们授予他一年期权力，但是平民们狂热地叫嚣，下令任命他为终身君主。然后，此人给自己配备了三百人侍卫团，以维持对国家的掌控。然而，因为他似乎自恃过高，仅仅只维持了 10 个月的统治；所有阶层联合起来杀死了他的众随从，把他赶出城去。

他们再次建立起由 1 位最高旗手、8 位辅政和平民护民官或行会领袖们构成的统治团队，恢复了贵族的权力，那之前贵族不允许分享荣誉。然后，一股势力强大的贵族开始压迫人民和平民。底层人民和更有责任感的人抱怨，虽然他们推翻了一人的僭政，却让几个人的僭政控制了国家；由此出现了不和。所以当大部分贵族们被杀死或战败或被流放后，剩下的就向人民投降了，人民严格禁止他们追求荣誉。

1354年建立了一个完全民主制，再没有任何反对贵族的纷争了。这时，人民开始为了争权而内斗。以前，布隆戴蒙提（Buondelmonti）家族与乌贝尔蒂（Uberti）家族对抗；然后，多纳蒂（Donati）家族与切尔基（Cerchi）家族对抗，所有贵族长时间相互争斗、扰乱国家，直到被民主派赶出城去。与这些曾经纷争的贵族一样，人民中的两大家族——里奇（Ricci）家族和阿尔比齐（Albizzi）家族重演了居尔甫派和吉尔伯林派之间的斗争。杀戮与流放紧随其后，直到平民手工业者抓住机会、拿起武器反抗人民，劫掠并烧毁每个富人的家。民主权利被彻底夷平后，建立起具有煽动性的平民们组成的寡头制，或者可以说处于无统治状态。整整3年，抢劫、谋杀、纵火在城中此起彼伏。最终，狂暴骚乱的平民们为了争夺控制权，发动了一场惨无人道的内战。最后，平民们终于厌倦了，或者更应该是筋疲力尽而非满足了，提议了一次大赦后，又依照旧俗任命职官，照此维持了20年没有内战。当然，在那段时间里，他们不争夺官职，而是被授予什么就谨慎地接受什么，正义地统治。之后，他们又厌倦了长时间的平静，[248]所以毫无理由地控告被称为“国父”的柯西莫·美第奇（Cosimo de'Medici）。[①] 然而，后来因为其魄力和内战所迫，这个人又被召回来，他的大量敌人被赶出去。

从这一时期开始，美第奇家族在这个国家获得了最高权力，但没有完全主权，他当然赢得了贤明和良善之人的支持，在他们的帮

---

① 马基雅维里，《佛罗伦萨史》（*History of Florence*），VII. i. 349.

助下，他控制并监督国家和职官的抽签。柯西莫就是这个国家的舵手，他去世后，国家又沦落回谋杀、流放之中，直到每个好争斗的人都被镇压下来，美第奇家族才重获权威。这一次，他们维持了大概 30 年的统治，虽然帕齐(Pazzi)家族曾策划过一次阴谋，在祭坛前杀死了尤利安·美第奇(Julian de' Medici)，并重伤其兄洛伦佐。结果，谋划者遭到死亡和流放的重罚。另一方面，流放者没有能力统治祖国，但为了征服国内敌对势力，竟然请求教皇塞克图斯(Pope Sixtus)和阿方索带兵攻打自己的祖国。最后，国家经历了严重战乱后终于重获自由，他们建立了一个七十人议会来指导国家事务。

这种方式一直持续到洛伦佐去世，之后其子皮耶罗·美第奇(Piero de'Medici)不满足于已有的权力，试图让自己成为国王，由此发生了有史以来最大的暴乱，一直无法平息，直到更有权势的国民们被赶出城投奔一个人而去。因此，1494 年，平民们如同失去了牧者的羊群，惊慌失措地跑来跑去，既害怕人的策略，也害怕野兽的谋划。马基雅维里记录了这些事。最终，议院极不情愿地召开会议，就采取何种政体争吵了相当长时间，因为有些人喜欢精英制，有些人喜欢民主制。后来，他们被萨伏那洛拉(Savonarola)和索德里尼的骚乱群氓说服，接受了民主制，前提是国家的最高职官——即他们所谓的“行政长官”(gonfalonier)为终身制，而且除了有关法律、职官和公共基金等问题，任何法案都不能提交人民(平民渣滓却被忽略了)。

不久后，由于被索德里尼压迫，后来又被瓦洛里压迫，他们开始反抗，以武力夺取了权势阶层的权力，杀死了瓦洛里。虽然瓦洛里是法官且身居高位，但企图阻止一起提交给人民的上述，所以被杀。于是，1512 年，他们再次设置了一年期最高官职和 6 个月期的八十人议会。[249]稍晚，美第奇家族派来的教皇利奥(Pope Leo)，假装想要把国家恢复为 1494 年以前的政体，把民主权利转交给了50人，即众所周知的“巴利亚”，并剥夺了人民的自由，让这50人终身任职。然而，当美第奇家族派出的另一位王储教皇克莱门特（Pope Clement）被俘后，国家又回到了以前的政体。

最后，权力归于一人，因为佛罗伦萨人被皇帝查理派出的军队所迫，不得不让亚历山大·美第奇（Alexader de' Medici）和他的侍卫团入城。仿照赫拉克勒亚僭主克利尔库斯（Clearchus），他把更有权势的头领和与他家族做对的人杀的杀、剥夺国民权的剥夺、流放的流放。继之，他又被洛伦佐·美第奇（Lorenzo de' Medici）暗杀，继任者是柯西莫，柯西莫凭借其不可思议的聪慧从无数场阴谋中幸存下来。那个国家最大的败笔就是喜欢民主制，而非精英制，把整个国家的控制权给予一个最高旗手和选出来的任期两个月的8位职官；除非深陷危机，否则他们不组议会，就算组成议会，议会也几乎没有任何权力。这就等于一具没有头脑的身体。因为，国家的安危系于议会；但那里只有十六人团和像平民护民官一样的公会和手工业者领袖，而没有任何调停者，那些人如此反对高位职官，使得国家不可避免会被持续不断的纷争弄得四分五裂。最后，他们允许以抽签的方式给予荣誉，不仅平民有资格，而且父母是异邦人但出生在城里的人也有资格获得荣誉，因此就转变为民主制。现在，让我们从外国转向自己本国吧。

法兰西帝国的政体形式及其演变

我们的先祖最初在国王们的统治下繁荣了很久很久，凯撒在卷六、李维在卷五都有提及。在那些岁月里，他们以武力征服了几乎整个欧洲和小亚细亚，领导殖民地、建立城市、把凯尔特人和高卢人的种族名赋予那些占领的地区，因此有了凯尔提贝里亚（Celtiberia）、凯尔托斯基提亚（Celtoscythia）、波托加利亚（Portogallia）、加利西亚（Galicia）、加拉提亚（Galatia）、山外高卢（Gallia Transalpina)、不列颠高卢(Gallia Britannorum);很多被博伊人和赫尔维西亚人占领的地方也因此而得名,塔西佗曾把波伊人和赫尔维西亚人称为高卢人。这些很多人都论述过,我就不再赘述。

马赛的政体

当国王们统治无力时,精英们就接过了权力。他们似乎在效仿马西里亚人,马西里亚人曾把一队殖民从福凯亚(Phocaea)[①]迁往凯尔特海岸。600 名[250]贵族构成了马西里亚国的顶层。[②]根据斯特拉波的说法,他们从这些人中每年指派 15 名职官,15 名职官中又有 3 位拥有最大权力。以他们为效仿对象,其他人把人民依其天性分为三层——即分别与理性、血气和欲望三种类型相对应的三层。如凯撒所述,德鲁伊教团成员永远免尽军事义务,不用缴纳任何赋税。事实上,他们掌控着最高权力、宗教和司法,并组成最高上诉法庭。骑士与封臣和近卫队一起管理军务;平民们从事田间劳作和手工业。从这三个阶层抽选出来的人构成一个议会,拥有整个国家的主权。但是,据说那是德鲁伊团的智慧,他们的统治影响力非常大、非常高贵,每年举行会议时,他们并不是用暴力强迫所有重要领头人物服从他们的法令和决议,履行其职责,而是完全利用他们对宗教的敬畏、利用神圣事物的禁令,因为那是最令人痛苦的惩罚方式。[③] 如凯撒所说,从这里,我们可以了解到

① [译注]福凯亚是位于希腊安纳托利亚西部海岸的古爱奥尼亚城市,是最北端的爱奥尼亚城市,与伊奥尼亚接壤。它位于赫姆斯河河口(今盖迪兹城)附近。福凯亚的希腊殖民在公元前 600 年建立了马西利亚(今法国马赛),公元前 575 年建立恩波里翁(今西班牙加泰罗尼亚的安普利耶斯),公元前 540 年建立埃利亚(今意大利的坎帕尼亚的维利亚)。

② 斯特拉波,《地理学》IV. I.

③ 1595 年版里没有“而是完全……最令人痛苦的”(Solely...punishments)这句。

他们多么敬重古代宗教。对神圣事物心存敬畏的地方，虔诚、正义和所有德性就一定会盛行。我不是指最崇高的神圣事务和自然知识，当然，这些知识都有助于美德的培养，所有作者都一致同意这一点，我讨论的仅仅是国家。

据推测，他们的政体是贵族制，依据是虽然凯尔特人里中存在海杜威人（Haedui）[①]和阿尔维尼人的严重内讧，但比利时各镇各自政体中一直有贵族集会，即使各个地方有很多酋长，但在国民大会上都受同样规则和法律的限制，就像在德鲁伊人的庭审中一样。如果有人企图建立僭主制，根据习俗要把他活活烧死。凯撒本人在其《高卢战记》（*Commentaries*）里写到，为了逃脱这种惩罚，奥吉托里克斯（Orgetorix）被指控企图建立僭主制时，他就自杀了。每个男人当然是自己家庭的统治者，不仅对奴隶而且对妻子和孩子都有生杀权，有凯撒的作品为证。尤士丁尼在"论父权"那章[②]称，没有哪个民族像罗马人那样对其儿子拥有那么大的权力，其他很多人也这么说，但这个说法不对。因为[251]从亚里士多德的作品和摩西律法书可知，这一传统在波斯人和犹太人中也普遍存在。古人们明白，即使父母非常想滥用其权力，也不能如此，这才是对孩子们真正的爱。而且，这种父权才是引导孩子们养成德性和尊敬父母最有效的诱因。

但是，那些分离的城镇是精英制的，也可以从下述事实推断，即平民不能获得荣誉、不能参与议事，每年的最高职官都需要通过竞争才能上任。当凯撒从当地居民那里得知这些时，他说："播种内讧是高卢人的国家传统。这是一项刻意保留下来的古老传统，因为，权势人群相互伤害，平民们就安全；世界上没有哪个地方的

---

① ［译注］海杜威人，又称埃杜威人（Aedui），是卢格顿高卢（Gallia Lugdunensis）的高卢民族，居住在如今位于法国的索恩河和卢瓦尔河之间的村落里。

② 《论父权》（*De patria potestate*）参见《法学阶梯》（*Institutes*）I. 8。

平民比这里的遭到更多的歧视。其实，这个群体曾被认为几乎处于奴隶地位，现在也被排除在所有公共议会之外。”[①]他留下这份证词，好像这就是古代帝国的秘密，但是我很惊奇凯撒认为导致国家毁灭的内讧会有利于保护平民。

当然，我承认亚里士多德的建议很明智——一国选取职官时应挑选持不同政见者，以免他们侵吞公共财产，就像家奴们关系太好就会合谋侵吞家庭财物一样。但是，当职官们彼此憎恨，会显现出各自的罪行，一方面职官们内部争吵，平民们就免受他们的掠夺。另一方面，诸侯们之间的内讧不可避免会让平民们遭殃。因为正如诗人们所说，不管国王们犯什么错，受惩罚的总是阿凯亚人，[②]除非有一个权力显赫的君主，想要各党派领导团结起来的时候就能让他们团结，而且不偏袒任何一方。如果他想保护某人而危及其余，恐怕他会丧失权力；英格兰国王亨利六世(Henry VI)就遇到过这种事，他保护兰卡斯特派免受约克派的伤害，结果后者打败他，并将他杀死在狱中。不过，我也不想反对凯撒的观点，我只想说，几乎所有国家的毁灭都始于诸侯间的纷争。这是众所周知之事，无需例证。

凯撒给出了我们祖先的证据：海杜威人里诸侯间的内讧摧毁了国家，一些人[252]从日耳曼人里招募军队，其他人召唤罗马军队。最终，正如普林尼在卷七中所述，这个国家因为长期与凯撒作战而支离破碎，向罗马人投降，但立下契约以保证其大部分城市都能享有正义和自由。400年后，正值罗马人、哥特人和匈牙利人纷争之际，高卢人的古代殖民法兰克人逐渐占领了高卢并建立起我们的王权统治形式，因此，很少有军事名誉保持得比我们更久的民族，更没有任何民族的民事事务比我们好。就军事方面而言，显

---

① 可能是根据凯撒的《高卢战记》(*De bello Gallico*)VII. 11－13。

② 贺拉斯，《书信集》I. ii. 14.

然，法兰克人在查理大帝的领导下，把大部分日耳曼、潘诺尼亚、萨克逊、意大利和一部分西班牙的土地全部纳入了整个高卢疆域。他们还把叙利亚和塞浦路斯从最残酷的奴役中解放出来，并统治了 90 年。他们摧毁了伦巴第人的帝国，把意大利的一大片好地方作为礼物赠献给罗马教宗。他们入侵希腊人的帝国时，顺从于威尼斯人的克里特岛和伯罗奔半岛，结果统治了希腊人 50 年。当然，这些事实就是伟大军威的证据。

民事卓越的最大证据是，外国王国和君主们从日耳曼、意大利和西班牙各海岸的各末端地区蜂拥而至，来到法兰西议院，仅仅为寻求神圣的正义庇护。例如，1244 年，皇帝弗雷德里克二世把他与英诺森四世关于那不勒斯王国的纠纷案提交给这个议院。1312 年，那慕尔伯爵(Count of Namu)把他就那慕尔郡的事情控告瓦卢瓦的查理的案件提交给这个议院，这个王储的影响力那么大，伯爵也不质疑议院，最终，他赢得了官司。同样，1320 年，塔伦特姆王储菲利普与勃艮第公爵就重新获得希腊帝国所付出的代价产生了正义，菲利普把此案提交给这个议会，最后赢得了官司。不过，在另一个案件里，他却被罚了款。1342 年，洛林公爵(Duke of Lorraine)与其姐夫夏蒂隆的盖伊(Guy of Chatillon)就家族地产的分割问题产生纠纷，双方都同意提交给这个议院来裁决。又，1390 年，皇太子(Dauphin)和萨瓦伯爵(Count of Savoy)就萨卢佐(Saluzzo)的侯爵领地问题产生了纷争，双方自愿去这个法庭，最后伯爵败诉；他后来又输了一场官司，1400 年被责令重建整个地区。之后，康布雷居民卷入诉讼，这个自由的民族在 1403 年出庭以示同意议会的裁决，并对结果满意。但是，最著名的例子莫过于卡斯提尔国王和葡萄牙国王的事儿，[253] 双方签订完契约后都认定，只有契约被这个机构认可并在机构大门前公布出来，才有效力。要列举出所有例子就没法收尾了。更甚，国王与庶民一样遵守其法律和法令。

据说，这个王国最古老的法律是萨利人（Salic）①的法律。从萨利人的法律书中可见，该法不允许妇女继承王位，虽然还有人质疑这一条是否获得批准。无论如何，巴尔杜斯和很多法学家在阐释萨利法时非常愚蠢，他们混淆了继承权和帝国君主的权力，就像他们讨论的是战利品和物品所有权一样。而且，这条法律不仅仅这个王国有，亚述人、波斯人、希伯来人、埃及人、希腊人、罗马人、阿比西尼亚人、迦太基人、日耳曼人和斯基泰人，都不允许妇女掌权。不久前，阿拉贡人接受了佩德罗尼拉（Petronilla），卡斯蒂利亚人（Castilians）接受了伊莎贝拉（Isabella），曼图亚人接受了玛蒂尔达（Matilda），那不勒斯人接受了两个琼斯（Joans），挪威人接受了玛格丽特（Margaret）；然后，纳瓦尔和洛林也把主权传给了女性。

但是，史家罗德里克（Roderick）明确指出，一条西班牙古法规定女性不准统治，而且，因为伊莎贝拉的虚伪（display/splendor）

---

① ［译注］萨利人是早期法兰克人的一个亚群，关于他们的最早历史记录约在公元3世纪时。他们那时住在莱茵河三角洲北部，因此在罗马高卢的边境以北。他们被刻画成好战的日耳曼民族、海盗、蛮族。此后不久，他们成为第一个来自罗马高卢边界以外并永久定居在罗马土地上的日耳曼部落。公元358年，进驻莱茵河边境上的巴塔维亚岛后，他们与罗马人达成协议，后者允许他们在托克桑德亚（Toxandria）内莱茵河以南的区域定居（大概现在的荷兰和比利时的北布拉班特、安特卫普和坎本北部一带）。随着时间的推移，萨利人完全接受了法兰克人的身份，并在7世纪的时候不再使用自己的名称，那时，他们已经成为了出类拔萃的法兰克人。萨利法是第一任法兰克国王克洛维在公元500年左右编织的民法法典。据说是以拉丁文或半拉丁文写成的，它也包含了荷兰语言学家所谓的最早的荷兰语记录之一。直到中世纪早期，萨利法仍然是法兰克法律的基础，并影响了未来的欧洲法律体系。旧法最著名的原则是把妇女排除在权力的继承权、封地和其他财产之外。萨利法是由法兰克国王任命、授权给一个委员会仲裁。幸存的几十份法典手稿可追溯至6世纪、8世纪以及9世纪晚期的3次修订。萨利法提供了成文民法法典，如关于遗产的法规和刑法、对谋杀的惩罚。虽然它原本是萨利人的或西法兰克人的法典，但它却对成文法传统的规范有巨大影响，其影响甚至延伸到近代，对欧洲中部、西部，特别是德意志各诸侯国、荷兰、意大利和西班牙的部分地区、奥匈帝国，罗马尼亚以及巴尔干半岛的法律都有重要影响。

和偏袒(favoritism/gratia)违反了法律,人民怨声载道。甚至圭恰迪尼也为此证言。最后,不列颠人早期一直痛恨女性统治,最近允许了玛丽及其妹妹的统治,当然,那不仅违反了神法——神法明确规定女性应屈从于男性的统治,而且违反了自然法则——自然法赋予男人统治、判决、集会和战斗的权力,而不允许女性分享。这些法律不仅无视自然,而且无视所有不曾允许女性统治的种族。当然,季诺碧亚(Zenobia)带着三十僭主入侵了帕尔米拉,但她的统治权很快被奥勒里乌斯法夺走。尼斯福鲁斯征服希腊帝国时,把艾琳(Irene)赶进了修道院。托米丽斯(Tomyris)、塞米勒米斯(Semiramis)和忒勒斯特里斯(Thalestris)都是以其儿子的名义行统治之实。

君主也受到土地法(the Agrarian Law)的限制,土地法禁止君主未经三级会议同意就割让公共土地。即使他非常想割让,也无法做到,因为国王一去世,皇室代理就会立刻接管永久占有权。虽然君主们常常试图打破那条法律,却从未成功过。土地法的另一条规定,禁止君主为自己索要公共土地,或任何外国人的土地,[254]或死刑犯的土地,除非他们的土地与皇室领土接壤。这是为了避免君主受到邪恶欲望的诱惑,禁不住想要以残酷或抢夺的方式获取国民的私人财产。但是,法兰西很多地方规定,死刑犯的财物要留给合法继承人。还有些地方要求诸侯把这些东西交归国库或纳入财务收益,瓦卢瓦的弗朗索瓦一世颁布的法律中就有这项规定。

然而,这片领域上所有法律中最神圣的是,国王法令必须要保持公正、符合真理,否则没有强制效应。由此发生过很多起有荣耀的人被职官流放的案件,[君主]授予的荣耀对那些作恶者毫无帮助。常常听到职官们这样说:“君主不能做任何违背法律的事。”的确如此,现任君主的父亲亨利,曾毫无理由地命令把一名意大利仆人关进牢房,法官们却释放了这个人,而且提前警告国王,他之所以要控告这个人是因为他对这个人犯下了最卑鄙的罪，卑鄙到他自己不敢将原因公之于众。但是，法官们也不想责难被告，虽然王储里最好的人虔诚庄重地发誓，是他抓住了这个人犯罪现行。因为法官们不信任他的话，他非常生气。然而，法官们给予罪犯自由，把他从牢里放出；但后来国王下令，夜里把他投进塞纳河，以免让那不寻常之事困扰民众。虽然如此，法学家们还是认为，君主可以根据自己的良心做出决断，例如"关于统治者的职责"（Concerning the office of governor）一文"事实"（truth）那段中以"禁止"（probidden）开头那句，[①]教宗保罗三世（Pope Paul III）受这一理念的影响，惩罚了一个向他忏悔的名人，判其死刑，那人还是红衣主教时曾犯了谋杀罪。[②]

但是，更高级的法庭根本不尊重法律，除了他们自己宣布同意的法律，并且，他们声称，没人能强迫他们。然而，当习俗逐渐被废弃，我们慢慢背离了惯例。我们本可以以先祖们的德性为榜样啊！先祖们宁愿舍弃生命也不放弃自己的理念，而儿孙们宁愿舍弃国家和声誉，只为保住官职。路易十一（据说他率先把国王们从劳役中解脱出来）曾要巴黎最高法院登记一项他规定的法律，否则就毁掉法院。父辈们意识到形势的严重性，[255]纷纷衣着紫袍来到国王面前。

> 国王问他们："你们因何而来？"
>
> 拉瓦屈埃里耶（La Vacquerie）答道："来求死，宁死也不愿因通过恶法而遭罪。"

国王被主席的话和职官们异乎寻常的坚定警醒，和蔼地接纳

---

① Illicitas veritas *De officio praesidis* 参见《学说汇纂》I. 18. 6。

② 1566年版里没有"虽然如此……谋杀罪"这句。

了他们，他之前命令要颁布的法律，也下令当面毁掉，并发誓从此以后不再颁布任何不公正的法令。根据巴黎高院的判决，法庭命令他的父亲查理七世（Charles VII）砍掉首都附近的一片林地，并按规定价格出售。他没有拒绝遵守命令。根据另一条法律，或者说，根据已有的权力，国王就职时不允许撤销任何人的职位或权力，除非那人已经犯了罪且在公共案件里成为了被告，虽然在君主发布的职位公告里，旧准则惯于表述为“只要我们愿意”。这条法律一直在执行，已经成为了惯例，虽然一年一度的法官宣誓一般在11月12日举行，但这足以表明，就像布得记录的那样，不久前，他们的任期是一年。美男子腓力（Philip the Fair），与现今诸多伟人一样，认为应该恢复一年一任的制度。但是，路易十一颁布了终身任职的法令，这样，自那时起，只有死亡、退休或被卷入公共案件才可能被免除职务。另一方面，亨利二世曾与其王室总管一起来到巴黎高等法院，强迫法院通过一项已被否决的法令，据说，他根据某个人的演讲——我不知道具体是谁——说到，除非他本人下令，否则巴黎法院的行为就不合法，因为司法权是每年11月12日授予，有效期一年。

到底是授予终身权力，还是与之相反只允许限期任职更明智，当然，我不敢说，因为那太过重要；然而，我认为，为了保护民主制和精英制，这一职位应该只短期授予，亚里士多德对此曾进行过最好的论证。但是，我也认为，君主国中可能应持不同的观点。如果职官们害怕他们的荣誉被君主夺走，他们敢做什么违背君主的权力和欲望的事情呢？谁还会保护弱者不受奴役呢？如果职官被罢免、不得不遵从大人物的命令，谁还会守护人民的利益呢？更甚，职官如果只是短期任职，其权力微不足道，我们不会轻易服从他们，[256]他们曾是我们日常生活中的同伴，卸任后也只是个体国民，所以他们的命令也没有分量。但是，如果人民知道，那个人受到君主的尊敬，只要不犯罪就不会失去权力，恶人一定会怕他，会转变成好人，无论是因为受荣辱感驱使，还是因为害怕惩罚——不仅可能失去名声，还可能失去生命、头衔和财富。其实，他所有行为都受监察官和调查者监管。

那么，在其他方面非常权威的亚历山大，在“论借出之物”(AboutThings Loaned)里以“帝国的”(imperial)①一词开头那句就显得很幼稚了。他说，他以这一从句来形容给予个体国民的官职权力，“只要我们认为不错”，那权力就永远有效。他说这是依据标题为“论让予”(About Release)里以“那些熟悉法律的人”(those skilled in thelaw)②开头那句的效力作出的判断，以及从“论借出之物”里以“足以”(it is enough/sufficit)开头那句推出的。③ 但这并非我们的目的。

事实上，为王国守护以下秘密事关重大、极其重要：事实是，授予官员永久荣誉，王权会受很大限制，因为这是限制君王沦为僭主的最有效方法。相反，频繁变换任职官员，王权比其他任何人权力都大，如亚里士多德所写，随着权力的逐渐增长，王制就变成了僭制。但是，据说，忒奥庞普斯王授权给监察官时说，君主的权力被分享越多(这点不会弄错)，就会统治得越公正，未来就越顺坦。那些想以邪恶之术增强君权的人错了，他们其实是想推翻王国和君王。其实，正如皇帝忒奥多希乌斯的决定，比帝国统治更重要的是，王权在法律之下。

因此，马基雅维里说我们的国王是我们财富的主人并不对。法律对分配有精确定义；如果国王未经议会允许要超出其用度限制，他人不会服从，没有好的理由，财务监管者们不会把资金拨到

---

① *Principalibus de rebus creditis* 参见《学说汇纂》12 . I. 33。

② *Jurisperitos, de excusat, tut.* 参见《学说汇纂》27. I. 30，而法典中根本没有以 Tut. tutela 或 tutorum 为标题的段落。

③ *Sufficit. de rebus creditis. De rebus creditis* 参见《学说汇纂》12. I. 或者《法典》4. I，但是我没有找到以 sufficit 开头的那段的位置。

司库人员的可取款项里。国王查理八世(King Charles VIII)于1492年9月1日颁布了一条法律:君主的赏赐和礼物必须经财务监督人同意,否则其津贴单没有执行效力。[257]一百磅这种小数目的捐赠不必受此限制,但即使这些,也必须得到薪资主管的同意。我是从原始记录抄录的这条法规,那记录保持得很完好。

其实,这个君主国特有的美德就是,君主是国家中一切奖赏的仲裁者,但他不能给予任何惩罚,而是把这一不愉快的任务留给了职官。如此,他就值得拥有所有人的爱,没有人恨他,受到法官审判的强权者也没有理由生他的气,因为与他并不相关。每个人都接受司法决议,如果有人依仗自己的权势而不认可这权威,那各省的省长和军队领袖就会武力强迫他遵守,每个人都会拿起武器反对这一个人。日耳曼人却恰恰相反,如果他们对有权势的人不满,帝国元老院的法令对他们几乎没什么用,因为各诸侯国的统治者们不愿意借助武力推行一项他们害怕无法遵守的政策。

在我国,难以达成的事情,下了命令也没有用。高级法院的大部分人都来自第三等级,因此,他们会以不偏不倚的法令强迫贵族中的大人物和更有权势的臣民服从,以此维持最高者和最低者不可思议的和谐。那些一直企图推翻这些法庭尊严的人,是在毁掉这个国家,因为国内秩序的安危、法律和习俗的安危、乃至整个国家的安危都系于这些法庭。这种法庭共有7个;其中最大的包括140名法官,他们不提起申诉。任何人鲁莽地恳请君主都会被巨额罚款。

这个国家的另一个伟大的凝聚力是贵族庇护制。所有希腊城邦里,弱者和平民都被贵族压迫,贵族也常常被攻击性强的平民们赶出城邦,这两个阶层永远在争吵。应该是得益于某种神圣的善意,封邑法律规定,贵族要像保护家臣一样保护他们封地上的低贱者免受伤害。采用这些法律的民族的帝国都维存甚久,或者这就是原因所在。但是,我们还有这一特别的优势,即同不列颠人一样,贵族长子继承整个遗产中的大部分，这可以避免土地被多人瓜分，避免维持军队纪律的贵族阶层的荣耀消失殆尽。吕库古率先在斯巴达人里高度赞赏的就是贵族荣耀；[258]然后，柏拉图在《理想国》和《法义》里也赞赏这一荣耀。但是，后者把世袭部分只限定为 5040 人，而前者限定为 9000 人。我们没有确切数字。如果我们要维持先祖们的习俗，只有日耳曼人谨遵先俗，即所有女性都绝不能参与封邑，下一个男性继承人应该继承萨利封地（因为在一条古老的波尔多遗嘱里，据说这是应用于封邑的名字，是以第一个写关于萨利法的人命名的），我不想要吕库古或柏拉图立的继承法。但是，当卡佩王朝的第一任王把各省的统治权授予公爵和伯爵们时，他就给违反法律提供了机会。此后，父母们很乐意让女性继承萨利封地。

如果我国的权力的确如此构成，约维乌斯就犯了个大错误，法兰西人认为国王继承了某些神性精神，而他错误地攻击这个想法。英格兰人经过王位前会脱帽致意，即便王位上并无王端坐，他如果看到这景象又会怎样？他本人就该遭到更大的嘲讽，因为终其一生，他都奴媚地亲吻其主人的双脚，而他也不为此羞愧。不仅波斯人的王、土耳其人的王，而且最傲慢的阿拉伯人的哈里发都痛恨那种崇拜。因此，君主和法兰西人民之间的那种同情与和谐总是存在（哦，那或许会永远存在），这样，这个民族就不会对君主有更大的仇恨，或者，君主会对民族有最深的爱。而且，可以通过下述事实看出，人民认为君主身上有多少神性、他们能享有多大的自由：不久前，路易十二允许恢复喜剧在舞台上演出的古代传统，这样每个人的错误都能以开玩笑的方式被评论。而在其他任何地方，特别是威尼斯，这都是重罪；但是路易十二并不打算把自己排除在被讽刺范围外，因为他说，君主不能对自己颁布的政令失去信心。噢，优秀的君主！值得统治世界的君主！基于其正直清白的生活，他无惧恶人的恶评。

的确，亨利统治之前，我们从未用“陛下”（Majesty）一词称呼国王。我说这个是因为，意大利人和外国人记录我们的习俗和统治时，很多东西都弄错了。没有一个国王被人民密谋杀死，这看似不可思议，但的确如此。有一个因为中了奸妇的圈套而被谋杀。糊涂查理[259]被韦尔芒多瓦·查理的赫尔伯（Herbert of Vermandois Charles）俘获，虽然后者是其死敌，但查理三世却不是因暴力侵犯而死，而是死于疾病和年老。他的儿子路易却处决了赫尔伯。最近席卷整个法兰西的宗教战争最好地证明了这是一个稳定的国家。虽然各派领袖屠杀、焚烧，毁掉了一切，但非常奇怪的是，法庭和大城市的辉煌和尊严却并未衰减。然后，最好的国王颁布了一道法令，很多战斗和大骚乱在短时间内就平静了，就像投入一点尘土即可驱散蜂群。君主忘掉所有伤痛。那种善良天性是瓦卢瓦家族与生俱来的。这不是一种新风俗，而是我们的先祖们早已接受的。查理七世的王国被掠夺、他被巴黎法庭宣判为不够格统治国家；然而，他通过阿拉斯的和平获得了更强的地位，进攻并打败了当时处于统治地位的英格兰人。很多人认为他会因自己的伤心事而复仇；但他丝毫没有，而是模仿凯撒的仁慈，诚挚地把巴黎高院和人民纳入自己的保护之中。

这些东西成就了帝国的持久——君主因他人受到伤害而为其猛烈报复，但完全忽略自己受到的伤害。其实，我们发现，除了亚述人，其他没有哪个帝国以同样的政体形式比我们延存得更久。这个王国从建立到现在几乎已经过去了1200年。最初由瓦哈姆德家族开始，然后是墨洛温王朝，接着是查理大帝，最后传到卡佩家族；然而，内战和对外战争都无法颠覆她。而埃及国王的统治还不到千年，如果我们相信约瑟夫斯的记录的话。我略过许多关于亚述人和埃及人的神话，也不谈在那个年代建立且维持一个帝国多么容易，那时没有敌人阻碍他们的统治。但是，对于那些帝国，以城墙为界的所谓非常古老的国度，即吕底亚人、提尔人、阿尔戈斯人、科林斯人、斯巴达人、雅典人的帝国，普鲁塔克在描述忒修斯和狄俄多儒斯的生平中，断言其大部分都是虚构的;就算是真的,那些真的延存了很长时间的帝国,也没有哪个超过 800 年。

迦勒底人的帝国的变迁

的确,迦勒底人在大洪水之后安静地生活了 249 年。卡图在《起源》(*Origins*)——如果他的确是该书作者的话——里把这段时间称为黄金时期。然后,尼禄武力入侵小亚细亚;[260]此人之后有 75 任王统治了 1220 年,直到萨丹纳帕鲁斯的覆灭。他的帝国向行政官阿尔巴克斯和贝洛克(Beloch)投降。

之后,帝国被一分为二,米底斯人和亚述人争斗了几乎 300 年,直到波斯人掌握统治权。波斯人从那时起开始统治,直至亚历山大时期,亚历山大四处扩展波斯人的帝国,从印度到达达尼尔海峡。他去世后,帝国被瓜分了,塞琉古分得大亚细亚(Asia Major);安提帕特分得小亚细亚;托勒密分得埃及;安提帕特分得马其顿;吕西马库斯(Lysimachus)分得色雷斯。然后,因为被连年战争所累,加之内部的相互残杀也非常激烈,200 年后,他们落入了罗马人之手。

大亚细亚在亚历山大去世 172 年后归服于帕提亚人。他们的王国从阿萨息斯一世(Arsaces)到阿塔巴鲁斯(Artabanus)共延存了大概 500 年,因军队英勇而声名显赫。这一时期,波斯人阿尔塔塞克西斯(Artaxerxes)杀死了阿塔巴鲁斯,夺得了王位;波斯人掌控这个国家 400 多年,直到阿拉伯人的君主奥马尔(Omar)入侵波斯和叙利亚。

希腊人帝国的变迁

我们按照自然优先秩序来思考一下其他帝国吧:即自尤士丁

尼开始，他从旺达尔人手里夺得了非洲，从哥特人手里夺得了意大利，打败了帕提亚人的进攻，重塑了帝国尊严，同时他自己也因出色的军事和民政管理能力获得了最高荣耀。他把西班牙留给哥特人，高卢留给法兰西人，不列颠和上日耳曼留给其本地居民，把希腊帝国的边界划在多瑙河、阿尔卑斯山、幼法拉底河和非洲的延伸海岸一线。

帝国以这种体制兴盛了大概 120 年，即直至赫拉克利乌斯（Heraclius）的孙子康斯坦特（Constant）时期。赫拉克利乌斯统治期间，阿拉伯人从罗马人手里抢走了埃及、叙利亚和西里西亚，后来甚至把非洲也抢走了。他们把军队和殖民送到远至意大利的地方。另一边，斯拉夫人入侵潘诺尼亚和伊利里库姆。更早一点，伦巴第人在英苏布里亚（Insubria）自立，并占领了意大利的大部分地区。为了争夺希腊人的帝国，内战爆发，士兵们选出一个皇帝，元老院选出另一个。列昂提乌斯（Leontius）把小尤士丁尼流放；阿比斯马福斯（Absimarus）切掉列昂提乌斯的鼻子，并把他关进牢里。

尤士丁尼在蛮族的帮助下重建帝国，把敌对者全部赶走。腓立比库斯（Philippicus）紧随其后，但是他又被阿耳特米乌斯（Artemius）极其残忍地弄瞎；后者也没有统治多长时间。不久后，被选为皇帝的提比略［261］被利奥杀死。更残忍的是康斯坦丁四世（Constantine IV），他占领君士坦丁堡之后，弄瞎了阿尔塔瓦斯杜斯（Artavasdus）和他的儿子们；但是康斯坦丁在任期间也被保加利亚人打得很惨，在悲哀中去世。然后艾琳掌握了统治权，因为想和查理大帝结姻，她弄瞎了自己的儿子，后来被尼斯福鲁斯赶进了修道院。尼斯福鲁斯被立为皇帝，之后被保加利亚人杀死。他后继的统治者是两个迈克尔（Michaels），后一个被巴兹尔（Basil）残忍地谋杀。

那时，希腊人已经失去了伊利里库姆和意大利全境，而且土耳其人和阿拉伯人占领了亚洲大部分疆域，因此其帝国疆域大幅度缩小，但因希腊各君主彼此之间也相互仇恨、长期内战，以致筋疲力尽；终于，其帝国被法兰西军队占领。不过，法兰西人在56年之后被赶了出去，希腊人又重获统治权。然而，因为巴列奥略与坎塔库兹尼（Cantacuzeni）之间的纷争，他们召进了亚洲之主土耳其人，而土耳其人很快就把二者都赶出了帝国。

阿拉伯人帝国的变迁

土耳其人带着军队入侵欧洲之际，阿拉伯人的帝国也开始衰败。约公元650年，阿拉伯人与希腊人闹掰时，土耳其人很快掌控了叙利亚、埃及、波斯和非洲，甚至到达大西洋；之后，他们还占领了西班牙、克里特、西西里、伯罗奔半岛和一部分意大利；他们取得这一系列胜利的速度之快，似乎足迹都还没有遍及这些地方，就将其征服了。虽然他们的历史模糊不清、充满了虚构之言，我们的人把那些虚言也写了下来，但是，根据非洲的利奥和蒂尔主教威廉（William, bishop ofTyre）的作品，很容易明白那些历史。

威廉深入研究了他们的古代史，并深入其国土，发现古代帝国里只有罗马帝国比他们的疆域更大。他们把高级祭司称为哈里发，哈里发仅凭宗教就能对国家产生极大的影响，他们甚至能任意地制订所有法律，包括神法和人法。将领和军队对这些人的臣服就如同是对神的臣服。其他君主的生命、头衔、财富以及权力都是拜他们所赐，但他们自己内部，因为阿里（Ali）被谋杀而就宗教问题开始争吵，埃及哈里发与巴格达[①]和大马士革的哈里发之间爆发了非常激烈的战争。然后，因为法兰西人太强大，他们不得不放弃远西班牙（Further Spain），［262］后来又丢了意大利、塞浦路斯

① 1572年和1583年版本里写的是巴比伦（Babylon）。

和叙利亚。最后，他们也是被波斯人、鞑靼人和土耳其人驱逐，大概公元1100年，他们开始把力量集聚于埃及和非洲。这样，突尼斯诸王对帝国的统治始于阿拉伯人第一次入侵非洲，直到现在一共900年，正如穆雷哈桑在教宗保罗面前吹嘘的那样。从萨拉丁到被土耳其君主瑟利姆处决的土曼贝（Touman Bey），苏丹们统治埃及共336年。但是，突尼斯诸王一直强烈敌视摩尔人，对其很凶残，而摩尔人——后来的苏丹们——由于自己的内部纷争，破坏了与西班牙和土耳其等强大势力的关系，如今只能习惯处在附属者的地位。

土耳其人帝国的变迁

几乎在萨拉丁占领埃及的同一时期，两个非常强大的帝国逐渐发展起来，即鞑靼人的帝国和土耳其人的帝国。海顿记录到，鞑靼人曾被称为斯基泰人，他们的君主成吉思汗广泛地拓展了其帝国疆域，远至大的小亚细亚（Greater Asia Minor）。这个与土耳其人同种的民族，派出一支军团去帮助波斯人，这支军团接受了阿拉伯人的宗教，并在小亚细亚定居下来。由于阿拉伯人和希腊人自己内部不和，这些人的权力逐渐增长，从瑟利姆于1104年以个人身份控制卡帕多西亚（Cappadocia）公国到现任苏丹的父亲瑟利姆在位的这段时间，这些人一直处于与波斯人、基督徒和鞑靼人的大混战中，尽管如此，他们仍然不仅占领了希腊人和阿拉伯人的所有帝国，而且占领了从多瑙河到第聂伯河的所有行省，第聂伯河一带的人最凶狠，另外他们还占领了潘诺尼亚和伊利里库姆。但是，既然很多人都写过关于土耳其人的国家的诸多史事，那我只需要稍微提及一下就够了。

不过，那些作者都忽略了那个最重要的事实。枢密院参事胡浩（John Huraut）和马汀（Louis Martin）两个人都是知名的外交活动家,熟知各种事务。他们告诉我,那里的所有土地,除了极少数,都属于士兵,他们自称为“封建骑兵”(Timariotas),我想是来自τὸ τιμᾶσθαι一词;其余的人都要交税,他们习惯了付给士兵们税收以获得土地,习惯了以10年为期租用需要交税的土地。① 若一个封建骑兵去世,君主可以独断地将这空缺的军职授予任何人,就像过去赏赐封地和俸禄一样。如果宣战,士兵们打仗不领薪水,但是有大约7个[263]禁卫军团的确从公库里领酬劳,公库钱财来自人头税。这种体系使得这个国家战无不胜。查理五世曾对印第安人使用同样的法则,只收人头税,由此无数金子(从关税获得的税金很少)流向国库。

波兰人帝国的变迁

同一时期,波兰人政治上与日耳曼人分离,成功地管理着他们的王国。公元800年,他们在其领袖庇阿斯图斯的领导下建立王国。那之前,史家们的记录中找不到关于他们的确切记录。但是,波兰人的事迹众所周知,因为他们与土耳其人、日耳曼人和俄罗斯人经历了长期且激烈的战争。尽管如此,他们一直维持着帝国尊严,直到最近,还从日耳曼人那里抢夺普鲁士,现在正勇敢地保卫自己免受土耳其大军的侵犯。而且,庇阿斯图斯家族的男丁断代期间,他们的王国疆域扩展了很多。

那时,立陶宛的王雅盖洛(Jagellon, king of Lithuania)接受了基督教,与波兰女王海德薇格(Hedwiga, queen of Poland)于1386年成婚。通过这一联姻,雅盖洛家族合法地获得了王位。他们的最后一个代表就是如今仍在统治的西格斯蒙德。另一边,勃兰登堡的马奎斯(Marquisof Brandenburg)和特兰西瓦尼亚总督

① ab decimo quoque anno censualia praedia reconducere.

(Voivode of Transylvania)把他们的源头追溯至雅盖洛家族的女系一方。

丹麦和瑞典帝国的变迁

庇阿斯图斯在波兰建国的同一时期，查理大帝控制了法兰西，尼斯福鲁斯控制了希腊，格德弗里库斯(Godefricus)建立了丹麦王国。他建国既靠武力，也靠法律，从他到努巴(Nuba)，这个君主国延存了140年。然后，日耳曼皇帝亨利一世把那个王国降为了他的一个省。脱离日耳曼帝国后，丹麦人又被奥托征服；但他们再次在国王斯韦恩(Sweyn)的带领下奋起反抗。斯维恩曾被其兄弟瓦尔德玛(Waldemar)赶出帝国。从斯维恩开始，这个王国又延存了211年，一直传到玛格丽特，她统治着丹麦、瑞典和挪威三个帝国，并且收养了波美拉尼亚公爵(duke of Pomerania)。35年后，恩格尔伯特(Engelbert)叛离丹麦人，入侵瑞典王国，但后来因为国内冲突，他又放弃了瑞典。这三个帝国又一次[264]归于一个统治者——一个巴伐利亚人手中。他之后，基督教兴起，他的其他后裔一直统治到现在。

然而，不久前，古斯塔夫武力占领了克里斯汀二世(Christian II)统治的瑞典王国，因此丹麦人和瑞典人之间爆发大战，即使瑞典国王亨利/埃里克[Henry/Eric]被自己人俘虏，他的弟弟和斯德哥尔摩的市民一起阴谋夺取了他的权力，战争也没有停止。亨利被俘的那天，也正好是查理九世在莫城被他自己人民的武装力量几乎打败的那天(这事值得一提)，即1567年9月28日。而且，我从瑞典人霍尔斯特那里得知了一件值得注意的事，即君主有权从自己的众多孩子中选择他们希望的那个(继承)。据说，这个风俗在波兰人、立陶宛人、匈牙利人和阿比西尼亚人中很普遍。其实，丹麦人和波兰人的政体可称作精英制，因为他们的贵族有权立法、求和、携带武器，还有生杀大权，而他们选出来的君主，未经他们同意却无法履行这些职能中的任何一项。相反，君主和职官不能审判贵族，只有贵族团体可以审判贵族，裁定他的头衔、生命和名誉等问题。

不列颠帝国的变迁

不列颠人像其他所有民族一样，最初是君主国。引用古代作者们的作品，不管是真实的，还是传说类的，弗吉尔（Polydore Vergil）写到，凯撒前曾有 68 任国王统治过不列颠人约 1000 年；但是，被凯撒征服后，他们归俘罗马人约 500 年，即直到小忒奥多希乌斯（the younger Theodosius）统治期。在那段时间里，因为他们被苏格兰人和皮克特人压迫得很惨，又对从罗马获得帮助感到绝望，所以就从日耳曼找来盎格鲁人和撒克逊人帮忙。这些人轻易地战胜了不列颠人，掌控了王国，但是他们设立的七王分治方式让王国陷入持续内战。

大约 300 年后，即公元 800 年，英格兰人把不列颠人赶去了法兰西，那时实质上是埃格伯特一人之治。之后，丹麦人和苏格兰人时而被打败，时而扮演征服者的角色，像海盗一样不断骚扰了这个岛国几乎 150 年，直到长者爱德华（Edward the Elder）[265]在丹麦人被赶出之后开始掌权。100 年之后，他们厌倦了内战，请来诺曼人威廉（William the Norman）。这个人杀死哈罗德后立国，并让他的儿孙们继承王位，这种有效的统治大概持续了 110 年[原文如此]。法兰西族的布洛瓦伯爵斯蒂芬（Stephen，count of Blois）成为其下任统治者。他于公元 1136 年起，凭借立法和设立国民训练，仁爱地统治这个王国。之后，仍然是法兰西族的亨利二世，很多人说他是斯蒂芬的儿子，继承父亲的爵位成为安茹公爵、曼恩公爵和都兰公爵，又因继承母系荣誉而获得了英格兰和诺曼底，还靠着妻子的嫁妆获得了阿奎塔尼亚和普瓦图，他统治了这个大帝国很久；然后，他的后代，凭借着巨大的军事荣耀，又把这个欣欣向荣的王国统治了大概400年，甚至占领了几乎整个法兰西。他们占领法兰西，一部分凭借继承权，一部分通过武力，一部分以诡计欺骗的方式，那时，法兰西正因内战而焦头烂额。最后，法兰西人总算同谋共筹，快速地赢得了一系列胜利，把英格兰人完全赶出了法兰西疆域。但是，对外战争一结束，这些人又发动了内战，战争之残酷，以致与珀律多尔的记录相比，那些关于底比斯人惨烈暴行的描述看似像孩童的游戏。虽然据说科米涅斯写了很多偏袒这个种族的事情，但值得注意的是，他还是说内战的30年里有80多位皇室成员被杀。我还没提有12位国王因为民主势力崛起或者其他王储的阴谋而被杀或者被罢黜呢。

西班牙王国的变迁

现在，我们也必须得简要看看西班牙人。他们中似乎最古老的帝国是迦太基人的国，除非碰巧在迦太基人时期以前，凯尔特人和高卢人占领了西班牙的很大一部分土地。我们应该假定是高卢人给这片土地命名，因为西班牙人自己也承认这点。但是，因为真实历史里面没有记录这些东西，所以我们只能从迦太基人开始算。从尤斯丁和奥罗修斯的作品可知，他们在其头领马泽乌斯(Mazeus)的带领下，占领了西班牙很大一部分，一直统治到被罗马人完全赶出这片疆域。然而，直到西庇阿的时代，西班牙都还没有被完全占领，因为就算在凯撒时期，更远的区域都有他们自己的头领。从西庇阿到贡德里克王(King Gonderic，[266]入侵西班牙的旺达尔人种族的第一任王)，历经660年。之后，旺达尔人越过西班牙进入非洲时，来自巴尔蒂(Balthi)家族的潘诺尼亚的阿拉里克(Alaric the Pannonian)继承了权力。他那时是哥特人的头领。哥特人在他之后统治了西班牙300年，即到罗德里克时期，那时，阿拉伯人和摩尔人把整个西班牙都囊入了他们的统治范围，除了坎塔布连人和阿斯图里亚斯人的地盘。

据塔拉法记录，此事发生在公元717年，即罗德里克统治的第七年。凯尔特伊比利亚人的君主是这场变迁的始作俑者，因为罗德里克侮辱了他的妻子，所以他请非洲人来西班牙帮他报复罗德里克。之后，在查理大帝以及后来在其儿子路易的领导下，法兰西人把一大部分西班牙从阿拉伯人的奴役中解救出来，借助教皇使节统治他们，直到虔诚者路易完全把权力交予他的代表贾姆弗雷德(Jamfred)。后来，西班牙人在阿方索五世(Alfonso V)的领导下重塑其威，把阿拉伯人几乎全部赶出了西班牙。但是，哥特人血统支系传到阿方索的儿子贝尔穆多(Bermudo)时就断裂了，于是，阿拉贡的第一任王费尔迪南德掌握了统治权。

后来，西班牙帝国被分割为四个部分，很快又被分割为五个部分；然后发生了一场残酷的大屠杀，不仅君主们彼此相残，而且兄弟、父母和孩子之间也相互屠杀。阿斯图里亚斯和加利西亚的君主阿方索三世(Alfonso III, prince of the Asturias and Galicia)掌控了王国的一部分后，把他所有兄弟的眼睛都戳瞎，甚至还杀死了其中一个。同样，阿方索四世(Alfonso IV)的眼睛也被他的兄弟拉米罗(Ramiro)弄瞎。阿方索十一(Alfonso XI)的嫡子彼特(Peter)被他的私生子兄弟亨利(Henry)赶下台，还惨遭杀害。加西亚(Garcia)也是被其兄弟桑乔(Sancho)赶下台杀害，后者又被贝里多(Bellido)如法炮制。

那之后不久，法兰西族的阿方索八世(Alfonso VIII)，即图卢兹的雷蒙德(Raymond of Toulouse)之子，统一了这三个帝国。摩尔人又一次靠着巨大的舰队袭击西班牙，他们占领了相当大一部分土地，直到菲利普母系这边的先祖费尔迪南德时期。由此，这个曾经部分因其武装力量、部分通过血统继承而得到极大扩张的帝国，如今因其世俗事务和军事事务而繁荣，享有最高的荣誉。从贝拉基(Pelagius)时期开始算起，它以王国的形式延存了852年。更辉煌的是，他们把他们的武器和法律传进了非洲，甚至远到美洲，而且还没有漏掉蒸蒸日上有利可赚的商业和反复灌输基督教义的热情。他们还会传播得更远，因为在所有一人之治的帝国里，只有这个帝国幅员最辽阔，而给予其君主的却最少。这点最好地证明了这是一个构建良好的帝国。

其他帝国的——鞑靼人的、俄罗斯人的、印度人的和[267]埃塞俄比亚人的——历史还没有清晰地揭示出来，我只能略过。然而，从我们已经考察过的帝国来看，显然高卢人的帝国延存最久，或者说，最不易被内战倾覆。的确，习俗、法律、公共机构、法庭审判中还有诸多东西仍需改善，但国家政体形式却一定不能改变，这种形式已经得到了这么长时间的验证，若改变必然会陷入最严重的危险。亚里士多德最明智的告诫提醒我们，不要改变国家中以相同形式兴盛了许久的任何东西。不过，既然很多这个时代的人——严肃且博学的人——都喜欢精英制，甚至有些还喜欢民主制，在驳斥了他们的观点后，我们必须简要谈谈最佳政体。我们已经通过论证反驳过珀律比俄斯及其学派的观点，我们认为那些论证应该得到共识。

最佳政体形式

一共有三种政体形式——即一人之治、几人之治和所有人的统治——所以我们不仅必须考虑如何避免堕落的政体，而且要考虑如何在有价值的政体中选择最好的一种。一个人的僭主制有害；更恶毒的是不止一个的僭主制，即寡头制；最糟糕的是群氓的统治，完全没有任何法律，希腊人斥之为暴民制，西塞罗甚至称之为僭主制。它仅仅只比无统治状态好一点点，在无统治状态中没有人遵守命令,也没有人发布命令;对功绩没有奖赏,对罪行没有惩罚。那么,如果我们拒斥这种政体形式,就必须选择民主制、贵族制或君主制。

关于民主制,如果不是有很多人支持的话,我认为应该没什么好写的。例如,马基雅维里被各种论证说服,论证那是最好的形式。不过,我认为在这个问题上,他不太可信,尤其是他还推翻了自己各项论证的前提条件。在《君主的制度》(*Institution of the Prince*)[①]一开篇,他假设只有两种政体形式,君主制与混合制。而同一个作者在论述李维的作品里却断言威尼斯人的国是最好的,但他却认为该国是民主制,因为在卷三中,与哲学家、史家和几乎所有伟大人物的一致看法相反,他写到,民主制一直更值得称赞。不说要其他人,良将兼哲学家色诺芬就声称,民主权利完全与德性为敌;除非把所有良善之人赶出去,否则它无法建立或维存。塞涅卡简洁地表达了这个观点,[268]他说:“哪个崇尚德性的人会取悦人民呢?”亚里士多德也持同样的观点,特别是在那一段——他通过有效的论证表明,有些人生来就该统治,其他人生来就该遵从。但错误从柏拉图处开始发端,他建立民主国家后,引入了危险的均等。然后,来自他的学园的学园派者放大了他的论证,认为社会靠和谐维系,和谐靠正义的均等维系,均等靠民主国家维系。这样,所有国民都在最完美的均等和相似中成为一体且彼此相同,而这就应该是人类社会的目标。

亚里士多德没有驳斥柏拉图的假设,但他却认为柏拉图不对,尤其是企图把国民身份一视同仁更不对;如此,就没有了国,而只有一个家族。我以为这个论证无效;但是我和亚里士多德一样,认为这个假设不仅荒谬,而且有明显错误。因为,谈及一切事物的天性——一切事物最重要的东西,这个由不朽的上帝所创建的高于

① [译注]应指《君主论》第一章,英译者误作为书名。

一切事物的世界，显然由各种不平等的部分、彼此不一致的成分和各领域的相反运动所构成。若是除去由差异性构成的和谐，世界会被毁灭。同样，最好的共和国若要效仿天性——也必须如此，其稳定性与坚持性在于凝合指挥者与服从者、仆人与主人、强大者与贫困者、善与恶、强与弱，好似把具有不同思想的人混合在一起一样。这就好比专业的耳朵无法忍受竖琴演奏和歌曲本身中和声的单一性，即所谓同音。相反，令人愉悦的和声是由不同的音符，高与低的音符，依照某种规则组合在一起构成；所以同样，没有哪个正常人能够忍受相等，亦或国家中民主的同一性。

另一方面，一个国家由最高到最低渐变，中间阶层以适当的比例分散，才能以互补的方式完美契合。诚然，所有公共事务的祸因都起于此，事实是，某一方面相似的人认为彼此完全不同；然而，某种程度上不同的人却认为彼此相似。因此，如果那就是人与人之间的差异，天生能力的差异，谁会以平等为标准分配权威、资源、荣誉和官职呢？就像是为了维持平等，而给少年、成人、老人、病人、强者提供同样的食物和衣服。因为柏拉图在[269]《理想国》中禁止财产平均化（他把国民按等级分为四类），那些后来者，支持民主制国家的学园派人，就禁止物品的平均分配，唯恐推翻了国家建立的基础——国家的建立是为了保护他们自己的财产，可为何他们又不消除权力平等呢？

民主制不过就是主权的分享。权力均等化比把每个人的财产平均化更荒谬，因为每个人都可以享有财富，而统治智慧却是极少数人才有的天赋能力。还有谁比平民更愚蠢？还有什么比这更无节制？还有什么比把平民挑唆起来反对好人更歇斯底里？李维说得对，“大众之天性就是，要么温顺地服役，要么粗鲁地统治。”无需例证。噢，根本就没有很多例证！那些赞扬罗马人的民主制的人似乎根本没读过他们的历史。罗马频繁发生平民与贵族分离的事情，还有什么比这更悲惨？国民之间常常在城中央、在市场上、在营房、在公共集会上、在元老院、在朱庇特神庙中;以石头、镰刀、刀剑相斗,还有什么比这更可耻?西塞罗说:“我们常常在讲坛上看到石头;不是经常但过于频繁地看到刀剑。”阿庇安写到,一些国民被另一些国民可耻地拿石头赶离现场后,平民护民官萨图尼努斯(Apuleius Saturninus),在工人们和武装团伙的支持下,制定法律、杀死依法选举的执政官。①

事实上,候选人常常把武器藏在宽外袍下、在真正的军队的陪伴下去开会,这也事出有因。我就不提那些因为奸计、巨额赏赐、谋杀而解散的国民集会,以及常常把人从战场和重要岗位上召回的事情了;也不提他们无数次引入法律、申诉、修改、增补、宣布法律失效,平民表决与元老院法令彼此抵触,在短时间内也能顺遂平民们的奇思怪想而修改法律。这些事情不仅发生在罗马,在雅典也时有发生;雅典人进入国家议事会本是神圣的事情,可是平民们常常垂涎此机会;即错乱之人、狂暴之人的智慧。如安纳卡西斯精辟地指出,在雅典人中间,聪明人在国民大会上表达意见,而蠢货们裁决。

因此,我们在德莫斯梯尼作品中读到,腓力入侵阿提卡时,听到消息的民众[270]黎明时分在剧场集中。没有哪个官员召集他们,人人都感受到那种恐惧,以致没人敢在人群中演讲。就是这个德莫斯梯尼,在关于国家的演说中提到,演说家是统治领袖;将军们都听命于演说家,大约300民众投票表决法律,做出决策;其余的国民们都任由他们摆布。同样,在佛罗伦萨人中,平民们渴望能参与议事,虽然他们常常被仇敌围困。因此,两个国家能维存这么长的时间(虽然境况悲惨),一定是因为阿里斯提德、伯里克利、科农(Conon)、柯西莫(Cosimo)和德·美第奇(Lorenzo de Medici)等人,而这些人却都曾经遭到他们民众的放逐,或是被罚重款。我不

① 阿庇安,《罗马史》(*Roman History*),“内战”,I. 28。

理解为何马基雅维里这个佛罗伦萨人会如此赞扬民主制，因为从他的史书中显然可以看出，所有国家里，没有哪个比民主制下的佛罗伦萨更不幸。

王制优于精英制

既然众多伟人都一致批判民主国家，我们就必须考虑精英制是否比王制更受欢迎。有人认为柏拉图把控制权给予了精英们，但其实是他们误解了。我们已经表明，柏拉图把国家统治中最重要的诸职能都给予了民众，即国民中的大多数人，那些权利包括批准法律的权力，创造官职的权力，以及选择元老院人选的权力，和最后的生杀大权。而且，他把所有公共案件的审理权也交给人民，因为罪犯侵害的是作为一个整体的民众。以此推理，受侵害的人需要成为审理自己案子的法官。柏拉图希望所有国民都能参与死刑案件的审理，因此加入这条理由——若是他们被排除在审判之外，他们会觉着自己不是国民。柏拉图的评述者认为，这是民主制国家的节制形式，但我们之前已经驳斥过这一观点。然而，这一学派的人却更推崇精英们的统治，以为这是介于民主制和君主制之间的一种政体形式。但是，他们在这个问题上搞错了，他们似乎将美德视为平均的事物或平均数，而不是比例中项。其实，若果真如此，那么没有哪个君主会一直善好，也没有哪个寡头制中会有争吵，因为在一与多之间，他们放置了少数人这个平均数，正如美德这个平均数一样。[271]然而，如果数字中的确存在卓越，我想最值得称赞的应该是"一"，正如柏拉图自己在关于存在与一那一卷中极其神圣的表述一样。

而亚里士多德又如何呢？他将三种正宗国家政体对应于三种变异政体；王与僭主；精英与吵吵嚷嚷的寡头；民众与狂暴的平民。最后，他肯定地讲，王权优于其他形式，却没有反驳柏拉图的这条权威意见,即被诸多人接受也被康塔里尼讨论过的那条意见:要找出一个正直且具有最高德性的人非常困难。显然,这条反对理由根本不值得反驳,因为找一个好人都难的话,找许多好人就更难了。既然在一群精英中只有少数几个是好的,少数派的投票就会被多数人的票淹没;因为在民主制和精英制国家中,都是采取数票数的方法,而不是衡量投票的权重。然而,如果一个僭主可怕,那一群僭主该有多可怕?况且,除却这些自明之理,建立国家的原因是什么?如同一切事务一样,不是应该效仿自然吗?

王权与宇宙帝国一致

如果我们更仔细地探究自然,就会发现一人之治无处不在。从细微处入手,会看到蜂群中的蜂王,畜群中的领头畜,兽群中的雄鹿或领头羊(如同在鹤群中,众鹤都跟从一只),在各种天性不同的事物里,某一个会超凡卓越:刚玉之于其他各种宝石,金子之于各种金属,太阳之于群星,最后,上帝是世界唯一的君王和创造者。而且,他们说,各种邪恶灵魂中,只有一个罪大恶极。不再这样没完没了地列举了,只追问,作为国家的真实影像的家庭又如何?就是由一人之治引导,这一人反映的不是虚假面貌,如威尼斯总督,而是国王的真实图像。那么,如果柏拉图要改变事物的天性,在同一个家庭中树立多个主人,同一个身体上安几个脑袋,一艘船上安排几个舵手,蜂群、畜群、兽群中排几个领头(如果农夫们同意的话);最后,如果他要让几个神联合起来共同统治,那么,我会赞同他的观点,即精英制优于王制。然而,如果这违背所有事物的天性,也与理性不符,与一直以来的经验相反,我不明白为何我们要跟从柏拉图或其他任何人,而违背自然。

荷马曾说,[272]“一群主子不是什么好事儿/让一人为主,一人为王”,[1]欧里庇得斯重复到,“家庭中,城邦里,权力都归于一人”。[2]因此,据说西比拉(Sibylla)曾在她的诗歌中预言,罗马共和国安全的基础在于王权,即国民们需要一个国王才能得到庇护。1552年,索里曼以一个值得铭记的事例表明了这一点。穆斯塔法,他的大儿子,在彻底摧毁了波斯人的抵抗后,不带任何护卫返回父亲身边。他相信自己踏上了一条安全之路,受到军队极大的欢呼和拥戴,仿佛没有哪个有死之人能获得如此殊荣。然而,他的父亲却不能忍受儿子的名望,下令将他勒死在卧室,然后把尸体扔给军队。随即,他命令人群大声宣誓:“天国中仅有一个上帝;地上仅有一个人,索里曼,应该成为皇帝。”整个军队噤若寒蝉。两天后,一个小儿子因悲恸哥哥的死而被毒死。第三个儿子,由于害怕父亲而逃往波斯,却立即被使臣抓回后砍头。这就只剩下现在的瑟利姆(Selim),如果他不是仅存的儿子,其父也会威胁他。这是土耳其民族的一项习俗,因为每个人都有希望继承帝位,而实际得到的却只有一人。

如塔西佗所写,当决定重要事务时,权力应该完全归于一人,这种做法不仅有益,而且必须。如李维所述,三个具有执政权的护民官其实提供了一个警示:战争时期几个人无法同时统治。保卢斯(L. Paulus)和瓦罗打汉尼拔时也有同样的经历;基督教君主们对抗土耳其人的王时也一样;希腊人的领袖们反抗腓力时也是;不久前,日耳曼诸侯们反抗查理五世时,以巨大的代价学习到,很多人指挥,啥都干不成。所以,当爆发严重战争时,或内部反抗势力扰乱国家时,希腊人和罗马人就把统治权交予一个独裁官或执政官或军事统领,就像交给一个神圣的庇护人一样。同样,佛罗伦萨人、热那亚人、威尼斯人在国家危机时,也常常把最高的宣战和媾和权授予一个将领。

---

① 荷马,《伊利亚特》II. 204。

② 欧里庇得斯,《安德洛玛刻》I. 484。

其实，无数世纪以来，人们都发现，民主制和贵族在国家会让人类身陷危险，那为何还要讨论呢？土耳其人的帝国、波斯人的帝国、印度人的帝国、鞑靼人的国很伟大；更伟大的是阿比西尼亚人的帝国和西班牙人的帝国，他们让[273]新世界服从他们的法律。疆域最广的是摩尔人的王国，还有法兰西人的王国、莫斯科人的王国、波兰人的王国、哥特人的王国和不列颠人的王国，他们从不采纳精英制，也不喜欢民主制。而且，从最早的记忆开始，美洲人民就一直保持王权，不是因为被教导如此，而是习俗使然。不是亚里士多德训练了他们，而是他们受到其领袖——天性的塑造。而且，当听说意大利和日耳曼的某些角落存在精英统治时，他们很惊奇怎么会发生这种事。

我们很多人都奇怪，威尼斯人的国家，既然其创建违背天性，何以还维存了800年之久。吉安诺蒂是最准确地描述威尼斯国家的人，他记载到，最高权力在于总督；威尼斯民族的王权（即君主制）一直持续到西亚尼时期，即1175年。之后，他写到，国家建立了大议事会(magnum concilium)。因此，如今的政体形式仅仅繁荣了360年。法兰克王国不受狭窄沼泽的限制，广泛地延伸扩大，以令人惊艳的成绩存在了1200年，印第安人对此却并不感到惊奇。因为，任何与天性相符之物都不足为奇。除非我弄错了，康塔里尼、马努提乌斯、马基雅维里和其他很多人都说，威尼斯人的国是所有国家里最优秀的，个中缘由我马上解释。威尼斯人苏里亚诺(Michael Suriano)——一个具有最高博学和最大美德的人，曾作为外交使臣来到巴黎，由于对我存有良意，他常常就我们国家的事情询问我，我曾问过他此事。他讨论所有事情都非常冷静，企图探究事实，而非只作评价；我也不想就如此困难的事作评价，但既然我们曾选择了一人之治，还赞同精英制的话，似乎是在自我否定。

威尼斯人之声名远扬必是以下四种原因之一：军事技能杰出、法律公正、帝国幅员辽阔且资源丰富或是技艺多样。军事技能方面，几乎所有民族都比他们好，在管理技艺和获取利润的贸易方面，他们不如西班牙人，在各种技艺方面也不如日耳曼人。他们也不是特别在乎每个人如何私下培养其宗教信仰，并且拒绝主教们调查异教思想。这样就只剩下一个原因——法律的卓越，这从国民的习俗中可以看出。[274]柏拉图称斯巴达人勇敢、节制，但不正义；称罗马人勇敢正义；犹太人对宗教虔诚；马赛人民正义且节制；希腊人以各种技艺著称，其他民族有其他德性。如果说威尼斯人在某种德性方面出众，我认为那就是议事和精明。我既不想埋没他们其他方面的德性，也不想过多地称赞他们。但是，赞美威尼斯人资源丰富的那些人却错得离谱。因为公共财富需要各种资金，当铺系统就是证据之一。如吉安诺蒂所坦言，这个系统消耗了公共税收的5%。

当然，威尼斯人以极大的热情保持其城市的各种古法；这是他们最大的功绩。传统的威望及其权威如此高，以致亚里士多德质疑，新的更好的法是否应该高于古法，他认为自己无法解答这个问题。他们给予其盟友和外国居住者法律上的最高平等，这一点的确值得称赞。他们对外国人也非常友好；若是谁拥有巨大财富，他们会与其联姻，却显得不是因为更重视其嫁妆，而是重视其高贵出身。他们将伟大的睿智投入国家议事、参与战争、结盟以及维持和平等事务。虽然这些措施都非常有效，但能捍卫统治的更重要原因是下述事实——其位置很难接近，因而能轻易地打败所有攻击。热那亚人曾经企图征服他们，不久前，法兰西国王路易十二也差点成功了，要不是无法将整个城市包围起来的话。因而，他们不怕敌人。而且，如今，缺乏武器和军事训练的人既无法发动内战，也没法成功发动叛乱。

相反，罗马人从对外战争中一撤军，就立刻卷入内战。虽然军事训练和民事训练都构建得很好的城市不仅需要法律的支撑，也需要武器的支撑，但如康塔里尼本人坦言，他们守护这个城市却只靠着其中之一,即获得了极大称赞的那个,而完全摒弃了另一个。因此,当外敌入侵时,他们不得不雇佣外国士兵、外国将军——我不知道这是否明智。然而,长久以来,所有军事领袖都一致反对这点;当然,在他们的记忆中,这也是导致城市沦陷最频繁的原因。因此,[275]科莱奥尼(Bartolomeo Colleoni)作为将军为国家做出了巨大贡献,威尼斯人便为他立了一尊金塑像。据说,他曾谴责威尼斯人轻率地把自己和国家托付给异邦人。科林斯落入僭主之手,其原因也正是把异邦将军提摩法涅斯(Timophanes)召唤进去。同样,不列颠人被盎格鲁人夺走统治权,西班牙人被摩尔人夺走统治权,希腊人被土耳其人夺走统治权,其诱因都是前者请后者来保护他们。康塔里尼写到,为了国内秩序与维持和平,军事训练被忽略,但应该担心的是,如果他们忽略了这一个,二者都会失去。

精英们相互之间团结一致、与国家融为一体,这对于统治稳定性的贡献不止一点点。因为如此异邦众军无法轻易颠覆他们,而不团结时很容易被推翻。亚里士多德说,少数几个统治者和谐一致的权力不易被撼动。那种和谐可以更稳定,与克里特人和斯巴达人的古老风俗一致,精英们非常频繁地参加隆重的公共宴会。总督被迫准备这些宴请,给他的市民们准备礼物,以帮助他们彼此团结、与国家一体。亚里士多德说,大城市更大的优势是,不太适合发生暴动,因为大量中间阶层的人居住于此,他们把最高和最低阶层的人联合在同一个社会里。但是,最能有效保护精英制国家的防卫措施,是权力非终身制,且权力分配有变化;任职期仅只有2个月,或3个月,或6个月,或最多1年。

但是,非永久性、主要是荣誉性质的职位其实并没有权力;例如,总督(doge/Ducis)、圣马克的行政长官(procurator of St. Mark/Procuratorum D. Marci)、总理(Chancellor/Cancellarii)等职位。然而,如果有人在德性或财富或受欢迎程度上高于其他人,就算不情愿也得授予他最高荣誉,以防他通过美妙耀眼的礼物蒙蔽其同胞市民的眼睛。雅典人和以弗所人以放逐的方式鲁莽地揭示出的那个帝国秘密，也是对德性的公开宣战，从洛雷丹(Loredan)之死中可以看出。当市民们正在骚乱之中、彼此进行谋杀式攻击时，他仅仅点点头就吓到了他们，于是他们丢下武器四处逃散，虽然职官们并没有权力能强迫他们。然而，他们无法忍受一个个体市民如此优秀卓越，虽然这个市民曾把国家从严重的挫败里拯救出来，于是如许多意大利人所说，他们毒死了他。

我并不想确认此事，也无法说服自己这么做。然而，他们习惯了[276]选出一个总督，不给他武器，把他关在家里并套上金锁链——不要太积极或不要太渴望荣誉，就当一个头脑简单的好人。他们害怕同样的事发生在他们身上——沼泽地里的青蛙祈求向朱庇特给它们一位王者，如伊索所讲，朱庇特给了青蛙们一根木棒，青蛙们非常生气；然后朱庇特就给它们送去了一只专吃青蛙的鹤。最后，事实上，威尼斯人享受轮流掌权和最大的自由，为了确保这个，市民们和异邦人都愿意保持和平。

这是人们如此称赞威尼斯人的国家的主要原因——生活在那里拥有极大的自由。然而，建立国家的目的不是自由，而是生活得更好。在一个人人都如此热切地纵容自己的习惯和欲望的城市里，德性当然几乎没有栖息之地。如果我们衡量人幸福的标准是财富、荣誉、领地、愉悦和无限制的自由，那这个国家中处处充满了幸福；但如果我们以更优越的德性为标准，我不明白为何威尼斯是最杰出的国家。在柏拉图看来，国家治理得不好的最明显证据就是，职官多，医生多。很久以前，雅典人中的职官和医生是最多的，而如今是威尼斯人。因而，他们常常耗费一年里的很多时间来挑选职官就不足为奇了。而且，官员数量如此庞大的原因，要么是人们永不满足地渴望荣誉和发号施令，要么是需要花大力气惩治诈骗或犯罪，或二者皆是。而人人口中都称赞的吕库古的国家，最初除了30个人组成的议事会以外没有其他职官，这30个人也是终身任职。伟大的儿童督导(Paedonomus)没有权力。有人以为有众多职官在鼓励国民热爱德性,其实不然,因为,统治与追求财富最能激发欲望。其实,曾经品尝过发号施令的乐趣的人不仅会忘记该如何服从,而且在任期满后也会攥住权力,舍不得放手。

因此,最近,我们审慎地通过了一项法律。国王亨利统治期间,因为某些人的邪恶手段,职官数量不断增加,我们认为应该降回到原来的数量,这项法律得到所有法院决议的认可。因为,职官数量的增长除了滋生盗窃、贪婪、腐败、浪费、贪恋控制权和大量诉讼外,还能有什么好结果?当然,那段时间,各种罪行和过度荒淫行为免遭惩罚的事情也最多。[277]因此,少量职官足矣,只要追求卓越是他们的目标就行。在这样的系统下,所有国民都会被鼓励追求德性做善事,以获得荣耀作为奖励。每个人都有此希望,而获得者却是少数。

威权、职官、荣誉不会使国民幸福,更不用说大尺度的自由了,那只会毁掉一个构建良好的国家。受奴役是卑劣的,但邪恶的特许更卑劣。而且,如果接受国王的权威是受奴役,那服从父母也同样是受奴役。我常奇怪,威尼斯人那么聪明地打理了一切事务,怎么会不选监察官呢——就像罗马人曾经那样,像如今卢卡人和热那亚人正在做的那样。由圣马克的市政官来做这个事情非常方便,他们的官衔逐级上升,终获得现在的职位。主教们的职能就在于此,他们曾担任当时的统治者的良师,通过唤醒其虔诚心引导他们尽忠职守,而现在主教们却是需要被最严厉审查的人。监察官非常重要且必要,罗马的成功似乎就在于此,比其他任何因素都重要。这个职位被废后,人们意识到了监察制度的意义,因为国家的辉煌尊贵也随着早期罗马人的德性一起消失了。威尼斯人接纳无数异邦人和外国居民时,其国家也承担着风险——被新来者夺权的风险。这并不缺乏现实例证。正是因为这个原因,阿凯亚人赶走了特洛曾人;[①]萨摩西人赶走了墨西拿人;卡尔斯登斯人(Chalcidensians)赶走了安菲波利斯人。

鲍桑尼亚和亚里士多德都记录过,卡尔斯登斯人本来允许安菲珀利坦人入境,只是不让他们分享荣誉。如果贵族们自己内部不融洽,那种事件更可怕。比如,尼狄的贵族们之前只是自己分享荣誉;但后来他们开始争吵,就被外国人和平民们驱逐了出境。同样的事情也发生在密提林人、奥斯蒂亚人(Ostians)、[②]菲西人(Phocean)身上,不久前还发生在锡耶纳人、热那亚人和日内瓦人身上。日内瓦的精英们为了争权夺位而相互争吵时,平民们就把他们赶下台了。柯西岛人的行为更残酷,修昔底德记录到,他们把好争论的贵族们全部扔进监牢,贵族们在监牢里遭受了最可怕的死亡。科隆的旅居者们在同样的狂怒中杀死了大部分贵族,因为只有贵族们能获得荣誉,还给旅居者强加了太重的赋税。[278]林道(Lindao)的旅居者杀死精英们后创设了平民护民官。

因此,威尼斯须得忧虑这个危险。因为整个城市1555年的人口普查表明,除了贵族,还有159459名异邦居民。这个数据里包括了妇女和6岁以上的男孩。大约1500名贵族统治着这些人,除了少数例外,25岁以下的青年人不允许参加集会,也不允许分享权力。威尼斯人计算人口时似乎并不明智。首先,神法禁止这样做;其次,外地人和穷人们知道了他们的人数和力量后,当然就存在谋划反抗贵族们的危险。罗马元老院曾发布法令,要求奴隶在装饰和

---

① [译注]特洛曾是希腊伯罗奔半岛东北部的城镇,希腊神话里提到,皮提斯的女儿埃斯特拉与埃勾斯在此处结合,并怀上伟大的希腊英雄忒修斯。公元前480年的萨拉米斯战役之前,忒米斯托克勒斯命令把雅典的妇女和儿童送到特罗曾以确保安全。哈利卡纳苏斯人在此处建立伊西斯神庙,因为他们把特洛曾视为母亲之城。中世纪时,此地被称为达马拉(Δαμαλᾶ),是一位阿凯亚公国男爵的领地。

② [译注]奥斯蒂亚是罗马公社里的一个大居住地,靠近古罗马港口,现在是一个主要的考古遗址,叫作奥斯提亚安提卡(Ostia Antica)。奥斯蒂亚也是第勒尼安海上唯一的罗马城市。

衣着上与自由民区分开来,塞涅卡说,如果奴隶们开始数自己的人数,那就危险了。而且,克里特战争表明了盟友们和旅居者到底对威尼斯人有多少爱。帕多瓦、维罗纳和其他城镇投降法兰西人也是如此。本博告诉我们,在那个节骨眼上,精英们免除了联盟市镇的纳贡和赋税,他们本来应该从联盟市镇那里获得帮助的,尤其在那种危急时刻。这足以证明,异邦人对他们更多的是惧怕,而非爱。

然而,我们会倾尽我们的财富和鲜血来保卫国王和国家的安全,尤其是在已经战败后。为避免论述太过散漫,证实一个国家善好且高效的最好事实,就是能勇敢地驱逐敌人,将国民维持在一种知足状态中。威尼斯人常常易于被敌人征服,他们也无法限制国民们惩罚18位总督,将其处死或放逐。18这个数字是萨贝利库斯说的,从他们建立精英制开始计算。但是,根据吉安诺蒂的记录,依照法律决议,即使是洛雷丹总督的继承者们,也被迫向国库缴纳1500金冠,因为洛雷丹曾经对市民们不够慷慨。

我不再讲内战了,威尼斯人还崇尚军事训练时,这个城市里内战爆发得太过频繁。我也不讲博克尼家族、法列里家族、蒂耶波洛家族(the Tiepolo)和巴雅蒙特家族(the Bajamonte)①的各种阴谋了,在议员们被包围、与市民们展开最血腥的战斗之后,他们的阴谋不幸摧毁了这个国家。[279]我不提朱斯蒂尼亚尼(Giustiniani)家族、斯凯沃拉(Scaevola)的人、塞利家族(the Selii)、巴苏斯(Bassus)的追随者们连续不断的严重骚乱了,以及各种流放和谋杀——没有别的原因,就是他们不信任统治者。这种事情发生了太多——与没有舵手的船上发生的事一样。珀律比俄斯讲过这个例子,这个想转动舵柄,那个想张帆起航,还有一个想掉头航行,与如此多的舵手们在一起的乘客们就处于危险之中。最终,他们向

① 要么博丹指的是奎里尼(Querini),要么巴雅蒙特应该是作为人名放在蒂耶波洛前。

港口的观望者们展示了悲惨的船骸。

而且，日耳曼人由王权统治时，虽然曾靠其军队的力量轻易地战胜了所有民族，但之后被土耳其和瑞士军队、西班牙军队、法兰西军队、意大利军队，最后被他们自己的国民恐怖地摧毁，谁没有见过呢？由此，我们可知，君主国远远优于精英制。约瑟夫斯和有些人认为，在圣经中，上帝诅咒了君主国，并在希伯来人中建立了精英制，我们应该批驳这种观点。约瑟夫斯在《犹太古史》卷六章六里叙述了那种观点，①尽管犹太人斐洛在关于创设人君的那卷教导，建立君主一人之治的模式是上帝的命令。

但是，我们来反驳一下约瑟夫斯的观点。只看《撒母耳记》②中的话语，他的确描述的不是一个王国，而是僭主制，这与梅兰希顿的观点相反。因为，即使学了一点希伯来语的人都不明白，מלך的意思既指"国王"，也指"僭主"？因此，据说亚伯拉罕要屠杀国王时遭到了拒绝。但是，如所有最优秀的阐释者们所讲，משפט一词在这里，指的不是国王的权力，而是习俗和用法。除非描述的是僭主，不然为何在《申命记》17 里，③摩西命令国王学习法律的不同戒律，遵循神法统治民众？根据这一章，不仅民主制权力和贵族制权力遭到否定，而且王权得到了赞许。还有句话：汝等不可恶言民之君主；这就是对一人之治的肯定。"犹太公会"那卷的章二④充分地描述了犹太人中存在的王权君威。

希伯来人帝国的兴衰

据推断，也当然如此，摩西具有王权，事实是，他不问民众，也

---

① 约瑟夫斯，《犹太古史》(*Jewish Antiquities*)，段 36－37。

② 《撒母耳记》(Samuel)10：18。

③ 《申命记》(Deuteronomy)27。

④ 自塔木德经(Talmud)。

不问贵族的意愿,[280]自行立法、挑选议事会成员和职官,创立祭祀,不经审批,一次性处死逾4万煽动暴乱的国民,依照他自己的意愿立约书亚为王,从这些行为足以推断他拥有王权,因为除此以外,没有什么事务需要更高的权力。约书亚去世后,长老们选择欧托尼耶(Othoniel)为领袖,继之是埃胡德(Ehud)。因此,殉教者彼得(Peter Martyr)所述无误,即精英制始于欧托尼耶被长老们选举为领袖之时,虽然阐释者们更愿意说领袖们是被神圣命令而非人类议事会挑选出来的。基甸(Gideon)也是以这种方式选举出来的。他说:"我不会统治你们,我的儿子也不会,但上帝会。"①最后,以利和撒母耳的儿子们表现得太糟,贵族们的权力沦为帮派争斗,苦恼的平民们便寻求一位国王。之后,骚乱的确消失了。因此,迈蒙尼德②写到,神法禁止犹太人在拥立一个王之前建立神庙,那个王才可以以权力制止混乱,从而统治。这些东西记录在《迷途指津》卷三章四十七。

从这些例子可以明显看出,上帝偏爱王权,不喜僭政。国王一旦选定,长老们就不能拥有主权,而只能议事,摩西曾经就这样安排。事实上,罗慕路斯希望由元老院决定次级重要的事,他自己决议更重要的事,从狄奥尼修斯的作品里可知这点。摩西在创设元老院时也发布过同样的命令,《民数记》(Numbers)章二中③有记载。因此,阐释耶利米的那个迦勒底阐释者写到,一个71人的元老院(希伯来人称之为משפט,但他自己称之为Sanhedrin,这是一个被误用的希腊词)在国王之下、拥有批准法律和裁决的最高权力,他指的其实是颁布法律和公布案件;在我国,是高等法院公布法律,而缺乏经验的人认为是他们批准法律,但这项权力只属于君主。同一个

① 《士师记》(Judges)8:23。

② 迈蒙尼德(埃及人摩西,1135-1204),亚里士多德主义者,著有《迷途指津》(*Guide Of the Perplexed*),以及关于占星术、天文学、塔木德经、法律和哲学方面的著作。

③ 《民数记》(Numbers)II:16,17。

迦勒底阐释者还说，没有元老院，关于部落、高级祭司、王室的案件以及关于错误预言的案件都无法解决。然而，迈蒙尼德在《迷途指津》卷三的最后一章写到，“元老院有剑的权力”(The senate had the power of the sword/gladii potestatem habuisse Senatum)。在这同一个元老院中，有23位首席人选[281]被分散在各个市政做灵魂的裁决者(judges of souls/animarum judices)，还有7位判决钱财和货物之事。这些人中间，3位安排审讯，5位审理第一次上述，7位决议第二次上述。另外，有10人审理商业事务，就像古罗马的民选行政官，其中包括一位祭司。处理这些事务时，还要加上3位仲裁者，双方诉讼当事人可各自挑选一位，被挑选出来的两位再挑选第三位。希伯来人《法律大全》(*Pandects*)里名为“犹太公会”(Sanhedrin)那篇的章一至章三里详尽地解释了所有这些规则。最后，显然，元老院成员通常由这个元老院中拥有终身权力的人挑选；但所有这些事情必须得到国王下令批准，所以元老院没有判决以外的任何权力。从对希律的判决中可以看出这点，他要求屠杀儿童时，是在希伯来人的元老院面前陈述案情，但他是依照国王兼最高祭司许尔堪(Hyrcanus)的命令才这样做的，是许尔堪而非元老院赦免了他。这件事被约瑟夫斯记录在卷十四章十六。

那之前很久，所罗门(Solomon)去世后，他的儿子建立了僭政。人民被分成两部分，建立起两个王国或者更该说是两个僭主制——一个来自犹大(Judah)和便雅悯(Benjamin)——的部落，另一个是其余部落的僭政，这样国王或僭主允许元老院有多大权力，他们就拥有多大的权力。同样，每个罗马皇帝都曾依照自己的意志削弱元老院的权力。所以，罗马元老院宣布某些皇帝是敌人或判处他们死刑，例如尼禄和马克西米努斯，希伯来人的元老院也判决过希律的案件，当时希律尚是青年，如果不是许尔堪国王出面制止，他会因恶性谋杀罪而被判死刑。当希律成年并获得完全统治权后，他杀死了许尔堪王和除示玛雅(Shemaiah)以外的所有元老院成员，而其实示玛雅才是他最大的敌人,但据约瑟夫斯在卷十四中所讲,希律赦免的是这个名字的荣耀。那么,显然,希伯来人从建国开始,在一王之治下兴盛了160年。之后,精英们的统治持续了244年。然后,希伯来人建立了君主国,很快又被分割为两个僭政,并持续了496年,直到最后被亚述人推翻。最初,撒马利亚(Samaria)的国王们和10个部落被带入迦勒底,然后耶路撒冷的国王们和剩下的人民也被带走。他们遭受了70年的流放后,再次回到故土,在国王和祭司们的统治下繁荣起来,直到被内战和与邻人的战争削弱,[282]落入埃及人的权力管辖下,后来又被希腊人统治,晚些时候又被以土买人统治。最后,朱迪亚被奥古斯都降为一个行省,接受了罗马人的统治,100年之后,他们又叛逃了。在那段岁月里,耶路撒冷被占领且夷为平地。因为所有邻人都共谋摧毁这个民族,在亚洲和非洲,他们都遭受过大屠杀,以致人们认为整个希伯来种族都灭绝了。约瑟夫斯给出的被杀害的人数显然超过了30万。剩下的人被带走降为奴隶,从那时起,他们被分散在世界的各个角落。

王权最优

既然王权是天性使然,即由上帝——万物之主所定,是由东方三圣贤挑选并做出的非凡决定,得到荷马、色诺芬、亚里士多德、普鲁塔克、狄奥、阿波罗尼乌斯、杰罗姆和塞浦路斯的赞赏,经过奥古斯都与米希纳斯和阿格里帕严肃地讨论后建立,最后,得到所有民族的一致认可,或是得到名声最好的民族的认可,历经长期经验的验证——那么,它就是最佳政体形式,还需要多说吗?

君主国中应避免选举

现在,我们必须要以恰当的论点来驳斥君王选举理论。亚里士多德认为，世袭国王危险且显然不文明。其他人以为选举国王和世袭国王没什么区别。第三章末尾，[①]他提出，斯巴达人不如迦太基人，因为后者实行国王选举制度；而前者的国王都来自赫拉克勒斯家族。其次，埃及人必然不文明——亚述人、马其顿人、腓尼基人、埃塞俄比亚人、阿比西尼亚人、土耳其人、印度人、鞑靼人、俄罗斯人、波兰人、丹麦人、瑞典人、不列颠人、意大利人、法兰西人、西班牙人和美洲人——最后，地球上的所有民族都不文明，除了日耳曼人、瑞士人及其联盟、威尼斯人、拉古萨人、卢开塞人和热那亚人，这些民族要么是精英制，要么是民主制。

但是，如果这么多民族只是因为他们有世袭国王就不文明，什么地方才会有文明的栖身之地呢？其实，亚里士多德所谓的世袭国王的灾难性，我认为十分荒谬。首先，空位期显然极其危险，因为无君之国，正如无舵手的船，[283]会因叛乱的风浪而动荡不安，常常因此而沉没。*皇帝腓特烈二世*(Friedrich II)死后就发生了这种事情。国家陷入无统治状态，由于诸侯们的内讧，王位空缺整整18年。而且，在埃及苏丹们交替的空位期期间，还有什么比没人制止奴隶们毫无节制地抢劫平民更邪恶？在罗马教宗交替的空位期期间，还有什么比所有事务都停止、屠杀和强奸不受惩罚更邪恶？

而且，选举君王制度显然不具操作性。不可能举行如亚里士多德所愿的全民选举，因为人民缺乏逻辑能力和智慧。因此，必然由少数最好的人来选定君主。但是，人民会怨恨，军队会拒绝。所以，罗马元老院和执政官们长期严重不合。元老院喜欢的人军团不喜欢，军团常常分布在各地，同时创造出几个皇帝，有一次竟同时选出30个。因此，内战爆发，谋杀、财物没收频发，整个帝国陷入最不幸的混乱之中。更悲惨的是，每个获得权力的人都非常邪

---

① 亚里士多德，《政治学》II. 8. 1269a15。

恶，而好人却主动拒绝承担这一负担。如果偶尔有个君主贤明，希望能指定一个好人作为他权力的继任者，如涅耳瓦、图拉真、哈德良和安托尼努斯皮乌斯所为，君主的选举者们又认为这种做法不文明。但是，既然所有人都有获得权力的希望，而最终成功者只有一个，领航者被杀之后，通向权力之路就向强盗和毒瘤们敞开了。因为，臣民对君主的尊重是维持国家稳定的最好基石，而对于一个来历不明或曾与自己一样的人，或通过犯罪、或仅凭财富而获得控制权的人，人民怎么会不讥讽呢？

罗马皇帝们被自己人像屠杀牲口一样杀死，这种事情再普遍不过了。被杀的皇帝至少有30位。亚里士多德所谓的最危险的子承父权时期恰恰是国家最稳定的时期。日耳曼的诸侯们因争夺权力而发动了无休无止的战争，直到父亲将其儿子立为凯撒才平息。例如，亨利三世(Henry III)在他儿子还处于孩童时期就选定了他。其子又选定其孙。查理四世选定其子为继承人；后者又选定其兄弟西吉斯蒙德，西吉斯蒙德选定其女婿。弗雷德里克选定马克西米利安，后者选定其孙。其余的大多都死了，不是被谋杀，就是被毒死[284]——鲁道夫、阿尔伯特(Albert)、亨利七世、弗雷德里克三世、路易四世(Louis the Bavarian)、亨利之孙查理(Charles, grandson of Henry)和巩特尔(Gunther)。

但是，波兰和匈牙利国王们的议会，他们所谓的 cari，掌握在军队手里；正因为如此，内战频繁爆发。如果不是雅盖隆家族(the Jagellons)靠血统优势赢得选举，那个帝国早就灭亡了。埃及曾选举出不下15位苏丹。其中7位被奴隶们杀死，而曾经选举他们的也正是这些人。这7位是图吉(Tughi)、马利克(Malik)、沙阿(Shah)、科土兹(Kotuz)、邦杜克达(Bunduqdar)、默罕默德(Mohammed)、契尔寇(Chirkouh)和扬巴拉特(Janbalat)。但是，萨拉丁的兄弟萨法丁(Saphadin)被人民选举出来后，残忍地杀死了其兄弟的10个儿子，以确保自己统治地位的安全。土耳其人让禁卫军们投票决定继位人选，其实他们获取权力的唯一方式就是相互屠杀。最后，据说罗马教宗们虽然是选举出来的，但上了年纪后，为了避免其统治期太长，他们会被毒死。有时，地方辖区或行省的统治者不愿意其权力被收回——例如日耳曼的公爵和伯爵们。我们王国各省的伯爵和公爵们也一样，一旦他们凭借自己的权力选出了国王，也不愿意放弃权力——普夫卢格和埃米利乌斯就曾这样坦言。为了当上国王，卡佩（Hugh Capet）同意让每个伯爵凭借各自在封疆里的权力而拥有各自的省。因此，封地权、帝国政权和司法权逐渐都变为世袭所有物。博韦（Beauvais）图书馆里存有国王任职和人民选举的古代模式，据说亨利一世就以那种方式在该地当选的。但是，我不知道还有哪些更古老的或者后继的国王是通过选举产生的；当然，如果法兰西沦落到投票选王，王国根本不会维存那么久。

日耳曼人也是一样。撒克逊省于913年以这种方式交予亨利一世（Henry I）。另一个领主获得了另一个省，诸侯们逐渐免除各城镇的赋税，从而让他们可以更容易地获得帝国权力，例如尼姆维根（Nimwegen）就是这样。在某些城镇，只要付一定数量的钱，就能彻底获得自治权，例如鲁道夫在1230年[①]就这样获得了伊特鲁里亚所有市镇的控制权。卢凯塞人用12000金冠赎回自由；佛罗伦萨花了6000。之后，鲁珀特（Rupert）授予其儿子3个帝属市（urbes Imperiales）。查理四世[285]把米兰卖给其管理者；奥托卖掉了伊思尼亚（Isnia）；[②]路易卖掉了埃格尔；弗雷德里克麦卖掉了纽伦堡。乌尔姆赢得其自由，还有很多其他城市也一样。罗马教宗们也做过这样的事，所以他们的职官们在各自的行省建立僭政，就像我们之前讨论过的那样。但是，如果对权力和依法继承抱

① 是印刷错误吗？应为1273年？

② 可能是把伊芙雷亚（Ivrea）误印为了Isnia。

有希望，各省就不会被割让。

那么，亚述人、波斯人、埃及人、马其顿人和法兰西人该有多高兴呢？他们安定平和地兴盛了那么多时代、那么多世纪，只因为他们都从一个皇室里挑选国王。我认为，虽然我们四处寻求，但我们能为构建良好的国家找到的最好证据就是其持续时长。阿比西尼亚人 800 年以来掌控着非洲最伟大的帝国，他们一直从同一个家族选择国王。为了预防这个家族某时可能衰落，预防出现几个要求分享权力的人因为渴求统治而把人民分割成很多派，就像常常发生在土耳其人和波斯人身上的事一样，或者，为了避免他们自己不因弑亲而自取其辱，就像德奥塔鲁斯(Deiotarus)为了稳固统治地位而杀掉他的所有后裔只留其中一个一样——据阿尔瓦雷兹记录，他们把国王的亲属隔离、统一养育在一个非常坚固的要塞——高耸的昂加山里，必须得经过陡峭狭窄之地才能到达那地方。他们还安排非常强壮的看守守卫那些地方。国王去世后，他们并不总是选择最近的男性血亲，而是贵族们和守护者们选择他们认为最合适的人来继位。丹麦人、瑞典人和匈牙利人也有这种习俗，所以他们可以从很多孩子里任意选取喜欢的一个。然后，阿比西尼亚人把选定的人从要塞带出，就像某位神从天而降，给予他最大的荣耀的忠诚。虽然这个人管理着 50 个省，但没有哪个市镇有城墙和堡垒环绕，这是为了让君主看起来更相信人民的仁爱之心，而非相信其他防护措施，或者为了避免让企图煽动暴乱的人认为有任何反叛的机会。

而且，是什么给帕提亚人和土耳其人带来了那样的荣耀？难道不是两个帝国都唤起了其民众的崇敬和忠诚吗？土耳其人依靠其种族和奥斯曼人的信仰，帕提亚人信任阿萨息斯的子孙们。马基雅维里[286]认为，如果土耳其君主与其孩子们一起被杀，帝国会崩溃，因为那样帝国就失去了能够正义地跟从的领袖；这个观点并不对。还有四个家族，其种族的辉煌和古老性长期以来并不输于奥斯曼人：马查罗格里人（the Michalogli）、埃伯勒涅斯人（the Ebrenes）、图拉坎人（the Turacanii）和马拉孔人（the Malaconii），这些人与奥斯曼人出自同一血脉。但是，这些人被明智地隔离，没有对君主及其统治产生嫉妒之情，否则可能冒险挑起反叛。

然而，迦太基人、波斯人、法兰西人、不列颠人和西班牙人却能以最便利的方法——继承法案维持其帝国。即使是佛罗伦萨人，赢得自由以后，在发动长期内战使城市和自己蒙羞以后，发现无法终止这一切，便通过其外交官一致祈求教宗派给他们一个皇室成员，他们会把统治权交给这个人。因此，教宗派去了瓦卢瓦的查理，他一出现，骚乱立刻停止，对血统和宗族的尊敬如此有效，竟然能通过共同的尊敬和良意把人们团结起来。当然，这种团结是所有国家的目标，接替统治权的人不仅应该是最近的父系亲属，而且应该是长子，应该就此立法。否则，后代之间常常会出现谋杀和内讧。其实，国家的臣民之间的内部战争比与陌生人之间的战争恐怖得多，因为手足相残更严重。有土耳其人可怕的弑亲史为证，最后终于把那个国家给毁掉了。因为在任苏丹的前任瑟利姆曾有不祥预感，所以他确认了其子索里曼（Solyman）的权威之后，灭掉了所有亲生儿子的希望。索莱曼模仿德奥塔鲁斯，亲眼看着所有儿子被杀，只留最后一个。如果只有长子有继承帝国的希望，其余的就会忠诚于他，就像我国的情况一样，没有关于兄弟相残的记录。

那么，在我看来，皇权这样的构成最为优秀，尤其有利于国民团体，就像被甜蜜的谐音调和在一起的和声一样。事实上，柏拉图希望他的国家根据几何率来管理，亚里士多德敏锐聪明地看到，这仅涉及奖赏问题。他认为算数率与遵守誓约和惩罚相关。我不讨论这观点正确与否；但是关于和谐率，两个人都只字未提。然而，我认为这种比率最美妙，适合于最好国家的政体形式。[287]首先，它从算数率和几何率发展而来，却与二者都不同。和谐率无法与赏罚或誓约相关，因为誓约的本质就是算数平等，赏罚的本质是稳定的几何相似。和谐平等只存在于上级与下级的关系里。就像第一间隔即八度音阶，以 1 到 2 的比率，囊括了所有间隔，同样，主权也应在同一个君主之手，所有职官都由他设置。第二和三个间隔通过在原弦的基础上分别增加自身的 1/2 或 1/3 而得。前者的比率是 $1:1^{1/2}$，产生了一个“五度音”；另一个的比率是 $1:1^{1/3}$，产生了一个“四度音”。他们一起构成第一间隔。第四间隔并不协调。① 余下的间隔制造出强烈的不和谐音，第二个被分为无数部分。数字量增加得越多，间隔的影响力相应地也逐渐减少，直至没有什么影响。

因此，如果我们要通过一个永恒序列展开研究，显然几个人分享权力违背天性，就像在许多数字里分配和声一样。而且，那个特点是音乐比例特有的——即间隔比单个的音符更重要，如果比率颠倒，各音符也可以彼此组合构成和声——这个特点只与君主国相符，在君主国里，权力逐级传至职官。就像管理下层一样，他们也遵从上级，直至在君主那里得到统一。君主就像四季不断的源泉，汇聚着整个帝国的最高权威。进而，数字 1 与其他数字区别开来，称为特殊的一类。但是，和谐比率是否与帝国权力相符，我更愿意把这个晦涩的问题留给他人评判，而不愿自己

① 这一段很晦涩。拉丁原文是 Quemadmodum primum intervallum scilicet ab uno ad binarium in dupla ratione concentus omnes amplectitur ：sic inuno et eodem principe summum est imp erium，et ab eo f1uit ad omnes magistratus. Alterumintervallum duorum aut trium，ratione sesquialtera diapente，tertium diatessarwn complectitur，et utrumque primo intervallo comprehensum est，quartum nullum efficit concentum。参见康福德（F. M. Cornford），《柏拉图的宇宙论》（*Plato's Cosmology*），页 66－71 以及马可比乌斯（Macrobius），《西庇阿之梦》（*In somnium Scipionis*）II. I。感谢卫斯理大学斯滕菲尔德（F. W. Sternfeld）博士在这一段的英译中给予帮助。

率先给出定论。

然而，这三种比例——算数的[A. 2. 4. 5. 6]、①几何的[G. 1. 2. 5. 8]、和谐的[H. 2. 3. 4. 6]——我认为代表着[288]忒弥斯的三个女儿，就像诗人们想象的那样，即代表欧诺弥亚（Eunomia）、狄刻（Dike）和狄凯俄绪涅（Dikaiosyne）；②中间的女神拥抱其他两位合成一个整体。她们被解读为象征秩序、正义与和平。和平与和谐比率显然最相符，是各帝国和国家最卓越最好的目标。我认为，古代立法者们通过公共宴请的方式团结国民，其目的就在于此。因此，米诺斯命令克里特人的集会都要以节日盛宴的方式庆祝，他们自己称之为ἀνδρεῖα，吕库古称之为φειδίτια或φιλίτια，柏拉图称之为συμπόσια，摩西称之为σκηνοπηγία或者大πάσαχ，希腊人误称为πάσχα；早期克里特人追随米诺斯，举办爱心盛宴（ἀγάπας），从克莱门特写给耶路撒冷教会的第四封信可知此事。雅典人城市公共厅里举行的公共会餐以及泛雅典娜节和地母节举行的盛宴也属此列。罗马人近亲间举行的 caristia、在朱庇特神庙里和公共祭祀上举行的盛宴也一样。圣餐主持人（epulones）就因此而设，威尼斯人以此为参照创设了四个公共节日。而且，瑞士立法者们曾希望在斯咖法（Schaffae）里举行饮酒赛，现在他们已经立法禁止了此项活动，因为国民们可能因为醉酒而变得野蛮粗鲁，不仅忘记了文明与尊严，而且可能无法克制恨意、报复冲动和争吵，忘记和平、友爱与仁慈。所有这些活动都与一种统治相关，这是一种从天国下到人间的统治，常常被耶稣以圣餐的方式应用，即我们应该彼此相爱。

---

① 这些数学方程式是博丹在书边空白处写的。

② 赫西俄德，《神谱》（*T'heogony*）I. 920。1583 年版写的是δύναμις力量，而非εὐνόμια秩序。[译注]赫西俄德在《神谱》中给出的时序三女神的名称依次是秩序女神欧诺弥亚（Eunomia，Εὐνομία）、正义女神狄刻（Dike，Δίκη，也称 Dikaiosyne）与和平女神厄瑞涅（Eirene，Εἰρήνη），此处可能为笔误。

关于所谓国家良法的其他事务就在其他地方另行讨论。我们现在谈的不是最好的国家，而是最佳政体。然而，所有关于最好国家的法律都被指向最好的君主教育。柏拉图的这句话比任何先知讲的任何话都更具神性："国之君主为之，国民亦皆为之。"长期的经验让我们发现了这句话中的无限真理。例如，无需寻找更早的例子，就说说法兰西国王弗朗索瓦一世。他的先祖们都不重视文学，但是他一开始喜爱，贵族们立马效仿。其他阶层也热切地研习好的文学艺术，因而涌现了大量博学的人。[289]对于日后某时会成为国家领袖的那几个精英，塑造他们的德性很难，更难的是塑造许多人的德性，最难的是塑造所有人的德性；因之，想要得到学问的最好教师和指导者，就要奖励对君主的教育。不是给年轻君主灌输外语——我们注意到有人曾愚蠢徒劳地这样干——而是给予他们真正的宗教。

所有讨论法律和统治的话题中，最重要最值得投入热情和研究的是，君主应该明白他此生的目的是为了真正地侍奉上帝。国家和所有法律的最终安危就在于此。因为，这样教育出来的君主，能够意识到上帝是他所有行为的裁决者和观察者，他也就不会做什么恶毒之事，甚至不会思考任何卑鄙之事。他的国民会对他又爱又怕，会以他为榜样，规塑自己的生活和习俗，就像国王路易十一和国王爱德华一世，据说，他们因为各自绝对正直的生活而被列为圣人。法兰西人的帝国和英格兰人的帝国维存了那么长时间，正是因为他们的法律和他们优秀的生活方式。当英格兰的人民要求实行忏悔者爱德华(Edward the Confessor)颁布的法律而国王不予理会时，那些国王常常会被罢黜。那么，这就是王国赖以存在的根基，没有这一根基，对于君主来说，颁布的法律就没有效力，因为能够制止邪恶之人伤害别人和犯罪的手段，不是宗教顾虑，而是对职官们的畏惧。

然而，若是君主不因敬畏上帝而约束自己，哪个官员、哪条法律、哪个权威又能约束他呢？宗教的力量与尊贵就在于，它不仅能以一己之力驱逐恶性，褒扬所有德性，人最高最终极的善就在于这些德性，而且它对君主本人至关重要，这比任何其他事务都能更有效地支撑他的权力。甚至最初亚里士多德，后来珀律比俄斯和伊壁鸠鲁也都承认这一点，虽然他们轻视神权。因此，伊壁鸠鲁主义者特赫巴提乌斯(Trebatius)认为，可以写关于宗教的著作。然而，既然君主有诸多难以约束的欲望，君主教育的第二重要之事就是以牢固的真正功绩来养育他。在这种氛围中，他会慢慢成长。因此，圣托马斯跟随亚里士多德的观点，认为应该训练君主，因为如果君主不满足于荣耀，就会变成僭主。[290]他会寻求财富和愉悦；因而会变成强盗且荒诞无度。

小狄奥尼修斯就是这样，他父亲把他养在舒适愉悦的环境中，从未把他从训练场带出进入公共视野，他完全没有接受过任何能让他变得坚强的训练，缺乏对真正功绩的鉴赏力。所以，他周围围满了危险的谄媚者，自己也放纵自己的诸多欲望，直到最后被赶下僭主之位，就像被赶出城塞一样。反之，渴望荣耀的人不仅会远离恶名和生活中的卑劣事物，而且懂得真正有价值的只在于将德性表现为行为。这样，他可以控制邪恶，守护善好，以赞扬和奖赏推崇勇敢者和聪慧者的行为，而给予邪恶者永恒的羞耻。

第七章　驳四帝国说及黄金时代说

[291]四帝国学说由来已久，却并不正确，很多伟大人物的名望使得这个说法世人皆知，这个说法的起源如此久远，似乎很难根除。它获得了无数圣经阐释者的认同；其中包括现代作者路德、梅兰希顿、司雷丹、卢西杜斯、房克和潘维尼奥——这些对古代史和神圣事物都非常熟知的人。有时，受到他们的权威的影响，我也曾认为不该质疑这个说法。我还受到但以理预言的影响，蔑视其可靠性是罪过，质疑其权威性即是恶。

然而，我的理解是，但以理书中的话其实是模糊不清的，可能被扭曲为各种意思。而在阐释预言时我更愿意采纳法庭里的范式表达："它并没有显示"，[①]而不是草率地赞同任何人的意见，因为其他人的意见我都弄不懂。我完全同意加尔文(Calvin)在被问到关于《启示录》一书时的回答，那个回答既智慧，也圆滑，他坦率地说，完全看不懂这个含糊的作者表达的意思，对于作者的身份，博学者们还没有一致意见。同样，我也不明白如何把野兽和但以理讨论的图景与那些帝国联系起来。那些帝国如今在各处繁荣，而且数世纪以来一直繁荣。

---

① *Non liquet*.

论证的开始，我们必须假设君主国的辖区和范围有限，或者说，君主国的君主和臣民对君主国非常满意，这样才可能理解他们所谓的君主国的含义。虽然这个含义在这个论争里非常重要，但这一预言的阐释者们却并没有明确界定它。他们假设有四种野兽，想象这四种野兽代表同等数目的帝国：即亚述人、波斯人、希腊人和罗马人的帝国。他们预言将不会再有其他帝国。最终，日耳曼人将会控制罗马帝国。鉴于这种解释出自日耳曼人，我断定他们是为了自己的名声和帝国荣耀才这么写的，[292]因为这样解释但以理的话实在太奇怪了。所以，我希望用他们自己的论证来驳倒他们。

首先，梅兰希顿说过，在他看来，君主国是国家的主权权力，这个国家能征服别人的财富和资源。鉴于"君主国"不能适用于罗马人的民主制政体，我们要使用"帝国"一词。如果我们排除术语的特指性质来权衡这个问题的话，显然日耳曼人提罗马人的君主国并没有什么重要意义，因为罗马人的统治范围几乎还不到世界的百分之一，西班牙国王的帝国比他们的大——不管从人口，还是地域上讲——再加上他们在美洲的统治疆域的话，有三个欧洲那么大。如果我们以地域规模来定义帝国，日耳曼人甚至比不上葡萄牙的国王，他占领了几乎整个非洲海岸，并打退了野蛮人的进攻。所以，应以权力和存续时间来界定什么是帝国，在这点上，我当然与他们一致。但是，我不明白日耳曼能以什么方式对抗查理五世统治下的西班牙和意大利军团，若不是法兰西帮忙，查理五世这个败家子早就把国家败得只剩下一个省了，日耳曼人一些仍然传世的著名文献可以证实这些。日耳曼人同样也应该感谢我们。

转而来看其他国家，日耳曼人凭什么可以对抗土耳其苏丹？或者说，这两个国家哪一个被称为君主国更恰当？世界上任何一个有帝国尊严和真正君主制的地方，都从苏丹发端而来。他拥有亚洲、非洲和欧洲最富饶的部分，统治着整个地中海的辽阔区域和除少数几个岛屿以外的其他所有岛屿。而且，在武装军队和武装力量方面，他如此强大，以致他一方就能匹敌几乎所有其他君主之合力，因为他把波斯人和莫斯科人的军队从其帝国边界赶得远远的。但是，他靠着强大的军队夺得了基督徒的很多省和希腊人的帝国，甚至毁掉了日耳曼人的土地。我不会再讨论埃塞俄比亚君主了，他的人民称他为 Jochan Bellu，即“珍贵的宝石”(precious gem /gemma pretiosa)，他的帝国只比整个欧洲小一点点。鞑靼人的皇帝统治着各个野蛮人的部落，那些部落处于原始状态、[293]无以计数、无法靠武力征服，对于他们，日耳曼人又当如何？把日耳曼与这些帝国相比，简直是以蝇比象。

日耳曼人定义君主国的方式很荒谬，即根据梅兰希顿的阐释，君主国是所有国家中最强大的。更荒谬的是，他们以为自己掌控着罗马帝国，对于所有熟知世界版图的人来讲，这看法似乎很可笑。图拉真在位期间的罗马帝国最繁荣，之前从未如此伟大，之后不断衰败，从阿庇安和卢福思的书中可知这点，这二人都在图拉真时期写作。事实上，当时的罗马北到多瑙河和奥克尼群岛，西至加迪斯，东临幼发拉底河，南限欧伊诺波利斯(Oenopolis)。图拉真在多瑙河上架了一座桥，把达契亚加入了帝国版图，从而超过了德塞巴鲁斯王(King Decebalus)。然后，打败了帕提亚人的军团后，他又跨过幼法拉底河，把美索不达米亚和阿拉伯费利克斯区的一大部分土地加入了先祖们传给他的帝国疆域里。庞培在其早期岁月曾顽强地企图达到这个目标，尽管当帕提亚国王问他，幼法拉底河是不是该作为罗马帝国和帕提亚帝国的边界时，他曾说，罗马人的疆域不受河流的限制，而是受制于其正义。

然而，日耳曼人仅仅只拥有原罗马帝国的诺里库姆和文德里西亚两地。日耳曼的疆域,南线是莱茵河、多瑙河、维斯瓦河、喀尔巴阡山脉和地中海,其所有管辖范围止于阿尔卑斯山山麓;西面是莱茵河及莱茵河这面的几个城市;东临西里西亚(Silesia);北到波罗的海区域。土耳其人的国王从基督徒手中夺走了帝国首都拜占庭,从波斯人手里夺走了巴比伦地区,但以理书里曾提到此事,并且他还把多瑙河以外直至第聂伯河河口和古罗马各省的一大片区域囊入其统治范围,那么,土耳其国王是否更应该被称为罗马帝国的继承者呢?如果我们以军事理论、或财富多少、或土地的肥沃程度、或打了多少胜仗、或人口数量、或名称的词源、或是否是但以理的祖国、或是否是巴比伦人帝国的所在地、或统治的广阔度等标准来定义君主国,那把但以理的预言阐释为指土耳其人的苏丹,显然更合适。

即便如此,迄今为止,也出现过不止四个,[294]而是几乎无数个比巴比伦更大的帝国。他们漏数了第一个为巴比伦奠基的迦勒底人的帝国。他们忽略了把亚述人赶跑的米底王国,尼布甲尼撒(Nebuchadnezzar)当然出自米底族,而非亚述人。他们也忘掉了把希腊人赶走的帕提亚帝国,帕提亚人频繁脱离罗马人的权力范围,常常致使皇帝们被俘,或者,更经常入侵其各行省。他们忽略了夺得巴比伦帝国并武力占领亚洲、非洲和欧洲很大一部分的阿拉伯人。但是,如果他们把迦勒底、米底、亚述和帕提亚都归在“帝国”这个名目下,那为什么不能把其邻居波斯人的帝国也加进来呢?尤其是他们还把明显距离他们最远的米底帝国都算进去了。帕提亚人其实离巴比伦非常远,他们只是夺取了巴比伦而已。如果居鲁士能从米底君主变为波斯君主,即如果他一人的胜利便使统治权发生了改变,虽然从种族和习俗上看,他更接近米底人,那为何不能以同样的标准看待迦勒底人、帕提亚人、米底人和阿拉伯人呢?波斯人居鲁士建立了一个新的君主国,那同样,下述这些人也创建了君主国:西班牙人图拉真创建了西班牙君主国;法国血统的卡拉卡拉、卡鲁斯(Carus)、卡里努斯(Carinus)和安东尼努斯(Antoninus)创建了高卢君主国。以下这些也都应该一样:叙利亚人亚历山大和赫利俄加巴卢斯;阿拉伯人腓力;哥特人托提拉、维蒂吉(Witigis)、忒阿达图(Theadatus)和阿拉里克,他们不仅攻入罗马帝国的行省,而且攻入其首都,欺压意大利并最终把这座城市烧光杀光。最后,他们武力掌控意大利70年,虽然期间亚历山大大帝冲破了波斯人的权力,也仅仅只统治了12年,如闪电一般,各处闪耀一下便随即熄灭。因此,他的帝国被交予四个诸侯,帝国转瞬即灭。

其实更愚蠢的是这个观点:查理大帝是法兰西族,生于法兰西,在法兰西的语言、习俗和机构中接受教育,其先祖们也都一样,但是有些人却宣称他是日耳曼人,还有人说他是阿勒曼人(Alemannic)。[①] 虽然很多人也许会认为他的祖先来自古代高卢人的法兰克殖民地,但是他们没有否认,正是他曾带着法兰西部队和军团把日耳曼、意大利和西班牙的很大一片土地并入了法兰西帝国,把法兰西交付给他的长子作为帝王之座;把其他地区交给其他儿子,如此帝国分裂,直到土生土长的日耳曼人亨利一世自称为王,[295] 占领这个帝国的一部分,即日耳曼。那么,用"君主国"这个词指法兰西君主国应该更真实、更恰如其分,因为早在日耳曼人听说这个词之前,法兰西人就英勇地建立了法兰西君主国。而且,比起日耳曼人,更应该说不列颠人在君士坦丁大帝(Constantine the Great)的带领下建立了自己的君主国,谁能

① [译注]阿勒曼人源自位于莱茵河上游区域的日耳曼部落同盟。这个同盟出现的原因至今未明。最早可见记录为,3世纪时罗马皇帝卡拉卡拉宣称击败了阿勒曼人。以罗马人的观点,阿勒曼人攻击性很强,就像法兰克人,让罗马人无法越过莱茵河与下日耳曼行省,后来的阿勒曼人也扮演了同样的角色,经常越过日耳曼长城,入侵罗马帝国边境。到了5世纪,阿勒曼人扩展到阿尔萨斯、瑞士高原与今天的巴伐利亚和奥地利部分地区。8世纪时,他们扩展到阿尔卑斯山的山谷地区。今天的法语中,将德国称为阿勒芒(Allemagne),就是承袭阿勒曼旧称而来。

否认这点？君士坦丁大帝是不列颠族（虽然他是一个罗马父亲的私生子），他违背元老院和罗马人民的意愿，从最远的海岸攻入意大利，发动战争打败了罗马皇帝，废除了其前辈们的宗教和制度，把基督的名字引进罗马，让人们崇敬，他把帝王之座转移到拜占庭，从而消弭了罗马人的一切重要意义，最后还以自己的名字命名首都。居鲁士的血统和故土都更接近亚述人，但如果是他的血统决定了波斯人的君主国，那为何不能把君士坦丁的异教新领土同样称为君主国呢？因为这个君主国在种族、地区、法律和宗教上都发生了显著改变吗？

其实，支持这个理论的人显然还漏掉了阿拉伯人的君主国，他们强迫整个非洲和亚洲的大片地区不仅接受了其武器和法律，而且接受了他们的宗教和语言。穆罕默德们打败了波斯人的军队，让他们沦为奴隶，禁止他们以任何方式运用自己的文学和习俗。同样似乎也很奇怪的是，持那些理论的人也彻底忘记了鞑靼人的帝国，这个帝国完全可以与其他帝国相提并论。或者，是因为这个帝国离巴比伦很远吗？但是日耳曼人更远啊，并且他们不拥有巴比伦帝国的任何一部分。相反，鞑靼人摧毁了巴克特里亚（Bactria）和索格底亚那（Sogdiana），夺得了那个帝国广阔的各省，并且，如马可波罗所述，他们在*旭烈兀*（Hulagu）的领导下，连根拔起了巴比伦。

当我长久地思考那个预言到底预示着什么的时候，能想到的最合适的解释就是把它用来解释巴比伦曾被米底人、波斯人、希腊人和帕提亚人统治，这个城市曾常常遭到劫掠，还有一次被完全摧毁。马可波罗解释到，被称为巴尔达克（Baldach）的地方与古巴比伦不是同一个地方，而是古苏萨（但如果这属实，那关于巴比伦统治的预言，关于其变迁和毁灭的预言，就并非无关紧要了，尤其是但以理的那些话和所有先知书都把基督及其时代作为他们的目标）。其证据是那块[296]从山顶上切割下来的石头（保罗雄辩地宣称，那石头象征着基督——他说“而且，那石头，就是基督”），[①]它毁掉了那图景。[②] 虽然但以理本人在阐释的时候，解释过他预言里的那些野兽以及野兽的很多角，是什么妨碍了它们意指亚历山大大帝的继承者们和在他的遗址上繁荣的那些帝国呢？然而，对于如此神秘和隐晦的事务，我什么都不敢确言，除了这一点：但以理的言辞决不适合他们所欲的阐释。

但以理书最好的阐释者犹太人约瑟夫斯写到，米底人、波斯人和希腊人都曾被但以理召唤去统治巴比伦。约瑟夫斯正是从罗马人那里获得了弗拉维家族之名、国民权以及一座雕塑，他却没有提到任何但以理对罗马人的说法。但是，这个错误的习俗却由此而传开，即每个人都可以根据自己的理解而不是确切的历史来阐释但以理的各种预言。因此，他们认为，只应该有 5 位波斯国王，因为但以理说过，只会来 5 位国王。然而，所有作者都一致认为，至少有过 8 位；有些甚至认为由于骚乱和内战，至少有 10 位。因为一个类似的错误，从经常提及的但以理图景（他们说，金头、银胸、铜足、铁胫和土足，被糟糕地与铁糅合在一起），史家们衍生出四个或更多时代的学说。

曾有过一个黄金时代，紧接着是白银时代，然后是青铜时代，之后是黑铁时代。最后是泥土时代。但是，必须要调整这个观点，因为如果仔细审视史家们而不是诗人的语义，就会知道，人类事务的变化与所有事务的天性都一样；如那位明智的智慧之主所说，太阳之下，无物为新。[③] 他们所称的“黄金”时代与我们的时代相比，会显得像黑铁。源自神意的大洪水是因为人类的罪恶，罪恶太深重，连上帝自己都后悔造出了人类，谁会怀疑这点呢？

---

① 《哥林多前书》(*Corinthians*)10：14。

② 但以理书(Daniel)2:34。

③ 《传道书》(*Ecclesiastes*)I：9。

然后，我们来想想大洪水后的那些世纪，他们所谓的“黄金时代”，不仅看诗人们的说法，也要看卡图在其《创始记》（*Of Origins*）中的说法。他说，那时是卡梅塞（Cameses）和萨杜恩兴盛的时期。然而，世人皆知，卡梅塞被希伯来人称为诺亚之子；萨杜恩被所有人称为宁录；[297]正是他的儿子贝鲁什（Jupiter Belus）结束了黄金时代。

由此，如果说6000年为一个纪元的话，显然黄金时代似乎很短。卡图根据诗人们的寓言故事，将其限定为250年。但是，卡梅塞多么无知！他干出新的可耻行为，从而亵渎了其父母最大的荣誉！因此，他被其父诅咒。卡梅塞的孙子宁录也一样，他被称为黄金时代的创建人。从他的名字就足以了解其性格特点，在希伯来语里，其名意为“反叛”。摩西把他叫作“威猛的猎人”，但摩西处处用这个词指强盗和坏人，正如亚里士多德甚至把海盗也列入各种狩猎行为之一。

宁录的下一代贝鲁什更无畏，或者我应该说，更不虔敬，他把年迈的父亲像赶下桥一样赶下权位。我发现还有其他叫朱庇特的人（古代人曾崇拜过300个），但根据诗人们的描述，在这些把其父亲赶下王位的人中，他不仅以弑亲而闻名，而且因各种放荡行为、与其胞妹乱伦而著称。同一个时代里，竟还有人企图夺取朱庇特的僭位。因此，兄弟们①谋划抢夺天国，他们修好塔和壁垒后，竟然向不朽的上帝发动战争，真该受到诅咒。他们企图鲁莽地把他扔出天界，如果不是被突如其来的雷劈阻碍，或者不是因为各种不同语言

---

① 拉丁原文是：coniuraticoelumrescinderefratres，quiturribusetaggeribusextructis，immortaliDeonefariumbellumintuleruntеumquedecoelopraecipitemdeturbaresuntco-nati，nisitumfulmineprohiberenturvelipsalinguarumconfusione，undeturrinomenB-abylonabinscitialoquendi，quamnosquoquebabilappellamus。这句话里，博丹把两个关于反抗神的传说合在一起：第一个是提坦族的反叛，第二个是诺亚的后代们修建巴别塔渎神的传说。

引起的困扰而使造反者们无法合作的话[他们就成功了]。正因为如此，这塔被冠以巴比伦之名，我们也称之为巴别塔(Babel)。

当然，在一定程度上，摩西同意诗人们的说法(他们混淆了事实与寓言)。然而，如西塞罗所说，巨人们向诸神开战——无非就是与自然抗争——的说法有何意义？对于赫拉克勒斯(Hercules)，我也持同样的看法。据曼涅托所述，他就是最大的强盗。他与忒修斯(Theseus)和庇里托俄斯(Pirithous)结成罪恶联盟，他们夺走海伦、[298]从摩洛苏斯王(King Molossus)身边抢走他的女儿，然后他把她们全都关进牢房。其中一个被刻耳柏洛斯的猎狗撕裂，另一个如果不是被赫拉克勒斯的祈祷从冥界唤回，或者更应该说，如果不是被更残酷的惩罚拯救的话，也会很快落得同样的下场。而且，若论各种欲望，还有谁比赫拉克勒斯的欲望更强，或者，我该说，更令人憎恶？

但是，为了不让这些事看起来像寓言故事，我们应该相信修昔底德，最可靠的史学之父。他留下了证据：在他的时代前不久，希腊本土的人非常野蛮凶残，不管在陆地，还是海洋上，都公开抢劫。旅行者们常常不带一丝羞愧感地问他们偶然碰到的人是不是强盗或海盗。但是，因为那时还没有防御工事，所以没有任何防护措施，武力即正义，旧的殖民者不断被新的殖民者赶走掠夺。这个习俗在希腊逐渐固定下来。而且，离文明最远的一些民族长期生活在这种野蛮状态里，例如凯撒对日耳曼人的描述。

日耳曼人认为，在每个国家的边境以外开展海上掠夺没什么可耻的，他们还建议以这种方式训练青年人、降低偷懒行为。我从这个习俗推断，人们普遍把强盗们叫作 brigands(brigantes)，就是根据"不列岗汀人(Brigantini)"这个词来的，这些人控制着波达米库斯湖(Lake Podamicus)或称不列岗汀(Brigantinus)①一带，他

① 即康斯坦茨湖(Lake Constance)。

们的所作所为就像那个波斯人部落来的穆斯林秘密团体成员(assassins/Assassini),长期以来抢掠谋杀、名声极坏。斯巴达人也认为,只要没被抓到现行,偷窃食物就不是罪。显然,这两种观点比偷窃行为本身更罪恶,因为,以法的形式允许本质错误的行为为所欲为,更恶毒、更卑鄙。

这就是黄金时代和白银时代,人如野兽一般散居在田野和森林中,以武力和罪行维护自己的所有物。逐渐地,他们才走出野蛮和残暴,改善习俗,步入我们如今所见的法治(law-abiding/legitimam societatem)社会。不仅根据希伯来人的法律,而且根据希腊罗马人的法律,盗窃罪曾经只会招致民事判决,但是现在,在各地盗窃都会招致极刑。相反,如果人类事务正变得越来越糟,我们早就已经到达[299]罪与恶的极限了,而我认为他们确实已经到了那个极限。

既然恶人们既无法再向前进,也无法长时间保持原地不动,那他们就有必要逐渐折回。这或许是迫于人与生俱来的羞耻感,或许是因为社会无论如何无法再容忍那种罪行的发展而不得已为之,或许是因为受到上帝的良善的驱使,这是更可靠的解决方法。其实,从各种年鉴的各卷和我们前辈们的记录中可以清晰地了解到这点,那些记录里揭露了如此多可怕的暴行(而且竟然还不是全部),我们甚至无法轻易比较出哪一项最坏。苏埃托尼乌斯、塔西佗、朗普里狄斯和阿忒那奥斯都是见证人。把最可怕的恶行视为美德,还能想出什么比这更罪恶?这种现象不仅可见于堕落的城邦,而且可见于在吕库古制度下繁荣的共和国(Republica),并且所有作者都一致认为那是值得称赞的行为。不提这些人寡廉鲜耻的欲望了(它们被埋葬在永恒的历史长河里!),还有什么比在葬礼和宗教仪式上把人作为祭祀物更不虔敬的行为?

然而,几乎所有民族都曾这样做过。在奴隶制下,把最无辜的人在众目睽睽之下撕成碎片,这种现象在罗马人中最为普遍,他们还曾因最正义而著称。因为某种神圣的报复，在费得奈（Fidenae）[1]举行的一次角斗士表演上，竞技场坍塌，5万人被埋。我们的人当然比罗马人明智得多（或许这样说的时候也应该向他们致歉），我们在基督教国家里取消了各种导致人类死亡的竞赛，也清除了屠杀野兽的血腥场面，取而代之的是，所有学科都建立卓有成效的辩争方式。那么，与为了进运动场比赛而训练相比，以获得优良的技艺和真正的典饰为培养目标要好多少呢？我们也并没有疏忽适当的身体锻炼，或忽视军事训练。不说别的，我们的记录里就有自己的卡图们、法布里西们、卡米利们、亚历山大们，并且，提坦族造他们自己的心脏时，也没有使用比我们的泥土更好的泥土。[2]

论军事荣耀，亚历山大比查理大帝更伟大吗？前者确实伟大，[300]其对手却是柔弱的亚洲人，因为，凯撒体验了我们军队的力量之后，就这样评价庞培；后者，即我们的领袖，却征服了欧洲最强悍的民族。安东尼努斯与虔诚者路易的虔诚度一样吗？而且，哪一个古代君主能与国王*圣路易*（St. Louis）相比？除去他颁布的这个王国赖以存在的各种法律不说，有史以来，没有任何一个君主像他那样献身于上帝、尽职于国家、热爱其臣民、对所有人公正。现代人不仅在德性方面，而且在各种学科方面，都可与古人媲美。

文学的命运经历了各种变迁。最初，靠着一些有才能之人的实践和努力，文艺在某些地方萌芽，而后发展，在某个固定水平繁荣了一阵，然后因年老而逐渐凋萎，最后开始消亡并被连绵不断的

---

① ［译注］费得奈是一个古老的拉蒂姆镇，坐落在罗马以北8公里的萨拉里亚大道（Via Salaria），这条大道在罗马和台伯河之间。由于台伯河是伊特鲁里亚和拉提姆之间的界线，所以费得奈在左岸的建立就代表了伊特鲁里亚人扩展至拉提姆。据传说，公元前8世纪，罗马的第一任国王罗慕路斯统治期间，费得奈人和维伊人被罗马打败，之后可能建立了殖民地，因为李维在后来的叙述里称费得奈为罗马殖民地。公元前7世纪，罗马的第三位国王霍斯提利乌斯在位期间，再次将其打败。在后来的罗马共和国时期终于永久归附罗马。

② Juvenal，《讽刺诗》XIV. 34.

战争灾祸埋葬在永恒的遗忘之中，或是因为无聊的人太富裕（当然，这种恶在这个时代非常可怕）而感到厌烦，或是因为上帝要正义地惩罚把有用之识用于摧毁人类的人。虽然希腊人逐渐建立了各种学科，他们认为这些技艺都发展到了顶峰，但希腊本身发生变故之后，这些技艺也紧跟着发生了变故，从其现在的境况来看，那些技艺就好像从未存在过。

拉丁人又如何呢？他们中有才能的人那么多，其战争荣誉和文化优势几乎在同一时间超过了所有民族。然而，当斯基泰人的军队涌入意大利，各处藏书丰盛的图书馆和古代遗址几乎都被他们烧毁，拉丁人也就同样衰落，开始退步到早期的蛮荒状态中。斯基泰人的这种恐怖行为摧毁了所有学科，所以文艺沉默了大约整整1000年，没有任何威望，甚至似乎正在消亡。直到非洲和西班牙的君主曼苏尔（Mansur，prince of Africaand Spain）为了激励阿拉伯的智识者们复兴文学，提供大量奖赏。我不再提埃及、印度和埃塞俄比亚如何涌现出大量哲学家、几何学家和天文学家，在希腊拥有文学之前，迦勒底又已经出现过多少著名数学家。回到我们的时代，文学在几乎全世界缺席了很长一段时间后，丰富的学问突然闪耀，大量智识人涌现，超越了所有时代。

现代，连哥特人都不缺乏出色人才了。大俄劳斯（Olaus Magnus）就是证据，还有霍尔斯特和很多其他人，似乎自然发出了命令：学问上的创伤[301]要由那些曾经伤害它们的人们来治愈。虽然直到最近他们还保持着其先祖的习俗，一种预兆之声命令从事文学的人们远离元老院（因为在他们的历史中有相关证据），但现在他们也惯于在各处培养文学。从各个方面看，这无疑都是大变化，没有人会怀疑，人类能力的发展历程与战场的情况一样，有闲暇优势的人常常会得到更丰富的回报。

然而，有人会说，是古人们发明了文艺，荣誉应该归于他们。他们的确发现了很多东西——尤其是诸天体的影响力、估算出很多(但还不是全部)恒星的轨道、固定恒星和他们所谓的“行星”的美妙穿行。他们还仔细地标注出自然的各种晦涩之处,精确地解释了很多东西,但仍遗留了更多这方面的未完之事交予我们时代的后辈。每一个仔细研究这些事的人,都不会怀疑,我们的各种发现应该可以与前辈的发现相比,很多发现还应列于他们之上。整个自然界中最引人注目的就是磁铁,但古人们并不知道其用途,无疑其用途非凡;他们完全居住在地中海盆地,而与之对应,我们时代的人却每年屡屡长途航行、横穿整个地球,把殖民送去另一个世界,我会说,为了开辟最远的印第安深处。这一发现不仅开发出大量盈利丰厚的商业(以前这完全不重要或者不为人知),而且所有人都令人惊讶地在一个世界共和国(a world state/Republica mundana)里协同工作,就像在同一个城邦。其实,地理学是最卓越的技艺之一。

关于印第安的信息,很多人都曾认为是传说(拉克坦提乌斯和奥古斯丁都说,相信对跖点理论的人简直是疯子),现在却已经被我们证实,我们还证实了固定恒星的运动和大球的颤动;从这些事实可以了解到,我们在地理学方面有了多少进步。而且,还有什么比把形式从物质中抽象并分离出来(如果我可以这样说的话)更令人瞩目?自然界隐藏的秘密由此而揭开;因此,各种有益健康的药物日日更新。我就不提从对等时间①考察天体经度的方法了,古人们无法估算出来,他们采用的从正常的到黄道的时间测量法[302]不可能不出大偏差。我不会详述我们先祖们的弹弩和古代战争器械,那些东西与我们的[工具]相比,显然看起来就像某种孩子的玩具。最后我也不提无以计数的技艺了,包括手工艺与编织技艺,这些技艺以与众不同的方式促进了人的生活。仅印刷术

---

① 这种意义上的时间是对赤经或经度的角度的测量,即球体大圈的24个部分,或15°。

一项就能轻易赢过所有古人的所有发明。

因此，那些说古人们无所不知的人不对，同样，否认很多技艺的早期成就也不对。自然有无数知识宝藏，任何时代都无法穷尽。既然如此，自然永恒法则决定，变化路径为环型。即恶性催促着美德（的出现），无知催促着知识，卑劣催促着荣誉，黑暗催促着光明。以为人类总是在堕化的观点并不对，老人们犯这样的错还可以理解——他们为失去的花样青春而叹息，青春本身令人欢愉欣喜，而当他们目睹自己丧失了每一种欢愉，体验到的不是愉悦，而是剧烈的痛苦，感官受损，所有的同伴都深受虚弱之苦时，很可能陷入这样的沉思，被事务的虚假图景所蒙蔽，以为人与人之间的忠诚和友谊都消失殆尽。如同从一场遥远的旅途归来，他们开始对年轻人絮叨那个金子般的世纪——黄金时代。不过，此时，他们的体验正如从港口离开进入开阔海域的人一样——以为房屋和城镇都在都离自己远去；因此，他们认为，欢乐、礼仪行为和正义已飘向天国，抛弃尘世。

第八章　普遍时间系统

[303]有些人认为不需要编年，也能系统了解历史，他们的错误，就如同妄想在没有向导的情况下逃离迷宫的蜿蜒小路。后者到处游荡，找不到迷局的终点，前者置身于诸多具有同样不确定性的错综复杂的叙事中，不明白从何处入手，在何处停止。但是，时间原则(doctrina/priciple)是所有历史的向导，如同另一个阿里阿德涅(Ariadne)，凭借着线团追踪隐藏的前路。它不仅能防止我们东游西逛，而且常常可以使我们不受某些史家的误导、回归正道。所以，我发现所有优秀的作者都非常重视时间，其作品不仅具体到年，甚至具体到某一年中的不同时期。还有一些作者甚至不会漏掉事件发生的具体月份和日期，或是一天中的某些时刻，因为他们明白，如果没有一个时间系统(temporum ratione)，就无法从历史中萃取任何有益之物。

那么，既然这一学科最重要的部分有赖于编年原则(temporom disciplina)，我们认为，对于正在讨论的读史方法来讲，就需要一套普遍时间系统。一是因为它非常有用，二是为了史家们在遇到古代史和事件承沿问题时有据可依，我也会稍微谈谈这个话题。

那么，首先让我们确立时间的开端，否则这个讨论就空无一物。与其让权威来确立这个开端,不如凭借必要的讨论,因为,对于希望被理性引导的人来说,权威没有任何价值。诚然,如果希伯来人的神圣源泉和神法启示中都有内容见证世界诞生有确切之时,再去探究似乎有罪——怀疑,即是恶。于我,那是摩西一人的权威。因此,我将他置于所有作品之首,所有哲学家的所有观念之上。他对违反安息日的人处以极刑,其主要原因是,如埃及的摩西拉比所写,不守安息日,就似乎是质疑创世本身。

不过,既然恶人们并不敬畏他的权威,且毫无顾忌地嘲笑他同时给予的警告,那就有必要[304]以相应的论证来驳斥并削弱他们的论证。如果能凭借哲学家的权威和理性的力量来让人明白,世界不会永存,它是不朽的上帝在某一确切的时间点所创造,我们就会更相信神的历史。因此,相信创世有赖于如此辉煌的第一因(praeclarae originis),将会增强我们对上帝的敬畏和挚爱。那不仅是希伯来人的学说,也是迦勒底人、毕达哥拉斯派、廊下学派、学园派和阿拉伯人的特点。而且,很多人最有分量的教义都已经认可并确证了它。如普鲁塔克所述,伊壁鸠鲁本人就持同样的观点。其实,拉丁人中虽然只有少数几个认真地对待哲学,但被西塞罗称为拉丁人和希腊人中最博学的瓦罗(M. Varro),在据说讨论世界末日的那本书中,也得出了同样的结论。所有这些人的理论都认同同一个原则,就算是在哲学家当中,他们的权威也应该不会没有分量,不会不重要。

但是,因为亚里士多德率先不同意他的诸前辈、不同意他的老师柏拉图,敢于设想世界的永恒性(mundum aeternum),①所以这一讨论就从反对他的观点开始。其实,盖伦早就以一句话驳斥了他的论据——他说,那些理由似乎可能,却非必然。在《论天》

① 亚里士多德,《论天体》(*De caelo*) I. 10. 283b 26。

(*About the Heaven*)一书中,亚里士多德说,既然所有人都认为没有条件证实(世界的永恒性)①,那么,与他自己的论证相比,其他人的论证使这个结论更确切。这不是物理学家或几何学家的用语,而是质疑某一需要讨论的主题的逻辑学家的用语;就像埃及的摩西拉比,他被称为不确定事务的阐释者,凭借其敏锐的洞察力观察着。没有人质疑被证实之物,它们本身就不证自明,正如使用折磨手段让那些不情愿的人写同意书一样。因此,如果像伊壁鸠鲁和盖伦这种不信宗教的人都否认亚里士多德的论证有效,如果奥利金、阿维森纳以及所有学派的神学家和哲学家都以相反的论证驳斥他的论证,也许足以让人明白,他的这些论证仅仅只具有可能性且不确定,而非具有必然性。

但是,我来谈谈柏拉图吧。他想象神在完成那样一个宏伟的工程后,对自己所创造之物发表演说。② 他断言,那些东西因为有开端,所以有死;然而,在神圣意志的作用下,也会不朽。而亚里士多德却根据柏拉图的这些话提出,如果世界不会消亡,那它[305]就没有开端(orininem),因为有开端之物也必会在某一时间腐朽,会灭亡的事物必是生成的。他从柏拉图的《斐德若》和《蒂迈欧》中得知这些东西,后一篇作品提到,正因为这个,灵魂没有开端③(如奥古斯丁在《上帝之城》卷十中所述),④以免某时会消亡,在神的命令下,世界的形式会一直如此。让全能上帝自由地裁决他自己的事,与一方面承认他是世界之主与万物之动因、另一方面却剥夺他改变自己作品的一切权力,如此当他想毁掉自己创造的世界时却无能为力,哪一个在哲学意义上错得更离谱?亚里士多德草率地、甚至我会说是十分不敬地,从这一论证中得出了世界不朽的结

① [译注]括号中内容为译者所加。

② 柏拉图,《蒂迈欧》(*Timaeus*) 41 A, B。

③ 柏拉图,《斐德若》(*Phaedrus*) 245 D。

④ 奥古斯丁,《上帝之城》(*De cioaate Dei*) x. 4。

论。他不仅企图使自然哲学的戒条失去力量且削弱它们，而且试图削弱圣主(Dei majestatem)的力量。

然而，在我们的每一个讨论中，特别是在如此困难、如此远离我们感知的问题上，我们必须谨慎，不能有任何反对圣主的轻蔑言语。亚里士多德忽视了这一点。他把理性的力量强加进每一领域，如果承认上帝有自由意志就不得不承认世界有一个开端——他就得断定，世界由必然性而非意志所统治。所有的讨论都围绕着这一点。但是，这同一个人，反对廊下学派的观点，又假定所有事物都具有命定的强制力(fatalem necessitatem)。通过许多论证，他表明，有些事物取决于必然性，有些事物取决于意志，有些是自发的，更多的由机运(casu/chance)决定。① 他甚至把机运和偶然性分为三个部分，把神的行为和自然归在不可避免这一类。

由此，可以理解他在《论天体》中讨论的东西，因为它们代表不可避免的冲动，他在《阐释篇》里做了这种改动，其实质是给予人不受一切限制的意志；而让上帝和自然受限于必然性。给自己自由意志，却企图夺走上帝的自由意志，还有什么比这更不敬、更傲慢、更疯狂？其后果就是上帝既不能维持太阳的轨迹，也不能审视天体群星的影响力，不能改变宇宙自然中的任何事物。他甚至无法按照自己的意志改变人的冲动和意志。既然这些东西看起来荒谬且充满不敬，那我们就应该将这种强制力排除在世界之外。[306]排除它，其结果是上帝不受制于任何力量，以其纯粹意志(pura voluntate)管理一切事物。

既然亚里士多德为自己感到羞耻——即因为给予人自由却拿走上帝的自由——他在言辞上承认了自由意志，但实际上承认的却是一个受制于必然性的意志(埃及人摩西注意到了这点)。他许

---

① 亚里士多德，《物理学》(*Physics*) II. 6. 198a。

可了意志，但这种意志却无法更改任何东西，如同寓言中的朱庇特受到涅墨西斯法则的约束一样。虽然他在“论习俗”①那卷中教导说，这种意志的力量和本质是，一旦被改变，就失去了“意志”之名。当他看到自然中的诸多事务以不同的方式发生——一时以这种方式，一时以那种方式——就陷入了这种错误：更倾向于依据暴民的意见建立机运，而非给予上帝以不同方式做不同事情的自由。而且，作为一个哲人，认为事情的发生没有原因，即把任何事都交给机运，还有什么比这更不光彩(indignius)？这些问题属于漫步学派无论如何都无法解决的问题，因此普鲁塔克在“论机运”那卷中驳斥他们，拉克坦提乌斯(Lactantius)②也以最有效的论证批驳他们。

让我们想想余下的事务是什么类型，或者，就是最重要的那种，因为要研究所有事情会没有止尽。有些哲学家认为，没有任何事物是从无而来(ex nihilo nihil nigni)，并将这个观点作为整个论证的基础，这就是所有错误的根源。但是，由于那个论证基础就有待证实，所有他们的结论陷入了困境。他们认为不应该否定他们的前提，所以很生气。然而，那些前提是什么？最终，前提似乎比结论更模糊不清？从未有人否认过几何学的各种前提，因为它们不证自明。但如果这些东西看似清晰，为何这么多哲学学派如出一辙地否认它们？为何菲洛波努斯(Philoponus)③明确提出，这些前提错了？而且，假设出一种条件，而如果这个条件真的被否认就会阻碍下一步的论证，还有什么比这更蠢？

不管怎样，让我们来驳斥那一著名原则吧，如果这令人愉快的

---

① De rnoribus 参见亚里士多德，《尼格马可伦理学》III. 3. 1113a 10。

② 拉克坦提乌斯(约公元 260 - 340 年)，著有《神圣制度七书》(*Seven Books of Divine Institution*)和《受迫害者之死》(*Concerning the Death of the Persecutors*)。

③ 菲洛波努斯是公元 5 - 6 世纪时期的亚历山大学派信徒，著有一部关于摩西宇宙进化论的评述和《驳普罗克洛斯》(*Adversus Procli de aeternitate mundi argumenta*)。

话。我想知道,既然我们的人曾在这个争论中做了那么多研究,为什么他们没有做这个事情。梅兰希顿和神学家们[307]做了一个区分,他们说,这一原则在有序的自然里为真;但是,如逻辑学家们所说,这个论述将我们带回了起点。我们如何能想象自然无序?它要么完整,所有部分——即质料和形式——彼此结合,要么根本不存在。那么,让我们采用更精确的论据。从各种卓越的形式(formarum praestantia)中,我们能很容易地明白这一主题。如亚里士多德所写,形式高贵,具有某种神性本质,是自然本身的首要部分,因为所有事物都以形式而存在。而且,它不是从质料中抽取而来,如我将表明,也不是仅从其自身而来,因为形式若与质料分离就会完全消失,不能独立存在,如亚里士多德在《形而上学》中所讲。它也许不是上帝的小碎片,因为从纯粹永恒的心灵中不会生出身体。某个明智的摩尔人教会了我们这一点,他说,上帝根据自身华服发出的光(luce vestimenti)建立了天体的轨道。所以,亚里士多德在《物理学》卷二中写到,自然形式是自然本身的目的因,动力因和形式因。[①]

然而,他却把上帝与自然的开端分离,只安放缺失(privationem/privation),在各种本源中,缺失既不是实质,也不是真正的偶性(accidens)。[②] 不过,既然个体形式以某种永恒流变的方式起起落落,如他在《物理学》卷一章九中所讲,关于这些形式从何而来的问题,便在后来的漫游派学者中引发了重大的怀疑。

最终,漫游派学者相信,形式从质料的最内部和其能量(sinu ac potestate/depth and power)发展而来,而这一观念从来没有出现在亚里士多德的思想中。由此推导出,最初的质料不是潜在的

---

① 亚里士多德,《物理学》II. 8. 199a 30:“既然‘自然’这个词既可指质料,又可指形式,而且后者又是其目的,其他一切都是为着这个目的,那么形式就应该是目的因。”

② 同上,I. 7. 191a。

而是确实拥有形式,与形式结合在一起;那么称形式为无定型、或者形式非物质,就不准确;或者说,无形的东西给予自身形态,或者形式通过锻造物质而发展出来,最终,它们在广度和强度上增加。亚里士多德在《形而上学》卷八和《论灵魂》卷一章三中教导说,这些理论不对。然后,他们说形式不是本源,但其源头在质料;他们说那不是一种单一的本源,而是混合合成的。最后,他们说质料给予事物本身的存在,即它们的生成(τὸ εἶναι)。后来就有了这种说法:形式从质料的内部提取而来。

不过,如果从亚里士多德本人的教义中、甚至从他之前的学说中,都找不出轻易相信这说法的理由,那在他之后得出的这种说法从何而来呢?因此,我们必须假设,形式是从外部添加的。[308]亚里士多德在《论动物的生成》卷二章三中否认了这个假设,除了人的形式。他承认,人的形式的确从无而来。那么,我们可以从他的这一特许推论,人的形式从质料的无中生成,而同样的判断也可以应用于所有形式,因为事实上质料没有造物的力量。当然,认为形式取自质料的内部中心的想法,就如同认为墨丘利的塑像来自一根木头的想法一样愚蠢,因为,后者源于工匠的思想、劳动(opera)和理念(idea)。

那么,他们的假设——无物源于无——就不对。这一讨论的根基被推翻,剩下的也就趋于毁灭。菲洛波努斯如此反驳亚里士多德:如果说,形式从纯粹缺失(privatione)中流变而来这种观点都不荒谬的话,为什么原生质料(materiam primam)也是从缺失中流变而来的观点就看似荒谬呢?泰奥弗拉斯托斯发现,没有种子,植物也能生成,不仅可以从土壤、甚至可以从石头中生成。他无法找出其他任何缘由来解释这种现象,只能将其归于天国的力量和特殊属性:《植物的起因》(*About the Causes of Plants*)卷一章五。

我们来研究剩下的。同样的观点是,天国中的事物不会与自身背反,因此无须恐惧最终、无须希望原初。如此,彼此不调和部分的对抗力量又从何而来呢？他们承认，是更高事物的力量和躁动唤醒了这些东西，从这种起因中生出了相反的倾向。然而，既然一种效应源于一种简单的起因，相反的效应源于相反的起因，那就不得不承认，天国中存在彼此争斗的起因，不一定在于其引起的效应相反，正如错误的思想，而更在于其天生的习性（habitual naturae），用他们的话来讲，形式上的（formaliter/formally）相反。根据时间没有运动无法持续的事实，他们推导出球体的永恒运动，这种想法具有同样的欺骗性和诡辩性。正如任何人都可以说，没有时钟之前时间不存在，或是如果拿走时钟就没有了时间。所以，普罗提诺（Plotinus）在卷三、米兰多拉在《论异教学说的虚夸》（*Aboutthe Vanity of Pagan Teaching*）[①]卷五中早就嘲笑了亚里士多德在《物理学》卷六中的问题，即如果拿走灵魂，时间是否会停止？正是灵魂在计数嘛。其实，为了规避这种空谈，巴兹尔、安布罗斯、奥古斯丁和埃及人摩西都把时间与永恒完全区分开来。

亚里士多德的阐释者们也提出了一个论点，[309]这个论点的确困扰了摩西：他们说世界的存在要么必然、要么可能、要么不可能。如果不可能，世界就从未存在过；如果必然，世界就一直存在着；如果在其存在之前有存在的可能性，其存在的能力，或用他们的话语，存在的潜势就位于某种实体中。因此，就有某种东西从潜势发展为现实。但是，我不得不承认所有这些论述，他们寻求的那种潜势，我将其置于一种存在（ente/being），即永恒有效的原因。我不知道反之还能说什么。

然而，如果他们认为，潜在的质料也应该有能力，就不能只讲必然性，而需要更复杂的证据。类似于如果第一造物者从纯然缺失发展为现实，就存在某种吸引他、刺激他行动的东西。我认为正

---

① 《异教学说虚夸调查》（*Investigation of the Vanity of Pagan Teaching*），是更著名的米兰多拉的侄子所著。

是他自己刺激着自己，正如一个建筑师，既没有建筑材料，也没有建筑空间，自己却激励自己产生了建筑思想。从道理上和事实上讲，更让人厌恶的是思考世界必然存在——不管造物主是否愿意，他都受制于必然性或命运。这是漫步学派和阿威罗伊的主要论点。普罗克洛斯(Proclus)①有三条论证。与导师柏拉图不同，他认为世界永恒，并写到，柏拉图的意思其实也是这样。辛普里丘(Simplicius)、②普罗提诺、③马里努斯、叙里阿努(Syrianus)、阿普列乌斯(Apuleius)和杨布里科斯(Iamblichus)，④以及现代人贝萨里翁(Cardinal Bessarion)和福克斯莫克罗(Sebastian Fox-Morcillo)⑤也持同样的想法。后面两人试图调和亚里士多德和柏拉图之间的分歧，都假设世界有一个开端，假设这个开端是为了确保世界安全，但是，世界安全一直是神考虑的事。其他人认为柏拉图的话只是推测性的，但普鲁塔克和斐洛反驳了这些人。

斐洛波努斯用了十八卷驳斥普罗克洛斯，但我认为其所有的讨论可以用三个论点涵盖：普罗克洛斯说，神能使世界永恒。因此，他愿意让世界永恒。如果他愿意，事情就解决了。显然，他愿意如此的原因是，只有心怀恶意的人，或者[310]嫉妒他人的长处、他人落难时反而高兴的人在有能力行善的时候才会犹豫，而神不会如此。因此，那一观点不成立。然而，从闲暇(otio)到做事

① 普罗克洛斯(410－485)，雅典著名新柏拉图主义哲学家，著有《柏拉图的神学》(*In Plalonis theologiam*)。

② 辛普里丘生活于6世纪，是新柏拉图主义学派中最后的成员之一，西里阿努、普罗克洛斯和马里努斯也是其中的成员。该学派是努力保存希腊神话以对抗基督教神话的中心力量。辛普里丘是注疏亚里士多德的《物理学》、《形而上学》和《论灵魂》的权威。

③ 3世纪新柏拉图主义体系的创始人。

④ 杨布里科斯生活于公元4世纪，新柏拉图主义者，但与其老师波尔菲里(Porphyry)的观点还是有些不同，他曾学习毕达哥拉斯学派的哲学。

⑤ 福克斯莫克罗(约公元1528－1560年)，西班牙哲学家，腓力二世之子卡洛斯(Don Carlos)的家庭教师，著有《史学教育对话录》(*De historia institutione dialogus*)。

(negotium)的过程,从并不期望做某事到实际上自愿去做的过程,表明了一种改变和变化,这种改变和变化与神的本质相去甚远,因为神的本质是单一且永久恒常。但是,如果我们承认,神已经静默了无数个世纪,仅仅最近才在思考创世的问题,这一论点就会随之而来。最后,如果世界没有感受到越来越近的衰退,显然就不曾有过开端。既然这个假设正确,结论就成立。普罗克洛斯说,每一毁灭都源于或外在或内部的力量。在这一事例中,没有可承受的内部力量;也没有任何外部力量,因此,不管时间如何推移,世界永远不会毁灭。

普罗克洛斯余下的论证很容易自相矛盾。这第一个就错了:不管神能创造什么好东西,那就是**他**希望造出的东西。因为,如果这样的话,**他**就能指导所有人追求美德,即使有人想犯错都做不到。当然,这似乎就是普罗克洛斯最渴望的最好的事。而且,上帝能按照这种方式组织世界——任何心灵、任何物质、任何形式中都没有一点点污点、没有邪恶的种子。然而,**他**不愿这么干。因此,如果普罗克洛斯不是在指责不朽的神有罪——**他**能够阻止恶,却没有阻止——的话,那就是在说神能做的也很有限,因为**他**本可以从永恒中创世,却没有这样做。第二个论点更有说服力一点儿:从休息到行为的过程是一种转变(mutationem/change),也就是说,如作者自己所讲,一次变更(alternation),这种变更与那永恒心灵相距甚远。然而,神着手创世是从休息到行动、从闲暇到做事的观点并不对。其实,普罗克洛斯把神的闲暇仅仅解释为缺乏动作,是误解了自然的本源。如果神无法被移动,也就无法静止。因为,按照亚里士多德(《物理学》卷四)的证明,不仅在诸天体的运动中,**他**保持不动,而且在守护世界安全方面,**他**也没什么改变;因此,从创世以来,**他**就没有改变过。

亚里士多德认为,神是一切的主,一切的指导者,这一点无需证明,他不仅是动力因,也是这个世界的维护者;他不仅保持不动,也全无努力、毫不费劲,享受自己的权威和卓越。这同一个作者也写到,明智的人在思考时、或者建筑师在建构时,都不会改变。那么,当神关怀世界时,他身上所发生的改变会小多少?[311]所以,某些见识小的神学家认为可以把神牵扯进单调乏味的事务,简直是既愚蠢,又不敬。当然,正是这种想法让伊壁鸠鲁有机会说——他宁愿看门,也不愿当上帝。正是因为基督不加质疑地接受了天父施予他的显白的仁爱,他才说,如果他希望的话,可以有12个天使军团守护他。他希望以此暗示,这个世界上充满了不朽的灵魂,这些不朽的灵魂如仆人般伺俸上帝。

普罗克洛斯说,如果世界有开端或者注定会灭亡,神过去干了什么?最终还会干什么?这些言论与伊壁鸠鲁学派的邪恶语录很相似。对于这些想和上帝清算过去的罪人,我只重述斯匹里底翁(Spiridion)在尼西亚议会(Council of Nicaea)上对类似问题的回应:为了找点事做,他为如此爱打听的人们建立了永恒惩罚的场所。在我看来,这个理由不仅睿智,而且充分。

然而,如果所有哲人坚定地认为,人的最高幸福之所在是沉思,如果柏拉图口中的智慧者、亚里士多德的自足者就是神,因为,虽然处于荒凉的孤独中,他却因心灵的神佑状态而幸福,由此他鄙视此在的人类事务而向上凝视神圣之物,那么,神在自身该有多满足?在独自深思自身时该有多幸福?然而,他所沉思的最伟大、最美好的对象就是他自身。因此,亚里士多德(《形而上学》卷十六)称上帝绝对自足,同样,犹太人称其为 שדי ,即,如埃及人摩西所阐释,满足于自身的人。其实,如果奥利金(Origen)曾更周全地思考这一问题,他就不会在《论首要原理》(*On First Principles*)中提出,上帝连续地创造了无数个世界。我想,他要么是担心上帝可能会内心懈怠,要么就是和柏拉图一样,担心如果人类种族被全部摧毁,上帝会失去供奉和荣耀。比起世界一直与上帝同在的观点,人们更容易有这种想法。事实上,很多犹太人都相信这个观点,比如摩西，今人如希伯来人利奥(Leo the Hebrew)。[①] 但两种想法都大错特错，一种是以世界的存在来衡量神的幸福；[312]另一种是以人的供奉和有死的东西来衡量神的荣耀。还有人认为，上帝只要在关注世界就会受到玷污、只要在维护世界的安全就会感到厌烦，这种观点的错误最恶毒。

既然我们驳斥了普罗克洛斯和漫游派的观点，就必须做个总结：世界曾有开端，因此也会有终结，如果我们认同亚里士多德的学说的话。但是，关于世界的讨论有三种观点：一种认为世界没有开端，也没有终结；第二种认为世界有始有终；第三种折中，认为世界有开端，但永不会终结。支持第三种观点的人有潘尼提乌斯(Panaetius)、[②]波西多尼乌斯、波伊提乌(Boethius)、廊下学派中的塞涅卡，神学家中有托马斯·阿奎那，犹太人中有斐洛，还有学园派领袖柏拉图——这一理论的真正创始人。斐洛用摩西和所罗门的观点来为自己的立场辩护，但是以赛亚(Isaiah)、以斯得拉(Esdras)和彼得公开反驳他们。所以，根据他们的话，没有人能怀疑世界的终结。我们在普鲁塔克的作品中读到，伊壁鸠鲁以及他的门徒卢克来修也持这种观点，从下文中可见："有一天，[这三重结构的自然]会毁灭，这个经历了许多年的世界的质量和结构会全部消解。"[③]

不过，既然神学家们五花八门地曲解《圣经》篇章，埃及人摩西和阿奎那与斐洛的阐释完全相反，我们把各种[关于宇宙本质的]论点摆出来就好。这些论点中，我认为最确切的是阿维森纳(Avicenna)和阿弗洛狄西阿的亚历山大(Alexander of Aphrodisias)的

---

① 希伯来人利奥(Judah Abravanel)于1535年在威尼斯去世。他最重要的作品是模仿柏拉图风格的《情爱对话录》(*Dialoghi di amore*)。还有一本应米兰多拉的要求撰写的天文学著作，未出版。

② 潘尼提乌斯于公元前111年逝于雅典，他是廊下学派哲学家，从新柏拉图主义者转变为柏拉图主义者。

③ Lucretius，《物性论》(*De rerum natura*) *v.* 96。

论断所表达的观点。后者断言，世界由上帝转动，所以永恒。无限之动属于一个无限的永恒的心智。相反，阿维森纳则否认上帝转动了第一圈。如果真如此，世界就会有终结的一天，因为，一个有限心灵的行为也一定有限。如果第一原动力的行为有限，就注定了世界末日的到来，根据亚里士多德的观点，世界的安危在于运动。从这一运动中生出了[313]万物之源。那显然，并非上帝转动了第一圈。因为，把无限动因加诸于有限之体——如这个世界，岂不是荒谬，有限与无限之间没有比例、没有连接（vel cohaerentia）、没有条件（vel habitudo）。

还有什么比亚里士多德和阿威罗伊更荒谬呢——把他们称之为无限的上帝与世界这个有限实体的运动扯在一起，以这种方式让世界无法与上帝分离。而且，作为一个哲学家，把无限的动力因与一种有限的效果混在一起，这样只要其中一个存在，另一个就必须存在，还有什么比这更卑劣？亚里士多德像探讨火与热或探讨太阳和光那样，哲学式地探讨世界与上帝。一种是另一种的充分理由，但后者却紧紧依靠着前者，甚至在思想上也决不能与之分离。

然而，根据这一推理，世界就得具有理性，或上帝具有有形的本质；如果原因如此，那也无法与结果分离。如此，随之而来的结论就是，亚里士多德把他的上帝与世界相连附，就像一块与岩石相连的海绵，被永恒运动挤干耗尽，不仅不再无限，而且显然与世界融合，变成有限，如光与太阳。然而，他在《形而上学》一书中明确地讲，所有智性都自由，脱离了未被污染的有形物质。那么，上帝就不是一种不能与其结果分离的原因。既然他在运动上无限，就不能把他与某种有限的被限定的实体相提并论，不管是在关系上、起源上、条件上，还是运动上。即使是一粒小小的种子也与整个世界有一定的联系，正如阿基米德教导我们如何用数字定义沙时所言，因为每一实体都由其所处场所和大小决定，但我们却无法设想世界在多大程度上无限。

这一推理意味着，上帝不能创造上帝，因为无限无法从无限中流变。因此，他用球体的有限外周束缚世界，他只能给予世界有限的大小，不能再给予永恒的运动。因此，阿威罗伊无法反驳斐洛波努斯的论证——如果世界有限，其能量也有限。阿那克萨戈拉和美特罗多儒斯假设出无限大小的各个区域和无数个世界；普罗克洛斯驳斥他们说，无限性不包括上帝（infinitas tollit Deum）。因此，从同样的来源，我们可以得到这样的论证：如果空间或物体的无限排除了上帝，那在假设永恒运动或基于运动的永恒时间时，我们[314]也必然要排除上帝，因为永恒运动包括了世纪无限，而今，6000 年过去了，相比于无限来讲，这 6000 年连一瞬都算不上。

斯嘉里格在这个问题上搞错了，他驳斥斐洛波努斯，说时间并非真的无限存在，只是在时序上与个体形式相似。他不明白，对于具有无限智性的永恒上帝来说，不存在什么更早或更晚的问题。他以为这整个时间永恒存在、确实无限，但这时间的拥有者是上帝，就好比时间被现在、当下所限定一样。否则，这智性就不是真正无限。奥古斯丁正确地说，事件、场所、时间或运动中，无物无限，除了上帝。

如果我们想象上帝是第一球体（the first sphere）的运动起源（motorem/the moving principle），其荒谬程度，不亚于将其降低为所谓的次级智性，也不亚于把那最辉煌智性的神圣意志与这些球体上更低级的智性相提并论。这种设想就是罪。既然上帝的权威距离诸灵魂这一层次十分遥远，那他就不是第一球体的始动者。同样，如果一个更低级的心智是始动者，那么它在功能、能力和活动方面一定是有限的。更甚，事务的秩序、顺序和品质（dignitas）要求，某些东西只能被始动，例如混合了不纯物质的各种形式。某些其他的可以被始动，也可以始动，例如天体，被智性始动，进而使更低级的东西运动。还有些可以始动，不能被始动，例如始动了天国和群星的那些智性，因为他们自身不朽，如亚里士多德在《形而上学》卷六所示。最后一种既不始动，也不被始动，这就是上帝。

从这一分析我们可以理解，启动第一球体的是一种不同于上帝的智性，如同一口终年不断的泉水，从中生出了更低级的智性；从那更低级有限的智性中，各球体被始动或被停止。斐奇诺却持相反观点，他写到，人的智性无限。但是，既然次级心智从上帝推进而来，如此推理的话，无限就源于无限，这与自然的原则完全抵触。那么，把被赋予感知和肉体的东西与智性混合——把善与恶、无限与有限、不受任何影响的与瞬息变迁的混合——最后，把整个推理链与不同于彼此且显然相抵触的各种永恒的天然事物混合，还有什么比这更荒谬？[315]是为了让无限的善与恶、上帝与恶魔之间也能有同样的纽带吗？

斯卡里格还推进了他的论证，也不是全无道理，他说，从各种事物的个体本性上可以看出，所有运动都趋向于休止。因此，天体也趋向于休止；显然，世界不终结，这种情况也不会出现。通过这一论证，他认为世界终将毁灭。

但是，这是从普通意义上的死亡来理解，既然休止仅仅只是事物在运动上的缺失，那就可以再次被启动。希伯来人利奥、拉克坦提乌斯，还有旧时代的人都这样理解。旧时代的人相信，在这个世界有秩序(ordinem)、状态(statum)和形态(figuram)之前，一切事物都混在原始质料中。从被斐洛冠名为《世界的不朽》一书中的段落可知，困扰着泰奥弗拉斯托斯的论证也属于这种观念。论证如下：对于部分和整体，应有同样的规则。那么，如果世界的各部分陷入毁灭和退化，整个世界的终结也必然会在某时来到，至少是普通意义上的死亡。既然生物、植物和灌木被火吞噬，失去了更高贵的形式，成为性质卑微的灰烬，对于天国，我们也不得不得出同样的结论。当普罗克洛斯不可避免地陷入同样的困境中时，他说，这些元素及其所构成的实体不是世界的一部分，只是诸天体的产物，因为，如我们在斐洛波努斯的书中可见，这种产物只是附加物(appendicem)。这个完全荒谬的观点根本无需驳斥，但泰奥弗拉斯托斯似乎解决了这个问题，解决的方式是，他承认，如果各分离部分分别毁灭的同时，整体也会毁灭，那么世界的毁灭就会发生。斐洛说，割掉一根手指，人也不会活不下去，但我们追问的，不是当人失去的某些组成部分后是否会存活，而是身体的任何一部分是否会失去生命。因为，从这一事实中可判断整个机体的短暂性，如同根据一滴水判断泉水的滋味。在那个结论中，泰奥弗拉斯托斯没有区分同质的各部分与异质的各部分。否则，就不得不承认，同一动物(所有学园派的人和泰奥弗拉斯托斯本人都承认世界的动物性)的一部分，那真正肉体的部分的构成方式是：其中一部分死了，而另一部分不容易死。

在我看来，这个论证与亚里士多德多推进的那个论证同样荒谬：[316]他凭借前人的记录为依据说到，没有人记得天国的毁灭。① 但是，用这种方法，他也可以断定，金子、石头和比石头还要坚固的石棉，或甚至据达列(Darie)说不熔于火的铁，也会永恒存在，因为同样没有人记得，这些东西因内部虚弱而消亡。然而，斐洛的论证在所有人中最伟大，它源于希伯来人的秘密和神圣来源。他说，上帝是秩序而非无序和混乱的始创者。因此，如果他眷顾着这世界，他就不会让它遭受死亡、走向终结。基于同样的理由，埃及人摩西也说，上帝不关心个别形式，除了不死之人。这与亚里士多德和亚历山大的学说一致，他们认为，上帝眷顾的任何东西都不会消亡。由此可得，上帝确实保护着普遍形式(formas universas/universal forms)，忽视瞬息万变且短暂的个别形式。

同样的论证使摩尼教徒们建立了两个能力相当的本源——一个是所有的善好和秩序的始创者，一个是恶、死亡和混乱的始创者。为了规避这种思想，摩西与奥古斯丁说，死亡、邪恶和迷途并

---

① 亚里士多德，《论天体》I. 3. 270b14。

非天性使然，而只是好的缺失。[①] 然而，根据亚里士多德的学说，如果我们承认恶之物是天性使然——许多神学家也这样认为，我不知道接下去还会有何等荒谬的论点。因为上帝本身不是恶与死亡的起因，而只是碰巧使然，当他不再守护一个恶人或甚至不再守护一个好人时，如约伯，就将他遗弃给暗黑王子（principi tenebrarum/prince of darkness），暗黑王子为邪恶有罪之人安排悲惨的死亡。这是埃及人摩西所言。似乎我们也必须就世界及所有事物的毁灭持同样的观点。当上帝不再关心这些事物，这些事物就会崩塌。为了不让人质疑此事，据说他为自己创造了法老，犹太人就称法老为暗黑王子，这样，他就可以通过重振他之前抛弃和毁灭的任何东西来揭示自己的荣耀。

但是，我很高兴能用希伯来人利奥那最有力的观点来反驳犹太人斐洛和柏拉图。他们说，天空、群星以及[317]任何被创造出来的东西都会消亡，因为它们有确切的起源时刻。那么，如果上帝造出某物且并不想要它腐烂，而该物却容易腐烂，那上帝就自相矛盾了。但是，如果天国确实建立自火水，斐洛波努斯阐释的学园派就持这种观点，最智慧的自然阐释者犹太人也作出同样的断言——犹太人从שמים这个词，也就是אשמים，或者שםמים中理解了火与水的理念，那谁又会怀疑，天国有一天也会消亡呢？亚里士多德不愿被迫承认这点，他给天国指定了第五种性质，但却从未解释过那是什么性质。那么，如果天国的本质未知，他就不该断言其永恒。我不知道什么论证能解决这一难题。

如果这世界是一个自然机体（naturate corpus），就包括质料与形式，如所有物理学家所言。同样，它也就是一个混合体。不仅如此，任何混合物、由各个部分合成之物都无法从自身生成，这是

---

① 奥古斯丁，《上帝之城》x. 9，9，"for evil has no nature, but the loss of good, thatis evil."

亚里士多德的教义。

因此，世界之存在就有一个动力因，亚里士多德也承认这一点。卡丹没有完全领会这点，他否认上帝是世界的动力因，这违背他哲学家或基督教徒的身份。但是，亚里士多德承认了这一点，也就不得不认可，世界之因先于果，不仅本质上如此，时间上也应如此。否则，离开时间和被创造出来的那一瞬，各种彼此不同的异质部分所构成的自然机体无法被创造。这与自然本源和亚里士多德的教义不符。

因此，可以说，上帝不仅在本质上，而且在时间上，都先于世界，同样，世界的本质是一个质料体，必然会消亡。那么多千年以来，国家和帝国藏在何处，那么多世纪以前的各种事行的记忆何在，当我们问这个问题时，听听回应很有益。

我们被告知，由于大火和洪水反复出现于地球，人类死亡；转而，从地球中，在新的温暖和种子的孕育下，人类又获得重生。梭伦从埃及人那里得知这个观点，又在希腊人中传播；然后，阿那克萨戈拉、柏拉图在其《美涅克塞努》和《蒂迈欧》中、亚里士多德在《论题篇》中、阿维森纳在《论洪水》(*About the Floods*)中都确证了这个观点。

最后，亚里士多德在《形而上学》卷一、阿威罗伊在他关于《论灵魂》文本的卷三处似乎又放弃了这个观点，否认曾有洪水淹没了整个地球。

我认为[318]他们是受到这一事实的影响：地球上曾经出现过巨人，可在这段时间中，甚至连小密尔米顿们(little myrmidons/Myrmidones)都没有出生；也许是因为土壤不够肥沃。阿里斯提德会否认这点，因为在《泛雅典娜颂词》(*Panathenaeia*)中，他认为只有雅典人可以正当地称自己种族高贵，因为只有他们是地球母亲的原住民，即是土生土长，尽管阿提卡的土壤似乎最贫瘠。但是，在水土极为富饶的埃及，如诗人所说，“肥沃多产，毫无阴云”

(sine nube ferax/fruitful without a cloud),[①]却没有关于从土壤里长出人的记录。是因为太阳太老,还是地球在逐渐变老?曾有多少次,当地球在大火与洪水中蹒跚,他们认为这世界如一头动物,患了水肿或急性发热病?当然,他们承认,物质会因年老而死亡,世界也会因衰弱而凋零。普遍自然(universa natura)清晰地显示出这点。

普林尼在卷七中记录到,所有作者都抱怨,人类种族在数量、大小或强弱方面都无法与古人相比。因此,时有这样的事发生,听到薛西斯或亚历山大或凯撒带来的无数军队仅在一场战役里就击败了30万甚至40万敌军时,我们的将军们觉得那只是传说,但是这记录与《圣经》相符。事实上,克里特岛被荷马称为"百城之岛"(εκατομπολις/hundred-cities)——他说,"他们居住在一百个伟大城邦中"。[②] 今日,连三个都不敢说。而且,狄俄多儒斯记录,埃及神《圣经》典中曾提到过18000个著名城市。后来到托勒密时期还有3000个。其实,今日埃及和亚洲的城市之和也难以达到那个数目。

当然,遗骨的尺寸惊人,直至今日也保存完整,这就是最可靠的证据,表明那时人的身材异常高大。但是,在所有记录中,下述记录最妙、最能作为后世的永恒回忆:哥白尼在《论天体的运动》(*About the Motion of the Heavenly Bodies*)、之后莱因霍尔德(Reinhold)和著名的数学家斯达迪乌斯(Stadius)都以清晰的例证表明,太阳的拱点(apsis)在当时比在托勒密时期(他生活在哈德良任皇帝时)离地球近12度,即相当于地球的31个半径,或如德意志人所测量,26660德里(German miles),是以法里(French miles)计的两倍。

---

① Claudius,《小调诗歌》(*Carmina minora*) xxviii. 5.

② 荷马,《伊利亚特》II. 649。

梅兰希顿以反复的实验确证了他们的理论并试验了其论证，他认为，应该是由于天体和地球机体的损耗特性（tabescentem naturam），[319]这些元素在太阳热量的温暖下更舒适。斯卡里格知道后说，写出这些东西的人该遭痛扁。他自己不该遭痛扁，由于忽略了这些东西，他经常出错，而且其实错得非常幼稚。

那么，既然天体物质瞬息万变，我们推断它曾有开端，也会在某时终结。果真如此的话，显然时间也有开端有终结。我们正在探求此事。

时间顺序

我们必须从历史记录中，而不能从希腊人的干瘪资料里寻求自创世（orbe condito/he Creation）以来的纪年系统（temporum ratio/system of chronology）。希腊人的历史从特洛伊战争才开始，而修昔底德说特洛伊战争绝大部分是虚构的。荷马是继俄尔甫斯和利诺斯（Linus）之后最古老的作者，他本人活跃于特洛伊战争之后200年，因而很自然，他们的记录中常有错误、充满了神话，而不是真正的历史。不管是不是吧，普鲁塔克的史书是从记录与忒修斯同时代的君主们的生活开始，他认为比这更早的事件与神话混淆不清。

据说，忒修斯大约活跃于罗慕路斯之前500年，那时希伯来人的领袖是亚比米勒（Abimelech），距创世已经2740年。因此，让我们从其他来源而非希腊历史中探究时间的远古。我发现，摩西是所有其他民族中最古老的史家。最老的希罗多德、克忒西阿斯、赫兰尼库斯（Hellanicus）和色诺芬等人是同辈，比摩西晚1800年。修昔底德紧随希罗多德之后。迦勒底人贝罗苏斯比希罗多德晚200年。埃及人曼涅托（Manetho）在贝罗苏斯之后，然后是亚历山大大帝时期的波斯人墨伽斯特涅。然而，上述人的作品就算的确是他们写的，现在也只剩一些残篇。墨伽斯特涅和克忒西阿斯的作品倒没什么好质疑的，只是狄俄多儒斯在其《亚述诸君主》(*The Kings of the Assyrians*)卷三［二］中严厉批评克忒西阿斯，但又在《波斯史》(*History of the Persians*)中赞扬他。

与此相反的是尤西比乌斯，他正确地编纂了亚述人的历史，却对波斯人事务不上心。因此，我们必须要关注马提亚之子(而非葛立安之子，明斯特认为是同一个人，但《犹太人的战争》一书显然已经驳斥了他的看法)希伯来人约瑟夫斯。他的《驳阿庇安》由两个部分组成，在这篇文献里，他比较了［320］曾为摩西所用的最古老史家并谨慎地赞扬了他们。从这些段落中，我们才第一次得知，阿庇安从柏拉图的《蒂迈欧》中所取的观点并不对——即埃及人有8000年历史隐藏在文献记录中。① 希罗多德道听途说的神话更荒谬——曾有一个13000多年历史的埃及王国。②

最荒谬的是西塞罗在《论神性》(*About Divination*)中所记：迦勒底人吹嘘他们测查人的能力已经有47万年了。狄俄多儒斯在卷三中加了404年，因为他断定那是无稽之谈。然而，以腓尼基人的记载和曼涅托的史书——此人把埃及人神圣文献的秘密公之于众——为依据，约瑟夫斯汇编了一套最准确的纪年体系，他把埃及人和腓尼基人各个国王的在位时间相加，从而公开驳斥了埃及人和希腊人的夸夸其谈。狄俄多儒斯在约瑟夫斯时代之前去过埃及，并全面考察了该民族的古代历史。他发现，埃及人可得的所有历史在3700年以内，并在卷二中给出证据驳斥埃及的谎言。埃及人为了看似在古老性上优于其他民族，吹嘘他们有33000年的古代历史。

我曾把狄俄多儒斯的编年体系和斐洛的史书作比较，狄俄多儒斯忠实地萃取了埃及人的秘史，而斐洛的史书得到所有最博学

---

① 柏拉图，《蒂迈欧》23 E。

② 希罗多德，《原史》II. 142。

者的采纳。通过这种比较，我发现这两个体系有200年的差异，减去斐洛与狄俄多儒斯之间所间隔的100年，二者的差异就不到100年。从创世到斐洛（他曾被犹太人派去卡利古拉那里当外交官）共计4000年。我从辛普里丘那里获得了更权威的论据。虽然他激烈地反对犹太人和基督徒，尤其是他对抗基督徒，为普罗克洛斯辩护，但是，在《论天》（*On the Heavens*）卷一的注中，他记录到亚里士多德曾写信给卡里斯特涅（Calisthens），要求他收集迦勒底人的古代史和记录，那时其他人正忙着抢掠巴比伦以获得战利品。卡里斯特涅提到，他曾努力地收集迦太基的记录，并发现其有1903年的历史。这个数字与摩西和斐洛所记的神圣历史完全相符，即从亚历山大大帝往回追溯，到他所记录的诺亚之子在尘土中消散、闪族人去[321]辛那（Sinar）大陆寻求安身之处、到方舟所在之处的亚美尼亚以东，正好这么多年。现在，迦勒底就在亚美尼亚的东部、稍微靠南的地方。

那么，特别值得注意、也令人惊奇的是，卡里斯特涅和摩西在普遍时间体系的问题上达成了一致。摩西从最纯净的源头获得真相。如果从创世开始追溯，这个时间体系也与狄俄多儒斯的体系非常吻合，即使到他的时代也吻合。摩西认为，色诺芬的《论不太确切的时期》（*About Ambiguous Times*）和阿尔基罗库斯（Archilochus）的《论时间》（*About Times*）也是确证（如果这些残篇确实是他们的写的）。两部作品都写到，尼禄在大洪水之后统治了250年。其中一人竟然是从尼禄的碑文中获得的这个信息，瑟密拉米丝（Semiramis）在一根柱子上为他题写了那碑文。

这个时间与斐洛体系和犹太人的体系非常吻合。波斯人墨伽斯特涅根据这些资料，从各个国王的最早记忆中寻获了一个年表体系，其体系与犹太人的仅稍有不同。根据迦勒底人贝罗苏斯本人的证实，我要说，这作品完整且纯正。值得一提的是，约瑟夫斯在《驳阿庇安》中表明——贝罗苏斯在作品中提到了大洪水，保存动物生命和人类种族温床的那艘船航至克第彦(Cordyaeans)山下;因此,甚至亚历山大时期的残篇中也提到,人们常常收集沥青作为护身符。[①] 这些事得到埃及人耶柔米(Jerome the Egyptian)和大马士革的姆拿西斯(Mnaseas the Damascene)[②]的权威证实。来自多菲内(Dauphine)的博赫尔(Jean Bourrel)以几何证明法明确证实,那艘船的大小足以容纳所有生物需要的食物,保证它们的健康。

古代诗人们把他们从老人们那里听来的真实故事(rei veritatem/truth of a matter)改造为愚蠢的神话,这个事实我就不谈论了。他们给雅努斯(Janus)取其名,因为他发现了被犹太人称为"雅饮"(iain)的酒;同样,《圣经》里记录,闪把父亲的裸睡公之于众,他们把此事安在朱庇特(Jove)头上。还有人把这事加给萨杜恩(Saturn),因为他也暴露了其父亲的生殖器。但是,很多犹太人的阐释者都传递了关于可汗的那个事实,如列维拉比(Rabbi Levi)在其《创世记》注疏本的章九中所写。

同样,所有的希伯来阐释者都承认巨人们[③]和雌雄同体人的历史真实性。柏拉图把这事改成了寓言。而且,为了证实这些时代的神圣历史,[322]反对邪恶之人(因为好人根本无需那种争论)的最确切证据是,以下史家所记的史事综合起来,与《圣经》和卡里斯特涅的史书十分吻合,以致迦勒底人、希伯来人和埃及人的编年史相差竟不超过300年。首先是迦勒底人贝尔苏斯所记的从诺亚本人到萨丹那帕鲁斯时期的史事;然后,墨伽斯特涅从这一时期开始,记录了从苏萨到亚历山大时期的史事;希罗多德之后最古老的史家克忒西阿斯把年鉴(annales)从波斯人的法庭带入希腊,

---

① 约瑟夫斯,《犹太古史》(*Jewish Antiquities*) I. 93.

② 姆拿西斯来自吕西亚的帕塔辣,古文物研究者,埃拉托斯忒尼斯(Eratosthenes)的门徒。

③ 普林尼,《自然史》II. cvi,238。

狄俄多儒斯见证了此事；最后，是埃及人曼涅托[①]的编年史。

考虑到是那么多作者所记录的各个不同时期的总和，仅仅300年的差异确实令人吃惊。约瑟夫斯明确地讲，从腓尼基人（希腊人自己承认，正是从他们那里学习到如何写作和交谈）最古老的历史可知，神殿是由所罗门在迦太基建国前140年所建。他通过把各个国王的年纪相加，从而得到这个数字。然后，在巴勒斯坦被犹太人占领后大约393年，亦即特洛伊城毁灭前300年，埃及人拉美西斯的兄弟、希腊人最古老的君主达那俄斯（Danaus）从埃及逃入希腊。约瑟夫斯还证实，是底比斯的创建者卡德摩斯（Cadmus）把字母系统引入希腊，同一时期，法老阿梅诺菲斯（PharaohMenophis）统治着埃及，摩西之后的第三任领袖欧托尼耶统治着犹太人。事实上，他从埃及人曼涅托和腓尼基人的历史中获得了关于各个君主的统治时期，把这作为证据提供给对手阿庇安。他这么伟大的人不会在连阿庇安都知道的史实上撒谎。

希罗多德比曼涅托早大约500年，狄俄多儒斯比希罗多德晚800年，这二人的史书中提及的埃及各君主几乎与耶利米（Jeremiah）的记录完全相同。希罗多德似乎一直遵循耶利米的史书中的记录，直到阿普里埃斯（Apries）时期。阿普里埃斯与耶利米是同时期的人，后者称其为合弗拉（Hophra）。此后，希罗多德继续追溯各继任君主的任期，直至普萨美提克（Psammetichus）[②]时期。普萨美提克被波斯王冈比西斯（Cambyses）俘获，王国遭到掠夺。然后，波斯人就占领了埃及。但是，希罗多德的记录到薛西斯的出逃为止，那时距创世3486年。他的史书始于在玛拿西（Manasseh）时期统治吕底亚的国王巨吉斯（Gyges），而他认为埃及人的

① 曼涅托生活于托勒密王朝时期的埃及，他以美尼斯时期为始、以神圣经典为依据，用希腊文著其祖国的历史。

② 普萨美提克三世。

历史没有那么久,[323]与所谓8000年历史的说法不同,他写到,埃及人自己吹嘘,在自称为是埃及的第一位国王美尼斯(Menes)之前,他们已经有过30位国王,这段历史被记录在他们的神圣经典(sacris literis/sacred books)中,但是他们却不记得任何一个国王的名字或事迹。

然而,有很多论证可以驳斥这类虚构,其实最大的虚构是埃及人托勒密的记录。他从纳巴那沙(Nabonassar)时期起寻求固定星系的起始点和停止点(syderum inerrantium radices & ἐποχὰς/the starting points and stopping points of the fixed stars),似乎迦勒底人也是从那个时期开始观察星系的。纳巴那沙在王谱(the Book of Kings)里被称作撒缦以色(Shalmaneser),①他在创世后3000年闻名于世。那时距托勒密有980年,如他自己在《天文学大成》(*Almagest*)中所写。他还从希帕库斯(Hipparchus)、墨冬(Meton)、欧多克索斯(Eydoxus)和埃及人那里学到了其他一些东西,都在这些时间周期内。但是,如果埃及人和迦勒底人在碑文上记下了历时47万年的天体运动,那迦勒底人的邻居——埃及人托勒密,为何只搜集了800年天体运动的资料呢?对于他所想要证实的观点,这些更多的信息应该至关重要。然而,他并没有解释恒星运动或颤动现象,首先是阿拉伯人,然后是雷乔蒙塔努斯(Regiomontanus)和哥白尼将这个问题解释清楚了。他甚至没能弄明白太阳的所有运动,他说太阳的拱点固定不动。然而,托勒密的时代之后,即1360年,却发现太阳拱点已经穿越了所有宫。

不乏有人污蔑有关人的年龄的数据,据说那是摩西所写,虽然摩西能轻易地驳斥他们的嘲讽。但是,约瑟夫斯在《犹太古史》卷一章三中,赞扬了10位史家,这些史家都记录过,人的年龄有时超

① 纳巴那沙统治巴比伦,同一时期,萨尔玛那萨尔统治着亚述。

过600岁,有时超过900岁。这10位史家是曼涅托、贝罗苏斯、墨库斯(Mochus)、[①]赫斯提阿乌斯(Hestiaeus)、收集了腓尼基人的古代史的耶柔米、赫西俄德、赫拉尼库斯(Hellanicus)、[②]阿库西劳斯(Acusilaus)[③]和埃福罗斯。我们还应该加上色诺芬,普林尼和瓦勒留都引用了他。他记录了海上国王们的一些重大事件,并提到其中有一个国王确实活了600岁,还有一个活了800岁。谁会否认这么多作者都相信的事情呢?

[324]有人天真地认为那不是以年,而是以月在计岁,如果是这样,色诺芬在说一个海上国王活了600月年(即50太阳年)时,为何似乎很惊奇?要知道,色诺芬本人活了90多岁。而且,很多作者都认同,在世界的这一古老时期,被称为不朽的(de temporibus)[④]约翰活了300岁。其实,普林尼从最可靠的监察官录表中得知,有些人活了150岁。如果这些都表示月年(menstrui anni/monthly year)的话,摩西记录的30岁生子的那些人,就应该是两三岁就生孩子了。摩西消除了我们的这些误解,《创世记》章七中记载,他规定了一年为365天。因此,有些人认为庞皮利乌斯(Numa Pompilius)之前的罗马人一年只有10个月,普鲁塔克就嘲笑了他们。所有民族都把一年定为12月,尽管有闰日(dies exemptiles/intercalary day)使得纪年体系不太确切。

现在,凭借埃及人、迦勒底人、腓尼基人和犹太人的一致记录,我们已经确定,世界的开端和时间的界限最多不超过5700年。为了尽可能准确,我们必须计入200至300年的误差,墨伽斯特涅与犹太人的记录、犹太人自己的一些记录、后来尤西比乌斯与其他人的记录之间存在这种差异。虽然卢西杜斯、丰克和潘维尼奥曾费

---

① 墨库斯著有一部腓尼基人的史书,现已佚失。

② 莱斯博斯岛的赫拉尼库斯的作品先仅存残篇

③ 阿库西劳斯来自阿耳戈斯,他的作品仅有残篇。

④ [译注]英译者译为 timeless,但加了"?"表示不确定。

心研究过这一问题，但迄今为止还有诸多东西有待解释。错误的起因各异，弄明白这些起因更易于修正错误。

首先，波斯人对波斯人领袖和亚述人领袖的称呼与希腊人对他们的称呼不同，希伯来人的称呼方式又不同。埃及人与前面几者又不同，每个民族的人都希望能保留自己习语的影响力和纯粹性。有时，有些名字甚至已经遗忘。这样，关于亚述、波斯、埃及的历届国王就有问题，而正是根据这些国王的在位历史才能推出纪年体系。

错误的另一个起因是，希腊人和拉丁人不了解犹太人和埃及人的古代历史和古代语言。尤西比乌斯以希腊《圣经》的阐释者为据，从创世到基督元年比犹太人多计了 1200 年；摩西的估算是，从世界创立到大洪水经历了 1656 年，而尤西比乌斯计 2241 年，因为阐释《创世记》章五的 70 位学者，更确切地说是抄写员［325］在记录人的寿命时，比犹太人经文允许的多出 200 年，有时甚至多了 300 年。

还有一个并非不重要的错误起因是，希腊人以夏至为一年之始；拉丁人以冬至为一年之始；住在西方的一些民族以春天为一年之始；阿拉伯人以太阳进入狮子座的时间为一年之始，如索利努斯(Solinus)①和费尔米库斯(Firmicus，卷三)②中所记。相反，东方人，即迦勒底人、波斯人、印第安人、埃及人和犹太人以秋天为一年之始；约瑟夫斯在《犹太古史》卷一章三中写到，上帝在秋天创世。以利亚撒拉比在《创世记》中也提到：בראשה，即太初，בראשה，即 9 月；他认为，就是这些文字的变化阐释了这个月的秘密。

---

① 索利努斯是公元 3 或 4 世纪时期的大学问家，其作品的基础是普林尼的作品。

② 费尔米库斯・马特尔努斯(Firmicus Maternus)著有一部关于公元 4 世纪的军国星占术(judicial astrology)的正式介绍。

亚伯拉罕拉比(Rabbi Abraham)也认同这个时间,他在《但以理书》章三中写到,虽然摩西把尼撒月(Nissan)作为第一个月,马其顿人称这个月为“克珊提库斯”(Xanthicus),但是拉丁人以4月为一年的第一个月,因为上帝在这个月解放了这个民族;约瑟夫斯给出的证据表明,对于其他习俗,摩西并没有做什么改变。从摩西的律令中可以看出这点,在《出埃及记》章二十三中,他说:

> 你们要将这一日作为斋日来庆祝,在岁末,你们把劳动所得从地里收进粮仓。

那么,伽凯乌斯说,犹太人认为创世在春天,所以以春分为一年之始,就不对。约书亚拉比(Rabbi Josue)与加凯乌斯看法相同,可是利亚撒拉比驳斥了他。普鲁塔克在《专题讨论》(*Symposiaca*)①中讨论过这个问题,我们就不赘述了。如果春天初始时,果实尚未成型、还不成熟,上帝同样也会造出不完全的或幼小的生物,并且会施予照看。墨卡托认为创世之时太阳在狮子座,这错误也不小。基于这个错误的前提,他根据历史典据写的关于星系运动的东西,也都值得怀疑。还有关于大洪水之后橄榄枝的无聊猜测,以及这一类太琐碎根本不值得驳斥的东西,我就不提了。

那么,我们就接受摩西和犹太人的历法,像雅典人那样,以9月为私人事务和公共事务的起始。从米提利尼之钟便可明白此事。显然,产生错误的另一个原因是,埃及人、波斯人和[326]希伯来人没有某个时代的确切纪元(certam ἐποχήν)或起始点(radicem temporum),而是以国王的在位期来定义年代。希腊人和拉丁人要好些,前者以奥林匹亚运动会为参照计时,后者以建城为据

---

① 普鲁塔克,《道德论集》(*Morals*) II. 213 和 III. 244。

计时。基督徒计时稍晚，始于基督诞生的第600年，从那时起，他们以圣母玛利亚分娩的时间为据来编年。阿拉伯人从哈吉拉(Hegira)——即穆罕默德从麦加逃亡之时——开始计算，那是基督592年[原文如此]，今年1565年，[①]他们计为基督988年[原文如此]。从非洲人利奥的史书中可知，他们不采用任何起始点。利奥只在卷三的一个段落里根据基督纪元和我们看到的已经颁布的穆斯林律令，确定了哈吉拉的时间。

由此可知，人们以为哈吉拉是基督491年并不对，热纳布拉尔说是基督621年也不对。最近，即在1490年费尔迪南德被称为天主教徒之前，西班牙人把奥古斯都开始统治的第十六年作为一个纪元的开始，就是起始点，他们称之为新世纪(aeram)。这一年，奥古斯都在塔拉戈纳(Tarragona)[②]颁布律令，确定了世界边界(universus orbis/limits of the world)。但是，帝国在42年做过一次人口普查，从中可知，人们对起始点的理解比耶稣诞生早了26年，如赫罗那的安东尼奥(Antonio of Gerona)所述。

另一方面，托莱多的罗德里克(Roderick of Toledo)[③]在其作

① 1596年版中写的是1570年，但没有任何其他的修订。1583年版中写的1565年。1566年版中在592年处写的是551年，后面的句子也没有。在“基督纪元”(Christian era)一词到“后来，犹太人……”之间，有几行文字遗漏。

② [译注]塔拉戈纳，西班牙东北部城市，在弗兰科利河口，建于地中海海滨的高岗上。塔拉戈纳原为伊比利亚人居民点，公元前218年，罗马人在此筑城，改建港口，遂成为要塞。据梅拉(Mela)所言，该城市是当时罗马最富有的海滨城市。西罗马帝国灭亡后，旺达尔人、西哥特人曾先后占领此地，直到倭马亚王朝征服伊伯利亚半岛，西哥特人在此地的统治才结束。从公元750至1013年之间，它一直是科尔多瓦的哈里发的重要边境城市。哈里发灭亡后，1013至1110之间，它属于萨拉戈萨塔法(Taifa)；1110至1117之间，它隶属于阿尔摩拉维德王朝。它是在11月17日由巴塞罗那县拍摄的。1164年以后，它归属阿拉贡王国，直到1516年西班牙帝国的建立。12世纪时，它是阿拉贡王国重镇，商业繁盛。市内有奥古斯都大帝庙、罗马型墙垣及圆形剧场等众多古迹。

③ 罗德里戈(Rodrigo，1170－1247)，托莱多大主教，著有《论西班牙事务》(*De rebus Hispaniae*)。

品的最后一章中提到，二者之间有28年的出入。然而，自塔拉戈纳律令颁布，西班牙所控制的议会才开始计算时间，那时还说哥特人在统治。费尔迪南德时期之后，就按照基督纪元计时了。稍晚，犹太人无论私事公事都以创世为基点计时。直至公元1565年，世界已经被创造了5325年。遵从斐洛的时间，加上202年，所以，至今，距创世是5325年[原文如此]。① 是第259届奥林匹亚运动会后的第四年，距大洪水3872年，距哈吉拉1014年，是自第84届神示(Indictionis/indication)后的第十年。② 在世界历史中，我们必须用这些数字，所有事件的发生日期才[327]更确切。在阿斯库尼乌斯和小普林尼笔下，定额征税法(indictio/indiction)是一种朝贡(tributi/tribute)，君士坦丁大帝之前并不表示时间历程。从基督313年10月8日起，君士坦丁和李锡尼(Licinius)成为奥古斯都，第二次任执政官。希腊人的纪年中如此记载：君士坦丁的定额征税法此时开始(INΔIKTIONΩNKΩNCTANTINIANΩN ENTEYΘENAPXH)。这一天，君士坦丁大帝杀死了马克森提乌斯(Maxentius Augustus)，重塑基督教会的和平。比德记录到，正是在尼西亚议会上颁布的法令规定，官方记录应以财政年度为据计算时间，因为那时他们还没有采用我们的基督纪元，而是用各位皇帝的任期时间。而皇帝不停更替，使得对时间的估算明显不确定。法令规定，定额征税的周期是15年，因为奥林匹亚运动会是每4年一届。

但是，错误的最大根源是，人们还不知道太阳和月亮的运行轨迹。虽然整个古代世界都致力于这一问题，但是却没有给出真正的解答，使我们有确切的年月体系。已经证实，狮子座层云(Leos-

---

① 1566年版是5327年，1572年版订正为5527年。

② 1583年版中给出了最后一种计时方法，这一年的版本令人满意，虽然作者没有纠正之前的一些错误。不幸的是，就这一理论，1566年版中写的是"自第84届神示后的第十年"，1572年版也是如此。

tratus)的8年周期不对,也没什么用。所谓的墨冬19年黄金法则也不完善;因此,300年后,太阳的轨迹比月亮多了几乎1天18小时。卡利普斯(Calippus)的计年也有错。希帕库斯的那些错误原则从第304年起就显示出一个小时的误差,斐洛劳斯(Philolaus)和德谟克里特设置闰日也并未增加多少确切性。最后,凯撒的纪年法有如下不便:它去除了太阴月(lunares/lunar months),现在满是错误。因为夏季假日逐渐回溯到冬季月份。

虽然希腊人知道太阳年,但他们仍然使用304天的太阴年历法,尽管这种历法在恒星运动方面有大错误。只是,既然少了一天,每2年或每3年,他们加一个闰日。另外,每3年或每4年再增加一个闰月。他们没能识出二分时期或二至点,因为以33年为一周期,每年里的各月都有波动。但是,罗马人在这个问题上错得更离谱,有些人认为(但普鲁塔克否认),是他们先确立了一年为304天;[328]然后,当努马加了两个月后,就将其变为太阴纪年法。但是,权威的苏维托尼乌斯告诉我们,闰月闰日的差异性和混淆是,岁时(fasti)系统有时因冬季月份而改变,有时甚至会因夏季月份而改变。当然,犹太人使用太阴月,但每3年加一个闰月,他们称为Vaadar,即双阿达尔月。因此,加凯乌斯记录说犹太人和埃及人都使用太阳历,其实不对。埃及人通常一年计365天,但由于每年多出1/4天,每过1460年,回归年就被提前了一年,即天狼星周期。虽然他们一年省掉1/4天引起了大差错,但后来的事件表明,其实不到1/4天。

既然诸事如斯,相差那么多年,无法建立一套确定的时间体系也不奇怪。加萨写过一本关于阿提卡月份的小书,里面有严重错误,希腊人和拉丁人的阐释者们也出了错。这些古文化研究者认为,他们自己的月份与古人们的月份类似,但古人们的月份非常不确定,时常波动。为了证实这点,我们看看这个例子,朱利安历法对年的规定被视为最确切,但自凯撒时期以来,夏冬至和春秋分的正确位置已经被回转了 14 天，该历法也无法有效填平这一差异。我的观点是，天体运动不可言喻、难以形容，或者，用数学家们的话说，是无理数(surdi /deaf)，[1]因为无法以数字去理解，总有遗漏无法计算，从各行星不同的公转就可看出。

那么，在朱利安历法以前，日月设置如此不规范的时候，还有什么确定性可言呢？然而，值得注意的是，从创世开始，希伯来人和迦勒底人对年的估算非常一致，就是现在阿拉伯人使用的历法：即 354 天，每 3 年再聚加一些闰日。《圣经》中可明显看出这种记法。同样，埃及人总是在天狼星年(anno caniculari)额外计入几天。因此，自创世以来，在周期和年的取整上，他们几乎不出错，虽然涉及到各个君主的某些行为、某次胜利、或每个帝国的开始和结束的时间时，他们与希腊人的记载有差异；这二者又与拉丁人的记载有差异。

[329]在基督之死的问题上，诸多作者长期争论不休，就源于这个差异。一人说是 4 月 1 日前的第六天；另一个人，如潘维尼奥，说是第七天。大部分人说是第四天，比如率先就这个问题提出争议的卢西杜斯。他们彼此争论得相当厉害，不仅日期，而且连年份也在争。贝德、克里索斯托(Chrysostom)、尼克塔斯(Nicetas)、高赫科(Gaurico)、大阿尔伯特(Albertus Magnus)、摩德纳的伯纳德(Bernard of Modena)和潘维尼奥都宣称，基督是在 34 年受难；亚波里拿留(Apollinaris)、卢西杜斯、里拉的尼古拉斯(Nicolas of Lyra)、斯科图斯(Marianus Scotus)和布尔戈斯的保罗(Paul of Burgos)认为是在 33 年；德尔图良和依勒内(Irenaeus)则说是在 31 年。关于建城的时间，希腊人和拉丁人也争议不少，甚至拉丁人自己内部也不统一。显然，这个问题无法解决，既然如此，潘维尼奥从所有意见中收集了两个最有可能的时间，都记入《纪年表》

① Surds.

(*fasti*)中,这样每个人可以选择自己喜欢的,相差也就一年。

关于各位君主的各种事迹和值得铭记之事,随意标记其发生时期的做法并不明智。但是如果帝国开始的时期、时代或事迹的起源时期有误,那后面的错误就会接踵而至。每个人还是应该根据犹太人和迦勒底人的系统修正时间,这两个民族与斐洛的时间系统相符,即使有差异也很细微。犹太法典编著者过于执念于自己的方式,为了根据自己的判断阐释神签和预言、为了与基督教徒不同,竟然将世界的年纪减少了200年。例如,每当那索拉比(Rabbi Nasso)提到基督时,都以非常轻蔑的口吻称之为התלוי,并把基督徒称为נלוו ערים。然而,在世界2239岁以前,他们之间并不存在这种差异。那是雅各布正好旅至埃及的一年。从这时到他离开历时430年。

《出埃及记》章十二、《伽拉太书》(the Galatians)章三完整讲述了此事。约瑟夫斯在卷二章六、[①]斐洛和格尔森(Gerson)的儿子列维拉比二人在阐释这一段时说,430年的起点是亚伯拉罕76岁时进入埃及的那一年;而从雅各布举家入埃及到出埃及,共计210年。几乎所有犹太人都认同这个观点。梅兰希顿和所有博学者也都同意,除了热纳布拉尔,一个学识渊博且异常虔敬的人。他坚持经文原文。丰克认为,这个错误源于用词是triakosious,而不是tetrakosious,[330]贝扎(Theodore Beza)同意这个观点。

其实,这个错误出现在以希腊文写成的《使徒书》(*the Epistle*)、《加拉太书》和《使徒行传》(*the Acts*)中,以希伯来文写成的《出埃及记》不会出这个错。那么,关于这个问题,犹太人的阐释就更可靠了,尤其是他们几乎都与墨伽斯特涅的时间体系一致。我认为余下问题也应该遵循同样程序。斐洛好像严格遵循这个方法,因此,他说从犹太人离开到神庙(templo/temple)建立是920

---

① 指《犹太古史》里的章节。

年，我非常乐意接受。不过，约瑟夫斯的估算是1062年（卷十章十二）。斐洛认为神庙从建立到倒塌历经440年，约瑟夫斯认为是470年，更年轻的犹太人认为是419年，所以斐洛取的是一个中间数。斐洛认为从创世到神庙被毁历经3373年，约瑟夫斯认为是3513年。斐洛认为从大洪水到神庙被毁历经1717年，约瑟夫斯认为是1913年。犹太阐释者对上述这两个时间的估算都短得多，但斐洛采取了折中的方式。

为了调和这些权威之间的差异，让我们首先排除阿方索（Alphonso）的观点，他认为从创世至今，即公元1565年，已经历时8549年，但他没有任何依据支撑自己的观点。我们也不能采用尤西比乌斯的说法，他认为从创世至今已有6760年。按照奥古斯丁的说法有6916年，贝德认为有6893年，耶柔米认为有6605年，安提俄克的狄奥菲鲁斯（Theophilus of Antioch）认为有6831年，伊西多尔（Isidore）认为有8171年。我们就采取犹太人、迦勒底人和波斯人的说法吧，他们的历史给出的时间是，从创世至今不超过5730年。我们把墨伽斯特涅、或克忒西阿斯、或希罗多德、或贝罗苏斯的观点与犹太人的观点结合起来。犹太人中，瑟德尔（Baal Seder）认为从创世至今有5133年，那索拉比认为有5172年，格尔森拉比和基姆希（Kimhi）认为有5301年，幼辈的犹太人认为有5349年，斐洛认为有5628年，约瑟夫斯认为有5720年。那么，约瑟夫斯与斐洛，这两个最精确的作者之间的差异大概有200年，我曾提到过，这个差异源于《出埃及记》章十二中的那段，约瑟夫斯非常仔细地研究过那一段。

但是，既然《圣经》的其他阐释者都认为从亚伯拉罕进入埃及到甚至摩西的时代历经430年，既然克忒西阿斯的体系与斐洛的估算非常接近，而斐洛在约瑟夫斯与塔木德著作者之间取中间数（因为他比这些作者多算了200年，而约瑟夫斯比他多算了200年），那斐洛就比其他人更可靠。幼辈的犹太人非常顽固，他们曲解了但以理的时间;因此,与所有作者的权威引证不同,他们[331]认为波斯人只有5任皇帝;而墨伽斯特涅、克忒西阿斯以及希腊人都认为,考虑到每个君主的年龄,一共有10任。诚然,他们这样做是因为不想违背先知的预言,但其实是误解了那些预言。

有必要根据约瑟夫斯和斐洛的引证及天球运动来驳斥他们。托勒密在《天文学大成》中已经提到,天球运动始于纳巴那沙统治期。占星学家们过去常常从这个时期开始推算,因为这就是最古老的时期。那么,值得注意的是,根据那一运动的起始时间,普遍时间秩序和系统就与犹太人、迦勒底人、希腊人和拉丁人的时间体系最吻合,即创世3218年后,纳巴那沙开始统治。这个结论是通过下述方法得到的。

所有史家都断言,亚历山大大帝逝于第114界奥林匹亚运动会后的第一年;但托勒密认为从纳巴那沙到亚历山大逝世有424年,即第106届奥林匹亚运动会时。这意味着纳巴那沙是从第8届奥林匹亚运动会后的第一年开始统治。根据《列王记》卷四的记载,这一年是犹太国王阿哈斯(Ahas)统治的第十二年,是罗马建城后的第六年。按照瓦罗和狄俄尼索斯的说法,建城是在第6届奥林匹亚运动会后的第四年。这种估算普遍时间的方法不会误导人,虽然就各单独事件的发生时间,有些权威引证彼此之间还有差异。

从托勒密的时间表可知自纳巴那沙到哈德良(托勒密正是活跃于这一时期)之间的精确时间。在卷六章二中,他说,从马尔多克佩杜斯(Mardocempedus,耶利米称其为米罗达)统治的第二年到哈德良统治的第十九年之间共历经853年。纳巴那沙就是《圣经》中的撒缦以色,从下述事实可澄清这一点:《圣经》中记录到,从撒马利亚没落到神庙被毁之间历时133年。由此,我们可以得出,赫泽基统治23年,玛拿西统治55年,阿蒙统治2年,约西亚统治33年,约雅敬(Jehoiakim)统治11年,西底家(Zedekiah)统治11

年，在耶路撒冷遭到占领时被俘。但是，托勒密认为，从占领撒马利亚的纳巴那沙统治的第一年到神庙被毁之间有140年。因为他在卷五章十四中说，那伯波拉撒（Nabopolassar，经文中称他为尼布甲尼撒）统治的第五年就是纳巴那沙统治后的第127年。如果在这个时间上再加13年，就是城邦被占领之时（那伯波拉撒统治后的第十八年），即140年。[332]这个数字比《圣经》中使用的数字少了[多了？]7年，但是纳巴那沙的时代必须包括他被囚禁的那些年。

如果我们根据这个天体规则审视世界历史，就会明白墨伽斯特涅的时间计算少了。这是因为，亚述人和迦勒底人的各个君主之间自相残杀、非常残酷，有时还彼此放逐，形成了不少空位期。同时，没有人关注年表或者时间误差。一个证据是，贝罗苏斯和墨伽斯特涅都没有列出任何一次空位期或任何一届统治的精确月份，只以年为单位标记了每一任统治期，也没有确切的起始点。克忒西阿斯是一个勤勉的史家，没有遗漏月份和空位期，但我们只有他的残篇。然而，狄俄多儒斯遵循了他的记录。普鲁塔克（生活在阿尔塔塞克西斯时期，称克忒西阿斯最不真实）认为，仅就年表而言，可以相信克忒西阿斯，尤其是他还指责过希罗多德说谎。而且，他得到色诺芬（克忒西阿斯就活跃于他的时代）亲赞，斯特拉波、阿忒纳奥斯和狄俄多儒斯也赞扬过他。

从约瑟夫斯的作品中可见，曼涅托和迪乌斯（Dius）①收集了腓尼基人历史中的月份和空位期，但是这个民族的整个历史都消失不见了。曼涅托的史书记录到第五届奥林匹亚运动会，即建城前5年、撒缦以色继位前12年、特洛伊陷落后325年，这与森普罗尼乌斯的罗马时间表相符。希腊人和拉丁人的时间体系始于[第1届]奥林匹亚运动会，就不存在这种差异，因为建城在第6届奥

① 迪乌斯著有一部腓尼基人的史书，其中的一段残篇被约瑟夫斯保存了下来。

林匹亚运动会之后。因此，很容易把罗马人的纪年表与各界奥林匹亚运动会的召开时间对应起来，一直到哥特人入侵，即奥多亚塞(Odoacer)统治期，基督351年。从基督元年开始到现在，计时最精确。

我们必须根据世界编年体系推导出各个国王的年纪和任期，选出记录每个时期的最好史家。读史时，我们也必须警惕，如果出现闰年，就有必要观察闰年系统，这样更容易确定事件发生的前一年和后一年。例如，马尔切利努斯在卷二十六中写到，约维尼安(Jovinian)在安基拉附近去世后，瓦伦提尼安在第七日被立为皇帝，这天是3月1日的前一天，[333]他不想在悲伤中开启帝国的徽章，因为碰巧是闰日，他害怕这个时间不吉利。从玛策里奴斯的这段话可知，罗马人的纪年法被诸多内战和空位期打乱了，不太精确，后来经过修正和重塑，因为每4年就会有一个闰日。因此，若计算从凯撒到瓦伦提尼安之间的时间，要从独裁官凯撒的第四次任期开始算，到瓦伦提尼安，计408年。正是凯撒设立了闰年。而从建城到那时，已历时1116年。

我曾提到过的这个马尔切利努斯现在被称为阿米阿努斯(Ammianus)，生活于朱利安皇帝时代。另一个玛策里努斯是一个伯爵，在尤士丁尼统治时期获得荣誉官职，从建城开始记录了历时1130年的编年史。他在写史时采用15年期财政年度和执政官任期体系，并小心区分，虽然那时已经没有了执政官，但这个头衔在诸位皇帝那里还保留着。最后一位是拥有尊贵地位的小巴希琉斯(Flavius Basilius, Junior)，基督541年任东部执政官，普罗科匹乌斯在《哥特战记》(*About the War of the Goths*)中常常提到他。

我们已经讨论了普遍时间体系和世界起源的问题。世界何时坠落，连天使都不知——更不要说任何一个有死之人，除非有可能让我们相信埃利亚拉比(Rabbis Elia)和卡提纳拉比(Rabbis Catina)的推测。在《塔木德》“分担”(a share)一章“犹太公会”(Sanhedrin)标题下,[1]"之前"(before)一章"邪神崇拜"(Idolatry)标题下,这二位拉比说,因为事实上上帝创世用了6天,所以他们把世界的年龄限定在6000年以内。很多人接受这一推测,视其为神谕。因为他们认为埃利亚是先知。以撒拉比(Rabbi Isaac)在《创世记》章一、奥古斯丁在《上帝之城》卷二里接受了这一预言,视其为天幕降临之日。另外,希伯来人利奥认为,6000年的永恒搅动中会出现一次物质世界的变化,第七个千年将是静默,再过49000年,天球将在第五十个千年坠落,继而是大赦年寂静(quetem magni Jobelei / quiet ofthe Great Jubile)。但是,属人的智慧不足以更细微地研究这些事情,或者是,理性无法推导这些事,神圣预言也不会认可,所以,这种研究既愚蠢,更不敬。

① 博丹是从希伯来文直译过来。此处的文献指 Sanhedrinxi. 30 和 Idolatry i. 16。

第九章　各民族起源的检验标准

[334]最令史家们耗费心力的问题是各民族的起源问题；他们之所以记录各国的衰退或内战经过，最常见的目的是为其种族的名声和辉煌留下证据。有些民族通过财富、罪行或其祖辈的英勇已经获得了高贵的地位，他们喜欢把自己与其他民族区别对待，否认与其他民族的亲缘关系。最极端的傲慢是那些忘却了自己作为人之本质的人，吹嘘自己是诸神的后裔。不仅愚蠢的普通人会犯这种错误，以智慧和德性著称的人也会。凯撒在罗马人的国民大会上就曾无耻地吹嘘，他的母系分支源于诸王，父系分支源于诸神。亚里士多德也把自己的家族渊源追溯至医神埃斯科拉庇俄斯和阿波罗。从这种思想中生出假装的神性，有些人以为，当他们不再为人时就会变成神。有权势的人的这种傲慢甚至在最卑贱的人身上也可见，由于他们不知道自己的种族起源，或由于不喜欢异邦人而隐藏自己的起源，就称自己是土里生出来的，即是本地人，土生土长。阿里斯蒂德斯在泛雅典娜节上就曾宣称，雅典人是最高贵的恩赐，因为他们源于诸神之母——地球。

这种错误不仅常见于老辈史家，而且也常见于后辈史家——弗吉尔本是可靠的史家，却断言不列颠人生活在内陆，是那里的土著人，并非从其他地方搬迁而来，而我认为他们是跟随凯撒迁入的。阿尔塔莫模仿塔西佗，也说日耳曼人生在日耳曼本土，不是从其他种族繁衍而来的后裔；他毫不犹豫地相信了权威人物塔西佗、萨贝里库斯和西庞提努斯（Sipontinus）①的这个说法。我可以这样说吗，还有什么比这种想法更蠢更不虔敬？[335]从某种意义上说，当然可以谅解古人们；但是现代人的过失，要么因为犯下大错，要么因为有罪，而这两种原因都是因为他们公开违背圣经里记录的摩西关于原始时期的各种陈述（虽然没有给出任何原因），提出只能以祖传土地为据，从而把这些种族与其他种族的联系和情谊彻底割裂。依据神的意志，摩西被许多事引导着记录关于起源之事。我认为尤其是这个原因：所有能阅读历史的人都应明晓，大家都流着同样的血，由同一种族纽带维系着。我极其确信，同宗同源最能发展和保持人类的良好意愿和友谊。不仅有狄俄墨得斯和格劳库斯（Glaucus），还有无数人曾为了毁灭彼此而武装起来，然而，他们也常常仅仅因种族相似、较为亲近而放下仇恨。相反，吹嘘自己是本土人、是从土里长出来的人难道不正是违背了人类社会的纽带联系吗？因此，埃及人把犹太人、希腊人把拉丁人轻蔑无礼地称为野蛮人的说法是不可调和的威胁性语言。

同样，罗马人曾把异邦人称为"敌人"；日耳曼人如今甚至更轻蔑地称之为"威尔士人"。这个词与他们祖先对客人的友好热情态度完全不同，曾经其祖辈因此而赢得了不小的名声。最后，出现这种状况还有一个原因，即有些作者写了一些针对异邦人的著名书籍，他们确实不该被叫作缪斯女神或密涅瓦的祭司，而更应该被称为马尔斯的祭司，因为他们本该用互爱去抚慰人，却在战争界限上挥舞灼烧着的火炬，以嘲弄和轻蔑点燃人们的之间恨意。我无需

① 西庞提努斯是佩罗蒂（Nicolas Perotti，1430－1480）的别名，他是西庞托（Siponto）大主教，著有《丰饶之角》（*Cornucopiae*），并翻译了珀律比俄斯的《历史》。可能其他某个名为西庞提努斯的人著有一部关于日耳曼的历史，或者，我们可以从博丹的自传推测，此处他指的是阿文提努斯（Aventinus）？

点出任何具体名字，也无需回顾那些反对我们的作品，那些作品的作者给他们自己招致的骂名比给予我们的资料更多。但是，与异邦人建立以相同血脉相连的亲近关系，比以讽刺的言辞傲慢地脱离那种共同的亲缘关系，要正义多少倍？因此，我无法赞同吕库古[①]或柏拉图的法律，那些法律着力禁止斯巴达或雅典国民与异邦人的贸易。同样，他们也禁止出口本国货物、禁止把外邦货物进口给自己的人民。这难道不正是把人际交往从人文关怀中剥离吗？如果本土人更优秀，他们理应通过自己的德性驯化异邦人，使他们更幸福，而不是[336]远离他们。当然，摩西认为应该以不输于对待臣民的善意对待异邦人；他命令，伤害异邦人比伤害臣民的人应遭到更严厉的报复。现在，通过不朽上帝的最高智慧，我们已经看到，没有哪个地方富饶到不迫切需要其他地方的资源。诗人说，印度送来了象牙，温和的赛伯伊人送来了他们的焚香；赤裸的卡律倍司人（Chalybes）送来了铁。[②] 不久以后，自然不断把这些[经济]法则和持久联盟强加给某些地区。最后，人们以相互贸易的方式整合彼此的物产和理念，这如果不是为了加强和平与友谊，又是为了什么呢？

因此，我认为，希腊人被拉丁人（希腊人曾经所称的蛮族人）统治了一段时间，以及拉丁人被哥特人和迦太基人（拉丁人曾像拒斥野兽一样拒斥他们）统治，都是神圣的复仇。之后，也因为殖民地众多，所有民族都融合在一起，并意识到彼此相连。

可以通过三个证据来获悉和评价史家记录的民族起源：首先，

---

① 普鲁塔克，《吕库古传》（*Lycurgns*）15。

② 维吉尔，《农事诗》（*Georgies*）I. 57，60－61。[译注]卡律倍司是古典时期在安纳托利亚北部的本都和卡帕多西亚的民族。他们的领土被称为“卡尔迪亚”，从哈里斯河延伸，东至法纳克亚和特拉布宗，南至安纳托利亚东部。在古典作家的作品中，他们是最早的铁匠民族之一。部落名的希腊语Χάλυψ，意思是“钢化铁，钢”，传到拉丁语中意即“钢”。Chalybes不仅是民族或部落名，也是通用希腊术语，指“黑海沿岸以铁开展贸易的民族”。

公认的史家可信度;第二,语言发展轨迹;第三,该地区的位置和特点。之前我们谈及过如何择取史家,以及应该给予写自己同胞国民或敌对国民的史家多少信任的问题。波伊廷格(Conrad Peutinger)、①伊赫尼库斯、内维纳(Hermann Neuenar)、②班贝格的路波尔德(Lupold of Bamberg)、③温菲凌(Jacob Wimpheling)、④阿尔塔莫、拉兹伍斯(Wolfgang Lazius)、约维乌斯、萨贝里库斯和我国的瑟诺(Robert Ceneau)⑤都非常自负地书写过自己的同胞国民,对其他人没有任何认可之言,甚至认为连诸神都不是自己国民的对手。雷纳努斯和特里特米乌斯院长(Abbot Trithemius)⑥更诚实一些。其他人为了称颂[337]自家的名声,写的很多东西也许真实,却仍然可以写得更节制些,对他人的讽刺更少一点。让我们承认,法兰克人从日耳曼人发源而来。把法兰克人的起源追溯到英勇高贵的日耳曼种族,还有什么比这更能让我们姓氏的名声卓越、更好地结成联盟和友情、更有利于两个国家的强盛呢?然而,对于这类问题,让我们用我曾提到过的检验方法来获知所有民族确切的、严格验证过的起源。

---

① 波伊廷格(1465－1547),日耳曼人文主义者,著有《日耳曼古史趣事》(*De mirandis Germaniaeantiquitatibus*)和一幅著名的地图。

② 内维纳(Hermann von Neuenar, 1492－1530),著有关于法兰西和比利时的一些史书,例如《法兰克人起源和古代民居简述》(*Brevis narratio de origine et sedibus priscorum Francoru*)。

③ 路波尔德,班贝格大主教,逝于1362年,著有《论王法及帝国法》(*De juribus regni et imperiiromani tractatus*)。

④ 温菲凌(1450－1528),著有《日耳曼事务摘要》(*Epitome rerum Germanicarum usque ad nostra tempora*)。

⑤ 瑟诺(1483－1560),高级教士、史家、有争议的作者。他将其《高卢史》(*Historic Gallica*)题献给亨利二世。

⑥ 特里特米乌斯(Johannes Trithcmius, von Heindenberg)于1462年生于特里滕海姆,逝于1516年。他是本笃会修士,著有《论光》(*De luminibus sive de viris lllustribus Germaniae*)和《托勒密天体影响导论》(*Introductio in Claudii Ptolemael opus de effectibus astrorum*)。

显然,迦勒底人是最古老的民族,不仅摩西而且墨伽斯特涅、希罗多德、克忒西阿斯和色诺芬都提供了充足的证据。更晚近的作者也同意这点,拉尔修和斐洛、波菲利(Porphyry)[1]写给伯埃图斯(Boethus)的某封信里、亚历山大港的克莱门特(Clement of Alexandria)[2]在他的《杂集》(*Miscellanies*)里、尤西比乌斯在《福音的论证》(*Evangelical Demonstration*)中,忒奥多勒特在《论治疗希腊人问题的良方》(*About the Cure of the Troubles of the Greeks*)卷一里,迈蒙尼德在《迷途指津》卷三章三十里,以及其他犹太人阐释者们也都同意这一观点。这些作品确证了迦勒底人的学问、文学和技艺,以及对他们所有伟大规训的赞美。由此,他们才想象出迦勒底人普罗米修斯,因为普罗米修斯曾逼迫人们从野蛮、不文明的生活方式变得更文明,他记录了各星座的预估轨迹,各行星的穿行,并向凡人揭示出自然的全部秘密,他用帕拉斯(Pallas)的茴香杆从天上偷来神圣的火种,把仙气吹入了凡人的灵魂中,而人本来是土做的。

因此,"本土"一词就应该被废弃。所有民族的起源都可追溯至迦勒底人。因为那艘孕育了人类的船的栖息地就在他们的国度或附近。从那个地方,人们四处分散开、传种,正如摩西和犹太人的先师们最忠实完整描述出来的那样。每个读者显然能够在同样的书中找到的材料,我就不多说了。

我只解释一点,即我们的史家在追溯起源的时候没有解释得足够清楚的一点——语言踪迹。[338]起源的证据主要在语言踪迹以及土地特征中可寻。如果临近区域富饶且无人居住,当然会被一些邻居们占领。人口开始扩张后,殖民地会向最远最偏僻最

---

① 波菲利(约公元前 304—前 233 年),普罗提诺门徒,著有 *De vita Plotini*, *De oita-Pythagorae* 和 *Sententiae ad intelligibilia ducentes*.

② 亚历山大港的克莱门特(约公元前 216—前 150 年),希腊本土人,后皈依基督教。通过其门徒奥利金(Origen),他的思想影响了基督教。

贫瘠的地区延伸。除非匮乏到极致而不得已，哪个放弃了亚洲或意大利的民族会把殖民地建在哥特人的国土上？因此，我们无需再怀疑埃及人和斯基泰人哪个更古老，或希腊人和拉丁人哪个更古老。古人们曾忧心忡忡地热议过这个问题，从狄俄多儒斯、尤斯汀、卡图和哈利卡纳苏斯的狄奥尼修斯的作品中可见。占领着阿拉伯和利比亚沙漠或埃塞俄比亚沙漠的民族，虽然比希腊人和拉丁人更古老，但因为他们关闭了通往亚洲和欧洲的通道，所以满足于居住在这些地方。证据就是下述事实，阿拉伯人和迦太基人一旦开始相信并仰仗武力，马上就把殖民地和军队送往了亚洲和非洲。非洲人利奥记录，巴比伦的哈里发一直都通过宗教敬畏把阿拉伯人控制在其疆域内，直到大约圣迁后200年时，为了报复非洲各君主们的反叛，他希望开辟出从尼罗河通向无数军团的道路。伊壁鸠鲁学派和有些人认为人从土里长出来，反驳这种说法最有力的证据就是，摩西命名的那些民族一直保持着迦勒底和希伯来语言的踪迹——在方言上与众不同——即便在如此多样混杂的口音中都不曾被淹没。那是迦勒底的亚伯拉罕给予他的族群的第一语言。

在类似希腊语和拉丁语的诸语言出现之前，各民族和地区都采用犹太式姓名。据说，欧洲人是从诺亚之子雅法发源而来，不仅犹太人持这种观点，而且希腊人和拉丁人都承认这点。他们说，雅法族英雄大胆。这取自荷马和埃斯库罗斯的作品。值得一提的是希腊人徒劳无功地寻找雅法的词源。有些人希望这个词来自τὸ ἰάπτειν，即"毁坏"；有些人希望取自τὸἰᾶσθαι，即"治愈"；有些人希望来自τὸἵεσθαι καὶ πέτεσθαι（加速且飞越），而在希伯来语里，其意思是"膨胀、壮大"。同样，塔西佗认为犹太人（Judaeos）起源于克里特岛上伊达山的伊代人（Idei），因此把他们引向毛里塔尼亚，最后又引向巴勒斯坦，但是在希伯来语里，这个词意指礼拜者。斯特拉波和李维也犯过同样的错，他们认为日耳曼人[339]得其名是因为他们是高卢人的兄弟，即使阿瑟莫已经指出，这个词像Alemanus一样，在其母语里也意指“整全的人”或“精力充沛的人”。同样，Ion或者荷马写的Iaon一词，希腊人认为它来自“花”(flower)一词，而在希伯来语里，它的意思是“欺骗者”。亚细亚和希腊的伊奥尼亚人就由此而发端。

因此，但以理预言，亚历山大大帝，即伊昂(Iaon)或伊翁(Ion)或雅丸(Javan)会统治亚述。其实，希腊人曾试图把这些名字变为他们自己的，但是他们无法把那些言之无物的最古老的词用在希腊人或拉丁人身上；正是从那些词，各民族获得各自的名称，而只有犹太人懂那些词——例如，达那俄斯，迦勒底人用这个词指“法官”。由这个词派生出Danai和达尔达尼亚(Dardania)，即法官之家。Dar的意思是“仔细思虑”。因此，据说他们都是达尔达尼亚人(Dardani)。

另一个例子是Janus，即“盛满酒”，哈利卡纳苏斯的狄奥尼修斯称俄诺特赫乌斯(Oenotrius)具有同等重要性。他率先在意大利建立殖民地。Iain一词，犹太人指“酒”，阿凯亚人指“悲伤”，埃及人指“隘口”。Nimrod的意思是“叛乱者”。梅兰希顿将其错误地解释为“残忍的统治者”，其实marad的意思就是“他叛乱了”。尼努斯(Ninus)的意思是“儿子”，尼尼微(Nineveh)是“尼努斯的家园”。Solon的意思是“和平的”，为了代替Solom一词，因为希腊人不准把字母m用在词末。而且，这个词在希腊语里没有任何意义。

同样，底比斯的创建者卡德摩斯，也是希腊语字母的发明者，被称为国父，但是[Cadmus一词]的意思是“东方的、古老的”；Medes的意思是“按量配给”；Armenians意指“举起的”；Canaanites意指“贸易者”；Hebrews意指“交换”；Dodoneans意指“统治者们”；Chusitae意指“黑人”，希腊人用这个词来称埃塞俄比亚人；Muscovites意指“散开”；Riphaei意指“巨人”；Persians意指“分离的”；

Assyrians 意指“赐福的”；Libyans 意指“暴躁的”。希腊人说，African 意指“没有严寒”；Emathii 意指“真实的”，不可能从ἅιμα派生而来，因为希腊语规则不允许。Misrim［意指］“狭窄的、刻板的”（梅兰希顿将其误解为“叛徒”）；据说埃及人都很刻板，如今仍然保持着古代的称呼。斯基泰人的“射手”一词来自 Cethim，“雅法之子”；梅兰希顿认为这个词来自 Macethim，即马其顿人，相比这种观点，上述词源分析更可靠。但是，这个 m 是来自另一种词源的虚词。犹太人称流浪者为 heneti，希腊人称之为 nomads。荷马称他们为ἐνετείοι，认为他们居住在帕弗拉格尼亚（Paphlagonia）。①

这些人其实占领着低地日耳曼地区，后来又占领了文德海湾，然后也定居［340］在意大利和高卢。其名字本身就表明，辛布里人是切尔松尼斯半岛的辛布里人的后代，丹麦人是达那俄斯人的后代。埃兰（Elam）是“青少年”，犹太人这样称呼波斯人；因此色诺芬的作品里有了埃莱美斯（Elymais）族，其实他指的是波斯人。吕底亚人（Lydians）［意指］“出生”；萨尔马提亚人（Sarmatians）意指“另一些人的领袖”；色坎人（Secani）意指“居民”——西西里的第一代居住者以及占领了勃艮第地区的人由此而得名。色雷斯人（Thracians）意指“毁灭者”，得名自雅法之子提拉斯（Tiras）。色雷斯河由此而得名。卡梅西斯（Camesis）之子弗特（Phut）意指“枢轴”。托勒密以这个词称呼摩尔人，其同名的河流也因此而得名，甚至毛里塔尼亚的普特城也是由此得名，因为它位于非洲的中轴。②

---

① ［译注］帕弗拉戈尼亚是位于安纳托利亚北部的黑海沿岸的一个古老地区，位于比蒂尼亚以西、本都以东，它与弗吕吉亚被奥林匹斯山在俾泰尼亚境内的延长线隔开。根据斯特拉波的说法，该地区西面以帕尔塞尼乌斯河为界，东面以哈里斯河（Halys river）为界。“Paphlagonia”这个名字源于菲尼乌斯（Phineus）的儿子帕弗拉贡（Paphlagon）的传说。

② *Cardo* 意即“枢轴”或“枢要；转折点”；可能指“分水岭”。

我不再提梅兰希顿解释过的其他东西了；只一点，在这些东西里，我无法同意他的这个观点：埃斯坎纳兹姆人（Aescanazim，犹太人对日耳曼的称谓）来自אש和כהון[בתו]，即“火之祭司”。因为犹太人的舌头发不出词根省略音ו，而且ה在Cohen一词里不发音。其意思更有可能是“分散的居住者”，由*sacan*和*natza*两个词构成；小亚细亚的阿斯卡尼亚（Ascanian）地区和西卡尼亚（Sicania）由此而得名。

这些都是迦勒底语和希伯来语里的叫法；在希腊语和拉丁语里面没有任何意义，这表明所有种族最初的源头应该都来自使用这些方言的那个民族。这说明，最古老的种族是迦勒底人、亚美尼亚人、埃及人、犹太人、阿拉伯人、腓尼基人、爱奥尼亚人、亚细亚人、波斯人、印度人、米底斯人、埃塞俄比亚人和赛伯伊人。埃及祭司嘲讽梭伦时说，在他看来，希腊人就是小孩，因为希腊没有任何古物，这个嘲讽也不是不成立。有个基督徒的嘲讽更恰当，他说立法者摩西比希腊人的诸神古老，因为希腊最古老的神就是达那俄斯和卡德摩斯。这两个人，一个创建了这个种族，一个发明了希腊人的字母。但同一时期，犹太人已经处于兴盛期，以其各种勇武事迹获得了最高的声誉。迦勒底人和埃及人的帝国似乎逐渐老去。

迦勒底人、埃及人和犹太人比希腊人更古老，正如这四个民族比其他民族更古老一样。从检验民族起源的三个标准可以清楚地了解这点——这三个标准是：作者的可信度、语言的古老根基、所处的地域位置。[341]鲍桑尼亚和斯特拉波说，所有希腊人要么是伊奥尼亚人，要么是爱奥尼亚人，要么是多利安人。爱奥尼亚人当然是从亚洲来到希腊的，这一点我们之前讲过，有伟大史家们的权威证据。斯特拉波作品中记录的赫卡泰奥斯（Hecataeus）的证言也与其证据一致——希腊的首批居住者来自蛮夷之地。同样，普林尼也写到，灌溉了小亚细亚大片土地的门德河(Meander River)[①]也冲刷着伊奥尼亚。另外,希腊人中最古老的雅典人,据说只有他们是土生土长的希腊人,被所有史家称为爱奥尼亚人。但是,鲍桑尼亚和斯特拉波把阿提卡称作老爱奥尼亚并不对,因为这些民族早期曾在亚洲耕种,他们也是因此而得名。虽然雅典人的12个殖民地都在亚洲,如斯特拉波和鲍桑尼亚所述——后来普林尼说这个数字增加到了80个——但这并不能说明雅典人就比亚洲的人更古老。否则依照这种推论,高卢人就比希腊人和亚洲人更古老,希腊人就比迦勒底人更古老,因为希腊常常把殖民送往迦勒底,高卢人也常常在亚洲和希腊建立殖民地。

相比之下,伊奥尼亚人的变化更多样、各种人的融合更多,因为我认为其血统来自爱奥尼亚人、埃及人和腓尼基人。如斯特拉波所述,除了雅典人和麦加拉人,科林斯地峡以外的所有民族都被称作伊奥尼亚人。达那俄斯的舰队从阿凯亚海岸而来,正是他征服了伊奥尼亚人中最著名的阿尔戈斯人。之后,他把殖民送往伯罗奔半岛。腓尼基人卡德摩斯把一支底比斯殖民送往皮奥夏。然而,如品达亲自澄清,多利安人其实就是伊奥尼亚人,他把自己用多利安语写成的诗歌称为“伊奥利亚歌”。从多利王子(Prince Dorus)的名称中杜撰出这种新指称,其实只是改变了名称,而没有改变其出身。然而,如果有人想弄清楚希腊每个民族到底起源何处,那鲍桑尼亚和斯特拉波的作品中已经解释得非常充分了。我认为阐述这个问题不是本书的任务。

---

① [译注]门德河,希腊语Μαίανδρος,土耳其语 Büyük Menderes Irmağı,是土耳其西南的河流,发源于土耳其中部靠近第纳(Dinar)的地方,向西穿过门德地堑带(Büyük Menderes graben),在大概古爱奥尼亚城市米利都之处注入爱琴海。Meander用以描述该河流的蜿蜒模式。门德河是小亚细亚非常著名的河流,它最早的可溯记录,是同米利都和米卡里一起出现在荷马史诗《伊利亚特》的特洛伊人的编录里。

只此一点——希腊人源于亚洲、埃及和腓尼基三地，在欧洲首次汇合在一起。然后，他们又在意大利建立殖民地。法比乌斯、卡图、庇索、盖利乌斯、塞姆普罗尼乌斯和瓦罗等作者，以及常常引述上述权威作者的哈利卡纳苏斯的狄奥尼修斯，都为这一事实提供了证据。有些人认为，我们看到的那些残篇的作者是卡图，可以用上文提到的证据予以反驳。狄奥尼修斯说，卡图对希腊人的看法[342]表明，意大利人一定源自他们。但是，那些残篇里却说，人们指责希腊人厚颜无耻，因为希腊人宣称他们的祖辈是意大利人的祖先。更能证实这一起源的证据说，意大利因其富饶和气候温和而著称，它毗邻希腊，且二者的距离非常近。最后一个事实是，希腊语言的踪迹还没有消失。

凯撒证实，滨海的不列颠源于比利时高卢人，其论据是：首先，这片陆地紧邻比利时；其次，不列颠的各镇与比利时各镇的地名相同；最后，他是从两个地方的居民处获知的这一事实。塔西佗也表明，据传哥特人的前身哥忒尼人(Gothini)源于高卢人，他说，“高卢方言证明，哥忒尼人不是日耳曼人”。同样，希腊语也证实，意大利人源于希腊人。古希腊人把意大利称为欧伊诺特里亚(Oenotria)，得名于阿卡迪亚人欧伊诺特里乌斯(Oenotrius)；其他人认为是[来自?]Janus 一词，因为这个词在希伯来语里的意思和 Oenotrius 在希腊语里的意思相同，对拉丁人来说是 vinitor。更年轻的希腊人将其称为西方之国(Hesperia)，这是一个希腊词，因为意大利坐落在希腊的西面。狄奥尼修斯认为，更早时，它被称为奥索尼亚(Ausonia)。这也是希腊词，τὸ αὖσαι，τὸ καὖσαι或者τὸ θεγεῖν[点燃、燃烧或引发]。最后，赫拉尼库斯说，它被称为意大利是因其牲畜的大小。因为 Italus 在希腊语里意为“小牛”(vitulus)或公牛，希罗多德和蒂迈乌斯都提到过这点。瓦罗也遵从这一词源。而且，西塞罗说：“在我的先祖图利乌斯统治期间，毕达哥拉斯来到意大利，那时意大利被称为更大的希腊(Graecia magna/Greater Greece)。”而且,所有意大利人都懂多利安语,他们的作品就是证据。同样,意大利的大部分地区都采用希腊名:例如卢卡尼亚、翁布里亚、库迈、佛莱格瑞区域(Phlegraean Fields)、埃里亚、潘多西亚、潘达塔利亚(Pandataria)、那不勒斯和佩乌塞里亚(Peuceria)。

容易引起语言变化的主要原因有三个(我省掉了摩西曾提到的一个原因,那是瞬间发生的变化,而非逐步改变)。其一是因为随着时间流逝,不仅语言会发生变化,而且所有事物都会变化,所有自然之物都会变老。因此,珀律比俄斯写到,迦太基人与罗马人结盟还不到 50 年,他认为联盟(alliance/faederis)宣言词比较古老,人们可能难以理解。其实,极少有人懂得仪式上[343]依照古代范式唱的那些歌。这样,我们就明白,所有民族的所有语言逐渐都以这样或那样的方式发生了改变。

另一个原因是各殖民地和民族的彼此融合。例如,意大利和希腊数世纪都保持着希腊语和拉丁语的纯粹性,且把那些语言传遍全世界。斯基泰人和哥特人入侵后,两个国家发生了非常大的变化,似乎拉丁姆和阿提卡从未在其如今所在之处出现过。图斯坎殖民地也一样,他们曾被高卢人赶出意大利,高卢人也曾经在荒漠的日耳曼土地上游荡,以两种语言为基础创造出完全不同的第三种语言。被查理大帝送往不列颠的盎格鲁殖民和送去比利时的撒克逊殖民也创造出各种各样的方言。同样,帕提亚人改变了波斯语,阿拉伯人改变了布匿语,土耳其人改变了鞑靼语,斯拉夫人改变了希腊语,拉丁人改变了高卢语和西班牙语。

最后一个引起语言变化的原因是该地区的自然特征。居住在北方地区的所有民族的特点是,发音时缺少来自胸腔内的元音,辅音摩擦强烈,换气频繁。这是因为他们呼吸重,内热外冲。撒克逊人和近波罗的海的居民们几乎以浊塞音替代全部清塞音,以送气音替代浊塞音。[①] 例如这个句子：Per theum ferum pibimus ponum finum。而南方人体热较温和，呼吸弱，发音轻柔。女性的发音更轻柔，因为他们呼吸比男人更弱，体热更少。从被查理大帝送去比利时的那支撒克逊人殖民队身上较容易看出这点。撒克逊人称马为 pfert，而成长在更温和天穹下的弗兰芒人对这个词的发音是 pert。我就不讨论每个地方因其临近不同的水域而造成的与水契合的天然特性了，水的特点会改变声音和语言；例如，纳尔榜高卢的拉伯丹尼（Labdanian）地区，所有人发“l”这个音时都会口吃；图里尼的沃镇（Vaux）[②]地区也是这样。瓦罗说，古萨宾人发 foedus 以替代 hoedus，发 fircus 以替代 hircus。我国的加斯科涅人发 focus 以替代 hocus，发 hilius 以替代 filius。[344]同样，巴黎人和奥尔良派的人，依照古伊特鲁里亚习俗，也使用 Valesius 和 Fusius 代替 Valerius 和 Furius。

各种语言的不同之处主要就源于这三个因素，但早期的语音不会完全消失，固有的显著痕迹仍然会保留下来。例如，古凯尔特人的语言里大多是希腊语，因为我们的先祖从那个民族发端而来。博韦里乌（Bouillus）、皮卡杜（Picardus）和佩赫昂尼乌（Perionius）构造了无数词汇，当然不是所有——不像拉兹乌斯（Lazius）用自己的语言造词时那么费劲，那么不舒服，而是很轻松地就发出来，有时甚至不加更改地使用希腊原词。然而，在我看来，这并没有那么有影响或者那么重要，因为在我们和希腊人都熟知的表达方式里，也存在对分词、不定式、冠词的文雅使用，这些用法足以证明，高卢人就源自特洛亚人或希腊人或二者，因为他们都说爱奥尼亚语。马尔切利努斯在卷十五里写到，他曾阅读过高卢人的记录，并

---

① 送气音是紧跟着 h 音的辅音。浊塞音是发言的静音或软静音。清塞音是不发音的或清音的或呼吸式的停顿。

② Vaux? 原文是 Valedoca。

且从居民们那里得知，高卢人的起源可溯自特洛亚人，虽然其说法是高卢人是多利安人的后裔。约瑟夫斯将高卢人的祖先追溯至歌篾，即老雅法的长子，但我认为是指歌篾的后裔。卢坎记录，阿维尔尼人说他们是罗马人的兄弟，且称罗马人为伊利昂(Illium)血统的民族。当然，我们有两个巴黎城和一个特洛亚城，其居民就这样称自己居住的城市，将其叫作 Tricassium 或 Trecensis。[1] 而且，显然威尼斯人是凯尔特民族之一，源于帕弗拉戈尼亚威尼斯人。其实，斯特拉波在卷三里就把统治亚得里亚海湾的民族溯源自凯尔特威尼斯人，[2]虽然李维对此持不同意见。最后，我们的古代阐释者们忽略了凯尔特人这个名称，荷马、品达以及其他很多作者常常用这个词指"骑士"(equitibus)。阿庇安把这个词追溯至波吕斐摩斯(Polyphemus)之子克尔特乌斯(Celtus)，这非常荒谬，就像我国人把法兰克人追溯至赫克托耳之子弗朗西奥(Francio)一样，事实上从未有过赫克托耳其人。

更可笑的是拉兹乌斯，他认为凯尔特人源自伽拉太人，而古人们从来没有使用过"伽拉太"这个名称。而且，Κέλης是指"正在被骑行的、解下马具的马"，拉丁人称其为 sellartius，而如尤斯坦提乌斯所述，荷马和品达使用κελετίξειν和κελετᾶν只指"骑没有马鞍的马"。由此有了κελεταὶ和κελτὰι这种缩略写法。高卢人被称为凯尔特人的最初原因是，在所有民族里，他们是特别厉害的[345]骑手。

虽然古人们也称赞摩尔人出色的骑术，而且他们也为汉尼拔战胜罗马人(凯撒说，罗马人的主要强项是步兵)打赢了多场著名战役，但事实是高卢人的骑术的确出众。高卢人的骑兵更出众，凯撒在内战中常常启用他们。因此，希尔提乌斯说："非洲战役期间

---

① 特鲁瓦(Troyes)。

② 斯特拉波 IV. 4。

发生了不可思议之事。不到30名高卢骑兵被用于扰乱2000名摩尔奇兵。"他在《西班牙战争》(*The Spanish War*)里还说:

> 阿夫拉涅乌斯(Afranius)大军袭击少许凯撒军队。高卢骑兵迅敏地移动,两军相接时,极少的高卢骑兵抵御住了大批敌人。

而且,普鲁塔克在记录安东尼生平时写到,当安东尼的军队处处受困时,帕提亚人无法被任何军队胁迫或战胜,除了高卢骑兵。这段记录是我的同事、历史和法律专家奥热(Christopher Auger)指给我看的。普林尼的说法也同样恰当——高卢都佳达的一个城市希波赫迪亚(Hipporedia)因其有最好的驯马师而得名。凯撒在把高卢民族分为三个等级——德鲁伊、骑士和农民——时,把军事训练派予骑士。由于很多人似乎都被冠以凯尔特人的名称,凯撒在卷一开篇时便界定,居住在塞纳河与加仑河之间的人才真正应该被称为"凯尔特人"。虽然拉丁人称他们为高卢人,但是在他们自己的语言里,他们是凯尔特人。普鲁塔克为了避免产生歧义,在叙述卡米鲁斯的生平时把他们称为κελτόριοι。①

而且,几乎所有民族对自己的称谓与外国人对他们的称谓都不同。意大利人被希腊人称为赫斯珀里得斯人(Hesperians);赫伦人(Hellens)被拉丁人称为希腊人;利比亚人被希腊人称为阿夫拉涅乌斯人。然而,意大利人并没有采用赫斯珀里得斯人的称谓,赫伦人也没有采用希腊人的称谓,利比亚人也没有采用阿夫拉涅乌斯人的称谓。同样,苏格兰人称盎格鲁人为撒克逊人;我们谓之为土耳其人的人也极其不喜欢这个称谓,亚洲人和非洲人也从未听过萨克森人这一说法。

---

① 普鲁塔克,《忒米斯托克勒斯》15。

然而，因为语言、起源或二者共同的近似性，以及各种殖民的频繁迁出，希腊人在他们自己的语言和相同的凯尔特方言里称我们的先祖为凯尔特人。但“高卢”这一称谓从何而来，或者到底表示什么，据我所知，至今没有人真正地解释清楚。撒母耳拉比将其解释为“从波浪中攫取”，这太奇怪了。说这个词源自“来”（eudno/coming）、“游荡”（peregrinando/wangdering）更准确些。比利时人称我们为瓦隆人（Wallons），因为古代高卢人曾满世界游逛，彼此打听[346]“Où allons nous?”，即“现在我们去哪儿呢?”由此可以确信，他们被称为 Ouallones。拉丁语中从来没有字母 W，而使用字母 G。而且，高卢本来就是“最肥沃之地”，因此巴黎人的疆域被叫作 Oualesia。除非我们能把这个词追溯至 Vual，在凯尔特语中，这个词的意思是“树林、树木”（sylvam/wood），日耳曼人使用这个词，这样的话，Vuali 的意思可能与“德鲁伊”（Druidae/druids）相同。

那段时间，凯尔特人居住在塞纳河和加伦河之间，所以高卢人居住在塞纳河以外。斯特拉波给凯尔特人划的界限是比利牛斯山、阿尔卑斯山、莱茵河和两片海域之中。拉兹乌斯、波伊廷格、阿瑟曼和克胥兰德（Xylander）①想把日耳曼和高卢的所有民族都称为凯尔特人，这不够准确；他们受了希罗多德作品的影响，其实就以希罗多德的观点也能反驳他们。希罗多德认为凯尔特人居住在伊斯忒耳河（Ister）②的源头（他将其追溯至比利牛斯山）。还有什么观点比这更不符合地理认识？如果“凯尔特”这一名称用在日耳曼人身上合适，那为何斯特拉波要根据古人们的观点把世界分成四份，印度人在东、凯尔特人在西、埃塞俄比亚

① 克胥兰德是对奥格斯堡的霍兹曼（Holtzmann of Augsburg，1532－1576）的希腊式称呼，此人翻译并注释了多部经典著作。

② [译注]古希腊人和色雷斯就把今多瑙河称为伊斯忒耳河，希腊语Ἴστρος。

人在南，斯基亚人在北？高卢人位于远西地区；日耳曼人位于高卢以东。在另一段里，斯特拉波说凯尔特人和伊比利亚人在西，游牧民和斯基泰人在北。

高卢人在日耳曼、意大利、西班牙、不列颠、希腊、小亚细亚甚至最远的斯基泰地区塞满殖民、建立城市、开垦土地、制订法律之后，所有民族都非常敬仰他们，以致欧洲所有种族都吹嘘自己这一支是凯尔特人的后裔，以赢得显赫名声，似乎他们就是特洛伊木马一般。因此，普鲁塔克在记录马里乌斯生平时说，欧洲所有土地都朝北面和西凯尔特倾斜。当然，希腊人因其学识和英勇事迹而著称，他们也常常在凯尔特人里寻找勇敢的典范。从亚里士多德的《伦理学》和《政治学》中可以看出；从艾利安的《多元历史》（*Diverse Histories*/de varia historia）里也可以得知这些。

日耳曼作者呢？毫无疑问，波伊廷格和内维纳（我就不提其他的了）一边宣称自己有凯尔特名字，并从我们祖辈的名字中选了一个，一边以轻蔑的言词贬低高卢，竭尽所能地毁掉高卢人取得的所有成就。[347]因为受过更文雅训练的人们和所有古代史专家们公开声明反对这个观点，拉兹乌斯尝试了另一种方法——驳斥了那些人的观点之后，他盛赞高卢人，并断定日耳曼人最初被称为图伊斯孔人（Tuiscones）和条顿人（Teutons），接着被称为伽拉太人，之后被称为日耳曼人或阿勒曼尼人，再后来被称为凯尔特人和高卢人。他把这些都写在其作品的序言里。很好，拉兹乌斯！被你的同伴们粗鲁且愚蠢地侮辱后，这样做你将维护高卢名声免受责难，我衷心希望日耳曼人和高卢人会视彼此为血亲（斯特拉波为了自己的目的写得更真实更恰如其分），并能联合起来结成永久的联盟、建立永久的友谊。

现在唯一需要讨论的就是，我们的祖先是否是日耳曼人的后裔。拉兹乌斯肯定了这一点，但这些作者持相反观点：珀律比俄斯、凯撒、李维、普林尼、斯特拉波、普鲁塔克、阿忒纳奥斯、约瑟夫斯、塔西佗、尤斯丁、贝罗苏斯、鲍桑尼亚和狄俄多儒斯。无论如何，根据这么多人的言辞和书卷所述，两个种族都受到极高的赞赏，不管日耳曼人，还是高卢人，都不应该嫉妒彼此的起源。希罗多德和后来的狄俄多儒斯认为，凯尔特人的地域西至斯基泰，普鲁塔克认为甚至延伸到本都；这些事实足以表明，不管凯尔特人的起源为何，都通过大量殖民遍布了整个欧洲。其起源的主要标志是，他们拓展了其帝国边界，把臣服的民族冠以自己种族的名字，就像其他所有民族都曾做过的一样。

然后，从凯尔特人中发端出凯尔特斯基泰人（Celto-Scythians）。李维口中的“西班牙力量”凯尔特伊比利亚人（Celtiberian）也发端于古代高卢人种，只不过是把凯尔特之名与西班牙语结合起来了而已。凯撒在卷六中提到的高卢人，瓦列里乌斯在卷二里重申是凯尔特伊比利亚人。如果他们曾发誓保护某人的生命，而那人在战斗中死去，自己却存活下来，他们会一直觉得自己罪孽深重。

同一批凯尔特人之后被拉丁人称为高卢人，被希腊人称为伽拉太人，正是他们给以下地方取了名字：加利西亚和西班牙的葡萄牙、北威尔士、南威尔士、不列颠的康沃尔、苏格兰的加洛韦、日耳曼的威斯特伐利亚、意大利的高卢、小亚细亚的加拉提亚；甚至日耳曼的一个民族鲁特尼（Ruteni）①也是源于鲁忒尼亚高卢人；同样，日耳曼的卡尔尼亚人（Carnians）②源自卡尔尼亚人和卡奴提亚人（Carnutians），伦巴第人源自朗供涅人（Langones），李维说朗供涅人是高卢民族，[348]源自游吟诗人和诗人。这一点太明显，无需证据。珀律比俄斯记录说，在高卢人统治了相当长时期的色雷

---

① ［译注］Ruteni 意为“金发人”，高卢的一个部落，居住在现法国阿韦龙地区，以生产铅著称。

② ［译注］卡尔尼亚是位于意大利东北部的弗留里（Friuli）地区的历史地理区域。包括 28 个自治市，都属于乌迪内省，它本身就是自治的弗留利-威尼斯朱莉亚地区的一部分。

斯，和统治时期没有那么长的拜占庭和叙利亚，他们并没有留下什么踪迹，但他们也不否认那些被占领地区的原名。

其实，据塔西佗所讲，波西米亚迄今为止仍然保持其高卢名，因为它源于高卢博伊民族的一个特殊部落。普林尼、凯撒和塔西佗把斯科迪斯奇人（Scordisci）、①坦尼斯奇人（Tanisci）和赫尔维希亚人都称为高卢人，但是在他们的居住区已经没有了古名的踪迹。早期高卢人把托斯卡纳民族赶出去之后，从乌芬特河（Ufente River）出发，沿着阿尔卑斯山和阿迪杰河（Adige）②一带入侵高卢都佳达，我们可以从李维史卷四十八中读到这件事。这片地区最后失去了其族名，虽然据说米兰（现在我们仍有两个镇叫这个名字）、科摩、维琴察、维罗纳、布雷西亚和伦巴第、利古里亚的很多市镇，以及杜贝莱曾提到过的伊特鲁里亚，都是我们的祖先建立的。从特克托萨人（Tectosages）③的一个市镇奥尔比亚（Olbia），发端

① ［译注］斯科迪斯奇人，希腊语Σκορδίσκοι，是铁器时代的高卢部落，集聚在现塞尔维亚一带，即萨瓦河、德拉瓦河和多瑙河的汇集之地。从公元前3世纪到公历纪年开始期间，他们一直是非常著名的历史部落，在其鼎盛期，影响力延伸到了包括今天的塞尔维亚、奥地利、波黑、克罗地亚、匈牙利、斯洛伐克和斯洛文尼亚的部分地区。在旧时代的最后几个世纪里，斯科迪斯奇人的属地就是由斯科迪斯奇人部落城邦构成的。公元1世纪被罗马人征服后，斯科迪斯奇人的土地分布在罗马的潘诺尼亚、默西亚和达契亚各省。

② ［译注］意大利第二大河，全长410公里。源自北部阿尔卑斯山的两个湖泊，流经韦诺斯塔（Venosta）谷地，在博尔札诺（Bolzano）纳入伊萨尔科河（Isarco River）后向南，在维罗纳附近汇入波河低地后，折向东南，流入亚得里亚海。

③ ［译注］特克托萨是小亚细亚中部加拉提亚王国的三个古老部落之一。根据斯特拉波的说法，特克托萨人最初来自于高卢的托洛萨（Tolosa）附近，在那里，他们曾是沃尔卡部落联盟的成员。在高卢人入侵巴尔干半岛期间，约公元前280年，一支沃尔卡特克托萨人从德尔斐返回，脱离了大部队，与另外两个部落Tolistobogii和Trocmi合并。约公元前278年，他们被比提尼亚的尼科美德一世（Nicomedes I）雇为雇佣军，越过博斯普鲁斯海峡（Bosporus）。离开比提尼亚后，他们抢劫了小亚细亚，最后定居在东弗里吉亚，在那里，他们以加拉提亚人的身份建立了一个新凯尔特同盟。特克托萨人居住在加拉提亚地区的中心、首都安卡拉附近，其他两个部落位于东西两侧。

出五个最著名的城市，普林尼和斯特拉波的书里都有记录，一个是比提尼亚(Bithynia)，[①]第二个是潘菲利亚，第三个是西西里亚，第四个是靠近第聂伯河河口的凯尔特斯基泰，第五个是莱茵河这面被称为托比亚克的地方，这地方得名于τὸ ὀλβιακόν。位于亚洲的那四个城市由泰克托萨热斯的奥尔比亚人建立，此事最有力的证据是，庞培和李维都证实，泰克托萨热斯人夺得了整个亚洲地区，世界上最富饶的地方。不可思议的是，后来被称为不列颠的阿尔比恩(Albion)也是因此而得名。但是，拉兹乌斯会说，这些事是高卢人或凯尔特人(珀律比俄斯称之为凯尔特人，而李维称之为高卢人)干的，而这二者是日耳曼民族。凯撒怎么说的？凯撒既不是高卢人，也不是日耳曼人，虽然他是高卢人最痛恨的敌人。他说：

> 高卢人一时曾在发动战争的勇气和主动性方面都胜过德意志人。迫于人口压力和土地匮乏，高卢人派出殖民越过了莱茵河，因此，沃尔卡特克托萨人占领了日耳曼最肥沃的区域，即海西林地(Hercynian Wood)，并在那里定居。[②]

① [译注]比提尼亚，小亚细亚西北部的一个古老地区、王国及罗马行省，与普罗庞提斯海、色雷斯、博斯普鲁斯海峡及黑海(古称攸克辛海)相邻，位于安纳托里亚西北部。根据古代作家(希罗多德、色诺芬、斯特拉博等人)记述，比提尼亚人是色雷斯移居部族。波斯时代，居鲁士大帝吞并了这一地区以后，给予其一定程度的自治。后来，亚历山大大帝东征攻占了这一地区。亚历山大大帝去世以后，比提尼亚利用继承者战争带来的混乱于公元前297年从赛琉古王朝独立出去。大约在公元前280年，在芝普特斯(Zipoetes)的领导下建立了独立王朝，芝普特斯的继承者尼克美狄斯一世把尼克美狄亚(Nicomedia)定为首都，开创了比提尼亚的辉煌时代。美狄斯一世、普鲁西阿斯一世、普鲁西阿斯二世和尼克美狄斯一世在位期间与赛琉古、帕迦马、本都不断发生争斗。本都的米特里达特六世(Mithradates Ⅵ)企图占领比提尼亚，导致尼克美狄斯三世(Nicomedes Ⅲ)于公元前74年臣服罗马，成为罗马向东方扩张的重要据点。图拉真时代的小普林尼约于公元110年任该行省的总督。

② 凯撒，《高卢战记》(*Gallic Wars*)VI. 24。

凯撒说的这些事得到了塔西佗的证实。李维的作品[1]也与此一致,即凯尔特人的王安庇噶图斯(Ambigatus)派出他的两个侄子寻找诸神可能给予他们的新居住地,因为在他统治期间,高卢人口太多,如此大量的民众似乎很难管理。塞哥维苏(Segovesus)得到海西高地,贝尔罗尼苏斯(Bellonesus)得到意大利。鲍桑尼亚[349]也写到,凯尔特人挺进潘诺尼亚和希腊,因此,阿尔卑斯山被称为凯尔特人的山。阿忒纳奥斯也在卷五中写到,横渡进入希腊的凯尔特人将其居住地移入潘诺尼亚。斯特拉波在卷五明确地证实了这点,普林尼在卷四中也说过;珀律比俄斯在卷二重申,博伊人、伊根人(Eganes)、塞诺尼人(Senones)和阿南人(Ananes)从高卢迁入日耳曼,他在卷三中又讲,凯尔特人在其头领布伦努斯(Brennus)的带领下,挺进色雷斯,并一直统治这个王国直至克吕阿卢斯(Clyarus)[2]时期。所以,某些日耳曼史家认为布伦努斯和塞诺尼人都源自日耳曼人,雷纳努斯对此付之一笑。但弗吉尔断言布伦努斯是不列颠人,其他人之前从来不敢这样说。拉兹乌斯也驳斥过弗吉尔,因为他曾写到,辛布里人同布伦努斯一起向意大利和希腊推进。他也是唯一提到过波伊阿里人(Boiarii)的作者,众所周知,波伊阿里人源自高卢人,从亚美尼亚[应是阿维尼亚 Arvernia?]去到日耳曼。

然而,值得一提的是,拉丁人每次使用“高卢人”这个词的地方,希腊人在描述同一事件时都用的κελτοὶ。李维在卷四十八中说,高卢人(他并没有称他们为辛布里人、或日耳曼人、或他常常将其与高卢人区分开来的图伊斯孔人)把他们的殖民送往意大利、伊利里库姆、潘诺尼亚、希腊、马其顿、色雷斯和亚洲,以及托鲁斯山脉和哈里斯河这面的所有地区,并且要叙利亚诸王纳税。但是,提到日耳曼人时,他以其种族名(gentili/racial name)称呼他们,就像

---

① 李维 V. xxxiv.

② 珀律比俄斯在《历史》(*Histories*)IV. 52 处提到过一个叫卡瓦卢斯(Cavarus)的人。

约瑟夫斯记录的阿格里帕对犹太人发表的演讲和阿忒纳奥斯作品里的波西多尼乌斯一样，把日耳曼人和凯尔特人在凯尔特人的宴会和在日耳曼人的宴会上的名称区分开，这区分恰当且合理。

其实，尤斯丁通过庞培的例子说得很清楚，高卢人值得关注的一次移民发生在普里斯库斯(Tarquinius Priscus)时期，那时，他们已经赶跑了伊特鲁里亚人，并占领了意大利绝大部分更好的区域；而托斯卡纳人进入了莱提亚和上日耳曼的文德里西亚。同一时期，贝罗维苏斯(Bellovesus)从另一个方向进攻，占领下日耳曼最肥沃的地区(据李维的作品所讲)。由此我们了解到，在此之前，日耳曼根本没有人居住。北方居民在力量和勇气上都比南方居民强，他们靠着莱茵河广阔的河道或阿尔卑斯上的山峰，曾毫不费劲地阻挡住了意大利的扩张，要他们接纳意大利人和高卢人，简直令人难以置信。[350]基于这一考虑，我认为作为意大利民族之一的托斯卡纳人(沃尔夫和房克认可这种说法)和高卢人正是西日耳曼人的源头。坚持说他们是赫拉克勒斯或赫拉克勒斯之子图伊斯科的后裔，简直太荒谬了。

斯基泰最远的海岸被海内蒂人(Heneti)①和辛布里人占领，他们是帕夫拉戈尼亚的威尼斯人和辛梅里安人(Cimmerians)的后裔，这两个民族居住在荷马曾提到过的托鲁斯的切尔松尼斯(Tauric Chersonese)。因此，波罗的海被称为维涅狄库(Venedicum)。② 普

---

① [译注]海内蒂人，也叫维内蒂人(Veneti，Heneti是拉丁语叫法)，是居住在意大利东北部一个印欧语系民族，大约在今天的意大利威尼托省(Veneto)。古老的维内蒂语是一种已经灭绝的印欧语，有大约300条铭文可以证实它曾经存在过，这些铭文可以追溯到公元前6世纪至公元1世纪。维内蒂语似乎与拉丁语和意大利语族有一些相似之处，也与其他印欧语有一些相似之处，尤其是日耳曼语和凯尔特语。在意大利，这些古人也被称为古维内蒂，以与现代威尼托地区的居住者区分开。他们与高卢维内蒂人没有关联，后者是凯尔特部落。许多最初被认为是伊利里亚人的部落，如卡尔尼亚(Carnia)、伊斯特里亚(Istria)和现代克罗地亚部分地区，实际上与维内蒂人有关。

② 弗里希斯礁湖(The Frisches Haff)。

林尼记录到,日耳曼居民由以下一些人构成:"英格沃涅斯人"(Ingevones,佩乌瑟解释说这是 indigenous 一词的变型,虽然其实他们是古海内蒂人和辛布里人);或靠近莱茵河的伊斯泰沃涅斯人(Istaevones),高卢人的后裔;或者多瑙河附近的厄尔密诺涅斯人(Herminones),如我们之前所讲,他们也源于高卢人;或者旺达尔人,即日耳曼语的"外地人",他们从斯坎迪亚(Scandia)而来,在波罗的海岸登陆,现在成为了文德里西亚人;最后,达契亚周边地区的巴斯塔奈人(Bastarnae)和皮欧契尼人(Peucini),①他们从斯基泰进入日耳曼。虽然我们没有相关经典作品为证,然而,这片国土的地形特征让我们作出这种判断。塔西佗为了表明日耳曼人出生在日耳曼(显然是荒谬且不敬的事),从日耳曼人自己的描述里搜集证据。

> 那些想改变其居住地的人,[他说],曾组成舰队远航,从我们这边鲜有船只进入大洋。但是,除非在未知可怕的海上遭遇危险,否则谁会舍弃亚洲、非洲或意大利而去日耳曼呢?这地方到处是荒野,气候恶劣,文化和地貌都未开化,除非这

---

① [译注]巴斯塔奈人是在公元前200年到公元300年之间居住在喀尔巴阡山脉和第聂伯河之间地区的古老民族,在达契亚古国的东北面。皮欧契尼人,在古希腊罗马作家笔下,是巴斯塔奈人的一个分支,居住在多瑙河三角洲北部。从民族语言学角度分析,巴斯塔奈人可能是日耳曼支系,古代史家和现代考古学都支持这个观点。但一些古代文学史料暗示,他们也受凯尔特语和斯基泰-萨尔玛提亚语的影响。最有可能的情况是,他们原本是东日耳曼诸部落中居住在维斯瓦河谷地区的一个分支。在大约公元前200年,这些部落开始迁移,可能混杂着一些凯尔特人,向本都北部地区迁移。到了3世纪时,凯尔特人的某些特征在某种程度上已经被周围的萨尔玛提亚人同化。公元前1世纪,巴斯塔奈人第一次与罗马人发生冲突,当时,他们与萨尔马提亚人和达契亚人结盟,但也没能抵抗住罗马人向莫西亚和帕尼尼亚的扩张。在后来的公元1-2世纪,他们似乎与罗马帝国保持着友好关系。然而,情况在大约公元180时改变了,记录显示,巴斯塔奈人也是与萨尔马提亚人和达契亚人结盟,共同入侵罗马。在3世纪中叶,巴斯塔奈人是一个由哥特人领导的多瑙河下游诸部落大联盟的一部分,该联盟曾多次入侵罗马帝国的巴尔干半岛诸行省。在3世纪晚期,大量巴斯塔奈人被重新安置在罗马帝国境内。

地的确是其祖籍。

在后来的一封信里，他说：

> 众所周知，日耳曼人没有有居民的城市。他们甚至不许把多座房屋连在一起。他们居住在相互分离的地方，一片林子、一汪泉水、一处牧场就会让他们停留下来。每个人在房子周围清理出一片空地，要么是为了预防火灾，要么是因为缺乏建筑技术。他们确实还不懂如何使用水泥或砖块。一切东西都用未经加工的材料建筑，也不考虑外观或好看与否。

塔西佗在他自己的时代，即公元 120 年就是这么记录的。如果在他那时看来，日耳曼更像野兽的栖居地，而非人类的居住地，没有城市、没有乡镇、没有营地、没有彼此相连的[351]建筑物，那在塔西佗之前 800 年，即普利斯库斯(Tarquinius Priscus)统治期间，我们应该如何想象日耳曼的样子？

但是，李维的记录是，那段时间，高卢住满了人，因此把殖民送往日耳曼和全欧洲。那么，高卢人和凯尔特人都不源自日耳曼人，那时根本就没有日耳曼人，相反，日耳曼人是高卢人、托斯卡纳人、斯基泰人和海内蒂人的后裔。法兰克人是最后一个入侵高卢王国的民族，因此，如果追寻法兰克人的起源，我不会像图尔的格雷戈里和乌尔斯贝格修道院院长那样，将其溯至特洛伊人，也不会像我国的杜贝莱一样，将其溯至弗里吉亚人，或如拉兹乌斯一样溯至辛布里人或弗吕吉亚人。我认为他们的源头是莱茵河那边东法兰克尼亚的居民，靠近高卢人，而如凯撒所说，高卢人居住在日耳曼最富饶的地区，日耳曼海西林地附近都被高卢殖民占领着。多瑙河、内卡河和美因河源头区域，居民们现在称其为 Schwartzwald，即“黑林”。雷纳努斯采纳塔西佗的观点写到，那里有两座山谷，得名自博韦的贝罗瓦森山谷(Bellovacens)和得名自我们安茹人的安德高山谷(Andegaust)。美茵河灌溉了安茹的美茵河,其名与海西林地的美茵一模一样。他们的发音是 Mein,把"e"这个音省掉了。而且,莱茵河那边离巴塞尔不远的地方还有两座城市,被高卢人叫作昂热和布莱萨(Breisach[Brissa]);塞农(Senon)的树丛也得名自高卢的塞诺尼人,如珀律比俄斯在卷三中所记,他们也曾把殖民送往日耳曼。其实,日耳曼现在被称作威斯特法利亚的地方,即西部高卢,位于威悉河(Weser)和莱茵河之间,东面与法兰克尼亚的一些地区和西斯康布里亚人(Sicambrians)接壤,这个地方能很好地表明,它的起源与东法利亚类似,东法利亚即东部高卢,在威悉河那一面,被高卢人占领着。我不明白拉兹乌斯对这些论据作何感想。

这就是法兰克人的起源,这就是开端。这个名字本身显然是凯尔特语,我从日耳曼人那里了解到,他们并不使用这种语言。而且,在高卢语(不是拉丁语或希腊语,更不是希伯来语)中,法兰克的意思是"自由的"和"被豁免的"。由此,下述情况就不仅仅是可能,而更是显然——高卢诸民族,不愿忍受罗马人的奴役,迈出莱茵河移居到高卢人的古老殖民地,待到能力足够之后再回故地,驱逐了罗马人并摆脱其束缚,同时,他们也得到了法兰克人的名号,该词的意思是"自由人"。我们的[352]证据是这一事实,即塔西佗曾详述过日耳曼的无数民族,却从未提及法兰克人。我省却了那种荒谬的猜测,即[他们是]潘诺尼亚的βρέγκων,有些人宣称这是托勒密说的,虽然上文已足以说明,更恰当的看法是,潘诺尼亚人源于高卢人。因此,在奥勒利安当君主那段时间,法兰克人从莱茵河以外高卢的邻近地区,即法兰克尼亚,蜂拥入高卢(阿米阿努斯、阿加忒阿斯、沃庇斯库斯和普罗科匹乌斯都记录过)。他们靠着强大的军队获得了累累战绩:常常战胜罗马人,在罗马人的帮助下击退匈奴人,击溃哥特人,最后把高卢从罗马人的手中抢夺过来。之前的统治者们被赶走后,法兰克人先强迫勃艮第人、然后是阿勒曼尼人为他们服务，打败托比亚克(Tolbiac)、跨过莱茵河后，他们又统治了莱提亚和文德里西亚，并为其制订法律，后来又统治了斯瓦比亚、卡尔尼亚、潘诺尼亚和撒克逊。

证实日耳曼人源自高卢人，而非高卢人源自日耳曼人的最后一个证据是语言痕迹。从日耳曼和古拉丁人的真实作品中可明显看出这点，这样我们得出的结论是，语词残留是最重要的起源证据。因为拉丁人源于希腊人，拉丁语由希腊词语构成，但并非与希腊语一模一样，所以，与我国人作品中的说法不同，法兰克语的起源也是希腊语。虽然我们保留着几乎无以计数的希腊语痕迹，但凯尔特语还是不同于希腊语，就像拉兹乌斯引述的凯撒的话：

> 高卢人在公共和私人法案中都使用希腊人的文字，用希腊字母计算离开故土的赫尔维西亚人的数目。

这种想法类似于，因为日耳曼人在公共和私人账目里都使用拉丁字母，所以他们也使用拉丁语作为日常交谈语言。凯撒给他的助理西塞罗写信时使用希腊语，是为了避免信件被敌人截获后读懂。而且，如果没有翻译，他根本没法听懂埃杜伊人狄维提阿库斯(Divitiacus the Aeduan)说的话。这足以证明，狄维提阿库斯不懂希腊语(但凯撒却精通希腊语)。马西利亚人当然说希腊语，我们从斯特拉波的作品中读到，那时马赛仍然保持着原生血统，福西亚人的殖民队伍还没有与高卢人混杂。难以置信的是，德鲁伊人的教育仍然采用希腊语，[353]因为凯撒写到，他们与希腊人精通一样的宗教和学科。卢西恩(Lucian)写到，他曾听到过一个精通希腊学识的高卢人讨论凯尔特人那尊著名的赫拉克勒斯雕像。日耳曼人的语言和凯尔特人的语言也大相径庭，虽然拉兹乌斯同样错误地说凯尔特语和日耳曼语是同一种语言。

如果是这样，那为何塔西佗说，哥忒尼人讲高卢语，所以他们的起源是高卢人，而非日耳曼人？为何圣耶柔米写到，小亚细亚的伽拉太人与特瑞维累人（Treveri，塔西佗称其为高卢人），而不是日耳曼人使用同一种语言。那样一个游遍了全世界的伟人，不会漏掉这个差别。最后，为何日耳曼人阿里奥威斯图斯（Ariovistus）居住高卢期间，通过14年不间断的练习，才学会说高卢语？而凯尔特语融入日耳曼语与融入高卢语一样容易。我曾说过，有些人曾收集过凯尔特语中包含的大量希腊词汇，论述这些问题的人们还遗漏掉了一些短语，除了这些，凯尔特语以on结尾的名字也是沿袭希腊传统，例如Platon、Caton、Hoqueton，即ὀχίτων，我们明白，这些词明显反映出其希腊语印迹（因为拉丁语是说Plato, Cato, Dio, Melanchtho），最确凿的证据是我们的地名旧称，我国的作者们完全忽略了这些名称。

因此，我从众多名称中选几个出来介绍一下。罗多尼山脉（Rhodonii Mountain）得名于rose（rosis）；比利牛斯山得名于flames（inflammatione），众所周知的贝罗苏斯残篇里提到，这山被称为sbenni，①即“熄灭的”，可谓如此。被斯特拉波称作Cemenus②的山，当地居民称其为珀利山（mons pelius）。Tholosa的意思是“泥泞的”，这是平原的特征，或意为“被覆盖着的”。Olbia以多利安式发音应为Albia，意思是“高兴的”，关于这个镇和这个词的词源，我曾咨询过国王的书记员尚迪厄（Jerome Chandieu），他以其博学和血统显赫而著称。利摩日（Limoges）意即“饥饿之地”；或者女性发音方式念作Limosaea。多利安人省音时念作gaian和aian。那个地方极度贫瘠，完全没有产出。别以为“传染疾病的、有害的”（pestiferous/ pestiferam）是把λοιμοῦ和λιμοῦ这两个词搞混淆了。而且，“市镇”（town / urbs）一词的古代写法是lan（所以我国人采纳了多利安形式的lan），而那里的居民按伊奥利亚

① 源自σβέννυμι，其被动态的意思是熄灭的。

② 塞文山脉（Cevennes或Cebenna）。

语方式发音是 laon。它是因其岩石或民族而得名。

昂蒂布(Antibes)①坐落在[354]尼斯对面,是希腊人给它取的名,斯多卡德斯群岛(Stoechades Islands)也是根据他们的方式而得名;曼杜比亚人的亚历克西亚(Alexia of the Mandubians)得名自"安全"(safty / securitate);阿弗罗狄西乌姆海岬(Cape Aphrodisium)得名自维纳斯;同样,泰克托萨热斯得名自"武器制造者"(makers of arms /armorum opificibus),罗纳河(Rhone)因其奔流而得名自 τὸ ῥοδανίζειν。马孔镇(Macon)位于勃艮第人的疆域里,因其广阔的地域而得名。巴里奥(Philibert Bariot)是马孔镇的一名法官,非常正直,因其博学而著称,正是他向我们介绍了这个镇及其名称的词源。然而,不懂行的人称其为 Matiscon。卡尔努特人(Carnutes)②

---

① 安蒂波利斯(Antipolis)。

② [译注]卡尔努特人是独立高卢中心一个强大的高卢民族,居住在塞纳河和卢瓦尔河之间的广袤土地上,他们的居住地后来被组织成为沙特尔、奥尔良和布洛斯的天主教主教区,即现代的厄尔-卢瓦尔省、卢瓦雷省和卢瓦尔-谢尔省。罗马研究者们都认为,卡努特人的领地是高卢各民族的政治和宗教中心,其主要的城塞在科纳布(Cenabum,或也有人误为 Genabum),即现在的奥尔良市。凯撒提及过的德鲁伊教盛大年会即是在这些城镇中选取一个举行。李维史记录了该民族的一个传奇性传统,即在普里斯库斯统治时期,卡尔努特人是协同贝罗维苏斯人侵意大利的部落之一。公元前 1 世纪,卡尔努特人开始铸造了硬币,通常用模具铸造,但有时会铸造锡含量较高的合金,被称为波廷铜锌锡合金(potin)。凯撒时期,卡尔努特人隶属于雷米人(Remi),后者曾为他们做过调停。公元前 58 至前 57 年的冬天,凯撒在卡尔努特人的领地上建立了一个保护国,并从统治家族中选出塔斯格提乌斯为王,不到 3 年,卡尔努特人便刺杀了傀儡国王。公元前 53 年 2 月 13 日,科纳布的卡尔努特人屠杀了城里所有的罗马商人以及凯撒指派的一名军需职官。反叛者在韦辛格托里克斯(Vercingetorix)的领导下,成为整个高卢的起义领袖军。凯撒烧毁了科纳布,屠杀了所有男人,把妇女和儿童贩卖为奴。在随后的战争中,卡尔努特人派出 12000 名战士以缓解阿利西亚战情,但最终与高卢军队一同战败。为了以示警示,科纳布多年来一直是一片废墟,仅有两个罗马军团驻扎该地。在奥古斯都的统治下,卡尔努特人在被平定之后虽然没有被罗马化,但作为卢古德南锡斯高卢(Gallia Lugdunensis)各民族之一,一直享有同盟军(foederati)的等级。他们保持着自治制度,能铸造硬币;唯一的义务是为皇帝提供军事服务。公元 275 年,奥勒利安重建科纳布,下令它为城邦(civitas),而不再是乡镇(vicus),并将其命名为 Aurelianum,最终演变为 Orléans。

的领地里也有两座城墙相接的城市；他们称一个为οὔχ，另一个ἔχομεν。还有一个镇被希腊人命名为欧罗(Euros)，还有我国的贝奥提亚(Boeotia)。我漏掉了“德鲁伊”这个名字，显然是希腊语，指高卢明智的圣仪崇拜者(Semnothei)，虽然其他人认为他们叫作 Schamotae，就像希伯来语里的“神仙”(celestial/caelestes)。但这一领域里，每个人都可以根据自己的能力研究出很多东西。根据这些典型的地名，可以就起源问题作出更真实更明智的判断。而且，凯尔特语几乎已经废掉，其原因是罗马人有自己的惯用语和无数的殖民地，特别是在高卢纳尔榜和阿基塔尼亚，其本土语言与拉丁语的区别不大。

移入高卢的殖民队伍比史家们数出来的更多。有例为证：阿基塔尼亚的一个镇勒克托利亚(Lectoria)，从它的名称和镇里的古代碑文中都可判断出，这是罗马人的殖民地。而据我所知，没有任何一个作者在记录殖民地时提过此地。据知纳尔榜是非常古老的殖民地；里昂(Lyons)是殖民地；科隆(Cologne)、瓦朗斯(Valence)、尼姆(Nimes)、格勒诺布尔(Grenoble)、阿尔勒(Arles)以及塞广尼人(Sequani)领域里保留着 Coloniac 之名的那个地方，都是殖民地。而且，因为罗马军团习惯在高卢驻扎，我们自然而然完全忘记了故地语言，而接纳了拉丁语。但是，罗马人在日耳曼几乎没有殖民地，除了奥格斯堡(Augsburg)和康斯坦茨(Constance)二地。因为这个原因，日耳曼人似乎比我们保留了更多凯尔特语的痕迹，因为我们曾派去殖民，和他们也有商业交往，他们便从我们这里学会了这语言。

从众多例子里挑几个出来说说吧。比如凯撒的称谓 Vergobret 显然是凯尔特词。格拉雷努斯(Glareanus)①将其解释为“最

---

① 罗里提(Heinrich Loriti，1488－1563)，瑞士人。曾师从科克勒乌斯(Cochleus)，音乐教授，帝国的桂冠诗人。他最著名的作品是《十二调式》(*Dodecachordon*)。也曾编纂过波伊提乌斯的作品，并著有《亚洲、非洲、欧洲概况和描述》(*Compendiaria Asiae, Africae, Europaeque descriptio*)。

高[355]执行者”(the highest executive/summum executorem),日耳曼人和赫尔维西亚人都用这个词。Rheda意即“二轮战车”,是凯撒贡献给高卢人的词汇,也被日耳曼人使用,意思相同。而且,这个词还可追溯到希腊人那里,我们在赫西基奥斯作品中发现,他们称战车为ῥέδιον。直到现在,我们还保留着alauda一词。鲍桑尼亚写到,凯尔特人称马为marc,因此有了marquis和Marcoman这两个词,即“骑手”。Marca的意思是“限制”(limit/limitem),marche即一个“市场”(Market/forum),在日耳曼语和我们的语言里都一样。但是,marquis比knight更尊贵。Po来自pades,是高卢词汇,意即“脂松”(pitch pine/Piceam),因为据美特罗多儒斯记录,波河(the Po)源头附近有大片脂松;但更有可能是,在高卢语里,其意思是“深的”(deep/profundum),如普林尼所言,利古里亚人使用Bodingum一词指“低沉的、深的”。他说,证据是,古城博丁孔马古姆(Bodincomagum)①里的河流更低沉。同样,康斯坦茨湖也被当地居民叫作Boden。哥忒亚(Gothia)腹地的大海湾被叫作Boding也是这个意思,深居在潘诺尼亚大城市里的人也叫作Bodini。其实,我们的名和姓就是由此而来(高卢有几乎无数个这个名字的例证)。我们没有保持其原意,而是使用了拉丁词汇;然而,我们由此可以猜测,这些名字随着各民族的移居,从古凯尔特人传至日耳曼人。

很多人问及dunus这个词的意思,阿忒纳奥斯曾解释过。他写到,凯尔特人把主人(masters)叫作douni。绝大部分都是高卢人后裔的西班牙人,以及西西里人都保持了这个词的原意;但是我国人用它来指僧侣。因此,有了Lyons、Verdun、Issoudun、Nevers这些地方的古名,②除非我们非得说dune的意思是“更高的地方”

① 都灵(Turin)。

② Lugdunum, Virodunum, Isodunum, Noviodunum.

或是“一座山”。我国人把 dunes 叫作 levees。日耳曼人和我国人都不曾解释出 magum 的意思。然而，普林尼曾把 *Bodincomagum* 解释为“低沉的镇”(deep town/urbem profundam)。我就不提对 magum 的那些愚蠢解释了。因此有了 Nimwegen、Rouen 和 Nyon 这些地名。①

日耳曼人没有 magum 这个词，因为他们一度没有市镇。他们从我们这里学到了 burg 这个词，这个词显然是希腊语。我们从拉丁人那里学到 villa 和 castrum 这两个词。Berg 在古凯尔特语里的意思是“山”。日耳曼人现在还使用这个词，而我们使用拉丁词汇。因此有了 berger 一词，在旧语里指“山地语”(mountainer / lingua montanus)，我们用它来指牧人。

农民们学拉丁词汇更困难。日耳曼人以 berg 一词为基础造出了一些合成词，[356] 指坐落在山上的市镇和城堡：班贝格(Bamberg)、海德堡(Hildeberga)、克拉贝格(Clarberg)——而我们称其为克莱蒙(Clermont)。同样，如今日耳曼人用 bard 指“牧师”，是从我们的祖先那里学到的，因为凯撒记录过，日耳曼人之前没有教育，没有祭祀，没有宗教。苏皮尔提乌斯在评注卢坎和阿米阿努斯时表明，狄俄多儒斯也指出，高卢的诗人们曾经被高卢人称为 bards，bard 在凯尔特语里的意思是“歌手”。因为拉丁人认为这种诗人似乎愚蠢且野蛮，他们把没受过教育的愚人叫作 bards。因此有了 Dagobard，指英雄歌手或英雄诗人；Sigebard，指胜利的诗人；Albard，指活跃的诗人；Robard，指红润的诗人(rubeus poeta)。因此，日耳曼人把 Lambardi 和 Langobardi 解释为“英勇的牧师(heroicum sacerdot)”和“红润的牧师(rubeum sacerdotem)”。因为朗供涅人和巴尔迪人(Bardi)是邻近民族。

Hard 也是凯尔特语，德语中的意思是“强健的”(robustum)，

---

① Noviomagum, Rhotomagum, Neomagum.

法语中的意思是“大胆的”(audacem)。我们在末尾加了一个原因,日耳曼人因为发言的原因更常常去掉元音。他们称“一群”为band,我们的说法是bande,他们把未开垦的地区叫作land,我们叫lande;他们说hardimant,我们说hardiment。因此,我们用hard这个词指“扭曲的树枝”(twisted branch/ramum contortum),因为那是最强大的;并且我们也把某种惩罚措施,即绞刑(strangulation/laquei)称为hard,因为古人们用这东西而非绳子行刑。还有复合词Bernard,是日耳曼语的bern和凯尔特语的hard组合而成的,意即“强壮的熊”(master of a bear/Ursi potens);还有Leonard,意即“人民的力量”(the sthrength of the people/populi robur),由希腊词和凯尔特词构成。希腊人会用Leosthenes和Demosthenes。同样,他们还有Caenomani这样的家族名,这来自凯尔特语man,日耳曼人、斯基泰人、土耳其人和鞑靼人非常频繁地使用这个词(但我们使用的是拉丁词homo),并且还与希腊语融合在一起。由此,似乎Caenomani这个词——意即“新人”(novos homines)——在塔尔文时期以前就进入了高卢,因为那之后Caenomani殖民就被古凯尔特人送去了英苏布里亚(Insubria)。这些人被称为意大利新人(Italiae Caenomani)。

Reix也是一个古凯尔特词汇,意即rex。日耳曼语里是reich。凯撒遵循古高卢人的习俗,将其写为rix。从这个词派生出以下名字Dumnorix,“统治的王”(Rex dominantium)、Ombiorix,“东道主之王”(Rex hospitum)、Orgetorix,受希腊语影响的凯尔特语,“疯人之王”(Rex insanorum),因为orge的意思就是“疯狂”,orgelos的高卢语就是orgueilleux——即“疯人常犯的毛病”。Friederich的意思等同于“平静之王”(Rex pacis)。在李维的作品中,Lonnorius和Lutarius是凯尔特语;凯撒则可能会将其写为Lonnorix。日耳曼人将其译为“富含”(rich/divitem),我认为不够准确:[357]所以他们“富含疯狂”(divitem insaniae)、

“富含热情”(divitem hospitalitas)。虽然日耳曼人和高卢人都把rich译为“富含的”,但高卢人加了阴性的e,日耳曼人没加。然而,其中蕴含了某种形体优雅,因为富有与君王相配。例如,日耳曼人称法兰西王国为Frankreich。称东边的王国和西边的王国为Ostreich和Westreich(我们正确地称之为奥地利和纽斯特里亚[Neustria])。König在日耳曼语里的意思是“国王”,源自哥特人和斯拉夫人。

Mar也是古凯尔特语,日耳曼人和我们都常常使用。他们的发音是mair,我们是maire,指城市的最高官员。因此有下述古老名称Viridomar、Suemer和Condomar,意即康多姆斯(Condomus)的主人等等,就像拉丁人称人民的主人为“命令者”(Dictatorem)一样。而且,因袭古老血统而来的瑞士和丹麦的最后一任王,即玛格丽特(Margaret)的父亲,就被称为Waldemar。有无数至今日耳曼人仍在使用的古凯尔特词形,如platz、robes、sot、froit、feu、foyer、mantel。但他们似乎无谓地把很多词做了变形,例如拉兹鲁斯从佛里吉亚溯源法拉克人时,先是称佛里吉亚人,然后称弗里西人(Frisians),之后称法兰克人(Franci),然后又称布雷格孔人(Bregkones),接着称弗里安克人(Frianci),最后他说他们都被称为法兰克人(Francs)。辛布里人先被称为郭梅里人(Gomeri),然后被称为吉姆里人(Gimri),再被称为辛姆里人(Cimbri),之后被称为辛布里人,最后被称为斯坎布里人(Sicambri)。这个作者记录到,希罗多德使用beccus这个词时,其意思在佛里吉亚语里指“面包”,虽然一个从未听到过其他任何声音的孩子也可以发出山羊的咩咩声。[①] 我们可以更信任我的同胞龙萨(Pierre Ronsard)在《法兰西亚德》(*Franciade*)里的观点(其实旺多姆(Vendome)镇位于安茹地区)——古人们称阿斯蒂阿纳克斯(Astyanax)为弗兰

---

① 参见希罗多德,《原史》II. 2里隔离养育婴儿的故事。

克(Frank),正如φερεέγχον。

但是,日耳曼词汇或源于日耳曼语的词汇与高卢语不仅意思不同,而且发音也不同。例如,bald 在日耳曼语里的意思是“轻”或“快”,但是我们使用凯尔特词汇 leger,这个词曾经是高卢一条大河的名称,除了有双元音 au。因此,他说 Gerbald、Thedobald、和 Wilbald,我们却说 Gerbaud, Thibaud 和 Widebaud。Land 是古凯尔特语,日耳曼人用其指“地区”(regione)。我们用 lande 指“未开垦的地区”(regionem incultam),就像整个日耳曼过去的面貌一般。因此,他们给各个地区命名为 Friesland、Grotland[358]等等。在日耳曼语里,以 ther 结尾的那些词当然是凯尔特语,例如 Deither、Luther、Deiotarus、Lutharius,这些人名显然取自拉丁人的史书,是伽拉提亚人(Galatii)的诸王。水手们给各个地区和各种风取的名字,即东风(Ost)、西风(Vuest)、南风(Nord)、北风(Sud)也是如此。由这些词再构成其他的词[如西北风]。这些词显然是凯尔特词,因为事实上不管高卢人在哪里定居,那些地区的差异都由这些词来区分:例如,不列颠的北威尔士和南威尔士,日耳曼的威斯特伐利亚。而且,我们使用拉丁地名,即东方的(Orientis)、西方的(Occidentis)、南方的(meridiei)和北方的(Septentrionis),显然前者更古老。

这种例子无以计数,每个人都能根据自己的判断和能力找出。然而,我们从阿忒纳奥斯、鲍桑尼亚、凯撒、普林尼和狄俄多儒斯的作品挑出这些词语,通过这些词语的例子,我认为显然日耳曼语大部分源于纯粹的凯尔特语。但如若这样,那么他们的源头、武器、法律以及其文化都来自高卢人。拉兹乌斯断言我们的祖先源自日耳曼人,是重大错误。

这个语言痕迹证据足以表明,阿摩力克布列塔尼人(Armorican Bretons)是不列颠人的后裔,因为我从英格兰人那里得知,只有居住在威尔士狭长区域的人听得懂布列塔尼人的语言。所有史家的作品全都支持这个观点。但是,这些威尔士人如果不源自高卢人,又是从何而来呢?因此,很多人认为他们的语言是古凯尔特人多的语言。我不敢肯定这点,当然是因为我不懂那种语言。在凯撒时期,我们的先祖中就流传着这种说法,即不列颠最深的隐秘之地的居民并非源自高卢,而是出生在那座岛上,因而是土生土长的人。我一直怀疑这个观点是否经得起语言学证据的检验。如果我们承认这地方最初被阿尔比恩高卢人称为阿尔比恩(Albion),那么不列颠人(亚里士多德如此称呼他们)就是某些其他外来者取的名字,这些外来者驱逐了原住民。然后,坎塔布连语里有个词breta,意思是"土地"(terram)。因此,阿方索七世(Alphonso VII)被称为阿布列塔(Abreta),因为据西班牙人塔拉法记录,他常常睡在地上,与土地接触。

因此,我认为,不列颠人可能源于坎塔布连人,[359]他们最初发现这个岛时(因为水手们看到陆地时习惯这样做)将其称为不列颠。然而,西班牙人不懂那个词。萨克逊人驱逐了不列颠人以后,改变了其语言。他们对这片土地的称呼与日耳曼人、哥特人和北方民族对其的称呼一样,即希伯来词 ertz,虽然犹太语里 barath 的意思也是"土地"。我相信他们源自坎塔布连人,一是语言学证据,二是海域延伸的范围并不大,最后一个依据是其邻居海伯尼亚(Hibernia)居民的传统信仰,他们说坎塔布连人把海伯尼亚人视为其祖辈。但是,最初开垦海伯利亚的是住在靠近西班牙的非洲人,或者,确实是亚洲的海伯尼亚人,熟知其语言的人们记录说,他们的古语和希伯来人的语言仅稍有不同。首先,Hiberi 这个词本身对希腊人和拉丁人毫无意义。所以希腊人以犹太语 Heberi 来称呼他们,而拉丁人用希腊语 Hispani,即"少数"(few/raros)来称呼他们,因为他们曾经受制于人口匮乏的困境,即使西塞罗说他的时期西班牙人满为患。

而且,西班牙居民称其境内最大的河流为埃布罗河(Ebro),

拉丁人称其为 Hiberus，Bethis，[①]我认为[这个名字]源自巴勒斯坦。最后，所有史家都说，瑟坎尼亚人（Secanians，希腊人和拉丁人称其为西坎尼亚人）从西班牙进入西西里，且将其作为自己的名字。但是，secani 在希腊语和拉丁语里毫无意义，而在希伯来语里的意思是"居民"。我认为，曾居住在勃艮第和瑟坎那（Secanam，凯撒这样称呼该地，是当地居民教他的）[②]的塞广尼人，也是从同一群瑟坎尼亚人处得名。约瑟夫斯认为，西班牙人是拉麦（Lamech）之子朱巴的后裔，这种想法当然与可信的推测相去甚远，除非他说的是从闪的孙子赫伯（Heber）开始的最终后裔，闪是雅各祖先的祖先，希伯来人之父，显然从他的血脉生发出了无数其他分支。

只有上帝拣选的民族的起源才会在圣经中得到阐释，其他的都不会。从以色列一支可知这些源头。根据犹太阐释者的解释，正是从以色列分出了 12 个部落。由此出现了阿拉伯人，同犹太人一样原封不动地保持着他们种族的古老历史，在非洲人利奥的文本中可以看到，其诸多部落都有准确的源头和名称。[360]我认为，因为无以计数的殖民地、战争、俘虏、流浪者等原因，所有民族显然一直以来都彼此混杂，除了犹太人——他们可以将自己置身于其他民族的彼此混杂之外。这很好理解，只需要记住，旺达尔人和哥特人曾经建立的殖民地，北至最北边，南至非洲；阿拉伯人在波斯、叙利亚、非洲、意大利、西班牙有殖民地；西班牙在美洲和印度有殖民地；法兰西和意大利在亚洲甚至斯基泰有殖民地。

送出殖民的原因有四个：要么是原住民被入侵者武力赶出故地，寻求新家，例如特洛亚人在城邦被颠覆之后进入拉提姆，或者伊特鲁利亚人，又称图斯坎人，被高卢人赶出意大利后率领殖民进

---

① 瓜达尔基维尔河（Guadalquivir）。

② 苏瓦松（Soissons）。

入莱提亚，所以日耳曼人曾叫作图斯坎人。同样，一队埃及人殖民在其头领达那俄斯的带领下进入希腊；诺曼人进入法兰西；不列颠人被盎格逊人驱逐后去到凯尔特海岸；尤斯汀记录，福西亚人不堪忍受波斯王派来行政长官的僭政，将居住地移入凯尔特，且建立了有史以来最繁荣的国度，这个评判是图里（Tully）所言。大卫基姆希拉比（Rabbi David Kimhi）在其对《俄巴底亚书》（*Obadja*）评注的末尾处断言，迦南人被犹太人赶出巴勒斯坦平原后，航至伊利里库姆和潘诺尼亚。旺达尔人被法兰克人武力驱逐后，逃往西班牙；之后又被哥特人赶入非洲。不久前，罗德岛人被土耳其人打败后，迁入克里特。鲍桑尼亚和斯特拉比的书里，有无数关于此类移民的例子。

另一种移民的原因是人口过剩，缺乏可耕种土地或气候恶劣。塞涅卡在"告慰赫尔维亚"（To Helvia on Consolation）一卷中写到，570年，米利都往各方送出移民。同一作者说，"亚洲有一群雅典人"。被低海灌溉的整个意大利海岸曾属于大希腊。亚洲宣称图斯坎为她所有。提尔人在非洲定居；迦太基人在西班牙定居，希腊人在高卢定居；高卢人却在希腊定居。比里牛斯山无法阻挡日耳曼人的翻越。塞涅卡说，有些人疲于长期流浪，选择驻地并不明智，而是由于疲倦饥不择食地选择最近的地方。有些人通过武力为自己赢得了陌生之地的所有权；故邦的毁灭使得其他人被赶出来消耗多余的力量；内讧造成了更多的外迁；人口过多的压力、或瘟疫、[361]或地震频繁、或土地令人难以忍受的贫瘠等原因使得很多人外迁。还有些人背井离乡也有其他原因。某些人在某处定居是因为缺少供给去不了别处。某些人在探寻未知领域时被大海吞没。安忒诺耳（Antenor）是帕多瓦的创建者，埃万德尔（Evander）在台伯河的河岸边建立王国，[塞涅卡]不久后说，需要提到这两个人什么呢？罗马人往所有行省送了多少殖民？罗马人在各处安居。流浪的殖民者们自由地给各个地方命名。现在几乎找不到原住民耕种的土地。最后，塞涅卡如此总结：显然，没有人一直待在他的出生地。[①]

人类的移民永不中断，他们每日修建新城，新的种族名从旧的中生出、又灭亡或改变。然而，我发现斯基泰人从北面到中部地区几乎总是带着千军万马。辛布里人及其后裔分散为不同的队伍——阿德瓦提西人（Advatici）、纳美特斯人（Nemetes）、乌比夷人（Ubii）、汤吉人（Tungii）、汪基纳内斯人（Vangiones）、斯康布里亚人、撒克逊人、哥特人、伦巴第人、格庇德人（Gepidae）、旺达尔人、皮克东人（Pictones）人和诺曼人，格劳斯（Glaus）甚至还加上了盖塔人（Getae）、阿兰尼人（Alani）、赫鲁利人、匈奴人、图尔西林圭人（Turcilingui）、维努利人（Winuli）、鲁吉人（Rugii）和苏黎世人（Sueci，现在被称为瑞士）——从斯堪的纳维亚半岛入侵欧洲。而且，普罗科匹乌斯和克兰茨（Albert Krantz）记录到，尤士丁尼时期，斯拉夫人也是从斯堪的纳维亚突然涌入潘诺维亚。之后，那个种族把它的名字和语言的威名传遍整个欧洲。我听到，波兰人、波西米亚人、俄罗斯人、达尔马提亚人和旺达尔人使用的语言与斯拉夫人在斯堪的纳维亚使用的语言一样，只是方言上有些差别。同样，帕提亚人、土耳其人和鞑靼人也是源于斯基泰人的亚洲诸民族。

第三类殖民的派出是为了延伸或保护领地。这是罗马人使用得最有效的手段，这样他们既可能解决国家的内乱，又可能维持被征服民族的忠诚和顺从。这是他们大幅扩张其帝国的原因之一。以同样的方式，热那亚人把费奥多西亚（Theodosia）殖民带入克里米亚，费奥多西亚被称为卡法（Capha）。威尼斯人把殖民送往各岛；西班牙人把殖民送去美洲和印度群岛（Indiam）。

最后一类殖民带有惩罚性质。例如，把10个犹太部落送入迦

---

① 塞涅卡，《告慰赫尔维亚》vii 各处。

勒底，80 年后，剩下的犹太人也随之而去。[362]这 10 个部落的人据说散落在亚洲各处。犹大族和便雅悯族被允许返回故土。600 年之后，他们再次沦落，被罗马人奴役，且满世界流浪，从欧洲和斯基泰最远的海岸一直到非洲和整个亚洲都有他们的身影。所有民族在无数殖民中水乳交融，他们就是典型的例子，如今这一种族似乎散落在迦勒底、帕提亚、印度、高卢、希腊、意大利、西班牙、日耳曼和非洲。罗马人呢？他们把他们的殖民、武器和军团从欧伊诺波利斯传到多瑙河，从不列颠传入波斯。然后，意大利诸民族与阿卡迪亚人、特洛伊人、斯堪尼亚人、高卢人、希腊人、哥特人、匈奴人、旺达尔人、赫鲁利人、伦巴第人、迦太基人和诺曼人混杂在一起。因此我们发现，犹太人民就算遭受暴力，遭到所有国王最残酷的僭政，还独自保留着其种族的古风，并不是没有令人钦佩的深谋远虑。

但是，埃塞俄比亚的强大君主从同一民族传承到自己的显赫种族，他把自己和其亲属称为以色列人(Israelitas)。更值得注意的是，从这些人里源源不断地产生了各种宗教，这些宗教被全世界所接受。

既然我们知道这些人散布在地球各处，那关于其他种族，我们应作何想？自然如此多产，我们发现短时间内从同一个人的血脉生出无数人。尤斯汀曾引用过庞培的一句话，即帕提亚王希罗提努斯(Hirotinus)生了 600 个儿子。雅各一人的后裔在 200 年内扩张为无数军团。土耳其人的一支军团，就是波斯人召集起来反抗阿拉伯人的那支，增长得那么快，以致阿拉伯人根本无法把那么多人赶走，只能让他们自己的王和权力来管理他们。同样，在帖木儿的领导下进入小亚细亚的鞑靼移民与亚洲人和土耳其人的各个部落混杂。切尔克斯人与埃及人的混杂、西班牙人与美洲人的混杂、葡萄牙人与印度人的混杂、哥特人和旺达尔人与西班牙人和非洲人的关系，我为什么要追念这些看似对后辈们不可思议的事？

因为通过这些例子可以明白，由于移民和大量输出殖民人口、战争和俘虏等因素，所有人长期以来彼此混杂，以致没有哪个民族能夸口自己起源的古老性和其种族的久远年代，除了犹太人。

[363]有些王族将自己的家族追溯至最早期，以显示自己的高贵，并希望这尊贵能永久延续，在我看来，这大错特错。埃阿库斯和赫拉克勒斯的血统在希腊人里最著名，尤里乌斯的血统在拉丁人里最著名，但这几支也不过只延续了1200年。其他显贵家族——波提图斯家族(Potitii)、皮纳里奥家族(Pinarii)、葛甘尼亚家族(Geganii)、谢尔盖家族(Sergii)、科尼利厄斯家族(Cornelii)、法比乌斯家族(Fabii)、曼尼利乌斯家族(Manilii)、埃米利乌斯家族(Aemilii)、库里阿提乌斯家族(Curiatii)和克劳狄乌斯家族(Claudii)——几乎没熬过800年的。

因此，凯撒登记贵族们时，既记入新人，也记入来自官方家族的人，这完全有必要。大流士家族(Darii)兴旺了200年；阿萨息斯家族(Arsacidae)兴旺了600年；奥斯曼(Othomani)繁荣了300年。

西班牙各君主宣称从哥特人那里沿袭了最高等级的高贵，但每个人都认为哥特人是蛮族。统治着意大利人、西班牙人、日耳曼人的奥地利家族，是从哈布斯堡伯爵处继承了显赫种族。他们完全不知道这个家族以前的状况，即300年以前、阿尔伯特的父亲鲁道夫之前的状况。古老的撒克逊家族找不出早于600年——即亨利一世的父亲奥托(Otto)之前——的祖辈。

为这个帝国奠基的墨洛温(Meroven)家族，延续了400年。查理大帝的家族延存了200年后，至洛林公爵查理(Charles, duke of Lorraine)时灭亡。现在是卡佩家族在统治，他们始于撒克逊人维杜金德(Widukind)。维杜金德被查理大帝带进高卢，接受基督教教育，后被封为安茹公爵；或者，像其他人所认为的那样，他是从其兄弟奥托那里继承了其血统——因最辉煌事迹而著名的家族，也是目前全欧洲最古老的家族。从他开始，其血统大概延存了不到800年。

诺曼人和盎格鲁人的王朝止于亨利一世；安茹王朝止于理查三世(Richard III)。亨利七世那一支止于爱德华六世(Edward VI)。兰开斯特和约克家族没有男丁。苏格拉最早的王朝止于亚历山大三世；布鲁斯王朝(the Bruce)止于大卫二世(David II)；斯图亚特(Stuarts)王朝止于詹姆斯五世(James V)；卡斯提尔王朝(Castilians)止于亨利三世；阿拉贡王朝(the Aragonese)止于费尔迪南德五世(Ferdinand V)；瑞典人、丹麦人和挪威人的诸王止于维杜金德之女玛格丽特(Margaret)；波美拉努斯(Pomeranus)王国和巴伐卢斯(Bavarus)王国似乎还没开始就灭亡了。

紧随其后的是奥尔德伯格家族(Aldeburghers)，现在统治丹麦的正是他们。古斯塔夫之父本是一介臣民，不久后却控制了瑞典，并且他统治潘诺尼亚的时间不比斯蒂芬(Stephan)家族的统治时间短多少。继承斯蒂芬家族的是那不勒斯王安茹的查理(Charles of Anjou, king of Naples)。接着是巴伐利亚的奥托(Otto of Bavaria)；然后是卢森堡的西格斯蒙德(Sigismund of Luxembourg)，继承这个家族的是科尔维努斯(Mathias Corvinus)，他是他这一族第一个，也是最后一个称王的人。

[364]但是，波兰诸王追溯其古老性最远不过到庇阿斯特(Pyast)，他本人是农民，其后代却统治了波兰几乎600年。继承他们的是雅盖洛家族(Jagellons)，从立陶宛诸公爵(dukes of Lithuania)开始，但是他们在古老性和光辉功绩上都不及庇阿斯特家族。威尼斯人其实一直都称自己是意大利的贵族。然而，他们中最有名的一族，从最早期追溯其起源，也只不过能将祖辈上溯到700年前。

仅次于那一族的是科隆纳家族(Colonne)、奥尔西尼家族(Orsini)、萨维利家族(Savelli)和佩蒂利家族(Petilii)，佩蒂利家族是罗马贵族的后裔，连埃斯特家族（Estenes）和贡扎加家族（Gonzagae）都无法与之匹敌。美第奇家族的荣耀，胜在其大无畏的精神，而非其血统的古老性。显而易见，在民主制下兴旺起来的意大利所有市镇的贵族，要么被以最残忍的方式杀戮，要么被驱逐，从而失去了其所有。

其实，在高卢和西班牙，人们认为最古老的种族是勒瓦家族（the Leva），有著名的瓦勒西奥（Francis Vallesio）为证，据说他曾调查过各个贵族的起源。但是，勒瓦家族把他们的血统追溯至利未后裔，就像阿比西尼亚人的国王们把其血统追溯至以色列人一样，因为他们称那为贵族。

然而，他们没有精确地界定自己的种族起源，阿尔瓦雷兹也没有提供任何信息。因此，就古老性来讲，只有犹太人确实超过其他所有民族。即便如此，也没有人能够追溯现代犹太人到底来自当初的哪一个部落。所有犹太人都混在一起，只能认可自己的血统，却无法清楚自己是哪一支系。的确，一支祭司种族宣称他们来自最虔诚高贵的亚伦（Aaron），并且兴旺了 2300 年，我们认为他们在哥特人和旺达尔人的灾难中已经灭绝了，这不无神圣复仇的明显证据。

第十章　史家分类排序

[365]必须从最短的编年史(Chronicis),例如布林格(Bullinger)、路德等人的作品入手;然后读各种年表(Chronologias),即房克、弗里吉奥和尤西比乌斯等人的作品;然后读某些更冗长的作品,例如卡里昂、梅兰希顿和佩乌瑟的作品;最后读每一阶段的完整史事,囊括了所有主题或所有最著名事件的史书。

普遍史史家

摩西(Moses),起源之书记录了从创世到犹太人迁出埃及进入巴勒斯坦的史事,囊括了 2450 年的世界历史。初现于 1519 B. C.

迦勒底人贝罗苏斯(Berosus Caldae),他们所谓的普遍史残篇,记录了从创世起到创世 3130 年的史事。墨伽斯特涅说,他的记录止于萨丹纳帕路斯。初现于 330 B. C.

希罗多德(Herodotus Halicarnassei),包括希腊人、埃及人、米底斯人、波斯人和吕底亚人史事的九卷本记录,囊括了从创世 3210 年到创世 3500 年的历史。初现于 425 B. C.

珀律比俄斯(Polybius Megalopolitani),其史事记录始于克勒奥门尼斯(Cleomenes)和伊庇鲁斯人的王皮拉斯被放逐,终于罗马人与阿凯亚人和马其顿王腓力之间的战争,即从创世3630年到创世3766年。记录涵盖了这期间希腊人、罗马人、迦太基人、凯尔特人的史事。其十四卷本里现存前五卷,还残留了一个对紧接着的十卷的内容概要。初现于200 B. C.

庞培(Trogus Pompeius),尤斯汀对他的作品进行了缩写。原作包含44卷,记录了从尼禄到凯撒时期几乎所有民族的主要史事。初现于150 A. D.

西西里的狄俄多儒斯(Diodorus Siculi),其《普遍史史籍》(*Bibliotheca universalis historica*),主要是各个著名民族的史事,从埃及人的最早期记忆到凯撒。其四十卷本中,现存的有十五卷。初现于40 A. D.

[366]犹太人斐洛(Philonus Hebrae),关于从创世到提笔略时期史事的两卷本。初现于38 A. D.

尤西比乌斯(Eusebius),从创世到基督300年的编年史。初现于312;耶柔米在这一编年史上添加了50年。

阿基坦的普罗斯珀(Prosper Aquitanus)添加了60年。

佛罗伦萨的帕尔米耶里(Palmerius Florentinus)写到了1040年。

比萨的帕尔米耶里(PalmeriusPisanus)添加了30年。初现于340

阿夫利坎乌斯(Julius Africanus),记录了从创世到基督320年的史事。[后被尤西比乌斯重新编辑?]。初现于221

弗雷库福(Freculph),概要记录了从创世到基督550年的历史。初现于560[830]

英格兰人比德(Bede Angli),记录了从创世到基督700年的编年史。初现于730

维也纳的阿多尼(Adonis Viennensis),记录了关于6个世纪

的世界史，终于基督 900 年。初现于 980

赫尔芒德（Helmand），疑为赫里南德（Hélinand）？记录了从创世记到他自己时代的编年史。初现于 1066

孔特拉克图斯（Hermannus Contractus，1013 – 1054），瑞士人，记录了到他的时代共 6 个世纪的历史。初现于 1067

富尔达的马里阿努斯（Marianus Fuldensis），苏格兰人，记录了从创世到他自己时代的编年史。初现于 1088

佐纳拉斯（Zonaras），记录了从创世到基督共 117 年的复合历史，分为三个部分；第一部分关于犹太人，第二部分关于希腊人，第三部分关于拉丁人。初现于 1120

奥顿的霍诺里（Honorius Autustodunensis），从创世到他自己时代的编年史。初现于 1120

高卢人西格伯特（Sigebert Galli），记录了从基督 381 年，即三重历史收尾处，到 1113 年的编年史，有一份不确定作者记录的直到 1216 年的编年史附录。初现于 1130

沃思普修道院院长（Abbot Urspergensis），著有从创世到皇帝弗雷德里克二世的编年史。初现于 1219

博韦的文森特（Vincentius Bellovacensis），著有从创世到基督 1250 年的历史。初现于 1260

佛罗伦萨大主教安托尼（Antonine），记录了从创世到基督 1470 年的复合史。初现于 1480

从创世到 1484 年的时代分册作者不确定。

萨贝利库斯（Antonius Coccius Sabellicus），11 部从创世开始的《九章集》，[367]还有对海德（Casper Heid）作品的梗概，与《九章集》一一对应。初现于 1490

米兰的多纳托·博索（Donato Posso Mediolanensis），记录了从创世到 1489 年的历史。初现于 1496

图宾根的约翰·纳乌克勒鲁（Johnnus Nauclerus Tubingensis)，记录了从创世到基督1500年的编年史。初现于1510

贝尔加莫的菲利普(Philippo Bergamo)，记录了从创世到基督1503年的历史。初现于1515

马丁·路德(Martin Luther)，撒克逊人，编写了直至他自己时期的世界年序。初现于1519

加瑟尔(Achilles Gasser)，记录了从创世到基督1530年的编年史梗概。初现于1530

弗里吉亚的保罗·康斯坦丁(Paul Constantine Phrygio)，编写了从创世到1523年的编年史。初现于1540

吕贝克的约翰·卡里昂(John Carion Lubeci)，编写了从创世到基督1530年的三卷本编年史，并增添了一份直至1555年历史的附录。初现于1550

梅兰希顿(Philip Melanchthon)，所著编年史共有三卷，大部分来自卡里昂，他将该编年史延伸至查理大帝时期。初现于1540

佩乌瑟(Gaspar Peucer)，在梅兰希顿编年史的基础上，从查理大帝时期编写至他自己的时代。初现于1550

约维乌斯(Paulus Jovius)，记录了从1494年到1540年间几乎所有民族的历史。初现于1540

布灵尔(Henry Bullinger)，著有从创世到自己时代的编年史。初现于1545

丰克(John Funck)，普鲁士人，记录了从创世到1553年的年代志。初现于1550

墨卡托(Mercator, 1512－1594)，年代志。初现于1570

普遍地理史家

斯特拉波(Strabo Cappadocis)，把所有民族的主要史事与地理学结合在十六卷本的地理史书中。初现于20 B. C.

梅拉(Pomponius Mela),西班牙人,厘清了世界的位置以及各民族的历史。初现于基督时期

鲍桑尼亚(Pausanias Caesariensis),文法学家,记录了雅典、科林斯、拉科尼亚、麦西尼亚、埃利斯、亚该亚、皮奥夏和福基斯的诸种事务。初现于 A. D. 140

沃尔特拉努斯(Raphael Volaterranus),他在其三十八卷本的著作里把普遍历史与地理学结合起来。初现于 1500 A. D.

[368]明斯特尔(Munster),他的宇宙志(Cosmographia)包括了史事和起源,还有对各地区的描述。

记录各种事务的时间都可以加进这一类别,例如阿忒纳奥斯、艾利安、采策(Tzetzes)、列奥尼库斯(Leonicus)、索利努斯(Solinus)、马克西姆斯、普林尼、苏达斯等。

普遍历史之后

可以恰如其分地加入教会史史家的作品,以及那些已建立且维持着其权力的教派历史,特别是犹太人的宗教、古代史和事迹

《圣经》

犹太人斐洛,可以被称为"哲学史学家",他所有的作品都得关注。初现于 38 A. D.

犹太人约瑟夫斯(Flavius JosephusJudaei),著有二十卷本的犹太古史和七卷本的犹太战争史。初现于 99 A. D.

郭立昂之子约瑟夫斯(Josephus, filius Gorionis),著有犹太战争史,以希伯来文写成。初现于 99 A. D.

格西普斯(Hegesippus),记录了从马加比家族到基督 72 年的犹太史。初现于 130 A. D.

异教迷信史家

伊里奈乌斯(Irenaeus),里昂主教,有一卷作品驳斥异教徒。初现于75 A. D.[175]

克莱门特(Clement),亚历山大利亚主教,八卷本题材多样的作品。初现于200 A. D.

阿诺比乌斯(Arnobius),著有驳斥异教徒的七卷本。初现于300

拉克唐提乌斯(Lactantius Firmianus),著有关于错误的宗教的作品,其全部作品都值得阅读。初现于320

奥罗修斯(Paulus Orosius),著有驳斥异教徒的七卷本。初现于1515[415]

吉拉尔迪(Lilio Giraldi),著有关于所有民族的神的作品。初现于1550

考勒斯(John Caules),以法语(或)意大利语著的一卷关于古人们的宗教的作品。

基督教史家

《新约》

马蒂尔(Justin Martyr),护教辞。初现于120 A. D.

德尔图良(Q. Septimius Tertullian Carthaginensis),为信仰而辩。初现于150

伊里奈乌斯(Irenaeus),里昂主教,反异端的五卷本。初现于175

奥利金,著有关于殉道者的作品。初现于260

尤西比乌斯,著有十卷本的教会史。初现于312

苏格拉底(Socrates)、索佐门努斯(Sozomenus)、忒奥多勒特和卡西奥多鲁斯(Cassiodorus),[369]从基督诞生至454年的教会史。初现于400

简纳迪乌斯(Gennadius),马赛长老,著有关于著名神职人员的一卷作品。初现于496

埃瓦格里乌斯(Evagrius),经院哲学家,著有关于罗马教廷和帝国的六卷本,记录从基督435年到595年的史事。其纪事始于三重史结束处。初现于610

卡利斯图斯(Nicephorus Callistus),著有从基督到赫拉克利乌斯时期的十八卷本的教会史。初现于1100

马尔切利努斯(Marcellinus),伯爵,著有从尤西比乌斯时期至基督500年的史书。初现于700

威廉(John William),提尔大主教,著有关于十字军东征的二十三卷本。初现于1150

福克斯(John Foxe),英国人,著有从威克里夫到基督1552年的教会史。初现于1555

作者未知,从基督诞生到基督1560年的教会国纪事。

司雷丹(Jo. Sleidanius),从基督1517至1555年的教会史。初现于1568

马格德堡史,12世纪,从基督诞生到1200年的史事记录,其中有对所有古人的教会史作品有充分的解释。

未知法兰西作者,关于国王亨利二世、弗朗索瓦二世(Francis II)和查理六世(Charles IX)统治时期的宗教领土和教会领土纪事。

阿拉伯教派史家作品

《古兰经》(Coran 或 Furcan),收集了从穆罕默德身后第110

年以穆罕默德的名义收集的所有古兰经(Korans)版本。初现于600

中东史家①

记录迦勒底人、亚述人、米底斯人、埃及人、波斯人、腓尼基人、犹太人、帕提亚人历史的史家,几乎是同一批史家的作品囊括所有上述民族的事迹

《列王记》各卷,《历代记》和《以斯得拉书》各卷。

希罗多德,九卷本史书。初现于445

克忒西阿斯(Ctesias Cnidii)、阿伽撒尔基德斯(Agatharchides)和门诺(Mennon)的作品,波斯和亚述诸王的残篇。初现于375 A. D. [B. C.]

色诺芬,雅典人,关于居鲁士(作者曾是其副官)远征入波斯的纪事。初现于370 B. C.

贝罗苏斯,迦勒底祭司,所谓的五卷本《残篇》。初现于340 B. C. [280]

[370]墨伽斯特涅,波斯人,关于如何确定时间以及波斯人年鉴的作品。初现于330 B. C.

曼涅托,埃及祭司,所谓的《残篇》是关于几乎所有民族诸王的记录。初现于330 B. C. [250]

约瑟夫斯,驳文法学家阿庇安的两卷本,以及关于犹太人古代史的二十卷本。初现于99 A. D.

赫格西普斯(Hegesippus),关于帕提亚战争的一卷。初现于130

阿庇安记录的帕提库斯(Parthicus)。初现于140

---

① [译注]原标题太长,按今天的政治地理概念简称“中东史家”。

普罗科匹乌斯,关于波斯战争的两卷本。初现于540

希腊史家

其记叙范围包括居住在小亚细亚、欧洲从多瑙河、塞罗尼安山顶和海玛斯山脉一线到爱奥尼亚海的爱奥尼亚人、伊奥尼亚人、多利斯人,包括陆地和各岛上的居住者

克里特的狄刻提斯(Dictys Cretensis),关于特洛伊战争的六卷本,塞普提米乌斯(Q. Septimius)将此作品从迦太基语翻译为拉丁语。初现于1129 B. C.

弗吕吉亚的达雷斯(Dares Phrygii),关于特洛伊战争的六卷本,涅波斯(Cornelius Nepos)将其从希腊语译为拉丁语。初现于1129B. C.

希罗多德,九卷本,记录了希腊人各式各样的时间,直至薛西斯撤离,囊括了211年的史事。初现于425 B. C.

修昔底德,雅典人,其八卷本囊括了从薛西斯撤离到伯罗奔半岛战争的第二十一年之间90年的史事。初现于340 B. C. [400]

色诺芬,雅典人,其七卷本史书承接修昔底德的叙述,记录了希腊接下去43年间的史事,直至斯巴达和底比斯的曼提尼亚战争。初现于310 B. C. [360]

墨伽斯特涅、忒奥彭普斯(Theopompus)、菲洛斯特拉托斯(Philostratus)、赫拉尼库斯(Hellanicus)、蒂迈乌斯、阿库西劳斯(Acusilaus)、埃福鲁斯、墨库斯(Mochus)、埃斯提艾乌斯(Estiaeus)、耶柔米、伊西多尔(Isidore)和大马士革的尼古劳斯(Nicolaus of Damascus),从普鲁塔克的作品中可知,上述作者共著连贯史事,但是那些作品全部佚失。

格弥斯图斯(Georgius Gemistus),两卷本作品延续了色诺芬的史事记录,普鲁塔克和狄俄多儒斯又接着他的作品继续记录。

此人的史事记录起于曼提尼亚战争，终于喀罗尼亚(Chaeronea)败北。初现于1520

西西里的狄俄多儒斯，十六卷本的作品延续了格弥斯图斯的叙事，记录了关于腓力和亚历山大大帝的事迹。初现于410 B. C.

[371]珀律比俄斯，其作品的卷二、卷四、卷五卷，以及余下卷的梗概；李维的第四个十年史事，以及第五个十年纪事的残篇，包括了亚历山大继位者们统治时期希腊发生的史事。初现于200 B. C.

普鲁塔克关于阿拉图斯、斐洛波门和德米特里乌斯(Demetrius)的审判记录，这对于理解希腊人后期的历史有重要贡献。初现于120A. D.

普罗科匹乌斯，七卷本史书记录了尤士丁尼统治时期的事迹。初现于540

佐纳拉斯(John Zonaras)，卷三，记录了从康斯坦丁大帝到阿莱科修斯(Alexius Comnenus)之死，即从基督300年到1113年的史事。初现于1120

安娜，阿莱科修斯之女，二十卷本记录了其父阿莱科修斯皇帝的事迹，其作品沿承佐纳拉斯的叙事。初现于1130

格雷戈拉斯(Nicephorus Gregoras)，记录了从到拉斯卡里斯(Theodorus Lascaris)到小安德洛尼卡(Andronicus Palaeologue posteriorius)之间140年的史事。初现于1280

乔内的尼克塔斯(Nicetas Acominatus Choniatae)，记录了承接佐纳拉斯叙事之后86年间的史事，止于皇帝穆祖弗鲁斯(Murzufulus)之死，即1203年。初现于1460

罗马史家

记录罗马人、迦太基人史事和意大利事务的史家

由西戈尼乌斯(Charles Sigonius)和潘维尼奥重塑的执政官

岁时记(Fasti Consulares)。初现于 1560

儒福斯(Sextus Rufus),执政官头衔,著有从建城至皇帝瓦伦提尼安期间罗马人事迹的梗概。初现于 450

弗洛鲁斯(Florus),著有李维史梗概。初现于 200

帕特尔库鲁斯(Velleius Paterculus),地方总督,著有两卷本罗马人民通史。初现于 210[30]

长老欧特罗皮乌斯(EutropiusPresbyteri),著有十卷本罗马人事迹。初现于 370

法比乌斯(Q. Fabius Pictor),两卷本对罗马城起源的描述。初现于 280 B. C.

卡图(M. Cato)所谓的《创始记》残篇。初现于 260 B. C.

珀律比俄斯,其作品中关于罗马人的军事和民事体系的第六卷。初现于 280 B. C.

哈利卡纳苏斯的狄奥尼修斯,十一卷作品。初现于 35 B. C.

[372]撒路斯特(C. Sallust),著有关于朱古达和喀提林之间战争的两卷本。初现于 45 B. C.

珀律比俄斯,卷一和卷三,以及下文内容的梗概。

族长希菲利努斯(Xiphilinus Patriarchae),著有对狄奥作品的梗概。初现于 1070

卡西乌斯(Dio Cassius),其八十卷本对罗马人事迹的记录被保存下来了二十三卷。初现于 215 B. C.

凯撒,三卷本的内战记事。初现于 43 B. C.

阿庇安,五卷本的内战记事。初现于 215[145]

李维(T. Livy Patavini),一百四十四卷本从建城到奥古斯都时期的史事记录里,残留下来的四十五卷本。初现于 35 B. C.

塔西佗(Cornelius Tacitus),从奥古斯都时期开始的编年史,起于李维史的止处,止于涅耳瓦时期,其二十六卷本作品里只残留从第二十一卷开始的叙事(原文如此)。初现于 120 A. D.

马尔切利努斯，君士坦丁堡骑士，其三十一卷本的作品里残留下来的有十八卷。其叙事起于涅耳瓦，即塔西佗叙事的止处。瓦伦斯的叙事又承接此人。余下的欧特罗皮乌斯的作品可补足。还著有关于各君主、苏维托尼乌斯、卡西乌斯、斯巴提阿努斯（Spartianus）、卡庇托利努斯（Capitolinus）、沃庇斯库斯（Vopiscus）、赫罗狄安（Herodian）、朗普里狄斯和埃格那提乌斯（Egnatius）等人的独立成册——的史书。初现于 360 A. D.

阿基坦的普洛斯珀（Prosper of Aquitaine），对罗马史的沿承，记录了从 382 年到 447 年——即罗马城被盖塞里克王（King Genseric）占领期间——的史事。初现于 480

普罗科匹乌斯，十二卷本尤士丁尼时期的记录，应于上文提到的作品同时阅读。初现于 530

庇护二世（Aeneas Sylvius），著有十二卷本关于其时代的意大利事务。初现于 1420

马基雅维里（Niccolo Machiavelli），著有从基督 1215 年到 1494 年的佛罗伦萨史。初现于 1500

圭恰迪尼（F. Guicciardini），著有从 1494 年到 1536 年的意大利史。初现于 1520

[373] 蓬塔努斯（Joannes Pontanus），关于那不勒斯战争的记录。初现于 1490

克伦奇奥（Pandulph Collenuccio），著有从奥古斯都时期到皇帝查理五世时期那不勒斯王国的史事。初现于 1540

图宾根的柯契尼乌斯（Michael Coccinius of Tübingen），对意大利战争的记录。初现于 1540

卡佩拉（Galleazzo Capella），著有查理五世时期意大利战争的记录。初现于 1540

萨贝利库斯，著有三十三卷本的威尼斯史。初现于 1490

本博（P. Bembo），著有十二卷本的威尼斯史。初现于 1540

日耳曼史家

凯尔特或高卢人和法兰克人史事的史家，囊括了生活在莱茵河、庇里牛斯山、阿尔卑斯山脉以及两片海域所环绕地区的所有民族的史事

凯撒，关于高卢战争的七卷本，以及希尔提乌斯承接下去的记录。初现于 43 B. C.

汉尼拔(Hunibald)，著有关于法兰克人的十八卷本纪事，在前六卷里记录了从特洛伊战争到安特诺尔之死期间的法兰克人史事，中间六卷止于瓦拉姆德，最后止于克洛维时期。初现于 500 B. C.

阿庇安，凯尔提库斯；或者关于高卢战役的记录。初现于 1550

提勒(Jean du Tillet)，巴黎人，著有从瓦拉穆到亨利二世的梗概历史。初现于 1550

勒奥纳(Hubent Leonard)，著有关于法兰克人起源的一卷书。初现于 1490

维罗纳的埃米利乌斯(Paul Aemilius of Verona)，著有从瓦拉穆到查理八世的法兰克人史记。初现于 1530

菲隆(Jean Le Feron)，法兰西人，著有从弗朗索瓦开始继任诸王的历史。[初现于 1540]

特里忒尼乌斯(Johann Trithenius)，日耳曼人，著有从公元前 433 年到公元 1500 年期间法兰克人事迹的历史。初现于 1500

加甘(Gaguin)，著有查理八世史事。

吉勒斯(Nicholas Gilles)，著有法兰克人年鉴。初现于 1500

博歇(Bochet)，著有阿基坦年鉴。

勒迈尔(Jean Lemaire)，著有关于比利时人的史书。初现于 1480

未知作者所著勃艮第年鉴。

[374] 帕拉狄努斯(William Paradinus),关于勃艮第古国的一卷。初现于 1555

格雷戈里,图尔主教,著有十卷本从法兰克人发端到基督 600 年间的法兰克人历史。初现于 630

修士安东尼,著有从基督 420 年至 826 年间法兰克人诸王的五卷本历史。初现于 830

鲁珀特(Rupert),关于高卢人反抗萨拉森人事迹的十卷本。初现于 1120

弗鲁瓦萨尔(Froissart),从 1335 至 1499 年法兰西与英格兰之间战争的历史。初现于 1420

蒙斯特雷(Enguerrend de Monstrelet),止于路易十二的晚近史事。初现于 1500

科米涅斯(Philippe de Comines)从基督 1462 年到路易十二加冕期间的史事,承接蒙斯特雷的叙事。初现于 1488

卡佩拉(Galleazzo Capella),关于查理五世与法王弗朗索瓦在意大利发动的战争的史事。初现于 1530

帕拉狄努斯,随后一直到基督 1555 年的史事。初现于 1555

拉布提努斯(Rabutinus),关于基督 1552 年亨利远征对抗查理五世的记录,为了日耳曼各诸侯的自由而著。初现于 1556

日耳曼史家及斯拉夫史家

日耳曼史家和记录从阿尔卑斯山脉到波罗的海、从莱茵河到维斯瓦河地区所居住的所有民族的历史的史家;记录哥特人、汪尔达人、匈牙利人、赫卢利人、赫尔维西亚人、伦巴第族人、波兰人、俄罗斯人、丹麦人和瑞士人历史的史家

前面是一般意义上记录日耳曼人历史的史家,后面是记录各

民族历史的史家。

塔西佗，关于日耳曼人习俗的小书，阿瑟曼对其有评注。初现于 A. D. 120

斯莱德的雷纳努斯(Beatus Rhenanus of Schlettstadt)，日耳曼事务三卷本。初现于 1500

温费凌(Jacob Wimpheling)，日耳曼事务梗概。初现于 1549

黑林吉雅森斯(Francis Irenicus Helingiacensis)，关于日耳曼训诂学的十二卷本。初现于 1519

福格瓦杜斯(Huldreich Mutius Hugwaldus)，关于日耳曼人的起源、习俗、制度、律法和战争与和平时期值得记录之事的三十一卷本。初现于 1551

阿文蒂努斯(Johannes Aventinus)，十卷本的日耳曼事务阐释。初现于 1510

[375]明斯特尔，宇宙志，或者可以说是日耳曼世界志。初现于 1550

沃思普修道院院长(Abbot of the Ursperg)，其本人姓名未可知，著有从创世到皇帝弗雷德里克二世的编年史。他对日耳曼事务的记录非常详尽，其余的则比较简短。

卢珀尔德(Lupold)，班贝克主教，记录了早期罗马头领们对宗教的热情。初现于 1340

奥地利

作者未知，关于巴伐利亚公爵和士瓦本公爵的编年史。

维也纳的拉兹伍斯(Wolfgang Lazius of Vienna)，四卷本的奥地利史。初现于 1550

佩鲁贾的巴托里尼(Ricciardo Bartolini of Perugia)，十二卷本的奥地利事务。初现于 1500

匈牙利

图罗克孜的约翰(John of Thurocz)，匈牙利人，三卷本匈牙利

编年史。初现于 1500

索伊特鲁斯(Melchior Soiterus),关于潘诺尼亚战争。初现于 1530

阿斯科利的庞菲尼(Antonio Bonfini of Ascoli),共三十卷本,止于马加什一世的匈牙利纪事。初现于 1440

波兰

波兰编年史

克罗默(Martin Cromer),波兰纪事三十卷本。初现于 1552

卡利马科斯(Philip Callimachus),波兰对抗土耳其人的历史(原文如此)。[初现于 1475]

斯拉沃尼亚

赫尔莫尔德(Helmold),长老会成员,著有从查理大帝到巴尔巴罗萨(Frederick Barbarossa)期间的斯拉夫人纪事。初现于 1177

丹麦和瑞典,或哥提亚

作者未知,关于法兰克人、旺达尔人、哥特人和勃艮第人起源的编年史。

克兰茨(Albert Krantz),关于丹麦、挪威和瑞典的史记,那时这些地方被称为哥提亚和斯坎迪亚,从其起源一直记到 1504 年。初现于 1520

大俄劳斯(Olaus Magnus),哥特人,王侯、天主教牧师,著有二十二卷本哥特人纪事。初现于 1530

格拉玛提库斯(Saxo Grammaticus),关于丹麦人历史的十六卷本。[初现于 1203]

普罗科匹乌斯,关于哥特人战争的三卷本。初现于 530

[376]士麦纳的阿加忒阿斯(Agathias of Smyrna),关于哥特人战争的五卷本。初现于 550

伊达基乌斯(Idacius),从狄奥多西大帝到基督 400 年的编年史。初现于 410

阿波利纳里斯(Sidonius Apollinaris),高卢人,阿拉里克统治时期在图卢兹的哥特人的法庭里非常有名望,哥特人对其事迹有各种描述。初现于 470

约旦涅斯(Jordanes),哥特人主教,著有关于哥特人和罗马人战争的两卷本纪事。初现于 540

卡西奥多鲁斯(Aurelius Cassiodorus),有一些关于哥特人和罗马人事迹的文章。初现于 575

阿瑞提诺的莱昂纳多(Leonardo of Aretino),关于哥特人战争的纪事。初现于 1420

伦巴第

助祭保罗,德西德里乌斯王的总理,著有六卷本伦巴第纪事。初现于 780

萨克森

克兰茨,萨克森史。初现于 1520

维杜金德,萨克森人,三卷本萨克森纪事。初现于 950

作者未知,三卷本萨克森战争纪事。

博伊塞林纳(Sebastian Boisseliner),关于马格德堡围攻战役的纪事。初现于 1560

吕贝克

五卷本的吕贝克编年史。

普鲁士

斯特拉(Erasmus Stella),普鲁士古代史。[初现于 1500]

尼德兰

尼姆维根的杰勒德(Gerard of Nimwegen),巴达维亚史记。初现于 1530

波西米亚

西尔维乌斯(Aeneas Silvius),波西米亚史记。初现于 1416

达布拉维乌斯(John Dubravius),波西米亚史记。[初现于

1550]

瑞士，或赫尔维西亚

苏黎世的斯坦普夫(John Stumpf of Zurich)，著有三册赫尔维西亚人史。日耳曼文写成。

同一个人；著有西姆勒(Joseph Simler)所有史书的缩写本。

不列颠史家

[377]记录不列颠人——后来被称为盎格鲁撒克逊人和苏格兰人的史家

吉尔达斯(Gildas)，不列颠人，盎格鲁人史家。[初现于 550]

利利(George Lily)，英格兰人，起于亨吉斯特(Hengist)，即基督 600 年，止于 1560 年的编年史。初现于 1560

塔尔维西努斯(Ponticus Vitruvius Tarvisinus)，六卷本的不列颠历史。初现于 1520

乌尔比诺的维吉尔(Polydore Vergil of Urbino)，二十六卷本的英格兰史。[初现于 1530，编纂于 1572 年]

英格兰人比德，五卷本的盎格鲁撒克逊人史记。初现于 732

亚瑟(Geoffrey Arther)，英格兰人，八卷本的不列颠纪事。初见于 689

博伊提乌斯(Hector Boetius)，苏格兰历史。

特里维特(Nichloas Trivet)，英格兰人，起于安茹公爵时期，即基督 1135 年，止于 1307 年的英格兰年鉴。初见于 1420

西班牙史家

塔拉法(Francis Tarafa)，西班牙人，从创世到皇帝查理五世期间的全部历史和西班牙诸王的简要梗概。初现于 1530

西班牙语和意大利语的安东尼奥(Peter Antonio)西班牙编年史。

阿庇安,西贝利卡(Hiberica)。[初现于 140]

瓦伦提努斯(Roderick Valentinus),西班牙纪事,西班牙语。初现于 200

麦地那的彼特(Peter of Medina),西班牙纪事,西班牙语。[d. 1567]

玛利亚,西西里人,阿拉贡史。

莱夫里哈的安东尼(Antony of Lebrija),费尔迪南德事迹记。初现于 1494

布拉策鲁斯(Jacob Bracellus),五卷本西班牙战争史记。初现于 1496

维拉杜斯(Charles Verardus),关于格拉纳达王国围攻战的记录以及他所著的博提克史。初现于 1468

格斯(Damian Goes),关于在印度的卢西塔尼亚人(Lusitanians)的事迹记录。初现于 1510

阿拉伯史家

阿拉伯人曾控制非洲、叙利亚、波斯和西班牙,他们被普遍称为萨拉森人

非洲人利奥,“地理历史学家”,精确描述了非洲的所有地区和所有民族。初现于 1510

达尔马塔(Herman Dalmata),撒拉逊人编年史。

修士鲁珀特,关于对抗撒拉逊人战争的八卷本纪事。初现于 1187

[378]提尔大主教威廉,关于十字军东征的二十三卷本记录。初现于 1150

土耳其史家

坎比尼(Andrea Cambini),意大利文写成的关于土耳其人起源的作品。

巴戎托尼乌斯(William Postel Barentonius),法文写成的关于土耳其人的习俗、宗教和国家的三卷本作品。初现于1550

作者未知,关于土耳其人的管理设置的记录。

卡尔孔狄拉(Leonicus Calcondila),土耳其纪事。初现于1490

托里格奈乌斯(Christopher Richer Torignaeus),五卷本土耳其人纪事。初现于1530

巴尔勒特(Martin Barlet),十三卷本的史书里有关抗击土耳其人的记录,以及伊庇鲁斯人的王斯坎德培(Scanderbeg, the king of the Epirotes)的生平。初现于1488

约维乌斯,卷十二至十七、卷三十二至三十七。初现于1540

彭尼亚的亨利(Henry of Penia),关于以实玛利和瑟利姆的战争记录。

鞑靼和莫斯科史家

阿美尼亚的海顿(Hayton of Armenia),有一卷关于鞑靼人历史的记录。初现于1290

马可波罗,关于东方地区和鞑靼人帝国的三卷记录。初现于1280

梅胡夫的马提亚斯(Matthias of Miechow),关于萨尔马提亚、亚洲和欧洲的两卷记录,其中包括鞑靼人和莫斯科人历史的简要描述。初现于1540

其他民族史家

记录埃塞俄比亚人、印度人、美洲人、非洲人以及所有民族历史的史家

非洲的利奥，意大利语和法语写成的九卷本非洲纪事。初现于 1500

阿尔瓦雷兹，西班牙语、意大利语和法语写成的埃塞俄比亚叙事。初现于 1496

卡达穆斯图斯(Aloysius Cadamustus)，新大陆旅行志。初现于 1504

哥伦布(Christopher Columbus of Genoa)，那时还未知的各地的旅行日志。初现于 1512

阿洛伊修斯(Peter Aloysius)，旅行志。

韦斯普奇(Albert Vespucci)，旅途概要。初现于 1510

[379] 韦斯普奇(Amerigo Vespucci)，四部旅行志。初现于 1497

约瑟夫(Joseph)，印度人，旅行志。初现于 1500

路易(Louis)，罗马贵族，七卷本旅行志，包括去到埃塞俄比亚、埃及、两个阿拉伯半岛以及恒河两岸的旅途记录。初现于 1515

约维乌斯，卷十八。初现于 1540

个别史家

所有民族都熟知的史事和个别城邦的史事后，应研读关于杰出个人的个别史

先是对所有民族的杰出人物的记录，之后是对个别个体的

记录。

沃尔特拉努斯(Raphael Volaterranus),关于所有种族著名人物的记录。初现于1500

小普林尼,或者有些人认为是尼波斯(Cornelius Nepos),对77位著名人物的记录。[初现于60 B. C.]

约维乌斯,有关著名人物的描述。初现于1540

彼拉克(Francis Perrarch),有关著名人物的描述。初现于1374

珀律多尔(Polydore),关于著名君主的出身记录。初现于1530

薄伽丘(Giovanni Boccaccio),关于著名人物命运的记录。初现于1370

乌尔西努斯(Gaspar Ursinus),止于查理五世的各个国王、皇帝和罗马教宗的生平录。初现于1540

菲隆,著名家族的族谱和事迹,法语写成,部分已出版,部分待出版。初现于1540

普鲁塔克和贝加莫的腓力(Philip of Bergamo),著名女人传记。初现于120

拉尔修,十卷本的哲学家生平录。初现于200

埃格那提乌斯(Baptista Egnatius),从凯撒到皇帝查理五世的罗马诸皇帝生平录。初现于1530

库斯庇尼安(Joannes Cuspinian),直至皇帝查理五世的罗马帝国皇帝生平录。初现于1540

普鲁塔克,希腊罗马50位领袖的生平录。初现于120

苏埃托尼乌斯,从凯撒到涅耳瓦自己12位罗马皇帝的生平。初现于120

尼西亚的狄奥(Dio of Nicaea),从涅耳瓦到奥里利乌斯之间的罗马皇帝生平录。初现于140

斯巴达提阿努斯(Aelius Spartianus),皇帝哈德良、安东尼纳斯·庇护和奥里利乌斯的生平录。初现于 240

奥里利乌斯(M. Aurelius),十二卷本生平自传。初现于 170

卡庇托利努斯(Julius Capitolinus),两位安东尼、维鲁斯和佩蒂纳克斯的传记,共三卷。初现于 307

卡西乌斯(Dio Cassius),从奥古斯都一直到亚历山大·塞维鲁斯的罗马诸王传,希菲利努斯对此著作有一部缩写本。初现于 240

[380]朗普里狄斯(Aelius Lampridius),关于尤利安努斯(Didius Julianus)、黑利阿加巴卢斯和塞维鲁斯传记。初现于 300

赫罗狄安,八卷本囊括了从奥里利乌斯去世到小戈尔迪安的纪事。初现于 200

维克多(Sextus Aurelius Victor),从奥古斯都到迪奥多西乌斯大帝期间的罗马皇帝传记。初现于 420

莱图斯(Pomponius Laetus),从戈尔迪安到赫拉克利乌斯期间历任皇帝传。初现于 1490

波里奥(Trebellius Pollio),瓦勒良(Valerian)、加里恩努斯(Galienus)、克劳迪乌斯和三十僭主诸朝纪事。初现于 310

沃庇斯库斯,关于奥里利乌斯、塔西佗、弗罗里安(Florian)、普罗布斯、菲赫姆斯(Firmus)、萨图尼努斯(Saturninus)、普罗库卢斯(Proculus)、卡鲁斯(Carus)、卡里努斯(Carinus)、努梅里阿努斯(Numerianus)等人传记。初现于 320

尤西比乌斯,戴克里先(Diocletian)、马克森提乌斯(Maxentius)、康斯坦丁(Constantine)事迹录。初现于 312

欧特罗皮乌斯,止于约维安的罗马诸王传记梗概。初现于 340

玛策利努斯,康士坦提乌斯(Constantius)、尤利安、约维安、瓦伦提尼安和瓦伦斯等人的事迹录。初现于 360

理提乌斯(Michael Ritius),法兰克、西班牙、那不勒斯、西西里、匈牙利、耶路撒冷诸王传。初现于1505

库尔提乌斯(Q. Curtius),十卷本的亚历山大大帝事迹录,残留八卷。初现于1482

图尔平(Turpin)、埃根哈德(Eginhard)、阿基阿朱奥利(Acciajuoli),查理大帝传记,前两人的记录止于查理大帝,后者的记录止于1490年。初现于1480

弗吉里奥(Paul Vergerio),曼图亚诸王事迹录。初现于1540

作者未知,蒙特弗尔拉(Montferrat)历任君王记。初现于1550

斯蒂芬(Charles Stephan),米兰诸位公爵摘要。

布拉克鲁斯(Jacob Bracellus),著名热那亚人录。

色诺芬,苏格拉底言行录。

斐洛,摩西传。

弗莱辛的奥托(Otto of Freising),巴尔巴罗萨事迹录。

菲洛斯特拉托斯,八卷本的阿波罗尼乌斯(Apollonius Thyanaeus)传。

瓦拉(Laurentius Valla),阿拉贡王费尔迪南德事迹录。

斯塔菲路斯(Staphylus),查理五世事迹录。

附录　第十章拉丁文

Auspicandum erit à brevissimis Chronicis, putà Bullingeri, Lutheri, aut similium: deinde ad Chronologias, videlicet, Funccii, Phrygionis, Eusebii: hinc ad historias magis aliquanto diffusas veniendum: quales sunt, Carionis, Melanchthonis, Peuceri : postremo ad consummatam historiam cujusque temporis, omnia, aut pulcherrima quæque complectentem.

Universalis historiæ scriptores.

CLARUIT ANTE CHRISTUM ANNO 1519. — Mosis originum liber ab orbe condito, usque ad migrationem Hebræorum ex Ægypto in Palæstinam, historiam universi mundi complectitur annorum II. M. CCCCL.

CLAR. ANTE CHRISTUM ANNO 330. — Berosi Caldæi, quæ dicuntur, fragmenta universæ historie, ab orbe condito usque ad annum mundi III. M. CXXX. In Sardanapalo desiit, ut Metasthenes scribit.

CLAR. ANTE CHR. 425. — Herodoti Halicarnassei de rebus gestis Græcorum, Ægyptiorum, Medorum, Persarum, Lydorum; ab anno mundi ter millesimo CCX. usque ad III. M. D. libri IX.

CLAR. ANTE CHR. 200. — Polybii Megalopolitani, de rebus Græcorum, Romanorum, Pœnorum, Celtarum, ab exilio Cleomenis & Pyrrho Epirotarum rege, usque ad bellum Romanorum cum Achæis & Philippo rege Macedonum: id est, ab anno mundi III. M. DCLXXX. usque ad annum, III. M. DCCLXVI. de libris XL. quinque priores extant, & epitome sequentium usque ad XV.

CLAR. ANNO CHR. 150. — Trogi Pompeii epitome ab Justino libris XLIIII. comprehensa, omnium penè populorum gesta breviter complectens, à Nino usque ad Cæsarem Augustum.

CLAR. ANNO CHRISTI. 40. — Diodori Siculi bibliotheca, universalis historiæ, maximè illustrium populorum, ab ultima Ægyptiorum memoria usque ad Cæsarem. de libris XL. extant XV.

CLAR. POST CHRISTUM. 38. — Philonis Hebræi de temporibus libri duo, ab orbe condito usque ad Tiberium.

CLAR. 312. — Eusebii chronicon, ab orbe condito usque ad annum Christi CCC.

CLAR. 340. — Hieronymus annos adjecit L. Prosper Aquitanus LX. Palmerius Florentinus MXL. Palmerius Pisanus XXX.

[CLAR. 221]. — Julii Africani de temporibus, ab orbe condito usque ad annum Christi CCXX.

CLAR. 560 [830]. — Phreculphi epitome historiarum, ab orbe condito usque ad annum Christi DL.

CLAR. 730. — Bedæ Angli chronica, ab orbe condito usque ad annum Christi DCC.

CLAR. 980. — Adonis Vienensis de sex mundi ætatibus, usque ad annum Christi DCCCC.

CLAR. 1066. — Helmandi chronicon ab orbe condito usque ad sua tempora.

CLAR. 1067. — Hermani Contracti Helvetii, de sex ætatibus usque ad suam autem.

CLAR. 1088. — Mariani Fuldensis Scoti chronicon, ab orbe condito usque ad suam ætatem.

CLAR. 1120. — Zonaræ fusa historia, ab orbe condito usque ad annum Christi MCXVII. tribus partibus divisa : prima pars Hebræorum est, altera Græcorum, tertia Latinorum.

CLAR. 1120. — Honorii Augustodunensis chronicon, ab orbe condito usque ad sua tempora.

CLAR. 1130. — Sigeberti Galli chronicon, ab anno Christi CCCLXXXI. id est, à fine tripertitæ historiæ, usque ad annum M. CXIII. cum appendice incerti autoris usque ad annum M. CCXVI.

CLAR. 1229. — Abbatis Urspergensis chronicon, ab orbe condito usque ad Fridericum II. Imper.

CLAR. 1260. — Vincentii Belluacensis historia, ab orbe condito usque ad annum Christi M. CCL.

CLAR. 1480. — Antonini archiepiscopi Florentini fusa historia, ab orbe condito usque ad annum Christi M. CCCCLXX.

Fasciculus temporum, ab orbe condito usque ad annum M. CCCCLXXXIIII. incerti autoris.

CLAR. 1490. — M. Antonii Coccii Sabellici ænæades XI. historiæ, ab orbe condito & his cohærens synopsis Hedionis.

CLAR. 1496. — Donati Possii Mediolanensis historia, ab orbe condito usque ad annum M. CCCCLXXXIX.

CLAR. 1510. — Jo. Naucleri Tubingensis chronica, ab orbe condito usque annum Christi M. D.

CLAR. 1515. — Philippi Berg mensis historia, ab orbe condito usque ad annum Christi M. D. III.

CLAR. 1519. — Martini Lutheri Saxonis, series annorum mundi usque ad suam ætatem.

CLAR. 1530. — Achillis Gassari epitome chronicorum mundi, ab orbe condito usque ad annum Christi M. D. XXX.

CLAR. 1540. — Pauli Constantini Phrygionis chronicon, ab orbe condito usque ad annum M. D. XXIII.

CLAR. 1540. — Jo. Carionis Lubeci chronicorum libri tres, ab orbe condito usque ad annum Christi M. D. XXX. cui accessit appendix ad annum M. D. LV.

CLAR. 1540. — Philippi Melanchthonis chronicon, libris tribus comprehensum, ex ipso Carione magna sui parte expressum, usque ad Carolum magnum.

CLAR. 1540. — Gasparis Peuceri chronicon, à Carolo magno, ubi desierat Melanchtho, ad suam usque ætatem.

CLAR. 1540. — Pauli Jovii historia, omnium penè populorum sui temporis ab anno Christi M. CCCCXCIIII. usque ad annum M. D. XL.

CLAR. 1545. — Henrici Bulingeri chronicon, ab orbe condito usque ad suam ætatem.

CLAR. 1550. — Jo. Funccii Pruteni chronologia, ab orbe condito usque ad annum Christi M. D. LIII.

CLAR. 1570. — Mercatoris chronologia.

Geographistorici universales.

CLAR. ANTE CHR. AN. 20. — Strabonis Cappadocis libri XVI. in quibus brevem omnium populorum historiam cum geographia conjungit.

CLAR. CHRISTI ÆTATE. — Pomponii Melæ Hispani de situ orbis, unà cum historia populorum.

CLAR. ANNO CHR. 140. — Pausaniæ Cæsariensis grammatici, Attica, Corinthiaca, Laconica, Messeniaca, Elea, Achaica, Arcadica, Bæotia, Phocensia.

CLAR. ANNO CHR. 1500. — Raph. Volaterrani libri XXXVIII. quibus universam historiam cum geographia complexus est.

CLAR. ANNO CHR. 1540. — Munsteri cosmographia, historias & origines, unà cum regionum descriptione complectens.

His adjungi possunt historici rerum variarum, quales sunt, Athenæus, Ælianus, Tzetzes, Leonicus, Solinus, Valerius maximus, Plinius, Suidas.

Post historiam universitatis, non incommodè subjungi poterunt Ecclesiastici scriptores, & earum sectarum quæ potentiam stabiliverunt ac retinuerunt. ac primum de religione, antiquitate, ac rebus gestis Judæorum.

Sacra biblia.

CLAR. ANNO CHRISTI. 38. — Philonis Judæi, qui philosophistoricus appellari potest, omnia scripta.

CLAR. ANNO CHRISTI. 99. — Fl. Josippi Judæi antiquitatum Judaïcarum libri XX. & libri septem de bello Judaïco.

CLAR. ANNO CHR. 99. — Josippi filii Gorionis historia belli Judaïci, Hebraïcè conscripta.

CLAR. ANNO CHR. 130. — Egesippi historia Judæorum, à Macchabæis usque ad annum Christi LXXII.

Historici paganæ superstitionis.

CLAR. ANNO CHR. 75. — Irenæi Lugdunensis episcopi adversus gentes liber I.

CLAR. ANNO CHR. 200. — Clementis Alexandrini episcopi στρομάτων libri VIII.

CLAR. 300. — Arnobii adversus gentes libri VII.

CLAR. 320. — Lactantii Firmiani de falsa religione, ac totum opus.

CLAR. 415. — Pauli Orosii libri VII. adversus Paganos.

CLAR. 1550. — Lilii Geraldi de diis omnium gentium.

Joan. Caulis de religione veterum liber Gal. Ital.

Historici Christianæ religionis.

Novum testamentum.

CLAR. ANNO CHRISTI. 120. — Justini martyris apologeticus.

CLAR. 150. — Q. Septimii Tertuliani Cartaginensis apologeticus adversus gentes.

CLAR. 175. — Irenæi Lugdunensis episcopi contra hæreses libri V.

CLAR. 260. — Origenis liber de martyribus.

CLAR. 312. — Eusebii ecclesiasticæ historiæ ibri X.

CLAR. 400. — Socratis, Sozomeni, Theodoriti & Cassiodori ecclesiastica historia, à Christo nato usque ad annum CCCCXLIIII.

CLAR. 496. — Gennadii presbyteri Massiliensis, liber de viris illustribus ecclesiasticis.

CLAR. 610. — Evagrii Scholastici de ecclesia & imperio Romano libri VI. ab anno Christi CCCCXXXV. usque ad annum DXCV. orditur ubi desinit historia tripertita.

CLAR. 1100. — Nicephori Calisti ecclesiasticæ historiæ, à Christo usque ad Heraclium lib. XVIII.

CLAR. 700. — Marcellini Comitis historia ab Eusebii temporibus usque ad annum Christi D.

CLAR. 1150. — Jo. Gulielmi Archiepiscopi Tyrii, de bello sacro libri XXIII.

CLAR. 1555. — Jo. Foxii Angli ecclesiastica historia, ab Vuiclevo usque ad annum Christi M. D. LII.

Status ecclesiæ incerti autoris, à Christo nato usque ad annum M. D. LX.

CLAR. 1548. — Jo. Sleidani historia ecclesiastica, ab anno Christi M. D. XVII. usque ad annum M. D. LV.

Historiæ Magdeburgicæ centuriæ duodecim à nato Christo usque ad annum M. CC. quibus veterum omnium scripta ecclesiasticæ historiæ copiosè explicantur.

De statu religionis & ecclesiæ sub regibus Henrico II. Francisco II. & Carolo IX. incerti autoris. Gal.

Historici sectæ Arabicæ.

CLAR. ANNO CHR. 600. — Coranus seu Furcanus, ex omnibus Coranis, qui Muhamedis nomine circunferebantur, collectus anno post Muhamedem CX.

Historici Caldæorum, Assyriorum, Medorum, Ægyptiorum, Persarum, Phœnicum, Hebræorum, Parthorum : quorum gesta sunt ab iisdem ferè scriptoribus comprehensa.

Libri Regum, Paralipomenon & Esdræ.

CLAR. ANTE CHR. 445. — Herodoti Halicarnassæi libri novem historiarum.

CLAR. ANTE CHR. 375. — Ctesiæ Cnidii, Agatharchidis & Mennonis fragmenta, de regibus Persarum & Assyriorum.

CLAR. ANTE CHR. 370. — Xenophontis Atheniensis, de expeditione Cyri (cujus fuit legatus) in Persidem.

CLAR. ANTE CHR. 340. — Berosi sacerdotis Caldæi fragmenta, quæ feruntur, libris quinque comprehensa.

CLAR. ANTE CHR. 330. — Metasthenis Persæ, de judicio temporum & annalium Persarum liber.

CLAR. ANTE CHR. 330. — Manethonis sacerdotis Ægyptii fragmenta, quæ feruntur, de Regibus omnium penè populorum.

CLAR. ANNO CHR. 99. — Josippi libri duo adversus Appionem Grammaticum, ac XX. antiquitatum Judaïcarum.

CLAR. 130. — Hegesippi liber I. de bello Parthico.

CLAR. 140. — Appiani Parthicus.

CLAR. 540. — Procopii de bello Persico libri II.

Historici Græcorum, quo nomine veniunt Iones, Æoles, Dores, qui Asiam minorem & Europam, à Danubio, Acroceraumiis, & Hemo monte, usque ad mare Ionicum, in insulis & continente, sedes fixerunt.

CLAR. ANTE CHR. 1129. — Dictys Cretensis de bello Trojano, libri VI. è lingua Punica in Latinam à Q. Septimo conversi.

CLAR. ANTE CHR. 1129. — Daretis Phrygii de bello Trojano libri VI. è Græca lingua Latino carmine conversi, à Cornelio Nepote.

CLAR. ANTE CHR. 425. — Herodoti Halicarnassæi libri novem, ubi sparsim de Græcis agit, usque ad fugam Xerxis, complexus historiam annorum CCXL.

CLAR. ANTE CHR. 340. — Thucydidis Atheniensis libri VIII. quibus à fuga Xerxis, usque ad annum XXI. belli Peloponnesiaci, annorum XC. historiam scripsit.

CLAR. ANTE CHR. 310. — Xenophontis Atheniensis libri VII. quibus Thucydidis narrationem persequitur, earum rerum quæ annis XLIII. in Græcia gestæ sunt, usque ad prælium Lacedæmoniorum & Thebanorum ad Mantineam.

Megasthenes, Theopompus, Philostratus, Hellanicus, Timæus, Acusilaus, Ephorus, Mochus, Estiæus, Hieronymus, Isidorus, Nicolaus Damascenus, consequentes historias scripserunt, ut sæpe videre est apud Plutarchum : sed eorum scripta penitus interciderunt.

CLAR. 1420. — Georgii Gemisti libri duo, quibus Xenophontis historia ex Plutarcho & Diodoro continua serie perpetuatur, à prælio Mantineo, usque ad cladem Cherronæam.

CLAR. ANTE CHR. 40. — Diodori Siculi liber decimussextus, continuam Gemisti narrationem persequitur, de Philippi & Alexandri magni rebus gestis.

CLAR. ANTE CHR. 200. — Polybii liber secundus, quartus, quintus, cum epitome sequentium, & Livii quarta decas, cum fragmentis quintæ decadis res Græcorum complectuntur, quæ cum Alexandri successoribus gestæ sunt.

CLAR. ANNO CHR. 120. — Plutarchi Aratus, Philopæmen, ac Demetrius, plurimum conferunt ad posteriores Græcorum historias intelligendas.

CLAR. 540. — Procopii libri VII. Rerum sub Justiniano gestarum.

CLAR. 1120. — Jo. Zonaræ tomus tertius à Constantino magno, usque ad obitum Alexii Comeni, id est, ab anno Christi CCC. usque ad M. CXIII.

CLAR. 1130. — Annæ Alexiados libri XX. rerum ab Alexio patre Imp. gestarum, quibus Zonaræ narrationem persequitur.

CLAR. 1280. — Nicephori Gregoræ historia centum & quadraginta quinque annorum, à Theodoro Lascari usque ad Andronicum Palæologum posteriorem.

CLAR. 1480. — Nicetæ Acominati Choniatæ historia annorum LXXXVI. ab anno quo desierat Zonaras usque ad exitum Murzufuli, Imper. id est, usque annum M. CCIII. libris XIX. comprehensa.

Historici Romanorum & Panorum, atque omnino rerum Italicarum.

CLAR. 1560. — Fasti consulares à Carolo Sigonio & Onuphrio restituti.

CLAR. 450. — Sexti Rufi V. Coss. epitome, de gestis Romanorum, ab orbe condito usque ad Valentinianum Imp.

CLAR. 200. — Flori epitome in Livium.

CLAR. 210-[30]. —Velleii Paterculi Proconsuli libri duo, in universam historiam pop. Rom.

CLAR. 370. — Eutropii Presbyteri de gestis Rom. libri x.

CLAR. ANTE CHR. 280. — Q. Fabii Pictoris libri duo, de origine urbis Romæ.

CLAR. ANTE CHR. 260. — M. Catonis, quæ dicuntur, de originibus fragmenta.

CLAR. ANTE CHR. 280. — Polybii liber sextus, de militari domesticaque Rom. disciplina.

CLAR. ANTE CHR. 35. — Dionysii Halicarnassæi libri XI.

CLAR. ANTE CHR. 45. —C. Sallustii libri duo, de bello Jugurthino & Catilinari.

Polybii liber primus & tertius, cum epitome sequentium.

CLAR. 1070. — Xiphillini patriarchæ, epitome in Dionem.

CLAR. 215. — Dionis Cassii libri XXIII. qui, de LXXX. servati sunt, de gestis Romanorum.

CLAR. ANTE CHR. 43. — C. Cæsaris de bellis civilibus libri III.

CLAR. 215-[145]. — Appiani bellorum civilium libri V.

CLAR. ANTE CHR. 35. — T. Livii Patavini libri XLV. qui restant de CXLIIII ab U. C. usque ad Augustum.

CLAR ANNO CHR. 120. — Cornelii Taciti annales ab Augusto, in quo desierat Livius, usque ad Nervam, libri XVI. qui restant de uno ac viginti.

CLAR. ANNO CHR. 360. — Ammiani Marcellini militis Constantinopolitani libri XVIII. qui de uno ac triginta servati sunt. cœperat à Nerva, in quo desierat Tacitus. desiit in Valente. cætera Eutropius farcire potest. tùm etiam singulares principum historiæ Tranquilli, Cassii, Spartiani, Capitolini, Vopisci, Herodiani, Lampridii, Egnatii.

CLAR. 480. — Prosperi Aquitanici continuatio historiæ Romanæ, ab anno CCCLXXXII. usque ad CCCCXLVII. quo urbs à Genserico rege capta est.

CLAR. [530]. —Procopii libri VII rerum sub Justiniano gestarum, qui superioribus conjungi debent.

CLAR. 1420. — Ænææ Sylvii libri XII. rerum in Italia suo tempore gestarum.

CLAR. 1440. — Flavii Blondi Forojuliensis, Eugenii Pontificis secretarii, libri XXX. ab inclinatione imperii ad sua usque tempora, & libri X. de Roma triumphante, deque Italia illustrata.

CLAR. 1500. — Nicolai Maciavelli Florentinorum historia ab anno Christi M. CCXV. usque ad M. CCCCXCIIII.

CLAR. 1520. — Fr. Guichardini de rebus in Italia gestis, ab anno Christi CCCCXCIIII. usque ad annum M. D. XXXVI.

CLAR. 1490. — Joan Pontani de bello Neapolitano.

CLAR. 1540. — Pandulphi de regno Neapolis, ab Augusto usque ad Carolum V. Imp.

CLAR. 1540. — Michaëlis Coccinii Tubingensis, de bellis Italicis.

CLAR. 1540. — Galleacii Capellæ, de bellis Italicis sub Carolo V.

CLAR. 1490. — M. Antonii Coccii Sabellici, Venetæ historiæ libri XXXIII.

CLAR. 1540. — P. Bembi historiæ Venetæ libri XII.

Historici Celtarum sive Gallorum, & Francorum : qua appellatione veniunt omnes populi, qui Rheno, Pyrenæis, Alpibus, & utroque mari cinguntur.

CLAR. ANTE CHR. 43. — C Julii Cæsaris de bello Gallico libri VII. & Hircii libr. consequentes.

CLAR. ANTE CHR. 500. — Hunibaldi libri XVIII. de Francis, quos à bello Trojano ad mortem Antenoris sex prioribus libris deducit : consequentibus sex ad Vuaramundum usque deinceps, in Clodovei temporibus desinit.

Appiani Celticus, sive de bello Gallico.

CLAR. 1550. — Jo. Tilii Parisiensis epitome historiarum, ab Vvaramundo usque ad Henricum II.

CLAR. 1490. — Huberti Leonardi, de origine Francorum liber I.

CLAR. 1530. — Pauli Æmilii Veronensis historia Francorum, ab Vuaramundo usque ad Carolum VIII.

[CLAR. 1540]. — Jo. Ferronii Galli, consequentium regum historia usque ad Franciscum.

CLAR. 1500. — Jo. Tritemii Germani de gestis Francorum, ab anno CCCCXXXIII. ante Christum, usque ad annum Christi M. D.

Guaguini historia usque ad Carolum VIII.

CLAR. 1500. — Nicolai Gilii Annales Francorum.

Bocheti Annales Aquitaniæ.

CLAR. 1530. — Hermani comitis, de rebus Francorum usque ad annum M. D. XXV.

CLAR. 1520. — Æmundi de ducibus Burgundiæ, Flandriæ, Brabantiæ, Holandiæ, à bello Trojano usque ad Carolum V. Imp.

Beisselli de Flandrensium gestis.

CLAR. 1480. — Mejeri Belgica historia.

Annales Burgundiæ incerti autoris.

CLAR. 1555. — Gulielmi Paradini, de antiquo statu Burgundiæ liber I.

CLAR. 630. — Gregorii Turonensis episcopi historiæ Francorum libri x. ab eorum origine usque ad annum Christi DC.

CLAR. 830. — Annonii monachi libri v. de regibus Francorum, ab anno Christi CCCCXX. usque ad annum DCCCXXVI.

CLAR. 1120. — Ruperti de Gallorum gestis adversus Saracenos libri x.

CLAR. 1420. — Frossardi historia, de bellis Francorum & Anglorum, ab anno Christi M. CCCXXXV. usque ad annum M. CCCC.

CLAR. 1500. — Enguerandi Monstreleti, consequentium annorum historia usque ad Ludovicum XII.

CLAR. 1488. — Philippi Comini historia, ab anno Christi M. CCCCLXII. usque ad initiationem Ludovici XII. Monstreletio coherens.

CLAR. 1530. — Galeatii Capellæ, de bellis in Italia gestis inter Carolum V. & Franciscum regem Gallorum.

CLAR. 1555. — Gulielmi Paradini, consequentium annorum historia, usque ad annum Christi M. D. LV.

CLAR. 1556. — Rabutini de expeditione Henrici adversus Carolum V. anno Christi M. D. LII. pro libertate principum Germanorum suscepta.

Historici Germanorum ac populorum omnium, qui ab Alpibus usque ad mare Balticum, & à Rheno usque ad Vistulam sedes habent : quibus conjuncta est historia Gothorum, Vandalorum, Hunnorum, Herulorum, Helvetiorum, Longobardorum, Polonorum, Moschovitarum, Danorum et Suecorum.

PRINCIPIO PROPONUNTUR II QUI DE OMNIBUS GERMANIS IN UNIVERSUM SCRIPSERUNT : TUM DE SINGULIS POPULIS.

CLAR. ANNO CHRISTI. 120. — Cornelii Taciti libellus, de moribus Germanorum, Altameri commentariis illustratus.

CLAR. 1500. — Beati Rhenani Selestadiensis, rerum Germanicarum liber III.

CLAR. 1549. — Jacobi Vuimphelingi epitome rerum Germanicarum.

CLAR. 1519. — Francisci Irenici Helingiacensis Germanicæ exegeseos libri XII.

CLAR. 1551. — Huldrici Mutii Hugvualdi de Germanorum prima origine, moribus, institutis, legibus, & memorabilibus, bello ac pace gestis libri XXXI.

CLAR. 1510. — Jo. Aventini Germanicarum rerum illustratio libris X. comprehensa.

CLAR. 1550. — Munsteri Cosmographia, vel potiùs Germanographia.

Abbatis Urspergensis, cujus nomen ignoratur, chronicon, ab orbe condito usque ad Fridericum II. ubi cætera quidem breuissimè, res vero Germanicas fusè scripsit.

CLAR. 1340. — Lupoldi Episcopi Bambergensis, de veterum principum Germanorum erga religionem zelo.

Austriæ. Chronicon ducum Bavariæ & Sueviæ incerti autoris.

[CLAR. 1550]. — Volfgangi Lazii Viennensis Austriaca historia libris IIII. comprehensa.

CLAR. 1500. — Ricardi Bartolini Perusini Austriades libri XII.

Hungariæ. Jo. Turotii Hungari chronicon Hungariæ, libri tres.

CLAR. 1530. — Melchioris Soiteri de bello Pannonico.

CLAR. 1440. — Antonii Bonfinis Asculani rerum Hungaricarum libri XXX. usque ad Mathiam Corvinum.

Poloniæ. Chronica Polonorum.

CLAR. 1552. — Martini Cromeri de rebus Polonorum libri XXX.

[CLAR. 1475]. — Philippi Callimachi Polonica historia contra Turcas.

Sclavoniæ. [CLAR. 1177]. — Helmoldi presbyteri Sclavorum historia, à Carolo magno usque ad Fridericum Ænobarbum.

Daniæ & Sueciæ sive Gothiæ. Chronicon incerti autoris de origine Francorum, Vandalorum, Gotthorum, Burgundionum.

CLAR. 1520. — Alberti Crantii historia Daniæ, Norvegiæ, Sueciæ, quæ Gothia & Scandia dicta est, ab eorum origine usque ad annum M. D. IIII.

CLAR. 1530. — Olai magni Gothi Principis ac pontificis Christiani de rebus Gothorum libri XXII.

[CLAR. 1203]. — Saxonis Grammatici, de historia Danorum libri XVI.

CLAR. 530. — Procopii de bellis Gothorum libri III.

CLAR. 550. — Agathiæ Smyrnæi de bellis Gothorum libri V.

CLAR. 410. — Idacii chronica à Theodosio magno usque ad annum Christi CCCC.

CLAR. 470. — Sidonii Apollinaris Galli, qui in regia Gothorum sub rege Alarico apud Tholosates claruit, variæ narrationes rerum à Gothis gestarum.

CLAR. 540. — Jornandi Episcopi Gothorum libri duo, de bellis Gothorum & Romanorum.

CLAR. 575. — Aurelii Cassiodori de gestis Gothorum & Romanorum sparsim.

CLAR. 1420. — Leonardi Aretini de bello Gothorum.

Langobardiæ. CLAR. 780. — Pauli Diaconi cancellarii Desiderii regis, de rebus Langobardorum libri VI.

Saxoniæ. CLAR. 1520. — Alberti Crantii Saxonum historia.

CLAR. 950. — Vvitiquindi Saxonis de rebus Saxonum, libri III.

De bello Saxonio libri III. incerti autoris.

CLAR. 1560. — Sebastiani Boisselineri de obsidione Magdeburgica.

Lubeci. Lubeci chronicorum libri v.

Borussiæ. [CLAR. 1500]. — Erasmi Stellæ de antiquitatibus Borussiæ.

Bataviæ. CLAR. 1530. — Gerardi Noviomagi Batavica historia.

Bohemiæ. CLAR. 1416. — Ænææ Sylvii Bohemica historia.

Sueciæ seu Helvetiæ. Jo. Stumphi Tigurini Helvetiorum historia tribus tomis comprehensa Germanicè. Ejusdem epitomæ totius historiæ.

Historici Britannorum, qui post Anglosaxones, & Scoti sunt appellati. Gildas Britannus historicus Anglorum.

CLAR. 1560. — Georgii Lilii Britanni chronicon ab Hengisto, id est, ab anno Christi DC. usque ad annum M. D. LX.

CLAR. 1520. — Pontici Vitruvii Tarvisini historiæ Britannicæ libri VI.

CLAR. 1530. — Polydori Virgilii Urbinatis historiæ Anglicæ libri XXVI.

CLAR. 732. — Bedæ Angli libri v. historiarum Anglosaxonum, usque ad suam ætatem.

CLAR. 689. — Galfridi Arturi Angli de rebus Britannicis libri VIII.

Hectoris Boëtii Scotorum historia.

CLAR. 1420. — Nicolai Triueti Angli annales Anglici, à comitibus Andegavensium, id est, ab anno Christi M. CXXXV. usque ad M. CCCVII.

Historici Hispanorum. CLAR. 1530. — Francisci Taraphæ Hispani, brevis epitome omnium historiarum regumque Hispaniæ, ab orbe condito usque ad Carolum V Imp.

Chronica Hispaniæ Petri Antonii, Hispanicè & Italicè.

CLAR. [140]. — Appiani Hiberica.

Roderici Valentini de rebus Hispanorum, Hispanicè.

Petrus Medimna de rebus memorabilibus Hispaniæ lingua Hispanica.

Mariæ Siculi Aragonensis historia.

CLAR. 1494. — Antonii Nebrissensis, de rebus à Ferdinando gestis.

CLAR. 1496. — Jacobi Bracelli de bello Hispano libri v.

CLAR. 1468. — Caroli Verardi de expugnatione regni Granatæ, & ejusdem Betica historia.

CLAR. 1540. — Damiani Goesii de rebus Lusitanorum in India gestis.

Historici Arabum, qui olim Africæ, Syriæ, Persiæ, Hispaniæ imperia tenuerunt : vulgo Sarraceni appellati. CLAR. 1510. — Leonis Afri Geographistorici, omnium Africæ regionum ac populorum accurata descriptio.

Hermani Dalmatæ chronica Saracenorum.

CLAR. 1087. — Ruperti Monachi, de bello adversus Saracenos libri VIII.

CLAR. 1150. — Gulielmi Tyri Archiepiscopi, de bello sacro libri XXIII.

Historici Turcarum. Andræ Cambini de origine Turcarum, Italicè.

CLAR. 1550. — Gulielmi Postelli Barentonii, de moribus, religione, & Republica Turcarum libri III. Galicè.

Ordinatio politiæ Turcarum, incerti autoris.

CLAR. 1490. — Leonici Calcondilæ historia, de rebus Turcarum.

CLAR. 1530. — Christophori Richerii Torignæi, de rebus Turcarum libri v.

CLAR. 1488. — Martini Barletii de rebus gestis adversus Turcas, & Scanderbei regis Epirotarum vita, libris XIII comprehensa.

CLAR. 1540. — Pauli Jovii liber XII. XIII. XIIII. XV. XVI. XVII. XXXII. XXXIII. XXXIIII. XXXV. XXXVI. XXXVII.

Henrici Peniæ, de bellis inter Ismaëlem & Selimum gestis.

Historici Tartarorum & Moschovitarum. CLAR. 1290. — Haitonis Armeni historiæ Tartarorum liber unus.

CLAR. 1280. — Pauli Veneti de regionibus orientalibus & imperio Tartarorum libri III.

CLAR. [1517]. — Mathiæ Michæi de Sarmatia Asiana atque Europæa libri II. in quibus Tartarorum ac Moschovitarum historia breuissimè continetur.

CLAR. 1540. — Pauli Jovii Novocomensis, de legatione Moschovitarum liber I.

Historici Æthiopum, Indorum, Americorum & omnium penè Africa populorum. CLAR. 1510. — Leonis Afri descriptionis Africæ, libri novem, Italicè, Gallicè.

CLAR. 1496. — Francisci Alvaresii descriptio Æthiopiæ. Hispanicè, Italicè, Gallicè.

CLAR. 1504. — Aloysii Cadamusti navigatio ad terras novas.

CLAR. 1512. — Christophori Columbi Genuensis navigatio ad insulas anteà ignotas.

CLAR. ? — Petri Aloysii navigatio.

CLAR. 1501. — Alberti Vespucii navigationum epitome

CLAR. 1497. — Americi Vespucii navigationes IIII.

CLAR. 1500. — Josephi Indi navigationes.

CLAR. 1515. — Ludovici Rom. Patritii navigationum Æthiopiæ, Ægypti, utriusque Arabiæ, intra & extra Gangem libri VII.

CLAR. 1540. — Pauli Jovii liber XVIII.

Post historias omnium populorum communes, & eas quæ civitatis cujusque propriæ sunt, sequitur historia singularis illustrium virorum. PRIMUM DE VIRIS ILLUSTRIBUS OMNIUM POPULORUM : POSTEA DE SINGULIS.

CLAR. 1500. — Raphaëlis Volaterrani de claris viris omnium gentium.

CLAR. ? — Plinii junioris, vel, ut alii putant, Cornelii Nepotis de viris illustribus LXXVII.

CLAR. 1540. — Pauli Jovii de viris illustribus.

CLAR. 1374. — Francisci Petrarchæ de viris illustribus.

CLAR. 1530. — Polydori de origine insignium Regum.

CLAR. 1370. — Jo. Bocatii de casibus illustrium virorum.

CLAR. 1540. — Gasparis Ursini de vitis Regum, Imperatorum, & Pontificum Romanorum usque ad Carolum V.

CLAR. 1540. — Joan. Feronis stemmata, cum gestis illustrium familiarum, partim edita, partim edenda, Gallicè.

CLAR. 120. — Plutarchi & Ph. Bergomensis, de claris mulieribus.

CLAR. 200. — Diogenis Laërtii de vitis philosophorum, libri x.

CLAR. 1530. — Baptistæ Egnatii de Romanis principibus, à Cæsare usque ad Carolum V. Imp.

CLAR. 1540. — Joan. Cuspiniani de Cæsaribus usque ad Carolum V.

CLAR. 120. — Plutarchi vitæ principum, Græcorum & Romanorum L.

CLAR. 120. — C. Suetonii Tranquilli vitæ XII. Cæsarum, à Cæsare usque ad Nervam.

CLAR. 140. — Dionis Nicæi vitæ Imperatorum, à Nerva usque ad M. Aurelium.

CLAR. 240. — Ælii Spartiani de vita Adriani, Antonini Pii, & M. Aurelii.

CLAR. 170. — M. Aurelii à se conscripta vita, libris XII.

CLAR. 300. — Julii Capitolini libri III. de vita Antonini utriusque, Veri, ac Pertinacis.

CLAR. 240. — Dionis Cassii historia principum Romanorum, ab Augusto usque ad Alexandrum Severum, cujus epitomen complexus est Xiphilinus.

CLAR. 300. — Ælii Lampridii de vita Didi Juliani, Commodi, Heliogabali ac Severi.

CLAR. 200. — Herodiani libri VIII. à morte M. Aurelii usque ad Gordianum juniorem.

CLAR. 420. — Sexti Aurelii Victoris de vitis Imperatorum, ab Augusto ad Theodosium magnum.

CLAR. 1490. — Pomponi Læti de vita consequentium Imperatorum, à Gordiano usque ad Heraclium.

CLAR. 320. — Trebellii Pollionis de imperio Valeriani, Galieni, Claudii, ac XXX. tyrannorum.

CLAR. 320. — Flavii Vopisci de vita Aureliani, Taciti, Floriani, Probi, Firmi, Saturnini, Proculi, Cari, Carini, Numeriani.

CLAR. 312. — Eusebii de gestis Diocletiani Maxentii, Constantini.

CLAR. 340. — Eutropii epitome principum Romanorum usque ad Jovinianum.

CLAR. 4360. — Ammiani Marcellini de gestis Constantii, Juliani, Joviniani, Valentiniani, & Valentis.

CLAR. 1505. — Michaëlis Ritii de regibus Francorum, Hispanorum, Neapolis, Siciliæ, Hungariæ, Hierosolymæ.

CLAR. 1480. — Q. Curtii de rebus gestis Alexandri magni libri VIII. qui restant de x.

Turpini, Eguinardi, & Acciæoli de vita Caroli magni. priores ætate Caroli magni, tertius M. CCCCXC.

CLAR. 1480. — Platinæ de vitis Pontificum Rom. à Petro usque ad Sixtum, & annum Christi M. CCCCLXXII.

CLAR. 1540. — Pauli Vergerii de gestis principum Mantuanorum.

CLAR. 1550. — Principum Montisferati series, autore incerto.

Caroli Stephani epitome ducum Mediolanensium.

Jacobi Bracelli de claris Genuensibus.

Xenophontis de factis & dictis Socratis.

Philonis de vita Mosis.

Othonis Frinsingensis de gestis Friderici Ænobarbi.

Philostrati libri VIII. de vita Apolonii Thianæi.

Laur. Vallæ de gestis Ferdinandi regis Arragonum.

Staphili de gestis Caroli V

FINIS

参考文献

Aemilius, Paulus. De rebus gestis Francorum libri x. Basel, 1601.

Aeschines. The Speeches of Aeschines; with an English translation by Charles Darwin Adams. London and New York, 1919. The Loeb Classical Library.

Agricola, Georg (Georg Bauer). De veteribus & novis metallis lib. ii. Basel, 1546.

Allen, Don Cameron. The Star-Crossed Renaissance; the quarrel about astrology and its influence in England. Durham, 1941.

Allen, John William. "Jean Bodin," in F. J. C. Hearnshaw, ed., The Social & Political Ideas of Some Great Thinkers of the Sixteenth and Seventeenth Centuries. London [1926].

Althusius, Johannes. Politica methodice digesta; with an introduction by Carl Joachim Friedrich. Cambridge [Mass.], 1932.

Alvarez, Francisco. Narrative of the Portuguese Embassy to Abyssinia during the Years 1520–1527; tr. from the Portuguese, and ed., with notes and an introduction, by Lord Stanley of Alderley. London, 1881. Works issued by the Hakluyt Society, No. LXVI.

Ammianus Marcellinus. The Roman History of Ammianus Marcellinus; tr. by C. D. Yonge. London and New York, 1902. Bohn's Classical Library.

Apocrypha and Pseudepigrapha of the Old Testament, The; ed. in conjunction with many scholars, by R. H. Charles. Oxford, 1913.

Appianus of Alexandria. Appian's Roman History; with an English translation by Horace White. 4 vols. London and New York, 1912–1913. The Loeb Classical Library.

Apuleius Madaurensis. Opera omnia; ed. by G. F. Hildebrand. Leipzig, 1843.

Aristotle. The Basic Works; ed. by Richard McKeon. New York [1941].

—— Meteorologicorum libri iv; ed. by Julius Ludovicus Ideler. 2 vols. Leipzig, 1834–1836.

—— The Nicomachean Ethics; with an English translation by H. Rackham. New and revised edition. New York and London, 1934. The Loeb Classical Library.

—— The Works of Aristotle; tr. into English under the editorship of Sir William David Ross. 11 vols. Oxford, 1908–1931.

Arrianus, Flavius. Anabasis of Alexander and Indica; tr. with a copious commentary, by Edward James Chinnock. London and New York, 1893. Bohn's Classical Library.

Athenaeus. The Deipnosophists; with an English translation by Charles Burton Gulick. 7 vols. London and New York (Vols. VI and VII, Cambridge, Mass.), 1927–1941. The Loeb Classical Library.

Augustine, Saint. The City of God; tr. by John Healey in 1610. 3 vols. London, 1903. The Temple Classics.

Battaglia, Felice. Lineamenti di storia delle doctrine politiche. Rome, 1936.

Baudouin, François. De institutione historiae et coniunctione eius cum jurisprudentia. Paris, 1726.

Benoist, Charles, and others, "IVe Centénaire Jean Bodin," *La Province d'Anjou, Novembre-Décembre*, 1929.

Berriat-Saint-Prix (called Jacques Saint-Prix Berriat). Histoire du droit romain suivie de l'Histoire de Cujas. Paris, 1821.

Bible, The. King James Version.

Bodin, Jean. Le Theatre de la nature universelle; tr. by François de Fougerolles. Lyons, 1597.

Born, Lester Kruger. "The Perfect Prince; a study in thirteenth and fourteenth century ideals," *Speculum* III (1928), 470–504.

British Museum. Department of Printed Books. General Catalogue. London, 1931–

Brock, Arthur John, ed. and tr. Greek Medicine. London and Toronto; New York [1929]. The Library of Greek Thought.

Brown, John Lackey. The Methodus ad facilem historiarum cognitionem of Jean Bodin. Washington, D.C., 1939.

Brunet, Jacques Charles. Dictionnaire de géographie. Paris, 1928.

—— Manuel du libraire. Paris, 1928.

Burtt, Edwin Arthur. The Metaphysical Foundations of Modern Physical Science. Rev. ed. New York, 1932. International Library of Psychology, Philosophy and Scientific Method.

Bury, John Bagnell. The Idea of Progress. London, 1920.

Busson, Henri. Les Sources et le développement du rationalisme dans la littérature française de la Renaissance. Paris, 1922.

Cabos, Alban. Guy du Faur de Pibrac. Paris, 1922.

Caesar, C. Julius. The Civil Wars; with an English translation by A. G. Peskett. London and New York, 1914.

—— Commentarii rerum in Gallia gestarum VII, A. Hirti Commentarius VIII; ed. by T. Rice Holmes. Oxford, 1914.

Carlyle, Sir Robert Warrand and Alexander James. A History of Mediaeval Political Theory in the West. 6 vols. Edinburgh and London, 1922–1930.

Cassius, Dio Cocceianus. Dio's Roman History; with an English translation by Earnest Cary. 9 vols. London and New York, 1914–1927. The Loeb Classical Library.

Charbonnel, Roger. La Pensée italienne au XVIe siècle et le courant libertin. Paris, 1919.

Chauviré, Roger. Jean Bodin. La Flèche, 1914.

Chevalier, Cyr Ulysse Joseph. Répertoire des sources historiques du moyen âge. Paris, 1903–1907.

Cicero, Marcus Tullius. De natura deorum; Academica; with an English translation by H. Rackham. London and New York, 1933. The Loeb Classical Library.

—— De republica, De legibus; with an English translation by Clinton Walker Keyes. London and New York, 1928. The Loeb Classical Library.

—— De senectute, De amicitia, De divinatione; with an English translation by William Armistead Falconer. London and New York, 1923. The Loeb Classical Library.

—— M. Tullii Ciceronis opera quae supersunt omnia; ed. by J. G. Baiter and C. L. Keyser. Ed. stereotypa. 11 vols. in 6. Leipzig, 1860–1869.

—— Rhetorica; ed. by Augustus S. Wilkins. 2 vols. Oxford, 1902–1935.

—— The Treatises of M. T. Cicero; tr. by C. D. Yonge. London, 1853. Bohn's Classical Library.

—— Tusculan Disputations; with an English translation by J. E. King; London and New York, 1927. The Loeb Classical Library.

Claudius Claudianus. "Carmina Minora," in his [Works] with an English translation by Maurice Platnauer. 2 vols. London and New York, 1922. The Loeb Classical Library.

Columella, Lucius Junius Moderatus. On Agriculture; with an English translation by Harrison Boyd Ash. Cambridge, Mass. and London, 1941. The Loeb Classical Library.

Cornford, Francis Macdonald. Plato's Cosmology. London, 1937.

Corpus juris canonici; ed. by C. H. Freisleben. Basel, 1735.

Corpus juris civilis Romani; ed. by Theodor Mommsen and Paul Krueger. 3 vols. Berlin, 1928–1929.

Dean, Leonard F. "Bodin's *Methodus* in England before 1625," *Studies in Philology*, XXXIX (April, 1942), 160–166.

Demosthenes. Olynthiacs; Philippics; Minor Public Speeches; Speech against Leptines; with an English translation by J. H. Vince. London and New York, 1930. The Loeb Classical Library.

Dick, Hugh G. "Thomas Blundeville's True Order and Method of Wryting and Reading Hystories (1574)," in the *Huntingdon Library Quarterly*, III (1940), 149–171.

Du Cange, Charles du Fresne. Glossarium mediae et infimae latinitatis; new ed. by Léopold Favre. 10 vols. in 11. Paris, 1937–1938.

Duhem, Pierre. Le Système du monde. 5 vols. Paris, 1913–1917.

Erasmus, Desiderius. The Education of a Christian Prince; with an introduction by Lester K. Born. New York, 1936. Records of Civilization, Sources and Studies. No. XXVII.

Febvre, Lucien. A Geographical Introduction to History. A translation of La Terre et l'évolution humaine, by E. G. Mountford and J. H. Paxton. New York, 1925. The History of Civilization.

Feist, Elizabeth. Königsmacht and Ständefreiheit. Dresden, n.d. Reprint from the *Historische Vierteljahrschrift*.

—— Weltbild und Staatsidee bei Jean Bodin. Halle, 1930.

Flach, Jacques. "Cujas, les glossateurs et les Bartolistes," in *Nouvelle Revue historique de droit français et étranger*, VII (1883), 205–232.

Garosci, Aldo. Jean Bodin, politica e diritto nel rinascimento francese. Milan [1934].

Gellius, Aulus. Noctium Atticarum libri xx; ed. by Martin Hertz. Leipzig, 1877.

Gilbert, Felix. "The Humanist Concept of the Prince and *The Prince* of Machiavelli," *Journal of Modern History*, XI (1939), 449–483.

Gilmore, Myron Piper. Argument from Roman Law in Political Thought, 1200–1600. Cambridge [Mass.], 1941.

Goes, Damiao de. Fides, religio moresque Aethiopum . . . Paris, 1541.

Hauser, Henri. La Modernité au xvie siècle. Paris, 1930. Bibliothèque de la Revue historique.

—— La Prépondérance espagnole (1559–1660). Paris, 1933. Peuples et civilisations.

Heath, Sir Thomas Little. A History of Greek Mathematics. 2 vols. Oxford, 1921.

Herodotus. The History of Herodotus; tr. by G. C. Macaulay. 2 vols. London and New York, 1890.

Hesiod. The Homeric Hymns, and Homerica; with an English translation by Hugh G. Evelyn-White. London and New York, 1914. The Loeb Classical Library.

Hippocrates. Hippocrates, with an English translation by W. H. S. Jones. 2 vols. London and New York, 1923. The Loeb Classical Library.

Hitti, Philip Khûri. History of the Arabs. London, 1937.

Homer. The Iliad; rendered in English hexameters by Alexander Falconer Murison. London, New York [etc.], 1933–

—— The Odyssey; tr. by Sir William Marris. London, New York [etc.], 1925.

Horace. Satires, Epistles and Ars poetica; with an English translation by H. Rushton Fairclough. London and New York, 1932. The Loeb Classical Library.

Jervis, Walter Willson. The World in Maps. New York, 1937.

Johnson, Francis Rarick. Astronomical Thought in Renaissance England. Baltimore, 1937. Huntingdon Library Publications.

Johnson, Francis Rarick, and Sanford V. Larkey. "Thomas Digges, The Copernican System, and the Idea of the Universe in 1576," in *The Huntington Library Bulletin*, No. 5 (April, 1934), 69–117.

Josephus. Josephus; with an English translation by H. St. John Thackeray. 9 vols. London and New York, 1926–1937. The Loeb Classical Library.

Julianus Apostata. The Works of the Emperor Julian; with an English translation by Wilmer Cave Wright. 3 vols. London and New York, 1913–1923. The Loeb Classical Library.

Juvenalis, Decimus Junius. Satirarum libri quinque; ed. by C. F. Hermann. Leipzig, 1904. Bibliotheca scriptorum Graecorum et Romanorum Teubneriana.

Kimble, George Herbert. Geography in the Middle Ages. London [1938].

Klibansky, Raymond. The Continuity of the Platonic Tradition during the Middle Ages. London, 1939.

Kristeller, Paul Oskar. "Augustine and the Renaissance." Reprint from *International Science,* I (1941), 7–14.

Kristeller, Paul Oskar, and John Hermann Randall, Jr. "The Study of the Philosophies of the Renaissance," *Journal of the History of Ideas,* II (1941), 449–496.

Lavisse, Ernest, ed. Histoire de France, illustrée, depuis les origines jusqu'à la Révolution. 9 vols. in 17. Paris, 1911–1926.

Leo the African. The History and Description of Africa; done into English by John Pory in the year 1600; ed. by Robt. Brown. 3 vols. London, 1896. Works issued by the Hakluyt Society, Nos. XCIV–XCVI.

Livius, Titus. Livy; with an English translation by B. O. Foster. New York, 1919–1938. 13 vols. The Loeb Classical Library.

Lovejoy, Arthur Oncken. The Great Chain of Being. Cambridge [Mass.], 1936.

Lucanus, Marcus Annaeus. Pharsalia; ed. by Carl Friederich Weber. 3 vols. Leipzig, 1821.

—— The Pharsalia of Lucan; literally tr. into English prose . . . by Henry T. Riley. London, 1903.

Lucretius, Carus Titus. On the Nature of Things; tr. by John Selby Watson. London, 1882. Bohn's Classical Library.

Machiavelli, Niccolò. History of Florence from the Earliest Times to the Death of Lorenzo the Magnificent. New York, 1901. The World's Great Classics.

Macrobius, Aurelius Theodosius. In somnium Scipionis; ed. by Franz Eysenhardt. Leipzig, 1868.

Meuten, Anton. Bodin's Theorie von der Beeinflussung des politischen Lebens der Staaten durch ihre geographische Lage. Bonn, 1904.

Minar, Edwin L. Early Pythagorean Politics in Practice and Theory. Baltimore, 1942. Connecticut College Monograph, No. 2.

Moreau-Reibel, Jean. Jean Bodin et le Droit public comparé. Paris, 1933.

Paris. Bibliothèque nationale, Département des imprimés. Catalogue général. Paris, 1907–

Pausanias. Pausanias' Description of Greece; with an English translation by W. H. S. Jones. 5 vols. London and New York, 1918–1935. The Loeb Classical Library.

Philo Judaeus. Philo; with an English translation by F. H. Colson and G. H. Whitaker. 10 vols. London and New York, 1929– The Loeb Classical Library.

Pidal, Ramon M. Primera cronica general. Madrid, 1906.

Plato. The Dialogues of Plato; translated by Benjamin Jowett. 5 vols. London and New York, 1892.

—— Laws; with an English translation by Richard G. Bury. 2 vols. London and New York, 1926. The Loeb Classical Library.

—— Phaedrus; with an English translation by H. N. Fowler. London and New York, 1914. The Loeb Classical Library.

—— Phaedrus, Ion, Gorgias, and Symposium; with passages from the Republic and Laws; translated into English . . . by Lane Cooper. London, New York, Toronto, 1938.

—— The Republic; with an English translation by Paul Shorey. 2 vols. London and New York, 1930. The Loeb Classical Library.

—— Timaeus; with an English translation by H. N. Fowler. London and New York, 1929. The Loeb Classical Library.

Plautus, Titus Maccius. Ausgewählte Komödien; ed. by A. O. F. Lorenz. 4 vols. Berlin, 1866–1876.

Plinius Secundus, C. Letters; with an English translation by William Melmoth. 2 vols. London and New York, 1915. The Loeb Classical Library.

—— The Natural History of Pliny; tr. by John Bostock and Henry T. Riley. 6 vols. London, 1890–1900. Bohn's Classical Library.

Plutarch. Plutarch's Lives of the noble Grecians and Romans; Englished by Sir Thomas North anno 1579. 6 vols. London, 1895–1896.

—— Plutarch's Morals; ed. by Wm. W. Goodwin. 5 vols. Boston, 1879.

—— The Roman Questions of Plutarch; tr. by H. J. Rose. Oxford, 1924.

Polybius. The Histories; with an English translation by W. R. Paton. 6 vols. London and New York, 1922–1927. The Loeb Classical Library.

Pomponazzi, Pietro. Les Causes des merveilles de la nature; ou, les Enchantments; tr. by Henri Busson. Paris, 1930. Les Textes du christianisme.

Ponthieux, A. "Quelques documents inédits sur Jean Bodin," *La Revue du xvie siècle*, XV (1928), 56–99.

Procopius. History of the Wars; with an English translation by H. B. Dewing. 7 vols. London and New York, 1914–1940. The Loeb Classical Library.

Propertius, Sextus Aurelius. Propertius; with an English translation by H. E. Butler. London and New York, 1912. The Loeb Classical Library.

Ptolemaeus, Claudius. Composition mathématique; traduite pour la première fois du grec en français par M. [N.B.] Halma (avec le texte grec). Réimpression facsimilé. Paris, 1927. Half-title: Almageste.

Randall, John Hermann, Jr. "Development of Scientific Method in the School of Padua," *Journal of the History of Ideas*, I (1940), 177–206.

Renouard, Philippe. Imprimeurs parisiens, libraires, fondeurs de caractères et correcteurs d'imprimerie, depuis l'introduction de l'imprimerie à Paris (1470) jusqu'à la fin du xvie siècle. Paris, 1898.

Renz, Fritz. Jean Bodin; ein Beitrag zur Geschichte der historischen Methode in xvIten Jahrhundert. Gotha, 1905.

Sandys, John Edwin. History of Classical Scholarship. 3 vols. Cambridge, 1908–1921.

Savigny, Friederich Karl von. Histoire du droit romain au moyen âge; traduite de l'allemand . . . par M. Charles Guenoux. 4 part. en 3 vols. Paris, 1830.

See, Henri. "La Philosophie d'histoire de Jean Bodin," *La Revue historique*, CLXXV (1935), 497–505.

Seneca. Moral Essays; with an English translation by John P. Basore. 3 vols. London and New York, 1928–1935. The Loeb Classical Library.

Shepard, Max Adams. "Sovereignty at the Cross Roads; a study of Bodin," *Political Science Quarterly*, XLV (1930), 580–603.

Shotwell, James Thomson. The History of History, Vol. I. Revised edition of An Introduction to the History of History. New York, 1939.

Singer, Charles Joseph. From Magic to Science. New York, 1928.

Sohm, Rudolph. The Institutes; a text book of the history and system of Roman private law; tr. by James C. Ledlie. Oxford, London, and New York, 1901.

Strabo. The Geography of Strabo; with an English translation by H. C. Hamilton and W. Falconer. 3 vols. London, 1889–1893. Bohn's Classical Library.

Strong, Edward William. Procedures and Metaphysics; a study in the philosophy of mathematical-physical science in the sixteenth and seventeenth centuries. Berkeley, 1936.

Suetonius Tranquillus, C. Lives of the Caesars; with an English translation by J. C. Wolfe. 2 vols. London and New York, 1914. The Loeb Classical Library.

Tacitus. Dialogus, Agricola, Germania; with an English translation by William Peterson and Maurice Hutton. London and New York, 1914. The Loeb Classical Library.

—— The Histories; with an English translation by Clifford H. Moore . . . The Annals; with an English translation by John Jackson. 4 vols. London and New York, 1925–1937. The Loeb Classical Library.

Talmud, The Babylonian; ed. by Michael L. Rodkinson. Boston, 1918.

Taylor, Eva Germaine R. Tudor Geography. London, 1930.
Taylor, Henry Osborn. Greek Biology and Medicine. Boston, 1922.
Theophrastus. Enquiry into Plants; with an English translation by Sir Arthur Hort. 2 vols. London and New York, 1916. The Loeb Classical Library.
Thompson, James Westfall. History of Historical Writing. New York, 1942.
—— Medieval Library. Chicago, 1939.
Thorndike, Lynn. A History of Magic and Experimental Science. 6 vols. New York, 1923–1941.
—— Science and Thought in the Fifteenth Century. New York, 1929.
Thucydides. History of the Peloponnesian Wars; with an English translation by C. Forster Smith. 4 vols. London and New York, 1923–1931. The Loeb Classical Library.
Tilley, Arthur. "Humanism under Francis I," *English Historical Review*, XV (1900), 456–478.
Valerius Maximus. Valerii Maximi factorum et dictorum memorabilium libri novem; ed. by Carolus Kempf. Leipzig, 1888. Bibliotheca scriptorum Graecorum et Romanorum Teubneriana.
Varro, Marcus Terentius. On the Latin Language; with an English translation by Roland G. Kent. London and Cambridge, Mass., 1938. The Loeb Classical Library.
Vergilius Maro, Publius. Georgics and Eclogues; with an English translation by H. Rushton Fairclough. London and New York, 1930. The Loeb Classical Library.
Viard, Paul-Emile. André Alciat. Paris, 1926.
Vitruvius, Pollio. Ten Books on Architecture; tr. by Morris H. Morgan. Cambridge, 1926.
Warmington, Eric Herbert, ed. and tr. Greek Geography. London, 1934. The Library of Greek Thought.
White, Lynn. "Christian Myth and Christian History," *Journal of the History of Ideas*, III (1942), 145–158.
Wright, John K. "Notes on the Knowledge of Latitudes and Longitudes in the Middle Ages," *Isis*, V(1923), 75–98.
Yung Chi Hoe. The Origin of Parliamentary Sovereignty or Mixed Monarchy. Shanghai, 1935.
Zulueta, Francis de. "The Science of Law," in The Legacy of Rome; ed. by Cyril Bailey. Oxford, 1923.

索引

图书在版编目(CIP)数据

易于认识历史的方法/(法)博丹著;朱琦译.
--上海:华东师范大学出版社,2020

ISBN 978-7-5760-0155-6

Ⅰ.①易…　Ⅱ.①博…　②朱…　Ⅲ.①史学一研究
Ⅳ.①K0

中国版本图书馆CIP数据核字(2020)第037787号

华东师范大学出版社六点分社
企划人　倪为国

经典与解释　政治史学丛编
易于认识历史的方法

著　　者　(法)博丹
译　　者　朱　琦
责任编辑　徐海晴
责任校对　王　旭
封面设计　吴元瑛

出版发行　华东师范大学出版社
社　　址　上海市中山北路3663号　邮编　200062
网　　址　www.ecnupress.com.cn
电　　话　021-60821666　行政传真　021-62572105
客服电话　021-62865537
门市(邮购)电话　021-62869887
地　　址　上海市中山北路3663号华东师范大学校内先锋路口
网　　店　http://hdsdcbs.tmall.com

印 刷 者　上海盛隆印务有限公司
开　　本　890×1240　1/32
印　　张　18.5
字　　数　385千字
版　　次　2020年6月第1版
印　　次　2022年7月第2次
书　　号　ISBN 978-7-5760-0155-6
定　　价　88.00元

出 版 人　王　焰

(如发现本版图书有印订质量问题,请寄回本社客服中心调换或电话021-62865537联系)